科学出版社“十四五”普通高等教育本科规划教材

药　理　学

杨　柯　林　雅　主　编

科 学 出 版 社

北　京

内 容 简 介

本教材是科学出版社“十四五”普通高等教育本科规划教材之一。共有四十五章，前四章为绪论、药物效应动力学、药物代谢动力学、影响药物效应的因素，第五至四十五章分别介绍作用于各个系统的药物。全书不仅涵盖了药理学的基本知识点和作用于各系统的常用药物的药理学知识点，也设有数字化资源（PPT、思维导图）及课程思政拓展内容，包括药物与药理学的发展、受体学说的发展、中药药物代谢动力学研究等，帮助学生了解更多内容。

本教材可供全国高等院校本科、高职、大专的临床医学、中医学、药学、中药学、护理学等专业学生使用，也可供其他医药卫生系统的教学与科研人员阅读。

图书在版编目（CIP）数据

药理学 / 杨柯，林雅主编. —北京：科学出版社，2023.8
科学出版社“十四五”普通高等教育本科规划教材
ISBN 978-7-03-075287-1

Ⅰ. ①药… Ⅱ. ①杨… ②林… Ⅲ. ①药理学-高等学校-教材 Ⅳ. ①R96

中国国家版本馆 CIP 数据核字（2023）第 051229 号

责任编辑：郭海燕 李 媛 / 责任校对：刘 芳
责任印制：赵 博 / 封面设计：蓝正设计

科学出版社出版
北京东黄城根北街 16 号
邮政编码：100717
http://www.sciencep.com
三河市荣展印务有限公司印刷
科学出版社发行 各地新华书店经销
*
2023 年 8 月第 一 版 开本：787 × 1092 1/16
2023 年 8 月第一次印刷 印张：27
字数：773 000

定价：98.00 元

（如有印装质量问题，我社负责调换）

编　委　会

主　编　杨　柯　林　雅

副主编　（按姓氏笔画排序）

华永庆　李红艳　宋小莉　张跃文　钱海兵　韩　冬　韩　岚

编　委　（按姓氏笔画排序）

马秉亮（上海中医药大学）

王加志（黑龙江中医药大学）

华永庆（南京中医药大学）

刘继平（陕西中医药大学）

李红艳（辽宁中医药大学）

李秀芳（云南中医药大学）

李善良（广西中医药大学）

杨　柯（广西中医药大学）

吴　勇（湖北中医药大学）

吴斐华（中国药科大学）

宋小莉（山东中医药大学）

张跃文（河南中医药大学）

陆金健（澳门大学）

陈　明（安徽中医药大学）

陈毅飞（桂林医学院）

林　雅（福建中医药大学）

胡　颖（广西中医药大学）

贾晓益（安徽中医药大学）

钱海兵（贵州中医药大学）

唐慧勤（广西中医药大学）

黄　聪（贵州中医药大学）

彭求贤（湖南中医药大学）

韩　冬（长春中医药大学）

韩　岚（安徽中医药大学）

雷　霞（南京中医药大学无锡附属医院）

学术秘书　胡　颖（广西中医药大学）（兼）

李善良（广西中医药大学）（兼）

前　　言

为深入实施党的二十大精神进教材、进课堂、进头脑及教育部《全面推进“大思政课”建设的工作方案》，贯彻《国务院办公厅关于加快医学教育创新发展的指导意见》和《“十四五”中医药发展规划》的要求，以新医科建设为抓手推动医药教育改革与高质量发展，契合中医药传承创新发展对人才培养的新需求，科学出版社全面组织实施“十四五”普通高等教育本科规划教材《药理学》的编写和出版工作。

本教材以课程思政为抓手，五育并举，立德树人，坚持知识、能力、素质（思政）有机融合并按“两性一度”要求设置学习目标，为高等医药院校学生三位一体协调发展创造条件，推动医学教育高质量发展；注重与《中国药典》、国家各执业医师资格考试、最新疾病防治指南或专家共识等相对接的知识点，同时增设课程思维导图，将药理学知识点深化、优化、系统化，帮助加深理解药物的作用及机制、临床应用和不良反应等；深度挖掘本课程体系中所蕴含的家国情怀、文化素养等思想价值，运用药理学方法研究中医药突出且有启发性的成果，中西医结合共同呵护生命全周期、健康全过程的大健康理念等，完善“知识拓展”模块的编写，增加课程的知识性和人文性，提升课程的引领性和开放性；同时积极建设信息技术与医学教育教学深度融合的新形态教材，满足高等医药院校药理学线上、线下教学需要，力求构建适应医药教育教学改革需求的教材体系，更好地服务高等医药院校人才培养和学科专业建设。

本教材共 10 篇 45 章，来自全国 18 所高等医药院校及综合性大学的 25 位编委参与编写工作，大部分编者是高等医药院校资深教师，部分为临床一线工作者，长期从事药理学及相关学科的教学、科研及临床工作，具有丰富的经验，能较全面地认识医药院校各专业的药理学教育教学特点和培养需求，是一支专业精湛、治学严谨、作风扎实的编写团队，始终将精品意识和质量意识贯穿教材建设全程，确保教材编写质量。

本教材在编写及出版过程中得到了各参编单位和科学出版社的大力支持与协作，编者齐心协力、求真务实、精益求精，为本教材编写和出版付出了艰辛努力，在此一并致以诚挚的谢意。尽管竭尽全力，但限于我们的学识和水平，编写过程中难免出现疏漏不足之处，恳请各位读者予以批评指正。

杨　柯　林　雅

2023 年 4 月

目　　录

第一篇　总　　论

第二篇　作用于外周神经系统的药物

第三篇 作用于中枢神经系统的药物

第四篇　作用于心血管系统的药物

第五篇 自体活性物质及其影响药物

第六篇 作用于内脏系统的药物

第七篇 作用于血液及造血系统的药物

第八篇 作用于内分泌系统的药物

第九篇 化学治疗药物

第十篇　作用于免疫系统的药物

第一篇
总　论

第一章 绪 论

学习目标

1. 通过对药理学的学习，充分理解该学科的科学内涵。
2. 明晰药理学在新药研发过程中的地位和作用。
3. 树立严谨的科学态度，根据恰当的药理学研究方法开展科学研究。

第一节 药理学的性质与任务

一、药理学的基本概念

药理学（pharmacology）是研究药物与机体（含病原体）相互作用及其作用规律和原理的一门学科。一方面研究药物对机体的作用及机制，称为药物效应动力学（pharmacodynamics），简称药效学，包括药理作用及作用机制、临床应用、不良反应及药物效应随剂量（或血药浓度）的变化规律；另一方面研究药物在机体影响下发生的变化及其规律，称为药物代谢动力学（pharmacokinetics），简称药动学，包括药物在体内的吸收、分布、代谢和排泄过程及体内药物浓度随时间动态变化的规律。

药物（drug or medicine）是指可改变或查明机体的生理功能、生化过程和病理状态，用于疾病的治疗、预防和诊断的物质。古代药物主要来源于天然物质，包括植物、动物、矿物及微生物等，现代药物除中成药外，多为天然物质中提取纯化的有效成分，人工合成的化学物质，以及采用 DNA 重组技术、单克隆抗体技术或其他生物新技术研制而成的生物技术药物。药物与毒物之间无严格界限，只有在选择正确、剂量应用得当、疗程设定合理的治疗方案下，药物才能发挥满意的临床治疗效果，任何药物用量过大或疗程过长都有可能产生毒性反应，毒理学也属于药理学研究范畴之一。

二、药理学的学科性质

药理学是一门与医学、药学相关的综合性学科，也是基础医学和临床医学、医学和药学的桥梁性学科。药理学是一门专业基础课，以基础医学中的生理学、生物化学、病理学、病理生理学、微生物学、免疫学、遗传学等知识为基础，与药物化学、植物化学、生药学、药物分析学、药剂学等组成药学学科，阐明药物的作用、作用机制及不良反应等，为新药研发、临床防治疾病、安全合理用药提供理论和技术支持。

三、药理学的学科任务

随着现代科学技术的进步和发展，每年都会有新药进入临床研究阶段并最终上市，但也有一些临床药物因不良反应等原因而撤回或限制使用。因此，只有掌握和运用科学思维方法，将药理学知识融会贯通，举一反三，才能将药物更安全合理地应用于临床，为疾病的治疗、预防和诊断提供保障。

药理学涉及药学和医学等相关内容，其发展与科学技术的进步密切相关，尤其是分子生物学技术包括单克隆技术、基因重组技术、基因敲除技术等的发展。现代药理学迅速发展，分支学科众多，主要包括神经精神药理学、心血管药理学、肿瘤药理学、中药药理学、数学药理学、抗炎免疫药理学、生化分子药理学、药物代谢药理学、药检药理学、抗衰老与神经退行性疾病药理学、生殖药理学等。药理学的学科任务：第一，明确药物的效应动力学和代谢动力学，为临床安全、合理使用提供依据；第二，研发新药，或发现药物新的临床适应证，为治疗、预防、诊断疾病提供更多药物手段；第三，为其他生命科学研究提供依据和研究方法；第四，借鉴药理学的研究方法开展中医药现代化研究。

第二节 药理学的研究方法

药理学以科学实验为手段，在严格控制实验条件的基础上，从整体、离体（包括器官、组织、细胞等）和分子水平，研究药物与机体的相互作用规律及作用机制。它既是理论科学，又是实践科学。药理实验方法的建立和发展，对现代药理学理论体系的建立至关重要，而任何其他学科的研究方法都可应用于药理学的研究中，并不断完善和发展，且为其他学科所用。

药理学研究的常用方法有整体和离体机能检测法、行为学实验方法、组织形态学方法、生物检定方法、电生理方法、生物化学和分子生物学方法、免疫学方法、遗传学方法、生物信息学方法、化学分析方法等。根据研究对象不同，药理学研究方法可分为基础药理学方法和临床药理学方法。

一、基础药理学方法

基础药理学方法以实验动物（包括微生物）为研究对象，研究药物与动物（包括微生物）的相互作用及机制，主要包括以下两方面的方法。

1. 实验药理学方法 是以健康动物（包括清醒和麻醉状态动物）和正常器官、组织、细胞、细胞器、分子为对象的药理学研究。

2. 实验治疗学方法 是以病理模型的动物、器官、组织、细胞、细胞器和分子为对象的药理学研究。

二、临床药理学方法

以人体（包括健康和患病人体）为研究对象，研究药物与人体的相互作用及机制，对药物的疗效和安全性进行评价，达到开发新药、推动药物治疗学发展、确保安全合理用药的目的。临床药理学研究方法可分为整体和离体实验，整体实验通常是在动物实验取得完整资料后进行；离体实验可通过采集血液、尿液、组织、器官或细胞等进行。

第三节 药理学在新药研发中的作用

新药（new drug）是指化学结构、药品组分和药理作用不同于现有药品的药物。许多国家为管理新药，都对其含义和范围作出了明确的法律规定。我国《药品管理法》和《药品注册管理办法》

规定：新药是指未曾在中国境内外上市销售的药品。对已上市的药品改变剂型、改变给药途径、增加新的适应证，不属于新药，但药品注册须按照新药申请程序申报。

新药研发是一个非常严格、复杂的多学科参与的长期过程，各药不尽相同，但一般均需要经过新活性成分的发现和筛选、临床前研究和临床研究 3 个阶段，药理学研究贯穿整个新药研发的始终，为寻找和发现新药提供线索，也为新药临床前研究和临床研究的安全性与有效性提供证据，是必不可少的关键步骤。

新药研发须遵循安全性、有效性、质量可控性的原则，其上市必须经过临床前评价和临床评价。临床前评价主要包括药物化学和药理学相关内容，前者包括药物制备工艺路线、理化性质、质量控制标准等，为新药的质量可控性提供依据；后者包括以符合《实验动物管理条例》的实验动物为研究对象的药效学、药动学和毒理学研究，为新药的安全性、有效性提供初步评价依据。临床前研究是新药从实验研究过渡到临床应用必不可少的阶段，但由于人与动物对药物的反应性及代谢过程等方面存在明显的种属差异，具有肯定药理效应的药物不一定都是临床有效的药物，且由于检测手段的局限性，药物的不良反应难以甚至无法在动物实验中准确观察，因此，最终仍必须依靠以人体为研究对象的临床药理研究，才能对药物的安全性和有效性作出准确的判断。

新药临床评价一般分为四期临床试验（clinical trial）。Ⅰ期临床试验是在 20～30 例健康成年志愿者身上进行的药理学和人体安全性试验，是新药人体试验的起始阶段，目的在于观察健康成年人体对新药的耐受程度，并通过药动学研究，为Ⅱ期临床试验制订给药方案提供依据；Ⅱ期临床试验是在不少于 100 例病例中进行的随机双盲对照临床试验，目的在于初步评价新药对目标适应证患者的安全性和有效性，为Ⅲ期临床试验研究设计和临床给药剂量的确定提供依据；Ⅲ期临床试验是在不少于 300 例病例中进行的新药批准上市前、试生产期间、扩大的多中心临床试验，目的在于对新药的安全性和有效性进行社会性考察，为新药注册申请提供充分依据，新药通过Ⅲ期临床试验后，方能被批准生产、上市；Ⅳ期临床试验也称为上市后药物监测或售后调研，是新药上市后在社会人群大范围内继续进行的药物安全性和有效性评价，其目的在于考察广泛使用条件下，药物的疗效和不良反应，评价在普通人群或特殊人群中使用的利益和风险关系，对最终确定新药的临床价值有重要意义。

我国《药品注册管理办法》在药品监管理念方面创新，引入药品全生命周期管理理念，系统进行设计，从药品研制上市、上市后管理到药品注册证书注销等各环节全过程、全链条地加强监管制度，由此可见，药理学在新药研发过程中占有重要地位。

1. 结合自身专业特点浅谈你对药理学学科的认识。
2. 浅谈药理学在新药研发中的地位和作用。

附　药物与药理学的发展

从远古时代起，人类从生产、生活的经验中认识到某些天然物质可以治疗疾病与伤痛，在与疾病作斗争中积累了丰富的医药实践经验。药物的历史可追溯到五六千年以前，是人类从尝试各种食物时发生毒性反应后寻找解毒物开始的，如饮酒止痛、大黄导泻和柳皮退热等，这是药物发展的最初阶段。当有文字后，这些经验便被记录下来，形成文明古国如中国、古埃及、古巴比伦、古印度等最早的药物学著作。我国东汉末年的《神农本草经》共收载药物 365 种，首创三品分类法，是我国现存最早的药学专著；唐代的《新修本草》（又称《唐本草》），收载药物 844 种（一说 850 种），图文并茂，是我国历史上第一部官修本草、第一部药典，世界上最早的国家药典；明代医药学家李时珍历时 27 载完成的《本草纲目》，收载药物 1892 种，方剂 11 000 余首，该书集我国 16 世纪以前本草学成就之大成，先后被翻译成拉丁、日、朝、法、英、德、俄七种文字，丰富了世界科学宝库，被国外学者誉为“中国的百科全书”。

现代药理学起源于 19 世纪初。随着化学和生理学研究的发展，欧洲医药学研究进入一个崭新的阶段，发生了本质性的变革。首先是化学的发展把药物从复杂的粗制剂发展成为化学纯品，解决了药理学研究中的精确定量、重复给药的问题，如 1803 年从鸦片中提取得到吗啡，1823 年从金鸡纳树皮中分离得到奎宁，1833 年从颠茄及洋金花中提取得到阿托品等；其次生理学理论和方法的建立为药理学的发展奠定了科学基础，进而发展出生物鉴定法，使药效学研究具备了定量的概念和方法，如被誉为“实验医学之父”的法国生理学家克劳德·伯纳德（Claude Bernard）于 1856 年证实箭毒的作用部位在神经肌肉接头处，这是关于药物作用机制的最早研究；而爱沙尼亚多尔帕特（Dorpat）大学药理学教授鲁道夫·布赫海姆（Rudolf Buchheim）于 1847 年写出第一本药理学教科书，使药理学正式成为一门独立学科，并提出药物作用是细胞和药物相互作用的结果，成为“受体”理论的前驱。

20 世纪 30～50 年代是新药发展的黄金时代，磺胺类药物和抗生素的发现是药理学发展史上里程碑式的事件，从而创立了化学疗法的新概念，目前临床上常用的甾体激素、非甾体抗炎药及维生素类中的许多药物均是在这一时期研制开发的；沃森（Waston）和克里克（Crick）于 1953 年发现 DNA 双螺旋结构，使人们对物质结构及核酸、蛋白质、酶等大分子化合物的结构与功能有了深入了解，推动了药理学的发展；而努马（Numa）应用分子克隆技术首先成功克隆了乙酰胆碱受体亚单位，阐明了亚单位的氨基酸序列，推动了整个受体蛋白分子结构研究的发展。

20 世纪 80 年代以来，随着单克隆抗体、基因克隆、通道电流测定、磁共振、X 线衍射、扫描隧道显微镜、计算机辅助蛋白质结构和功能预测等技术的发展，实验医学有了重大突破，各种与药物相互作用的受体分子、离子通道、药物结合蛋白及药物作用的靶酶被克隆出来，药理学研究从原来的系统、器官水平深入到细胞、亚细胞及分子水平，加速了新药研究与开发的进程。

20 世纪 90 年代初启动的人类基因组计划（human genome project）为研究基因变异与药物个体效应之间的相互关系提供了科学依据。后基因组（post genome）研究则为阐明基因与疾病的关系及基因治疗（gene therapy）奠定了基础，由此形成一门新的药理学分支学科，即基因组药理学（genomic pharmacology），推动了基因工程药物的发展。目前国际上已取得的生物技术研究成果有 60%以上集中在医药工业，已上市的产品有重组链激酶、人胰岛素、人生长素、干扰素类及白介素类等。

几十年来，应用现代科学方法研究中药药理已取得长足进展，特别是新中国成立 70 多年来，党和政府高度重视中医药工作，中医药改革发展取得显著成绩，为增进人民健康作出了重要贡献，也对世界医学文明产生了积极影响，如对青蒿素的研究开创了治疗耐药疟疾的新途径，是中药现代化的历史丰碑，中国科学家屠呦呦也因在青蒿素研制工作中的杰出成就，获得 2015 年诺贝尔生理学或医学奖。但中药药理学作为一个学科，尚处于建立初期，还未形成完整的理论体系，对中药单一成分的药理学研究虽已有可循的成功事例，但与中医的辨证论治理论的结合尚有较大差距。以中医理论为指导，采用现代新技术，以复方（特别是古代经典名方）研究为重点继续深入、扩大研究，从化学、药理学、分子生物学等方面，研究方剂产生作用的物质基础、各成分的单一作用及相互作用，对症治疗和对因治疗的关系等，将可使中医的辨证理论与现代医学理论的关系得到更好的结合，加深对人体生理和病理的理解，促进中西医结合，加速中药现代化发展。科研工作者需响应我党二十大报告中“完善科技创新体系。坚持创新在我国现代化建设全局中的核心地位”的号召，加快实现高水平科技自立自强在“药理学”“中药药理学”研发中的作用，丰富我国医药学事业、推进生命科学研究。

展望未来，随着先进技术的不断出现，21 世纪药理学将更加注重不同学科、不同层次研究方法的综合运用，研究药物分子与生物大分子之间的相互作用，针对疾病的根本原因，发展病因特异性药物治疗，期望药理学将进一步为评价药物的安全性和有效性、新药的研究和开发、挖掘中医药学宝库、人类健康作出更大的贡献。

第二章　药物效应动力学

学习目标

1. 掌握药物效应动力学的基本概念及其在药理学中的应用。
2. 理解药物的量-效关系，受体理论和作用于受体的药物分类。
3. 了解药物的构效关系，药物作用的信号转导途径。
4. 明晰药物效应动力学在新药研发及指导临床正确选择药物中的意义。

药物效应动力学（pharmacodynamics，PD）简称药效学，是研究药物对机体的作用和作用机制，以及药物剂量（浓度）与药物效应之间关系的一门学科，包括药物对机体生化、生理和病理的效应及其作用机制。药效学是药物产生作用的理论基础，为指导临床正确用药提供理论依据，也为新药研发奠定基础。

第一节　药物的基本作用

一、药物作用的性质与方式

药物作用（drug action）是药物对机体的初始作用，是产生药理效应的动因。药理效应（pharmacological effect）是指药物作用后引起机体器官结构与功能的改变，是药物作用的结果，也是机体反应的表现。由于两者意义相近，习惯用法上并不严格区别。但当两者同时出现时，应有先后排序。

1. 兴奋与抑制　药物使机体原有功能增强的作用称为兴奋（excitation）；反之，使机体原有功能减弱的作用称为抑制（inhibition）。如去甲肾上腺素升高血压作用、地高辛增强心肌收缩力作用属于兴奋，过度兴奋可转入衰竭(failure)；吗啡镇痛作用、地西泮镇静催眠作用属于抑制，深度抑制称麻痹(paralysis)。

药物的兴奋和抑制作用具有多样性，同一药物作用于机体的不同器官可产生不同的作用，如阿托品对心脏呈现兴奋作用，而对腺体分泌则呈现抑制作用等。另外，有些药物通过抑制或杀灭机体内的病原微生物（如病毒、衣原体、支原体、细菌、真菌等）、寄生虫及恶性肿瘤细胞，消除或缓解由它们引起的疾病。

2. 特异性与选择性　多数药物通过与作用部位相应的靶点结合而产生药理效应，称为药物作用的特异性（specificity），又称为药物的专一性，这一特性主要取决于药物的化学结构。

药物作用的选择性（selectivity）是指机体各组织器官对药物的敏感性不同。在适当剂量下，多数药物只对少数器官或组织发生明显作用，而对其他器官或组织的作用较小或不发生作用。选择性低的药物作用位点多，效应范围广，可影响机体全身或多种组织器官的功能。例如，阿托品特异性地阻断M受体，但是其药理效应选择性不高，对心脏、平滑肌、腺体及中枢神经系统均有影响，而且有的产生兴奋作用，有的是抑制作用，作用性质完全不同。药物作用的选择性是相对的，且与剂量密切相关，如大剂量多巴胺激动心脏 β_1 受体，心肌收缩力增强。而低剂量则激动肾脏、肠系膜和冠脉的多巴胺(D_1)受体，血管舒张。药物对不同组织器官的亲和力强弱、药物在不同部位的分布差异、机体各组织器官对药物的敏感性不同等都会影响药物的选择性。特异性强和选择性高的药物临床应用针对性强，而作用广泛和特异性差的药物往往副作用较多。临床用药应尽可能应用选择性高的药物。但也有例外，如致病菌感染患者当病原体诊断未明，或存在多种致病菌混合感染时，有必要选择广谱抗菌药物。

3. 局部作用与全身作用　按药物的作用部位可分为局部作用（local action）和全身作用（general action）。局部作用是指药物在用药部位直接产生的作用，如硫酸镁溶液口服不易吸收，使肠内渗透压升高，抑制肠内水分被肠壁吸收，刺激肠道蠕动而排便，临床常用于肠道检查或术前准备。全身作用，又称吸收作用（absorptive action），指药物被吸收入血后分布到机体各组织器官而产生的作用，如口服氯沙坦吸收后产生的降压作用。

二、药物的治疗作用

凡符合用药目的、有利于改善患者的生化、生理功能或病理过程，使患病的机体恢复正常的作用，称为治疗作用（therapeutic effect）。根据药物的治疗效果，将治疗作用分为对因治疗和对症治疗。

1. 对因治疗（etiological treatment）　是指药物用于消除原发致病因素，彻底治愈疾病，如使用抗生素杀灭机体内的病原微生物，用于治疗感染性疾病。

2. 对症治疗（symptomatic treatment）　是指用于改善临床症状的治疗，如解热镇痛药降低高热患者体温等。对症治疗不能根除病因，但对于病因未明或暂时无法根治的疾病是非常必要的，如危重病症休克、高血压、心力衰竭和呼吸暂停等，对症治疗比对因治疗更为紧迫。

因此，在临床工作中需要根据患者的病因和病情，按照“急则治其标，缓则治其本”的原则，选择对症治疗或对因治疗，或者同时进行。

三、药物的不良反应

凡不符合用药目的，给患者带来不适或痛苦的反应，称为药物的不良反应（adverse reaction）。多数药物的不良反应是药物固有作用的延伸，一般情况下，常可预知，但不一定都能避免。少数较严重的不良反应较难恢复，危害性大，称为药源性疾病（drug-induced disease），如庆大霉素引起的神经性耳聋等。

1. 副作用（side effect）　指药物在治疗剂量时出现的与治疗目的无关的作用。副作用的发生与药物选择性不高，作用广泛有关，多数反应较轻微，停药后可自行消失。当某一药理作用作为治疗目的时，其他的药理作用就成为与治疗目的无关的副作用，故副作用常难以避免，但一般不太严重，停药后可恢复。如阿托品阻断 M 受体治疗胃肠道痉挛时，其抑制腺体分泌导致的口干即是副作用；而阿托品用于麻醉前给药，可减少呼吸道腺体分泌，防止分泌物阻塞呼吸道及吸入性肺炎的发生，这时抑制腺体分泌成为治疗作用。由此可见，在一定条件下，药物的治疗作用和副作用可以根据治疗目的的不同相互转变。

2. 毒性反应（toxic reaction）　指用药剂量过大或用药时间过长，药物在体内蓄积过多时发生的危害性反应。多数毒性反应是比较严重的，应该避免发生，但一般可以预知。药物的急性毒性以损害循环、呼吸及中枢神经系统功能为主，可危及生命。慢性毒性多为损害肝脏、肾脏、骨髓、血液及内分泌系统等功能。某些药物还具有致癌（carcinogenesis）、致畸（teratogenesis）和致突变（mutagenesis）作用，亦称“三致作用”，属于慢性毒性反应范畴。因此，在临床用药时，应合理使用药物剂量和疗程，最大限度地降低药物毒性反应的发生。

3. 过敏反应（hypersensitive effect）　指机体受到药物刺激所产生的异常免疫反应，引起机体生理功能障碍或损伤，是变态反应（allergic reaction）的一种类型。常见于过敏体质患者，反应性质与药物原有效应和剂量无关，用药理性拮抗药解救无效。致敏原可为药物本身、药物的代谢产物或药物制剂中的杂质。药物过敏反应的特点：①首次用药很少发生；②过敏体质较容易发生；③结构相似的药物可有交叉过敏反应；④反应的程度差异很大；⑤停药后反应逐渐消失，再用时可能再次发生。临床症状表现包括轻微的皮疹、发热、严重的造血系统抑制、肝肾功能损害和休克等，或同时伴有以上多种症状。故对过敏体质者或易引起过敏反应的药物均应谨慎使用。

4. 后遗效应（residual effect） 指停药后血药浓度降至最低有效浓度以下时依然残存的药理效应。例如，睡前服用镇静催眠药，次日早晨仍有困倦、头晕、乏力等现象。

5. 停药反应（withdrawal reaction） 指患者长期应用某种药物，突然停药或减量过快导致原有疾病或症状加剧的现象，也称反跳现象（rebound reaction）。例如，高血压患者长期使用普萘洛尔，β 受体被阻断导致其密度增高，对内源性递质的敏感性升高，突然停药可出现血压急剧升高。故长期使用某些药物后，应逐步减量，缓慢停药。

6. 特异质反应（idiosyncratic reaction） 是指少数患者由于遗传因素所致，对某些药物的反应十分敏感，小剂量使用就会产生超出常人的异常反应。其反应性质与药物固有的药理作用相关，反应严重程度与剂量成比例，药理性拮抗药救治可能有效。例如，先天性葡萄糖-6-磷酸脱氢酶（glucose-6-phosphate dehydrogenase，G-6-PD）缺乏患者，服用伯氨喹或磺胺等具有氧化作用的药物时，容易诱发溶血反应。

第二节 药物的量-效关系与构效关系

一、药物效应类型

药物效应根据性质不同可分为量反应（quantitative response）和质反应（qualitative response）。量反应是指药物效应的强弱呈连续变化，可用具体数值表示或最大反应百分率表示。量反应如心率快慢、血压高低、呼吸频率、肌肉收缩强度、血糖浓度、血脂浓度等，研究对象是单一生物单位。质反应是指药物的效应强度不呈量的连续变化，表现为反应性质的变化。质反应的表现形式是阳性或阴性、有或无，如生存和死亡、睡眠与觉醒、惊厥与不惊厥等，研究对象是群体。

二、药物的量-效关系

药物的剂量与药物效应之间的关系，称量-效关系（dose-effect relationship）。在一定范围内，药物效应随剂量或浓度的增加而增强。以效应强度为纵坐标，药物剂量（一般指整体给药）或浓度（一般指离体给药）为横坐标作图，得到的等轴双曲线即为量-效曲线（dose-effect curve），该曲线又称直方双曲线（图 2-1A）。如果将上述药物剂量或浓度取对数值作图，该量-效曲线呈典型的对称性“S”形（图 2-1B）。

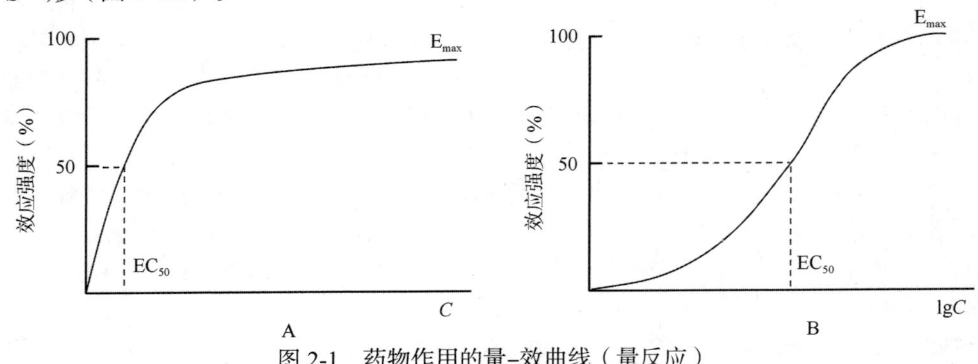

图 2-1 药物作用的量-效曲线（量反应）

A：等轴双曲线，横坐标以药物浓度表示；B：对称性“S”形曲线，横坐标以药物对数浓度表示。E_{max}：最大效应；EC_{50}：半最大效应浓度

（一）量反应量-效曲线

从量反应的量-效曲线上，可获得一些重要的药效学参数。

1. 最小有效剂量(minimal effective dose)**或最小有效浓度**(minimal effective concentration)　指引起药物效应的最小剂量或浓度，又称阈剂量(threshold dose)或阈浓度(threshold concentration)。如果药物的效应为药物的毒性，则是最小中毒剂量(minimal toxic dose)或最小中毒浓度(minimal toxic concentration)，是指引起药物毒性的最小剂量或浓度。

2. 半最大效应浓度(concentration for 50% of maximal effect，EC_{50})　指能引起50%最大效应的药物浓度。

3. 效价强度(potency)　指能引起等效反应(一般采用50%效应量)的同类药物的相对浓度或剂量。反映药物与受体的亲和力大小，当产生同样的效应时，所需药物剂量越小，其效价强度越高。

4. 最大效应(maximal effect)　是指在一定范围内，剂量越大，药物效应也随之增强，但效应增加到一定程度后，若继续增加剂量或浓度而效应不再增强，达到药理效应的极限，也称效能(efficacy)，反映药物内在活性的大小。

药物的效能与效价强度之间没有相关性，两者反映药物的不同性质，在临床用药时均可作为选择药物和确定剂量的重要依据，且药物效能具有较大的临床实际意义。如以利尿药每日尿排钠量为效应指标进行比较，氢氯噻嗪的效价强度大于呋塞米，但呋塞米的效能大于氢氯噻嗪(图 2-2)，故呋塞米常用于重症水肿患者，而氢氯噻嗪常用于轻、中度水肿患者。

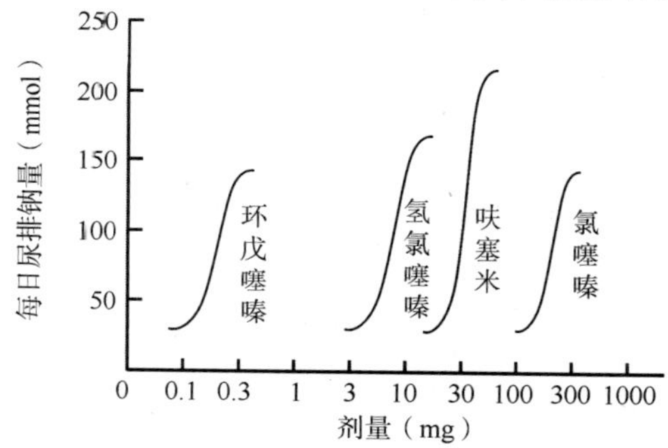

图 2-2　各种利尿药的效能和效价强度比较

(二)质反应量-效曲线

质反应量-效曲线研究的是一个群体对药物质反应的变化规律，与量反应量-效曲线不同之处在于其纵坐标是群体阳性反应百分率。如按药物剂量或浓度的区段阳性反应频率作图，得到呈常态分布的曲线；如按剂量增加而累计的阳性反应百分率作图，可得到典型的“S”形量-效曲线(图 2-3)。

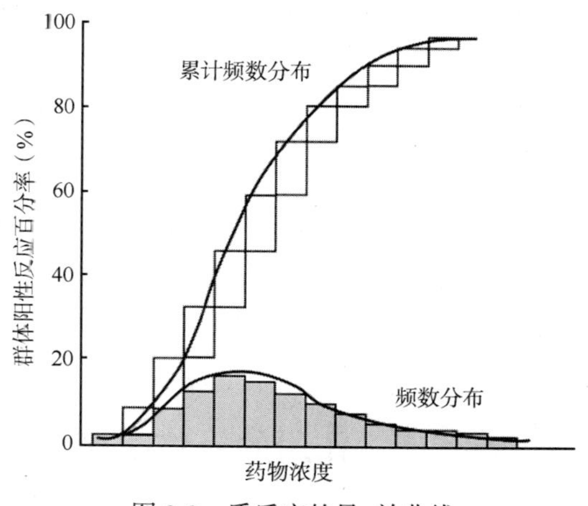

图 2-3　质反应的量-效曲线

在质反应中，引起 50%实验动物产生阳性反应的药物剂量为半数有效量（median effective dose，ED_{50}）。如阳性效应为死亡，引起 50%实验动物死亡时的药物剂量则称为半数致死量（median lethal dose，LD_{50}），可以反映药物毒理效应。通常将药物的 LD_{50}/ED_{50} 称为治疗指数（therapeutic index，TI），表示药物的安全性。一般情况下，药物的 TI 越大，其安全性越高。但仅以 TI 来评价药物的安全性并不完全可靠，药物的 99%有效量（ED_{99}）与 1%致死量（LD_1）重叠，即药物在没能产生最大疗效的剂量时可能出现少数死亡的现象（图 2-4）。因此，亦可以用 LD_1/ED_{99} 或 LD_5 与 ED_{95} 之间的距离来衡量药物的安全性。

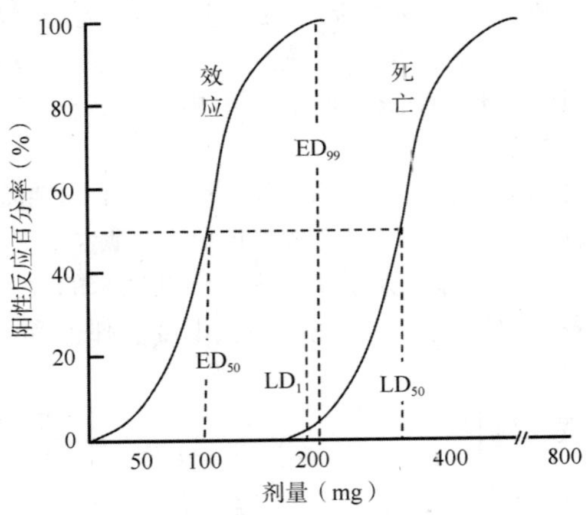

图 2-4 药物效应和毒性的量–效曲线

三、药物的构效关系

构效关系（structure-activity relationship，SAR）是指药物的化学结构与其药理活性，包括毒性之间的关系。药物分子的某个基团在空间构象上能与某一个受体或作用位点特异性地结合，产生相应的药理效应。结构类似的药物可通过相同途径发挥作用，产生相似或相反的作用。药物化学结构的改变，包括其基本骨架、侧链长短、立体结构（手性药物）、几何异构（顺式或反式）的改变可影响药物的体内过程、药效和毒性。如吗啡、可待因（甲基吗啡）均具有镇痛作用，吗啡叔胺氮上甲基被烯丙基取代，则为烯丙吗啡（吗啡拮抗药）。有些药物的结构式相同，但光学异构体不同，药理作用可能完全不同，如奎宁为左旋体，具有抗疟作用，而其右旋体奎尼丁具有抗心律失常作用。了解药物的构效关系不仅有利于深入认识药物的作用，指导临床合理用药，而且对定向设计药物结构、新药开发具有重大意义。

第三节 药物的作用机制

药物的效应来自药物与机体生物大分子之间的相互作用，继而引起机体生理、生化功能的改变，这一极其复杂的生命活动过程称为药物的作用机制（mechanism of action）。药物可作用在分子、细胞、组织和系统等水平，几乎涉及与生命代谢活动相关的所有环节，包括受体、酶、离子通道、核酸、载体、基因等。药物的作用机制可分为两大方面，即受体机制和非受体机制。

一、药物作用的受体机制

受体是大多数药物的作用靶点，它与药物的相互作用是大多数药物产生药理作用的机制。药物与受体结合和相互作用是药理学研究的重要内容。

（一）受体的概念

受体（receptor）是一类存在于细胞膜、细胞质或细胞核内的能识别和特异结合相应配体，介导细胞信号转导功能，引起生物效应的蛋白质。配体（ligand）是能与相应受体结合的生物活性物质，如药物、神经递质、激素、自体活性物质等。配体与相应的受体结构互补，能结合成配体-受体复合物传递信息，引起一系列生理、生化效应。在受体分子中存在特异性区域，能准确识别，并与配体结合，这个部位或活性基团称为受点（receptor-site）。

（二）受体的功能

1. 识别配体　配体和受体结合是一种分子识别过程。两者以氢键、离子键、范德瓦耳斯力或共价键结合。随着两种分子空间结构互补程度增加，相互作用基团间距离缩短，作用力增强。同一配体可结合两种或两种以上的不同受体。

2. 转导信号　受体把识别和接收的信号准确无误地向下一级传递，启动一系列胞内生化反应，经过级联放大信号，最后导致特定的细胞反应，使得细胞间信号转换成细胞内信号。

（三）受体的特性

1. 特异性（specificity）　受体对其配体具有高度的识别能力，有严格的构象适应。一种受体只能与其特定的配体结合，产生特定的效应。同一类型的激动药与同一类型的受体结合时产生的效应相似。

2. 灵敏性（sensitivity）　极微量的配体即可引起受体的激活，产生显著的效应。

3. 可逆性（reversibility）　多数配体与受体的结合是可逆的，结合后可以解离，解离后的配体是原形而非代谢物。

4. 饱和性（saturability）　受体的数目是有限的，当配体达到一定浓度时，配体与受体的结合达到饱和，其效应不再随配体浓度增加而增大。作用于同一受体的配体之间存在竞争现象。

5. 多样性（multiple-variation）　同一受体可广泛分布于不同的器官、组织和细胞，产生不同的效应。受体多样性是受体亚型分类的基础。同一药物可通过作用于不同部位的同一受体产生相应的效应。

（四）受体与药物的相互作用

1. 受体占领学说（occupation theory）　克拉克（Clark）于1926年、加德姆（Gaddum）于1937年分别提出受体占领学说：药物产生效应必须先与受体结合，产生效应的强弱与药物占领受体的数目成正比，当受体全部被占领时出现最大效应。1954年阿里昂斯（Ariens）修正了受体占领学说，认为药物与受体的结合不仅需要亲和力，还需要内在活性（intrinsic activity，α），才能激动受体产生效应。

2. 受体动力学　根据质量作用定律，药物与受体的相互作用可用以下公式表示：

$$\mathrm{D}+\mathrm{R}\underset{K_2}{\overset{K_1}{\rightleftharpoons}}\mathrm{DR}\rightarrow\mathrm{E}$$

式中，D：药物；R：受体；DR：药物-受体复合物；E：药理效应；K_1：药物与受体结合速率常数；K_2：药物-受体复合物解离速率常数。

当结合和解离达到平衡时：

$$K_{\mathrm{D}}=\frac{K_2}{K_1}=\frac{[\mathrm{D}][\mathrm{R}]}{[\mathrm{DR}]}$$

式中，K_{D}：解离常数。

设 R_{τ} 为受体总量，R_{τ} 为游离受体（R）与结合型受体（DR）之和，因此 R_{τ}=[R]+[DR]，代入上

式可得：

$$K_D = \frac{[D]([R_\tau]-[DR])}{[DR]}$$

经推导得：

$$\frac{[DR]}{[R_\tau]} = \frac{[D]}{K_D + [D]}$$

根据受体占领学说，受体只有与药物结合才能被激活并产生效应，其效应的强度与被占领的受体数量成正比，全部受体被占领时出现最大效应（E_{max}）。由上式可得：

$$\frac{E}{E_{max}} = \frac{[DR]}{[R_\tau]} = \frac{[D]}{K_D + [D]}$$

当$[D] \geqslant K_D$时，$\frac{[DR]}{[R_\tau]} = 100\%$，到最大效能，$[DR]_{max}=[R_\tau]$；当 50%受体被占领时，即$\frac{[DR]}{[R_\tau]} = 50\%$，$K_D=[D]$。

K_D表示药物与受体的亲和力，单位为 mol/L，其意义是引起最大效应的一半时（即 50%受体被占领）所需的药物剂量。K_D越小，药物与受体的亲和力越大，即两者之间成反比。药物–受体复合物解离常数K_D的负对数（$-\lg K_D$）称为亲和力指数（pD_2），其值与亲和力成正比，pD_2大，表示药物与受体的亲和力大。

由于药物与受体结合产生效应不但要有亲和力，还要有内在活性 α。一般 0≤α≤1，故药物效应的公式可以修正为：

$$\frac{E}{E_{max}} = \alpha\frac{[DR]}{[R_\tau]}$$

当两药的亲和力相等，效应的强度取决于内在活性强弱；当内在活性相等，则取决于亲和力的大小（图 2-5）。

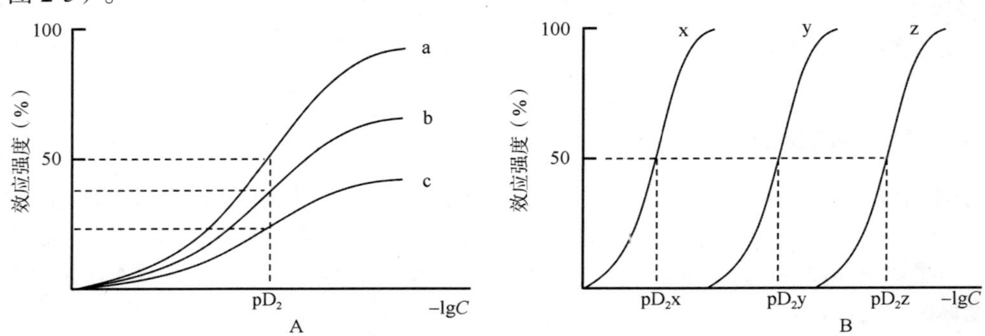

图 2-5　三种激动药与受体亲和力和内在活性的比较

A：亲和力 a=b=c；内在活性 a＞b＞c；B：亲和力 x＞y＞z；内在活性 x=y=z

（五）作用于受体的药物分类

作用于受体的药物都与受体有较强的亲和力，但不一定具有内在活性。根据内在活性的有无，习惯上将作用于受体的药物分为激动药和阻断药（拮抗药）。

1. 激动药（agonist）　指对受体既有亲和力又有内在活性的药物。根据内在活性的强弱将激动药分为完全激动药（full agonist）和部分激动药（partial agonist）。完全激动药是具有较强的亲和力和内在活性（α=1），能产生强大效应的药物。部分激动药对受体有较强的亲和力，但内在活性低（0＜α＜1），产生的效应弱于完全激动药，如喷他佐辛为阿片受体部分激动药，产生的镇痛作用明显弱于阿片受体完全激动药吗啡。部分激动药单独使用时，表现较弱的激动效应，但与完全激动药合用时，因占领受体而表现拮抗激动药的部分效应。

2. 阻断药（antagonist）　指对受体有较强亲和力，但无内在活性（$\alpha=0$）的药物。阻断药与受体结合后占据受体而拮抗激动药或内源性配体的效应。根据阻断药与受体结合的可逆性将其分为竞争性阻断药（competitive antagonist）和非竞争性阻断药（noncompetitive antagonist）。

（1）竞争性阻断药：与激动药竞争同一受体，其结合是可逆的，产生了竞争性抑制作用。增加激动药剂量，量–效曲线平行右移，但效能不变（图 2-6A）。竞争性阻断药的作用强度用拮抗参数（pA_2）表示，定义为激动药与阻断药合用时，如激动药浓度增加至 2 倍所产生的效应为未加入阻断药时激动药的效应，则所加入阻断药的摩尔浓度的负对数值为 pA_2。pA_2 越大，拮抗作用越强。

（2）非竞争性阻断药：与激动药作用受体的受点相同，且结合牢固，形成的阻断药受体复合物不易解离，而阻止激动药与受体的结合，或与非激动药作用受体结合，导致激动药结合的受体构型改变而无法识别激动药。即使不断提高激动药的浓度也不能达到与其单独使用时的效能。非竞争性阻断药与激动药合用时，可使激动药的量–效曲线右移，并降低其最大效能（图 2-6B）。

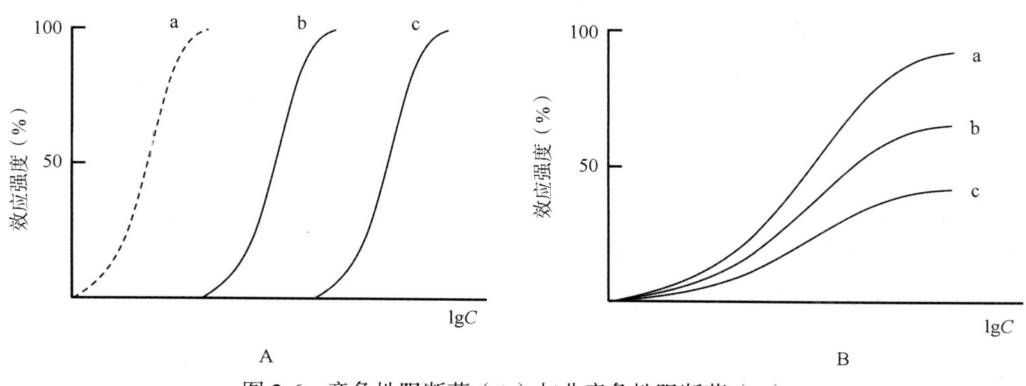

图 2-6　竞争性阻断药（A）与非竞争性阻断药（B）

a：激动药；b：激动药+小剂量阻断药；c：激动药+大剂量阻断药

化学结构类似的药物对于同一受体有的是激动药，有的是阻断药，还有的是部分激动药，这可用二态学说（two state theory）来解释。该学说认为，受体存在两种构型：活化态构型（active conformation，R^*）和静息态构型（resting conformation，R）。两种构型处于动态平衡，可互相转变。激动药主要与活化态受体 R^*结合，产生激动效应。部分激动药对活化态受体 R^*的亲和力比对静息态受体 R 的亲和力大 50%左右，产生较小的效应。阻断药与活化态受体 R^*和静息态受体 R 结合的亲和力相等，故不产生效应。有些药物主要与静息态受体 R 结合，产生与激动药相反的效应，称为反向激动药（inverse agonist）（图 2-7）。

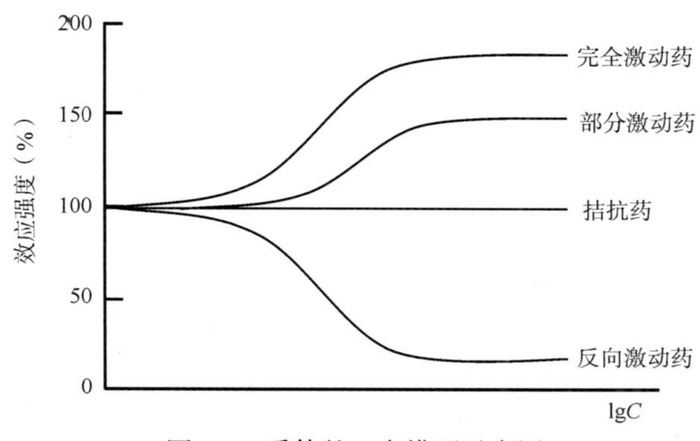

图 2-7　受体的二态模型示意图

（六）受体的分类

1. 细胞膜受体 根据受体蛋白结构、跨膜信息传递方式、效应性质等特点，将细胞膜受体大致分为以下三类。

（1）G 蛋白耦联受体（G protein-coupled receptors）：位于细胞膜上，因其能与 G 蛋白（guanine nucleotide binding protein，G protein）相耦联而得名。特点是当配体与受体结合后，经过 G 蛋白的转导，将信号送达效应器蛋白，产生生物学效应。G 蛋白耦联受体的结构为一条多肽链，含有 7 个 α 螺旋的跨膜段，其 N 端在细胞外，C 端在细胞内。与配体特异结合的部位在 N 端或跨膜螺旋的内部，与 G 蛋白结合的部位在胞内侧（图 2-8）。

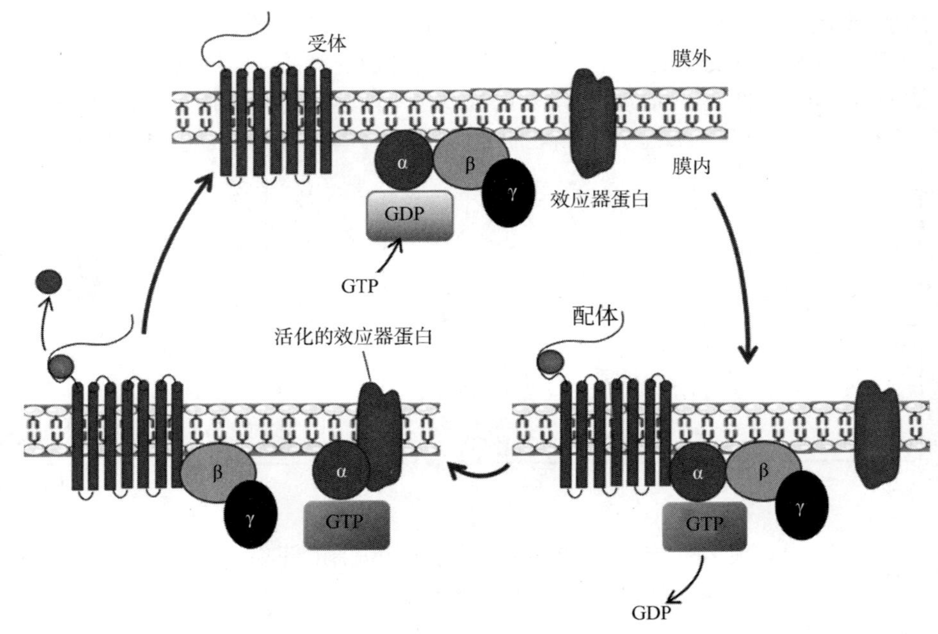

图 2-8 G 蛋白耦联受体模式图

G 蛋白耦联受体是目前发现的种类最多的受体，如 M 型乙酰胆碱（acetylcholine，ACh）受体、肾上腺素受体、多巴胺受体、γ-氨基丁酸 B（$GABA_B$）受体、阿片受体、前列腺素受体及 5-羟色胺（5-hydroxytryptamine，5-HT）（$5\text{-}HT_3$除外）受体等。一个细胞可表达 20 多种 G 蛋白耦联受体，当受体与配体结合后可激活多个 G 蛋白，其中每一个 G 蛋白可以转导多个信号给效应器，调节细胞的功能。G 蛋白的调节效应器包括酶类，如腺苷酸环化酶（adenylate cyclase，AC）、磷脂酶 C（phospholipase C，PLC）、磷酸二酯酶（phosphodiesterase，PDE）等，以及某些离子通道如钙通道和钾通道。

G 蛋白是由 α、β、γ 三种亚基单位组成的 GDP-αβγ 三聚体，静息状态时与鸟苷二磷酸（guanosine diphosphate，GDP）结合。配体与受体结合后，GDP-αβγ 复合物在 Mg^{2+}参与下，结合的 GDP 被胞质中鸟苷三磷酸（guanosine triphosphate，GTP）置换，GTP-α 亚基与 βγ 二聚体分离并激活效应器蛋白，同时，α 亚基本身具有 GTP 酶活性，将 GTP 水解成为 GDP，再与 βγ 亚单位形成 G 蛋白三聚体 GDP-αβγ，恢复原来的静息状态，终止信号转导。

G 蛋白有许多类型，常见的有兴奋性 G 蛋白（stimulatory G protein，G_s），激活 AC 使环磷酸腺苷（cyclic adenosine monophosphate，cAMP）增加；抑制性 G 蛋白（inhibitory G protein，G_i），抑制 AC，使 cAMP 生成减少；磷脂酶 C 性 G 蛋白（PI-PLC G protein，G_p），激活磷脂酰肌醇特异的 PLC；转导蛋白（transducin，G_t）及 G_o。G_o参与钙通道和钾通道的调节。

目前也发现少数 G 蛋白耦联受体并非 7 次跨膜结构，例如，C 型利尿钠肽（C-type natriuretic peptide）受体的 G 蛋白耦联受体是 2 次跨膜结构。

（2）配体门控离子通道受体：离子通道按生理功能分类，分为配体门控离子通道（ligand-gated ion channel）及电压门控离子通道（voltage-gated ion channel）。配体门控离子通道受体由配体结合部位与离子通道两部分构成，存在于快速反应细胞的膜上，由单一肽链往返 4 次穿透细胞膜形成 1 个亚单位，并由 4～5 个亚单位组成离子通道。药物或内源性配体与受体结合后，受体变构使通道开放或关闭，改变离子跨膜转运，导致膜电位的变化，从而传递信息引起生理效应。最早发现的是 N 型 ACh 受体，它由 α2βγδ亚单位构成五聚体，α 亚单位是 ACh 结合的部位（图 2-9）。当与 ACh 结合时，通道的分子构象改变，通道开放，终板膜外 Na^+内流，同时伴随少量膜内 K^+外流，引起终板膜发生除极化，产生终板电位。另外，该类受体还包括 GABA 受体、甘氨酸受体、5-HT 受体、谷氨酸受体等。

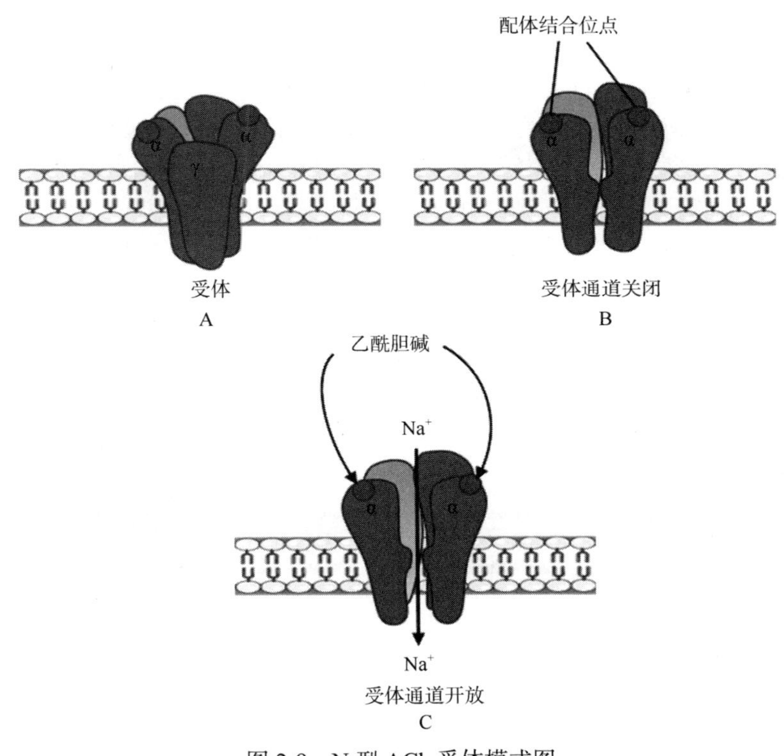

图 2-9　N 型 ACh 受体模式图

（3）酶耦联受体（enzyme-coupled receptors）：又称酶活性受体，这类受体由胞外域、跨膜结构域、胞内激酶（或酶）域组成。胞外域与配体结合，使受体自身的酶活性被激活或者作为激酶激活其他酶分子，继而引起胞内的一些生化反应，实现跨膜信号转导。目前已发现 4 类酶耦联受体，分别是酪氨酸激酶受体（tyrosine kinase receptor）、酪氨酸激酶结合型受体（tyrosine kinase-associated receptor）、鸟苷酸环化酶受体（guanylate cyclase receptor）和蛋白酪氨酸磷酸酶受体（protein tyrosine phosphatase receptor）。其中，酪氨酸激酶受体是最大的一类酶活性受体（图 2-10），这一类受体都是跨膜糖蛋白，由三部分组成，胞外部分构成结合域，可结合配体，中间由 20 多个疏水氨基酸构成跨膜段，胞内侧为酪氨酸激酶活性区域。胰岛素、表皮生长因子、血小板衍生生长因子、干扰素、巨噬细胞集落刺激因子、血管内皮生长因子的受体属于这一类型。如胰岛素受体与配体结合后，受体变构，受体分子中酪氨酸磷酸化，进而激活酪氨酸蛋白激酶，使胞内某些蛋白质的氨基酸残基磷酸化，随后调节细胞核基因转录而实现细胞内信号转导。

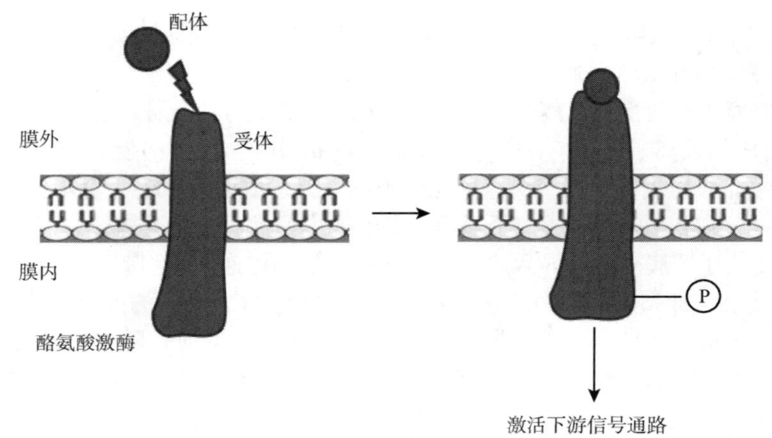

图 2-10 酪氨酸激酶受体模式图

2. 细胞内受体（intracellular receptor） 是指细胞质或细胞核中的受体。雄激素、雌激素、孕激素、维生素 D、维 A 酸及甲状腺素受体位于细胞核内，而糖皮质激素受体位于细胞质中。由于细胞质中的受体与配体结合后，一般也要转入细胞核内发挥作用，通常把细胞内的受体统称为核受体。核受体常为单链多肽，含有激素结合域、DNA 结合域、转录激活域和铰链区等功能片段，本质上属于转录因子（transcription factors）。核受体由非 DNA 结合型转变为 DNA 结合型即为核受体的活化，激素或药物则是这种转录因子的调控物。当类固醇激素进入细胞质与受体结合形成激素–受体复合物后，核受体与热休克蛋白解离，核受体内的核转位信号暴露，激素–受体复合物转位至细胞核内，再以二聚体形式与核内靶基因上激素应答元件（hormone response element，HRE）结合（DNA 结合型受体），继而调节靶基因转录并表达特定的蛋白，引起细胞功能改变（图 2-11）。

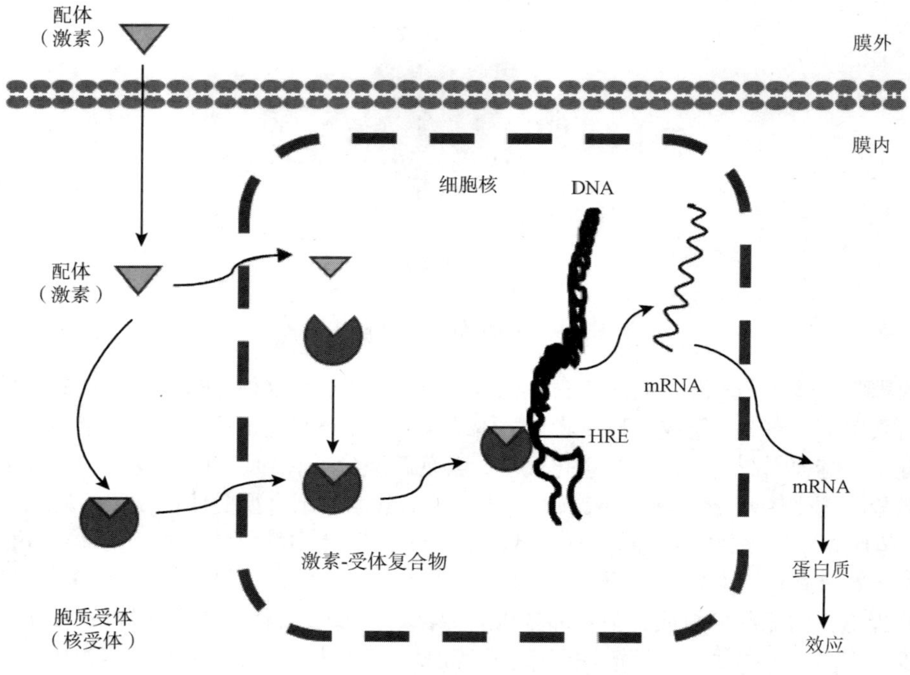

图 2-11 细胞内受体模式图

HRE：激素应答元件

（七）细胞内信号转导途径

目前已知的细胞内传导系统以及效应器系统的种类有限，大多数跨膜信号转导过程仅通过几种不同的分子机制完成，因此可能存在多种细胞外信号物质共用一种或几种的细胞内信使物质和效应体系而发挥作用的现象（图 2-12）。多数的信息传递需要第一信使、第二信使及第三信使的传递。细胞信息传递是以一系列蛋白质的构型和功能改变，引起瀑布式级联反应的过程，细胞外信号经过胞质中的酶促放大反应，迅速在细胞中扩布到特定的靶系统，发挥效应。

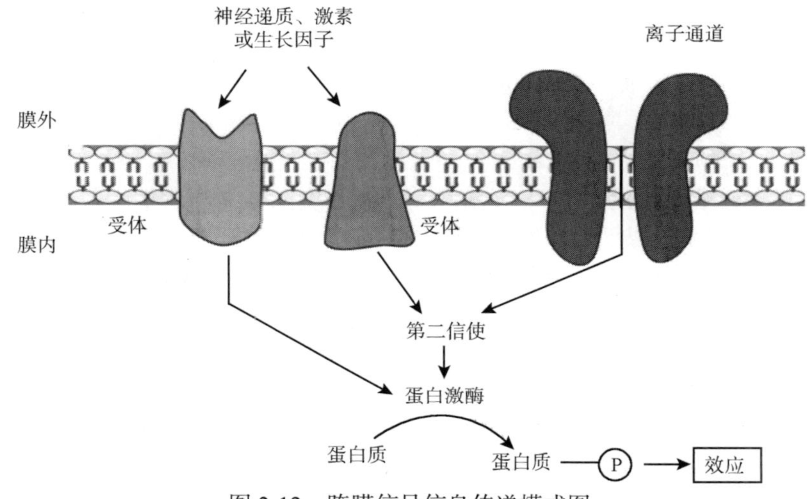

图 2-12　跨膜信号信息传递模式图

1. 第一信使（first messenger）　指多肽类激素、神经递质及细胞因子等细胞外信使物质。大多数第一信使不能进入细胞内，而是通过与细胞膜表面的靶受体特异性结合，激活受体而引起细胞某些生物学特性的改变，如膜对某些离子通道的通透性及酶活性的改变，从而调节细胞功能。

2. 第二信使（second messenger）　为第一信使作用于靶细胞后在细胞质内产生的信息分子。第二信使将获得的信息增强、分化、整合并传递给效应器，才能发挥其特定的生理功能或药理效应。最早发现的第二信使是 cAMP，随后陆续发现第二信使环磷酸鸟苷（cyclic guanosine monophosphate，cGMP）、细胞膜肌醇磷脂代谢产物三磷酸肌醇（inositol-1,4,5-triphosphate，IP_3）和二酰甘油（diacylglycerol，DAG），以及钙离子等。

（1）cAMP：AC 催化三磷酸腺苷（ATP）水解生成 cAMP。β 受体、D_1 受体、H_2 受体等激动药通过 G_s 作用使 AC 活化，细胞内 cAMP 增加。α 受体、D_2 受体、M_2 受体、阿片受体等激动药通过 G_i 作用抑制 AC 活化，细胞内 cAMP 减少。cAMP 经磷酸二酯酶水解为 5′-AMP 后灭活。cAMP 能激活蛋白激酶 A（protein kinase A，PKA）而使胞内多种蛋白磷酸化而活化，引起系列生理、生化效应。

（2）cGMP：鸟苷酸环化酶（guanylate cyclase，GC）催化三磷酸鸟苷（GTP）水解生成 cGMP。cGMP 可激活蛋白激酶 G（protein kinase G，PKG），引起各种效应。cGMP 的作用与 cAMP 相反，使心脏抑制、血管舒张和肠腺分泌等。cGMP 也受磷酸二酯酶灭活。

（3）IP3 和 DAG：α_1 受体、H_1 受体、M_1 受体、M_3 受体等激活后，通过 G 蛋白介导激活磷脂酶 C（PLC），使 4,5-二磷酸磷脂酰肌醇（PIP_2）水解生成 IP_3 和 DAG。IP_3 引起肌浆网等胞内钙池释放 Ca^{2+}，通过钙调蛋白（calmodulin，CAM）及蛋白激酶 C（protein kinase C，PKC）激发多种细胞功能。DAG 则在 Ca^{2+} 协同作用下激活 PKC，促使多种靶蛋白磷酸化而产生效应。

（4）Ca^{2+}：细胞内 Ca^{2+} 对细胞功能有着重要的调节作用，如肌肉收缩、腺体分泌、白细胞及血小板活化等。细胞内 Ca^{2+}激活 PKC，与 DAG 有协同作用，共同促进其他信息传递蛋白及效应蛋白活化。很多药物通过影响细胞内 Ca^{2+}浓度而发挥药理效应，故近年来细胞内 Ca^{2+}调控及其作用机制的研究受到重视。

3. 第三信使（third messenger） 是指负责细胞核内外信息传递的物质，包括生长因子、转化因子等。它们传导细胞质中的蛋白及某些癌基因产物的信息进入细胞核，参与基因调控、细胞增殖和分化及肿瘤的形成等过程。

（八）受体的调节

受体虽是遗传获得的固有蛋白，但并非固定不变，而是处于代谢转换的动态平衡中，其数量、亲和力及效应常受各种生理、病理及药物因素的影响。受体的调节可改变靶细胞对配体的敏感性，是机体维持内环境稳定的一个重要因素，其调节方式有以下类型。

1. 受体脱敏（receptor desensitization） 是指在长期使用一种激动药后，组织或细胞对激动药的敏感性和反应性下降的现象。如哮喘患者长期使用 $β_2$受体激动药沙丁胺醇时，沙丁胺醇的疗效逐渐下降，产生耐受性。若仅对一种类型的受体激动药的反应性下降，而对其他类型受体激动药的反应性不变，则称为激动药特异性脱敏（agonist-specific desensitization）。若组织或细胞对一种类型激动药脱敏后，对其他类型受体激动药也不敏感，则称为激动药非特异性脱敏（agonist-nonspecific desensitization）。受体脱敏可能与受体的磷酸化水平、膜磷脂代谢变化、信号转导系统改变及受体的负协同效应有关。若受体脱敏只涉及受体密度的下降，则称为受体下调（receptor down-regulation）。

2. 受体增敏（receptor hypersensitization） 是指长期反复应用受体阻断药而造成组织或细胞对激动药的敏感性和反应性增强，与受体脱敏相反的一种现象。如长期使用 β 受体阻断药普萘洛尔治疗高血压时，突然停药可致血压升高的“反跳”现象。若受体增敏只涉及受体密度的增加，则称为受体上调（receptor up-regulation）。

二、药物作用的非受体机制

药物作用的机制复杂而广泛，大部分药物需与受体结合才产生作用，但也有些药物通过非受体作用产生效应。

（一）影响酶的活性

酶的种类多、分布广，机体的许多功能和代谢过程都是在酶的催化作用下产生的。超过 20%的药物以酶为作用靶点，通过影响酶的活性而产生药理作用。例如，新斯的明通过抑制胆碱酯酶，使体内 ACh 堆积，间接发挥 ACh 的作用；苯巴比妥增强肝药酶活性，加速了药物的代谢，产生药物耐受性。地高辛抑制心肌细胞的 Na^+-K^+-ATP 酶，使细胞内 Na^+增加，导致细胞内 Ca^{2+}也增加，心肌收缩力增强。

（二）作用于细胞膜的离子通道

Na^+、K^+、Ca^{2+}和 Cl^-等通过特异性离子通道的跨膜转运对维持细胞的兴奋性和功能起关键作用。药物可通过影响离子通道的开放和关闭，改变细胞内外无机离子的转运和分布，产生特定的药理效应，如氨氯地平阻滞钙通道，松弛血管平滑肌，降低血压。

（三）影响物质转运

许多生理物质如神经递质、激素、代谢物、内在活性物质及无机离子等在体内转运，需要载体蛋白参与，干扰这一环节可以产生明显的药理效应。少数药物可通过影响载体而影响药物的药理作用。例如，抗抑郁药氟西汀选择性地抑制 5-HT 转运体，阻断突触前膜对 5-HT 的再摄取，延长和增加 5-HT 的作用，从而产生抗抑郁作用；袢利尿药呋塞米抑制 Na^+-K^+-$2Cl^-$共同转运体而发挥高效利尿作用。

（四）影响核酸代谢

核酸主要位于细胞核内，是控制蛋白质的合成及细胞分裂的生命物质。有些药物通过干扰或抑制细菌、病毒和肿瘤细胞的核酸合成来杀灭或抑制细菌、病毒和肿瘤细胞。如喹诺酮类抗菌药物通过抑制 DNA 回旋酶干扰核酸代谢发挥杀菌作用；利福平能抑制 RNA 合成；抗肿瘤药物如环磷酰胺、甲氨蝶呤、丝裂霉素等破坏 DNA 的结构和功能。

（五）影响免疫系统

药物可影响机体的免疫应答反应和免疫病理反应，进而防治机体免疫功能异常所致的疾病，如免疫增强药（如干扰素）和免疫抑制药（如他克莫司），而有些药物本身就是抗体（如丙种球蛋白）或抗原（如疫苗）。

（六）理化反应

理化反应指有些药物通过简单的物理作用及化学反应而产生的药理效应。例如，口服抗酸药，中和胃酸，用以治疗消化道溃疡；静脉注射甘露醇高渗溶液可提升肾小管内渗透压而产生利尿作用；二巯丙醇通过与重金属阳离子形成络合物，用于解除重金属或类金属中毒；枸橼酸铋钾通过形成保护膜而保护胃溃疡面等。

（七）补充机体缺乏的物质

机体必需物质的缺乏会导致疾病的发生，而有些药物补充机体缺乏的物质可以治疗相应的疾病，如铁盐、维生素、微量元素、人血清白蛋白、人胎盘血清白蛋白等。

（八）影响基因

随着基因研究的深入，一些疾病的相关基因被确认。基因治疗（gene therapy）是指将正常基因或有其他功能的基因导入体内，使之表达以获得疗效。基因治疗主要是针对某些对人类健康威胁严重的疾病，包括遗传病（如血友病、囊性纤维病、家庭性高胆固醇血症等）、恶性肿瘤、心血管疾病、艾滋病等。迄今世界上已有百余种基因治疗项目获批临床试验。尽管目前存在着许多障碍，但基因治疗的发展趋势仍是令人欣慰的。

1. 名词解释：药效学、药物作用的选择性、药物的不良反应、副作用、毒性反应、后遗效应、停药反应、过敏反应、特异质反应、效价强度、效能、半数有效量、半数致死量、治疗指数、亲和力、内在活性、激动药、阻断药、受体脱敏、受体增敏。
2. 简述药物不良反应的类型及各自的特点。
3. 试从药物与受体的相互作用论述激动药与阻断药的特点。

附　受体学说的发展

受体的概念是兰格利（Langley）和埃尔利希（Ehrlich）在实验研究的基础上提出来的。1878 年，Langley 首次提出受体假设，根据阿托品和毛果芸香碱对猫唾液分泌具有拮抗作用，提出在神经末梢或腺细胞中可能存在一种与药物相结合的物质。1905 年，他观察到烟碱与箭毒对骨骼肌的兴奋和抑制作用后，推断两药不影响神经传导，也不作用于骨骼肌细胞，而是作用于神经与效应器之间的某种“接受物质”（receptive substance）。1908 年，Ehrlich 从抗体对抗原具有高度特异性中得到启示，正式提出受体概念，药物可与受体可逆性或非可逆性结合产生作用，并把药物与受体结合比作“锁钥”关系。

由于当时科学实验手段的限制，“受体”的概念受到了广泛的质疑。1926 年克拉克（Clark）以 ACh 抑制心脏为例计算了药物发生作用时，ACh 只能覆盖心肌细胞面积的 0.016%。1933 年他又以毒毛花苷 K 的实验进行同样的分析，表明药物只能覆盖 1%左右。Clark 从定量计算上为受体学说提供了有力的支持，首次用数学公式描述了药物与受体的相互作用，这就是“占领理论”的雏形。1937 年约翰·加德姆（John Gaddum）提出受体占领学说：受体只有与配体结合才能被激活并产生效应，效应的强弱与药物占领受体的数目成正比，全部受体被占领时出现最大效应。受体占领学说不能解释同一类药物或活性物质占领同一受体，而产生不同的最大效应。1954 年阿里昂斯（Ariens）在受体占领学说中引入了内在活性的概念，即药物与受体结合时产生效应的能力称为内在活性，其大小用 0～1 的系数 α 值来表示。1956 年史蒂芬森（Stephenson）在受体占领学说的基础上引入了效能的概念，即药物只要占领少量受体即可产生最大效应，而未结合的受体称为储备受体，使受体占领理论进一步完善。

1961 年，帕顿（Paton）提出了速率学说。认为药物效应强弱不取决于药物占领受体的数量，而是取决于药物与受体的结合速率和解离速率。激动药的解离速率大，部分激动药的解离速率较小，阻断药的解离速率小。但是，该学说不能解释药物与多种类型受体的相互作用。

为什么结构相似的药物对于同一受体的作用是不同的，这可用二态模型学说（变构学说）解释。该学说认为，受体存在两种构型：一种是失活态受体，无活性；另一种是活化态受体，有活性，两者呈动态平衡。该学说较好地解释了完全激动药、部分激动药、阻断药和反向激动药。随着 G 蛋白耦联受体研究的深入，1996 年，肯内金（Kenakin）提出较实用的 G 蛋白耦联受体复合动力学模型：存在激动药与受体、受体与 G 蛋白、配体与受体 G 蛋白复合体的相互作用，形成一个立体三元复合模型。该模型丰富了配体与受体的相互作用，可解释一些涉及信号转导的科学问题。

受体学说是药效学的基本理论，是在药理学研究中发展起来的。受体学说不仅在阐明药物作用机制、指导临床合理用药、新药的研究开发中具有重要的价值，而且推动了生命科学和医学的发展。

第三章　药物代谢动力学

学习目标

1. 掌握药物代谢动力学的基本概念、药物体内过程特点、药物代谢动力学的规律。
2. 理解药物体内过程的影响因素，并能结合动力学参数进行分析。
3. 明晰药物代谢动力学在新药研发、制订临床合理用药方案中的意义。

药物代谢动力学（drug metabolism and pharmacokinetics，DMPK）简称药代动力学或药动学（pharmacokinetics，PK），主要研究机体对药物吸收（absorption）、分布（distribution）、代谢（metabolism）及排泄（excretion）等处置（disposition）过程，并且定量描述药物浓度在体内随时间变化的动态规律。简言之，药动学主要研究药物在机体作用下所发生的空间、浓度及化学结构的变化和规律。

药动学在药剂学中可用于制剂质量评价，在基础药理学中有助于加深对药物作用及机制的认识，在新药研究时可用于评价候选化合物成药性（druggability），在临床及药物治疗学中，可用于制订给药方案（dosage regimen）、开展治疗药物监测（therapeutic drug monitoring，TDM）和研究药物间相互作用（drug-drug interaction），在中药现代化研究中可用于阐释药效物质基础、复方配伍机制等。总之，药动学已广泛应用于药物基础研究、新药研发及临床应用，是一门具有重要理论和实用价值的学科。

第一节　药物的跨膜转运

药物体内处置过程均需跨膜转运（trans-membrane transport）才能完成。此处的膜即生物膜，包括细胞膜及细胞内各种细胞器的膜，如核膜、线粒体膜、内质网膜等。生物膜以脂质及蛋白质成分为主，另含极少量与脂质、蛋白质成分以共价键结合的多糖成分。其中，脂质成分形成外侧亲水而内侧疏水的液态双分子层，构成生物膜的基架；蛋白质分子镶嵌在脂质双分子层表面或贯穿至膜两侧，构成受体、离子通道、转运体、膜孔等，参与物质、信息、能量的跨膜传递。

药物跨膜转运主要有被动转运（passive transport）、主动转运（active transport）和膜动转运（cytosis）三种方式。被动转运包括脂溶扩散（lipid diffusion）、膜孔扩散（pore diffusion）和易化扩散（facilitated diffusion）。主动转运包括原发性（primary active transport）和继发性（secondary active transport）两大类，而继发性主动转运又可分为反向（antiport）和同向（symport）转运两种。膜动转运依据转运方向分为胞吞（endocytosis）和胞吐（exocytosis）两种形式。因为均需要借助载体，易化扩散和主动转运又可统称为载体转运（carrier-mediated transport）。各跨膜转运方式的模式图见图 3-1。

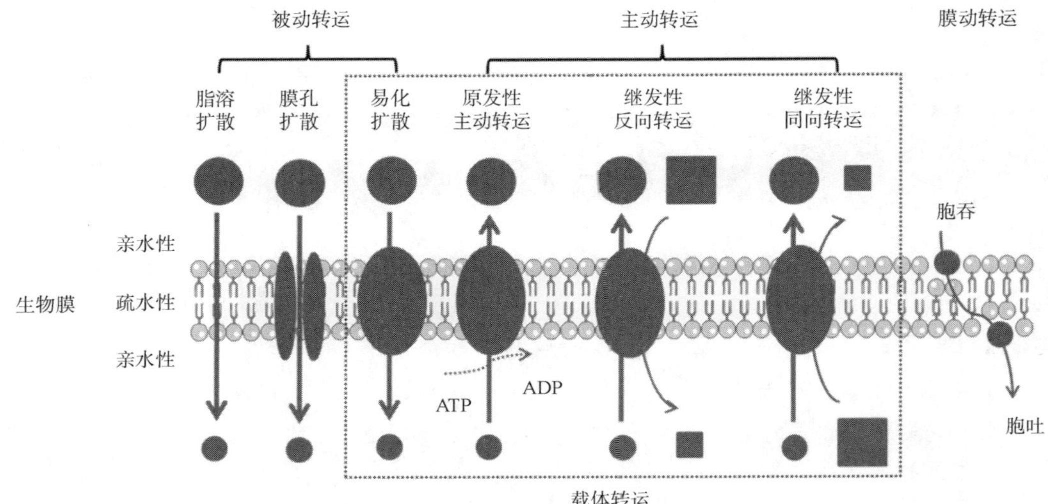

图 3-1 药物跨膜转运模式图

一、被 动 转 运

被动转运的药物分子由高浓度一侧向低浓度一侧扩散，直至膜两侧的药物浓度达到平衡，因此又称为顺差转运。特点：①顺浓度梯度转运；②不需要载体；③不消耗能量；④无饱和性和竞争性抑制现象。

（一）脂溶扩散

脂溶扩散又称简单扩散（simple diffusion），指脂溶性药物溶解于细胞膜脂质双分子层，顺浓度差通过生物膜，大多数药物按此方式跨膜转运。

脂溶扩散速率及程度受药物脂溶性、解离度、分子量，膜两侧的浓度差，膜面积等因素的影响。其中最重要的影响因素是药物的脂溶性，药物脂溶性越高，越容易溶解于脂质双分子层，跨膜转运速率越快、程度越高，药物的脂溶性可用油/水分配系数（lipid/aqueous partition coefficient）来评价。另外，药物跨膜转运速率与其分子量成反比，与膜两侧的浓度差、膜面积成正比。

大多数药物属于弱酸性或弱碱性化合物，在溶液中通常以非解离型和解离型两种形式存在，并呈动态平衡。非解离型药物解离度小、脂溶性高，能以简单扩散方式通过生物膜，而解离型药物解离度大、脂溶性小，不易跨膜转运，被限制在膜的一侧，这种现象称为离子障（ion trapping）。药物的解离度取决于药物的解离常数（K_a）和环境 pH，弱酸性药物在酸性环境中解离型少，而在碱性环境中解离型多；反之，弱碱性药物在酸性环境中解离型多，而在碱性环境中解离型少。根据药物的 pK_a（解离常数的负对数）值和环境的 pH 之差，依据 Handerson-Hasselbalch 公式可定量计算出解离型和非解离型药物的比值（表 3-1）。例如，当溶液的 pH 与弱酸性或弱碱性药物 pK_a 相当时，解离型和非解离型药物的比值为 1，即各占药物总量的 50%。

弱酸性药物

$HA=H^++A^-$

$$K_a=\frac{[H^+][A^-]}{[HA]}$$

$$pK_a=pH-\lg\frac{[A^-]}{[HA]}$$

弱碱性药物

$BH^+=H^++B$

$$K_a=\frac{[H^+][B]}{[BH^+]}$$

$$pK_a=pH-\lg\frac{[B]}{[BH^+]}$$

$$\mathrm{pH}-\mathrm{p}K_{\mathrm{a}}=\lg\frac{[\mathrm{A}^{-}]}{[\mathrm{HA}]}$$

$$\therefore 10^{\mathrm{pH}-\mathrm{p}K_{\mathrm{a}}}=\frac{[\mathrm{A}^{-}]}{[\mathrm{HA}]}=\frac{[\text{离子型}]}{[\text{非离子型}]}$$

当 $\mathrm{pH}=\mathrm{p}K_{\mathrm{a}}$ 时，$[\mathrm{HA}]=[\mathrm{A}^{-}]$

$$\mathrm{p}K_{\mathrm{a}}-\mathrm{pH}=\lg\frac{[\mathrm{BH}^{+}]}{[\mathrm{B}]}$$

$$\therefore 10^{\mathrm{p}K_{\mathrm{a}}-\mathrm{pH}}=\frac{[\mathrm{BH}^{+}]}{[\mathrm{B}]}=\frac{[\text{离子型}]}{[\text{非离子型}]}$$

当 $\mathrm{pH}=\mathrm{p}K_{\mathrm{a}}$ 时，$[\mathrm{B}]=[\mathrm{BH}^{+}]$

弱酸性药物在酸性环境比如胃液中解离型少，因此可在胃部吸收，而弱碱性药物则相反，在酸性环境中大部分解离，通常在胃部不吸收。在碱化的尿液中，弱酸性药物不易被肾小管重吸收从而被排出体外，因此，碱化尿液有助于促进弱酸性药物排泄，起到解救弱酸性药物过量中毒的作用。

表 3-1　体液 pH 对非解离型与解离型弱酸或弱碱性药物比值的影响

pH	弱酸性药物	弱碱性药物
	非解离型∶解离型	非解离型∶解离型
$=\mathrm{p}K_{\mathrm{a}}-2$	100∶1	1∶100
$=\mathrm{p}K_{\mathrm{a}}-1$	10∶1	1∶10
$=\mathrm{p}K_{\mathrm{a}}$	1∶1	1∶1
$=\mathrm{p}K_{\mathrm{a}}+1$	1∶10	10∶1
$=\mathrm{p}K_{\mathrm{a}}+2$	1∶100	100∶1

（二）膜孔扩散

膜孔扩散（pore diffusion），又称滤过（filtration）、水溶扩散（aqueous diffusion），是指水溶性药物在膜两侧的流体静压和渗透压差的驱动下，通过膜上的亲水性孔道（即膜孔）转运的过程。亲水性孔道可由嵌入脂质双分子层的蛋白质的亲水性氨基酸构成。药物能否通过膜孔与其分子量密切相关。肠道上皮细胞的膜孔较小，仅可通过分子量小于 100～200Da 的物质，所以口服药物在肠道一般不以膜孔扩散方式吸收；而肌肉中毛细血管的内皮细胞膜孔较大，因此肌内注射药物大多可经膜孔扩散进入血液，吸收迅速而完全；肾小球毛细血管内皮细胞的膜孔也较大，药物一般均能滤过而后进入肾小管管腔。

（三）易化扩散

易化扩散以膜上的转运体为载体进行跨膜转运。氨基酸、葡萄糖、季铵盐类药物和离子如 Na^{+}、K^{+}、Ca^{2+}等可通过易化扩散转运。与简单扩散相比，易化扩散的速率更快；与主动转运相比，易化扩散同样具有特异性、饱和性和竞争性，但无须消耗能量（ATP），其驱动力来自于膜两侧药物浓度差。

二、主 动 转 运

主动转运又称逆流转运（countercurrent transport），指药物从细胞膜浓度低的一侧向浓度高的一侧转运。特点：①逆浓度梯度转运；②需要消耗能量；③需要载体；④具有饱和性和竞争性抑制现象，如丙磺舒与青霉素竞争肾小管上皮细胞膜上相同的酸性药物转运载体（transport carrier of acidic drugs），抑制青霉素的排泄，使青霉素的血药浓度升高。

主动转运依赖膜上的药物转运体，而药物转运体广泛分布于体内各组织、器官，包括肠道、肝脏、肾脏、血脑屏障、肿瘤细胞及细菌等，对其底物药物的处置过程产生重要影响。根据转运方向的不同，可将药物转运体分为摄取性转运体和外排性转运体。摄取性转运体可将药物从细胞外摄取至细胞内，有利于药物在细胞、组织内蓄积。外排性转运体如P-糖蛋白（p-glycoprotein，P-gp）则将细胞内的药物排出，这是某些药物在肠道吸收及组织分布受限、肾脏及胆汁排泄、肿瘤及细菌耐药的重要原因。药物转运体已成为药动学研究的重要内容之一。

三、膜 动 转 运

大分子物质如蛋白质、多肽或固态、液态的团块物质的跨膜转运伴有膜的运动，因此称为膜动转运。膜动转运也是载药纳米粒、抗体药物的主要跨膜转运方式。

（一）胞吞

胞吞又称内吞或入胞，是指细胞外大分子物质或物质团块通过生物膜的内陷形成小胞吞噬而进入细胞的过程。

（二）胞吐

胞吐又称胞裂外排或出胞，细胞内大分子物质或物质团块可以此种方式从细胞内转运到细胞外。腺体分泌及递质的释放即属于胞吐。

第二节 药物体内过程

药物在体内通常经过吸收、分布、代谢、排泄过程，即机体对药物的处置过程。其中吸收、分布、排泄主要涉及药物转运（transport），代谢则是药物化学结构发生变化的转化（transformation）；药物的代谢及排泄均有利于药物从体内清除，可合称为消除（elimination）。药物体内过程如图3-2所示。

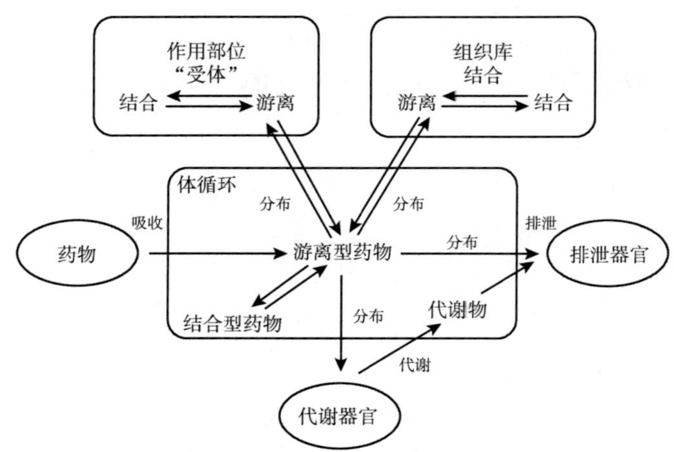

图3-2 药物体内过程及分布部位示意图

一、吸 收

吸收（absorption）是指药物从给药部位进入血液循环的过程。吸收的速度影响药物起效快慢、吸收程度影响作用强弱。药物的给药途径、理化性质、药物剂型与制剂工艺、机体状态等因素均可影响药物的吸收，其中给药途径最为重要。

（一）给药途径

给药途径主要包括血管内给药及血管外给药两大类。血管内给药（主要为静脉注射，intravenous injection），药物直接、完全地进入血液，没有吸收过程，血管外给药则均存在吸收过程。不同的血管外给药途径，药物吸收的速度一般依次为吸入＞舌下＞肌内注射＞皮下注射＞口服＞直肠＞皮肤；而吸收程度，一般以吸入、舌下、直肠、肌内注射和皮下注射较完全，口服次之，经皮给药则多数较差。

1. 消化道给药（口服、舌下、直肠）　消化道给药后，药物跨过胃、肠黏膜后汇集到门静脉，然后进入肝脏，经肝脏处置之后再进入体循环。某些药物在胃、肠吸收过程中可被代谢（主要为肠壁及肝脏代谢）而使进入体循环的药量减少，这一现象称为首关消除（first-pass elimination），又称首关效应（first-pass effect）。首关消除明显的药物一般不宜口服（oral administration）给药，经直肠给药（rectal administration）后有部分药物经上痔静脉进入门静脉后到达肝脏，也难以完全避免首关消除。

（1）口服给药：是最常用的给药途径，其吸收部位为胃肠道。弱酸性药物可从胃吸收，但因吸收表面积较小，且药物在胃内滞留时间较短，所以药物在胃内的吸收有限。小肠是绝大多数口服药物吸收的主要部位，这是因为小肠吸收面积大、血流量丰富，药物在小肠滞留时间长。而且，小肠肠腔内 pH 范围宽（4.8～8.2），弱酸性及弱碱性药物均可被吸收。

（2）舌下给药：其优点是血管丰富并且药物吸收后可直接进入血液循环，因而吸收迅速且无首关消除。首关消除明显的药物（如硝酸甘油片等）可考虑舌下给药（sublingual administration）。但舌下给药吸收表面积小，吸收量有限，因此不是常规的给药途径。

（3）直肠给药：直肠表面积较小，肠腔内液体量少，pH 较高（约 8.0），因此对许多药物来说，直肠内给药的主要优点是可避免药物对上消化道的刺激及部分避开肝脏的首关效应。药物经下痔静脉和中痔静脉吸收后进入下腔静脉，可避开首关效应，但进入上痔静脉后仍可经过门静脉入肝而不能避开首关效应。

2. 皮下（subcutaneous injection）**或肌内注射**（intramuscular injection）　皮下或肌内注射的药物被毛细血管吸收。除脂溶扩散以外，由于毛细血管具有微孔，药物还可以膜孔扩散方式转运。吸收速率受到注射部位血流量和药物剂型的影响，肌肉组织的血流量比皮下组织丰富，故肌内注射通常比皮下注射吸收迅速。水溶液一般吸收迅速，但油剂、混悬剂可在局部滞留，吸收慢，也因此可产生持久的作用。少数药物可因在注射部位发生理化性质变化而导致吸收障碍，如地西泮、苯妥英钠、地高辛等。

3. 吸入给药（inhalation administration）　挥发性液体、气体及可雾化的药物可通过喷雾或气雾方式吸入给药，由呼吸道黏膜或肺泡上皮细胞吸收。由于肺泡表面积大而薄，且毛细血管内血流量大，故药物通过肺泡吸收极其迅速。药物雾化后粒径小于 2～5μm 才能进入肺泡被吸收，否则滞留在细支气管或支气管黏膜，发挥局部作用。

4. 经皮给药（transdermal administration）　是将药物涂擦于皮肤表面的给药方式。一般认为，完整的皮肤吸收能力差，仅少数脂溶性极强的药物（如有机磷酸酯类）可被吸收。促皮吸收剂有助于药物吸收。此外，贴皮药还可制成缓释制剂（sustained release preparation），发挥持久作用。因此，经皮给药常作为一种有效的给药途径。

（二）药物理化性质

影响药物跨膜转运的理化性质如脂溶性、解离度、分子量等均可影响其吸收（见本章第一节）。除此之外，药物也需具有一定的水溶性，以利于药物在体液中溶解并且接近外侧亲水的脂质双分子层。

（三）药物剂型与制剂工艺

剂型不同，同一药物的吸收速度、程度可表现出明显的差异。如缓释制剂（sustained release preparation）可让药物口服后在消化道非恒速缓慢释放，而控释制剂（controlled release preparation）则可以定时、定量、匀速地向外释放药物，从而控制药物吸收。即使剂量、剂型相同的同一药物，因制剂工艺的不同也将改变口服药物的吸收速度和程度。

（四）机体状态

对于消化道给药而言，胃肠内 pH、胃肠内容物（食物、其他药物）、胃排空速度、肠蠕动、胃肠病理状态、肠菌状态等均可影响药物吸收。

二、分 布

分布是指血液中的药物随血液循环到达组织、器官的过程。大多数药物在体内的分布呈现不均匀性，即药物分布到各组织、器官的速度、浓度不同，且同一组织、器官的浓度随时间发生动态变化。药物在体内分布的速度、浓度主要取决于药物与血浆蛋白结合率、生理屏障、组织亲和力、器官血流量、体液 pH 等。

（一）血浆蛋白结合率

大多数药物在血液中可与血浆蛋白结合。弱酸性、弱碱性及脂溶性较强的药物分别主要与白蛋白、α_1 酸性糖蛋白及脂蛋白结合。因此，血中药物以游离型与结合型两种形式存在。结合型药物分子量较大，不能跨膜转运，难以分布到组织、器官。因此，血浆蛋白结合率是影响药物分布的一个重要因素，即结合率高的药物向组织、器官转运少，而结合率低的则转运多。

药物与血浆蛋白结合将导致其暂时失活和暂时储存。游离型药物可以转运到作用部位并产生药理效应，但结合型药物难以分布到组织，因此暂时不能发挥作用，也不被代谢或排泄，因此是药物的暂时储存形式。

药物与血浆蛋白结合具有差异性、可逆性、饱和性、竞争性的特性。差异性是指药物的血浆蛋白结合率差异较大，如抗凝血药华法林血浆蛋白结合率约为 99%，而中枢镇痛药吗啡约为 30%；可逆性是指结合型药物与游离型药物浓度处于动态平衡之中；饱和性是因为血浆蛋白与药物的结合位点和结合容量有限；竞争性是指同时存在的两种药物可竞争同一个结合位点。上述特性具有一定临床意义，例如，当血浆蛋白含量降低（如慢性肾炎、肝硬化、极度营养不良等）或血药浓度过高，药物与血浆蛋白结合达到饱和时，或两种药物竞争同一结合位点时，血浆内游离型药物浓度显著增加，可引起药效增强甚至出现毒性反应。

（二）生理屏障

生理屏障主要包括血脑屏障、胎盘屏障、血眼屏障、血关节囊液屏障等。药物穿透生理屏障有利于疾病治疗，但也可能导致不良反应。

1. 血脑屏障（blood–brain barrier） 是血液–脑组织、血液–脑脊液及脑脊液–脑组织三种屏障的总称，可阻止药物由血入脑。血脑屏障的形成与以下因素有关：①脑组织毛细血管内皮细胞间存在紧密连接（tight junction）；②脑组织毛细血管内皮细胞表达多种外排性转运体；③脑组织毛细血管基底膜外有星形胶质细胞覆盖。因此，只有少数脂溶性强的药物才能通过血脑屏障。但是，脑膜炎症时，血脑屏障通透性增加，有利于药物分布。

2. 胎盘屏障（placental barrier） 是胎盘绒毛与子宫血窦间的屏障，它能将母体与胚胎的血液分开。胎盘屏障通透性与一般毛细血管无显著差别，只是到达胎盘的母体血流量较少而已，因此，胎盘屏障可以使药物进入胚胎血液循环的速度减慢但不能完全限制其分布。几乎所有药物都能穿透胎盘屏障，尤其是脂溶性高的药物，因此孕妇用药时应谨慎，避免影响胚胎发育。

（三）组织亲和力

某些药物对特定组织具有较高的亲和力，因此在这些组织中药物浓度较高。例如，氯喹在肝脏和红细胞中浓度较高。药物富集在特定组织有利于增加药物作用的选择性。有时，药物选择性富集于特定组织中，主要起储存作用，比如脂溶性药物储存于脂肪组织、钙沉积在骨组织等。

（四）器官血流量

肝、肾、脑、心、肺等器官血流丰富。因此，药物吸收后，一般可在这些器官迅速达到较高浓度，然后向血流量小及与药物亲和力较低的组织转移，这种现象称为再分布（redistribution）。

（五）体液 pH

在生理情况下，细胞内液 pH 约为 7.0，细胞外液（即血液和细胞间液）pH 约为 7.4。弱酸性药物在细胞内液中非解离多，易自细胞内向细胞外转运；弱碱性药物则相反，常在细胞内浓度较高。口服碳酸氢钠可抢救巴比妥类弱酸性药物中毒，这是因为碳酸氢钠可碱化血液，促进药物由脑组织向血液转运，并且可碱化尿液，减少药物在肾小管重吸收，加速其肾排泄。

三、代　谢

药物代谢又称生物转化（biotransformation），是指药物在体内化学结构发生变化的过程。药物代谢对其转运及活性产生显著影响。

（一）代谢的类型及意义

药物在体内代谢的类型包括Ⅰ相（phaseⅠ）及Ⅱ相（phaseⅡ）代谢。

Ⅰ相代谢反应主要包括氧化（oxidation）、还原（reduction）及水解（hydrolysis）等，可在药物分子结构中引入或暴露出一些极性基团（如羟基、羧基、巯基、氨基等）。Ⅰ相代谢对活性的影响是多样的。多数情况下，药物在Ⅰ相代谢后活性降低，即药物被灭活（inactivation）。少数无活性或活性较低的药物在Ⅰ相代谢后变为有活性或活性更强的药物，即药物被活化（activation）。需经活化后才具有药理作用的药物称为前药（prodrug）。有些药物经Ⅰ相代谢后生成具有毒性的代谢产物。例如，长期或者过量使用对乙酰氨基酚后，可代谢生成一种中间代谢产物 *N*-乙酰对位苯醌亚胺（*N*-acetyl-*p*-benzoquinone imine，NAPQI），后者可引起肝细胞坏死，导致药源性肝损伤。

Ⅱ相代谢反应为结合反应（conjugation），可使药物分子结构中已暴露出来的极性基团与内源性物质（主要为葡糖醛酸、硫酸、谷胱甘肽等）在转移酶（transferase）催化下以共价键结合。Ⅱ相代谢主要使药物转化为无活性的代谢物，并且极性增加，不易被肾小管重吸收，从而有利于从肾脏排泄。

多数药物相继经过Ⅰ相及Ⅱ相代谢。但是代谢途径具有多样性，有的药物可不经代谢而以原形排泄，有的药物只进行Ⅰ相代谢，有的药物直接进行Ⅱ相代谢，还有的药物（如异烟肼）先进行Ⅱ相，然后进行Ⅰ相代谢。

（二）代谢的部位及代谢酶

肝脏是药物代谢的主要部位，肠、肾、肺等器官也可发生药物代谢。

药物在体内的转化一般都是在酶的催化下进行的，这些催化酶又分为两类：①专一性酶，只能转化某一特定的底物，如胆碱酯酶、单胺氧化酶等；②非专一性酶，可以催化多种药物代谢，包括Ⅰ相（主要为细胞色素 P_{450} 酶）和Ⅱ相代谢酶系统（主要为葡糖醛酸转移酶、硫酸转移酶、谷胱甘肽转移酶等）。

细胞色素 P_{450} 酶（cytochrome P_{450}，CYPs）为最主要的药物代谢酶（drug metabolizing enzymes）。CYPs 为多功能的酶系，可催化 60 种以上的代谢反应。CYPs 在肝脏、小肠、肾、肾上腺、肺、皮肤等器官均有表达，主要分布于细胞中的内质网膜上。CYPs 是个基因超家族，与药物代谢密切相关的 CYPs 主要是 CYP1A2、CYP2B6、CYP2C8、CYP2C9、CYP2C19、CYP2D6 和 CYP3A，其中尤其以 CYP3A 最为重要。

药物代谢酶有以下特点：①选择性低，药物代谢酶能催化多种药物代谢；②个体差异大，药物代谢酶活性及表达水平受遗传、年龄、性别、营养状态、疾病等多种内在因素的影响；③可被诱导与抑制，药物代谢酶的活性及表达水平易受药物等外在因素的影响而出现增强或减弱现象，凡能增强药物代谢酶活性及表达水平的物质称为药酶诱导剂（enzyme inducer），凡能降低药酶活性及表达水平的物质称为药酶抑制剂（enzyme inhibitor）。常见的药酶诱导剂有苯巴比妥、苯妥英钠、利福平等，常见的药酶抑制剂有酮康唑、西咪替丁、奎尼丁、异烟肼等。药酶诱导剂对于药物自身及合用药物的代谢具有促进作用，而药酶抑制剂则具有抑制作用。药物代谢酶被诱导或抑制后将产生药动学药物–药物间相互作用（pharmacokinetic drug-drug interaction），改变底物药物作用的持续时间及强度，从而导致药效或毒性的增强或减弱，因此在临床合并用药时应予以充分重视。

四、排　泄

排泄是指药物原形及其代谢物被排出体外的过程。大多数药物经被动转运后排泄，少数药物经主动转运排泄。非挥发性药物主要经肾脏排泄，其次经胆汁排泄，少部分也可随乳汁、汗液、唾液及泪液等排泄。气体及挥发性药物则可由肺排泄。药物在排泄器官浓度往往更高，因此可用于治疗相关疾病，但也可能造成其损伤。

（一）肾脏排泄

肾脏是药物排泄的主要器官。药物从肾脏排泄的方式包括肾小球滤过和肾小管分泌，已排泄进入肾小管管腔的药物还可经过重吸收回到体内。

1. 肾小球滤过　大多数药物经肾小球滤过后随尿液排泄，属被动转运过程。肾小球毛细血管基底膜的通透性较大，因此除了大分子及与血浆蛋白结合的药物外，绝大多数游离小分子药物及其代谢产物均可经肾小球滤过，进入肾小管管腔内。肾功能降低时，肾小球滤过能力减弱，药物肾脏排泄将受到影响。

2. 肾小管分泌　部分药物可经肾小管分泌后随尿液排泄，属主动转运过程。肾小管上皮细胞分布有两类非特异性主动转运系统，即有机酸转运系统和有机碱转运系统，前者主要转运弱酸性药物（青霉素、丙磺舒、氢氯噻嗪等），后者主要转运弱碱性药物（如普鲁卡因胺、奎宁等）。当分泌机制相同的两类药物经同一载体转运时，可发生竞争性抑制（如丙磺舒可抑制青霉素的主动分泌），从而对彼此药动学及药效学产生影响，具有临床意义。

3. 肾小管重吸收　药物可从肾小管管腔内重吸收回到体内。由于原尿在肾小管中浓缩，肾小管管腔中的药物浓度高于附近血管，因此，脂溶性高的及非解离型的弱酸性和弱碱性药物，可经被动转运重吸收。因此，改变尿液 pH 可影响弱酸性和弱碱性药物的解离度，进而影响其重吸收。例如，苯巴比妥、水杨酸等弱酸性药物中毒时，通过碱化尿液可抑制药物重吸收，促进其排泄。

（二）胆汁排泄

部分药物（如红霉素、利福平等）及其代谢产物可随胆汁排泄至十二指肠，然后随粪便排出体外。除了被动转运之外，肝内胆管上皮细胞表达有众多外排性转运体，也参与了胆汁排泄过程。某些药物（如洋地黄毒苷、地高辛、地西泮）在肝脏转化为极性较大的代谢产物并自胆汁排泄进入肠道，继而被肠道中水解酶代谢成药物原形后再次吸收进入体内，这一现象称为肝肠循环（enterohepatic circulation）。肝肠循环将导致药物消除变慢、作用时间延长。

（三）其他途径

乳汁的 pH 略低于血浆，所以弱碱性药物（如吗啡、阿托品等）可以随乳汁排泄；胃液中酸度较高，所以某些生物碱（如吗啡等）可向胃液扩散，因此该类药物中毒时可通过洗胃解救；由于药物可自唾液排泄且浓度与血药浓度平行，因此临床上可用唾液代替血液进行药物浓度监测。

第三节　血药动力学基础

药物在机体内被处置，经历吸收、分布、代谢和排泄等体内过程，最终从体内完全清除。药物在作用靶点的浓度随时间不断发生变化，并与其药效的动态变化直接相关，因此，定量描述药物在作用靶点的动力学过程，即浓度随时间变化的速率过程，可为临床制订用药方案提供依据，但由于伦理等原因，药物在作用靶点的浓度一般不能直接测量。而药物在机体内被处置过程中，血液中药物浓度也随时间发生变化，并且综合反映了药物体内过程四个环节的动态变化过程，其中，吸收使血药浓度升高，分布、代谢、排泄则使其降低。大多数药物以被动转运的方式跨膜转运，其在血液中的浓度与在作用靶点的浓度具有可比性。因此，通过测定血药浓度动态变化，并选定恰当的速率方程进行分析，计算药动学参数，从而定量描述药物在体内动态变化的规律的血药动力学，成为药动学研究的主要内容之一。

一、单次给药的血药浓度–时间曲线

在给药后的一系列时间点采集血液样本，测定其中药物浓度，以血药浓度为纵坐标，以时间为横坐标，可绘出血药浓度-时间曲线（concentration-time curve，C-t 曲线），简称药–时曲线。

同一药物经不同途径给药，药-时曲线不同。例如，单次静脉注射给药为坡形曲线，单次口服则为峰形曲线（图 3-3）。

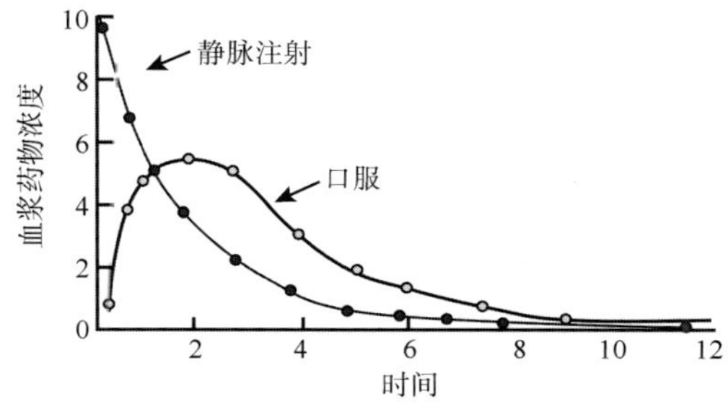

图 3-3　单次口服及静脉注射后药-时曲线示意图

对于口服药物而言，药–时曲线上升支主要是吸收所致，而下降支主要由分布、代谢和排泄所致。不过，体内过程四个环节并没有严格的分界线，几乎都在同时进行，只是在某段时间内以哪一

个为主而已。在上升支，分布及少量的代谢和排泄也已开始；在下降支，尤其是早期，也包含药物吸收。

二、房 室 模 型

在药动学研究中，为了便于进行动力学分析，提出了房室模型（compartment model）理论。该模型将整个机体视为一个系统，并将该系统按动力学特性划分为若干个房室（compartment）。换言之，机体可看成是由若干个房室组成的一个完整的系统。房室模型成立的前提是，药物在各房室间的转运速率及从房室中消除的速率均符合一级动力学，即速率与浓度成正比。药物转运速率相同或相似的组织或器官，则可归为一个房室。某些药动学参数（如半衰期等）计算所得的结果与所选择房室模型直接相关，因此房室模型的判定非常重要。可用血药浓度 C 的对数与时间 t 作图，初步判断所研究的药物属于几室模型。临床常见药物通常符合开放性一室或二室模型。

（一）开放性一室模型

开放性一室模型（open one compartment model）将机体看作一个均匀的整体，简称一室模型。符合一室模型的药物，进入体循环的瞬间即分布到全身体液和各组织、器官中，并迅速达到动态平衡。因此若将血药浓度 C 的对数与时间 t 作图，药–时曲线的下降支为一直线，即血药浓度单相下降，主要反映药物消除过程（图 3-4a）。

（二）开放性二室模型

开放性二室模型（open two compartment model）将机体分成中央室（包括全血和血流丰富的器官如肾、脑、心、肝等）和外周室（血管供应较少、血流缓慢的组织如肌肉、皮肤、脂肪等），两者的消除速率不一致，简称二室模型。符合二室模型的药物首先进入中央室，然后向外周室转运，但只能从中央室消除。若将药物的血药浓度 C 的对数与时间 t 作图，药–时曲线的下降支为一折线，即血药浓度双相下降：初期迅速下降，主要由药物分布到外周室引起，称为分布相（phase of distribution）；然后缓慢下降，主要由药物在中央室消除引起，称为消除相（phase of elimination）（图 3-4b）。

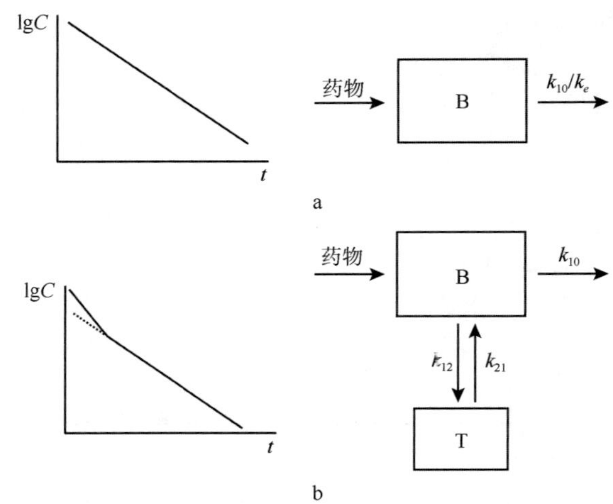

图 3-4　单次静脉注射后一室及二室模型与药–时曲线示意图

B：中央室；T：外周室；k_{12}：药物由中央室转运至外周室的一级速率常数；k_{21}：药物由外周室转运至中央室的一级速率常数；k_{10} 或 k_e：药物由中央室消除的一级速率常数；lg$C$：血药浓度的对数；t：时间

三、药物消除类型

药物的吸收、分布和消除过程的动态规律，均可用速率方程表示。其中，药物消除的速率过程分为零级、一级和米氏动力学三类。其中，零级及米氏动力学又合称非线性动力学（nonlinear kinetics）。

（一）一级动力学

一级动力学（first-order kinetics）又称恒比消除。符合一级动力学消除的药物，其消除速率与血药浓度成正比，即单位时间内消除恒定比例的药量，动力学方程见式（3-1）。将消除相血药浓度与时间作图，呈指数曲线，将血药浓度的对数与时间作图，为一直线（图 3-5a）。大多数药物在体内按照一级动力学消除。

一级动力学的方程：

$$\frac{\mathrm{d}C}{\mathrm{d}t}=-k_eC \qquad 3\text{-}1$$

式中，C 为药物浓度，$\mathrm{d}C/\mathrm{d}t$ 表示药物消除速率，k_e 为消除速率常数。

积分后得血药浓度–时间方程：

$$C_t=C_0e^{-k_et} \qquad 3\text{-}2$$

若以 C_0 为起始血药浓度，C_t 为经 t 时间后的血药浓度，则：

$$\ln C_t=\ln C_0-k_et \qquad 3\text{-}3$$

（二）零级动力学

零级动力学（zero-order kinetics）也称恒量消除。符合零级动力学消除的药物，其消除速率为恒定的常数，即单位时间内消除恒定的药量，动力学方程见式（3-4）。将消除相血药浓度与时间作图，为直线，将血药浓度的对数与时间作图，则为曲线（图 3-5b）。

零级动力学的方程：

$$\frac{\mathrm{d}C}{\mathrm{d}t}=-k_0C_0=-k_0 \qquad 3\text{-}4$$

式中，k_0 是零级动力学消除速率常数。

（三）米氏动力学

米氏动力学又称混合消除动力学，消除过程符合酶促动力学的米氏方程（Michaelis-Menten equation），见式（3-5）。以载体转运或代谢消除的药物，当达到较高浓度时，转运和代谢出现饱和现象，消除速率达到最大值，以零级动力学消除；当浓度降低后，则按照一级动力学消除。将消除相血药浓度与时间作图，前段呈直线而后段为曲线，将血药浓度的对数与时间作图，前段为曲线而后段为直线（图 3-5c）。

$$\frac{\mathrm{d}C}{\mathrm{d}t}=-\frac{V_mC}{K_m+C} \qquad 3\text{-}5$$

式中，V_m 为最大速率常数，K_m 为消除速率达到 V_m 一半时的药物浓度。

例如，阿司匹林在治疗剂量时，血药浓度按一级动力学消除；在血药浓度过高时，以零级动力学消除，对消除半衰期（$t_{1/2}$）产生显著影响：当阿司匹林的剂量由 300mg 增加到 10g 时，其 $t_{1/2}$ 由 0.25h 增加到 20h。

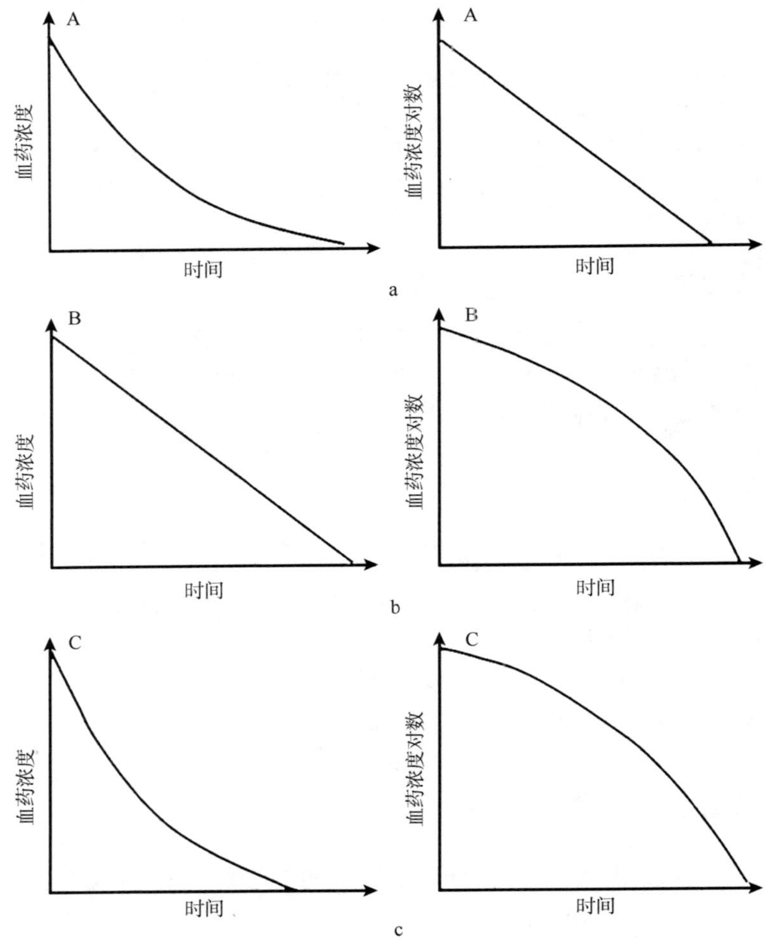

图 3-5 药物在体内消除过程的药-时曲线示意图

A：一级动力学；B：零级动力学；C：米氏动力学

四、药动学参数

药-时曲线综合反映了药物吸收、分布、代谢、排泄等体内过程，从曲线上可直观地对药物这些体内过程进行粗略分析。比如，对于口服给药的药物而言，药-时曲线上升段的斜率反映了吸收速率，斜率大吸收快，反之斜率小则吸收慢（图 3-6A）。再如，药-时曲线下降支的末端部分主要反映药物从体内的消除过程，消除快的药物下降坡度大，消除慢的药物则较平坦（图 3-6B）。依据药-时曲线计算药动学参数，则可对药物体内过程进行更全面、准确的了解。

（一）吸收参数

给药以后血药浓度达到峰值所需的时间，称为达峰时间（peak time，T_{max}）。给药后血液中所能达到的最高浓度，称为药峰浓度（peak concentration，C_{max}）。

在药动学研究中，常用坐标轴与浓度-时间曲线围成的面积，即药-时曲线下面积（area under the concentration-time curve，AUC）来反映进入体循环药物的相对累积量。AUC 越大，则吸收进入体内的药量越多。

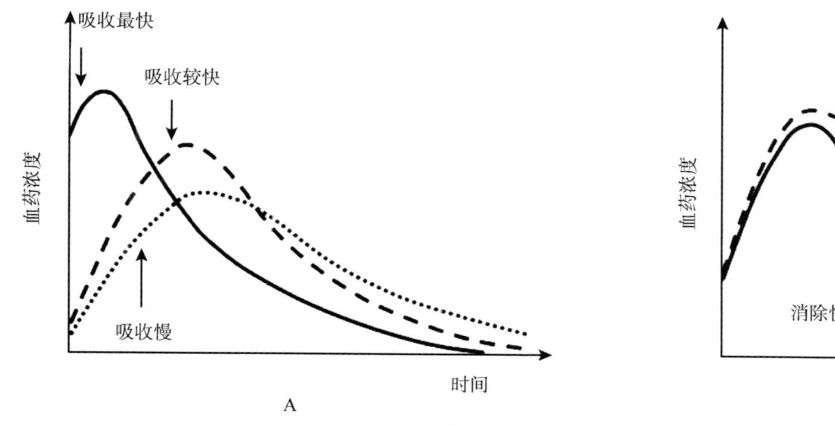

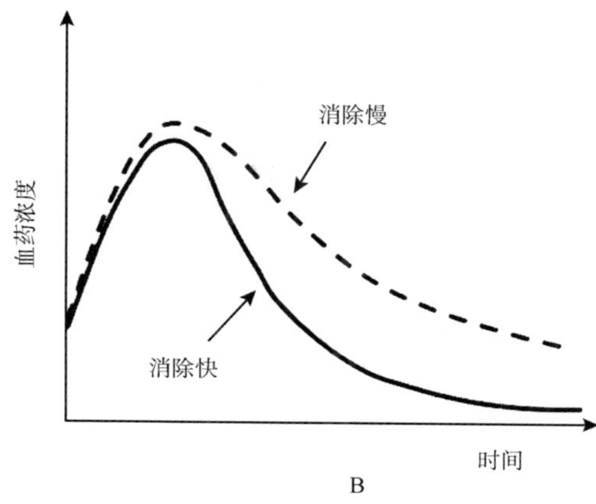

图 3-6　单次血管外给药的浓度-时间曲线

A：吸收速度不同；B：消除速度不同

吸收进入体循环的药量与给药量的比值，即生物利用度（bioavailability，F），是衡量血管外给药时药物被机体吸收利用程度的一个非常重要的指标。吸收进入血液循环的药量很难直接测定，因此常以 AUC 来替代。生物利用度分为绝对生物利用度（式 3-6）和相对生物利用度（式 3-7）。静脉注射给药生物利用度为 100%，血管外给药时，由于影响吸收的因素众多，绝对生物利用度一般小于 100%。

$$\text{绝对生物利用度}=\frac{\text{AUC}_{\text{血管外}}}{\text{AUC}_{\text{血管内}}}\times 100\% \tag{3-6}$$

$$\text{相对生物利用度}=\frac{\text{AUC}_{\text{供试药}}}{\text{AUC}_{\text{参比药}}}\times 100\% \tag{3-7}$$

某些药物因不同厂家的制剂工艺不同，甚至同一药厂生产的批号不同的同一制剂，药物的绝对生物利用度可能发生明显的差异。为评价制剂质量，可计算两者之间的相对生物利用度。如果一种药物的不同制剂在相同药动学实验条件下，反映其吸收程度和速度的主要参数（AUC、C_{max}）差异无统计学意义，则称两种制剂具有生物等效性（bioequivalence）。生物等效性是判断所研发药物是否可与已上市药品替换使用的主要依据之一。

（二）分布参数

表观分布容积（apparent volume of distribution，$V_{\rm d}$）可判断药物在体内的分布情况。V_d 是当药物在体内达到动态平衡时，体内药量与血药浓度相互关系的一个比例常数。对于符合一室模型的药物，可以式（3-8）计算，其单位为 L 或 L/kg。

$$V_{\rm d}=\frac{D}{C_0} \tag{3-8}$$

对于静脉注射的药物而言，式中 D 为静脉注射剂量，C_0 为药-时曲线（半对数图）外推至零时计算所得的血药浓度。对于口服药物而言，式中 D 为给药剂量与生物利用度的乘积，C_0 则可以 $C_{\rm max}$ 替代。

表观分布容积本身不代表真实的容积，无直接的生理学意义，主要用于反映药物在体内分布的广泛程度。如图 3-7 所示，如果一个药物的 $V_{\rm d}$ 为 3～5L（与血浆容量相近），表明其主要分布于血液（与血浆蛋白结合率高有关），如双香豆素、苯妥英钠和保泰松等；$V_{\rm d}$ 为 10～20L（与细胞外液，即血浆与细胞间液容量之和相近），则主要分布于细胞外液，如溴化物和碘化物等；$V_{\rm d}$ 大于 40L（细胞外液与细胞内液容量之和）时，则表明其在体内的分布较广，可分布于血浆、细胞间液和细胞内液，如安替比林；当 V_d 非常大，比如 100L 以上，超过了体液的总容积，表明这类药物在体内蓄积于特定组织，如硫喷妥钠储存于脂肪组织、碘浓集于甲状腺。

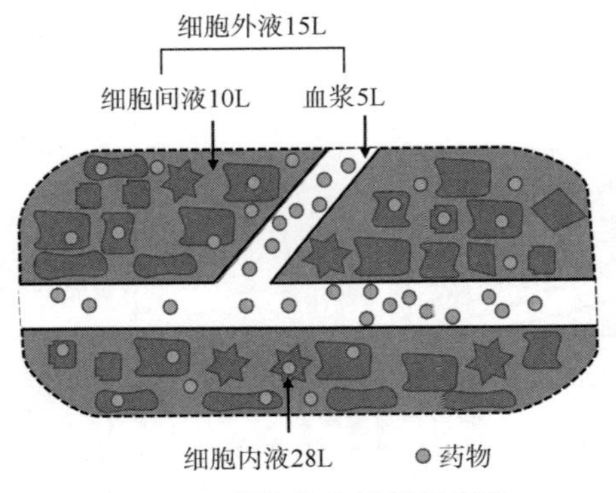

图 3-7　药物分布情况示意图

（三）消除参数

药物从体内消除的快慢可用消除速率常数（elimination rate constant，k_e）、消除半衰期（elimination half-life，$t_{1/2}$）、清除率（clearance，CL）等参数来评价。

消除半衰期是指血药浓度下降一半所需的时间，单位为 h 或 min。按照一级动力学消除的药物，$t_{1/2}$ 是一个常数，与血药浓度无关，可依据消除速率常数 k_e 计算，见式（3-9）。

$$t_{1/2}=\frac{0.693}{k_e} \tag{3-9}$$

对于按照一级动力学消除的药物，依据 $t_{1/2}$ 可计算单次给药后药物从体内清除的时间（约 5 个 $t_{1/2}$）、多次给药的给药间隔（如 1 个 $t_{1/2}$）、等量等间隔多次给药后药物达到稳态的时间（约 5 个 $t_{1/2}$，见下文，如图 3-8 所示）等。

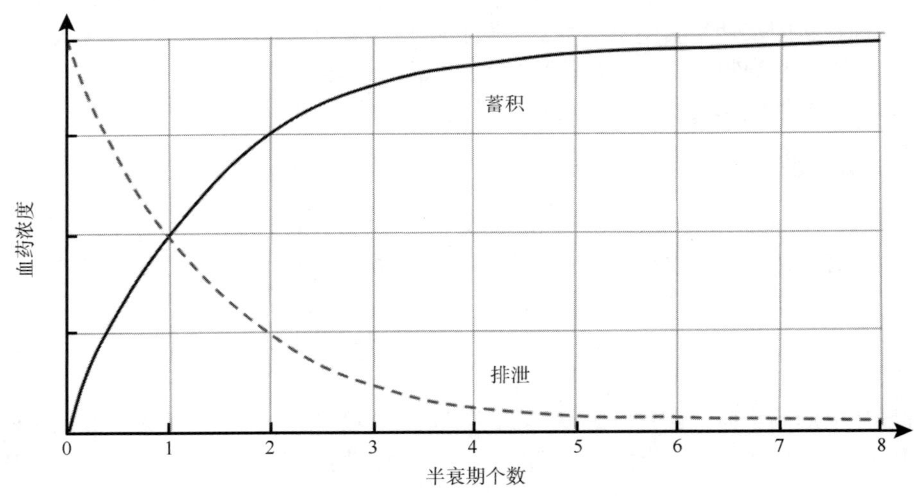

图 3-8　药物的体内蓄积和排泄与消除半衰期的关系示意图

清除率是指单位时间中有多少毫升体液中的药量被清除，即在单位时间内从体内清除表观分布容积的部分。清除率与表观分布容积和消除速率常数的关系见式（3-10），单位为 mL/（min・kg）。

$$CL=V_d k_e \tag{3-10}$$

按清除途径不同，有肾清除率（CL_r）和肝清除率（CL_h）等之分。血浆总清除率则是肾和肝清除率等的总和。

五、多次给药的药-时曲线

在临床上，大多数药物需要多次给药才能达到治疗目的。对于按照一级动力学消除的药物，如采取等量等间隔方案给药，即间隔一个 $t_{1/2}$ 等量给药一次，血药浓度呈波动上升，可在约 5 个 $t_{1/2}$ 后达到稳定状态，此时的血药浓度称为稳态血药浓度（steady state concentration，C_{ss}）或称坪值浓度（plateau concentration），见图 3-9。

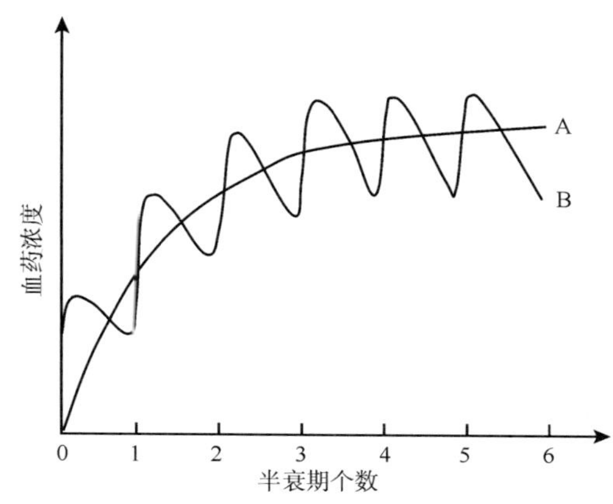

图 3-9　多次给药的药-时曲线示意图

A：静脉注射；B：肌内注射

采取该给药方案，坪值浓度的高低与每日用药总量成正比；在每日总量不变的情况下，坪值浓度上下波动幅度与每次用药量成正比。控制稳态血药浓度的波动范围，有助于增强药物有效性及安全性。因此，对于有效浓度与中毒浓度接近的药物，可以分多次服用。

临床上为了更快产生药效，可在开始时服用较大的剂量，即负荷剂量（loading dose），使血药浓度迅速达到坪值浓度，后改用维持剂量（maintenance dose）以补充药物从体内的消除。如果负荷剂量为维持剂量的两倍（即首量加倍），则可在首次给药后即达到坪值浓度。

1. 药物在体内吸收、分布、代谢、排泄的影响因素都有哪些?
2. 肝、肾功能不足时将分别对药物体内过程产生什么影响?
3. 试述半衰期的概念及其在指导临床用药方面的意义。

附　中药药动学研究

20 世纪 60 年代，我国学者首次报道了关于中药大黄体内过程的研究，这标志着中药药动学研究的开始。随着高灵敏的现代分析仪器和测定方法的应用，中药多成分药动学研究得到了迅速发展。中药成分吸收、分布、代谢、排泄等体内过程及动态变化规律的研究，极大地丰富了对中药与机体相互作用的认识。中药是一种多成分组成的复杂体系，中药入血成分及其代谢产物的研究，是阐释中药药效物质基础的重要手段。中药通常以复方入药，中药间药动学相互作用研究有助于揭示方剂配伍的奥秘。此外，药动学研究是评价新型中药制剂质量的主要方法之一。中、西药物在临床上经常合并用药。国内学者对中、西药物药动学相互作用作了大量工作，并从药物代谢酶、药物转运体的诱导与抑制等角度阐释了相关机制。药动学研究还发现疾病状态对中药药动学具有显著影响。总之，中药药动学研究，对于推动中药的现代化、指导中药的临床用药具有十分重要的作用。

第四章 影响药物效应的因素

学习目标

1. 通过对影响药物效应因素的学习，实施临床合理及个体化用药，达到临床疗效最大化和不良反应的最小化。

2. 了解药物反应的个体差异在临床应用中的意义，实现制订更为合理的个体化用药及精准医学的临床用药方案。

3. 树立严谨的科学态度，学会在用药过程中利用或规避影响药物效应因素以确保用药的安全性和有效性。

药物在体内产生的药理效应是药物与机体相互作用的结果，受药物和机体的多种因素影响，主要表现在药动学差异（pharmacokinetic variation）和药效学差异（pharmacodynamic variation）两方面，从而导致药物反应的个体差异（interindividual variation）。在绝大多数情况下，这种差异只是“量”不同，即药物的作用性质无改变，仅是药物作用强弱或作用时间长短不同；少数情况可出现“质”的差异，即产生不同性质的作用。影响药物效应的因素无论引起“量”还是“质”的差异，都可能影响临床用药的安全性和有效性。因此在临床用药时，应熟悉对药物效应产生影响的各种因素，再根据个体情况，选择合适药物及其剂量，制订合理的用药方案，确保用药时既能最大限度地发挥治疗效果又能最大限度地避免不良反应的发生。

第一节 药物因素

影响药物效应的因素主要包括剂型、给药途径及联合用药时药物相互作用。

一、剂型与给药途径

同一药物，剂量相同，但剂型不同、给药途径不同，药物吸收的速度、药效产生的快慢与强度也不同。一方面表现为药物起效时间或维持时间的差异，对健康完整机体而言，给药途径起效速率快慢的一般规律为血管内给药＞吸入＞肌内注射＞皮下注射＞口服＞皮肤用药；另一方面表现为药物作用强度，甚至作用性质的差异，如硫酸镁口服产生导泻和利胆的作用，而注射则有抗惊厥、镇静、降血压的作用。

药物的制剂工艺和原辅料不同也可影响药物的吸收和生物利用度，如口服不同厂家生产的相同规格的地高辛片剂，血浆药物浓度可相差 7 倍，而 20mg 微晶型螺内酯胶囊与 100mg 普通晶型的疗效相当。

同一药物可制成适合不同给药途径的剂型以满足临床用药要求，如口服给药的片剂、胶囊、口服液等，注射给药的水剂、乳剂、油剂等，另外还有控制药物释放速度的控释制剂。通常注射途径起效快于口服途径，而注射剂中的水剂吸收快于油剂和乳剂，口服制剂中的溶液剂快于片剂和胶囊剂。对于急症者应选用吸收快的给药途径如静脉、吸入等，反之可选用其他途径，其中最常见的是口服给药。

二、联合用药时药物相互作用

联合用药（drug combination）是指为取得良好治疗效果而采取的两种或两种以上药物同时或先后序贯应用。临床上常有联合用药的情况存在，然而联合用药易发生药物相互作用（drug interaction），一方面是发生在体外的药剂学配伍禁忌（incompatibility），即两种或两种以上的药物及药物与溶媒调配在一起时，发生浑浊、沉淀、变色，或产生有害物质等物理或化学反应而使药效降低、失效甚至出现毒性反应，如去甲肾上腺素或肾上腺素用碱性溶液配制时易氧化而失效；生物碱类药物遇酸、碘化物易发生沉淀。另一方面则是发生在体内的药物–药物间相互作用（drug-drug interaction，DDI），引起药动学和药理效应或毒性改变。

（一）药动学的药物–药物间相互作用

药动学的药物–药物间相互作用在吸收、分布、代谢、排泄的任何时相，均可导致作用部位药物浓度的改变而影响药物效应。尽管药物在个体的体内过程存在差异，使药动学参数改变的药物–药物间相互作用强度难以预测，但其对临床联合用药的安全性和有效性意义重大。

1. 吸收

（1）影响胃肠道环境或功能：有些药物可改变胃肠道 pH 而影响其他药物的解离度，进而影响吸收，如抗酸药可增加弱酸性药物的解离度，减少其吸收；抗胆碱药能延缓胃排空，减慢肠蠕动，使同服药物的吸收速度减慢或使肠道中药物代谢量增加，导致吸收量减少；细胞毒类药物可损伤肠黏膜，也可减少药物吸收。

（2）物理吸附或化学结合和络合：如氢氧化铝凝胶可吸附氯丙嗪，考来烯胺能与多种药物（洋地黄、四环素、口服抗凝血药、噻嗪类利尿药等）结合，四环素类药物可与钙、镁、铝等离子形成不溶性络合物，均可妨碍药物吸收。

2. 分布　药物与血浆蛋白结合是非特异性、可逆的结合，只有游离型药物才能跨膜转运发挥效应或被代谢和排泄。通常酸性药物与血浆蛋白结合要比碱性药物强，如阿司匹林、对乙酰氨基酚可将双香豆素类抗凝血药从血浆蛋白结合部位置换出来，表现出更强的抗凝血作用，甚至出现出血倾向。

3. 代谢　改变肝药酶或非微粒体酶的活性影响药物自身或其他联合应用的药物的代谢过程，可使血药浓度增加或减少。如抗结核病药异烟肼可抑制肝药酶活性，使同时合用的甲苯磺丁脲的药理效应增强甚至出现毒性反应；单胺氧化酶抑制药可延缓单胺类药物代谢，血药浓度过高，使药物的升压作用过强，甚至出现损害机体的毒性反应。

4. 排泄

（1）影响尿液 pH：尿液 pH 改变药物的解离度，可影响尿液中药物通过肾小管重吸收的量。如尿液呈酸性时，弱碱性药物解离型增多，肾小管重吸收减少，排出量增加。

（2）竞争转运载体：通过与肾小管主动分泌的转运位点的竞争，一种药物可抑制另一种药物的肾排泄。许多弱酸性药物及其代谢产物可从肾近曲小管主动分泌，如水杨酸类、对乙酰氨基酚、丙磺舒、乙酰唑胺、呋塞米、青霉素、头孢菌素等。丙磺舒可抑制青霉素主动分泌而使后者血药浓度升高，半衰期延长。丙磺舒、水杨酸类、保泰松等抑制肾脏消除甲氨蝶呤，导致后者发生毒性反应。

（二）药效学的药物–药物间相互作用

药效学的药物–药物间相互作用不改变药物在体液中的浓度，但影响药物效应，即发生药效学的改变，可表现为协同、拮抗或无关作用。

1. 协同作用（synergism） 指药物合用后使原有效应增强甚至出现毒性反应。如磺胺甲噁唑与甲氧苄啶合用，使抑菌作用增强，甚至达到杀菌效应；氨基糖苷类抗生素与呋塞米等合用，使听神经损伤更严重。

2. 拮抗作用（antagonism） 指药物合用后使原有效应减弱或毒性反应减轻。如作用于同一受体的阻断药和激动药可发生拮抗效应，或作用于不同受体，产生相反效应的药物间也会发生拮抗效应。

3. 无关作用 指合用后的效应未超过其中作用较强者，或各自发挥相应效应，互不干扰。

第二节 机体因素

影响药物效应的机体因素包括生理因素、遗传因素、心理因素、病理因素等。

一、生理因素

1. 年龄 药物临床研究多数是在青年、中年人群中进行的，而儿童和老年人的药动学和药效学与上述人群有较大差异，为保证用药的安全性和有效性，需要对儿童和老年人的用药方案进行调整。

2. 性别 性别差异可导致某些药物代谢差异和妇产科方面的问题，一般女性体重低于男性，在使用治疗指数低的药物时，用量一般低于男性即可维持相同效应。另外，女性存在月经、妊娠、分娩、哺乳、绝经等不同生理状态，用药时应注意，如月经期和妊娠期禁用抗凝药，妊娠期和哺乳期应注意一些可透过胎盘或随乳汁分泌的药物可对胚胎、胎儿发育或乳儿造成不良影响。

3. 时间 由于生物钟的存在，机体的生理活动随时间交替呈现规律的周期性变化，给药时可根据这个特点选择最佳用药时间，避免因给药而使生理节律紊乱，减少不良反应和耐受性的发生。如肾上腺分泌糖皮质激素的高峰是上午 8 时左右，故可的松、泼尼松等药物宜每日清晨 8 时左右单次给药；胃酸分泌从中午开始增加，夜间 20 时急剧升高，22 时达峰值，故抑制胃酸分泌的药物，如雷尼替丁、奥美拉唑等，在疾病急性期可早晚各服用一次，缓解后，宜改为每晚服用一次。

二、遗传因素

药物效应的差异有些是由遗传因素引起的，遗传物质的多态性是个体对药物反应差异的决定因素。

1. 种族 不同人种或民族的人群，对某些药物的反应会有明显差异，如麻黄碱对白种人的扩瞳作用强，对黑种人作用弱；服用普萘洛尔后的心血管反应中国人比白种人敏感，而黑种人最不敏感。因此，药物作用的种族差异已成为临床用药、药品管理、新药临床试验和新药开发中需要关注的重要因素。

2. 个体差异 在各方面条件基本相同的情况下，大多数机体对同一药物的反应是相近的，但也有少数人会出现与多数人在药物作用性质和作用强弱方面的差异，即个体差异。主要原因是药物在体内的过程存在差异，导致机体属于高敏性或低敏性、快代谢型或慢代谢型体质。因此，临床上对作用强、安全范围小的药物，应根据患者情况进行给药方案个体化（individualization）。

3. 特异质反应 通常与遗传变异有关，是一种性质异常的药物反应，通常是有害的，甚至是致命的。特异质体质的药物反应现象已从遗传异常表型获得解释，现已发现有百余种与药物效应相关的异常遗传基因，如葡萄糖-6-磷酸脱氢酶（G-6-PD）遗传缺失的机体，使用伯氨喹、磺胺类、砜类等具有氧化性能的药物甚至食用新鲜蚕豆时易引起溶血反应。

三、心 理 因 素

患者的心理因素与药物疗效关系密切，患者对疾病思想负担重、与医护人员不配合等原因使其心理状态和思想情绪发生改变时，可影响药物效应的发挥。药物治疗效应是由药理学效应、非特异性药物效应、非特异性医疗效应和疾病自然恢复等 4 个因素引起的（图 4-1），其中非特异性药物效应和非特异性医疗效应是安慰剂（placebo）的绝对效应。安慰剂不具有药理活性，由乳糖、淀粉等制成，外形似药，常用于药物临床试验的空白对照。对有心理因素参与控制的自主神经系统功能，如血压、心率、胃酸分泌、性功能等的影响较大，有研究表明安慰剂对高血压、消化性溃疡患者的有效率达 30%左右，对偏头痛患者的有效率高达 60%左右。但同时要注意的是，由于安慰剂效应的广泛存在，在评价药物临床疗效时，应在临床试验设计方案中排除这一主观因素对疗效的影响。

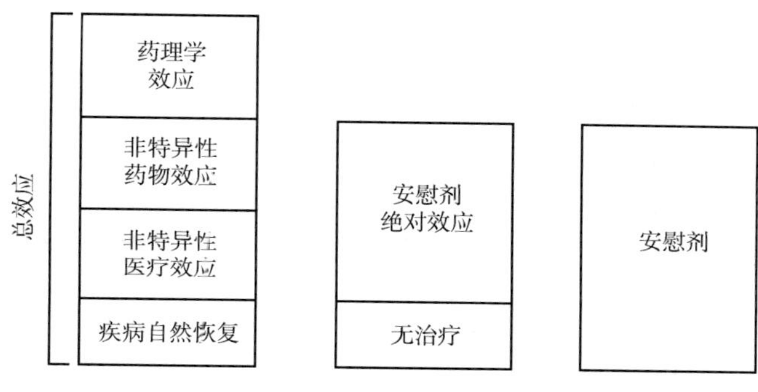

图 4-1 药物治疗效应

四、病 理 因 素

病理因素包括疾病的严重程度或伴有其他疾病，可导致药物的药动学和药效学改变，从而影响疗效。

1. 肝功能不全 肝脏对药物代谢减慢，使主要在肝脏代谢失活的药物（如甲苯磺丁脲等）作用加强、持续时间延长，也可使在肝脏代谢后才表现活性的药物（如可的松、泼尼松等）作用减弱。

2. 肾功能不全 使主要由肾脏排泄的药物（如庆大霉素等）排除减慢，用药时应注意调整剂量和用药间隔时间，以免发生蓄积中毒；肾病综合征可引起肠道黏膜水肿而影响药物吸收，还可因血浆白蛋白减少而影响药物的分布。

3. 其他功能失调 心力衰竭使心排血量减少，引起胃肠道淤血，导致药物吸收减少，消除减慢；甲状腺功能减退时，机体对哌替啶敏感性增高；体温过低（尤其是老年人）可显著降低药物的清除率；神经功能低下时可耐受较大剂量的中枢兴奋药，而神经功能亢进时可耐受较大剂量的中枢抑制药。

4. 营养不良 使血浆蛋白含量降低，血中游离型药物浓度升高。

5. 电解质紊乱 钠、钾、钙、氯等离子在细胞内外浓度的改变，也会影响药物效应，如血钙升高时，可诱发或增强强心苷类药物的毒性反应。

五、其 他 因 素

长期反复用药可引起机体（含病原体）对药物的反应性发生改变，主要表现为对药物的敏感性降低（包括耐受性和耐药性）或升高（增敏），对药物产生依赖性等。

1. 对药物敏感性的改变

（1）耐受性和耐药性：耐受性（tolerance）是指在连续多次用药后机体对药物反应性降低的现象。耐药性（drug resistance），也称抗药性，是指病原体或肿瘤细胞对连续反复应用的化学治疗药物敏感性降低的现象。出现耐受或耐药后，有些药物可通过增加剂量来恢复反应（图 4-2A）；有些药物停用一段时间后再使用时与原来反应不变（图 4-2B）；有些药物出现耐受或耐药后会导致机体或病原体对其他药物的反应性或敏感性下降，甚至消失，称为交叉耐受性（cross tolerance）或交叉耐药性（cross drug resistance）（图 4-2C）；有些药物在短时间内连续应用几次后即可迅速产生耐受性或耐药性，称为急性耐受性（acute tolerance）或急性耐药性（acute drug resistance）（图 4-2D）。

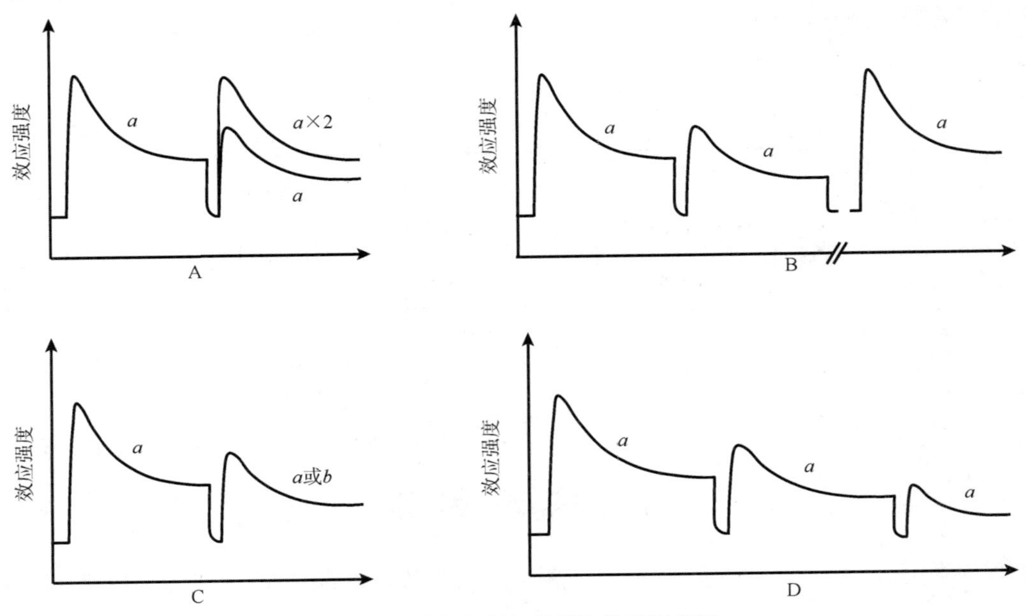

图 4-2 不同耐受性/耐药性类型示意图

（2）增敏（sensitization）：是指长期使用某些阻断药后，机体对其他药物反应性增加的现象。如高血压患者长期应用 β 受体阻断药普萘洛尔后，导致 β 受体表达密度增加，对内源性递质或 β 受体激动药的反应性增加，若突然停药，会出现血压骤升、心绞痛发作，甚至急性心肌梗死或猝死，因此应采取逐渐减量停药的方法避免停药反应的发生。

（3）脱敏（desensitization）：是指长期使用一种激动药后，机体对激动药的反应性降低的现象。若仅对一种类型的受体激动药的反应性下降，对其他类型受体激动药的反应性不变，称为激动药特异性脱敏（agonist-specific desensitization）；若对其他类型激动药的反应性也降低，则称为激动药非特异性脱敏（agonist-nonspecific desensitization）。

2. 依赖性 药物滥用（drug abuse）是指无病情指征而长期大量应用药物，这是造成药物依赖性的主要原因。药物依赖性（drug dependence）是指长期应用药物后，机体对药物产生躯体性或精神性的依赖和需求。这种依赖性是药物与机体相互作用所产生的一种精神状态，有时也包括身体状态，表现出一种强烈使用或定期使用该药的行为反应，目的是体验这种药物的精神效应，有的也是为了避免由于停药所引起的不适。按照依赖情况，可将依赖性分为以下两种。

（1）躯体依赖性（physical dependence）：又称生理依赖性（physiological dependence），是由于反复用药所造成的一种适应状态，用药时机体产生欣快感，中断用药后可产生一种强烈的躯体方面的损害，即戒断综合征（withdrawal syndrome），如肌肉关节疼痛、全身难受、四肢不适、全身乏力、心慌、烦躁不安、纳差、流涕、哈欠连连等，不同成瘾药物引起的戒断综合征略有不同，这种情况也就是通常所说的"成瘾性"（addiction）。能产生躯体依赖性的药物主要是中枢镇痛药物，如吗啡、哌替啶、阿片等。

（2）精神依赖性（psychological dependence）：又称心理依赖性（psychological dependence）或习惯性（habituation），它使人产生一种要周期性或连续性地使用药物的欲望，表现为强烈的用药行为，以获得满足或避免不适感。产生精神依赖性的药物在停药时一般不出现身体戒断症状，这是与躯体依赖性的区别。常导致产生精神依赖性的药物主要有催眠类药物，如地西泮、艾司唑仑、氯氮䓬、阿普唑仑等。

为了避免药物依赖性和成瘾性的产生，关键是要合理用药，而且要在医生指导下，根据病情需要用药。

1. 简述影响药物效应的机体因素有哪些？
2. 浅谈安慰剂效应在临床治疗过程中的意义。

附　个体化治疗与精准医学

精准医学是根据每位患者的个体差异来调整疾病的预防和治疗的方法，是一种不同于原有的"一刀切"的治疗方法。在这种模式下，精准医学的检查会深入到最微小的分子和基因组信息，医疗人员根据这些信息的细微不同来对诊疗手段进行适当的调整和改变。非传染性慢病是当今对人类健康威胁最为严重的疾病，大多是多因素导致的复杂疾病，呈现出高度异质性的特点。针对这种状况，2011 年，美国发出"迈向精准医学"的倡议，提出了通过遗传关联研究和与临床医学紧密接轨，来实现人类疾病精准治疗和有效预警。2015 年 1 月 20 日，奥巴马提出"精准医学"（precision medicine）计划，以推动个性化医疗的发展。在中国，2016 年 9 月，在第三届中医科学大会上，陈凯先院士指出，中医药学蕴涵和体现了"精准医学"的基本追求。中医药学的基本思想和精准医学的理念在许多方面是高度契合的，中医药精准医学的发展要在弘扬自身精准医学研究特色和优势的前提下，探索在当代条件下传承和创新发展中医药精准医学和个性化治疗的思路、技术和方法，不断丰富中医药精准治疗的实践模式。在考虑一个个体时，不仅要考虑完整地收集这个特定个体的数据，且要让该个体处于非人为干预的真实环境中，从而保证收集到的数据能反映出个体的真实状态，个体化内容将更为全面，个体化医学的水平将得到提高。

第二篇
作用于外周神经系统的药物

第五章 传出神经系统药理概论

学习目标

1. 通过学习受体激动时的生理效应，归纳传出神经系统药物的基本作用及分类。
2. 熟悉递质（乙酰胆碱、去甲肾上腺素）的合成、储存、释放、失活的过程。
3. 明晰胆碱能神经和去甲肾上腺素能神经对应的解剖学分类。

作用于传出神经系统的药物，主要作用靶位是传出神经系统的递质（transmitter）和受体（receptor），可通过影响递质的合成、储存、释放、代谢等环节或通过直接与受体结合而产生生物效应。为了便于阐明传出神经系统药理，首先介绍传出神经系统的神经分类、递质和受体相关的基本知识。

第一节 传出神经系统概述

一、传出神经的分类

传出神经系统（efferent nervous system）主要由自主神经系统（autonomic nervous system，ANS）和运动神经系统（somatic motor nervous system，SMNS）组成。前者亦称植物神经系统（vegetative nervous system），包括交感神经系统（sympathetic nervous system）和副交感神经系统（parasympathetic nervous system）。

根据传出神经末梢释放递质不同，将传出神经分为胆碱能神经（cholinergic nerve）和去甲肾上腺素能神经（noradrenergic nerve）（图 5-1）。胆碱能神经能合成、释放乙酰胆碱（acetylcholine，ACh），包括：①交感神经和副交感神经的节前纤维；②全部副交感神经的节后纤维；③所有的运动神经；④极少数交感神经的节后纤维，如支配汗腺分泌和骨骼肌血管舒张的神经。去甲肾上腺素能神经能合成、释放去甲肾上腺素（noradrenaline，NA；norepinephrine，NE），绝大多数交感神经的节后纤维都属此类神经。

除胆碱能神经和去甲肾上腺素能神经外，在某些效应器组织中还存在着其他神经。如支配肾及肠系膜的节后纤维存在多巴胺能神经（dopaminergic nerve），神经末梢释放多巴胺（dopamine，DA），使肾血管和肠系膜血管扩张；如位于肠壁的壁内丛的肠神经系统（enteric nervous system，ENS），其神经末梢释放多种神经肽等递质，可调节胃肠道功能。

二、传出神经系统的递质

神经递质主要在神经元中合成，而后储存于突触前膜囊泡内，在信息传递过程中由突触前膜释放到突触间隙，作用于效应器的受体，引起效应，完成化学信息传递。在此，主要介绍传出神经系统的两大递质 ACh 和 NA 的生物合成、储存、释放、失活。

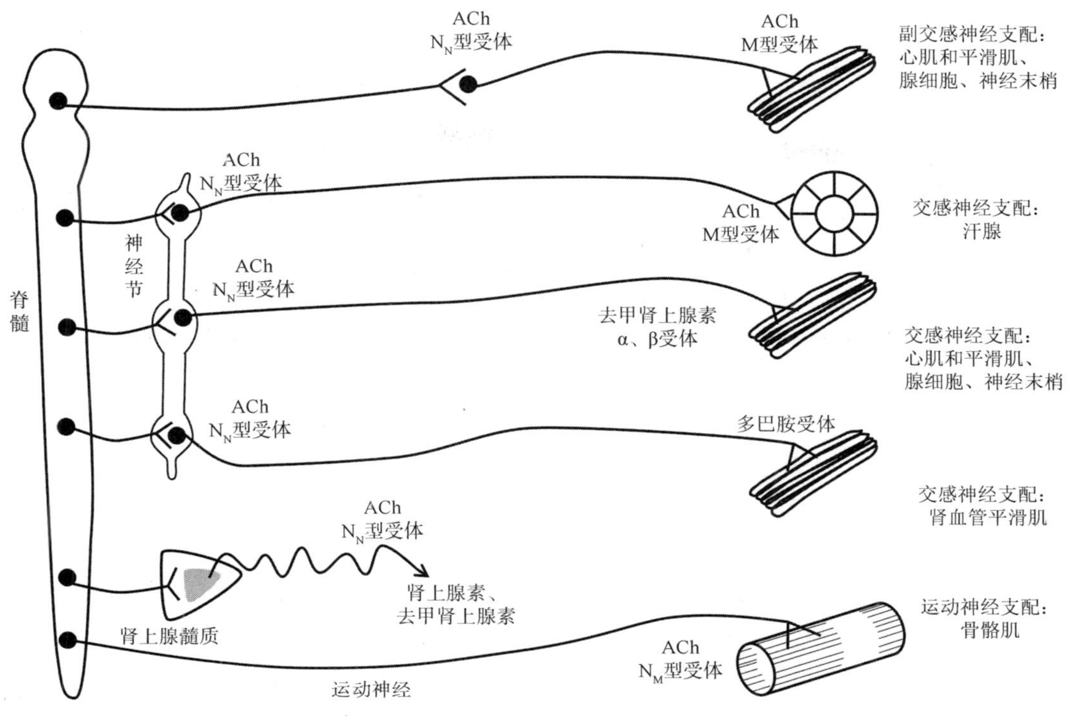

图 5-1　传出神经分类模式图

（一）传出神经递质的生物合成、储存

ACh 主要在胆碱能神经末梢合成。在胆碱乙酰化酶催化下，以胆碱和乙酰辅酶 A 为原料，在胞质液内合成 ACh。ACh 合成后即进入囊泡并与 ATP 和囊泡蛋白共同储存于囊泡中（图 5-2）。

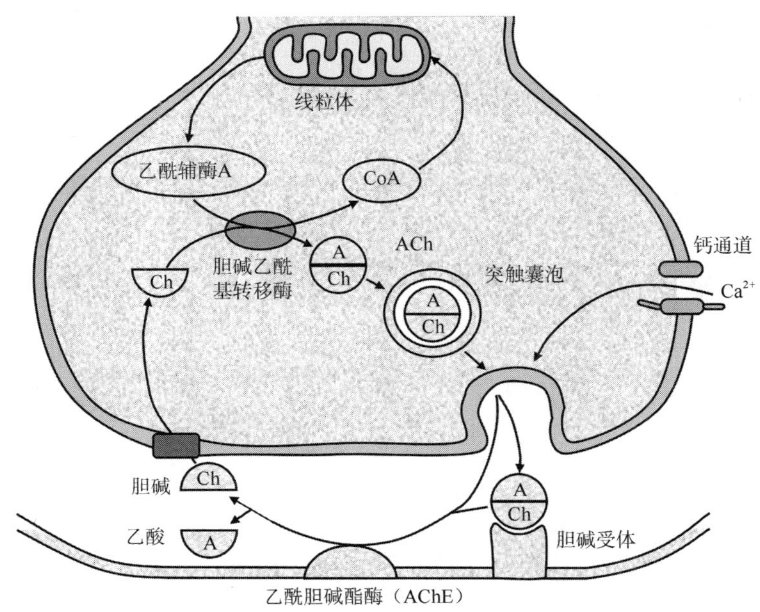

图 5-2　ACh 的合成、储存、释放、失活示意图

NA 的生物合成主要在去甲肾上腺素能神经细胞内和轴突中进行。酪氨酸经酪氨酸羟化酶催化生成多巴，再经多巴脱羧酶催化生成 DA，后者进入囊泡中并由多巴胺 β-羟化酶催化，生成 NA，并与 ATP 和嗜铬颗粒蛋白结合，储存于囊泡中（图 5-3）。酪氨酸羟化酶是 NA 合成过程的限速酶。

（二）传出神经递质的释放

递质释放学说主要有量子化释放学说、胞吐（exocytosis）学说。量子化释放学说认为囊泡为运动神经末梢释放 ACh 的单元，每一个囊泡的 ACh 释放量就是一个“量子”。静息时不断地有少数囊泡释放 ACh，但由于电位幅度极小，故不会引起动作电位和效应，而当神经冲动到达末梢时，上百个囊泡同时外排，才可引发动作电位而产生效应。胞裂外排学说认为，当神经冲动到达神经末梢时，Ca^{2+}进入神经末梢，囊泡膜与突触前膜相融合，形成裂孔，并通过裂孔将囊泡内容物（如 NA 或 ACh 等）一并释放至突触间隙。

（三）传出神经递质的失活

ACh 的失活主要是通过被突触间隙中的乙酰胆碱酯酶（acetylcholinesterase，AChE）所水解，其水解产物胆碱可被摄入神经末梢，作为合成 ACh 的原料（图 5-2）。NA 主要靠突触前膜将其摄入神经末梢内而使作用消失，这种摄取称为摄取 1（uptake 1），也称神经摄取（neuronal uptake），该部分摄入主要在囊泡中储存起来，故又称为储存型摄取，未被摄取进入囊泡的 NA 可被胞质中线粒体膜上的单胺氧化酶（monoamine oxidase，MAO）水解。此外，许多非神经组织（如心肌、平滑肌等）也能摄取 NA，称为摄取 2（uptake 2），也称非神经摄取（non-neuronal uptake），摄入组织后的 NA 很快被细胞内的儿茶酚胺氧位甲基转移酶(catechol-*O*-methyltransferase, COMT)和 MAO 所水解，因此，摄取 2 也称为代谢型摄取（图 5-3）。

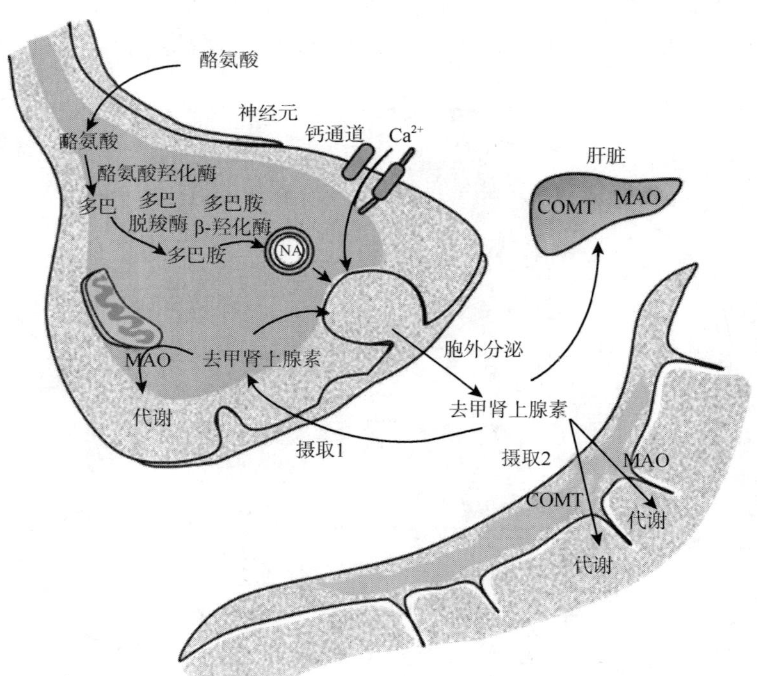

图 5-3 NA 的合成、储存、释放、失活示意图

三、传出神经系统的受体

（一）胆碱受体

传出神经系统受体是根据能与之相结合的递质或药物而命名的。能与 ACh 结合的受体称为胆碱受体（cholinoceptor）。其中对以毒蕈碱（muscarine）为代表的拟胆碱药较为敏感，称为毒蕈碱型胆碱受体（M 受体）；对烟碱（nicotine）比较敏感的受体，称为烟碱型胆碱受体（N 受体），该部分受体位于神经节细胞膜和神经肌肉接头处。

M 受体属于 G 蛋白耦联受体，主要分布于胆碱神经节后纤维所支配的效应器，如心脏、胃肠道平滑肌、膀胱逼尿肌、瞳孔括约肌和各种腺体。根据配体对不同组织 M 受体相对亲和力的不同，可分为 5 种亚型：M_1、M_2、M_3、M_4 和 M_5，其主要组织分布及效应见表 5-1。

N 受体根据其分布部位不同可分为神经节和中枢的 N 受体[又称为 N_N 受体（nicotinic neuronal）]和神经肌肉接头 N 受体[又称 N_M 受体（nicotinic muscle）]，其主要组织分布及效应见表 5-1。

表 5-1　胆碱受体亚型主要组织分布及效应

受体	主要组织分布	效应
M_1 受体	胃壁细胞等腺体	胃酸和胃蛋白酶分泌，促进副交感神经节神经递质释放等效应
	自主神经节	
	中枢神经系统	
M_2 受体	心脏	心脏抑制
M_3 受体	外分泌腺	腺体分泌增加
	平滑肌	内脏平滑肌收缩
	血管内皮	血管舒张
M_4 受体	中枢神经元	运动增强
M_5 受体	中枢神经元	-
N_M 受体	神经肌肉接头	骨骼肌收缩
神经节 N_N 受体	自主神经节	节后神经元除极化
	肾上腺髓质	髓质细胞除极化
中枢 N_N 受体	脑、脊髓	接头前控制神经递质释放

（二）肾上腺素受体

能与 NA 或肾上腺素结合的受体称为肾上腺素受体（adrenoceptor）。肾上腺素受体属于 G 蛋白耦联受体，根据其对拟肾上腺素类药物及阻断药的敏感性不同，又可分为 α 肾上腺素受体（α 受体）和 β 肾上腺素受体（β 受体），其主要组织分布及效应见表 5-2。

表 5-2　肾上腺素受体亚型主要组织分布及效应

受体	主要组织分布	效应
α_1 受体	皮肤内脏血管、瞳孔开大肌	血管收缩、瞳孔开大
α_2 受体	突触前膜	负反馈地抑制递质释放
β_1 受体	心脏、球旁细胞	心脏兴奋、肾素分泌
β_2 受体	骨骼肌血管、支气管等平滑肌	血管舒张、支气管平滑肌舒张
β_3 受体	脂肪细胞	脂肪分解

四、传出神经系统的生理功能

机体多数组织器官均接受去甲肾上腺素能神经和胆碱能神经的双重支配，两类神经兴奋时所产生的效应多为相互拮抗。当两类神经同时兴奋时，其综合显示的效应为占优势神经的效应。例如，对于窦房结，当肾上腺素能神经兴奋时，引起心率加快；胆碱能神经兴奋则引起心率减慢，但以后者效应占优势，所以当两类神经同时兴奋时，常表现为心率减慢。传出神经系统的生理功能见表 5-3。

表 5-3　传出神经系统效应器及其生理功能

效应器	肾上腺素能神经兴奋		胆碱能神经兴奋	
	效应	受体	效应	受体
眼				
瞳孔开大肌	收缩	α_1	-	-
瞳孔括约肌	-	-	收缩	M_3
睫状肌	舒张	β	收缩	M_3
心脏				
窦房结	加速	β_1；β_2	心率减慢	M_2
心肌	增强	β_1；β_2	收缩减弱	M_2
传导系统	加速	β_1；β_2	传导减慢	M_2
血管				
皮肤、黏膜、内脏	收缩、舒张（血管内脏）	α_1；α_2；β_2	-	-
骨骼肌	收缩，舒张	α_1；β_2	-	-
冠状动脉	收缩，舒张	α_1；α_2；β_2	-	M
支气管				
平滑肌	舒张	β_2	收缩	M_3
胃肠道				
平滑肌	舒张	α_2；β_2	收缩	M_3
括约肌	收缩	α_1	舒张	M_3
膀胱				
平滑肌	舒张	β_2	收缩	M_3
括约肌	收缩	α_1	舒张	M_3
腺体				
汗腺	分泌增加	α_1	增加	M
唾液腺	分泌增加	α_1	增加	M
胃肠道	淀粉酶增加	β_2	增加	M_1
呼吸道	分泌减少	α_1；β_2	增加	M
骨骼肌	收缩	β_2	收缩	N_M
肾上腺髓质	-	-	肾上腺素和 NA 分泌	N_N

第二节　传出神经系统药物的基本作用及其分类

一、传出神经系统药物基本作用

（一）直接作用于受体

许多传出神经系统药物可直接与胆碱受体或肾上腺素受体结合。如结合后所产生效应与神经末梢释放的递质效应相似，称为拟似药或激动药；如结合后不产生或较少产生拟似递质的作用，并可妨碍递质与受体结合，产生与递质相反的作用，就称为阻断药或拮抗药。

（二）影响递质

1. 影响递质的生物合成　密胆碱抑制神经元摄取胆碱，抑制 ACh 的生物合成；α-甲基酪氨酸抑制酪氨酸羟化酶，影响 NA 的生物合成。两者目前无临床应用价值，仅作为药理学研究的工具药。

2. 影响递质的释放　某些药物如麻黄碱和间羟胺可促进 NA 释放，可乐定和碳酸锂则可分别抑制外周和中枢 NA 释放而产生效应，而卡巴胆碱可促进 ACh 释放。

3. 影响递质的转运和储存　有些药物可干扰递质 NA 的再摄取，如利血平为典型的囊泡摄取抑制剂而使囊泡内 NA 减少甚至耗竭，去甲丙米嗪和可卡因都是摄取 1 抑制剂。

4. 影响递质的灭活　如前所述，ACh 的灭活主要依赖于胆碱酯酶水解，因此胆碱酯酶抑制剂可干扰体内 ACh 代谢，造成体内 ACh 堆积，从而产生效应。

二、传出神经系统药物的分类

传出神经系统药物按其作用性质可分为拟似药和拮抗药两类，按其对不同类型受体的选择性及其作用性质，可分为受体激动药和受体阻断药两类（表 5-4）。

表 5-4　传出神经系统药物的分类

激动药	阻断药
（一）胆碱受体激动药	（一）抗胆碱药
1. M、N 受体激动药（卡巴胆碱）	1. M 受体阻断药
2. M 受体激动药（毛果芸香碱）	（1）非选择性 M 受体阻断药（阿托品）
3. N 受体激动药（烟碱）	（2）M_1 受体阻断药（哌仑西平）
	（3）M_2 受体阻断药（戈拉碘铵）
	2. N 受体阻断药
	（1）N_N 受体阻断药（美卡拉明）
	（2）N_M 受体阻断药（琥珀胆碱）
（二）抗胆碱酯酶药（新斯的明）	（二）胆碱酯酶复活药（碘解磷定）
（三）肾上腺素受体激动药	（三）肾上腺素受体阻断药
1. α 受体激动药	1. α 受体阻断药
（1）α_1、α_2 受体激动药（NA）	（1）α_1、α_2 受体阻断药
（2）α_1 受体激动药（去氧肾上腺素）	1）短效类（酚妥拉明）
（3）α_2 受体激动药（可乐定）	2）长效类（酚苄明）
2. α、β 受体激动药（肾上腺素）	（2）α_1 受体阻断药（哌唑嗪）
3. β 受体激动药	（3）α_2 受体阻断药（育亨宾）
（1）β_1、β_2 受体激动药（异丙肾上腺素）	2. β 受体阻断药
（2）β_1 受体激动药（多巴酚丁胺）	（1）β_1、β_2 受体阻断药（普萘洛尔）
（3）β_2 受体激动药（沙丁胺醇）	（2）β_1 受体阻断药（阿替洛尔）
	（3）β_2 受体阻断药（布他沙明）
	3. α、β 受体阻断药（拉贝洛尔）

1. 根据神经末梢释放递质不同简述传出神经系统的分类。
2. 简述两种传出神经系统末梢递质的灭活。
3. 简述胆碱受体效应及肾上腺素受体效应。

附　化学传递学说的建立

突触处信号转导的本质：究竟是电信号还是化学信号的传导？20 世纪初，奥地利格拉茨（Graz）大学的德国科学家奥托·洛伊（Otto Loewi）提出了一个大胆猜想，他猜想神经系统是通过化学物质来控制身体各部分的。1921 年，他设计并实施了离体双蛙心灌流实验，该实验发现，当刺激 A 蛙心迷走神经时，A 蛙心功能受到抑制，将 A 蛙心的灌注液注入 B 蛙心，则 B 蛙心表现出抑制。说明 A 蛙心迷走神经兴奋时释放出一种使 B 蛙心也受到抑制的物质。首次成功地验证了突触信号传递为化学信号传递的可能。1926 年他证明这种物质就是 ACh，并因此获得了 1936 年的诺贝尔生理学或医学奖。1946 年，冯·奥伊勒（Um Euler）从牛脾神经获得高纯度提取物并证实此物即为 NA，表明 NA 即为哺乳类交感神经节后纤维的递质。至此，传出神经系统的化学传递学说基本建立。

第六章　拟胆碱药

学习目标

1. 从受体理论角度理解胆碱受体激动药与胆碱酯酶抑制药的异同；了解重症肌无力、青光眼、有机磷酸酯类中毒的临床表现及治疗用药。

2. 清晰表述毛果芸香碱、新斯的明的药理作用及机制、临床应用和不良反应；区别毛果芸香碱与毒扁豆碱的异同；掌握有机磷酸酯类中毒的救治用药。

3. 通过比较人工合成扩瞳药及解痉药的作用特点，了解扩瞳药及解痉药的临床应用；通过理解有机磷酸酯类中毒的解救原则，了解胆碱酯酶复活药的药理作用及应用。

拟胆碱药（cholinomimetic drugs）是一类作用与乙酰胆碱类似的药物，包括胆碱受体激动药（cholinoceptor agonists）和胆碱酯酶抑制药（cholinesterase inhibitors）。胆碱受体激动药能激动胆碱能神经支配的效应器、神经节、神经肌肉接头等部位的胆碱受体，产生拟胆碱作用，也称直接拟胆碱药。胆碱酯酶抑制药也称抗胆碱酯酶药（anticholinesterase agents）。由于乙酰胆碱主要经胆碱酯酶水解灭活，因此抑制胆碱酯酶活性的药物也表现出一定的拟胆碱作用，也称间接拟胆碱药。

第一节　胆碱受体激动药

胆碱受体激动药根据其对受体的选择性主要分为M、N受体激动药，M受体激动药，N受体激动药三类。

一、M、N受体激动药

M、N受体激动药为胆碱酯类（choline esters），包括乙酰胆碱和合成的胆碱酯类，如卡巴胆碱（carbachol choline）、醋甲胆碱（methacholine）、贝胆碱（bethanechol）等。

乙酰胆碱（acetylcholine，ACh）

乙酰胆碱既是外周也是中枢胆碱能神经的递质，能特异性地作用于M、N受体。选择性低，作用广泛，副作用多，性质不稳定，在组织内极易被胆碱酯酶破坏，故无临床应用价值，可在科学研究中作为工具药使用。

【药理作用】 本品药理作用主要包括M样作用、N样作用、中枢作用。

1. M样作用　ACh激动M受体，产生M样作用，包括胃肠道、泌尿道及支气管平滑肌等兴奋收缩；腺体分泌增加；眼瞳孔括约肌和睫状肌收缩，瞳孔缩小；心肌收缩力减弱，心率减慢，血管扩张，血压下降等。

2. N样作用　大剂量ACh除激动M受体外，还可激动神经节部位N_N受体（神经兴奋）和运动神经终板处的N_M受体（骨骼肌收缩），引起交感和副交感神经兴奋，以及骨骼肌收缩。同时，肾上腺髓质受交感神经节节前纤维支配，故N_N受体激动能引起NA的释放。

3. 中枢作用　内源性ACh可激动中枢M、N受体。大脑M受体较丰富，脊髓以N受体为主。

实验表明，胆碱受体激动药可增进学习记忆行为，而抗胆碱药可引起镇静、健忘，甚至全身麻醉。外源性 ACh 不易透过血脑屏障，较少产生中枢作用。

乙酰胆碱衍生物

目前已合成了大量的选择性更高、作用时间更长的 ACh 衍生物应用于临床，如卡巴胆碱(carbachol choline)、醋甲胆碱（methacholine）、贝胆碱（bethanechol）等。它们的药理作用与乙酰胆碱相似，既作用于节后胆碱能神经支配效应器上的 M 受体，也作用于神经节和骨骼肌上的 N 受体（表 6-1）。

表 6-1 胆碱酯类药物 M、N 样作用比较

药物	M 样作用				N 样作用	用途
	心血管	胃肠道	膀胱	眼		
乙酰胆碱	++	++	++	+	++	工具药
卡巴胆碱	+	+++	+++	++	+++	青光眼
醋甲胆碱	+++	++	++	+	+	口腔干燥症
贝胆碱	+-	+++	+++	++	-	术后腹胀；胃肠张力差

-：无效应；+-：弱或无效应；+：弱效应；++：中等效应；+++：强效应

二、M 受体激动药

M 受体激动药分为两类，即胆碱酯类，如氯贝胆碱（bethanechol chloride）和天然生物碱类，如毒蕈碱（muscarine）、毛果芸香碱（pilocarpine）和槟榔碱（arecoline）。

毛果芸香碱（pilocarpine）

毛果芸香碱又名匹鲁卡品，是从毛果芸香属（*Pilocarpus*）植物中提取的生物碱。

【药理作用】 毛果芸香碱能直接作用于副交感神经及支配汗腺的交感神经节后纤维支配的效应器官上的 M 受体，尤其对眼和腺体作用较明显。

1. 眼 滴眼后可引起缩瞳、降低眼压和调节痉挛作用。

（1）缩瞳：虹膜内有两种平滑肌，一种是瞳孔括约肌，受动眼神经的副交感神经纤维（胆碱能神经）支配，兴奋时向内收缩，瞳孔缩小；另一种为瞳孔开大肌，受去甲肾上腺素能神经支配，兴奋时向外发散，瞳孔扩大。本品可激动瞳孔括约肌的 M 受体，使其向内收缩，瞳孔缩小，局部用药后其作用可持续数小时至 1 天。

（2）降低眼压：房水是从睫状体上皮细胞分泌及血管渗出而产生，经瞳孔流入前房，到达前房角间隙，主要经滤帘流入巩膜静脉窦，最后进入血液循环。毛果芸香碱通过缩瞳作用可使虹膜向瞳孔中心拉紧，虹膜根部变薄，使处于虹膜周围的前房角间隙扩大，房水易于经滤帘进入巩膜静脉窦，从而降低眼压(图 6-1)。

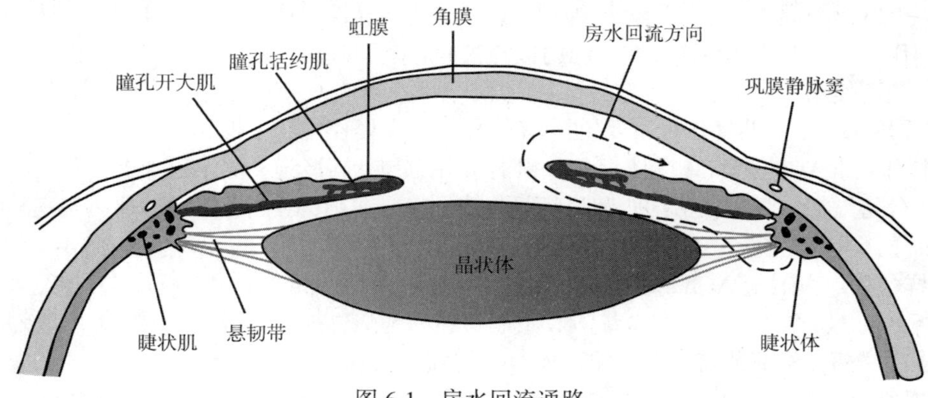

图 6-1 房水回流通路

（3）调节痉挛：眼在视物时，通过睫状体的收缩和舒张，牵拉悬韧带，从而调节晶状体曲度，使物体成像于视网膜上，看清物体，称为眼调节作用。毛果芸香碱激动睫状体环状肌的 M 受体，使环状肌向眼中心收缩，悬韧带放松，晶状体由于本身弹性变凸，屈光度增加，视近物能清晰成像在视网膜上，视远物成像在视网膜前，故近视清晰，远视模糊，这种作用称为调节痉挛（图 6-2）。

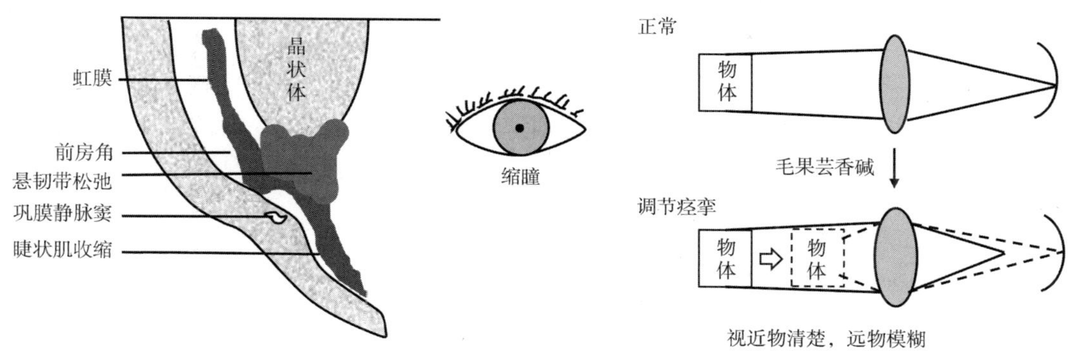

图 6-2 眼调节痉挛作用

2. 腺体 较大剂量的毛果芸香碱（10～15mg 皮下注射）可使汗腺、唾液腺分泌明显增加，也可使泪腺、消化道和呼吸道腺体分泌增加。

【临床应用】

1. 青光眼 为眼科常见疾病，患者以进行性视神经乳头凹陷及视力减退为主要特征，并伴有眼压增高症状，严重者可致失明。原发性青光眼临床常分为闭角型青光眼（angle-closure glaucoma，充血性青光眼）与开角型青光眼（open-angle glaucoma，单纯性青光眼）。低浓度的毛果芸香碱（2%以下）滴眼可治疗闭角型青光眼，用药后可使患者瞳孔缩小、前房角间隙扩大、眼压下降。高浓度药物可造成患者症状加重，故不宜使用。本品对开角型青光眼的早期有一定疗效，但机制未明。常用 1%～2%溶液滴眼，缩瞳作用于 10～30min 出现，维持 4～8h，可缓解或消除青光眼眼压高症状。

2. 口腔干燥症 毛果芸香碱皮下注射或口服片剂可促进唾液腺的分泌，改善食欲，用于口腔、咽喉部肿瘤患者放疗后引起的口腔干燥症。

3. 虹膜睫状体炎 此药物与扩瞳药交替使用，防止虹膜与晶状体粘连。

【不良反应】 眼痛，暂时性近视等；过量出现 M 受体过度兴奋症状，可用阿托品对症处理；为避免药液经鼻泪管吸收，滴眼时应压迫眼内眦。

毒蕈碱（muscarine）

毒蕈碱可由捕蝇蕈（amanita muscaria）分离提取。本品不作为治疗性药物。毒蕈碱为经典 M 受体激动药，其效应与节后胆碱能神经兴奋效应相似。丝盖伞菌属（inocybe）和杯伞菌属（clitocybe）中毒蕈碱成分含量较高，食用这些菌属后，30～60min 即可出现毒蕈碱中毒症状，表现为流涎、流泪、恶心、呕吐、头痛、视觉障碍、腹部绞痛、腹泻、支气管痉挛、心动过缓、血压下降和休克等，可每隔 30min 肌内注射 1～2mg 阿托品进行解毒治疗。

三、N 受体激动药

烟碱（nicotine，尼古丁）

烟碱为典型 N 受体激动药，是从烟草中提取的生物碱。由于烟碱作用广泛、复杂，故无临床实用价值，仅具有毒理学意义。本品可兴奋自主神经节和神经肌肉接头处的 N 受体。其对神经节的 N_N 受体作用呈双相性，即开始使用时可短暂兴奋，随后出现持续抑制。烟碱对神经肌肉接头 N_M 受体的作用与其对神经节 N_N 受体的作用类似。

第二节 抗胆碱酯酶药

根据与胆碱酯酶结合形成复合物后水解的难易程度，将抗胆碱酯酶药分为易逆性抗胆碱酯酶药和难逆性抗胆碱酯酶药。

胆碱酯酶（cholinesterase，ChE）可分为乙酰胆碱酯酶（acetylcholinesterase，AChE，又称真性胆碱酯酶）和丁酰胆碱酯酶（butyrylcholinesterase，BChE，又称假性胆碱酯酶）两类，AChE 主要存在于胆碱能神经末梢突触间隙及红细胞内，特异性较高，可将这些部位的 ACh 水解为胆碱和乙酸，终止其作用。AChE 活性极高，一个酶分子可在 1min 内水解 6×10^5 分子的 ACh。BChE 主要存在于血浆中，可水解其他胆碱酯类如琥珀胆碱，而对 ACh 特异性较低，故本章所提及的胆碱酯酶主要指 AChE。

AChE 分子表面有两个能与 ACh 结合的部位，即带负电荷的阴离子部位和酯解部位。AChE 通过下列三个步骤水解 ACh：①ACh 分子中带正电荷的季铵阳离子，以静电引力与 AChE 的阴离子部位相结合，同时 ACh 分子中的羰基碳与 AChE 酯解部位的丝氨酸的羟基以共价键结合，形成 ACh 与 AChE 的复合物；②ACh 与 AChE 复合物裂解为胆碱和乙酰化 AChE；③乙酰化 AChE 迅速水解，分离出乙酸，使酶的活性恢复，参与下一个 ACh 分子的水解（图 6-3）。

抗胆碱酯酶药（anticholinesterase agents）与 ACh 一样，能与 AChE 结合，且与 AChE 的亲和力比 ACh 大，但结合较牢固、水解较慢，抑制 AChE 活性，导致胆碱能神经末梢释放的 ACh 堆积，产生拟胆碱作用（图 6-3）。

一、易逆性抗胆碱酯酶药

该类药物与 AChE 结合形成的复合物水解缓慢，可逆性抑制 AChE 的活性，从而产生拟胆碱作用。常用药物有新斯的明（neostigmine）、毒扁豆碱（physostigmine）、多奈哌齐（donepezil）、吡斯的明（pyridostigmine）等。

新斯的明是人工合成品，为季铵类化合物，脂溶性低。

【体内过程】 本品溴化物口服后吸收少而不规则，1h 显效，维持 3～6h。皮下或肌内注射后，经 10～30min 出现显著疗效，维持 2～4h。不易透过血脑屏障，无明显的中枢作用，滴眼时不易透过角膜，故对眼的作用较弱。

新斯的明（neostigmine）

新斯的明是人工合成品，为季铵类化合物，脂溶性低。

【体内过程】 本品溴化物口服后吸收少而不规则，1h 显效，维持 3～6h。皮下或肌内注射后，经 10～30min 出现显著疗效，维持 2～4h。不易透过血-脑屏障，无明显的中枢作用，滴眼时不易透过角膜，故对眼的作用较弱。

【药理作用】 新斯的明与 AChE 形成复合物后，生成的二甲氨基甲酰化 AChE 缓慢水解，形成二甲氨基甲酸和复活的 AChE（图 6-3）。其水解速度较乙酰化 AChE 水解速度慢，能较持久、可逆性抑制该酶的活性，导致突触间隙中 ACh 浓度增高，激动胆碱受体，表现为 M 样、N 样作用。

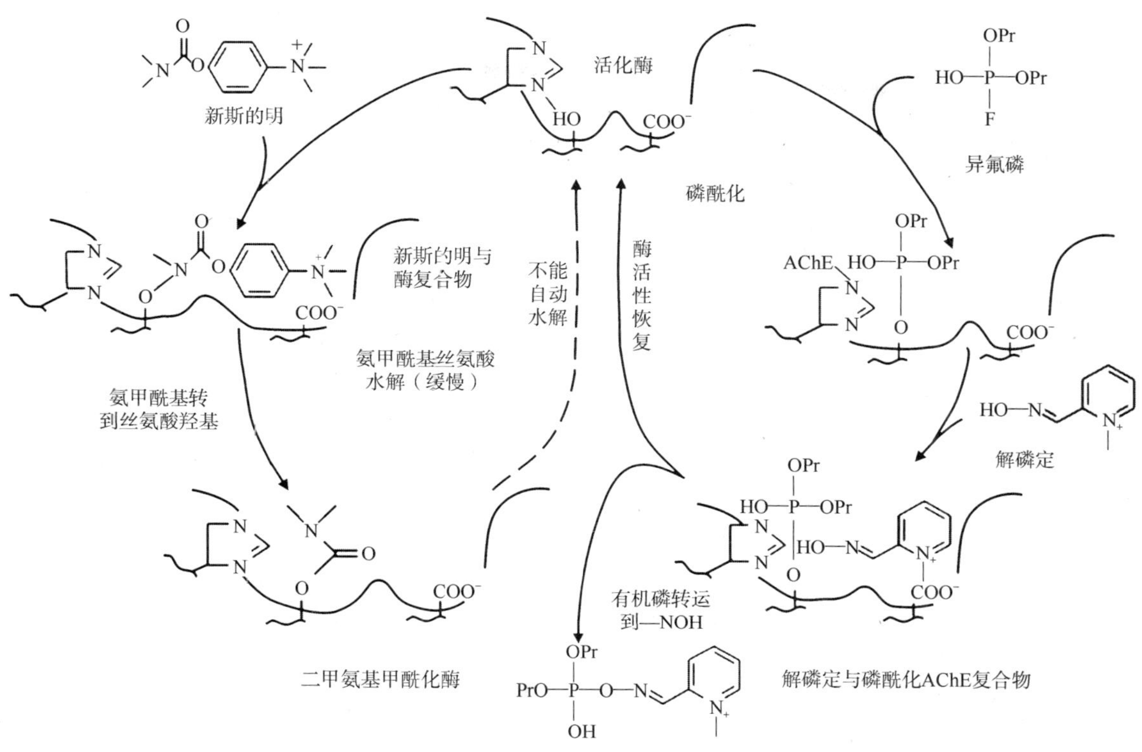

图 6-3 胆碱酯酶水解乙酰胆碱的过程及抗胆碱酯酶药的作用机制

1. 兴奋骨骼肌 新斯的明的作用具有选择性，对骨骼肌的兴奋作用最强，机制：①抑制胆碱酯酶；②直接激动运动终板上的 N_M 受体；③促进运动神经末梢释放 ACh。

2. 兴奋胃肠道和膀胱平滑肌 对胃肠道和膀胱平滑肌的兴奋作用次之，能促进胃肠的蠕动和膀胱平滑肌收缩。

3. 其他 对心血管、腺体、眼和支气管平滑肌的作用较弱。

【临床应用】

1. 重症肌无力（myasthenia gravis，MG） 为自身抗体介导的获得性神经–肌肉接头（neuromuscular junction，NMJ）传递障碍的自身免疫性疾病，基本病理变化是突触后膜 N_M 受体数目减少，患者血清中可见抗 N_M 受体的抗体。全身骨骼肌均可受累，表现为波动性无力和易疲劳，症状呈“晨轻暮重”，活动后加重、休息后可减轻。眼外肌最易受累，表现为对称或非对称性上睑下垂和（或）双眼复视，是 MG 最常见的首发症状。肌无力常从一组肌群开始，逐渐累及其他肌群，直到全身肌无力。部分患者短期内病情可出现迅速进展，发生肌无力危象。新斯的明皮下或肌内注射用于 MG 能迅速（15min）改善症状，除严重和紧急情况需注射给药外，一般多采用口服给药。

2. 腹气胀和尿潴留 用于手术后或其他原因引起的腹气胀和尿潴留。

3. 肌肉松弛药中毒的解救 适用于非除极化型肌松药（如筒箭毒碱）过量解救，禁用于除极化型肌松药（琥珀胆碱）过量解救。

4. 阵发性室上性心动过速 多用于压迫眼球或颈动脉窦等兴奋迷走神经措施无效时，通过拟胆碱样作用使心室率降低。

【不良反应】 不良反应与胆碱能神经过度兴奋症状相似。过量可导致“胆碱能危象”。中毒死亡原因是呼吸衰竭或心搏骤停。

【禁忌证】 禁用于支气管哮喘、机械性肠梗阻、尿路梗阻患者。

毒扁豆碱（physostigmine，依色林）

毒扁豆碱由毒扁豆提取或人工合成，为叔胺类化合物，可进入中枢。

【体内过程】 本品 0.25%～0.5%溶液滴眼后 5min 出现缩瞳，10～30min 开始降眼压，4h 作用达峰值，可持续 1～2 日。通透性高，可进入中枢。

【药理作用】 外周作用与新斯的明相似，可间接兴奋 M、N 受体，但无直接激动受体作用。对眼的作用与毛果芸香碱（缩瞳、降眼压、调节痉挛）相似，但更速效、强效、持久。可进入中枢，抑制中枢 AChE 活性，小剂量兴奋，大剂量抑制。

【临床应用】 局部用于治疗青光眼，可先用本药滴眼数次后，改用毛果芸香碱维持疗效；如在入夜时涂用本品眼膏，可防夜间眼压升高，在急性青光眼治疗中常与毛果芸香碱（白天用）交替使用。

【不良反应】 睫状肌痉挛性头痛、眼痛较为常见；还可引起刺激性结膜炎、眼睑痉挛、过敏性皮炎等，患者不易耐受。本药经鼻泪管由鼻黏膜吸收后全身毒性反应较新斯的明严重，大剂量给药时可致呼吸麻痹。

多奈哌齐（donepezil）

多奈哌齐为治疗阿尔茨海默病（Alzheimer's disease，AD）的第二代易逆性中枢抗胆碱酯酶药。

【体内过程】 口服吸收良好，生物利用度为 100%，达峰时间为 3～4h，半衰期长，约为 70h，易透过血脑屏障。

【药理作用】 可逆性抑制中枢 AChE 活性，提高中枢 ACh 浓度从而改善阿尔茨海默病患者的认知功能，对外周的 AChE 作用弱。与第一代他克林相比，本品具有对中枢 AChE 选择性更高、半衰期长等优势。

【临床应用】 用于轻、中度阿尔茨海默病的对症治疗，具有剂量小，毒性低，价格便宜等优点。

【不良反应】 流感样胸痛等全身反应；高血压、血管扩张等心血管系统反应；胃肠出血等胃肠道反应；眩晕、震颤等神经系统反应等。

除上述常用药物外，易逆性抗胆碱酯酶药物还有依酚氯铵（edrophonium chloride）、安贝氯铵（ambenonium chloride）、地美溴铵（demecarium bromide）、他克林（tacrine）、吡斯的明（pyridostigmine）、加兰他敏（galanthamine）等（表 6-2）。

表 6-2 其他易逆性抗胆碱酯酶药特点

药名	作用	用途	不良反应
吡斯的明	同新斯的明，但慢而持久	同新斯的明	同新斯的明，但弱
安贝氯铵	同新斯的明，但持久	对新斯的明不能耐受的 MG	M 样不良反应较少
依酚氯铵	抗 AChE 减弱，骨骼肌兴奋作用强、快、短	MG 诊断用药	-
地美溴铵	长效降眼压	其他药物无效的青光眼	M 样不良反应
他克林	同多奈哌齐，属第一代	轻、中度阿尔茨海默病	同多奈哌齐
加兰他敏	同新斯的明，属于第二代	脊髓灰质炎后遗症，阿尔茨海默病	同新斯的明，但较轻

二、难逆性抗胆碱酯酶药

本品与 AChE 结合牢固，不能自动分解，从而产生持久而不可逆的拟胆碱作用。本品主要有作为农业和环境卫生杀虫剂的有机磷酸酯类（organophosphates），如敌百虫（dipterex）、乐果（rogor）、马拉硫磷（malathion）、敌敌畏（dichlorvos，DDVP）、内吸磷（systox）和对硫磷（parathion，1605）等；以及战争毒气，如沙林（sarin）、梭曼（soman）和塔崩（tabun）；仅少数作为缩瞳药治疗青光眼，如异氟磷（isoflurophate，dyflos）。

有机磷酸酯类对人畜均有毒性，临床用药价值不大，但有毒理学意义，杀虫剂中毒已成为全球性问题，尤其在发展中国家。职业性中毒最常见途径为皮肤吸收或呼吸道吸入，非职业性中毒则多由口摄入。

（一）中毒机制

本类毒物作用机制与易逆性抗胆碱酯酶药相似，但其与 AChE 结合更为牢固，毒物中的磷原子具有亲电子性，可与 AChE 的酯解部位丝氨酸的羟基上具有亲核性的氧原子形成共价键，产生难以水解的磷酰化 AChE（图 6-3），使 AChE 失去水解 ACh 的能力，造成 ACh 在体内大量积聚，引起一系列中毒症状。磷酰化 AChE 可在几分钟或几小时内生成更为稳定的单烷氧基磷酰化 AChE，称为“老化”，此时即便使用胆碱酯酶复活药，也不能恢复酶的活性，必须等待新生的 AChE 出现，才可水解 ACh。

（二）中毒表现

有机磷酸酯类脂溶性高，易挥发，可经呼吸道、消化道黏膜及完整的皮肤吸收而中毒。有机磷酸酯类中毒分为急性中毒和慢性中毒两种，主要表现为 M 样症状、N 样症状和中枢神经系统症状。

1. 急性中毒

（1）M 样症状：瞳孔缩小，视物模糊；流涎，出汗；呼吸困难，严重者出现肺水肿；恶心、呕吐、腹痛、腹泻，大小便失禁；心动过缓，血压下降。

（2）N 样症状：N_M 受体激动，出现肌肉震颤、抽搐，严重者出现肌肉无力甚至呼吸肌麻痹；N_N 受体激动，出现心率加快，血压升高。

（3）中枢神经系统症状：中毒早期以兴奋为主，出现烦躁不安、震颤、谵妄、抽搐、惊厥；后期转入抑制，出现意识模糊、共济失调、反射消失、昏迷、血压下降，呼吸中枢麻痹致使呼吸停止。

一般而言，依中毒程度的轻、中、重分别表现为 M 样症状、M 样及 N 样症状同时出现、M 样及 N 样症状伴中枢神经系统症状。

2. 慢性中毒 多发生于长期接触农药的人员，主要表现为血中 AChE 活性持续下降，临床体征为神经衰弱综合征（思想不集中、记忆力减退、失眠、易倦、乏力等）、腹胀、多汗，偶见肌束颤动及瞳孔缩小。慢性中毒用阿托品、胆碱酯酶复活药治疗效果差，应以预防为主。

（三）中毒防治

按照预防为主的方针，严格执行农药生产、管理制度，并加强农药生产人员及使用人员的劳动保护措施及安全知识教育，这类中毒是可以预防的。

1. 迅速消除毒物以免继续吸收 发现中毒时，应立即把患者移出现场。对经皮肤吸收中毒者，应用温水和肥皂清洗皮肤。经口中毒者，应首先抽出胃液和毒物，并用微温的 2%碳酸氢钠溶液或 1%食盐水反复洗胃，直至洗出液中不含农药味，然后给予硫酸镁导泻。眼部染毒可用 2%碳酸氢钠溶液或生理盐水冲洗数分钟。敌百虫口服中毒时不用碱性溶液洗胃，因其在碱性溶液中可转化为毒性更强的敌敌畏。

2. 使用解毒药物 阿托品为治疗有机磷酸酯类急性中毒的特效解毒药，应尽早、足量、反复注射给药，可以缓解症状，挽救生命。

轻度中毒：阿托品 1～2mg，皮下注射，然后每 4～6h 皮下注射 0.5mg。

中度中毒：阿托品 2～4mg，静脉注射，然后每 15～30min 静脉注射 2～5mg。直至达“阿托品化”（瞳孔散大、颜面潮红、皮肤干燥、肺部湿啰音消失、意识障碍减轻或昏迷开始苏醒等）后，每 4～6h 皮下注射 0.5～1mg。

重度中毒：阿托品 5～10mg，静脉注射，然后每 10～30min 静脉注射 2～5mg。直至达“阿托品化”后，每 2～4h 皮下注射 0.5～1mg，维持 48h。

因阿托品不能使 AChE 复活，故对中、重度中毒者，尽早合用胆碱酯酶复活药（见本章第三节）。由于阿托品对中枢的烟碱受体无明显作用，故对有机磷酸酯类中毒引起的中枢症状，如惊厥、躁动不安等对抗作用较差。

3. 对症治疗 吸氧、输液、纠正电解质紊乱、抗休克等。

第三节 胆碱酯酶复活药

胆碱酯酶复活药是一类能使受抑制的 AChE 恢复活性的药物，它不但能使单用阿托品不能控制的有机磷酸酯类严重中毒病例得到解救，而且也可显著缩短其一般中毒的病程。常用药物有氯解磷定和碘解磷定等。

氯解磷定（pralidoxime chloride，PAM-CL）

氯解磷定水溶液较稳定，可肌内注射或静脉给药，作用极快，不良反应较少。

【药理作用】

1. 恢复 AChE 的活性 氯解磷定进入体内后，与磷酰化 AChE 结合成复合物，进一步裂解为磷酰化氯解磷定，使 AChE 游离出来，恢复其水解 ACh 的活性（图 6-3）。

2. 直接结合作用 氯解磷定也能与体内游离的有机磷酸酯类直接结合，成为无毒的磷酰化氯解磷定，由尿排出，从而阻止游离的毒物继续抑制 AChE 活性。

【临床应用】 主要用于中、重度有机磷酸酯类中毒的治疗，可使 AChE 复活，但对“老化”的磷酰化 AChE 无效，故需早期用药。对骨骼肌的作用最为明显，能迅速控制肌束颤动；对中枢神经系统的中毒症状也有一定改善作用；对自主神经系统功能的恢复较差。由于氯解磷定不能直接对抗体内积聚的 ACh 的作用，故应与阿托品合用。

【不良反应】 治疗剂量的氯解磷定毒性较小。静脉注射过快可出现头痛、眩晕、乏力、视物模糊、恶心及心动过速。剂量过大（>8g/24h）可因抑制 AChE，导致神经肌肉阻滞，严重者出现癫痫样发作、抽搐、呼吸抑制。

碘解磷定（pralidoxime lodide，PAM）

碘解磷定为最早应用的胆碱酯酶复活药，本品水溶性低，水溶液不稳定。其药理作用及用途与氯解磷定相似，对不同有机磷酸酯类中毒的疗效存在差异，如对内吸磷、马拉硫磷和对硫磷中毒的疗效较好，对敌百虫、敌敌畏中毒的疗效稍差，而对乐果中毒则无效。

1. 简述毛果芸香碱对眼睛的药理作用及临床应用。
2. 试述新斯的明的临床应用及其药理学依据。
3. 简述有机磷酸酯类中毒的解救措施、解救药物及机制。

第七章 抗 胆 碱 药

学习目标

1. 清晰表述阿托品的药理作用及机制、临床应用和不良反应。

2. 根据阿托品、东莨菪碱、山莨菪碱及阿托品合成代用品的药理作用特点，在内脏绞痛、休克、眼科疾病等的治疗中合理选用该类药物。

3. 了解阿托品中毒的解救措施；两类肌松药作用的异同点。

抗胆碱药（anticholinergic）又称胆碱受体阻断药（cholinoceptor blocking drugs），是一类能与胆碱受体结合，阻断 ACh 或拟胆碱药物与胆碱受体结合，从而产生抗胆碱作用的药物。该类药物表现出不同程度的平滑肌、心血管、腺体、外周神经节和中枢神经的药理作用，常用于内脏绞痛、休克、眼科疾病等。

按药物与受体的选择性不同，可分为三类：①抗 M 受体药，如阿托品、东莨菪碱、山莨菪碱；②抗 N_N 受体药，如美卡拉明；③抗 N_M 受体药，如琥珀胆碱、筒箭毒碱。

第一节 抗 M 受体药

本类药物根据来源不同分为阿托品类天然生物碱及阿托品合成代用品。

一、阿托品类天然生物碱

常用药物有阿托品、东莨菪碱、山莨菪碱等，这些生物碱类药物可从茄科植物颠茄（*Atropa belladonna*.L.）、曼陀罗（*Datura stramonium*.L.）、洋金花（*Datura metal*）、唐古特莨菪（*Scopolia tangutica Maxim*）中提取；部分药物可人工合成。常用药物化学结构式见图 7-1。

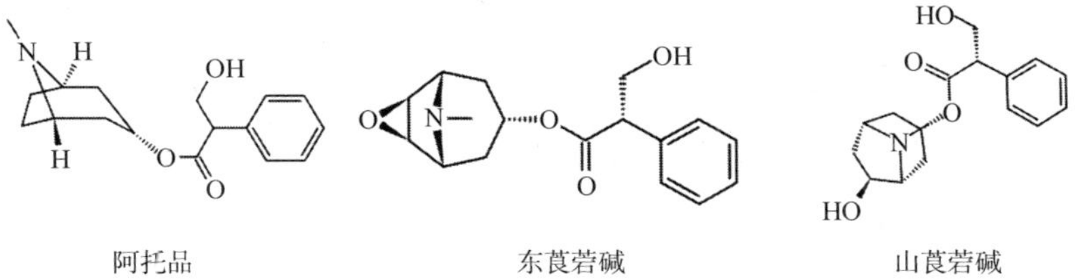

阿托品　　东莨菪碱　　山莨菪碱

图 7-1　阿托品类天然生物碱化学结构式

阿托品（atropine）

【体内过程】 阿托品为叔胺类生物碱，易透过生物膜，口服吸收快，达峰时间约 1h，$t_{1/2}$ 为 2～4h，作用可维持 3～4h。吸收后分布于全身组织，可透过血脑屏障及胎盘屏障，也可经黏膜吸收，生物利用度约为 50%。肌内注射 12h 内有 85%～88%以原形或代谢产物经尿排泄，因通过房水循环排出较慢，故对眼（虹膜和睫状肌）的作用可持续 72h。

【药理作用】 阿托品为竞争性抗 M 受体药，高特异性地阻断 M 受体，但对 M 受体亚型的选择性较低，大剂量也可阻断神经节 N_N 受体。阿托品对外源性胆碱酯类成分的拮抗作用远强于内源性 ACh 的拮抗作用，这可能是因为内源性释放的 ACh 浓度高且离受体较近，ACh 容易与受体结合。

阿托品作用广泛，对不同器官敏感性有差异。随着剂量递增，依次出现腺体分泌减少、瞳孔扩大、心率加快、调节麻痹、松弛胃肠道及膀胱平滑肌等作用，大剂量还会出现中枢神经系统的不良反应。阿托品剂量与作用的关系见表 7-1。

表 7-1 阿托品剂量与作用的关系

剂量	作用
0.5mg	轻度心率减慢、轻度口干、汗腺分泌减少
1.0mg	口干、口渴感、心率较快，有时心率可先减慢，轻度扩瞳
2.0mg	心率明显加快，心悸，明显口干，扩瞳、调节麻痹
5.0mg	上述所有症状加重，说话和吞咽困难，不安、疲劳，头痛，皮肤干燥、发热，排尿困难，肠蠕动减少
10.0mg	上述所有症状加重，瞳孔极度扩大，极度视力模糊，皮肤潮红、热、干，运动失调，不安、激动、幻觉、谵妄和昏迷

1. 抑制腺体分泌 阿托品阻断腺体细胞 M 受体，产生抑制腺体分泌的作用。该作用对不同腺体抑制强度有所不同，其中对唾液腺和汗腺作用最为明显。0.5mg 阿托品能明显抑制唾液腺和汗腺分泌，表现为口干、皮肤干燥；随着剂量增加，泪腺、呼吸道腺体分泌也明显减少，对汗腺的抑制作用随之增加引起体温升高。阿托品对胃肠腺体的作用较弱，在较大剂量时，阿托品虽然可以减少胃液分泌，抑制胃 HCO_3^-的分泌，但胃酸的分泌还会受到组胺、促胃液素等因素影响，故其对胃酸浓度影响较小。阿托品抑制腺体分泌作用的强弱依次为唾液腺、汗腺＞泪腺＞支气管腺体＞胃肠腺体。

2. 解除内脏平滑肌痉挛 阿托品通过阻断内脏平滑肌 M 受体，对胆碱能神经支配的多种内脏平滑肌有松弛作用，且作用的强度取决于平滑肌的功能状态和不同内脏平滑肌对阿托品的敏感性；对处于过度兴奋或痉挛性收缩的内脏平滑肌的松弛作用最为明显。其松弛内脏平滑肌作用的强弱依次为胃肠道＞膀胱＞胆管、输尿管、支气管＞子宫。

3. 眼 阿托品阻断眼部 M 受体，表现为扩瞳、升高眼压、调节麻痹，作用与毛果芸香碱相反。

（1）扩瞳：阿托品阻断瞳孔括约肌上的 M 受体，使去甲肾上腺素能神经支配的瞳孔开大肌功能占优势，导致瞳孔括约肌松弛，使瞳孔扩大。

（2）升高眼压：由于阿托品的扩瞳作用，使虹膜退向外缘，前房角间隙变窄，房水回流入巩膜静脉窦受阻，造成眼压升高。

（3）调节麻痹：阿托品阻断睫状肌 M 受体，使睫状肌松弛退向外缘，悬韧带拉紧，晶状体变扁平，屈光度降低，近物不能清晰地成像在视网膜上，导致用药后患者常出现视远物清楚，视近物模糊的现象，称为调节麻痹（图 7-2）。

4. 心血管系统

（1）心脏：治疗量 0.5mg 阿托品可使部分患者心率短暂减慢，一般减少 4～8 次/分，其减慢心率的原因为阿托品阻断副交感神经节后纤维突触前膜 M_1 受体，减弱 ACh 释放介导的负反馈调节作用，使 ACh 释放增加。较大剂量 1～2mg 阿托品通过阻断窦房结的 M_2 受体，解除迷走神经对心脏的抑制作用，引起心率加快。心率加快程度取决于迷走神经的张力，因此阿托品对迷走神经张力高的青壮年心率加速的症状较明显，如肌内注射 2mg 阿托品，心率可增加 35～40 次/分；但对运动状态、婴幼儿和老年人心率影响较小。

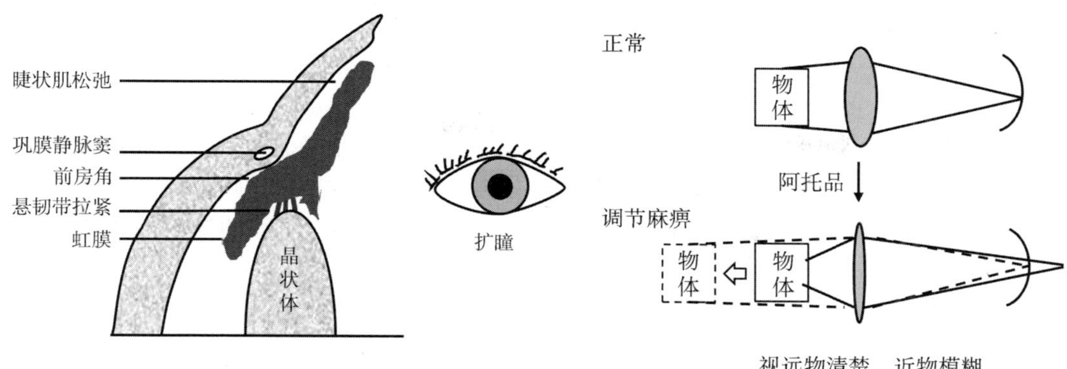

图 7-2 眼调节麻痹作用

（2）血管与血压：由于大多数血管不受胆碱能神经支配，故治疗量阿托品对血管与血压无明显影响。大剂量阿托品有明显扩张皮肤血管和解除小血管痉挛的作用，以面颈部较为明显。对组织器官小血管痉挛导致的微循环障碍，大剂量阿托品可改善微循环，增加重要脏器的血流灌注量，迅速缓解组织缺氧状态。阿托品的扩张血管作用与抗胆碱作用无关，而与其直接扩张血管或抑制汗腺分泌引起的代偿性散热有关。

5. 中枢神经系统 0.5～1mg 阿托品可轻度兴奋迷走神经，使呼吸速率加快；1～2mg 阿托品可兴奋延髓和大脑；2～5mg 阿托品中枢兴奋作用明显增强，出现烦躁不安、多语、谵妄等反应；10mg 以上为阿托品的中毒甚至致死剂量，详情见不良反应。

【临床应用】

1. 盗汗、流涎症、全身麻醉前给药 临床用于全身麻醉前给药，可减少呼吸道腺体及唾液腺分泌，防止分泌物阻塞呼吸道而发生吸入性肺炎；也可用于严重盗汗、重金属中毒、帕金森病引起的流涎症，以及食管机械性阻塞（肿瘤或狭窄）引起的吞咽困难等，用药剂量以无口干症状为宜。

2. 内脏绞痛、小儿遗尿 阿托品解除内脏平滑肌痉挛，适用于各种内脏绞痛，对胃肠绞痛及膀胱刺激症状（如尿频、尿急）疗效较好，对胆绞痛及肾绞痛疗效较差，常需与阿片类镇痛药合用。阿托品能松弛膀胱逼尿肌，增加膀胱容量，减少小便次数，可用于小儿遗尿症。

3. 眼科应用

（1）虹膜睫状体炎：用 0.5%～1%阿托品滴眼，可松弛虹膜环状肌及睫状肌，有利于炎症的消退，常与缩瞳药交替应用防止虹膜与晶状体粘连。

（2）验光和检查眼底：可用于儿童验光和眼底检查。眼内滴用阿托品可使睫状肌松弛，调节麻痹，固定晶状体，准确检测晶状体的屈光度，也可利用其扩瞳作用检查眼底。因阿托品扩瞳作用持续时间 1～2 周，调节麻痹作用维持 2～3 天，视力恢复较慢，现常用合成的短效抗 M 受体药后马托品、托吡卡胺等代替。但儿童验光仍用阿托品，因儿童睫状肌调节功能较强，用阿托品可充分调节麻痹，故能准确地检测儿童眼睛的屈光度。

4. 缓慢型心律失常 治疗迷走神经过度兴奋所致的窦性心动过缓、房室传导阻滞等缓慢型心律失常。阿托品可恢复心律，使其维持正常的心脏动力学，改善患者症状。但阿托品的用药剂量需谨慎，剂量过低可减慢心率，加重心动过缓；剂量过大可加快心率，使心肌耗氧量增加，加重心肌梗死，并有引发心室颤动的风险。

5. 休克 治疗暴发型流行性脑脊髓膜炎（简称流脑）、中毒性细菌性痢疾、中毒性肺炎等所致的休克。但休克伴有高热或心动过速时不宜用阿托品，同时由于阿托品副作用较多，目前常用山莨菪碱代替阿托品用于治疗休克。

6. 有机磷酸酯类中毒 见第六章“难逆性抗胆碱酯酶药”及“胆碱酯酶复活药”。

【不良反应】

1. 一般不良反应 阿托品对 M 受体亚型的选择性低，所以作用广泛，副作用较多。常见的有口干、皮肤干燥、视力模糊、扩瞳、心悸、高热、眩晕、排尿困难、便秘等。

2. 中毒反应 10mg 以上为阿托品的中毒甚至致死剂量，随剂量增加其一般不良反应逐渐加重，甚至出现明显的中枢中毒症状（表 7-1）。其中枢中毒症状可由兴奋转为抑制；兴奋中枢的作用表现为幻觉、定向障碍、运动失调、惊厥、抽搐、共济失调等症状，严重中毒时中枢作用表现为昏迷及呼吸麻痹，最后循环和呼吸衰竭致死。

【中毒解救】 阿托品的一般不良反应在停药后可逐渐消失，无须特殊处理。对阿托品中毒反应主要采取对症治疗的方式，如口服中毒，应立即洗胃、导泻以促进阿托品排出，并注射拟胆碱药如毒扁豆碱、新斯的明等对抗；中枢兴奋症状明显时，可用中枢抑制药对抗，如地西泮或少量苯巴比妥，但应注意控制中枢抑制药的剂量，避免与阿托品的中枢抑制作用产生协同效应。吩噻嗪类抗精神分裂症药物不能用于阿托品中毒解救，因为该类药物具有阻断 M 受体的作用，可加重阿托品中毒症状。

【禁忌证】 青光眼、前列腺肥大（能使尿道括约肌收缩而加重排尿困难）、高热、心率加快患者禁用。

东莨菪碱（scopolamine）

本品是从茄科植物洋金花、颠茄、莨菪中提取出的左旋生物碱成分。

【药理作用】 东莨菪碱的外周作用与阿托品相似，但药理作用强度与阿托品略有不同，在相同给药剂量下，东莨菪碱抑制腺体分泌作用、扩瞳和调节麻痹作用强于阿托品，其心血管系统作用较弱，但中枢神经系统作用较强。其中枢抑制作用持久，在治疗剂量即出现，表现为镇静、困倦、疲乏；较大剂量则表现为催眠；继续加大剂量会引起意识消失、浅麻醉作用。本品还有欣快作用，易造成患者滥用药物。本品对呼吸中枢表现为兴奋作用。

【临床应用】 东莨菪碱主要用于麻醉前给药，除在治疗剂量下抑制腺体分泌外，还抑制中枢，因此疗效优于阿托品；也可用于晕动病，如晕车、晕船等，与苯海拉明合用有增效作用，预防性用药疗效较佳，机制与抑制前庭神经内耳功能或大脑皮质功能有关；也可用于妊娠或放射病所致呕吐。还常用于缓解帕金森病引起的流涎、震颤和肌肉强直症状；可代替洋金花作为中药麻醉剂。

【不良反应和禁忌证】 同阿托品。

山莨菪碱（anisodamine）

本品是从茄科植物唐古特莨菪中提取的左旋生物碱，简称 654，人工合成为消旋品，称 654-2。山莨菪碱口服吸收较差，多采用肌内注射给药，注射后迅速经肾排泄。

【药理作用】 山莨菪碱具有明显的外周抗胆碱作用。其平滑肌解痉及改善微循环作用与阿托品相似，但弱于阿托品。对唾液分泌的抑制作用和扩瞳作用仅为阿托品的 1/20～1/10，且不易透过血脑屏障，中枢作用较弱。

【临床应用】 由于山莨菪碱解除平滑肌痉挛和改善微循环作用明显，且不良反应较阿托品轻，已广泛替代阿托品用于治疗各种内脏绞痛和感染中毒性休克。

【不良反应和禁忌证】 与阿托品相似。

二、阿托品合成代用品

由于阿托品的不良反应多，眼科用药作用时间久等缺点，通过化学结构改造阿托品合成代用品被研发出来。常用的阿托品合成代用品有三种：①合成扩瞳药；②合成解痉药；③选择性抗 M 受体药。

（一）合成扩瞳药

合成扩瞳药主要有后马托品（homatropine）、环喷托酯（cyclopentolate）、托吡卡胺（tropicamide）、优卡托品（eucatropine）等。常用合成扩瞳药化学结构式见图 7-3。

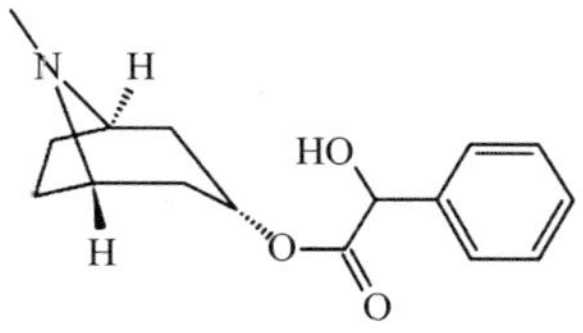

后马托品 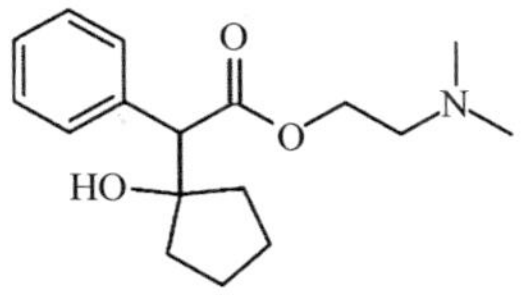　环喷托酯

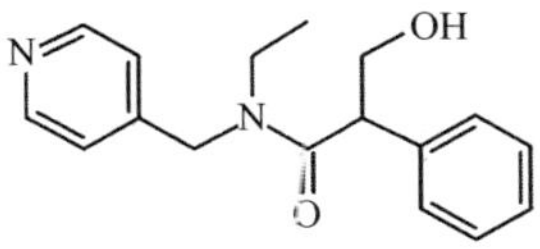

托吡卡胺 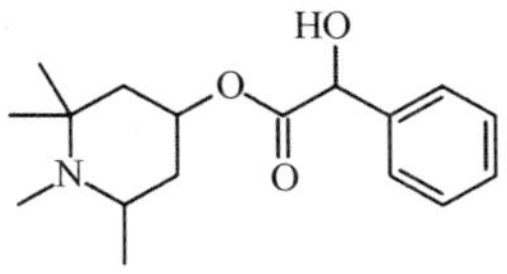　优卡托品

图 7-3　常用合成扩瞳药的化学结构式

此类药物扩瞳和调节麻痹作用持续时间较短，但调节麻痹作用不如阿托品完全，因此一般眼科检查、验光配镜常用合成扩瞳药，但儿童验光仍用阿托品。各种扩瞳药滴眼后作用比较见表 7-2。

表 7-2　常用扩瞳药滴眼作用比较

药物	浓度（%）	扩瞳作用		调节麻痹作用	
		药峰时间（min）	消退时间（d）	药峰时间（h）	消退时间（d）
硫酸阿托品	1	30～40	7～10	1～3	7～12
氢溴酸后马托品	1～2	40～60	1～2	0.5～1.0	1～2
托吡卡胺	0.5～1.0	20～40	0.25	0.5	<0.25
环喷托酯	0.5	30～50	1	1	0.25～1.00
优卡托品	2～5	30	0.08～0.25	无作用	无作用

（二）合成解痉药

此类药按化学结构可分为季铵类解痉药，常用药物有溴丙胺太林（propantheline bromide，普鲁本辛）、异丙托溴铵（ipratropium bromide）、溴甲东莨菪碱（scopolamine methylbromide）、溴甲后马托品（homatropine methylbromide）等，大多数季铵类解痉药脂溶性低、口服吸收差、不易透过血脑屏障、中枢作用弱；叔胺类解痉药，常用药物有贝那替嗪（benactyzine，胃复康）、托特罗定（tolterodine）、双环维林（dicyclomine）、黄酮哌酯（flavoxate）等，大多数叔胺类解痉药脂溶性高、口服吸收好、易透过血脑屏障、有明显的中枢作用。常用合成解痉药化学结构式见图 7-4，常用合成解痉药比较见表 7-3。

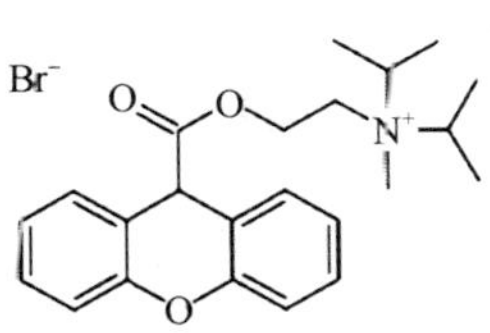

溴丙胺太林 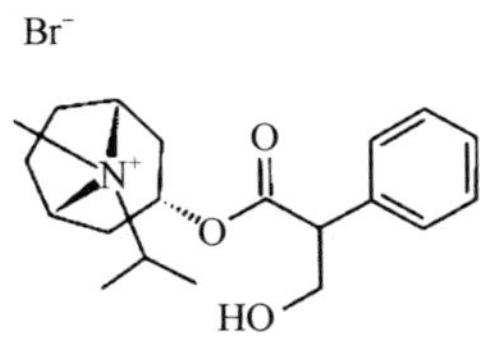　异丙托溴铵 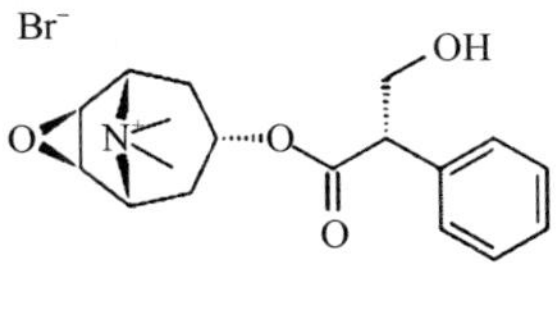　溴甲东莨菪碱

A. 季铵类解痉药

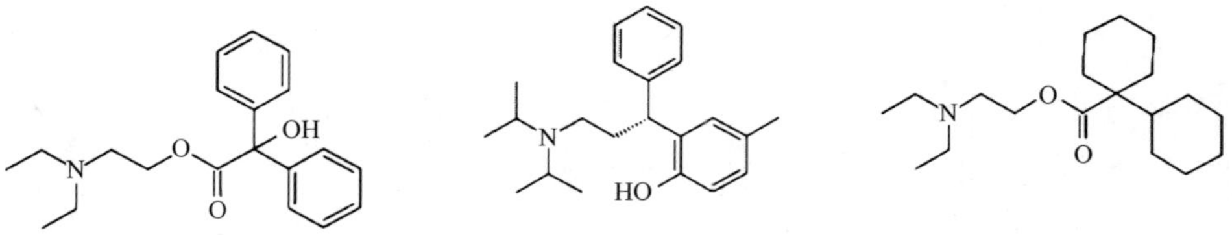

B. 叔胺类解痉药

图 7-4 常用合成解痉药的化学结构式

表 7-3 常用合成解痉药比较

类型	药名	药理作用	临床应用	不良反应
季铵类	溴丙胺太林	解除胃肠平滑肌痉挛、抑制胃酸分泌	胃肠痉挛、胃炎、胰腺炎、妊娠呕吐	口干、视力模糊、排尿困难、心悸、便秘、头痛
	异丙托溴铵	松弛支气管平滑肌	缓慢型阻塞性肺病引起的支气管痉挛、喘息	口干、头痛、心悸
叔胺类	贝那替嗪	松弛胃肠平滑肌、抑制胃酸分泌、中枢安定作用	兼有焦虑症的溃疡病、胃酸过多、肠蠕动亢进、膀胱刺激征	口干、头晕、恶心、感觉迟钝
	托特罗定	松弛膀胱平滑肌	膀胱过度活动症	口干、头痛、便秘、嗜睡

（三）选择性抗 M 受体药

此类药物对 M 受体亚型的选择性高，因此副作用较阿托品及其合成代用品少。选择性阻断 M_1 受体的药物有哌仑西平（pirenzepine）和替仑西平（telenzepine），两药均可抑制胃酸及胃蛋白酶的分泌，主要用于消化性溃疡，不易透过血脑屏障，故无中枢作用。治疗量下较少出现口干、视力模糊等副作用。除此之外，哌仑西平还兼有阻断 M_4 受体的作用。tripitamine 为选择性阻断 M_2 受体的药物，可用于抗胆碱能性的心动过缓。索利那新（solifenacin）为选择性阻断 M_3 受体的药物，其对膀胱平滑肌的选择性较高，主要用于治疗膀胱过度活动症，改善患者尿频、尿急、尿失禁等症状。该药物也会引起口干、便秘等不良反应，但较阿托品轻。

第二节 抗 N 受体药

一、抗 N_N 受体药

抗 N_N 受体药又称神经节阻断药（ganglionic blocking drugs），此类药能与神经节 N_N 受体结合，竞争性阻断 ACh 与其受体结合，使 ACh 不能引起神经节细胞除极化，进而阻断神经冲动在神经节的传递。此类药物作用广泛，不良反应较多，易产生耐受性。目前，临床仅用美卡拉明（mecamylamine，美加明）作麻醉辅助药，以发挥控制性降压作用；对抗烟瘾的戒断治疗。此药化学结构式见图 7-5。此类药物中的其他品种，如樟磺咪芬（trimethaphan camsylate）、咪噻芬（trimethaphan，阿方那特）等基本不用。

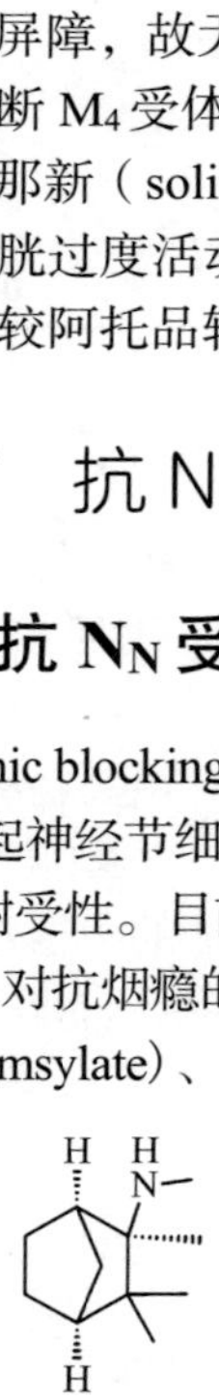

图 7-5 美卡拉明的化学结构式

二、抗 N_M 受体药

抗 N_M 受体药又称骨骼肌松弛药（skeletal muscular relaxants，简称肌松药），此类药能选择性地作用于神经肌肉接头后膜的 N_M 受体，产生神经肌肉阻滞作用。按其作用机制不同，可分为除极化型肌松药（depolarizing muscular relaxants）和非除极化型肌松药（non-depolarizing muscular relaxants）两大类。常用药物化学结构式见图 7-6。

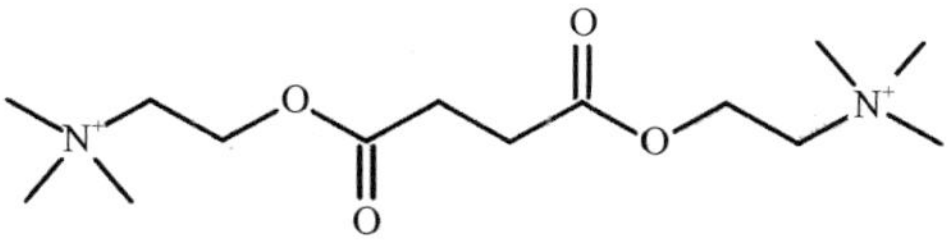

A. 除极化型肌松药：琥珀胆碱

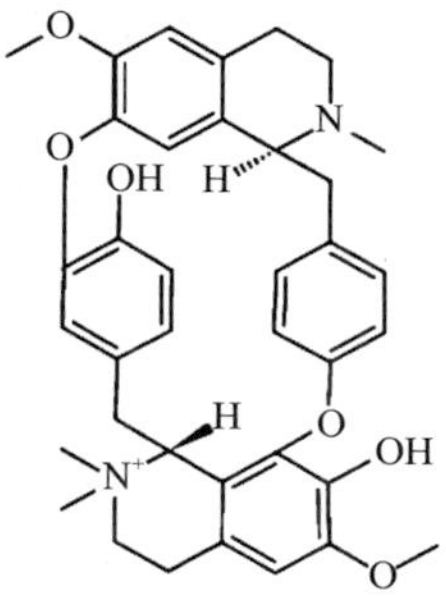

B. 非除极化型肌松药：筒箭毒碱

图 7-6 常用骨骼肌松弛药的化学结构式

（一）除极化型肌松药

除极化型肌松药又称非竞争型肌松药，这类药物与 ACh 分子结构相似，与神经肌肉接头后膜的 N_M 受体有较强的亲和力，且在神经肌肉接头处不易被胆碱酯酶分解，而产生与 ACh 相似而持久的除极化作用，使 N_M 受体不能与 ACh 起反应，导致骨骼肌松弛。此类药中，仅琥珀胆碱（succinylcholine）用于临床。

此类药物有如下作用特点：①给药初期，机体出现短暂肌束颤动，这是由于药物对不同部位骨骼肌除极化作用起效快慢不同所致；②连续用药可产生快速耐受性；③抗胆碱酯酶药不能拮抗其骨骼肌松弛作用，反而加强其肌松作用，过量中毒不能用新斯的明解救；④治疗剂量无神经节阻断作用。

（二）非除极化型肌松药

非除极化型肌松药又称竞争型肌松药（competitive muscular relaxants），这类药物与 ACh 竞争神经肌肉接头的 N_M 受体，但不激动受体，从而竞争性阻断 ACh 除极化作用，导致骨骼肌松弛。此类药物的代表药物为筒箭毒碱（d-tubocurarine）、阿曲库铵（atracurium）、多库铵（doxacurium）等。

此类药物有如下作用特点：①给药初期，机体无短暂肌束颤动；②连续用药无快速耐受性；③抗胆碱酯酶药能拮抗其骨骼肌松弛作用，所以此类药物过量中毒能用新斯的明解救。以上两类药物的比较见表 7-4。

表 7-4 常见肌松药比较

类型	药名	药理作用	临床应用	不良反应
除极化型	琥珀胆碱	肌松作用	辅助麻醉、气管镜、食管镜、气管内插管等短时检查	窒息、眼压升高、肌束颤动、快速耐受性
非除极化型	筒箭毒碱	肌松作用、促进组胺释放、神经肌肉阻滞	辅助麻醉、气管内插管、胸腹手术（由于不良反应多，现常用阿曲库铵等代替）	心率减慢、血压下降、支气管痉挛、唾液分泌增加、呼吸麻痹

1. 请比较毛果芸香碱和阿托品对眼的药理作用、作用机制和临床应用的差异性。
2. 简述阿托品的药理作用、临床应用和不良反应。
3. 肌松药中毒都可以应用新斯的明解救吗？为什么？

附 “毒药女神”“死亡月影”与阿托品

颠茄是一种具有催眠和致幻作用、毒性很强的草本。1831 年，德国药剂师曼恩（Mein）对颠茄进行了深入的化学成分研究，从颠茄的根中分离得到一种生物碱，并用古希腊神话中可以割断人生命之线、拥有主管人生死能力的生命女神阿特罗波斯（Atropos）为该化学成分命名，这就是阿托品（atropine）。随后著名的植物分类学家林奈，将 Atropa 命名为颠茄属的属名，由于文艺复兴时期，颠茄是意大利女人扮美的神器，将颠茄的汁液滴在眼睛里，可以达到散瞳的效果，相当于如今的美瞳。意大利语“美丽的女郎”即为 belladonna。所以林奈将 Atropa 与 belladonna 结合起来给颠茄植物命名为 *Atropa belladonna* L.。当很多使用颠茄“美瞳”的女郎频繁中毒甚至死亡时，人们开始意识到颠茄的毒性之大，拥有如生命女神般切断人生命的本事，因此其获得了“毒药女神”的名号，自此颠茄也退出了美容的历史舞台。在生物分类命名中，颠茄所属的家族还有一个好听的家族名“月影”（nightshade），而颠茄在该家族中被称为“死亡月影”（deadly nightshade）。20 世纪 30 年代，颠茄以药用植物的身份被引进我国。在《中国药典》中，颠茄被记载为颠茄草，药用部位为叶、幼枝及根，其全株各部分均有毒性。本章的重点代表药阿托品与颠茄有很多相似的药理和毒理作用，在用药过程中，应注意个性化、安全合理地用药。

第八章　肾上腺素受体激动药

学习目标

1. 根据药物对α、β受体的选择性不同，掌握不同肾上腺素受体激动药的代表药物及作用特点。
2. 清晰表述去甲肾上腺素、肾上腺素、异丙肾上腺素、多巴胺的药理作用及机制、临床应用。
3. 根据各类药物的作用特点，选择合适的药物治疗相应临床疾病。

肾上腺素受体激动药（adrenoceptor agonists）又称为拟肾上腺素药，可与肾上腺素受体结合，激动受体产生肾上腺素样作用。它们都属胺类物质，因其作用与交感神经兴奋产生的效应相似，所以也称为拟交感胺类药物（sympathomimetic drugs）。肾上腺素受体激动药的基本化学结构为*β*-苯乙胺（*β*-phenylethylamine），当苯环及乙胺基侧链*α*-、*β*-碳原子和氨基上的氢分别被不同基团取代后，可人工合成具有不同拟交感活性的药物。去甲肾上腺素、肾上腺素、多巴胺、异丙肾上腺素等都是在苯环3、4位碳上有羟基，这种邻位二羟基苯结构被称为儿茶酚，故上述药物又被称为儿茶酚胺类（catecholamines）药物，易被细胞内的COMT灭活，故作用较强但维持时间短，且对中枢神经系统作用弱。有别于不含该结构的非儿茶酚胺类拟交感药，如麻黄碱、间羟胺、去氧肾上腺素等，作用减弱，但作用时间明显延长，且中枢作用增强（图8-1）。

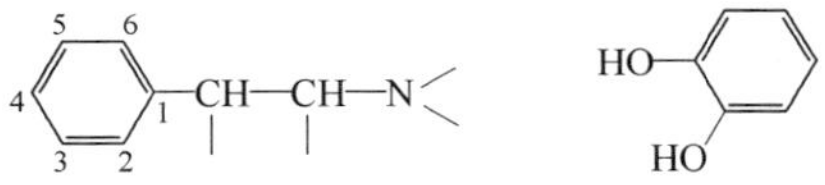

5　6
4　1 —CH—CH—N<
3　2

HO
HO

β-苯乙胺　　　儿茶酚

图8-1　*β*-苯乙胺和儿茶酚的化学结构式

根据药物对不同肾上腺素受体及其亚型的选择性，肾上腺素受体激动药可分为以下三类。

（1）α受体激动药：①α_1、α_2受体激动药，如去甲肾上腺素；②α_1受体激动药，如去氧肾上腺素；③α_2受体激动药，如羟甲唑啉。

（2）β受体激动药：①β_1、β_2受体激动药，如异丙肾上腺素；②β_1受体激动药，如多巴酚丁胺；③β_2受体激动药，如沙丁胺醇。

（3）α、β受体激动药：如肾上腺素和麻黄碱。

第一节　α受体激动药

去甲肾上腺素（noradrenaline，NA；norepinephrine，NE）

去甲肾上腺素是去甲肾上腺素能神经末梢释放的主要递质。药用去甲肾上腺素为人工合成品，化学性质不稳定，见光易分解，在中性尤其在碱性溶液中迅速氧化变为粉红色甚至棕色而失效，在酸性溶液中较稳定，因此常用其重酒石酸盐。

【体内过程】　口服在胃内因局部作用使胃黏膜血管收缩，在肠道易被碱性肠液破坏而失效，故口服无效；皮下或肌内注射因血管强烈收缩，吸收很少，且易发生局部组织坏死，故通常采用静脉滴注给药。外源性去甲肾上腺素进入体内后，难以通过血脑屏障进入脑组织，主要在外周迅速通过神经末梢摄取或酶的催化代谢而失活，其代谢酶为COMT和MAO，因此作用短暂，静脉滴注停止后，作用仅维持1～2min。少量去甲肾上腺素以原形经肾排出。

【药理作用】 对α受体有强大的激动作用，对心脏β_1受体有较弱的激动作用，但对β_2受体几乎无作用。

1. 影响血管的收缩和舒张 激动血管α_1受体，使小动脉和小静脉收缩。对各器官血管收缩程度与该部位的α受体分布密度有关。对皮肤黏膜血管的收缩作用最明显，其次是肾血管，肝、脑、肠系膜血管也呈收缩状态，故内脏和肝血流量减少。冠状血管舒张，主要由于心肌兴奋后的代谢产物（腺苷等）增加及血压升高后提高冠脉灌注压而增加冠脉血流量。此外，NA还可激动血管壁的去甲肾上腺素能神经末梢突触前膜的α_2受体，抑制去甲肾上腺素的释放。

2. 兴奋心脏 较弱激动心脏β_1受体，兴奋心脏作用较肾上腺素微弱。整体情况下，由于血压升高，引起反射性迷走神经兴奋，心率反而减慢。当剂量过大，或静脉注射过快，可引起心律失常，但较肾上腺素少见。

3. 影响血压 小剂量静脉滴注时血管收缩不明显，舒张压变化不大，而心脏兴奋使收缩压上升，故脉压加大。较大剂量时，因血管强烈收缩导致外周阻力明显增高，舒张压的升高幅度大于收缩压的升高幅度，故脉压缩小。

【临床应用】

1. 休克 现仅用于早期神经源性休克，去甲肾上腺素用来治疗休克仅仅是暂时措施，因休克的主要病理改变是微循环障碍和有效血容量降低，故其治疗主要是改善微循环与补足血容量。如长时间或大剂量应用去甲肾上腺素反而加重微循环障碍。

2. 上消化道出血 1～3mg，稀释后口服可用于上消化道出血的治疗。

3. 低血压 可用于嗜铬细胞瘤切除术、交感神经切除术、败血症、药物中毒等引起的急性低血压。中枢抑制药过量引起的低血压可静脉滴注去甲肾上腺素改善，如氯丙嗪中毒时应选用去甲肾上腺素，而不能选用肾上腺素。

【不良反应】

1. 局部组织缺血坏死 静脉滴注时间过长、浓度过高或药液漏出血管外，可引起局部组织缺血坏死。尽量选用大静脉给药，如肘前静脉。有时沿注射血管出现苍白，这是因血管滋养管收缩所致，此时静脉壁渗透性增加，易引起血液外渗。需注意检查和更换注射部位，必要时进行热敷或用α受体阻断药酚妥拉明作局部浸润注射，以扩张血管。

2. 急性肾衰竭 静脉滴注时间过长或剂量过大时可引起肾血管强烈收缩，肾血流量显著减少，可产生少尿、无尿和肾实质损伤。因此需监测尿量，尿量低于25mL/h，应减量或停用。

3. 停药后的血压下降 突然停药可能引起血压骤降，这是由于处于收缩状态的静脉在停药后迅速扩张，有效循环血量降低所致，应逐渐减少静脉滴注剂量，再停药。

【禁忌证】 伴有高血压、动脉硬化症、器质性心脏病、少尿、无尿、严重微循环障碍的患者及孕妇禁用。

间羟胺（metaraminol）

间羟胺（阿拉明，aramine）是α受体激动药，对β_1受体作用较弱。除直接作用于受体外，尚可被肾上腺素能神经末梢摄取，促进囊泡中去甲肾上腺素释放，间接发挥作用。静脉给药后1～2min起效，肌内注射后约10min起效，皮下注射后5～20min发挥作用。作用持续20～60min。因不易为MAO破坏，故作用时间较去甲肾上腺素持久。

间羟胺有加强心肌收缩力、收缩血管的作用，可增加外周阻力，升高血压，反射性引起心率减慢，但较少引起心律失常。升压作用可靠，维持时间较长，比 NA 较少引起心悸、少尿等不良反应，还可肌内注射，故临床上作为 NA 的代用药，用于预防或治疗脊椎麻醉时低血压；也用于出血、外科手术、脑外伤等引起的休克，此时间羟胺的缩血管作用对血管收缩不良者有益，但若休克状态下已出现代偿性血管收缩时，间羟胺可引起血管阻力进一步增加，导致重要器官血流量下降。

α 受体阻断药可减弱间羟胺升压效果，但不会产生翻转作用。短期内反复用药，可因囊泡内去甲肾上腺素减少而使效应逐渐减弱，产生快速耐受性。

第二节　β 受体激动药

异丙肾上腺素（isoprenaline，isoproterenol）

异丙肾上腺素为人工合成盐酸盐，以异丙基取代去甲肾上腺素氨基上的氢原子。

【体内过程】　口服给药后，在肠黏膜产生磺基化结合反应而失效；舌下给药可从黏膜下舌下静脉丛迅速吸收而发挥作用；气雾吸入给药吸收较快。主要经肝脏和其他组织中 COMT 代谢失活，MAO 对其作用弱。本药作用时间虽较肾上腺素长，但仍短暂，静脉注射 $t_{1/2}$ 约为数分钟；吸入给药 2～5min 起效，维持时间 0.5～2h。

【药理作用】　为非选择性 β 受体激动药，对 β_1、β_2 受体均有强大的兴奋作用，对 α 受体几乎无作用。

1. 兴奋心脏　激动心脏 β_1 受体而兴奋心脏，使心肌收缩力增强，心率加快，传导加速，心排血量增加。可引起心悸、窦性心动过速等，但与肾上腺素相比较少引起心室颤动。

2. 对血管与血压的影响　激动 β_2 受体对血管有舒张作用，主要舒张骨骼肌血管，对肾血管、肠系膜血管作用较弱，亦可舒张冠状血管。由于心排血量增加和血管舒张，收缩压不变或升高而舒张压降低，使脉压加大，平均动脉压下降。

3. 舒张支气管平滑肌　激动支气管平滑肌 β_2 受体，使支气管平滑肌显著舒张，作用比肾上腺素略强；另有抑制肥大细胞释放组胺等过敏介质的作用，但对支气管黏膜血管无收缩作用，故消除黏膜水肿作用不如肾上腺素。

4. 其他　能增加糖原分解，但升高血糖作用较肾上腺素弱；促进脂肪分解，因对胰岛细胞 β 受体有明显激动作用而促进胰岛素分泌。异丙肾上腺素和肾上腺素在促进游离脂肪酸释放和能量代谢方面的作用相似。

【临床应用】

1. 支气管哮喘　采用舌下或气雾剂吸入给药，能迅速控制急性发作。但因患者存在缺氧状态，易引起心律失常，故不宜长期应用。

2. 房室传导阻滞　可用于治疗一、二度房室传导阻滞。一般采用舌下给药，严重时则静脉滴注给药。

3. 心搏骤停　用于心室自身节律缓慢、高度房室传导阻滞或窦房结功能衰竭等并发的心搏骤停，也用于置入人工心脏起搏器时出现的心动过缓。常与去甲肾上腺素或间羟胺合用于心室内注射。

4. 休克　适用于中心静脉压高、心排血量低的感染性休克，但给药的同时要注意补液及心脏毒性。

【不良反应】　常见心悸、头晕、心动过速、头痛、面色潮红。用药期间，注意控制心率，超过 110 次/分，需减慢滴速或停药。对于支气管哮喘患者应控制吸入剂量，因其本身已处于缺氧状态，如剂量过大，可致心肌耗氧量增加，引发严重的心律失常。

冠心病、糖尿病、甲状腺功能亢进者禁用。

第三节 α、β受体激动药

肾上腺素（adrenaline，AD；epinephrine）

肾上腺素是去甲肾上腺素在肾上腺髓质经苯乙胺-*N*-甲基转移酶作用甲基化生成。药用肾上腺素可从家畜肾上腺提取或人工合成，化学性质不稳定，见光易失效；在中性尤其是碱性溶液中，易氧化变色失去活性。

【体内过程】 口服后在胃肠道黏膜和肝脏迅速氧化、结合而失效，或在碱性肠液中失活，故无效。皮下注射吸收缓慢，作用维持时间较长，为1h左右；肌内注射吸收较为迅速，作用维持10～30min。肾上腺素的代谢途径与去甲肾上腺素类似，主要以代谢产物和少量原形经肾排泄。

【药理作用】 肾上腺素有较强的激动α、$β_1$、$β_2$受体的作用，对靶器官的效应较为复杂，与机体的生理病理状态、靶器官中受体亚型的分布、整体的反射作用和神经末梢突触间隙的反馈调节等因素有关。

1. 心血管系统

（1）心脏：作用于心肌、心传导系统和窦房结的$β_1$受体，使心肌收缩力加强，心率加快，传导加速，心排血量增加。肾上腺素是一个强效心脏兴奋药，因心脏做功及代谢显著增强，使心肌耗氧量也增加，较大剂量或静脉给药过快，可引起心律失常，出现期前收缩，甚至引起心室颤动。

（2）血管：激动血管平滑肌上的α受体，血管收缩；激动$β_2$受体，血管舒张。体内各部位血管上分布的肾上腺素受体类型和密度不同，故肾上腺素对血管的作用与各器官血管平滑肌上的α、$β_2$分布密度和给药剂量大小有关。

皮肤、黏膜血管以α受体占优势，注射肾上腺素可以显著减少皮肤血流量，使手足部位的血流减少；内脏血管尤其是肾血管以α受体占优势，故可使肾血管显著收缩，肾血流量减少；对脑、肺血管收缩作用不明显；而骨骼肌、肝脏血管以$β_2$受体占优势，故小剂量的肾上腺素使这些血管舒张，血流量增加；肾上腺素能舒张冠状动脉，使血流量增加，机制：①激动冠状动脉$β_2$受体，冠脉舒张；②心肌兴奋后的代谢产物（腺苷）增加，使冠状血管扩张；③心肌收缩期缩短，舒张期相对延长。

（3）血压：肾上腺素对血压的影响与剂量，不同部位α、β受体的比例，以及机体代偿性反应等多种因素有关。因为有扩张血管作用的$β_2$受体对低浓度肾上腺素的敏感性大于收缩血管的$α_1$受体，极小剂量肾上腺素可引起血压下降。治疗量（0.5～1mg）时由于心脏兴奋，使收缩压升高，而骨骼肌血管的舒张作用抵消或超过了皮肤黏膜血管的收缩作用，故舒张压不变或下降，脉压增大，此时身体各部分血液重新分配，以适应紧急状态下机体应激的需要。较大剂量肾上腺素激动$β_1$受体强烈兴奋心脏使收缩压上升；激动血管$α_1$受体显著收缩皮肤黏膜、内脏等的血管，使舒张压上升；激动$β_2$受体舒张骨骼肌血管而使血压下降；其典型的血压改变为双相反应，即给药后迅速出现明显的升压作用，而后出现微弱的降压反应，平均血压可能降至正常以下再恢复至正常水平后持续时间较长。如预先给予α受体阻断药（如酚妥拉明）后，肾上腺素的升压作用可被翻转，表现为明显的降压反应。

2. 平滑肌 肾上腺素对平滑肌的作用取决于其上分布的受体类型。激动支气管平滑肌$β_2$受体，使支气管舒张；激动支气管黏膜层和黏膜下层肥大细胞$β_2$受体可抑制肥大细胞释放组胺等过敏性介质；激动支气管黏膜血管平滑肌$α_1$受体，可消除黏膜水肿。激动胃肠道平滑肌$β_2$受体可松弛胃肠道平滑肌，使其张力、自发性收缩频率与收缩幅度均下降；对子宫平滑肌的作用与月经周期、妊娠状态和给药剂量有关，在妊娠末期可抑制子宫张力和收缩；激动膀胱逼尿肌$β_2$受体，使逼尿肌松弛，同时兴奋$α_1$受体，使膀胱三角肌与括约肌收缩，引起排尿困难和尿潴留。

3. 促进代谢 肾上腺素能提高机体代谢，治疗量时可使耗氧量增加20%～30%。肾上腺素既激

动 α_2 受体抑制胰岛素分泌，又激动 β_2 受体促进胰高血糖素分泌，使肝糖原、肌糖原分解和糖原异生；同时降低外周组织对葡萄糖的摄取，升高血糖。肾上腺素能兴奋脂肪细胞 β 受体，激活三酰甘油脂肪酶，加速三酰甘油降解为游离脂肪酸和甘油。

【临床应用】

1. 过敏性休克　首选用于药物或其他抗原引起的过敏性休克。过敏性休克是典型的 I 型变态反应，大多数患者在接触抗原数分钟后即发生，其主要病理生理改变为小血管扩张和毛细血管通透性增加，出现循环血量降低，血压急剧下降，同时支气管平滑肌痉挛导致呼吸困难。肾上腺素能激动 α 受体，明显收缩小动脉和毛细血管前括约肌，使舒张压上升；激动 β_1 受体兴奋心脏，使收缩压上升，增加冠脉血流量，改善心功能；激动 β_2 受体舒张支气管平滑肌，抑制肥大细胞释放炎性介质，同时降低毛细血管通透性，消除支气管黏膜水肿，因而迅速缓解过敏性休克的临床症状，挽救患者生命。一般肌内或皮下注射，危急时也可用生理盐水稀释 10 倍后缓慢静脉注射，但必须控制注射速度和用量，以免引起血压骤升及心律失常等不良反应。

2. 支气管哮喘　主要用于控制急性发作。

3. 心搏骤停　由于麻醉或手术出现意外、溺水、药物中毒等引起心搏骤停，在采用各种心肺复苏措施的同时，静脉注射或心室内注射肾上腺素有助于心脏起搏。

4. 与局麻药合用　与局部麻醉药合用，使注射部位血管收缩，延长局部麻醉药作用时间，减少其吸收中毒的可能性。一般局麻药中肾上腺素的浓度为 1：250 000，单次最大用量不超过 0.3mg。

5. 鼻黏膜与齿龈出血　将浸有盐酸肾上腺素的纱布（1：1000）填塞于出血处，可有效止血。

6. 青光眼　肾上腺素可减少房水生成和改善房水回流，可用于原发性及继发性开角型青光眼。

【不良反应】　一般有心悸、不安、面色苍白、恐慌、焦虑、搏动性头痛、震颤等。采取静卧休息及注意消除患者顾虑等措施，上述症状可缓解。用药剂量大或静脉滴注速度过快，血压骤升可引起严重不良反应如脑出血、心律失常，甚至心室颤动。肾上腺素可诱发冠状动脉疾病患者的心绞痛发作。

【禁忌证】　禁用于器质性心脏病、脑动脉硬化、高血压、糖尿病、甲状腺功能亢进等。

多巴胺（dopamine）

多巴胺是合成去甲肾上腺素的前体，也是脑内重要的儿茶酚胺类神经递质，药用多巴胺为人工合成品。

【体内过程】　口服后易在肝和肠中破坏失活，主要采用静脉给药，在体内迅速为 COMT 与 MAO 代谢破坏，故 $t_{1/2}$ 极短，仅约 2min。因不易透过血脑屏障，故无明显中枢作用。

【药理作用】　多巴胺主要激动 α 受体、β_1 受体和多巴胺受体（D_1 受体）。

1. 心脏　激动心脏 β_1 受体，使心肌收缩力增强，心排血量增加。一般剂量对心率无影响，与肾上腺素相比，其加强心肌收缩力较弱，但较去甲肾上腺素强，且较少引起心悸和心律失常。

2. 血管和血压　低剂量多巴胺（每分钟 10μg/kg）激动肾、肠系膜、冠脉的 D_1 受体，激活腺苷酸环化酶，增加细胞内 cAMP 水平使血管舒张；较高剂量的多巴胺（每分钟 20μg/kg）激动心脏 β_1 受体，增加收缩压和脉压，但对舒张压无明显影响或使其轻微增加。由于心排血量增加，肾和肠系膜血管舒张而阻力下降，其他血管阻力基本不变，总外周阻力变化不大。但剂量继续增加，激动 α_1 受体产生收缩血管作用，外周阻力增加，血压升高，这一作用可被 α 受体阻断药所拮抗。

3. 肾脏　低浓度下作用于 D_1 受体，舒张肾血管，增加肾血流量和肾小球滤过率；同时多巴胺尚有排钠利尿作用，可能是直接对肾小管 D_1 受体的作用。大剂量时则激动 α_1 受体，收缩血管，使肾血流量和尿量减少。

【临床应用】　主要用于各种休克，如心源性、感染性及低血容量性休克等。对心肌收缩力减弱伴有少尿而血容量已补足的休克患者尤为合适。也用于嗜铬细胞瘤手术后的低血压，尚可与利尿药合用治疗急性肾衰竭，还可用于急性心功能不全患者。

【不良反应】 过量可出现恶心呕吐、心动过速、心绞痛、心律失常、头痛、高血压等。由于本药 $t_{1/2}$ 很短，减慢静脉滴速或停药，上述症状通常会很快消失。偶尔需要用短效 α 受体阻断药酚妥拉明对抗。给药时若药液漏出也会引起局部组织缺血性坏死。合用单胺氧化酶抑制药或三环类抗抑郁药时，应酌情减少剂量。

治疗休克时，注意补充血容量，监测心血管参数（动脉压、中心静脉压）、尿量等，同时纠正酸中毒。

麻黄碱（ephedrine）

麻黄在我国应用已有两千多年的历史，麻黄碱是从中提取的生物碱，药用的为人工合成品。

【体内过程】 麻黄碱为非儿茶酚胺类，口服吸收完全，1h 后即可达峰浓度。小部分经脱胺氧化被代谢，大部分以原形随尿排出。消除较缓慢，$t_{1/2}$ 为 3～4h。易通过血脑屏障进入脑脊液，中枢兴奋作用强。

【药理作用】 直接激动 α_1、α_2、β_1 和 β_2 受体。此外可促进交感神经末梢释放去甲肾上腺素而间接激动 α、β 受体。

与肾上腺素比较，其化学性质稳定，可口服给药；拟肾上腺素作用弱而持久；中枢兴奋作用较强；易产生快速耐受性（tachyphylaxis）。

麻黄碱激动 β_1 受体，增加心肌收缩力、心率和心排血量，使血压上升，但在整体情况下由于血压升高，反射性兴奋迷走神经使心率减慢，故心率变化不大，其升压作用缓慢但持久；激动 β_2 受体而使支气管平滑肌松弛，起效慢但持久；兴奋膀胱底部 α 受体，松弛膀胱壁和逼尿肌，收缩括约肌，引起排尿阻力上升；另有明显中枢兴奋作用，较大剂量可兴奋大脑和皮质下中枢，引起精神兴奋、不安、失眠等。短期内反复用药，其药理作用逐渐减弱，表现出快速耐受性。

【临床应用】 用于防治低血压，如防治硬膜外和蛛网膜下腔麻醉所引起的低血压。预防支气管哮喘或治疗轻症患者，但因有明显的中枢兴奋作用，故不推荐作为长期用药。用于治疗鼻黏膜充血引起的鼻塞，常用 0.5%～1%溶液滴鼻，以消除黏膜肿胀。曾利用其中枢兴奋作用治疗嗜睡症、抑郁症，但目前已有其他治疗方法替代。

【不良反应】 有时出现不安、头痛、心悸、出汗、失眠。注射给药可能出现高血压、心律失常。

【禁忌证】 高血压、冠心病及甲状腺功能亢进者禁用。

其他常用肾上腺素受体激动药见表 8-1。

表 8-1 其他常用肾上腺素受体激动药

药名	药理作用	临床应用	不良反应
去氧肾上腺素 phenylephrine	主要激动 α_1 受体	低血压；眼科检查；阵发性室上性心动过速等	血压过高；前房角狭窄者可引起眼压升高
甲氧明 methoxamine	选择性激动 α_1 受体	低血压；室上性心动过速	血压过高、头痛、心动过速、恶心、呕吐
羟甲唑啉 oxymetazoline	激动 α_2 受体，可收缩鼻部黏膜血管	鼻黏膜充血	小儿中枢神经系统症状
多巴酚丁胺 dobutamine	主要激动 β_1 受体，增强心肌收缩力	充血性心力衰竭、急性心肌梗死；休克	恶心、头痛、心悸、血压增高、心绞痛
沙丁胺醇 salbutamol 特布他林 terbutaline	选择性激动 β_2 受体作用	支气管哮喘	肌震颤等
美芬丁胺 mephentermine	主要激动 β 受体	心源性休克；低血压；鼻黏膜充血	过量抑制心脏

1. 去甲肾上腺素的不良反应有哪些？应如何防治？
2. 局麻药注射液中为什么要加微量肾上腺素？
3. 对伴有肾功能不全的休克患者，选用多巴胺的原因是什么？
4. 试比较去甲肾上腺素、肾上腺素、异丙肾上腺素的药理作用和临床应用。
5. 过敏性休克的首选药是什么？为什么？

附 麻黄碱的研究历史

麻黄碱，是中药麻黄的主要有效成分之一。麻黄，其性温，味辛、微苦，有发汗散寒、宣肺平喘、利水消肿的功效，可治疗风寒感冒、胸闷喘咳、风水浮肿、支气管哮喘等病证。《本草纲目》记载“麻黄乃肺经专药，故治肺病多用之。张仲景治伤寒，无汗用麻黄，有汗用桂枝”。1887 年日本学者长井长义首次从麻黄中分离出麻黄碱，可惜他认为麻黄碱只能扩大瞳孔。直到 1924 年，陈克恢教授才发现麻黄碱还可使动脉压升高，心肌收缩力增强，血管收缩，支气管舒张，这些作用都和肾上腺素相同，而且麻黄碱的作用时间更长，且毒性较低，并且还可以口服给药，从此掀起了麻黄碱的研究热潮，也促进了我国药理学与中药药理的发展。可惜，由于麻黄碱的化学结构与某种毒品（去氧麻黄碱，又称冰毒）相似，常被不法分子用来改制成毒品，使人们谈之色变，避之不及。所以，根据《危险化学品安全管理条例》《易制毒化学品管理条例》等的规定，麻黄碱的制售受公安部门管制。而大部分感冒药中含有麻黄碱成分，有可能被用于提炼制造毒品，故我国对含麻黄碱成分的新康泰克、白加黑等数十种常用感冒、止咳平喘药实行了限量销售。2012 年，国家食品药品监督管理局发布通知，原则上不再批准含麻黄碱类复方制剂仿制药注册。

第九章 肾上腺素受体阻断药

学习目标

1. 能准确描述普萘洛尔的药理作用、临床应用、不良反应和禁忌证。
2. 掌握α受体阻断药的临床应用；了解肾上腺素受体阻断药的概念、分类及代表药。
3. 通过学习目前常用的肾上腺素受体阻断药的特点，为相关疾病的应用提供药理学依据。

肾上腺素受体阻断药（adrenoceptor blocking drugs），也称肾上腺素受体拮抗药（adrenoceptor antagonists），本类药物与肾上腺素受体有较强的亲和力，但缺乏或仅有微弱的内在活性，因此当其与肾上腺素受体结合后，能拮抗去甲肾上腺素能神经递质或肾上腺素受体激动药的作用。除酚苄明呈非竞争性拮抗机制外，大多数肾上腺素受体阻断药通过竞争性拮抗作用，对交感神经末梢所支配器官的生理功能产生影响。根据其对受体的选择性不同，将此类药物分为α受体阻断药，β受体阻断药，α、β受体阻断药。

第一节 α受体阻断药

α受体阻断药能选择性地与α受体结合，本身不激动或较弱激动α受体，但可阻碍去甲肾上腺素能神经递质或肾上腺素受体激动药与α受体结合，从而产生抗肾上腺素作用。α受体阻断药可使外周血管阻力降低，血压下降，但可反射性地导致心率加快、心排血量增加及水钠潴留等。如在使用肾上腺素之前先予以α_1受体阻断药，则使肾上腺素兴奋α_1受体、收缩血管的作用被抵消，反而使肾上腺素激动β_2受体、扩张血管，充分表现出降压效应，即使肾上腺素的升压作用翻转为降压作用，该现象称为“肾上腺素作用的翻转”。

根据α受体阻断药对α_1、α_2受体的选择性不同，可将其分为以下三类。

（1）非选择性α受体阻断药：短效类，如酚妥拉明；长效类，如酚苄明。

（2）选择性α_1受体阻断药：如哌唑嗪。

（3）选择性α_2受体阻断药：如育亨宾。

酚妥拉明（phentolamine）

酚妥拉明（利其丁，regitine），为咪唑啉衍生物，是人工合成品。

【体内过程】 口服、注射均可吸收，但口服生物利用度低，仅为注射给药的 20%，故主要采用注射给药。肌内注射约 20min 血药浓度达峰值，作用持续 30～45min，静脉注射 2～5min 起效，作用持续 15～30min。大部分以无活性代谢产物经尿排泄。

【药理作用】 酚妥拉明与α受体以氢键、离子键结合，较为疏松易解离，故作用维持时间短，属短效类竞争性的α受体阻断药。

1. 扩张血管作用 酚妥拉明具有阻断血管平滑肌α_1受体和直接扩张血管作用。静脉注射后能使小动脉等阻力血管和静脉扩张，外周阻力降低，血压下降，且肺动脉压随着小动脉舒张而下降。

2. 兴奋心脏　兴奋心脏，加强心肌收缩力，心率加快，心排血量增加，原因：①血管舒张，血压下降，反射性引起心率增加；②阻断突触前膜 α_2 受体，促进去甲肾上腺素释放，直接兴奋心脏，有时还可导致心律失常。

3. 其他　阻断 5-HT 受体，激动 M 受体和 H_1、H_2 受体。拟组胺作用，能促进肥大细胞释放组胺，能促进胃酸的分泌，皮肤潮红等；拟胆碱作用，可兴奋胃肠道平滑肌，使胃肠道张力增加。

【临床应用】

1. 外周血管痉挛性疾病　治疗肢端动脉痉挛性疾病，也用于血栓闭塞性脉管炎等。

2. 去甲肾上腺素静脉滴注外漏　可用酚妥拉明作局部皮下浸润注射，防止局部组织缺血坏死。

3. 嗜铬细胞瘤　用于肾上腺嗜铬细胞瘤的鉴别诊断及其后期骤发高血压危象的控制和手术前的准备，能使嗜铬细胞瘤所致的高血压下降。因作嗜铬细胞瘤鉴别诊断实验时，有产生严重低血压的危险性，曾有致死的报道，现已少用。

4. 休克　酚妥拉明能扩张外周血管，降低外周血管阻力，增加心排血量，改善机体重要器官的血流灌注，解除微循环障碍，尤其能降低肺血管阻力，防止肺水肿的发生，适用于感染性、心源性和神经源性等休克。但给药前必须先补足血容量。有人在临床将酚妥拉明与去甲肾上腺素联合应用，以对抗去甲肾上腺素强烈的 α_1 受体效应，使血管收缩作用不致过分强烈，而保留激动心脏 β_1 受体的作用，产生兴奋心脏的协同作用，使心肌收缩力增加，心排血量增多，从而提高抗休克的疗效。

5. 急性心肌梗死和顽固性充血性心力衰竭　酚妥拉明扩张外周动脉和静脉血管、降低外周血管阻力，可以显著减轻心脏的前后负荷，降低左心室舒张末期充盈压和肺动脉压，使心功能不全的症状和体征得以改善。

6. 其他　可用于治疗男性勃起功能障碍。

【不良反应】　主要为 α 受体阻断后引起的直立性低血压、恶心、腹痛、乏力、头晕、鼻塞等，可诱发或加剧消化性溃疡。静脉给药可能引起心律失常、心绞痛等。冠心病、胃十二指肠溃疡患者慎用。

酚苄明（phenoxybenzamine）

酚苄明又称氧苯苄胺（dibenzyline）。

【体内过程】　口服生物利用度仅为 20%～30%，起效缓慢，需经数小时才发挥作用。因局部刺激性大，一般不作肌内或皮下注射，仅作静脉注射给药，静脉注射后约 1h 达最大效应，作用可维持 3～4 天。经肝脏代谢，经肾和胆汁排泄。

【药理作用及作用机制】　为长效非竞争性 α 受体阻断药，特点为起效慢、作用强、持久。对 α_1、α_2 受体均有阻断作用，能扩张外周小动脉和小静脉，降低外周血管阻力，使血压下降，亦可反射性引起心率加快，使心排血量增加。酚苄明阻断突触前膜 α_2 受体，可促进去甲肾上腺素释放，并能抑制神经元和非神经组织对儿茶酚胺的摄取，使心率加快更为明显。较大剂量有较弱的抗组胺和抗 5-HT 作用。

【临床应用】

1. 外周血管痉挛性疾病　因其作用时间长，患者依从性较酚妥拉明好。

2. 休克　主要用于感染性休克的治疗。

3. 肾上腺嗜铬细胞瘤　用于术前准备或不能施行手术的患者，以控制过量儿茶酚胺释放引起的严重高血压。

4. 良性前列腺增生　用于前列腺增生所引起的阻塞性排尿困难，可以显著改善症状，与阻断前列腺、膀胱等部位 α_1 受体有关，起效较慢。

【不良反应】　常见直立性低血压、心悸、心律失常、鼻塞等；口服可致恶心呕吐、思睡乏力、口干。静脉注射必须缓慢给药，密切监护。

第二节 β受体阻断药

β受体阻断药能拮抗去甲肾上腺素能神经递质或肾上腺素受体激动药对β受体的作用，产生β受体阻断效应。根据药物对受体的选择性及有无内在拟交感活性，本类药物可分为以下三类。①非选择性β受体阻断药：1A类，无内在拟交感活性的β受体阻断药，如普萘洛尔、噻吗洛尔；1B类，有内在拟交感活性的β受体阻断药，如吲哚洛尔。②选择性β_1受体阻断药：对心脏β_1受体阻断作用较强，但对β_2受体阻断作用较弱。2A类，无内在拟交感活性的β_1受体阻断药，如阿替洛尔、美托洛尔；2B类，有内在拟交感活性的β_1受体阻断药，如醋丁洛尔、塞利洛尔。③α、β受体阻断药：如拉贝洛尔。

（一）药理作用

β受体阻断药的主要药理作用都与其β受体阻断作用有关，但也有部分药物尚有其他药理作用，如内在拟交感活性、膜稳定作用和抑制血小板聚集作用等。

1. β受体阻断作用

（1）心血管系统

1）心脏：阻断心血管系统的β受体，减弱或拮抗儿茶酚胺对β_1受体的激动作用，抑制心脏功能，使心率减慢，心肌收缩力减弱，心排血量减少，血压稍有下降。β_1受体阻断药可减慢窦房结节律，延缓心房和房室结的传导，延长房室结有效不应期。

2）血管：β受体阻断药因阻断血管平滑肌上的β_2受体，加之心排血量降低反射性兴奋交感神经，使血管收缩，外周阻力增高，引起骨骼肌、肝、肾等血管血流量减少。

3）血压：β受体阻断药对正常人的血压没有明显影响，对高血压患者则有明显的降压作用，但其降压机制复杂，可能是此类药物对多系统β受体阻断作用的结果：阻断心脏β_1受体；阻断肾小球旁器细胞的β_1受体从而抑制肾素的释放；降低外周交感神经活性；增加前列环素的合成；中枢性降压作用等。

（2）收缩支气管平滑肌：β受体阻断药阻断支气管平滑肌细胞膜上的β_2受体，使支气管平滑肌收缩，增加呼吸道阻力，这一作用对正常人影响较小，但可诱发或加重哮喘的急性发作甚至产生哮喘持续状态，严重时可危及生命。选择性β_1受体阻断药和有内在拟交感活性的β受体阻断药此作用较弱，但用此类药物仍需谨慎，并严密观察。

（3）影响代谢：β受体阻断药可以影响机体的糖代谢和脂肪代谢。肝糖原分解与激动α_1和β_2受体有关。当β受体阻断药与α受体阻断药合用时，可拮抗肾上腺素的升高血糖作用。普萘洛尔不影响正常人的血糖水平，也不影响胰岛素的降血糖作用，但能延缓使用胰岛素后血糖水平的恢复，这与其抑制低血糖引起儿茶酚胺释放所致的糖原分解有关，此作用会掩盖低血糖症状如心悸、出汗等，延误对低血糖的及时诊断，使患者直接进入严重的低血糖状态，如抽搐、意识丧失甚至昏迷等。

长期应用非选择性β受体阻断药后，可升高血中三酰甘油水平、降低高密度脂蛋白水平、低密度脂蛋白水平基本不变，减少游离脂肪酸自脂肪组织的释放，增加冠心病的危险性；而选择性β_1受体阻断药对脂类代谢影响较小。

甲状腺功能亢进时，β受体阻断药不仅可对儿茶酚胺敏感性增高，还可抑制甲状腺素（T_4）转变为三碘甲状腺原氨酸（T_3），从而有效控制甲状腺功能亢进的症状。

（4）抑制肾素分泌：β受体阻断药可阻断肾小球球旁细胞的β_1受体，抑制肾素的分泌，从而使肾素–血管紧张素–醛固酮系统（RAAS）活性降低，这可能是β受体阻断药抗高血压的重要原因之一。

2. 内在拟交感活性 某些β受体阻断药除具有阻断β受体作用外，尚对β受体产生部分激动作用（partial agonistic action），称为内在拟交感活性（intrinsic sympathomimetic activity，ISA）。一般情况下，ISA 的作用较弱，常被强大的 β 受体阻断作用所掩盖；但 ISA 作用较强的药物抑制心肌收缩力、减慢心率和收缩支气管作用较不具有 ISA 的药物为弱。

3. 膜稳定作用　有些 β 受体阻断药可降低细胞膜对离子的通透性，具有奎尼丁（quinidine）和局部麻醉药样的膜稳定作用（membrane-stabilizing activity）。由于这一作用常常在高浓度时产生，故一般认为在常用量时膜稳定作用与 β 受体阻断药的治疗作用无关。

4. 其他　某些 β 受体阻断药可通过阻断睫状肌的 β 受体，减少 cAMP 而减少房水形成，从而降低眼压；有些药物可减少儿茶酚胺引起的震颤，亦可抑制血小板聚集。

（二）临床应用

1. 心律失常　主要用于多种原因所引起的快速型心律失常。尤其是运动或情绪紧张、激动所致的心律失常，或对由心肌缺血、强心苷中毒引起的心律失常疗效好。

2. 高血压　此类药物是治疗高血压的一线药物，可单独使用，也可与利尿药、钙通道阻滞剂、血管紧张素 I 转化酶抑制药等配伍使用，提高疗效，并减轻其他药物引起的心率加快及水钠潴留等不良反应（详见第十九章抗高血压药）。

3. 心绞痛和心肌梗死　此类药物对稳定型心绞痛有良好疗效，能使心绞痛发作次数减少，运动耐量增加。早期静脉注射 β 受体阻断药美托洛尔、阿替洛尔可降低急性心肌梗死患者的复发率和猝死率。

4. 慢性心功能不全　近年来，临床发现早期应用美托洛尔等 β 受体阻断药对扩张型心肌病所致的心力衰竭有明显的治疗作用，其原因可能与以下因素有关：①改善心脏舒张功能；②缓解儿茶酚胺过度释放引起的心脏损害；③抑制前列腺素或肾素所致的缩血管作用；④上调心脏 β 受体数目，并改善其信号转导，恢复心肌对内源性儿茶酚胺的敏感性。

5. 其他　可作为甲状腺功能亢进治疗的辅助用药，缓解激动不安、心动过速等症状；还可预防偏头痛、社交恐惧症引起的心动过速、肌肉震颤，以及酒精中毒。噻吗洛尔、卡替洛尔、倍他洛尔等局部用药可减少房水形成，降低眼压，用于青光眼的治疗。

（三）不良反应

1. 心血管系统　由于抑制心脏功能，使心肌收缩减弱，心率减慢，故可加重严重心功能不全、窦性心动过缓、房室传导阻滞患者病情，甚至引起肺水肿、房室传导完全阻滞以致心搏骤停。

2. 诱发或加重支气管哮喘　由于阻断支气管平滑肌细胞膜上的 β_2 受体，可以增加呼吸道阻力，从而诱发或加剧哮喘。有内在拟交感活性或选择性 β_1 受体阻断药，故抑制支气管平滑肌收缩作用较弱，但仍应慎用于支气管哮喘的患者。

3. 反跳现象　长期应用 β 受体阻断药的患者如突然停药，可引起原来的病情加重，其机制与受体向上调节有关，因此，在长期用药者停药前需缓慢减量直至停药。

4. 其他　恶心，轻度腹泻，偶见眼-皮肤黏膜综合征、血小板减少、失眠和抑郁症状。

（四）禁忌证

严重左心功能不全、窦性心动过缓、重度房室传导阻滞、支气管哮喘的患者禁用。

普萘洛尔（propranolol）

普萘洛尔是非选择性 β 受体阻断药，对 β_1、β_2 受体均有阻断作用，无内在拟交感活性，膜稳定作用较强，对 α 受体没有作用。

普萘洛尔脂溶性高，口服吸收完全。有明显“首关效应”，首关消除达 60%～70%，生物利用度较低。到达体循环的药物个体差异较大，不同个体口服相同剂量的普萘洛尔，血药浓度差异可达 20 倍。普萘洛尔血浆蛋白结合率高，表观分布容积大，易通过血脑屏障和胎盘屏障。主要经肝脏代谢，代谢产物4-羟普萘洛尔仍具有一定β受体阻断作用。主要用于高血压、心律失常、心绞痛和心肌梗死、甲状腺功能亢进症等的治疗。临床用药需从小剂量开始，逐渐增加到适当剂量。

第三节 α、β受体阻断药

α、β受体阻断药既可以阻断α受体，使血管舒张，也可阻断β受体，降低心肌收缩力，减少心排血量。因代表药物拉贝洛尔阻断β受体的作用比阻断α受体的作用强5～10倍，故有学者常将其作为β受体阻断药。

拉贝洛尔（labetalol）

拉贝洛尔可选择性阻断α_1受体，同时阻断β_1、β_2受体，还具有β_2受体部分激动作用，并抑制去甲肾上腺素重摄取过程。其阻断β受体作用较强，是α受体阻断作用的5～10倍，且有内在拟交感活性和膜稳定作用。

拉贝洛尔阻断α_1受体可引起动脉血管扩张，血压下降，直立时降压作用更为显著；β_1受体阻断也与降压作用有关，同时也拮抗血压下降所致反射性交感神经兴奋。可口服给药，用于中、重度高血压的治疗，静脉注射可治疗高血压危象。

对支气管平滑肌的收缩作用虽然不明显，但对有哮喘病史者仍应谨慎用药。

其他常用肾上腺素受体阻断药见表9-1。

表9-1 其他常用肾上腺素受体阻断药

药名	药理作用	临床应用	不良反应
妥拉唑林 tolazoline	短效α受体阻断药，对α_1、α_2受体均有阻断作用，但其作用较弱	血管痉挛性疾病	与酚妥拉明相似，但发生率较高
哌唑嗪 prazosin	选择性阻断α_1受体，对突触前膜上α_2受体无明显作用	高血压	“首剂”现象、鼻塞、口干、尿频等
纳多洛尔 nadolol	对β_1、β_2受体无选择性，无膜稳定作用和内在拟交感活性	高血压、心律失常、心绞痛等	与普萘洛尔相似
噻吗洛尔 timolol	对β受体没有选择性，无内在拟交感活性，无膜稳定性。可以减少房水生成，降低眼压	青光眼	局部用药治疗青光眼时，除眼部烧灼感外也可以因吸收而引起全身不良反应
美托洛尔 metoprolol	选择性阻断β_1受体，无内在拟交感活性	高血压，稳定型心绞痛，急性心肌梗死早期治疗	与普萘洛尔相似
阿替洛尔 atenolol	选择性阻断β_1受体，无内在拟交感活性	高血压	与普萘洛尔相似
艾司洛尔 esmolol	超短效的选择性β_1受体阻断药，无内在拟交感活性，无膜稳定作用	快速室上性心律失常的控制；手术中、术后、麻醉时出现的高血压和心动过速	与普萘洛尔相似
卡维地洛 carvedilol	α_1、β_1、β_2受体阻断作用，无内在拟交感活性	原发性高血压，充血性心力衰竭	与普萘洛尔相似

1. 酚妥拉明的临床用途有哪些？
2. 试述β受体阻断药的心血管系统的药理作用及机制。
3. β受体阻断药的临床用途、不良反应、禁忌证有哪些？

附　β受体阻断药——普萘洛尔的发现

第一个拮抗肾上腺素对心脏效应的药物，是由礼莱公司的欧文·斯莱特（Irwin Slater）偶然发现的。他在研究药物松弛气管作用时发现，二氯异丙肾上腺素可拮抗肾上腺素松弛气管肌肉的作用。后来埃默里（Emory）大学的尼尔·莫兰（Neil Moran）发现二氯异丙肾上腺素可拮抗由肾上腺素引起的心率和肌张力的改变。Moran关于二氯异丙肾上腺素对心肌作用的报道引起了詹姆斯·布莱克（James Black）的兴趣，他从英国帝国化学工业集团（ICI）获得资助后，于1960年2月和他的同事们合成了第一个有效的β受体阻断药，他们通过用第二苯环置换二氯异丙肾上腺素的氯原子形成丙萘洛尔。可是，随后的小鼠的长期毒性试验显示丙萘洛尔可引起胸腺癌。所以，当此药于1963年上市时，它被限制用于那些生命严重危险的患者。但Black毫不气馁，终于又合成了普萘洛尔，就是我们今天所熟知的心得安。普萘洛尔不仅比丙萘洛尔有效，而且避免了小鼠的致癌现象，还没有"内在拟交感活性"。用药后，可使心率减慢，心肌收缩力和心排血量降低，冠脉血流量下降，心肌耗氧量明显减少，血压下降。如今，普萘洛尔已广泛应用于高血压、心绞痛和心肌梗死、心律失常、充血性心力衰竭及甲状腺功能亢进症等疾病的治疗中。

第十章　局部麻醉药

学习目标

1. 清晰表述常用局部麻醉药的作用特点、临床应月和不良反应。
2. 充分理解局部麻醉药的常用方法和不良反应。

局部麻醉药（local anesthetics）简称局麻药，是一类能暂时、完全和可逆性阻断神经冲动的产生和传导，在意识清醒的状态下，使局部疼痛等感觉暂时消失的药物。局部麻醉作用消失后，神经功能可完全恢复，对神经和肌肉无损伤。1884 年，德国医生卡尔·科勒（Carl Koller）最早将可卡因（cocaine）作为局部麻醉药用于眼科手术，但因其毒性较大且具有成瘾性，临床应用受到限制。1905 年，可卡因衍生物普鲁卡因（procaine）被人工合成，成为酯类局部麻醉药的代表。1943 年，人工合成了酰胺类局部麻醉药利多卡因（lidocaine），其起效快、作用强而持久，是目前应用最多的局部麻醉药。1987 年，库尔尼（Courney）和斯特里沙兹（Strichartz）研究了局部麻醉药的构效关系和理化作用，为寻找新的药效好、毒性低的局部麻醉药提供了理论基础。

（一）分类与构效关系

常用局部麻醉药的化学结构由三部分组成：亲脂的芳香环或杂环、中间链和胺基团（表 10-1）。中间链为酯链或酰胺链，可直接影响本类药物的作用。根据中间链的结构，常用局部麻醉药分为两类：第一类为酯类，中间链为酯键（—COO—），常用药物有普鲁卡因、丁卡因等；第二类为酰胺类，中间链为酰胺键（—CONH—），常用药物有利多卡因、布比卡因等。芳香环或杂环具有亲脂性，胺基团具有亲水性，因此局部麻醉药具有亲脂亲水双重性。一般情况下，酯类局部麻醉药在血浆内被酯酶水解代谢，而酰胺类药物则在肝脏中经酰胺酶降解。酯类局部麻醉药所含的对氨基化合物可形成半抗原，引起变态反应；酰胺类局部麻醉药则不能形成半抗原，极少引起变态反应。与酯类局部麻醉药相比，酰胺类药物起效快、弥散快、麻醉时效长，过敏反应发生率低，且性质稳定。

表 10-1　常用局部麻醉药的化学结构

局部麻醉药	结构			相对强度（比值）	持续时间
	芳香环	中间链	胺基团		
酯类					
普鲁卡因 procaine	$H_2N-C_6H_4-$	$-C(=O)-O-CH_2CH_2-$	$-N(C_2H_5)_2$	1	短效
丁卡因 tetracaine	$C_4H_9-HN-C_6H_4-$	$-C(=O)-O-CH_2CH_2-$	$-N(C_2H_5)_2$	10	长效

续表

局部麻醉药	结构			相对强度(比值)	持续时间
	芳香环	中间链	烷胺基		
酰胺类					
利多卡因 lidocaine	2,6-二甲基苯基	$-NH-CO-CH_2-$	$-N(C_2H_5)_2$	2	中效
布比卡因 bupivacaine	2,6-二甲基苯基	$-NH-CO-$	N-丁基哌啶基（C_4H_9）	8	长效

（二）药理作用

1. 局部麻醉 局部麻醉药的作用与药物剂量、神经纤维的类别及粗细和刺激强度等因素有关。低浓度时主要阻断感觉神经冲动的发生和传导，较高浓度时对神经系统的任何部分和各类神经纤维，如外周神经、中枢神经、自主神经和运动神经都有阻断作用。神经纤维末梢、神经节及中枢神经系统的突触部位对局部麻醉药最为敏感，细神经纤维比粗神经纤维更易被阻断。对无髓鞘的交感、副交感神经节后纤维在低浓度时即可产生作用，对有髓鞘的感觉和运动神经则需要在高浓度时才能产生作用。对混合神经产生作用时，首先消失的是痛觉，随后依次是冷热、触觉和深部感觉消失，最后是运动神经功能抑制。进行腰麻时，首先阻断自主神经，继而按上述顺序产生麻醉作用。神经冲动传导的恢复则按相反的顺序进行。

2. 抗心律失常 电生理研究表明，非心脏毒性剂量的局部麻醉药都有不同程度的抗心律失常作用，以利多卡因抗室性心律失常作用最为明显。

（三）作用机制

局部麻醉药能够可逆地阻断电压门控钠通道，进而抑制 Na^+内流，阻止动作电位的产生和神经冲动的传导，产生局部麻醉作用。钠通道是一个大分子糖蛋白的三聚体，它有 α、$β_1$ 和 $β_2$ 三个亚单位。最大的 α 亚单位是其主要的功能单位，包括四个相似的区域（Ⅰ～Ⅳ），每个区域由六个螺旋结构的跨膜片段组成（S1～S6）。研究表明，钠通道细胞膜内侧 α 亚单位第Ⅳ区的 S6 片段上的氨基酸残基是局部麻醉药的主要作用靶点。

局部麻醉药阻滞 Na^+内流的作用具有使用依赖性（use dependence），即开放的通道数目越多，其受到的阻断作用越明显，局部麻醉效应也就越强。局部麻醉药的效应与神经的状态有关，处于兴奋状态的神经因其开放的钠通道数目较多，因此处于兴奋状态的神经较静息状态的神经对局部麻醉药更敏感。

（四）临床应用

1. 表面麻醉（surface anesthesia） 将穿透性较强的局部麻醉药用于黏膜表面，使黏膜下神经末梢麻醉。适用于眼、鼻、气管、支气管、口腔、喉、食管和泌尿生殖系统等黏膜部位的浅表手术。常用药物有丁卡因和利多卡因等。用药过程需强调分次给药，用量不得超过常用量。

2. 浸润麻醉（infiltration anesthesia） 将局部麻醉药注入皮下或手术视野附近部位，使局部神经末梢麻醉。常用药物为利多卡因、普鲁卡因和布比卡因等。根据需要可在溶液中加入少量肾上腺素，减缓局部麻醉药的吸收，延长作用时间。浸润麻醉的优点是麻醉效果好，对机体的正常功能无影响；缺点是用量大，麻醉区域小，在进行较大手术时，因所需药物量较大易产生全身毒性反应。

3. 传导麻醉（conduction anesthesia） 将局部麻醉药注入外周神经干附近，阻断神经冲动传导，使该神经所分布的区域麻醉，适用于四肢和口腔等部位的手术。阻断神经干所需的局部麻醉药浓度较麻醉神经末梢所需的浓度高，但用量少，麻醉区域较大。常用利多卡因、普鲁卡因和布比卡因等，为延长麻醉时间，也可将布比卡因和利多卡因合用。

4. 蛛网膜下腔麻醉（subarachnoidal anesthesia） 又称脊椎麻醉（spinal anesthesia）或腰麻，将局部麻醉药经腰椎间隙注入蛛网膜下腔，麻醉该部位的脊神经根。首先被阻断的是交感神经纤维，其次是感觉纤维，最后是运动纤维，常用于下腹部和下肢手术麻醉。常用药物为利多卡因、丁卡因和普鲁卡因等。普鲁卡因溶液通常较脑脊液密度大，为了控制药物扩散，通常将其配成较脑脊液相对密度高或低的溶液。如用放出的脑脊液溶解或在局部麻醉药中加入10%葡萄糖溶液，其相对密度就会高于脑脊液，用蒸馏水配制溶液的相对密度低于脑脊液。患者取坐位或头高位时，相对密度高的溶液可扩散到硬脊膜腔的最低部位；相反，如采用相对密度低的溶液有扩散入颅腔的危险。腰麻的主要危险是呼吸肌麻痹和血压下降。

5. 硬膜外麻醉（epidural anesthesia） 将局部麻醉药注入硬膜外隙，药物沿着神经鞘扩散，穿过椎间孔阻断神经根，使其所支配区域产生麻醉。适用于腹部及其以下部位的手术，常用利多卡因、丁卡因和普鲁卡因。硬膜外隙不与颅腔相通，药液不扩散至脑组织，故无头痛或脑脊膜刺激现象，但硬膜外麻醉所用局部麻醉药的剂量较腰麻大5～10倍，如将药物误入蛛网膜下腔，可引起呼吸、心搏骤停等严重毒性反应，故应十分谨慎。局部麻醉药中加入微量的肾上腺素，可减慢局部麻醉药从作用部位吸收，延长局部麻醉药作用时间。

6. 区域镇痛（regional anesthesia） 近年来，外周神经阻滞技术及局部麻醉药的发展为患者提供了更理想的围术期镇痛的有效方法，通常与阿片类药物联合应用可减少阿片类药物的用量。酰胺类局部麻醉药如布比卡因、左旋布比卡因及罗哌卡因在区域镇痛中应用最为广泛，尤其是罗哌卡因，具有感觉和运动阻滞分离的特点，成为区域镇痛的首选药。

（五）不良反应

局部麻醉药的不良反应可分为局部性和全身性两方面。一般情况下，局部较少产生不良反应，但当给药部位接近脊髓或其他主要神经干时可产生直接的神经毒性；此外，由于药物对支配血管的神经产生局部麻醉作用，导致血压下降，影响体内主要器官的血流量而产生不良反应。局部麻醉药用量或浓度过高时吸收入血较多，或误将药物注入血管，血中药物达到一定浓度时，可产生全身作用，临床主要表现为中枢神经系统和心血管系统的毒性反应。

1. 中枢神经系统毒性 局部麻醉药对中枢神经系统的作用是先兴奋后抑制，初期表现为眩晕、惊恐、不安、多言、震颤和焦虑，甚至发生神志错乱和阵挛性惊厥，之后患者可进入昏迷和呼吸衰竭状态。这是因为中枢抑制性神经元对局部麻醉药比较敏感，首先被阻断，导致中枢神经系统脱抑制而出现兴奋症状。由于局部麻醉药引起的惊厥是边缘系统兴奋区向外周扩散而产生的，静脉注射地西泮可加强边缘系统γ-氨基丁酸能神经元的抑制作用，防止局部麻醉药中毒性惊厥的发生。若局部麻醉药血药浓度过高，可引起抑制性神经元和兴奋性神经元的同时抑制，使全部中枢神经系统处于抑制状态，导致昏迷、心搏骤停、呼吸麻痹，甚至死亡，因此中毒晚期维持呼吸非常重要。

2. 心血管系统毒性 局部麻醉药对心血管系统具有抑制作用，吸收后可降低心肌兴奋性，使心肌收缩力减弱，传导减慢，不应期延长。大多数局部麻醉药可使小动脉扩张、血压下降，在血药浓度过高时可引起血压骤然下降，甚至休克，药物误入血管内时更易发生。高浓度局部麻醉药对心血管的作用常发生在对中枢神经系统的作用之后，偶有少数人应用小剂量突发心室颤动导致死亡。例如，布比卡因可引起室性心律失常与致死性心室颤动，其较强的心脏毒性源于心肌对该药物的摄取过多。防止心脏毒性应以预防为主，掌握药物浓度和一次允许的极限量，采用分次小剂量注射的方法。小儿、孕妇、肾功能不全者应适当减量。

3. 高敏反应 患者接受小剂量（小于最大剂量的1/3）局部麻醉药时发生晕厥、呼吸抑制、循环衰竭等毒性反应。高敏反应发生的原因一般归因于个体差异，但值得注意的是，同一个体处于不同的病理生理状态或不同的周围环境时，对局部麻醉药的耐受性可能出现很大变化，这也可能是发生高敏反应的原因。

4. 过敏反应 较为少见。局部麻醉药本身并非抗原，但当药物本身或其他代谢产物与血浆蛋白结合后可转变为半抗原，引起变态反应。局部麻醉药的过敏反应轻者出现荨麻疹或局部水肿；重者出现支气管痉挛、呼吸困难、血压下降、心律失常，甚至循环衰竭。酯类局部麻醉药引起变态反应远比酰胺类多，同类局部麻醉药可能引起交叉变态反应，故对酯类局部麻醉药过敏者可改用酰胺类局部麻醉药。

普鲁卡因（procaine）

普鲁卡因为短效局部麻醉药，其盐酸盐又称为奴弗卡因（novocaine），是最早合成的局部麻醉药，毒性较小，无成瘾性，价格低廉，水溶液不稳定，曝光、久储或受热后逐渐变黄，效能下降，宜避光保存。本品水溶液在 pH 3.3 时最稳定，若 pH 升高则水解反应加速，产生对氨基苯甲酸（PABA），进一步氧化使溶液呈黄色，加热也可促进这一过程的进行。《中国药典》对注射液中 PABA 的含量有限量规定。此药的扩散程度和黏膜穿透力较弱，需注射给药才可产生局部麻醉作用，局部麻醉强度弱、起效较快，作用维持时间短。普鲁卡因穿透能力差，不适用于黏膜的表面麻醉，可用于局部浸润麻醉、传导麻醉、腰麻及硬膜外麻醉。此药物对外周血管无收缩作用，用于局部浸润或传导麻醉时，溶液中加入少量肾上腺素，能有效收缩血管，减少药物吸收，从而延长麻醉时间。

此药的毒性与给药途径、注射速度及药物浓度有关。常规用量下毒性小，大量吸收后引起中枢神经系统、心血管系统毒性和呼吸抑制。静脉注射时，以原形从尿液中排泄的量应在2%以下（24h内）。普鲁卡因的水解主要发生在血浆中，仅小部分在肝内水解。由于脑脊液含有的胆碱酯酶很少，甚至没有，椎管内注射产生的麻醉作用较持久。在血浆中被胆碱酯酶迅速水解为PABA和二乙胺基乙醇，PABA能对抗磺胺类药物的抗菌作用，故应避免其与磺胺类药物同时使用。此外，PABA 代谢物在极少数人可出现过敏反应，故用药前应做皮试。但对于使用前皮试或黏膜实验阴性者，仍屡见过敏反应发生，故皮试结果仅供参考。酰胺类局部麻醉药不产生次级代谢物，所以普鲁卡因过敏者可改用利多卡因。

丁卡因（tetracaine，地卡因）

丁卡因为长效酯类局部麻醉药。与普鲁卡因化学结构相似，属 PABA 的衍生物。此药脂溶性高，渗透力强，毒性和局部麻醉作用比普鲁卡因强10倍，吸收后毒性也相应增加。能穿透黏膜，作用迅速，1～3min 显效，持续时间长达 2h 以上，常用于黏膜表面麻醉。因毒性大，不用于浸润麻醉。与普鲁卡因不同，丁卡因主要在肝脏经酯酶代谢，其代谢速度较慢，加之吸收快，易发生毒性反应，常与利多卡因混合应用于传导麻醉和硬膜外麻醉，使其起效快，作用时间延长，且毒性反应少。普鲁卡因过敏者，也可能对本药过敏。其盐酸盐水溶液有抑菌作用，但稳定性差，久储后若溶液变浑浊，则不能使用。

利多卡因（lidocaine，塞罗卡因）

利多卡因为中效局部麻醉药，其盐酸盐水溶液稳定，长期储存不分解。与同浓度的普鲁卡因相比，局部麻醉作用起效快，作用强而持久，穿透能力较强，局部麻醉作用为普鲁卡因的 2～4 倍。局部麻醉时效与溶液浓度有关，一般可维持 1.5h 左右。结构中的酰胺键较稳定，在肝脏的代谢速度较慢，麻醉维持时间较长。利多卡因黏膜吸收速度几乎与静脉注射相似，适用于表面麻醉。浸润麻醉时，由于利多卡因弥散广，吸收面积大，可加入肾上腺素，延缓药物吸收，减少毒性反应；传导麻醉与硬膜外麻醉是本药常用的给药途径。本药进行硬膜外麻醉用于剖宫产时，易透过胎盘进入胎儿血液循环，故需慎重考虑用药剂量。因利多卡因弥散广，脊神经阻滞范围不易控制，临床上一般不用于腰麻。此药反复应用可产生快速耐受。

利多卡因还是临床上常用的治疗室性心律失常药。利多卡因的过敏反应较为少见，对普鲁卡因过敏者可改用利多卡因，但利多卡因毒性反应发生率比普鲁卡因高，其毒性大小与所用药液的浓度有关，增加浓度会相应增加毒性反应，中毒反应较为严重，应注意合理用药。如误将药物注入静脉，有致心搏骤停的危险，故临床上的用量控制比普鲁卡因严格。

布比卡因（bupivacaine，麻卡因）

布比卡因属于长效酰胺类局部麻醉药，化学结构与利多卡因相似。其麻醉强度比普鲁卡因强 10 倍，毒性大 10～12 倍。布比卡因化学性质稳定，能耐蒸汽加热消毒，主要在肝脏代谢，代谢物为哌啶二甲苯胺，其麻醉作用为布比卡因的 1/3。起效慢，作用维持时间与丁卡因相似或更长。没有明显的血管扩张作用，一般使用时不需要加入肾上腺素。常用量对心血管功能无明显影响，当剂量偏大时，过量的药物能够快速吸收进入血液循环系统，可致血压下降。本药的心脏浓度高于利多卡因，具有较强的心脏毒性，严重时可致室性心律失常与致死性心室颤动，心血管系统的毒性表现通常先于中枢神经系统毒性，毒性反应发生率比利多卡因高；渗透与弥散比利多卡因差，适用于浸润麻醉、传导麻醉、腰麻及硬膜外麻醉。

左旋布比卡因（levobupivacaine）是新型长效局部麻醉药，是单一的左旋对映异构体，其麻醉效能与布比卡因相似，两者对感觉神经阻滞与运动神经阻滞的起效时间没有明显差异，但左旋布比卡因对感觉神经阻滞的平均时间长于布比卡因，而对运动神经阻滞的平均时间又短于布比卡因，有利于术后患者在无痛状态下早期活动及功能恢复。此外，左旋布比卡因相对于布比卡因毒性低，毒性反应的发生率也相对较低，临床需要较大剂量局部麻醉药及局部麻醉药持续应用时，其优越性显得十分重要。

罗哌卡因（ropivacaine）

罗哌卡因是单一的左旋对映异构体，化学结构类似布比卡因，脂溶性大于利多卡因，小于布比卡因，主要在肝脏代谢，代谢产物 3-羟基罗哌卡因及 4-羟基罗哌卡因有较弱的局部麻醉作用。本药的特点是具有长效局部麻醉和术后镇痛的作用，产生运动阻滞和感觉阻滞，分离程度大于布比卡因，在小剂量时对感觉神经的阻滞明显强于对运动神经的阻滞，产生感觉神经阻滞（镇痛），仅伴有局限的非进行性运动神经阻滞；较大剂量可阻滞运动神经。罗哌卡因具有明显的收缩血管作用，使用时无须加入肾上腺素。本药适用于硬膜外、臂丛阻滞和局部浸润麻醉，对子宫和胎盘血流几乎无影响，适用于产科手术麻醉。过量的药物可快速进入体循环，出现中枢神经系统和心血管系统的中毒症状和体征，一般不良反应包括低血压、恶心、心动过缓、焦虑、感觉减退等。

利多卡因与布比卡因应用于临床实践时间较长，罗哌卡因和左旋布比卡因作为新型长效局部麻醉药，临床与基础研究资料均证实了其临床应用的安全性和有效性。从麻醉效能看，布比卡因＞左旋布比卡因＞罗哌卡因，但因后两者具有毒性低、时效长、耐受性好等特性，成为目前麻醉药的重要选择，也是布比卡因较为理想的替代药物。

依替卡因（etidocaine）

依替卡因是利多卡因的衍生物，起效快，麻醉作用为利多卡因的 2～3 倍，作用时间长，为长效局部麻醉药。对感觉和运动神经阻滞都较好，而对运动神经阻滞作用较感觉神经更为显著，因此主要用于需要肌松的手术麻醉，在分娩镇痛或术后镇痛方面应用有限。

1. 局部麻醉药的给药方法有哪些？
2. 临床常用局部麻醉药的主要应用特点是什么？
3. 局部麻醉药进入血液循环会引起哪些不良反应？

第三篇
作用于中枢神经系统的药物

第十一章　全身麻醉药

学习目标

1. 清晰表述吸入性麻醉药的最小肺泡浓度、血/气分配系数的定义和意义、临床常用吸入性麻醉药及其特点；常用静脉麻醉药硫喷妥钠、氯胺酮、丙泊酚的作用、临床应用和不良反应。

2. 理解全身麻醉、吸入性麻醉及静脉麻醉的基本概念；了解复合麻醉的意义。

全身麻醉药（general anesthetics）简称全麻药，是指能广泛作用于中枢神经系统，可逆性地引起不同程度的意识、感觉和反射暂时消失的药物。理想的全身麻醉药应具有良好的镇痛作用和骨骼肌松弛作用，能够消除各种不利于手术的反射活动，麻醉过程平稳，诱导和苏醒迅速而舒适，能被机体迅速吸收和排出，麻醉深度易于调节，对循环、呼吸无明显影响和无后遗毒性等特点。根据作用特点与给药方式的不同，全身麻醉药可分为吸入性麻醉药和静脉麻醉药。

第一节　吸入性麻醉药

吸入性麻醉药（inhalational anesthetics）是一类挥发性的液体（如乙醚、氟烷、恩氟烷、异氟烷和七氟烷等）或气体（如氧化亚氮），经呼吸道吸收进入体内，阻断中枢神经系统内神经细胞的突触传递，使意识和感觉消失，从而达到麻醉效果。吸入性麻醉药对患者的麻醉深度分为四期，即镇痛期、兴奋期、外科麻醉期和延髓麻醉期。由于非乙醚麻醉药作用快，患者术前和术中使用多种麻醉辅助药且静脉麻醉药与吸入麻醉药联合使用，导致传统麻醉分期变得模糊。目前临床主要根据患者血压变化、呼吸形式、对疼痛刺激的反应、反射情况、瞳孔变化及肌肉张力将麻醉程度分为浅、中和深度。麻醉程度可通过对吸入气体中的药物浓度（分压）调节加以控制，并可连续维持，满足手术需要。

（一）体内过程

吸入性麻醉药为挥发性气体或液体，其脂溶性较高，易于通过肺泡生物膜吸收入血，并通过血脑屏障分布至中枢神经系统。吸入麻醉时，麻醉程度有明显的量–效关系，当中枢神经系统的吸入性麻醉药达到一定的分压（浓度）时，产生全身麻醉作用。常用吸入性麻醉药的特点见表 11-1。

表 11-1　常用吸入性麻醉药的特点

药物	最小肺泡浓度（%）	血/气分配系数	脑/血分配系数	代谢量（%）	诱导期	骨骼肌松弛
氧化亚氮	105	0.47	1.06	0.004	短	很差
乙醚	1.92	12.10	1.14	＞10	很长	很好
氟烷	0.75	2.50	2.00	20.0	短	差
恩氟烷	1.68	1.80	1.45	2～8	短	中等
异氟烷	1.15	1.40	1.60	0.20	短	中等
地氟烷	7.25	0.42	1.30	0.1	短	好
甲氧氟烷	0.16	15.0	1.40	30～75	短	好
七氟烷	1.71	0.69	1.70	1～5	短	好

1. 吸收　吸入性麻醉药的吸收速度受吸入气中的药物浓度、药物在血中的溶解度及肺通气量等因素影响。吸入气中的药物浓度与最小肺泡浓度（minimal alveolar concentration，MAC）有关，即在一个大气压下，能使50%患者痛觉消失的肺泡气体中全身麻醉药的浓度。各种吸入性麻醉药都有恒定的 MAC 值，数值越小，该药的麻醉作用越强。药物在血中溶解度通常以血/气分配系数和脑/血分配系数表示。血/气分配系数是指血中药物浓度与吸入气中的药物浓度达到平衡时的比值。血/气分配系数越大，药物在血中溶解度越大，而脑内的药物分压上升会较慢，麻醉诱导时间长，苏醒缓慢；相反，血/气分配系数小的药物如氧化亚氮，在血中溶解度小，脑中药物分压升降较快，麻醉诱导时间较短且麻醉深度容易调节，苏醒迅速。

2. 分布　吸入性麻醉药脂溶性较高，易通过血脑屏障进入脑组织发挥作用，其速度与脑/血分配系数成正比。脑/血分配系数是指血中药物浓度与脑组织中药物浓度达到平衡时的比值，脑/血分配系数越大，药物越容易进入脑组织，麻醉作用越强，麻醉诱导期越短。

3. 消除　吸入性麻醉药极少被肝脏代谢或肾脏排泄，主要以原形随血液经肺泡排出。因此，肺泡通气量大，脑/血分配系数和血/气分配系数小的药物易被排出，麻醉苏醒迅速。

（二）药理作用

1. 中枢神经系统作用　吸入性麻醉药对中枢神经系统具有抑制作用，其抑制作用与吸入性麻醉药的剂量（取决于脑内药物浓度）相关。某些特殊神经元与神经通路对该类药物的敏感性存在一定差异，如脊髓背角胶质细胞对药物最敏感，首先出现该区域脊髓丘脑束感觉传递阻断，导致痛刺激反射减弱或消失；药物浓度较高时，能抑制脑区抑制性的小神经元，导致其控制的其他神经元释放兴奋性神经递质，产生“去抑制效应”，网状激活系统升支通路的进行性抑制使脊髓反射活动减弱或消失；延髓呼吸中枢和血管运动中枢对全身麻醉药最不敏感，高浓度时才能导致呼吸和循环系统衰竭。另外，除氧化亚氮外，其他吸入性麻醉药均可不同程度地降低脑代谢，扩张脑血管，增加脑血流量和升高颅内压。

2. 心血管系统作用　吸入性麻醉药除氧化亚氮外，含氟麻醉药均能不同程度地抑制心肌收缩力，扩张外周血管，降低血压和心肌耗氧量，并降低压力感受器的敏感性，使内脏血流量减少。氟烷可增加心肌对儿茶酚胺的敏感性。

3. 呼吸系统作用　吸入性麻醉药能够扩张支气管和降低呼吸中枢对 CO_2 的敏感性，此作用以恩氟烷最强。其中，含氟吸入性麻醉药在麻醉诱导期对呼吸道均有不同程度的刺激作用，可引起咳嗽甚至支气管平滑肌痉挛，刺激性以地氟烷最大、七氟烷最小。

4. 骨骼肌松弛作用　吸入性麻醉药除氧化亚氮外，含氟麻醉药均具有不同程度的骨骼肌松弛作用。其与非除极化型骨骼肌松弛药（筒箭毒碱）有协同作用，可能与中枢神经系统抑制和神经肌肉接头对肌松药敏感性增加有关。

5. 子宫松弛作用　吸入性麻醉药除氧化亚氮外，均能明显松弛子宫平滑肌，使产程延长和导致产后出血过多。

（三）作用机制

关于全麻药作用机制的认识，目前尚未统一，公认的有以下两种。

1. 脂溶性学说　是全麻药作用机制中各种学说的基础。其依据为全麻药大多具有较高的脂溶性，且药物的脂溶性越高，麻醉作用越强。据此认为，脂溶性高的全麻药容易进入神经细胞膜的脂质层，药物分子与蛋白质分子的疏水层相结合，扰乱了双层脂质分子的排列，使膜蛋白发生构象及功能改变，阻断了神经冲动的传递，造成中枢神经系统的广泛抑制，进而引起全身麻醉。

2. 增强抑制性突触的传递功能　配体门控离子通道假说认为，绝大多数的全麻药均可与 GABA 受体上的一些特殊位点结合，从而提高 $GABA_A$ 受体对 GABA 的敏感性，促进氯通道开放，神经细胞膜超极化，通过中枢抑制而产生全身麻醉作用。

恩氟烷（enflurane）和异氟烷（isoflurane）

恩氟烷和异氟烷为同分异构体，化学性质稳定，特点是麻醉诱导平稳、快捷，苏醒迅速，肌肉松弛作用良好，不增加心肌对儿茶酚胺的敏感性，反复使用对肝、肾功能无明显影响，偶致恶心呕吐，可用于各种手术，是目前广泛使用的吸入性麻醉药。另外，两者均具有中等程度的镇痛作用。在较深度麻醉或通气过度 P_{CO2} 下降时，恩氟烷可引起癫痫样抽搐和脑电图改变，异氟烷可产生呼吸道刺激，导致咳嗽和喉头痉挛。

七氟烷（sevoflurane）

七氟烷为无色透明液体，无恶臭味，室温下性质稳定，临床使用浓度不燃不爆，麻醉诱导与苏醒作用迅速，对气道刺激小，诱导过程舒适、平稳，很少有兴奋现象，苏醒期平稳，麻醉深度易于控制，对心脏影响小。目前广泛用于儿童及成人的诱导麻醉和维持麻醉，对严重缺血性心脏病而进行高危心脏手术者尤为合适。

氧化亚氮（nitrous oxide）

氧化亚氮，又名笑气，是无色、味甜、理化性质稳定的气体麻醉药，不易燃易爆，对呼吸道无刺激性，对各种重要器官也无明显影响。本药镇痛作用较强，无肌松作用，在血药浓度低于麻醉浓度即患者意识尚存时，有明显镇痛作用，可用于分娩止痛。但其血/气分布系数低，MAC 值超过 100%，诱导期短，麻醉效能低，麻醉迅速而苏醒快，需与其他麻醉药配伍方可达到理想的麻醉效果。其主要用于诱导麻醉或与其他全身麻醉药配伍使用。

乙醚（ethyl ether）

乙醚是第一个应用于临床的全身麻醉药，为无色挥发性液体，有刺激性气味，易燃易爆，遇湿气或日光易氧化产生过氧化物或乙醛而产生毒性。麻醉乙醚的浓度对呼吸功能和血压几乎无影响，对心、肝、肾的毒性小，安全范围较大，易于调节麻醉深度，镇痛和骨骼肌松弛效果好。本药诱导期和苏醒期较长，易发生麻醉意外；具有特殊的臭味会刺激呼吸道产生黏稠分泌物，易致术后呼吸道感染；血/气分配系数高，停药后恢复缓慢，术后反应多；加上易燃易爆等缺点，现代手术室已经少用，但由于使用简便，在野战、救灾等情况下仍有重要价值，也可与其他药物合用，组成复合麻醉药。

第二节 静脉麻醉药

静脉麻醉药（intravenous anesthetics）是经静脉途径给药后产生全身麻醉的药物，为非挥发性全身麻醉药。与吸入性麻醉药相比，静脉麻醉药使用方便，不需要特殊设备，对呼吸道无刺激性，患者易于接受，且诱导迅速、起效快，无燃烧、爆炸危险，不污染手术室空气。静脉麻醉药多数镇痛作用不强，肌松作用不完全。除氯胺酮外，其他药物无明显镇痛作用，麻醉深度也不易调控。此外，静脉麻醉药的消除有赖于肺外器官，剂量过大时难以快速消除。临床上静脉注射药可用于麻醉诱导和维持，主要作为麻醉辅助用药，配合吸入性麻醉药使用，可增加后者的麻醉作用。亚麻醉浓度的静脉麻醉药还可以用于镇静和催眠。常用的静脉麻醉药有硫喷妥钠、咪达唑仑、氯胺酮、丙泊酚、羟丁酸钠和依托咪酯等（表 11-2）。

表 11-2 常用静脉麻醉药的作用比较

药物	麻醉作用			镇痛	其他效应			
	起效	强弱	维持		循环	呼吸	肌张力	颅内压
硫喷妥钠	快	中	短	0	−−	−−	0	−
氯胺酮	慢	弱	短	++	+	−	+	+

续表

药物	麻醉作用			镇痛	其他效应			
	起效	强弱	维持		循环	呼吸	肌张力	颅内压
羟丁酸钠	慢	弱	长	0	0～+	0～–	0	–
依托咪酯	快	强	短	0	–	–	–	–
丙泊酚	快	中	短	+	– –	– –	–	+

注："+"兴奋、增高、增强；"–"抑制、降低、减弱；"0"无明显影响。

硫喷妥钠（sodium thiopental）

【药理作用】 硫喷妥钠属超短效巴比妥类药物，通过增强中枢神经系统抑制性神经递质GABA的作用，使细胞膜超级化，抑制神经冲动的传递而发挥麻醉作用。本药脂溶性高，极易透过血脑屏障，麻醉迅速，静脉注射30s后即在脑内达到有效浓度，1min内神志消失，无兴奋期。但由于硫喷妥钠可在体内迅速重新分布，从脑组织转运到肌肉和脂肪组织，脑内药物浓度迅速下降，因此麻醉作用维持时间短暂，约5min。此外，硫喷妥钠的镇痛效应差，肌肉松弛不完全。

【临床应用】 主要用于手术的诱导麻醉、基础麻醉及短时手术，如脓肿的切开引流、骨折、脱臼的闭合复位等。因其性质不稳定，易破坏，临床用其粉针剂时需现配现用。

【不良反应】 硫喷妥钠对呼吸、循环中枢有明显抑制作用，过量可致循环衰竭和窒息，肺功能不全、大出血、休克患者及新生儿、婴幼儿易受抑制，故禁用；在麻醉诱导期使用硫喷妥钠还易诱发喉头和支气管痉挛，故支气管哮喘者禁用；静脉注射配制浓度大（5%）时，常引起血栓性静脉炎，如泄漏则导致组织坏死，误入动脉会引起动脉痉挛，解救不及时可导致肢端坏死。

咪达唑仑（midazolam，咪唑安定）

咪达唑仑为苯二氮䓬类化合物（benzodiazepines，BZs），为短效的水溶性BZs。此药与BZs受体结合的亲和力是地西泮的3倍，具有BZs所共有的改善睡眠、抗焦虑、抗惊厥和肌肉松弛等药理作用，但无镇痛作用，口服、静脉注射、肌内注射、小儿鼻腔滴入或直肠灌注均吸收完全，起效迅速，但作用时间短、消除快。临床应用于麻醉前给药，且具有抗惊厥和镇静作用，可缓解患者紧张情绪。对循环系统影响较小，并能降低颅内压，也可用于不宜使用硫喷妥钠的危重患者的心血管手术和颅脑手术的麻醉。大剂量时可致呼吸抑制、血压下降。

氯胺酮（ketamine）

氯胺酮为 *N*-甲基-*D*-天冬氨酸（*N*-methyl-*D*-aspartate，NMDA）受体非竞争性阻断药，其麻醉作用可能与阻断NMDA受体、阿片受体和M受体等有关。其药理作用具有如下特点。

（1）氯胺酮能阻断痛觉冲动向丘脑和新皮质传递，同时又能兴奋脑干网状结构及大脑边缘系统，可引起意识模糊、短暂性记忆缺失及满意的镇痛效应，但患者意识并未完全消失，常伴有梦幻、肌张力增加、心率加快、血压上升等表现。这种抑制与兴奋并存、意识与感觉暂时分离的状态称为"分离麻醉"。

（2）氯胺酮对呼吸抑制较轻，对心血管有明显的兴奋作用。

（3）氯胺酮麻醉时对体表镇痛作用明显，对内脏镇痛作用差，但诱导迅速。

（4）其他：①具有明显的镇痛作用；②小剂量氯胺酮不仅能减轻整形外科手术患者术后的疼痛，还有抗抑郁作用；③抑制二磷酸腺苷、肾上腺素、凝血酶等诱导的血小板聚集反应。

临床单独用于麻醉诱导和不需肌松的短时体表小手术，如烧伤清创、切痂、植皮等；与苯二氮䓬类合用于外科急症处理及烧伤换药等；口服用于小儿麻醉前给药；试用于戒毒、镇痛、治疗支气管哮喘等。

高血压、动脉硬化、肺动脉高压、颅内压增高、青光眼患者禁用或慎用。谵妄、狂躁、肢体乱动等精神病患者禁用。氯胺酮多次使用可引起依赖性，应严格管理。

丙泊酚（propofol，异丙酚）

丙泊酚对中枢神经系统有抑制作用，可产生良好的镇静、催眠效应，起效快（30s），作用维持时间短，苏醒迅速，无蓄积。能抑制咽喉反射，有利于插管，对呼吸道无刺激性，术后恶心、呕吐较少见，能降低颅内压和眼压，减少脑耗氧量及脑血流量。其麻醉作用机制尚未阐明，目前认为主要是通过增强 $GABA_A$ 诱导的 Cl^- 电流，从而产生镇静、催眠作用。另外，丙泊酚还具有如下药理作用：①脑保护作用，可以降低脑血流量、颅内压和脑代谢率，保持脑血流量和脑代谢率的良好匹配，使脑耗氧量减少，改善脑缺血状态下的氧供需平衡；②对缺血再灌注损伤具有保护作用，中断了脂质过氧化的链式反应，从而提高细胞抗损伤能力；③可引起内源性阿片肽的释放，产生镇痛作用。

丙泊酚因苏醒迅速且完全，代谢物无麻醉作用，持续输注后不易蓄积，目前普遍用于各种手术的麻醉诱导及麻醉维持，特别适用于门诊患者胃肠镜诊断性检查和人工流产手术等短小手术的麻醉；与肌松药、镇痛药及吸入性麻醉药合用，可用于颅脑和眼科手术；亦用于手术后重症监护室（intensive care unit，ICU）患者的镇静。

较严重的不良反应是呼吸和循环抑制，呼吸暂停发生率较高，外周血管阻力降低、血压下降，也可引起注射部位疼痛和局部静脉炎。大剂量、长时间输注时可能引起代谢性酸中毒、高脂血症、肝脏脂肪浸润、肌肉损伤及难治性的心力衰竭等严重并发症，甚至导致死亡，称为丙泊酚输注综合征（propofol infusion syndrome，PIS），故应避免长时间（>48h）和大剂量如超过 4mg/（kg·h）输注，以减少 PIS 的发生。此外，个别患者可能出现幻觉和精神症状。

第三节 复合麻醉

复合麻醉（combined anesthesia）又称平衡麻醉（balanced anesthesia）。外科手术对麻醉的基本要求：意识消失、镇痛、肌肉松弛和合理控制应激反应。故除少数小手术外，临床上常同时或者先后使用两种及以上的麻醉药和麻醉辅助药物（常用麻醉性镇痛药和肌松药），以达到满意的麻醉效果，称为复合麻醉。复合麻醉常用药物见表 11-3。

表 11-3 复合麻醉常用药物

麻醉方法	常用药物	用药目的
麻醉前给药	巴比妥类、苯二氮䓬类	镇静，消除紧张，短暂性记忆缺失
	阿托品	减少呼吸道分泌，防止心搏骤停
	阿片类镇痛药	镇痛，加强麻醉
基础麻醉	硫喷妥钠、氯胺酮	消除精神紧张
诱导麻醉	硫喷妥钠、依托咪酯、丙泊酚、氧化亚氮	缩短诱导期，减少不良反应
骨骼肌松弛	琥珀胆碱、筒箭毒碱	有利于腹腔等部位手术的进行
低温麻醉	氯丙嗪（冬眠合剂）+物理降温	降低代谢，保护心、脑、肾等脏器
控制性降压	硝普钠、硝苯地平、腺苷	脑手术时减少出血
神经安定镇痛术	氟哌利多、芬太尼	意识朦胧，自主动作停止，痛觉消失

1. 麻醉前给药 指患者进入手术室前应用的药物。为消除术前患者的紧张情绪，改善麻醉效果，弥补麻醉药的缺点，预先应用某些镇静、镇痛类药物，如手术前服用巴比妥或地西泮消除患者

紧张情绪；用阿托品或东莨菪碱对抗乙醚引起的呼吸道分泌物增加，保持呼吸道通畅并防止术后肺炎，或对抗氟烷麻醉引起的心率减慢，以及防止硫喷妥钠引起的喉痉挛和支气管痉挛；还可同时注射吗啡、哌替啶或冬眠合剂等增强麻醉药的镇痛效果或减少麻醉药的用量。

2. 基础麻醉　在手术前给予较大剂量催眠药，如巴比妥类等，使达深睡状态，在此基础上进行麻醉，能够减少麻醉药物的用量并使麻醉平稳。常用于因术前精神极度紧张而不能自控或者不合作的小儿患者，如手术前肌内注射硫喷妥钠。

3. 诱导麻醉　应用诱导期短的全身麻醉药如硫喷妥钠或氧化亚氮等，使患者迅速进入外科麻醉期，然后改用其他药物维持麻醉，可缩短全身麻醉药的诱导期，避免诱导期的不良反应。

4. 合用肌松药　根据手术对肌肉松弛的要求，可在麻醉时合用肌松药，如合用琥珀胆碱或筒箭毒类骨骼肌松弛药。

5. 低温麻醉　降低体温可以减缓机体代谢而减少全身耗氧量，增强心、脑、肾等重要器官对缺血缺氧的耐受性，减少术后并发症。采用体表物理降温、合用氯丙嗪或全身麻醉下体外循环等方法使体温降低到浅低温（30～34℃）或中低温（28～30℃）水平，降低心、脑等生命器官的耗氧量，常用于心脑血管手术。

6. 控制性降压　为减少出血、改善手术视野的条件，加用短效血管扩张药硝普钠或钙通道阻滞剂使血压适度下降，并抬高手术部位，以减少出血，常用于止血比较困难的颅脑手术。

7. 神经安定镇痛术（neuroleptanalgesia，NLA）　是用神经安定药和镇痛药组合后在麻醉中应用的一种方法。可将氟哌利多及芬太尼（50：1）组合应用，使患者达到意识模糊，自主动作停止，痛觉消失，适用于外科小手术，同时加用氧化亚氮及肌松药可达满意的外科麻醉，称为神经安定麻醉。但由于氟哌利多作用时间较长，芬太尼作用时间短暂，现已不主张两者制成合剂使用。

1. 吸入性麻醉药的作用机制是什么？
2. 氯胺酮的麻醉作用特点是什么？
3. 何谓麻醉前给药、基础麻醉及诱导麻醉？分别可选择哪些药物？

附　最早的麻醉药“麻沸散”

麻沸散是世界上最早的麻醉药，是华佗创制的用于外科手术的麻醉药，在世界麻醉史上占有重要地位。

魏、蜀、吴三国鼎立时，由于战争频繁，军人与百姓受伤、生病的很多。华佗是当时最有名的医生，伤病人员都找他治疗，但因为当时没有麻醉药，手术时伤员要忍受极大的痛苦。

某日，华佗有一次手术后，累得筋疲力尽，为了解除疲劳，他喝了些酒，由于劳累过度加上空腹多饮，他一下子喝得酩酊大醉，他的家人被吓坏了，针刺他的人中穴、百会穴及足三里穴，华佗没有任何反应，好像失去了知觉一样。家人见其呼吸与心搏均正常，才相信他是真的喝醉了，便不再对其进行针刺。华佗醒来后家人告知此事，华佗甚是奇怪：为什么给我扎针我不知道呢？难道喝酒能使人失去知觉？受此事启发，以后每动手术，华佗就叫人喝酒以减轻痛苦。可是有的手术时间长，刀口大，流血多，光用酒来麻醉并不能解决问题。后来，华佗行医时又碰到一个误食臭麻子花（又名洋金花）中毒的壮汉，此人心搏、呼吸、脉象均正常，但昏迷不醒。华佗了解情况后，用清凉解毒的办法治愈了这名患者，临走时他什么都没要，只要了一捆连花带果的臭麻子花，之后便开始对臭麻子花及其果实进行反复研究，最终证实臭麻子果的麻醉效果很好。其间，他又到处走访医生，收集了一些有麻醉作用的药物，经过多次不同配方的炮制，最终把麻醉药试制成功。因其研制的麻醉药加用热酒配制，麻醉效果更好，故取名“麻沸散”。遗憾的是麻沸散的配方并没有流传下来。

第十二章 镇静催眠药

学习目标

1. 清晰表述苯二氮䓬类药物的药动学特点、药理作用及机制、临床应用与不良反应。
2. 充分认识各类镇静催眠药的作用特点和应用情况，在临床上能结合药物特点选择适当的镇静催眠药。
3. 了解部分新型镇静催眠药的作用特点和应用，及时追踪研究新动向。

镇静催眠药（sedative-hypnotics）是通过抑制中枢神经系统，缓解过度兴奋而引起近似生理性睡眠的药物。能引起安静或解除焦虑，产生镇静效应的药物称为镇静药（sedatives）；能诱导入睡、减少觉醒次数、延长睡眠时间，产生类似生理性睡眠的药物称为催眠药（hypnotics）。实际上，镇静药和催眠药之间并无明显界限，同一药物小剂量时表现为镇静作用，随着剂量加大可出现催眠作用，进一步加大剂量，可依次产生抗惊厥和麻醉作用，过量中毒后可致昏迷、呼吸麻痹甚至死亡。需要注意的是，此类药物反复使用易产生耐受性和依赖性。

镇静催眠药一般分为三类：苯二氮䓬类药物、巴比妥类药物和其他类药物。其中苯二氮䓬类药物临床疗效好且安全范围大，在临床应用较多。

第一节 睡眠与睡眠障碍

觉醒与睡眠是人体依赖于中枢神经而维持正常功能的一种生理现象。根据睡眠时脑电图的变化和眼球活动等情况，可将睡眠分为非快动眼睡眠（non-rapid eye-movement sleep，NREMS）与快动眼睡眠（rapid eye-movement sleep，REMS）。在完整的夜间睡眠过程中，NREMS 与 REMS 交替进行，反复循环。入睡后首先进入 NREMS，经过 60～90min 后进入 REMS，持续大约 25min，再进入 NREMS，成人一夜中两个时相交替 4～6 次。

NREMS 也称为慢波睡眠、慢相睡眠和正相睡眠。此时，人的呼吸深、慢且均匀，血压下降，心率减慢，全身肌肉放松，眼睛闭拢，眼球处于静止状态。可根据睡眠深度不同分成思睡、浅睡、中睡和深睡四个阶段。前两阶段，大脑对外界刺激保持一定反应，易受到外界干扰醒来；后两阶段也称为熟睡阶段。在 NREMS 时相，生长激素分泌明显升高，能促进大脑皮质休息、躯体生长发育、消耗物质的补充。REMS 也称快波睡眠、快相睡眠或异相睡眠。此时，人体各种感觉进一步减退，肌肉更松弛，肌腱反射消失，血压升高，呼吸快且不规则，心率加快，体温升高，脑血流量增加，胃肠活动增强，各种代谢功能明显增加，梦境多发生在此时相，对神经系统发育和功能维持、学习记忆活动及创新思维形成等有利。睡眠的生理周期见图 12-1。

当睡眠和觉醒的正常节律性交替紊乱即出现睡眠障碍。失眠是最常见的睡眠障碍，包括入睡障碍、中途或过早觉醒及缺乏睡眠满足感等。睡眠障碍可因环境因素、躯体疾病、情绪激动、精神障碍、用药、吸毒、呼吸障碍或者饮酒等多种原因引起，长时间的睡眠障碍会导致机体免疫力下降，调节血管和神经的自主神经功能紊乱，如血压升高、疲劳乏力、头痛头晕、焦虑易怒等，持续失眠甚至引起肥胖、糖尿病、高血压、冠心病、癌症等疾病，需及时合理选择药物进行治疗。

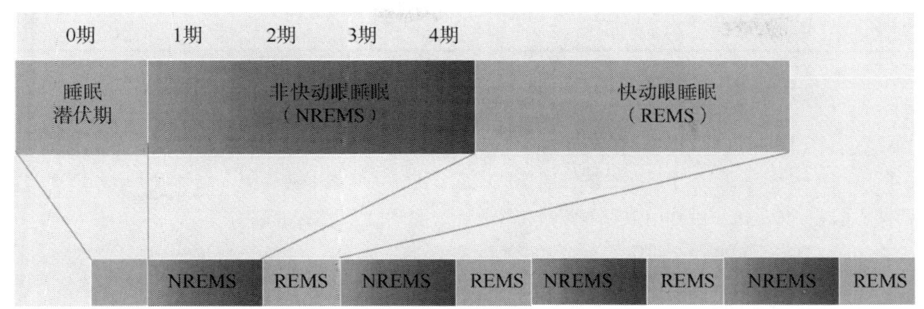

图 12-1　睡眠的生理周期

镇静催眠药在催眠剂量时可诱导入睡，延长睡眠时间，减少觉醒次数，但其所引起的药物性睡眠与生理性睡眠有所不同，如巴比妥类药物可缩短 REMS 时相，苯二氮䓬类药物则主要缩短 NREMS 时相，理想的镇静催眠药应能引起类似生理性睡眠。

第二节　苯二氮䓬类药物

苯二氮䓬类药物（benzodiazepines，BZs）均具有 1,4-苯并二氮䓬环的基本结构（图 12-2），在其基本结构基础上将侧链进行改造或取代所得的一系列衍生物，是目前临床上最常用的一类镇静、催眠和抗焦虑药物。临床常用药物有地西泮（diazepam）、硝西泮（nitrazepam）、氟西泮（fluzepam）、奥沙西泮（oxazepam）、氯硝西泮（clonazepam）、劳拉西泮（lorazepam）、艾司唑仑（estazolam）、阿普唑仑（alprazolam）、三唑仑（triazolam）、咪达唑仑（midazolam）等。

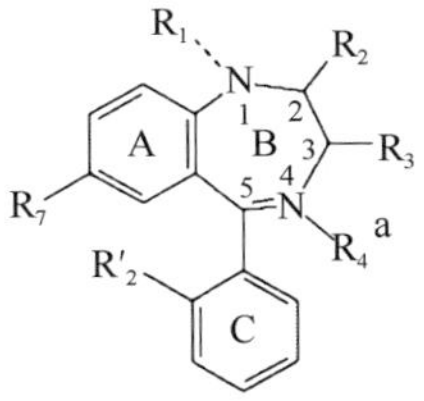

图 12-2　苯二氮䓬类药物的基本结构

根据药物作用维持时间的长短可将此类药物分为长效、中效和短效三类。长效类：$t_{1/2}$>24h，如地西泮、氟西泮；中效类：$t_{1/2}$为 6～24h，如硝西泮、艾司唑仑；短效类：$t_{1/2}$<6h，如奥沙西泮、三唑仑（表 12-1）。

【体内过程】　BZs 口服吸收良好，1～4h 可达血药浓度峰值，以三唑仑吸收最快。BZs 和血浆蛋白结合率高，如地西泮血浆蛋白结合率达 99%，但其脂溶性较高，静脉注射后可迅速分布于脑组织，随后进行再分布而蓄积在脂肪和肌组织，所以中枢抑制作用出现快且维持时间短。主要经肝药酶代谢，多数药物的中间代谢产物去甲地西泮具有与母体药物相似的活性，但 $t_{1/2}$ 却显著延长，使用时应注意防止药物及其代谢产物在体内蓄积而引起其他不良反应。其代谢产物最终与葡糖醛酸结合失活，经肾排出。

表 12-1　常用 BZs 的作用特点及应用

分类	药物	$t_{1/2}$（h）	作用特点及应用
长效	地西泮	20～70	抗焦虑与抗惊厥作用强，主要用于焦虑、惊厥、失眠、癫痫、恐惧症及麻醉前给药。活性代谢物 $t_{1/2}$ 可达 30～100h
	氟西泮	47～100	催眠作用强，用于各种失眠
	夸西泮	39	主要用于镇静催眠。活性代谢物 $t_{1/2}$ 可达 30～100h

续表

分类	药物	$t_{1/2}$（h）	作用特点及应用
中效	艾司唑仑	12～15	主要用于抗焦虑，也可用于失眠和恐惧症
	劳拉西泮	10～20	抗焦虑作用强，主要用于焦虑、失眠、惊厥及癫痫持续状态
	硝西泮	18～24	催眠作用显著，抗惊厥作用较强，主要用于失眠与惊厥，也可用于婴儿惊厥及肌阵挛性癫痫
	氯硝西泮	24～40	抗惊厥作用强于地西泮和硝西泮，主要用于惊厥与癫痫
	阿普唑仑	12～15	主要用于焦虑，也可用于失眠及恐惧症
短效	三唑仑	2～3	催眠作用比硝西泮和氟西泮强，可快速诱导入睡，药物依赖性较强
	奥沙西泮	5～12	抗焦虑及抗惊厥作用较强，用于焦虑、紧张、激动等
	咪达唑仑	1～4	是最常用的苯二氮䓬类麻醉诱导剂。1975 年被合成，20 世纪 90 年代开始用于癫痫持续状态，由于作用时间短，较少用于抗焦虑

【药理作用】

1. 抗焦虑作用 BZs 选择性作用于边缘系统的 BZ 受体，低于镇静剂量时即产生良好的抗焦虑作用，能显著改善焦虑患者的紧张、恐惧、失眠等症状。

2. 镇静催眠作用 小剂量表现为镇静作用，镇静的同时可引起短暂性记忆缺失；大剂量可产生催眠作用，可明显缩短入睡时间，显著延长睡眠持续时间，减少觉醒次数。BZs 的催眠作用优于巴比妥类药物，原因：①对 REMS 影响小，停药后出现反跳性 REMS 延长的情况比巴比妥类药物轻，并可减少夜惊和梦游症的发生；②治疗指数高，安全范围大，对呼吸影响小，不引起麻醉；③几乎无肝药酶诱导作用，不影响其他药物代谢；④依赖性与戒断症状轻。

3. 抗惊厥与抗癫痫作用 BZs 较大剂量具有抗惊厥与抗癫痫作用，能抑制癫痫病灶异常放电向周围皮质或皮质下扩散而终止或减轻惊厥与癫痫发作，以地西泮和氯硝西泮作用最明显。

4. 中枢性肌松作用 BZs 可通过中枢抑制作用降低肌紧张，对于大脑麻痹患者的肌肉强直有一定缓解作用。该作用是由于药物抑制脊髓多突触反射，阻碍中间神经元的信号传递，但大剂量对神经肌肉接头也有阻断作用，使用时应注意把握剂量。

【作用机制】 GABA 是中枢神经内重要的抑制性神经递质，中枢神经系统 GABA 受体有 $GABA_A$、$GABA_B$、$GABA_C$，BZs 作用于 $GABA_A$ 受体，对其他类型受体没有作用。$GABA_A$ 受体是一个大分子蛋白复合体，为配体门控氯通道，是由不同亚基构成的环状五聚体，氯通道周围存在有 GABA、苯二氮䓬类、巴比妥类、印防己毒素及神经甾体 5 个结合位点（图 12-3）。当 $GABA_A$ 受体被激活时，氯通道开放，Cl^- 内流，导致细胞膜超极化，抑制神经元冲动产生和动作电位传导。

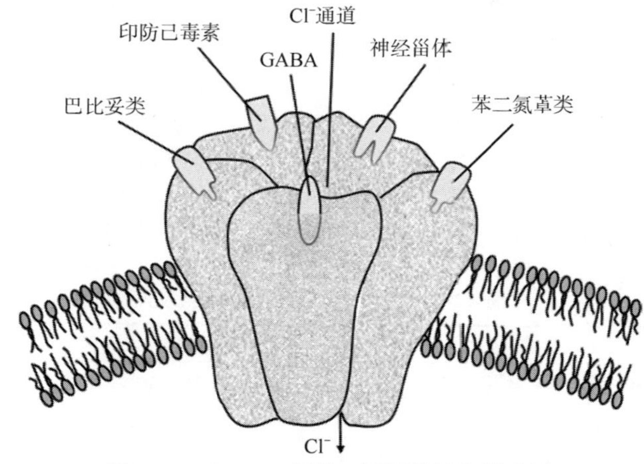

图 12-3 $GABA_A$ 受体–氯通道复合模式图

BZs 与 $GABA_A$ 受体复合物上的 BZ 受点结合，引发受体构象发生改变，增加 GABA 结合位点对递质的亲和力，从而促进 GABA 与 $GABA_A$ 受体结合，增加氯通道开放频率而增加 Cl^- 内流，导致神经元超极化，GABA 的中枢抑制作用增强，发挥其抗焦虑、镇静催眠、抗惊厥等作用。此作用依赖脑内固有 GABA，BZs 单独与受体结合后并不能引发 Cl^- 内流而产生抑制作用。

【临床应用】

1. 焦虑症 对各种原因引起的焦虑症有显著疗效，适用于焦虑症、焦虑性抑郁症、各种躯体疾病如脑血管病等引起的焦虑状态等。对于持续性焦虑症状的患者宜选用长效类药物，如地西泮；对于间歇性严重焦虑的患者宜选用中效类药物，如硝西泮，或选用短效类药物，如三唑仑。

2. 失眠症 对各种原因引起的失眠有效，但因连续使用会产生耐受性与依赖性，不宜长期使用，用药一般不超过 2～4 周，间断性或小剂量使用可以降低依赖性的发生。

3. 癫痫与惊厥 临床常用于子痫、小儿高热及破伤风等所导致的惊厥。目前，地西泮已成为癫痫持续状态的首选药，硝西泮和氯硝西泮对其他类型的癫痫发作疗效较好。

4. 肌紧张 BZs 对中枢神经系统病变，如大脑麻痹、脑血管意外、脊髓损伤引起的肌张力增强，局部病变如腰肌劳损，内镜检查引起的肌肉痉挛均有一定缓解作用，且不影响协调性。

5. 麻醉前给药 此类药物可减轻患者对手术的紧张和恐惧情绪，并能加强麻醉药的作用，可用于麻醉前给药，以地西泮应用较多。

【不良反应】 BZs 安全范围较大，常见的不良反应有头晕、嗜睡、乏力、记忆力下降、头痛、步态不稳等“宿醉”现象；部分药物可引起口干、便秘等；大剂量时偶发共济失调，视物模糊，低血压，语言不清，运动功能障碍等。静脉注射过快可引起呼吸和循环抑制，严重者可致死。

BZs 长期服用可产生耐受性、成瘾性和依赖性，突然停药可出现焦虑、失眠、头晕、震颤等戒断症状，但较巴比妥类药物轻，而三唑仑对于有些病例易引起激怒和攻击行为。自 2005 年 3 月 1 日起，我国将三唑仑列入国家一类精神药品。

地西泮等 BZs 过量中毒可用氟马西尼（flumazenil）抢救。氟马西尼是苯二氮䓬受体阻断药，能竞争性拮抗 BZs 与 $GABA_A$ 上的位点结合，但对巴比妥类药物和其他中枢抑制药引起的中毒无效。

【药物相互作用】 与其他中枢抑制药合用，可增强中枢抑制作用，加重嗜睡、呼吸抑制、昏迷、昏睡，严重者可致死，临床使用应注意减小剂量并监测患者呼吸情况。肝药酶诱导剂如卡马西平、苯巴比妥、苯妥英钠及利福平等可加速药物代谢，缩短 $t_{1/2}$；肝药酶抑制剂西咪替丁等药物可减慢药物肝脏代谢，导致 $t_{1/2}$ 延长。

第三节 巴比妥类药物

巴比妥类（barbiturates）是巴比妥酸（图 12-4）的衍生物。巴比妥酸自身无药理活性，其 C_5 上的两个 H 原子被不同基团取代则产生中枢抑制作用，如一个 H 被苯基取代，成为苯巴比妥，具有较强的抗惊厥和抗癫痫作用。

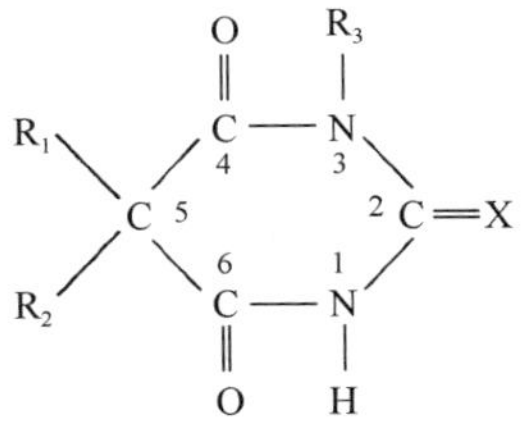

图 12-4 巴比妥酸基本化学结构

在 20 世纪 30～50 年代，巴比妥类药物曾是用于催眠的主要药物，60 年代以后临床上很少用于镇静、催眠。根据作用时间长短将巴比妥类药物分为长效、中效、短效和超短效四类（表 12-2）。

表 12-2　巴比妥类药物分类及特点

分类	药物	显效时间（h）	持续时间（h）	$t_{1/2}$（h）	清除方式	主要用途
长效	苯巴比妥 phenobarbital	0.5～1	6～8	24～140	肝代谢，肾排泄	抗惊厥
中效	戊巴比妥 pentobarbital	0.25～0.5	3～6	15～48	主要经肝脏代谢	抗惊厥
	异戊巴比妥 isopentobarbital	0.25～0.5	3～6	8～42	主要经肝脏代谢	镇静催眠
短效	司可巴比妥 secobarbital	0.25	2～3	19～34	主要经肝脏代谢	抗惊厥、镇静催眠
超短效	硫喷妥钠 sodium thiopental	立即（静脉注射）	0.25	3～8	主要经肝脏代谢	静脉麻醉

【体内过程】 巴比妥类药物为弱酸性，口服或注射均易吸收，迅速分布全身，也易通过胎盘屏障进入胎儿体内。药物的脂溶性及体液的 pH 是影响药物吸收的主要原因。药物进入脑组织的速度与药物的脂溶性成正比，如硫喷妥钠，脂溶性很高，容易通过血脑屏障，静脉注射后能立即生效，主要经肝代谢，作用时间短，仅维持 15min，药物又从脑组织再分布至全身脂肪组织；脂溶性低的药物，如苯巴比妥，不易进入脑组织，静脉注射后需要 15min 左右才能起效，主要以原形自肾脏排泄，部分药物被肾小管重吸收，故作用持续时间较长。尿液 pH 对本类药物的肾排泄影响较大，碱化尿液可减少此类药物在肾小管重吸收，使排泄加快。

【药理作用】 巴比妥类药物随剂量增加，对中枢抑制作用由弱到强，相继呈现镇静、催眠、抗惊厥与抗癫痫、麻醉、麻痹甚至致死等作用。巴比妥类药物不仅能激动 $GABA_A$ 受体，增加氯通道通透性，促进 Cl^- 内流，在 $GABA_A$ 受体缺乏的情况下也能增加 Cl^- 内流，此类药物在作用机制上与 BZs 有所不同：①巴比妥类药物激动 $GABA_A$ 受体，与 $GABA_A$ 受体 α 和 β 亚单位结合，不需要 γ 亚单位。②巴比妥类药物通过延长氯通道开放时间而增加 Cl^- 内流，BZs 则是通过增加氯通道开放频率增加 Cl^- 内流。③麻醉剂量的巴比妥类药物可抑制电压门控钠、钾通道开放，阻碍神经元高频放电。④巴比妥类药物可减弱谷氨酸作用于相应受体后除极化所引起的兴奋性反应。

【临床应用】

1. 焦虑、失眠 小剂量可引起镇静，缓解焦虑、烦躁等不安状态，剂量加大则出现催眠作用。此类药物能明显缩短 REMS，久用停药可引起 REMS“反跳性”延长，易产生耐受性和依赖性，且能诱导肝药酶活性，容易干扰其他药物在肝脏代谢，过量可产生严重呼吸抑制，已经不作为镇静催眠的常规用药。

2. 惊厥、癫痫 用于小儿高热、子痫、破伤风、药物中毒及脑膜炎等引起的惊厥，多采用肌内注射苯巴比妥钠；较危重患者采用异戊巴比妥钠，因其起效更快；强直阵挛发作及部分性发作以苯巴比妥较常用。

3. 麻醉前给药 短效和超短效药物如硫喷妥钠，静脉注射可产生短暂麻醉作用，但麻醉时易发生中毒，一般不作麻醉药物使用，主要用于诱导麻醉和基础麻醉。长效和中效巴比妥类药物可用于麻醉前给药，以消除患者手术前紧张情绪，但效果不及地西泮。

【不良反应】

1. 后遗效应 催眠剂量的巴比妥类药物，次晨出现困倦、嗜睡、头晕、精神萎靡不振等，严重者可出现定向障碍，驾驶员和从事危险操作人员需警惕或不使用此类药物。

2. 呼吸抑制 中等剂量可轻度抑制呼吸中枢，对于呼吸功能不全如严重肺气肿及哮喘患者，能显著降低其每分呼吸量和动脉血氧饱和量。大剂量明显抑制呼吸中枢，静脉注射速度过快，则治疗量也可引起呼吸抑制。

3. 耐受性和依赖性 长期连续服用巴比妥类药物可产生耐受性，与其诱导肝药酶加速自身代谢和机体对巴比妥类药物产生适应性有关。长期应用可使患者对此药产生精神和躯体的依赖性，突然停药易发生“反跳”现象，迫使患者继续用药，最终成瘾。

4. 毒性反应 急性中毒表现为深度昏迷，呼吸抑制、血压下降、反射减弱或消失、体温降低等，多死于呼吸衰竭。抢救措施：清除毒物（洗胃或灌肠）；维持血压、呼吸、体温；静脉注射碳酸氢钠碱化血液、尿液，加速药物排泄；必要时血液透析或输血。

第四节 其他类镇静催眠药

水合氯醛（chloral hydrate）

本品脂溶性高，口服或直肠给药均可迅速吸收，1h 可达血药浓度峰值，作用持续 4～8h，易通过血脑屏障，可迅速分布至脑及其他组织，$t_{1/2}$ 为 5～10h，其在肝脏可迅速代谢成有活性的三氯乙醇，三氯乙醇与葡糖醛酸结合失活，经肾脏排出，无滞后作用和蓄积性。

催眠剂量的水合氯醛在 30min 内即可诱导入睡，作用温和，不缩短 REMS 时间，无明显后遗效应，但因其可抑制延髓呼吸与血管运动中枢，导致死亡，现已极少使用，仅用于顽固性失眠或其他催眠药效果不佳的患者，短期内应用效果显著，连续服用超过 2 周则会无效。

此药较大剂量具有抗惊厥作用，可用于小儿高热、子痫和破伤风所引起的惊厥。也可用于麻醉前、手术前及睡眠脑电图检查前服药，起到镇静、解除焦虑的作用。此药对胃黏膜有刺激，口服容易引起恶心、呕吐，大剂量可引起昏迷、呼吸抑制、血压下降及肝、肾等损害。长期服药可产生耐受性与依赖性，突然停药可以引起神经质、烦躁、幻觉、异常兴奋、震颤、谵妄等严重的停药综合征。

唑吡坦（zolpidem）

唑吡坦是咪唑吡啶类药物，口服吸收快，起效迅速，通常在 15min 内起效，$t_{1/2}$ 为 1.4～3.8h，作用可维持 6h，主要经肝脏代谢，代谢物无活性。

唑吡坦可选择性地与 ω-$GABA_A$ 受体亚型结合，调节氯通道的开放，药理作用类似 BZs，但抗焦虑、中枢肌松作用和抗惊厥作用较弱，仅用于镇静催眠。用药后可缩短入睡时间，减少觉醒次数，延长总睡眠时间，改善睡眠质量．主要用于偶发性失眠及暂时性失眠，也可用于原发性失眠症、精神分裂症、躁狂或抑郁等引起的睡眠障碍。常规剂量不缩短 REMS，后遗效应、耐受性、依赖性、停药反跳现象均较轻微。常见不良反应主要有片段的意识障碍、记忆减退、夜间烦躁、眩晕、幻觉、头痛等。

佐匹克隆（zopiclone）、艾司佐匹克隆（eszopiclone）

佐匹克隆为环吡咯酮类催眠药，口服吸收迅速，达峰时间为 0.5～1h，$t_{1/2}$ 为 3.5～6h，是短效催眠药物，血浆蛋白结合率为 45%左右，体内分布广泛，其代谢物去甲佐匹克隆具有抗焦虑作用，主要从尿排泄，也可经唾液和乳汁排泄。

佐匹克隆的药理作用与 BZs 相似，具有催眠、抗焦虑、抗惊厥和肌肉松弛作用，特点是入睡快且能保持充足的睡眠深度，轻度缩短 REMS，临床主要用于入睡困难和睡眠维持的短期治疗，较少用于镇静。不良反应较少，部分患者可出现口干口苦、恶心、便秘、晨间嗜睡，长期应用无明显的耐受性和停药“反跳”现象。

扎来普隆（zaleplon）

扎来普隆是吡唑并嘧啶类化合物，与唑吡坦类似。口服吸收快，1h 左右血药浓度达峰值，生物利用度约为 30%，有明显的首关效应，$t_{1/2}$ 约为 1h，血浆蛋白结合率约 60%，主要经肝脏代谢，多数从肾排泄，少部分由粪便排出。

扎来普隆能选择性激动脑 $GABA_A$ 受体复合物 α 亚单位的 ω-1 位点，增强 GABA 的中枢抑制作用，提高氯通道开放频率，引起神经细胞膜超级化，使兴奋性下降，产生催眠作用，临床上用于成年人及老年人入睡困难或夜间易醒的短期治疗。与 BZs 比较，优点是睡眠诱导快，不影响睡眠周期，长期使用不易引起依赖。

褪黑素（melatonin，MT）和雷美替胺（ramelteon）

褪黑素是哺乳动物和人类的松果体分泌的主要激素，化学名是 *N*-乙酰-5-甲氧色胺（*N*-acetyl-5-methoxytryptamine），与褪黑素受体结合发挥多重生理作用，临床上主要用于老年人和成人睡眠节律紊乱、入睡障碍，不推荐用于未成年人。此药无停药反应、成瘾、宿醉等不良反应，但因其 $t_{1/2}$ 极短，不足以弥补患者维持睡眠所需的 MT，对原发性失眠疗效甚微。MT 还具有较强的抗氧化作用，能保护细胞核和线粒体 DNA，具有抗衰老、改善学习记忆能力和治疗老年痴呆等作用。我国先后批准了 20 种（国产 8 种，进口 12 种）含有褪黑素的产品作为“改善睡眠”的保健食品。美国 FDA 亦批准褪黑素作为膳食补充剂。

雷美替胺是褪黑素受体激动药，2005 年在美国上市使用，是一种口服具有活性的褪黑素受体（MT_1、MT_2）激动药，是短效改善睡眠的药物，长期使用不易产生依赖性，不引起认知损害。此药具有强力催眠功效，能有效缩短患者入睡时间，延长总睡眠时间，提高睡眠效率，且对次日工作学习的负面影响较小，停药后的复发率也很低。

1. 简述地西泮的药理作用及机制、临床应用、不良反应。
2. 为什么苯二氮䓬类药物在镇静催眠的临床应用取代了巴比妥类药物?

附 失眠的中西医认识与治疗

中医学认为，失眠以七情（指喜、怒、忧、思、悲、恐、惊七种情绪）内伤为主要病因，任何一种情绪太过都会导致失眠和相应的疾病。我国历史上最早的安眠药是“温胆汤”，该方记载于孙思邈的《备急千金要方》中，用于“大病后，虚烦不得眠”。现代用的安神温胆丸，功能和胃化痰，安神定志，用于心胆虚怯，触事易惊，心悸不安，虚烦不寐证，即是在温胆汤基础上添加了安神镇静药物。现代医学认为，失眠是最常见的睡眠障碍，可因环境因素、精神障碍、情绪激动、躯体疾病、吸毒、药物、呼吸障碍或者饮酒等多种原因引起，可用镇静催眠药治疗。第一代镇静催眠药为巴比妥类药物，包括苯巴比妥、异戊巴比妥和司可巴比妥等，因本类药物不良反应大，安全范围小，自 20 世纪 60 年代开始，逐渐被以地西泮等为代表的苯二氮䓬类药物取代。苯二氮䓬类药物吸收迅速，不良反应小，治疗慢性失眠等效果明显，但仍有宿醉、耐药性、依赖性、反跳性失眠及记忆损害等不良反应。20 世纪后期，以唑吡坦、扎来普隆、佐匹克隆、艾司佐匹克隆及茚地普隆等为代表的非苯二氮䓬类镇静催眠药和褪黑素受体激动药等新型镇静催眠药问世，这些新型药物起效迅速，作用明显，无耐药性与成瘾性，不良反应少，正逐渐成为治疗失眠的主要药物。

第十三章　抗癫痫药及抗惊厥药

学习目标

1. 清晰表述苯妥英钠、卡马西平、苯巴比妥、扑米酮、丙戊酸钠、苯二氮䓬类药物的抗癫痫机制。
2. 根据抗癫痫药的机制和各药应用特点合理选药；了解抗癫痫药和抗惊厥药的临床应用情况。
3. 通过对不同类型癫痫发作特征的更新学习，规范化诊疗；了解中西医结合防治癫痫和惊厥发作的优势。

第一节　抗 癫 痫 药

癫痫（epilepsy）是由脑组织局部病灶的神经元异常高频放电，并向周围扩散，导致大脑功能短暂失调的综合征。主要临床表现为突然发作，短暂运动、感觉、意识、精神异常，反复发作，发作时伴有异常脑电图（electroencephalography，EEG）。

癫痫发病率很高，占总人口的 1%，仅次于脑卒中，是排名第二位的神经系统疾病，而且是一种症状复杂、反复发作的慢性疾病。虽然大部分患者经过正规治疗可以达到控制病情的目的，但仍有相当一部分患者的病情难以控制。目前癫痫的治疗仍以对症治疗为主，其用药目的在于减少或阻止发作，尚无法有效预防和治愈此病，因此癫痫的治疗往往需要终身服药。由于大多数药物存在不良反应，长期使用令患者难以接受，故而造成治疗间断及病情反复。

根据癫痫发作的临床表现，可以将其分为局限性发作和全身性发作（表 13-1）。

表 13-1　癫痫发作分类表

发作分类		临床特征	治疗药物
局限性发作	单纯性局限性发作	局部肢体运动或感觉异常，持续 20～60s	卡马西平、苯妥英钠、苯巴比妥、抗痫灵
	复合性局限性发作（神经运动性发作）	冲动性神经异常，无意识的运动，如唇抽动、摇头等。病灶在颞叶和额叶，持续 30s 至 2min	卡马西平、苯妥英钠、扑米酮、丙戊酸钠、拉英酸钠
全身性发作	失神性发作（小发作）	多见于儿童，短暂的意识突然丧失，EEG 呈 3Hz/s 高幅左右对称的同步化棘波，持续时间小于 30s	乙琥胺、氯硝西泮、丙戊酸钠、拉莫三嗪
	肌阵挛性发作	依年龄可分为婴儿、儿童和青春期肌阵挛，部分肌群发生短暂的（约 1s）休克样抽动，EEG 表现为特有的短暂暴发性多棘波	首选丙戊酸钠、氯硝西泮
	强直阵挛发作（大发作）	意识突然丧失，全身强直阵挛性抽搐，继之较长时间的中枢神经系统功能全面抑制，持续数分钟，EEG 呈高幅棘慢波或棘波	卡马西平、苯巴比妥、苯妥英钠、扑米酮、丙戊酸钠
	癫痫持续状态	指大发作持续状态，反复抽搐，持续昏迷，不及时解救往往危及生命	地西泮、劳拉西泮、苯妥英钠、苯巴比妥

目前常用抗癫痫药的主要作用是抑制病灶区神经元的异常放电或阻抑异常放电向正常组织扩散，作用机制主要是通过：①增强中枢性抑制递质 GABA 的作用；②干扰神经细胞膜 Na^+、K^+、Ca^{2+}等离子通道，发挥膜稳定作用；③减弱兴奋性谷氨酸能神经的传导。

苯妥英钠（phenytoin sodium，大仑丁）

苯妥英钠属乙内酰脲类，是 1938 年开始使用的非镇静催眠性抗癫痫药。

【体内过程】 苯妥英钠为一种弱酸，pK_a为 8.3，难溶于水，其钠盐制品呈强碱性（pH 10.4），刺激性大，故不宜作肌内注射。口服吸收不规则，每日给药 0.3～0.6g，连续服药，需经 6～10 天才能达到有效血药浓度（10～20μg/mL），血浆蛋白结合率为 85%～90%，全身分布，V_d值为 0.6L/kg。本品主要被肝药酶代谢为羟基苯基衍生物而失活，以原形由尿排出者不足 5%。血药浓度低于 10μg/mL 时，按一级动力学消除，$t_{1/2}$约 20h；高于 10μg/mL 时，则按零级动力学消除，血浆 $t_{1/2}$可延至 60h，这可能与羟化反应已饱和有关，而羟化代谢能力受遗传因素影响，个体差异非常大，应用时要监控血药浓度，剂量个体化。

【药理作用及机制】 苯妥英钠不能抑制癫痫病灶异常放电，但可阻止它向正常脑组织扩散。苯妥英钠具有膜稳定作用，可降低细胞膜对 Na^+和 Ca^{2+}的通透性，抑制 Na^+和 Ca^{2+}内流，导致动作电位不易产生。此作用不仅与其抗癫痫作用有关，而且也是其治疗三叉神经痛等中枢疼痛综合征和抗心律失常的药理作用基础。本药产生膜稳定作用的机制有以下 4 个方面。

1. 阻断电压门控钠通道 使 Na^+依赖性动作电位不能形成。这也是本品具有抗惊厥作用的主要机制。

2. 阻断电压门控钙通道 治疗浓度的苯妥英钠能选择性阻断 L（longlasting）型和 N（neuronal）型钙通道，但对哺乳动物丘脑神经元的 T（transient）型钙通道无阻断作用，这可能是其治疗失神性发作无效的原因。

3. 对钙调素激酶系统的影响 Ca^{2+}的第二信使作用是通过 Ca^{2+}-受体蛋白–钙调素（calmodulin）及其耦联的激酶系统介导的。本品通过抑制钙调素激酶活性，影响突触传递功能；通过抑制突触前膜的磷酸化过程，使 Ca^{2+}依赖性释放过程减弱，减少谷氨酸等兴奋性神经递质的释放；抑制突触后膜的磷酸化，可减弱递质与受体结合后引起的除极化反应，加上对钙通道的阻滞作用，共同产生稳定细胞膜作用。

4. 对突触传递的强直后增强（posttetanic potentiation，PTP）的影响 PTP 是指反复高频电刺激（强直刺激）突触前神经纤维，引起突触传递的易化，再以单个刺激作用于突触前神经元，使突触后纤维的反应较未经强直刺激前为强。在癫痫病灶异常放电的扩散过程中 PTP 起易化作用，治疗浓度的苯妥英钠选择性地抑制 PTP 形成，使异常放电的扩散受到抑制。

【临床应用】

1. 癫痫 治疗大发作（强直阵挛发作）和局限性发作（单纯性局限性发作）的首选药物，但对小发作（失神发作）无效，甚至会使病情恶化。

2. 外周神经痛 治疗三叉神经痛和舌咽神经痛等中枢疼痛综合征。

3. 心律失常 主要用于室性心律失常和强心苷中毒所致的室性心律失常。

【不良反应】

1. 局部刺激 本药局部刺激性较大，口服可引起厌食、恶心、呕吐和腹痛等症状，故宜饭后服用。而且静脉注射可发生静脉炎。

2. 齿龈增生 长期应用出现齿龈增生，多见于儿童和青少年，发生率约 20%，这与药物自唾液排出刺激胶原组织增生有关，一般停药 3～6 个月后可自行消退。

3. 神经系统反应 药量过大引起中毒，表现为眼球震颤、复视、眩晕、共济失调等。严重者可出现语言障碍、精神错乱或昏迷等。

4. 血液系统反应　由于本品抑制叶酸的吸收并加速其代谢，以及抑制二氢叶酸还原酶活性，长期用药导致叶酸缺乏，可致巨幼红细胞贫血，宜用甲酰四氢叶酸防治。

5. 骨骼系统反应　通过诱导肝药酶而加速维生素 D 的代谢，长期应用可致低钙血症、佝偻病样改变和骨软化症，必要时应用维生素 D 预防。

6. 过敏反应　可发生皮疹、血小板减少、粒细胞缺乏、再生障碍性贫血。

7. 其他反应　偶见男性乳房增大、女性多毛症、淋巴结肿大等；偶见致畸胎，故孕妇慎用；久服骤停可使癫痫发作加剧，甚至诱发癫痫持续状态。

【药物相互作用】　苯二氮䓬类药物、磺胺类药物、水杨酸类药物及口服抗凝药等可与本品竞争血浆蛋白的结合部位，使本品游离型血药浓度增加。异烟肼、氯霉素等通过抑制肝药酶可提高本品的血药浓度；而苯巴比妥和卡马西平等通过肝药酶诱导作用加速本品的代谢而降低其血药浓度和药效。

卡马西平（carbamazepine，酰胺咪嗪）

卡马西平最初用于治疗三叉神经痛，20 世纪 70 年代开始用于治疗癫痫。

【体内过程】　卡马西平口服后吸收缓慢且不规则，2～4h 血浆浓度达高峰，有效血药浓度为 4～10μg/mL，血浆蛋白结合率为 75%～80%。在体内主要代谢为环氧化物，仍有抗癫痫作用，效果与母药相似。脑脊液中浓度可达血药浓度的 50%，单次给药 $t_{1/2}$ 可缩短至 15～20h。

【药理作用及机制】　卡马西平的作用机制与苯妥英钠相似，治疗浓度时能阻滞钠通道，抑制癫痫病灶及其周围神经元放电。同时还能增强中枢性抑制递质 GABA 在突触后的作用。

【临床应用】　卡马西平是广谱抗癫痫药，对多种癫痫的动物模型均有治疗作用，是治疗单纯性局限性发作和大发作的首选药物之一，同时还有抗复合性局限性发作和小发作的作用，对癫痫并发的精神症状亦有效果，治疗神经痛效果优于苯妥英钠。临床上还可用于治疗尿崩症。本品还具有很强的抗抑郁作用，对锂盐无效的躁狂症、抑郁症也有效。

【不良反应】　常见的不良反应有眩晕、视物模糊、恶心呕吐、共济失调、手指震颤、水钠潴留，亦可有皮疹和心血管反应，不需中断治疗，1 周左右逐渐消退。

偶见严重的不良反应有骨髓抑制（如再生障碍性贫血、粒细胞缺乏、血小板减少），肝损害等。

【药物相互作用】　卡马西平可诱导肝药酶，增强其他药物的代谢速率，如去氧苯巴比妥、苯妥英钠、乙琥胺、丙戊酸钠和氯硝西泮。

苯巴比妥（phenobarbital，鲁米那）

苯巴比妥是 1921 年用于抗癫痫的第一个有机化合物，至今仍以起效快、疗效好、毒性小和价格低而广泛应用于临床。

【药理作用及机制】　本品既能抑制病灶的异常放电，又能抑制异常放电的扩散。其抗癫痫作用机制可能与以下作用有关：①与突触后膜上的 GABA-苯二氮䓬大分子受体的一个变构调节单位结合，增加 GABA 介导的 Cl^- 内流，导致膜超极化，降低膜兴奋性；②阻断突触前膜 Ca^{2+} 的摄取，减少 Ca^{2+} 依赖性的神经递质去甲肾上腺素（NA）、乙酰胆碱（ACh）和谷氨酸等的释放。此外在较高浓度时也可阻断钠和钙（L 型和 N 型）通道。

【临床应用】　本品对大多数惊厥动物模型有效，临床上主要用于治疗癫痫大发作及癫痫持续状态，对单纯局限性发作及精神运动性发作也有效，对小发作和婴儿痉挛效果差。苯巴比妥最早被用作麻醉药，由于对呼吸中枢抑制作用明显，逐渐被取代。其可用于镇静催眠，但不作为首选药。

【不良反应及注意事项】　用药初期易出现嗜睡、精神萎靡等副作用，长期使用易产生耐受性。本药为肝药酶诱导剂，与其他药物联合使用时应注意相互影响。

乙琥胺（ethosuximide）

【体内过程】　口服后吸收完全，3h 血药浓度达高峰，有效血药浓度为 40～100μg/mL，血浆蛋白结合率低。儿童需 4～6 天血浆药物浓度达稳定水平，成人需要更长的时间，儿童血浆 $t_{1/2}$ 约 30h，成人为 40～50h。大约 25%的乙琥胺以原形从尿排出，其余在肝脏代谢失活，主要代谢产物是羟乙基衍生物。

【药理作用及机制】 乙琥胺的作用与抑制 T 型钙通道有关。丘脑在小发作时出现的 3Hz 异常放电中起重要作用，还可抑制丘脑细胞低阈值 T 型 Ca^{2+}电流，从而抑制 3Hz 异常放电的发生。当临床用药浓度高于治疗浓度时，还可以抑制 Na^+-K^+-ATP 酶，抑制 GABA 转氨酶的作用。

【临床应用】 乙琥胺可对抗戊四氮引起的阵挛性惊厥，是小发作（失神性发作）的首选药。其疗效虽稍逊于氯硝西泮，但副作用及耐受性的产生较少，对其他类型癫痫无效。

【不良反应】 乙琥胺毒性低，常见的副作用为胃肠道反应，其次为中枢神经系统症状，故有神经病史者慎用，易引起精神行为异常，表现为焦虑、抑郁、短暂的意识丧失、攻击行为、多动、精神不集中和幻听等。偶见嗜酸性粒细胞缺乏症或粒细胞缺失症，严重者发生再生障碍性贫血。

丙戊酸钠（sodium valproate，二丙基醋酸钠）

丙戊酸钠 1882 年作为有机酶被合成，1963 年发现它对多种惊厥动物模型均有疗效，1964 年用于治疗癫痫获得成功。

【体内过程】 口服吸收完全而迅速。有效血药浓度为 30～100μg/mL，血浆蛋白结合率为 90%，V_d 为 0.2L/kg，大部分以原形排出，小部分经 β 氧化后与葡糖醛酸结合从尿中排出，血浆 $t_{1/2}$ 约 15h。

【药理作用及机制】 本品不抑制癫痫病灶放电，但能阻止病灶异常放电的扩散。实验证明其抗癫痫作用机制与 GABA 有关，它是 GABA 转氨酶和琥珀酸半醛脱氨酶抑制剂，能减少 GABA 代谢，增加脑内 GABA 含量；还能提高谷氨酸脱羧酶活性，使 GABA 生成增多，并能提高突触后膜对 GABA 的反应性，从而增强 γ-氨基丁酸能神经突触后抑制作用。此外，本品抑制钠通道，减弱 T 型 Ca^{2+}电流，抑制起源于丘脑的 3Hz 异常放电。

【临床应用】 本品为广谱抗癫痫药，是大发作合并小发作时的首选药。它对各种类型癫痫都有一定疗效，但是对大发作疗效不及苯妥英钠和苯巴比妥，对小发作优于乙琥胺，但因其肝脏毒性，一般不作为首选药，对复杂部分性发作疗效近似卡马西平，对非典型的小发作疗效不及氯硝西泮，对其他药物未能控制的顽固性癫痫也有效。

【不良反应】 常见消化系统症状恶心、呕吐和腹痛等，故宜饭后服用；其中枢神经系统反应少，主要表现为嗜睡、平衡失调、乏力、震颤等；30%的患者在服药几个月内出现肝损害，无症状性肝功能异常，主要表现为天冬氨酸氨基转移酶升高；偶见重症肝炎、急性胰腺炎和高氨血症；少数患者表现为皮疹、脱发、血小板减少和血小板聚集障碍；用药期间应定期检查肝功能和血象。

【药物相互作用】 本品口服吸收良好，生物利用度在 80%以上。其能显著提高苯妥英钠、苯巴比妥、氯硝西泮和乙琥胺的血药浓度。而苯妥英钠、苯巴比妥、扑米酮和卡马西平则能降低丙戊酸钠的血药浓度和抗癫痫作用。

扑米酮（primidone，去氧苯比妥或扑痫酮）

扑米酮的化学结构与苯巴比妥相似。其活性代谢产物为苯巴比妥和苯乙基丙二酰胺。其与苯妥英钠和卡马西平合用有协同作用，与苯巴比妥合用无意义。本品与苯巴比妥相比无特殊优点，且价格较贵，仅用于其他药物无效的顽固癫痫。

常见不良反应有中枢神经系统症状如镇静、嗜睡、眩晕、复视、共济失调等；血液系统毒性反应如白细胞减少、血小板减少、贫血等。用药期间应注意检查血常规，严重肝、肾功能不全者禁用。

苯二氮䓬类药物（benzodiazepine，BZ）

苯二氮䓬类药物，具有抗惊厥及抗癫痫作用，可抑制病灶放电向周围扩散，但不能消除这种异常放电。常用的药物有地西泮、硝西泮、氯硝西泮和劳拉西泮。

地西泮（diazepam，安定）是治疗癫痫持续状态的首选药，静脉注射显效快且较其他药物安全。在癫痫持续状态的急性期，地西泮与劳拉西泮（lorazepam）联用作用持续时间更长，致使肌痉挛消失，然后用苯妥英钠静脉注射维持疗效。静脉注射时注意防止呼吸抑制。

氯硝西泮（clonazepam，氯硝安定）抗癫痫谱较广，对癫痫小发作疗效较地西泮好，对肌阵挛性发作、婴儿痉挛也有效，静脉注射还可治疗癫痫持续状态。其抗癫痫作用机制主要是与增强脑内GABA 抑制功能有关。氯硝西泮不良反应一般较轻，常见中枢神经系统反应和消化系统症状，停药后可恢复。但易产生耐受性，久服突然停药可加剧癫痫发作，甚至诱发癫痫持续状态，故乙琥胺仍为小发作的首选药。

硝西泮（nitrazepam，硝基安定）主要用于癫痫小发作，特别是肌阵挛性发作及婴儿痉挛等。

氟桂利嗪（flunarizine）

氟桂利嗪是强效钙通道阻滞剂，具有较强的抗惊厥作用，对多种动物癫痫模型均有不同程度的治疗作用，对抗电休克惊厥作用较强，而对戊四氮引起的阵挛性惊厥无效。临床适用于各型癫痫，尤其对局限性发作、大发作效果较好。

本品可阻断 T 型和 L 型钙通道，还能选择性阻断电压门控钠通道。口服易吸收，$t_{1/2}$ 为 19～22 天，99%与血浆蛋白结合，较为安全，常见不良反应为困倦和体重增加。

抗痫灵（antiepilepsirin）

抗痫灵为桂皮酰胺类，是人工合成的广谱抗癫痫药。本品适用于各型癫痫，尤其对大发作效果明显，其作用机制可能与升高脑内 5-HT 水平有关。长期服用未见肝、肾和造血系统毒性作用。

拉莫三嗪（lamotrigine）

拉莫三嗪为苯三嗪类衍生物，新型的抗癫痫药，作用特点与苯妥英钠和卡马西平相似。口服吸收快而完全，生物利用度为 98%。达峰时间为 0.5～5.0h，血浆蛋白结合率约 55%，$t_{1/2}$ 为 6.4～30.4h（平均 12.6h）。本品在肝脏代谢，其消除主要以葡糖醛酸结合的形式由肾脏排出，其代谢产物无生物活性。本品与其他抗癫痫药合用时，将改变其代谢时间，如与酶诱导剂卡马西平、苯妥英钠合用时，平均 $t_{1/2}$ 缩短约一半。

拉莫三嗪为电压敏感性钠通道阻滞剂，通过减少钠通道的 Na^+ 内流而增加神经元的稳定性。在体外培养神经元中，可抑制兴奋性神经递质谷氨酸诱发的暴发性放电；阻滞癫痫病灶快速放电和神经元除极化，从而阻止病灶异常放电，但不影响正常神经兴奋传导。可作为成人局限性发作的辅助治疗药，约有 25%的患者发作频率降低 50%；单独使用可治疗全身性发作，疗效与卡马西平相似，对失神发作也有效；临床上多与其他抗癫痫药合用治疗难治性癫痫。

常见不良反应为中枢神经系统反应及胃肠道反应，如头痛、头晕、嗜睡、视物模糊、复视、共济失调、皮疹、便秘、恶心、呕吐等，偶见变态反应、面部皮肤水肿及弥散性血管内凝血。

托吡酯（topiramate）

托吡酯为磺酸基取代的单糖衍生物，是 1995 年上市的新型广谱抗癫痫药。本品可抑制电压门控钠通道；提高 GABA 激活 $GABA_A$ 受体的频率，增加 GABA 诱导的 Cl^- 内流；通过兴奋性氨基酸的 AMPA 亚型受体抑制谷氨酸介导的兴奋作用。其主要用于局限性发作和大发作，尤其可作为辅助药物治疗难治性癫痫。本品口服易吸收，主要以原形由肾脏排出。常见的不良反应为中枢神经系统症状，动物实验有致畸报道，故孕妇慎用。

氨己烯酸（vigabatrin）

氨己烯酸是抗癫痫领域中首个“设计性药物”，被设计为 GABA 代谢所需要的 GABA 转氨酶的抑制剂。本品口服后迅速吸收，约 2h 血药浓度达峰值，$t_{1/2}$ 为 5～7h，主要以药物原形从尿中排泄，其阻断 GABA 转氨酶作用强且维持时间长，每日服药 1 次即可达到满意疗效。氨己烯酸能与脑内 GABA 转氨酶以共价键不可逆性结合，抑制该酶活性，从而提高脑内 GABA 浓度，产生抗癫痫作用。氨己烯酸对耐药性的部分发作性癫痫特别有效，对部分性发作继发全身强直阵挛发作的疗效差，临床尤其适用于儿童点头状癫痫和肌阵挛性癫痫，在用其他药物治疗无效时使用本品亦能取得良好疗效。氨己烯酸毒性小，常见不良反应为嗜睡、抑郁等。

抗癫痫药使用注意事项如下。

（1）根据发作类型合理选用抗癫痫药。

（2）单纯性癫痫最好选用一种有效药物，一般从小剂量开始逐渐增加剂量，达到理想效果后维持治疗。

（3）治疗过程中不宜突然停药，抗癫痫药发挥疗效后再逐渐停用。症状完全控制后，还要维持治疗 2～3 年再逐渐停药，以防复发。

（4）治疗中亦不可随便更换药物。需更换药物时，应采取逐渐过渡换药，即在原药基础上加用新药，待其发挥疗效后，再逐渐撤销原药。

（5）长期用药应注意不良反应，特别是应定期检查血常规、肝功能等。

（6）孕妇服用抗癫痫药引起畸胎及死胎概率较高，应慎用。

第二节 抗惊厥药

惊厥是中枢神经系统过度兴奋的一种症状，表现为全身骨骼肌不自主地强烈收缩，多见于小儿高热、子痫、破伤风、癫痫大发作和中枢兴奋药中毒等。常用抗惊厥药包括巴比妥类药物、苯二氮䓬类药物中的部分药物、水合氯醛及硫酸镁。

硫酸镁（magnesium sulfate）

硫酸镁可因给药途径不同而产生不同的药理作用。口服给药很少吸收，有泻下和利胆作用，外用热敷可消炎去肿，注射给药则产生全身作用。

【体内过程】 Mg^{2+}主要存在于细胞内液，细胞外液仅占 5%。血液中 Mg^{2+}浓度为 2～3.5mg/100mL，低于此浓度时，神经及肌肉的兴奋性升高。

【药理作用及机制】 Mg^{2+}参与多种酶活性的调节，影响神经冲动传递和肌肉应激性维持。注射硫酸镁能抑制中枢及外周神经系统，使骨骼肌、心肌、血管平滑肌松弛，从而发挥肌松作用和降压作用。其作用机制可能是由于 Mg^{2+}和 Ca^{2+}化学性质相似，可以特异性地竞争 Ca^{2+}受体，拮抗 Ca^{2+}的作用。如运动神经末梢 ACh 的释放过程需要 Ca^{2+}参与，而 Mg^{2+}竞争拮抗 Ca^{2+}的作用，干扰 ACh 的释放，使神经肌肉接头处 ACh 减少，导致骨骼肌松弛。同时 Mg^{2+}也作用于中枢神经系统，引起感觉及意识丧失。

【临床应用】 临床上主要用于缓解子痫、破伤风等所致的惊厥，也常用于高血压危象。

【不良反应及注意事项】 硫酸镁注射的安全范围很窄，血 Mg^{2+}过高即可抑制延髓呼吸中枢和血管运动中枢，引起呼吸抑制、血压骤降和心搏骤停；肌腱反射消失是呼吸抑制的先兆，连续注射过程中应经常检查肌腱反射；中毒时应立即进行人工呼吸，并缓慢注射氯化钙和葡萄糖酸钙加以对抗。

1. 苯妥英钠、卡马西平、苯巴比妥、丙戊酸钠的抗癫痫作用主要机制分别是什么？
2. 癫痫大发作和局限性发作、单纯局限性发作和大发作、失神性发作及大发作合并小发作的首选药分别是什么？
3. 长期使用苯妥英钠的不良反应有哪些？

附　癫痫后抑郁之痛

大部分癫痫患者不能像正常人一样工作，导致自信心尽失，加之发病后的自卑心理和焦虑情绪，使癫痫患者相对于其他疾病的患者更加容易出现抑郁情绪甚至患抑郁症。抑郁、焦虑伴随大脑的非正常模式放电，和癫痫病灶的异常放电相互影响，形成恶性循环。抑郁、焦虑、快感缺乏等对于癫痫的治疗效果是负面的，只有消除患者负性情绪才能使癫痫的治疗达到最佳的效果，直至完全治愈。抗癫痫药、抗抑郁药的联合用药安全性问题、效应问题都值得研究者关注。

第十四章　抗精神失常药

学习目标

1. 清晰表述氯丙嗪的药理作用及机制、临床应用和主要不良反应，丙米嗪的药理作用、作用机制和临床应用。

2. 根据抗精神失常药的作用机制和应用特点，合理选药治疗精神分裂症、躁狂症和抑郁症。

3. 通过对我国精神障碍诊疗规范的学习，关注人类精神健康，切实维护和增进人民群众的身心健康。

精神失常是由多种病理因素导致的精神活动障碍的一大类疾病，包括精神分裂症、躁狂症、抑郁症和焦虑症。治疗精神失常的药物统称为抗精神失常药，根据其临床用途分为抗精神分裂症药（antipsychotic drugs）、抗躁狂症药（antimanic drugs）、抗抑郁症药（antidepressants drugs）和抗焦虑症药（anxiolyties drugs）。常用的抗焦虑症药以苯二氮䓬类药物为主，详见第十二章镇静催眠药。

第一节　抗精神分裂症药

精神分裂症（schizophrenia）是一组以思维、情感、行为之间不协调，精神活动与现实脱离为主要特征的最常见的一类精神病。根据临床症状，将精神分裂症分为Ⅰ型和Ⅱ型，前者以阳性症状（幻觉、妄想等）为主，后者以阴性症状（情感淡漠、主动性缺乏等）为主。抗精神分裂症药也称作神经安定药（neuroleptic drug），主要用于治疗精神分裂症，对其他精神病的躁狂症状也有效。此类药物大多是强效多巴胺受体阻断药，在发挥治疗作用的同时，大多药物可引起情绪冷漠、精神运动迟缓和运动障碍等不良反应。本节述及的药物大多对Ⅰ型治疗效果好，对Ⅱ型则效果较差甚至无效。

一、主要作用机制

根据化学结构，将抗精神分裂症药分为四类：吩噻嗪类（phenothiazines）、硫杂蒽类（thioxanthenes）、丁酰苯类（butyrophenones）及其他类。这些抗精神分裂症药大多具有相似的作用机制。

1. 阻断中脑-边缘通路和中脑-皮质通路多巴胺受体　对精神分裂症的病因先后提出过许多假说，但迄今为止，只有中脑-边缘系统通路和中脑-皮质通路多巴胺系统功能亢进学说得到了广泛的认可。DA是中枢神经系统内一种重要的神经递质，参与人类神经精神活动的调节。

（1）脑内多巴胺能神经系统及其功能：人类中枢神经系统主要存在4条DA能神经通路，即黑质-纹状体通路、中脑-皮质通路、中脑-边缘通路、结节-漏斗通路。黑质-纹状体通路所含有的DA占全脑含量的70%以上，是锥体外系运动功能的高级中枢，各种原因导致该通路的DA功能减弱均可导致帕金森病。反之，通路的功能亢进则出现多动症。中脑-边缘通路和中脑-皮质通路主要调控人类的精神活动，前者主要调控情绪反应，后者则主要参与认知、思想感觉、理解和推理能力的调控。结节–漏斗通路主要调控垂体激素的分泌，如抑制催乳素（PRL）的分泌、促进促肾上腺皮质激素（ACTH）和生长激素（GH）的分泌等。

（2）DA受体与精神分裂症：目前已证实脑内存在5种DA亚型受体（D_1、D_2、D_3、D_4、D_5），其中D_1和D_5亚型受体合称D_1样受体（D_1-like receptors），而D_2、D_3、D_4亚型受体为D_2样受体（D_2-like receptors）。黑质–纹状体通路存在D_1样和D_2样受体，而中脑–边缘通路和中脑–皮质通路主要存在D_2样受体。DA功能亢进假说认为，精神分裂症（特别是Ⅰ型）主要因中脑–边缘通路和中脑–皮质通路系统的D_2样受体功能亢进所致。较多的研究资料支持该学说，如促进DA释放的苯丙胺可致急性或慢性妄想型精神分裂症，加剧精神分裂症的症状；而减少DA的合成和储存能改善病情；未经治疗的Ⅰ型患者脑内壳核和伏隔核DA受体数目显著增加。目前临床使用的各种高效价抗精神分裂症药大多是强效DA受体阻断药，对Ⅰ型精神分裂症有较好的疗效。需要注意的是，大部分抗精神分裂症药并不是选择性的D_2样受体阻断药，因此在发挥治疗作用的同时，均可引起不同程度的锥体外系反应，主要是由于药物同时拮抗黑质–纹状体通路的DA受体。

2. 阻断5-羟色胺受体　目前临床常用的一些非经典抗精神分裂症药如氯氮平（clozapine）和利培酮（risperidone）的抗精神分裂症作用主要是通过阻断5-羟色胺（5-HT）受体而实现的。其中，氯氮平是选择性D_4亚型受体阻断药，对其他DA亚型受体几无亲和力，对M受体和α受体有较高的亲和力；利培酮拮抗$5\text{-}HT_2$受体的作用显著强于其拮抗D_2亚型受体的作用，因此长期应用氯氮平和利培酮几无锥体外系反应。

二、常用抗精神分裂症药

（一）吩噻嗪类

氯丙嗪（chlorpromazine）

氯丙嗪，又称冬眠灵（wintermine），是吩噻嗪类药物的典型代表，已在临床使用近70年，也是应用最广泛的抗精神分裂症药。

【体内过程】　氯丙嗪口服后吸收慢而不规则，2～4h达血药浓度峰值。肌内注射吸收迅速，到达血液后，90%以上与血浆蛋白结合。氯丙嗪分布于全身，脑、肺、肝、脾、肾中较多，其中脑内浓度可达血浆浓度的10倍。主要在肝经P_{450}系统代谢为多种产物，经肾排泄。因其脂溶性高，易蓄积于脂肪组织，停药后数周乃至半年后，尿中仍可检出其代谢物。不同个体口服相同剂量的氯丙嗪后血药浓度可差10倍以上，故给药剂量应个体化。氯丙嗪在体内的消除和代谢随年龄而递减，故老年患者须减量。

【药理作用】　氯丙嗪主要拮抗脑内DA受体，也能拮抗α受体和M受体，因此药理作用广泛，长期应用易产生严重不良反应。

1. 对中枢神经系统的作用

（1）抗精神分裂症作用：氯丙嗪主要通过拮抗中脑–边缘通路和中脑–皮质通路的D_2样受体而产生抗精神分裂症作用，对中枢神经系统有较强的抑制作用，也称神经安定作用。氯丙嗪能显著控制活动状态和躁狂状态而又不损伤感觉能力；能显著减少动物自发活动，易诱导入睡，但动物对刺激有良好的觉醒反应；安全范围大，加大剂量也不引起麻醉。正常人口服治疗量氯丙嗪后，出现安静、活动减少、情感淡漠和注意力下降，而理智正常，在安静环境下易入睡，但易唤醒，醒后神态清楚；精神分裂症患者服用氯丙嗪后能迅速控制兴奋躁动状态，大剂量连续用药能消除患者幻觉和妄想等症状，减轻思维障碍，使患者恢复理智，情绪安定，生活自理；但对抑郁症无效，甚至可使之加剧。

（2）镇吐作用：氯丙嗪拮抗延髓第四脑室底部的催吐化学感受区的 D_2 受体，还能抑制位于延髓与催吐化学感受区旁的呃逆调节中枢，因此具有较强的镇吐作用，并能治疗顽固性呃逆。小剂量时可对抗 DA 受体激动药阿扑吗啡引起的呕吐反应，大剂量的氯丙嗪直接抑制呕吐中枢，但不能对抗前庭刺激引起的呕吐。

（3）对体温调节的作用：氯丙嗪抑制下丘脑体温调节中枢，使体温调节失灵。与解热镇痛抗炎药不同，氯丙嗪不但能降低发热机体的体温，也能降低正常体温；同时氯丙嗪能够使机体的体温随外界环境温度变化，如与物理降温同时应用则有协同降温作用，而在炎热天气，氯丙嗪可使体温升高，这是其干扰了机体正常散热机制的结果。

2. 对内分泌系统的影响 氯丙嗪拮抗结节–漏斗系统中的 D_2 亚型受体，抑制催乳素释放抑制因子，增加催乳素的分泌；抑制卵泡刺激素释放因子和黄体生成素释放因子，降低促性腺激素的释放；抑制促肾上腺皮质激素（ACTH）释放，降低糖皮质激素的分泌；抑制垂体生长激素的分泌，试用于巨人症的治疗。

3. 对自主神经系统的作用 氯丙嗪能拮抗 α 受体和 M 受体。阻断 α 受体可致血管扩张、血压下降，但由于连续用药可产生耐受性，且有较多副作用，故不适用于高血压的治疗；阻断 M 受体作用较弱，可引起口干、便秘、视物模糊等。

【临床应用】

1. 精神分裂症 氯丙嗪主要用于Ⅰ型精神分裂症的治疗，能够显著缓解精神分裂症的阳性症状，迅速控制兴奋躁动状态，消除患者进攻、亢进、妄想、幻觉等症状，减轻思维障碍，使患者恢复理智，情绪安定，生活自理，但对Ⅱ型精神分裂症患者无效甚至加重病情。氯丙嗪对急性患者效果显著，但不能根治，需长期用药甚至终生治疗，对慢性精神分裂症患者疗效较差。氯丙嗪对其他精神病伴有的兴奋、躁动、紧张、幻觉和妄想等症状也有显著疗效；对各种器质性精神病（如脑动脉硬化性精神病、感染中毒性精神病等）和症状性精神病的兴奋、幻觉和妄想症状也有效，但剂量要小，症状控制后须立即停药。

2. 呕吐和顽固性呃逆 氯丙嗪对多种药物如洋地黄、吗啡、四环素等，以及疾病如尿毒症和恶性肿瘤引起的呕吐具有显著的镇吐作用。对顽固性呃逆具有显著疗效，但对晕动症无效。

3. 低温麻醉与人工冬眠 配合物理降温（冰袋、冰浴）可降低患者体温，用于低温麻醉。氯丙嗪与其他中枢抑制药哌替啶、异丙嗪组成冬眠合剂，进行“人工冬眠”，使患者深睡，体温、基础代谢及组织耗氧量均降低，增强患者对缺氧的耐受力，减轻机体对伤害性刺激的反应，并可使自主神经传导阻滞及中枢神经系统反应性降低，有利于机体度过危险的缺氧阶段，并为进行其他有效的治疗争取时间。人工冬眠多用于严重创伤、感染性休克、高热惊厥、中枢性高热及甲状腺危象等病症的辅助治疗。

【不良反应】

1. 一般不良反应 中枢抑制症状如嗜睡、淡漠、无力等；M 受体拮抗症状如口干、便秘、视力模糊、眼压升高等；α 受体拮抗症状如血管扩张、血压下降、直立性低血压及反射性心悸等，注射给药后立即卧床休息 2h 左右，然后缓慢起立可防止直立性低血压；心血管不良反应如直立性低血压、持续性低血压休克等，多见于老年伴有动脉硬化、高血压、心律失常等患者。由于局部刺激性较强，静脉注射可致血栓性静脉炎，应以生理盐水或葡萄糖注射液稀释后缓慢注射。

2. 锥体外系反应 为氯丙嗪最常见的不良反应，多发生于用药后 3～4 周，发生率为 25%～60%，与药物种类、剂量、个体敏感性、长期用药有关。

长期大剂量服用氯丙嗪可出现三种锥体外系不良反应：①帕金森综合征（Parkinsonism），表现为肌张力增高、面容呆板、动作迟缓、肌肉震颤、流涎等；②静坐不能（akathisia），表现为坐立不安、反复徘徊；③急性肌张力障碍（acute dystonia），多出现在用药后第 1～5 天，由于舌、面、颈及背部肌肉痉挛，患者可出现强迫性张口、伸舌、斜颈、呼吸运动障碍及吞咽困难。此三种反应是由于氯丙嗪拮抗黑质-纹状体通路的 D_2 样受体，使纹状体中的 DA 功能减弱，ACh 的功能增强引起的，可减少用药量、停药来减轻或消除，也可用中枢抗胆碱药如苯海索缓解。

此外，长期服用氯丙嗪后，部分患者还可引起一种特殊而持久的运动障碍，称为迟发性运动障碍（tardive dyskinesia，TD），表现为口–面部不自主的刻板运动，广泛性舞蹈样手足徐动症，停药后仍长期不消失，进一步恶化患者的生活质量。约有 20%的患者出现 TD，病程长的可高达 40%。其机制可能是因 DA 受体长期被拮抗，使 DA 受体敏感性增加或反馈性抑制减弱，促进突触前膜 DA 释放增加所致。此反应属恶性不良反应，用抗胆碱药反使症状加重，抗多巴胺药可使此反应减轻，早期发现及时停药可能可以恢复。TD 尤其容易侵袭器质性脑病患者，故老年患者应尽量避免使用这类药物。

3. 内分泌系统反应　长期用药会引起内分泌系统紊乱，如乳腺增大、泌乳、月经停止、抑制儿童生长等，主要是由于氯丙嗪对 DA 通路的 D_2 样受体的选择性低，拮抗 DA 介导的下丘脑催乳素释放抑制途径，引起高催乳素血症，导致乳漏、闭经及妊娠试验假阳性。性功能障碍（阳痿、闭经）的出现可能会使得患者不合作。

4. 其他　氯丙嗪本身可以引起精神异常，如意识障碍、萎靡、淡漠、消极、抑郁，或兴奋、躁动、幻觉、妄想等，应与原有疾病加以鉴别，一旦发生应立即减量或停药。少数患者用药过程中出现局部或全身抽搐，脑电有癫痫样放电，有惊厥或癫痫史者慎用，必要时加用抗癫痫药。还可引起过敏反应，如皮疹、接触性皮炎等，少数患者可出现肝损害、黄疸、粒细胞减少、溶血性贫血和再生障碍性贫血等。

5. 急性中毒　氯丙嗪急性中毒时，临床表现为昏睡、血压下降甚至休克、心肌损害、心动过速、心电图异常（P-R 间期或 Q-T 间期延长，T 波低平或倒置），应立即对症治疗并进行支持疗法。

【药物相互作用】　氯丙嗪能增强其他中枢抑制药的作用，如乙醇、镇静催眠药、抗组胺药、镇痛药等，联合应用时需要注意调整剂量，特别与吗啡、哌替啶（度冷丁）等合用时要注意呼吸抑制和血压降低的问题。氯丙嗪可以拮抗 DA 受体激动药或左旋多巴的作用，其去甲基代谢物可以拮抗胍乙啶的降压作用，可能是阻止胍乙啶被摄入神经末梢。肝药酶诱导剂如苯妥英钠、卡马西平等可加速氯丙嗪的代谢，应注意适当调整剂量。

【禁忌证】　有癫痫及惊厥病史者禁用；可升高眼压，青光眼患者禁用；乳腺增生症和乳腺癌患者禁用。此外，冠心病患者或老年心血管病患者慎用。

奋乃静（perphenazine）

奋乃静作用较氯丙嗪缓和，除镇静作用、控制精神运动性兴奋作用次于氯丙嗪外，其他同氯丙嗪；对慢性精神分裂症的疗效则高于氯丙嗪；对心血管系统、肝脏及造血系统的不良反应较氯丙嗪轻。

三氟拉嗪（trifluoperazine）

三氟拉嗪和氟奋乃静的中枢镇静作用较弱，除有明显的抗幻觉、妄想作用外，对行为退缩、情感淡漠等症状有较好疗效，适用于精神分裂症偏执型和慢性精神分裂症。

硫利达嗪（thioridazine，甲硫达嗪）

硫利达嗪有明显的镇静作用，作用缓和，抗幻觉、妄想作用不如氯丙嗪，但锥体外系不良反应较少，老年人易耐受。

（二）硫杂蒽类

硫杂蒽类的基本结构与吩噻嗪类相似，但在吩噻嗪环上第 10 位的氮原子被碳原子取代，所以此类药物的基本药理作用与吩噻嗪类相似。

氯普噻吨（chlorprothixene，泰尔登、氯丙硫蒽）

氯普噻吨的结构与三环类抗抑郁药相似，故有较弱的抗抑郁作用。其调整情绪、控制焦虑抑郁的作用较氯丙嗪强，但抗幻觉、妄想作用不及氯丙嗪。适用于带有强迫状态或焦虑抑郁情绪的精神分裂症、焦虑性神经症及更年期抑郁症患者。其抗肾上腺素与抗胆碱作用较弱，故不良反应较轻，锥体外系症状也较少。

氟哌噻吨（flupenthixol，三氟噻吨）

氟哌噻吨的药理作用及机制与氯丙嗪相似，具有一定的抗抑郁和抗焦虑的效果。其低剂量口服可用于治疗焦虑症，中剂量用于治疗轻度抑郁症或伴焦虑的抑郁症，每日最后一次用药时间不得迟于下午 4 点，用药 1 周无效应停用。氟哌噻吨具有特殊的情绪激动效应，故禁用于躁狂症患者。其镇静作用弱，但锥体外系反应常见。偶有猝死报道。

（三）丁酰苯类

丁酰苯类的化学结构与吩噻嗪类完全不同，但其药理作用和临床应用与吩噻嗪类相似。

氟哌啶醇（haloperidol）

氟哌啶醇能选择性拮抗 D_2 样受体，有很强的抗精神分裂症作用。口服 2～6h 血药浓度达高峰，作用可持续 3 天。氟哌啶醇不仅可显著控制各种精神运动兴奋的作用，同时对慢性症状有较好疗效，对兴奋躁动、幻觉妄想为主症的精神分裂症效果最好。其锥体外系不良反应发生率高、程度严重，但由于其对心血管系统的不良反应较轻、对肝功能影响小而保留其临床应用价值。

氟哌利多（droperidol，氟哌啶）

氟哌利多的作用与氟哌啶醇相似，吸收快、代谢快，作用维持 6h 左右，知觉的改变约 12h，75% 从尿中排出，其余从粪便中排泄。其血浆 $t_{1/2}$ 分两部分，开始为 10min，最终为 2.2h。其特点是集镇痛、安定、镇吐、抗休克作用于一体，临床上主要用于增强镇痛药的作用，可与芬太尼合用于神经阻滞镇痛术（neuroleptanalgesia），使患者处于痛觉消失、精神恍惚、对环境淡漠的一种特殊的麻醉状态，适合进行小的手术如烧伤清创、内镜检查、造影等，也用于麻醉前给药、镇吐、控制精神分裂症患者的攻击性行为。

匹莫齐特（pimozide）

匹莫齐特为氟哌利多的双氟苯衍生物，其有较好的抗幻觉、妄想作用，并使慢性退缩被动的患者活跃起来。与氯丙嗪相比，其镇静、降压、抗胆碱等副作用较弱，而锥体外系反应则较强，用于治疗精神分裂症、躁狂症和秽语综合征。易引起室性心律失常和心电图异常（如 Q-T 间期延长、T 波改变），心脏病患者禁用。

（四）其他类

氯氮平（clozapine）

氯氮平属于苯二氮䓬类药物，为广谱神经安定药，在我国部分地区作为治疗精神分裂症的首选药。

【药理作用及机制】 氯氮平是选择性拮抗中脑–边缘通路和中脑–皮质通路的 D_4 亚型受体；新近也有报道氯氮平抗精神分裂症的治疗机制涉及阻断 5-HT_{2A} 和 DA 受体、协调 5-HT 与 DA 系统的相互作用和平衡。

【临床应用】 氯氮平对精神分裂症的疗效与氯丙嗪相当，主要用于其他抗精神分裂症无效或锥体外系反应过强的患者，对其他抗精神分裂症药无效的精神分裂症的阴性和阳性症状都有治疗作用。氯氮平起效迅速，多在 1 周内见效，适用于慢性患者。氯氮平也可用于长期给予氯丙嗪等抗精神分裂症药引起的迟发性运动障碍，使原有精神疾病也得到控制。氯氮平抗精神分裂症作用强，但对情感淡漠和逻辑思维障碍的改善较差。

【不良反应】 具有抗胆碱、抗组胺及抗 α 肾上腺素能作用，常见不良反应有恶心、呕吐、便秘、直立性低血压等。氯氮平对黑质-纹状体通路的 D_2、D_3 亚型受体亲和力弱，几乎无锥体外系反应，不引起 TD，对内分泌影响也小。比较严重的是粒细胞减少，严重者可致粒细胞缺乏（女性多于男性），可能由于免疫反应引起，因此，用药前及用药期间须做白细胞计数检查。亦有引起染色体畸变的报道。

利培酮（risperidone）

利培酮是第二代非典型抗精神分裂症药，对 5-HT 受体和 D_2 亚型受体均有拮抗作用，但对前者的作用显著强于后者。利培酮对精神分裂症阳性症状及阴性症状均有疗效，适用于治疗首发急性和慢性患者。此药最突出的特点是对精神分裂症患者的认知功能障碍和继发性抑郁具有治疗作用。由于利培酮效价高、用药方便、起效快、锥体外系反应轻，且抗胆碱样作用及镇静作用弱，易被患者耐受，相较于其他抗精神分裂症药有明显的优势。

主要不良反应有头晕、失眠、焦虑、口干、恶心，偶见嗜睡、直立性低血压、皮疹等。老年人和肝肾疾病患者剂量减半。妊娠或哺乳期妇女、儿童禁用。帕金森病、癫痫、心血管疾病患者慎用。

五氟利多（penfluridol）

五氟利多属二苯基丁酰哌啶类，是口服长效抗精神分裂症药，一次用药疗效可维持 1 周。其长效的原因可能与储存于脂肪组织，从而缓慢释放入血有关。五氟利多能阻断 D_2 样受体，有较强的抗精神分裂症作用，亦可镇吐。对精神分裂症的疗效与氟哌啶醇相似，镇静作用较弱，适用于急慢性精神分裂症，尤其适用于慢性患者，对幻觉、妄想为主的症状有较好疗效。不良反应以锥体外系反应最常见。

舒必利（sulpiride）

舒必利属苯甲酰胺类，选择性拮抗中脑–边缘通路的 D_2 受体。对紧张型精神分裂症疗效高，奏效也较快，有“药物电休克”之称。此药有改善患者与周围的接触、活跃情绪、减轻幻觉和妄想的作用，对情绪低落、忧郁等症状也有治疗作用，对长期用其他药物无效的难治性病例也有一定疗效。舒必利对纹状体的亲和力较低，其锥体外系不良反应较少。

第二节 抗躁狂症药

躁狂症的特征是情绪高涨、烦躁不安、活动过度、思维和言语不能自制。抗躁狂症药（antimanic drugs）主要用于治疗躁狂症，以抗精神分裂症药和碳酸锂为主，也包括某些抗癫痫药如卡马西平和丙戊酸钠等。

碳酸锂（lithium carbonate）

【体内过程】 口服吸收快，血药浓度高峰出现于服药后 2～4h。锂离子先分布于细胞外液，然后逐渐蓄积于细胞内。不与血浆蛋白结合，$t_{1/2}$ 为 18～36h。锂虽吸收快，但通过血脑屏障进入脑组织和神经细胞需要一定时间，因此，锂盐显效较慢。碳酸锂主要自肾排泄，约 80%由肾小球滤过的锂在近曲小管与 Na^+ 竞争重吸收，故增加 Na^+ 摄入可促进其排泄，而缺 Na^+ 或肾小球滤出减少时，可导致体内锂潴留。

【药理作用】 碳酸锂具有安定情绪作用，主要与锂离子在细胞水平的作用相关，可能的作用机制：①在治疗浓度抑制除极化和 Ca^{2+} 依赖的肾上腺素（NA）与 DA 从神经末梢释放，而不影响或促进 5-HT 的释放。②摄取突触间隙中儿茶酚胺，并促进其灭活。③抑制腺苷酸环化酶和磷脂酶 C 所介导的反应。④影响 Na^+、Ca^{2+}、Mg^{2+}的分布，影响葡萄糖的代谢。

【临床应用】 碳酸锂于 1949 年开始临床用于治疗躁狂症，目前是临床最常用的抗躁狂药，对躁狂症患者有显著疗效，特别是对急性躁狂和轻度躁狂疗效显著，有效率为 80%。治疗剂量对正常人的精神行为没有明显的影响；主要用于抗躁狂，但有时对抑郁症也有效，故有“情绪稳定药”（mood-stabilizing）之称。碳酸锂还可用于治疗躁狂抑郁症（manic-depressive psychosis），该症的特点是躁狂和抑郁的双向循环发生。长期重复使用碳酸锂不仅可以减少躁狂复发，对预防抑郁复发也有效，但对抗抑郁的作用稍差。

【不良反应】 锂盐不良反应较多，个体差异大，安全范围窄，最适浓度为 0.8～1.5mmol/L，超过 2mmol/L 即出现中毒症状。轻度的毒性症状包括恶心、呕吐、腹痛、腹泻和细微震颤；较严重的毒性反应涉及神经系统，包括精神紊乱、反射亢进、明显震颤、发音困难、惊厥，直至昏迷与死亡。由于本药治疗指数很低，测定血药浓度至关重要，当血药浓度升至 1.6mmol/L 时，应立即停药。

第三节 抗抑郁症药

抗抑郁症药（antidepressant drugs）是主要用于治疗情绪低落、抑郁消极、情感淡漠等主要症状的一类药物。临床目前使用的抗抑郁症药包括三环类抗抑郁药（抑制 NA、5-HT 再摄取的药物）、NA 再摄取抑制剂、5-HT 再摄取抑制药及其他抗抑郁药。这些抗抑郁症药大多以单胺学说为抑郁症发病机制并在此基础上建立动物模型筛选出来，所以在药理作用、临床应用和不良反应等方面有许多相似之处，可使半数以上的抑郁患者病情显著改善，减少复发率，并对焦虑性障碍、惊恐发作、强迫性障碍及恐惧症也有效；但因增加 5-HT 和阻断 α 受体而影响睡眠和血压，因阻断 M 受体引起口干、便秘、视物模糊，因增加 NA 和阻断 M 受体可致心律失常，而中枢和外周自主神经功能的失衡也会诱发惊厥、性功能障碍和摄食、体重的改变等。

一、三环类抗抑郁药

由于这些药物结构中都有 2 个苯环和 1 个杂环，故统称为三环类抗抑郁药（tricyclic antidepressants，TCAs），常用的有丙米嗪（imipramine）、地昔帕明（desipramine）、阿米替林（amitriptyline）、多塞平（doxepin，多虑平）等。

三环类抗抑郁药属于非选择性单胺再摄取抑制剂，主要阻断 NA 和 5-HT 的再摄取，增加突触间隙这两种递质的浓度而发挥抗抑郁作用。大多数 TCAs 具有抗胆碱作用，引起口干、便秘、排尿困难等副作用，此外，TCAs 还具有 α 受体和 H_1 受体的阻断作用而引起过度镇静。

丙米嗪（imipramine，米帕明）

【药理作用】

1. 对中枢神经系统的作用 非选择性单胺再摄取抑制剂，主要抑制 NA 和 5-HT 在神经末梢的再摄取，增加突触间隙这两种递质的浓度，促进突触传递功能，发挥抗抑郁作用。

正常人服用丙咪嗪后出现安静嗜睡、血压稍降、头晕、目眩，并常出现口干、视物模糊等抗胆碱反应，连用数天后这些症状可能加重，甚至出现注意力不集中和思维能力下降；但抑郁症患者连续服药后，出现精神振奋现象，2～3 周后疗效显著，情绪高涨，症状减轻，故不能作为应急治疗药物。

2. 对自主神经系统的作用 治疗量丙米嗪有显著阻断 M 受体的作用，表现为视力模糊、口干、便秘和尿潴留等。

3. 对心血管系统的作用 本药阻断单胺类再摄取从而引起心肌中 NA 浓度增高。治疗量丙米嗪可降低血压，致心律失常，其中心动过速较常见，心电图可出现 T 波倒置或低平。丙米嗪对心肌有奎尼丁样直接抑制效应，故心血管疾病患者慎用。

【体内过程】 丙米嗪口服吸收良好，2～8h 血药浓度达高峰，血浆 $t_{1/2}$ 为 10～20h。在体内丙米嗪广泛分布于各组织，以脑、肝、肾及心脏分布较多。丙米嗪主要在肝内经药酶代谢，通过氧化变成 2-羟基代谢物，并与葡糖醛酸结合，随尿排出。

【临床应用】

1. 抑郁症 用于各种原因引起的抑郁症，对内源性抑郁症、更年期抑郁症效果较好，对反应性抑郁症次之，对精神病的抑郁症状改善效果较差。

2. 遗尿症 对于儿童遗尿可试用丙米嗪治疗，剂量依年龄而定，睡前口服，疗程以 3 个月为限。

3. 焦虑症、恐惧症、强迫症 对伴有焦虑的抑郁症患者疗效显著，对恐惧症和强迫症也有效。

【不良反应】 常见的不良反应有明显的抗胆碱作用，如口干、视力模糊、便秘、排尿困难和心动过速；还有多汗、无力、头晕、失眠、皮疹、直立性低血压、反射亢进、共济失调、肝功能异常、粒细胞缺乏症等。因抗抑郁药易致尿潴留和升高眼压，故前列腺增生、青光眼患者禁用。

【药物相互作用】 TCAs 与血浆蛋白的结合能被苯妥英钠、保泰松、阿司匹林、东莨菪碱和吩噻嗪竞争而减少。如和单胺氧化酶抑制药合用，可引起血压明显升高、高热和惊厥，这是由于 TCAs 抑制 NA 再摄取，而单胺氧化酶抑制药减少 NA 灭活，最终突触间隙中的 NA 浓度增高所致。TCAs 还能增强中枢抑制药的作用，如与抗精神分裂症药、抗帕金森病药合用时，其抗胆碱作用可相互增强。此外，抗抑郁症药还能对抗胍乙啶与可乐定的降压作用。

阿米替林（amitriptyline，依拉维）

阿米替林是临床上常用的 TCAs，与丙米嗪极为相似，对 5-HT 再摄取的抑制作用明显强于对 NA 再摄取的抑制，镇静作用和抗胆碱作用也强于丙米嗪。鉴于阿米替林有较强的镇静催眠作用，也可治疗焦虑症和恐惧症，主张 1 次/日，从 25mg 开始逐渐增加剂量，甚至用到 150mg，睡前口服。口服后可稳定地从胃肠道吸收，但剂量过大可延缓吸收，在肝脏生成活性代谢物去甲替林，最终代谢物以游离型或结合型从尿中排出，在体内与蛋白质广泛结合，$t_{1/2}$ 为 9～36h。阿米替林的不良反应与丙米嗪相似，但比丙米嗪严重，偶有加重糖尿病症状的报道。禁忌证与丙米嗪相同。

多塞平（doxepin，多虑平）

多塞平较丙米嗪抗抑郁作用弱，抗焦虑作用强，镇静作用和对血压的影响也比丙米嗪强，但对心脏影响较小。对伴有焦虑症状的抑郁症疗效最佳，焦虑紧张、情绪低落、行动迟缓等症状数日后即可缓解，显效需 2～3 周，也可用于治疗消化性溃疡。不良反应和注意事项与丙米嗪类似，儿童和孕妇慎用，老年患者应适当减量。

氯米帕明（clomipramine，氯丙米嗪）

氯米帕明的药理作用类似丙米嗪，但对 5-HT 再摄取有较强的抑制作用，而其体内活性代谢物去甲氯丙米嗪对 NA 再摄取也有较强的抑制作用。临床上用于抑郁症、强迫症、恐惧症和发作性睡眠引起的肌肉松弛。不良反应及注意事项与丙米嗪相同。

二、NA 再摄取抑制药

此类药物选择性抑制 NA 的再摄取，用于以脑内 NA 缺乏为主的抑郁症，特点是奏效快，而镇静作用、抗胆碱作用和降压作用均比 TCAs 弱。

地昔帕明（desipramine，去甲丙米嗪）

【体内过程】 口服快速吸收，2～6h 达血浆药物峰浓度，血浆蛋白结合率为 90%，在肝脏代谢生成具有活性的去甲丙米嗪，主要在尿中排泄，少量经胆汁排泄，其中原形占 5%。

【药理作用】 地昔帕明选择性作用于去甲肾上腺能神经末梢，对 NA 摄取抑制效率为对 5-HT 摄取抑制的 100 倍以上，对 DA 的摄取亦有一定的抑制作用，对 H_1 受体有强拮抗作用，对 α 受体和 M 受体拮抗作用较弱。

有轻度镇静作用，能缩短 REMS 时相，但延长深睡眠。使血压和心率轻度增加，有时也会出现直立性低血压，可能是由于抑制 NA 再摄取、阻断 α 受体作用所致。

【临床应用】 地昔帕明对轻、中度的抑郁症疗效好。治疗抑郁症开始口服剂量每次 25mg，3 次/日，逐渐增加到每次 50mg，3～4 次/日，需要时最大可用到 300mg/d，老年人应适当减量。

【不良反应】 与丙米嗪相比，不良反应较小，但对心脏的影响与丙米嗪相似。过量则导致血压降低、心律失常、震颤、惊厥、口干、便秘等。

【药物相互作用】 不能与拟交感胺类药物合用，与单胺氧化酶抑制药合用时需慎用。抑制药物经胺泵摄取进入去甲肾上腺素能神经末梢，与胍乙啶及作用于肾上腺素能神经末梢的降压药合用会明显降低降压效果。

马普替林（maprotiline）

马普替林为选择性 NA 再摄取抑制剂，对 5-HT 再摄取几无影响。口服后吸收缓慢但能完全吸收，9～16h 达血浆药物峰浓度，广泛分布于全身组织，肺、肾、心、脑和肾上腺的药物浓度均高于血液，血浆蛋白结合率约 90%。与 TCAs 比较，抗胆碱作用与丙米嗪相似，远比阿米替林弱；其镇静作用和对血压的影响与丙米嗪相似；对睡眠的影响与丙米嗪不同，延长 REMS 时相。为广谱抗抑郁药，对反应性抑郁症、更年期抑郁症、神经症的抑郁现象均有效，但对内源性抑郁症疗效不佳。治疗剂量可见口干、便秘、眩晕、头痛、心悸等，也有用药后出现皮炎和皮疹的报道。能增强拟交感胺类药物的作用，拮抗降压药的作用。

去甲替林（nortriptyline）

去甲替林对 NA 的摄取抑制远强于对 5-HT 的摄取抑制，与母药阿米替林相比，其镇静、抗胆碱、降低血压作用及对心脏的影响和诱发惊厥作用均较弱。有助于抑郁症患者入睡，但缩短 REMS 时相。本药治疗内源性抑郁症效果优于反应性抑郁症，比其他三环类抗抑郁药治疗显效快。

阻断 $α_1$ 受体可致直立性低血压，抗胆碱作用可致心率加快。要注意过量引起的心律失常，尤其是心肌梗死的恢复期、传导阻滞或原有心律失常的患者，用药不慎会加重病情。易引起双相抑郁症患者躁狂症发作，可降低癫痫患者惊厥发作阈，应慎用。

三、5-HT 再摄取抑制药

虽然三环类抗抑郁药疗效确切，但仍有 20%～30%的患者无效或者对药物的耐受性差，且副作用较多，过量易引起中毒甚至死亡。选择性 5-HT 再摄取抑制剂（selective 5-HT reuptake inhibitors）与 TCAs 的结构迥然不同，但对 5-HT 再摄取的抑制作用选择性更强，对其他递质和受体选择性差，既保留了 TCAs 相似的疗效，也克服了 TCAs 的诸多不良反应。这类药物包括氟西汀、帕罗西汀、舍曲林等，很少引起镇静作用，也不损害精神运动功能，对心血管和自主神经系统功能影响很小。此类药物还具有抗抑郁和抗焦虑双重作用，其抗抑郁效果也需 2～3 周才显现出来。

这类药物多用于脑内 5-HT 减少所致的抑郁症，也可用于病因不清但其他药物疗效不佳或不能耐受其他药物的抑郁症患者。

氟西汀（fluoxetine，百忧解）

【体内过程】 口服吸收良好，达峰时间为 6～8h，血浆蛋白结合率为 80%～95%；给予单个

剂量时 $t_{1/2}$ 为 48～72h，在肝脏代谢生成去甲基活性代谢物去甲氟西汀，其活性与母体相同，但 $t_{1/2}$ 较长。

【药理作用】

氟西汀是一种强效选择性 5-HT 再摄取抑制剂，抑制 5-HT 作用效果为抑制 NA 摄取的 200 倍，对肾上腺素受体、组胺受体、$GABA_A$ 受体、M 受体、5-HT 受体几乎没有亲和力。

【临床应用】

1. 抑郁症 对抑郁症的疗效与 TCAs 相当。常用剂量 20～40mg/d，1 次服用，需要时可用到 80mg/d。因药物在肝脏代谢，肝功能不好时可采取隔日疗法。

2. 神经性贪食症、强迫症 可有效控制摄食量，治疗强迫症，常用剂量 60mg/d。

【不良反应】

耐受性与安全性优于 TCAs。偶有恶心呕吐、头痛头晕、乏力失眠、厌食、体重下降、震颤、惊厥、性欲降低等。肝病者服用后 $t_{1/2}$ 延长，须慎用。肾功能不全者，长期用药须减量，延长服药间隔时间。氟西汀与单胺氧化酶抑制药合用时须警惕“5-HT 综合征”的发生，初期主要表现为不安、激动、恶心、呕吐或腹泻，随后高热、强直、肌阵挛或震颤、自主神经功能紊乱、心动过速、高血压、意识障碍，最后可引起痉挛和昏迷，严重者可致死。心血管疾病、糖尿病患者应慎用。

帕罗西汀（paroxetine，赛洛特）

帕罗西汀为强效 5-HT 再摄取抑制剂，可升高突触间隙 5-HT 浓度而发挥治疗抑郁症的作用。口服吸收良好，$t_{1/2}$ 为 21h。抗抑郁疗效与 TCAs 相当，而抗胆碱作用较弱，对体重影响、对心脏影响及镇静等副作用均较 TCAs 弱。常见不良反应为口干、便秘、视力模糊、震颤、头痛、恶心等。严禁与单胺氧化酶抑制药联用，避免脑内 5-HT 水平升高而致“血清素综合征”。

舍曲林（sertraline，郁乐复）

舍曲林是一种选择性 5-HT 再摄取抑制剂，可用于各类抑郁症的治疗，并且对强迫症有效。主要不良反应为口干、恶心、腹泻、男性射精延迟、震颤、出汗等。

四、其他抗抑郁药

曲唑酮（trazodone）

曲唑酮口服后吸收快速、完全，2h 血药浓度达高峰，血浆蛋白结合率为 89%～95%。在肝脏代谢，其中间代谢物氯苯哌嗪在动物实验仍显示抗抑郁活性，主要以代谢物的形式从尿中排泄。

曲唑酮抗抑郁症机制尚不完全明确，可能与抑制 5-HT 再摄取有关，用于治疗抑郁症，具有镇静作用，适用于夜间给药。本品具有阻断 α_2 受体的作用，可翻转可乐定的中枢性心血管效应；无 M 受体阻断作用，也不影响 NA 的再摄取，所以对心血管系统无显著影响。

曲唑酮不良反应较少，是一个较安全的抗抑郁药。也少见口干、便秘等不良反应，偶有恶心、呕吐、体重下降、心悸、直立性低血压等，过量中毒会出现惊厥、呼吸停止等。

米安舍林（mianserin）

米安舍林为一种四环类抗抑郁药，对突触前膜 α_2 受体有阻断作用。其治疗抑郁症的作用机制是通过抑制负反馈而使突触前 NA 释放增多，疗效与 TCAs 相当。抗胆碱作用较弱，常见头晕、嗜睡等。

米氮平（mirtazapine）

米氮平通过阻断突触前 α_2 受体而增加 NA 的释放，间接提高 5-HT 的更新率而发挥抗抑郁作用，其抗抑郁效果与阿米替林相当。主要不良反应为食欲增加及嗜睡；其抗胆碱样作用较弱，恶心、头痛、性功能障碍等不良反应较轻。

1. 氯丙嗪抗精神分裂症的机制和特点是什么，还有其他哪些临床应用？
2. 氯丙嗪的主要不良反应及机制有哪些？
3. 抗抑郁药的分类和主要代表药物有哪些？
4. 丙米嗪的药理作用和临床应用有哪些？

第十五章　解热镇痛抗炎药及抗痛风药

学习目标

1. 清晰阐述解热镇痛抗炎药的共同药理作用和机制，阿司匹林的药理作用、临床应用和不良反应；了解抗痛风药的分类和作用机制。

2. 能够根据解热镇痛抗炎药的分类及各类药物的特点和临床应用，合理选用药物。

3. 通过评估临床应用阿司匹林的“获益”与“风险”，引导学生形成“以患者健康为中心”的理念。

第一节　解热镇痛抗炎药

解热镇痛抗炎药（antipyretic，analgesic and anti-inflammatory drugs）是一类具有解热、镇痛作用的药物，除苯胺类外大多数还有抗炎、抗风湿作用。其化学结构和抗炎作用机制与糖皮质激素类（甾体激素）药物不同，故又将这类药称为非甾体抗炎药（non-steroidal anti-inflammatory drugs，NSAIDs）。本类药物的基本作用机制为抑制体内环氧化酶（cyclooxygenase，COX）活性，使局部组织前列腺素（prostaglandin，PG）的生物合成减少。

一、药理作用及机制

炎症反应中，细胞膜磷脂在磷脂酶 A_2（phospholipase A_2，PLA_2）的作用下释放出花生四烯酸（arachidonic acid，AA），AA 经 COX 作用生成 PG 和血栓素（thromboxane A_2，TXA_2）；AA 经脂氧化酶（lipoxygenase，LOX）作用产生白三烯（leukotriene，LT）、脂氧素（lipoxin）和羟基环氧素（hepoxilin，HX）。PG 是炎症反应中一类活性很强的炎症介质，也参与多种生理和病理过程的调节，如发热，疼痛，凝血，胃酸分泌，以及血管、支气管和子宫平滑肌的舒缩；LT 参与过敏反应，诱发炎症，增强白细胞和巨噬细胞的趋化，以及支气管、胃肠道平滑肌收缩等活动。

（一）作用机制

NSAIDs 的主要作用机制是抑制 COX 活性，从而阻止 PG 的合成，达到解热、镇痛和抗炎等作用（图 15-1）。

（二）药理作用

1. 解热作用　本类药物只能降低发热患者的体温，对正常体温无影响。感染、炎症、组织损伤、癌症或其他疾病状态下，外源性致热原刺激中性粒细胞或其他细胞，使之产生并释放内热原，如 IL-1β、IL-6、干扰素、肿瘤坏死因子等，促使下丘脑视前区附近合成和释放 PGE_2 增多，通过 cAMP 作用于下丘脑的体温调节中枢，体温调定点升高，产热增加，散热减少，体温升高。解热镇痛药能缓解内源性致热原引起的发热反应，但不能直接对抗 PG 的致热作用，说明本类药物是通过抑制下丘脑内 PG 的生物合成，使异常升高的体温调定点恢复至正常水平，并通过增强散热过程而起到解热作用。

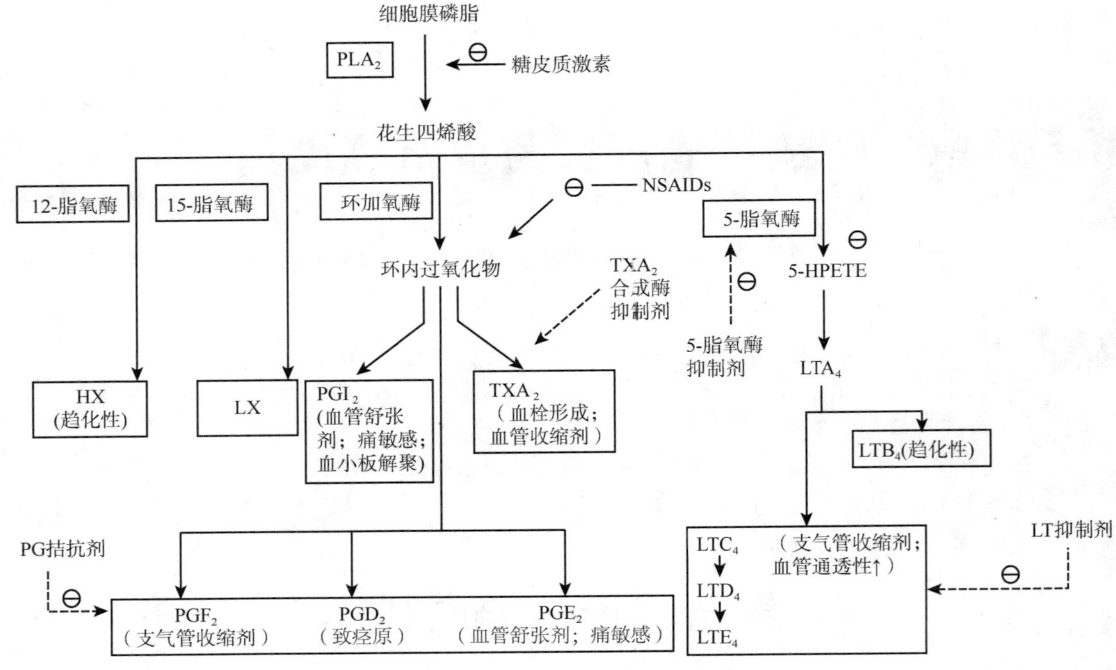

图 15-1 抗炎药的作用部位示意图

PLA_2：磷脂酶 A_2；NSAIDs：非甾体抗炎药；5-HPETE：5-氢过氧化二十碳四烯酸；LX：脂氧素（lipoxin）；HX：羟基环氧素（hepoxilin）；PGI_2：前列环素；TXA_2：血栓素 A_2；LT：白三烯

2. 镇痛作用 本类药物具有中等程度的镇痛作用，对炎症和组织损伤引起的疼痛尤其有效，对慢性钝痛也有较好镇痛效应，而对创伤性剧痛和内脏平滑肌绞痛几乎无效。本类药物镇痛作用部位主要在外周，当组织受损或出现炎症时，局部产生与释放缓激肽、PG 和组胺等致痛物质（炎症介质）。缓激肽作用于痛觉感受器引起疼痛，PG 除本身有一定致痛作用外，还可显著提高痛觉感受器对缓激肽等致痛物质的敏感性。解热镇痛药能有效抑制 COX 活性，抑制炎症时 PG 的合成，抑制致痛物质的产生达到镇痛效果，因而对慢性钝痛（多为炎性疼痛）有较好的镇痛作用，而对创伤及内脏平滑肌痉挛等直接刺激痛觉神经末梢引起的锐痛多无效，且镇痛时对疼痛的情绪反应影响很小，没有欣快现象，对呼吸亦无抑制作用。NSAIDs 能进入脂质双层，阻断信号转导，从而抑制疼痛。部分 NSAIDs 能通过中枢神经系统发挥镇痛作用，主要作用于脊髓，可能与其阻碍中枢神经系统 PG 的合成或干扰伤害感受系统的介质和调质的产生及释放有关。

3. 抗炎和抗风湿作用 本类药物除苯胺类外均具有较强的抗炎和抗风湿作用。PG 是参与炎症反应的重要生物活性物质，在炎症组织中，包括类风湿关节炎病灶均发现有大量 PG，不仅扩张血管、增加通透性，引起局部充血、水肿和疼痛，还与其他致炎物质如缓激肽、组胺、5-HT 等有协同作用，加重血管的渗透、水肿和炎症反应。本类药物抑制 PG 合成，能减轻炎症的红、肿、热、痛等反应，故可明显地缓解风湿及类风湿关节炎的症状，但不能根除病因，也不能阻止病程的发展或并发症的出现，仅有对症治疗作用。

目前 COX 有 COX-1、COX-2、COX-3 三种亚型的同工酶，在外周与中枢均有表达，COX-1 位于血管、胃和肾等组织，合成 PG 调节细胞正常生理活性，参与血管舒缩、血小板聚集、胃黏膜血流、胃液分泌及肾功能等的调节；而 NSAIDs 抑制 COX-1 引起生理性 PG 合成减少是其产生不良反应的毒理学基础。COX-2 在生理状态下基本不表达，在炎症组织中由细胞因子和炎症介质诱导产生，从而引起炎症组织中 PG 含量增加，产生红肿、水肿、痛觉过敏和发热，NSAIDs 抑制炎症部位的 COX-2，则可产生解热镇痛抗炎作用。

二、常用的解热镇痛抗炎药

根据化学结构的不同，解热镇痛抗炎药通常可分为水杨酸类、苯胺类、吡唑酮类、吲哚乙酸类、芳基乙酸类、芳基丙酸类、烯醇酸类、烷酮类、异丁芬酸类等。尽管这些药物结构各异，但均具有相似的药理作用、作用机制和不良反应。根据其对 COX 作用的选择性，NSAIDs 被分为非选择性 COX 抑制药和选择性 COX-2 抑制药。目前临床常用的 COX 抑制药的相关选择性见表 15-1。

表 15-1　临床常用的 NSAIDs 比较

分类	药物	作用特点
非选择性 COX 抑制药		
水杨酸类	阿司匹林	解热、镇痛、抗炎等作用；有胃肠道反应及出血倾向
苯胺类	对乙酰氨基酚	解热、镇痛，抗炎作用极弱，胃肠道反应常见
吲哚类	吲哚美辛	强效抗炎镇痛作用，不良反应发生率高
芳基乙酸类	双氯芬酸	中等强度抗炎镇痛药，不良反应发生率低
芳基丙酸类	布洛芬	一线药，不良反应发生率低
烯醇酸类	吡罗昔康	胃肠系统不良反应发生率约 20%，如耳鸣、皮疹等
	美洛昔康	与其他非选择性 COX 抑制药比较，胃肠系统反应轻
烷酮类	萘丁美酮	前体药，肝脏激活，不良反应较少，解热作用显著
异丁芬酸类	舒林酸	前体药，体内转化为磺基代谢物，不良反应中等程度
选择性 COX-2 抑制药		
二芳基吡唑类	塞来昔布	胃肠系统毒性较小
二芳基呋喃酮类	罗非昔布	胃肠系统毒性较小

（一）水杨酸类

阿司匹林（aspirin）

阿司匹林又称乙酰水杨酸（acetylsalicylic acid，ASA），是最古老的非甾体抗炎药，虽有新的非甾体抗炎药出现，但它仍是目前最常用的解热镇痛药之一。阿司匹林（图 15-2）和水杨酸钠（图 15-3）的结构式如下。

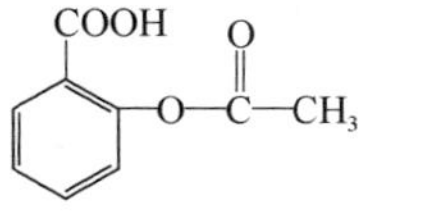

COOH　O　—O—C—CH_3

图 15-2　阿司匹林结构式

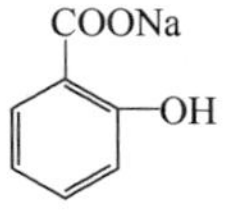

COONa　OH

图 15-3　水杨酸钠结构式

【体内过程】　口服后迅速被胃肠黏膜吸收，大部分在小肠上段迅速吸收，小部分在胃，1～2h 血药浓度达峰值。在吸收过程中与吸收后迅速被胃肠黏膜、血浆、肝及红细胞中的酯酶水解为水杨酸，可分布到全身组织包括关节腔、脑脊液和胎盘。水解后的水杨酸盐与血浆蛋白结合率可达 80%～90%，白蛋白与阿司匹林的结合点基本处于饱和状态，增加剂量易迅速增加游离药物浓度，并与其他药物竞争蛋白结合位点，发生药物相互作用。游离型的水杨酸盐在体内迅速分布到各组织、体液中。水杨酸盐主要经肝药酶代谢，其代谢产物大部分与甘氨酸结合成水杨尿酸，少部分与葡糖醛酸结合，均从尿液排出。肝脏代谢水杨酸的能力有限，当较大剂量（≥1g）时，肝药酶代谢能力饱和，则按零级动力学消除，$t_{1/2}$ 显著延长，甚至可达 15～30h，易致中毒。当水杨酸急性中毒时，可用碳酸氢钠碱化尿液，以加速水杨酸的排出，降低其血药浓度。

【药理作用与临床应用】

1. 解热镇痛及抗炎抗风湿 阿司匹林的解热镇痛作用较强，常用于感冒发热及头痛、牙痛、神经痛、痛经等慢性钝痛。其抗炎抗风湿作用也较强，为治疗风湿热、风湿性关节炎和类风湿关节炎的首选药。大剂量阿司匹林能使急性风湿热患者用药后24～48h退热，关节红肿疼痛症状亦明显缓解。由于它的疗效迅速确切，故可辅助急性风湿热的鉴别诊断。用于抗风湿最好用至最大耐受剂量，一般成人3～5g/d，分4次于饭后服用。

2. 抑制血小板聚集 血小板产生的TXA_2是强大的血小板释放及聚集的诱导物，它可直接诱发和加速血小板的聚集过程。小剂量阿司匹林不可逆地抑制血小板COX的活性，减少了血小板TXA_2的合成，因而可抑制血小板聚集，防止血栓形成，同时也引起凝血功能障碍，延长出血时间。故小剂量阿司匹林（50～100mg）可用于人工心脏瓣膜、动静脉瘘或手术后有静脉血栓形成倾向的患者，能减少缺血性心脏病发作和复发的风险，也可使一过性脑缺血发作患者的脑卒中发生率和病死率降低。

阿司匹林在较大剂量（>0.3g）时抑制血管壁内COX的活性，减少PGI_2（prostacyclin，前列环素）的合成，PGI_2是TXA_2的生理拮抗剂，其合成减少反能促进凝血及血栓形成，因此阿司匹林防治血栓性疾病以小剂量为宜。

3. 皮肤黏膜淋巴结综合征 又称川崎病，多发生于小儿，临床主要表现为高热（39℃以上）、皮疹、颈部淋巴结肿大等，易发生严重心血管病变，阿司匹林可减少炎症反应、预防血管内血栓形成，故可用于本病治疗。

【不良反应】

1. 胃肠道反应 最为常见，阿司匹林口服可直接刺激胃肠黏膜，引起恶心、呕吐、上腹不适等，较大剂量或长期服用易诱发胃炎、胃溃疡和胃出血，也可使原有溃疡病的患者症状加重。阿司匹林引起胃肠道反应可能的机制为药物对胃黏膜的直接刺激作用；血药浓度高时能兴奋延髓催吐化学感受区引起呕吐；抑制胃黏膜PGI_2和PGE_2合成，增加胃酸分泌，削弱屏障的保护作用。餐后服药、同服抗酸药或服用肠溶阿司匹林片可以减轻胃肠道反应，胃溃疡患者禁用。

2. 凝血障碍 小剂量阿司匹林抑制血小板聚集，延长出血时间，因其不可逆抑制血小板的COX，对TXA_2有强大而持久的抑制作用，而合成TXA_2能力的恢复需要新生血小板补充，需要7～8天。大剂量或长期服用阿司匹林可抑制凝血酶原形成，抑制血小板聚集，引起凝血障碍，加重出血倾向，引起自发性出血，应用维生素K可以预防。严重肝损伤、低凝血酶原血症、维生素K缺乏和血友病患者禁用。产妇临产前不宜应用，以免延长产程和增加产后出血。如需手术，术前1周应停用阿司匹林，以防出血。

3. 水杨酸反应 阿司匹林剂量过大（5g/d以上）可致中毒反应，表现为头痛、眩晕、恶心、呕吐、耳鸣、视力和听力减退等，总称为水杨酸反应，是水杨酸类中毒的表现。严重者可出现过度呼吸、酸碱平衡失调、高热、精神错乱、昏迷，应立即停药，静脉滴注碳酸氢钠以碱化尿液，加速水杨酸盐从尿中排出。

4. 过敏反应 少数患者服用阿司匹林可出现皮疹、荨麻疹、血管神经性水肿和过敏性休克及阿司匹林哮喘。某些哮喘患者服用阿司匹林或其他解热镇痛药后可诱发哮喘，称为“阿司匹林哮喘”，主要由于抑制COX后PG合成途径受阻，而由花生四烯酸生成的白三烯及其他脂氧酶代谢产物增多，内源性支气管收缩物质居于优势，导致支气管痉挛引发哮喘。“阿司匹林哮喘”应用肾上腺素治疗无效，可用抗组胺药与糖皮质激素缓解症状。哮喘、鼻息肉及慢性荨麻疹患者禁用阿司匹林。

5. 瑞氏综合征（Reye syndrome） 对患病毒性感染并伴有发热的儿童和青年人，服用阿司匹林有发生急性肝脂肪变性–脑病综合征（瑞氏综合征）的危险，以肝衰竭合并脑病为突出表现，虽少见，但死亡率较高。其表现为开始有短期发热等类似急性感染症状，继而出现惊厥、频繁呕吐、颅内压增高、谵妄与昏迷等症状，可有一过性肝功能异常。因此，水痘或流行性感冒等病毒感染者应慎用阿司匹林，可用对乙酰氨基酚等药代替。

6. 肝、肾损伤 阿司匹林会导致肝转氨酶升高，肝细胞坏死，与剂量有关，在儿童中较为常见。对正常肾功能无明显影响，但在特殊人群可引起肾脏损害，尤其是老年人，或伴有心、肝、肾功能损害的患者，可引起血管收缩性急性肾衰竭、肾乳头坏死、间质性肾炎等。

（二）苯胺类

对乙酰氨基酚（acetaminophen，扑热息痛）

对乙酰氨基酚是非那西丁（phenacetin）的活性代谢产物，两者均属于苯胺类药物，作用相似，非那西丁因毒性较大，已不单独使用，对乙酰氨基酚毒性显著低于非那西丁，成为解热镇痛最常用药物之一。对乙酰氨基酚结构式见图 15-4。

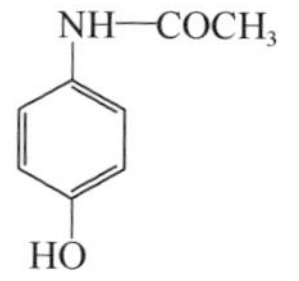

NH—$COCH_3$

HO

图 15-4 对乙酰氨基酚结构式

【体内过程】 口服易吸收，达峰时间约 1h，主要在肝脏代谢，从尿中排出，$t_{1/2}$ 为 2～4h。治疗量时约 60%与葡糖醛酸结合，35%与硫酸结合，3%与半胱氨酸结合而失效，经肾脏排出。仅极少部分经肝脏混合功能氧化酶（细胞色素 P_{450}）氧化生成 *N*-乙酰对位苯醌亚胺（*N*-acetyl-p- benzoquinone imine），并与谷胱甘肽结合而解毒。$t_{1/2}$ 为 2～3h，肝功能减退时可延长 1～2 倍。

【药理作用】 苯胺类药物解热镇痛作用缓和持久，强度与阿司匹林相似，但抗炎作用弱，可能是由于本类药物抑制中枢神经系统 PG 合成的作用强度与阿司匹林相似，但抑制外周 PG 合成的作用很弱，故不能用来治疗炎性疾病。

【临床应用】 临床常用于感冒发热、神经痛、肌肉痛及对阿司匹林不能耐受或过敏的患者。

【不良反应】 一般治疗量下，对乙酰氨基酚不良反应较少，偶见皮疹、荨麻疹、药物热及粒细胞减少等，但过量急性中毒可致严重肝脏损害，有些患者长期服用治疗量可引起慢性肝损害。此外，苯胺类药物长期应用还能导致机体对药物产生依赖性。

（三）乙酸类

吲哚美辛（indomethacin，消炎痛）

吲哚美辛为人工合成的吲哚衍生物，属有机酸类药物。吲哚美辛的结构式见图 15-5。

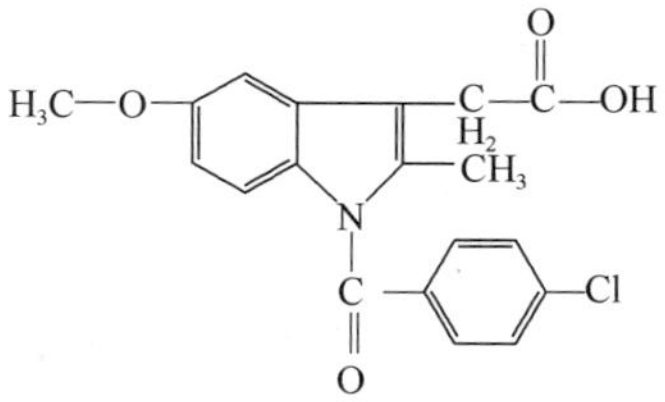

O
H_3C—O— C—C—OH
H_2
CH_3
N
C —Cl
O

图 15-5 吲哚美辛结构式

【体内过程】 口服吸收迅速完全，空腹时 3h 血药浓度达峰值。血浆蛋白结合率为 90%。$t_{1/2}$ 为 2～3h。直肠给药较口服更易吸收。主要经肝脏代谢为去甲基化物和去氯苯甲酰化物，代谢物由尿、胆汁及粪便排出，约 20%以原形经尿排出，血浆 $t_{1/2}$ 为 2～3h。

【药理作用】 是最强的 PG 合成酶抑制药之一，对 COX-1 和 COX-2 均具有强大的抑制作用，

也能抑制磷脂酶 A_2 和磷脂酶 C，减少粒细胞游走和淋巴细胞增殖，具有显著的抗炎、抗风湿和解热镇痛作用，其抗炎作用是阿司匹林的 10～40 倍，对炎性疼痛有明显镇痛效果。由于本药不良反应多且严重，仅用于其他药物疗效不显著的病例，且剂量不宜过大，一日总量不超过 200mg。如果连用 2～4 周仍不见效者，应改用其他药物。

【临床应用】 不良反应多且相对严重，仅用于其他药物不能耐受或疗效不佳的患者。可用于急、慢性风湿性关节炎，痛风性关节炎及癌性疼痛，强直性脊柱炎，骨关节炎等，也可用于恶性肿瘤引起的发热及其他难以控制的发热。

【不良反应】 应用治疗量的吲哚美辛后有 35%～50%的患者发生不良反应，约 20%的患者因不能耐受而被迫停药。大多数反应与剂量过大有关。

1. 胃肠道反应 常见的有恶心、呕吐、腹痛、腹泻、食欲缺乏、溃疡等，偶见胃出血、穿孔。

2. 中枢神经系统反应 头痛、眩晕等发生率较高，偶有精神失常。

3. 抑制造血系统 可见粒细胞减少，血小板减少，偶发再生障碍性贫血。

4. 过敏反应 常有皮疹、哮喘等过敏反应，也可发生“阿司匹林哮喘”。

【禁忌证】 禁用于孕妇，儿童，以及哮喘、溃疡病、精神失常、癫痫、帕金森病和肾病患者。

（四）丙酸类

布洛芬（ibuprofen）

布洛芬又称异丁苯丙酸（brufen），为苯丙酸的衍生物。布洛芬的结构式见图 15-6。

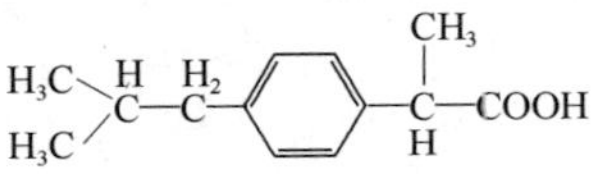

图 15-6 布洛芬结构式

【体内过程】 口服吸收快且完全，1～2h 血药浓度可达峰值，$t_{1/2}$ 约 2h。本药可缓慢透过滑膜，血药浓度降低后关节腔内仍能保持较高浓度。易透过胎盘和进入乳汁中，血浆蛋白结合率为 99%，主要经肝脏代谢，代谢产物自肾脏排出。

【药理作用】 能抑制前列腺素合成，有较强的抗炎、抗风湿及解热镇痛作用，其效力与阿司匹林相近。主要用于中度疼痛的止痛，对发热有一定解热作用。

【临床应用】 常用于风湿性关节炎、骨关节炎、强直性关节炎等各种慢性关节炎急性发作期或持续性的关节肿痛。各种软组织风湿性疼痛及术后、创伤后、原发性痛经、牙痛、头痛等轻、中度疼痛。

【不良反应】 胃肠道反应很少，患者较易耐受，但长期服用仍应注意胃肠溃疡和出血。偶见头痛、眩晕和视物模糊。偶有抑制骨髓造血功能、肾毒性及过敏反应等。

【禁忌证】 孕妇、哺乳期妇女及哮喘患者禁用。

（五）昔康类

吡罗昔康（piroxicam，炎痛喜康）

吡罗昔康为烯醇酸类衍生物。其结构式见图 15-7。

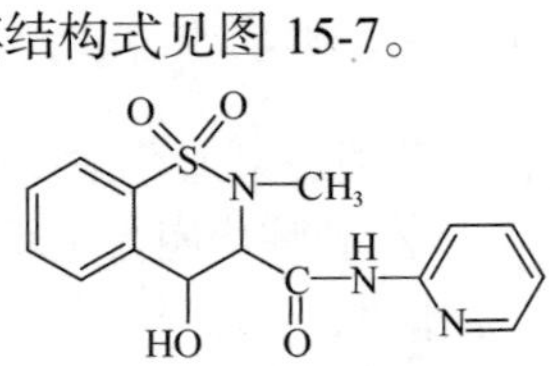

图 15-7 吡罗昔康结构式

【体内过程】　口服吸收完全，但较慢，一次用药后约 4h 血药浓度达峰值。$t_{1/2}$ 为 35～45h。血浆蛋白结合率为 99%。每日一次服 20mg，经 5～7 天后达稳态血药浓度，此时关节腔药物浓度与血浆浓度相近。大部分药物经肝脏代谢及与葡糖醛酸结合后，由肾脏排出，保持原形排出的药物不足 10%。有肝肠循环，一次服药后可多次出现血药峰值，作用迅速而持久，且不会在血中聚集。在老年关节炎患者中无显著药动学变化。

【药理作用】　是长效抗风湿药，对 PG 合成酶有强大的抑制作用。其具有很强的解热、镇痛、抗炎和抗风湿作用。吡罗昔康尚有促尿酸排泄作用，可用于急性痛风，但只能缓解疼痛与炎症，不能改变各种关节炎病程进展，所以必要时还须联用糖皮质激素进行治疗。

【临床应用】　常用于急慢性风湿性关节炎、类风湿关节炎、骨关节炎、强直性脊椎炎、急性肌肉骨骼损伤、肩周炎、原发性痛经、急性痛风。

【不良反应】　不良反应较少，患者易耐受。偶见头晕、水肿、胃部不适、腹泻、便秘、粒细胞减少、再生障碍性贫血等，停药后一般可自行消失。长期服用可引起胃溃疡及大出血。剂量超过每日 30mg，胃肠道溃疡发生率明显上升。

【禁忌证】　溃疡病及肝、肾功能不良患者禁用。

（六）吡唑酮类

保泰松（phenylbutazone）

保泰松为吡唑酮类药物。吡唑酮类药物包括氨基比林、安乃近、保泰松和羟基保泰松等。但因氨基比林和安乃近可引起骨髓抑制，导致致命的粒细胞减少和再生障碍性贫血，并可引起过敏反应，临床已不使用，只保留氨基比林作为某些解热镇痛药复方制剂的成分。羟基保泰松（oxyphenbutazone）又称羟布宗或羟保松，为保泰松的活性代谢产物。保泰松的结构式见图 15-8。

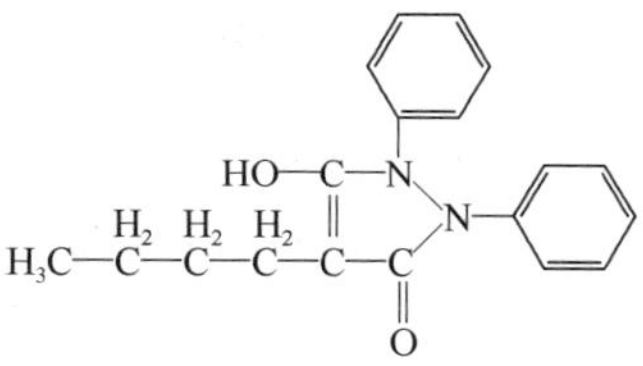

图 15-8　保泰松结构式

【体内过程】　口服吸收快而完全，达峰时间为 2h，血浆蛋白结合率为 98%。游离型药物可穿透滑膜，关节腔内药物浓度可达血药浓度的 50%，停药后关节中药物保持较高浓度达 3 周。保泰松主要在肝脏代谢为羟化物及其葡糖醛酸结合物。其苯环羟化物为羟基保泰松，是一种活性代谢物，药理活性与保泰松相似。其侧链羟化物为 γ-羟布宗，无抗炎镇痛活性，但具有促进尿酸排泄的作用。由于羟基保泰松血浆蛋白结合率很高，半衰期可长达数天。保泰松及其代谢产物由肾缓慢排泄。

【药理作用】　抗炎抗风湿作用强而解热镇痛作用较弱，其抗炎作用也是通过抑制体内 PG 合成而实现的。其代谢产物 γ-羟基保泰松可减少肾小管对尿酸盐的再吸收，促进尿酸排泄，故可用于治疗急性痛风。由于本药的不良反应多且严重，故不作为抗风湿的首选药。如需应用时，剂量不宜过大，疗程不宜过长。羟基保泰松的作用、用途及不良反应与保泰松相似，但无促进尿酸排出的作用，胃肠道反应也较轻。

【临床应用】　常用于风湿性、类风湿关节炎及强直性脊柱炎、急性痛风。

【不良反应和禁忌证】

1. 胃肠道反应　常见的有上腹部不适、恶心、呕吐、腹泻。饭后服药可减轻，较大剂量可引起胃和十二指肠出血及溃疡。溃疡病患者禁用。

2. 水钠潴留 能促进肾小管对钠、氯和水的再吸收，引起水肿。低钠饮食可减轻此反应。高血压、心功能不全患者禁用。

3. 过敏反应 轻者可出现皮疹。偶见剥脱性皮炎、粒细胞减少、血小板减少和再生障碍性贫血，故应高度警惕，在用药期间定期检查血象。

4. 其他 抑制甲状腺摄取碘，偶可引起甲状腺肿大和黏液性水肿，大剂量可引起肝、肾损害，故肝肾功能不良者禁用。

【药物相互作用】 诱导肝药酶，除加速自身代谢外，还可加速强心苷代谢，降低其血药浓度。它还可通过竞争与血浆蛋白结合，使香豆素类口服抗凝药、磺脲类口服降血糖药、苯妥英钠、肾上腺皮质激素等药物的游离型血药浓度增加，发生中毒反应。

三、选择性环氧化酶-2 抑制药

塞来昔布（celecoxib，西乐葆）

塞来昔布是选择性环氧化酶-2 抑制药。

【体内过程】 口服易吸收，血浆蛋白结合率高，达峰时间为 3h，$t_{1/2}$ 为 1h，主要在肝脏通过细胞色素 CYP2C9 代谢，随尿和粪便排泄。

【药理作用】 具有抗炎、镇痛和解热作用。治疗剂量时对人体内 COX-1 无明显影响，也不影响 TXA_2 的合成，但可抑制 PGI_2 合成。

【临床应用】 常用于风湿性、类风湿关节炎和骨关节炎；手术后镇痛、牙痛及痛经；家族性腺瘤性息肉。

【不良反应】 胃肠道不良反应、出血和溃疡发生率均较其他非选择性 NSAIDs 低，其他 NSAIDs 能引起的水肿、多尿和肾损害也有可能发生。心血管系统不良反应较为严重，长期使用可能增加严重心血管血栓性不良事件、心肌梗死和卒中的风险，有血栓形成倾向的患者需慎用。

【禁忌证和药物相互作用】

（1）对阿司匹林或其他 NSAIDs 过敏的患者及对磺胺类药物过敏的患者禁用。

（2）高血压控制不良的患者禁用。

（3）细胞色素 CYP2C9 抑制剂（如白三烯受体阻断药扎鲁司特、抗真菌药氟康唑及他汀类调血脂药氟伐他汀等）与塞来昔布同服可使塞来昔布代谢减慢、血药浓度升高，合用需谨慎。

（4）塞来昔布可抑制细胞色素 CYP2D6 活性，使通过此酶代谢的 β 受体阻断药、抗抑郁药及抗精神分裂症药的血药浓度升高，与上述药物合用时应予以注意。

尼美舒利（nimesulide）

尼美舒利是一新型 NSAIDs，具有抗炎、镇痛和解热作用，对 COX-2 的选择性抑制作用较强。其主要用于类风湿关节炎和骨关节炎、腰腿痛、牙痛、痛经的治疗。在小儿发热用药选择上需慎用，禁止其口服制剂用于 12 岁以下儿童。尼美舒利偶有消化系统的不良反应，但轻微而短暂。

第二节 抗痛风药

痛风是体内嘌呤代谢紊乱所引起的疾病，表现为高尿酸血症，尿酸盐在关节、肾及结缔组织中析出结晶，急性发作时尿酸盐微结晶沉积于关节而引起局部粒细胞浸润及炎症反应，如未及时治疗则可发展为慢性痛风性关节炎或肾病变。急性痛风的治疗在于迅速缓解急性关节炎、纠正高尿酸血症等，可用秋水仙碱；慢性痛风的治疗旨在降低血中尿酸浓度，可用别嘌醇和丙磺舒等。抗痛风药物按药理作用分为以下几类：①抑制尿酸合成的药物，如别嘌醇；②增加尿酸排泄的药物，如丙磺舒、苯磺丙酮、苯溴马隆等；③抑制白细胞游走进入关节的药物，如秋水仙碱等；④一般的解热镇痛抗炎药，如 NSAIDs 等。

别嘌醇（allopurinol，别嘌呤醇）

别嘌醇为次黄嘌呤的异构体。其结构与次黄嘌呤相似，可抑制黄嘌呤氧化酶，阻断次黄嘌呤向黄嘌呤及黄嘌呤向尿酸的代谢转化，从而使尿酸生成与排泄减少，避免尿酸盐微结晶在骨、关节和肾脏沉积，并能使痛风患者组织内的尿酸结晶重新溶解，多用于慢性痛风。本品口服易吸收，达峰时间为 0.5～1h，$t_{1/2}$ 为 2～3h，代谢产物奥昔嘌醇 $t_{1/2}$ 可达 14～28h。不良反应较少，偶见皮疹、胃肠道反应、转氨酶升高和白细胞减少。

丙磺舒（probenecid）

丙磺舒通过竞争性抑制肾小管对有机酸的转运、抑制肾小管对尿酸的再吸收，增加尿酸排泄。因没有镇痛及抗炎作用，不适用于急性痛风。口服吸收完全，血浆蛋白结合率为 85%～95%，大部分通过肾近曲小管主动分泌排泄。因其脂溶性大，易被再吸收，排泄慢。当尿液呈碱性时排泄增加，血浆 $t_{1/2}$ 的长短取决于剂量的大小，在治疗剂量时 $t_{1/2}$ 为 6～12h，不良反应少见。

磺吡酮（sulfinpyrazone）

磺吡酮可抑制肾小管对尿酸的再吸收，促进尿酸排泄，降低血尿酸水平。此外，可抑制血小板聚集，增加血小板存活时间并有微弱的抗炎和镇痛作用。用于慢性痛风性关节炎和高尿酸血症，动脉血栓性疾病的防治，减缓或预防痛风结节的形成和关节的痛风病变。常见不良反应有恶心、呕吐、腹痛、皮疹、咽痛、肝损害。

苯溴马隆（benzbromarone）

苯溴马隆能抑制肾小管对尿酸的再吸收，促进尿酸排泄，降低血中尿酸浓度。对嘌呤核苷酸代谢无影响，适用于高尿酸血症及慢性痛风的长期治疗。口服易吸收，在肝内去溴离子后以游离型或结合型从胆汁排出，代谢产物有活性。服药后 24h 血中尿酸浓度为服药前的 66.5%。不良反应较少，但可致腹泻、粒细胞减少，应定期检查血象。

秋水仙碱（colchicine）

秋水仙碱对急性痛风性关节炎有选择性抗炎作用，可缓解急性期疼痛，作用机制与本药抑制微管蛋白和纺锤体的形成和功能，抑制细胞有丝分裂；抑制粒细胞向炎性部位的迁移、浸润；抑制白三烯的合成与释放有关。本药口服吸收迅速，存在肝肠循环。用药后可在 12h 内缓解关节红、肿、热、痛，对一般性疼痛及其他类型关节炎无效。不良反应以胃肠道反应如恶心呕吐、腹痛腹泻常见，中毒时出现水样腹泻及血便、脱水、休克；对肾及骨髓也有损害作用。

1. 试述解热镇痛抗炎药的共同药理作用及机制。
2. 比较阿司匹林和氯丙嗪对体温调节的影响。
3. 不同剂量的阿司匹林对血栓形成的影响有何不同?为什么?
4. 阿司匹林的不良反应有哪些?

附　阿司匹林的诞生与应用

早在远古时代，我们的先祖就知道咀嚼柳树叶有解热镇痛作用，直到 19 世纪初期，随着科技的进步，柳树皮消炎镇痛的有效成分被发现。1828 年，慕尼黑大学约瑟夫·比希纳（Joseph Buchner）教授首次从柳树皮中提炼出黄色晶体状活性成分并称为水杨苷；1838 年，拉斐尔·皮里亚（Raffaele Piria）从晶体中提取到更强效的化合物，并命名为水杨酸；1852 年，蒙彼利埃大学查尔斯·格哈特（Charles Gerhart）教授首次用水杨酸与乙酸酐合成了“乙酰水杨酸”；1876 年，邓迪皇家医院约翰·麦克拉根（John Maclagan）医生在《柳叶刀》上发表了首个含有水杨酸盐类的临床研究；1897 年德国拜耳公司化学家费利克斯·霍夫曼（Felix Hoffman）对水杨酸进行修饰合成了高纯度的乙酰水杨酸，并用其治好了父亲的关节炎；1899 年 Felix Hoffman 合成的乙酰水杨酸化合物被注册为“阿司匹林”，至此，阿司匹林作为非处方止痛药问世。

多年来，阿司匹林广泛用于各种原因引起的疼痛，效果很好，是治疗类风湿关节炎、骨关节炎等的首选药之一；还可用于治疗胆道蛔虫引起的胆绞痛（可使虫体退出胆道）；其粉末局部用药治疗足癣疗效颇佳；更重要的是后来又发现其能抑制血栓形成，用它防治脑卒中、冠心病、糖尿病性失明等，均有一定效果。不仅如此，近年来的临床应用及研究发现，阿司匹林还有很多其他功效，这更让它“青春焕发”，生命力和声誉不减当年，成为“宠药”和“神奇药”。

第十六章　镇　痛　药

学习目标

1. 清晰表述吗啡的药理作用及机制、临床应用；解释吗啡的成瘾性和戒断现象，列举阿片受体的分布及内源性阿片样物质的作用；能够根据所学知识对吗啡急性中毒进行诊断和抢救。

2. 能够阐述哌替啶、芬太尼、美沙酮及阿片受体阻断药的药理作用及特点和临床应用。

3. 了解疼痛产生过程及应用镇痛药的注意事项，深刻认识镇痛药成瘾性的社会危害性并熟悉其相关使用法规。

第一节　概　　述

疼痛（pain）是许多疾病的一种常见症状，是机体受到伤害性刺激的一种保护性反应。疼痛既有机体实质的或潜在的组织损伤，又有精神上的损害，剧烈的疼痛不仅给患者带来各种痛苦和紧张不安等情绪反应，严重者还可导致机体生理功能紊乱，甚至引起休克危及生命。因此控制疼痛是目前临床用药的重要目的之一，但由于疼痛的性质、部位及特点是诊断疾病的重要依据，故在确诊之前应慎用镇痛药，以免掩盖病情，贻误诊治。

镇痛药（analgesics）包括麻醉性镇痛药和非麻醉性镇痛药。麻醉性镇痛药又称阿片类镇痛药。阿片类药物用于治疗疼痛已有几千年历史，至今仍是主要的镇痛药物之一，但易产生药物成瘾性，进而导致药物滥用，故本类药物绝大多数被列为管制药品。非麻醉性镇痛药的镇痛作用则与阿片受体无关，如解热镇痛抗炎药。

本章所介绍的是麻醉性镇痛药，此类药物能够在不影响患者意识状态下选择性减轻或缓解疼痛的感觉，同时缓解疼痛引起的不愉快情绪，多数药物通过激动中枢神经系统特定部位的阿片受体产生镇痛、镇静等作用，且长期应用易产生药物依赖性或成瘾性，故称为阿片类镇痛药、成瘾性镇痛药或麻醉性镇痛药。目前临床常用的有阿片生物碱类（吗啡和可待因）和人工合成镇痛药（哌替啶、美沙酮、芬太尼等）。

第二节　阿片生物碱类镇痛药

阿片（opium）为罂粟科植物罂粟（*Papaver somniferum L.*）未成熟蒴果浆汁的干燥物，含有20多种生物碱。根据化学结构，可将其分为菲类和异喹啉类两大类。前者如吗啡（morphine）和可待因（codeine），约占10%和0.5%，有镇痛作用；后者如罂粟碱（papaverine），约占1%，有松弛平滑肌和扩张血管作用。

吗啡（morphine）

吗啡是阿片生物碱的主要活性成分，也是阿片类镇痛药的典型代表药物。

【构效关系】 吗啡化学结构的基本骨架是由 A、B、C、D 环构成的氢化菲核（图 16-1）。

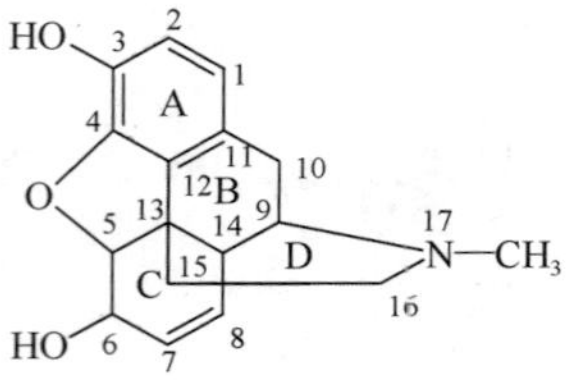

图 16-1 菲核化学结构式

四个双键的氢化菲核；与菲核环 B 相稠合的 *N*-甲基哌啶环；连接环 A 与环 C 的氧桥；环 A 上的一个酚羟基与环 C 上的醇羟基。环 A 上的酚羟基和环 C 上的醇羟基具有重要的药理作用。当环 A 上的酚羟基的氢原子被甲基取代，成为可待因，其镇痛作用减弱；当环 A 和环 C 上的羟基均被甲氧基取代，成为蒂巴因（thebaine），无镇痛作用，但具有该结构的阿片生物碱经结构修饰可产生具有强大镇痛作用的药物如埃托啡（etorphine）；叔胺氮上甲基被烯丙基取代，则变成吗啡的阻断药，如烯丙吗啡（nalorphine）和纳洛酮（naloxone）；破坏氧桥及 17 位无侧链形成阿扑吗啡（apomorphine），成为多巴胺激动药，失去镇痛作用而产生很强的催吐作用。3 位和 6 位羟基被取代也可改变药动学特性，如可待因生物利用度高于吗啡，海洛因（diamorphine）易通过血脑屏障（表 16-1）。

表 16-1 吗啡及其衍生物的化学结构

药物	取代部位和基团				效应特点
	3	6	14	17	
吗啡	—OH	—OH	—H	$—CH_3$	激动药
可待因	$—OCH_3$	—OH	—H	$—CH_3$	激动药
海洛因	$—OCOCH_3$	$—OCOCH_3$	—H	$—CH_3$	激动药
烯丙吗啡	—OH	—OH	—H	$—CH_2CH{=}CH_2$	部分激动药
纳洛酮	—OH	═O	—OH（C_7～C_8 为单键）	$—CH_2CH{=}CH_2$	阻断药

【体内过程】 口服吸收良好，但首关消除大，生物利用度低，临床上常注射给药，其中皮下注射吸收不恒定，肌内注射吸收良好。吸收后约 1/3 与血浆蛋白结合，游离型吗啡吸收后迅速分布全身，主要在肾、肝、肺和脾脏，仅有少量通过血脑屏障，但足以发挥中枢性药理作用。在肝内与葡糖醛酸结合，代谢产物有吗啡-3-葡糖醛酸、吗啡-6-葡糖醛酸，其中吗啡-6-葡糖醛酸具有比吗啡更强的镇痛活性。主要以吗啡-6-葡糖醛酸的形式经肾排泄，肾功能减退者和老年患者排泄缓慢，易致蓄积效应，少量经乳腺排泄，也可通过胎盘进入胎儿体内。吗啡血浆 $t_{1/2}$ 为 3～4h，吗啡-6-葡糖醛酸血浆 $t_{1/2}$ 稍长于吗啡。

【药理作用】

1. 中枢神经系统

（1）镇痛：有很强的镇痛作用，各种疼痛均有效，对持续性慢性钝痛作用大于间断性锐痛，对神经性疼痛的效果差。皮下注射 5～10mg 即能显著减轻或消除疼痛，椎管内注射可产生节段性镇痛，不影响意识和其他感觉。单次给药，镇痛作用可持续 4～6h。其镇痛机制主要与激动脊髓胶质区、丘脑内侧、脑室及导水管周围灰质的阿片受体有关（具体见镇痛机制）。

（2）镇静：能缓解疼痛所引起的焦虑、紧张、恐惧等情绪，提高对疼痛的耐受力。用药后在安静环境易诱导入睡但易醒，与中枢抑制药合用可引起深度睡眠。吗啡还可引起欣快症（euphoria），表现为满足感和飘然欲仙等，这是吗啡产生良好镇痛作用的重要因素，也是导致患者强迫用药和对药物产生成瘾性、依赖性的重要原因。吗啡改变情绪的机制尚不明确，可能与激活边缘系统和蓝斑核的阿片受体有关，也可能与中脑–边缘叶的中脑腹侧被盖区–伏隔核多巴胺神经通路和阿片肽/受体系统的相互作用有关。

（3）抑制呼吸：治疗剂量对呼吸即有抑制作用，使呼吸频率减慢，潮气量降低，每分通气量减少，其中呼吸频率减慢尤为突出，作用较持久，急性中毒时，呼吸频率可减至每分钟 3～4 次。吗啡抑制呼吸与其作用于呼吸中枢的阿片受体有关，能降低脑干呼吸中枢对血液中 CO_2 的敏感性，并能直接抑制脑桥呼吸调节中枢。呼吸抑制是吗啡急性中毒致死的主要原因。

（4）镇咳：直接抑制延脑咳嗽中枢，使咳嗽反射减轻或消失，产生镇咳作用，可能与激动延脑孤束核的阿片受体有关。吗啡镇咳作用强但易成瘾，临床上多以可待因代替。

（5）缩瞳：作用于中脑顶盖前核阿片受体，兴奋动眼神经缩瞳核而缩瞳，中毒时瞳孔可缩小至针尖样。

（6）催吐：兴奋延髓催吐化学感受区，引起恶心和呕吐，连续用药时催吐作用可消失。

（7）其他：作用于下丘脑体温调节中枢，改变体温调定点，使体温略有降低，但长期大剂量应用，体温反而升高。抑制下丘脑释放促性腺激素释放激素（GnRH）和促肾上腺皮质激素释放激素（CRH），降低血浆促肾上腺皮质激素（ACTH）、黄体生成素（LH）和卵泡刺激素（FSH）等的浓度。

2. 心血管系统 扩张外周血管，使外周阻力下降，引起直立性低血压，其降压机制与吗啡促进组胺释放、扩张血管和抑制血管运动中枢有关。吗啡对脑循环影响小，但由于抑制呼吸引起体内 CO_2 蓄积，继发引起脑血管扩张、脑血流量增加和颅内压升高，故颅脑外伤及颅内占位性病变患者禁用。

3. 平滑肌

（1）胃肠道平滑肌：兴奋胃肠道平滑肌和括约肌，作用强而持久，引起痉挛，使胃蠕动减慢和排空延迟；提高小肠及大肠平滑肌张力，使推进性蠕动减弱；提高回盲瓣及肛门括约肌张力，使肠内容物通过延缓，并增加水分吸收，抑制消化腺的分泌；加之吗啡有中枢抑制作用，使便意迟钝，易引起便秘。

（2）胆管平滑肌：治疗量可致胆管平滑肌及奥迪括约肌痉挛性收缩，胆道排空受阻，胆囊内压力升高，引起上腹不适，甚至诱发或加重胆绞痛，阿托品可部分缓解。

（3）其他平滑肌：对输尿管也有收缩作用，能增强膀胱括约肌的张力，引起尿潴留；降低分娩子宫张力、收缩频率和幅度而延长产程；治疗量对支气管平滑肌兴奋作用不明显，但大剂量可引起支气管收缩，诱发或加重哮喘发作。

4. 免疫系统 具有免疫抑制作用，包括抑制淋巴细胞增殖、减少细胞因子分泌、减弱自然杀伤细胞的细胞毒作用，并可抑制人类免疫缺陷病毒（HIV）诱导的免疫反应，这可能是吗啡吸食者易感 HIV 病毒的主要原因。

【作用机制】 是阿片受体激动药，通过激动阿片受体，对神经系统、心血管、胃肠道平滑肌等产生多种药理效应。1962 年我国学者邹岗等证实吗啡镇痛作用部位在中枢第三脑室和中脑导水管周围灰质；1973 年斯奈德（Snyder）和彼得（Peter）利用放射性标记的方法，证实大鼠脑内阿片受体的广泛存在。目前已知 μ、δ、κ 是机体内阿片受体的三种主要类型，氨基酸序列分析表明，μ、δ、κ 受体均有 7 个跨膜区，属 G-蛋白耦联受体家族，吗啡对三种受体的亲和力有明显不同，对 μ 受体的亲和力最强。阿片受体在中枢神经系统分布广泛而不均匀，受体密度较高的部位如脊髓胶质区、丘脑内侧、脑室及导水管周围灰质均与疼痛刺激的传入、痛觉的整合及感受有关；受体密度最高的边缘系统及蓝斑核，则多与情绪及精神活动有关；中脑盖前核的阿片受体可能与缩瞳有关；延脑孤束核的阿片受体与镇咳、呼吸抑制、中枢交感张力降低有关；脑干极后区、孤束核、迷走神经背核等部位的阿片受体与胃肠活动有关。

1975 年，休斯（Hughes）等从猪脑中分离出两种吗啡样活性的五肽物质，即甲硫氨酸脑啡肽（methionine enkephalin）和亮氨酸脑啡肽（leucine enkephalin）。之后又发现了内啡肽（β-endorphin）、强啡肽类（dynorphin A 和 B）及内吗啡肽Ⅰ和Ⅱ（endomorphinⅠ和Ⅱ）等约 20 种与阿片类药物作用相似的肽。现将脑啡肽类、内啡肽类和强啡肽类总称为内源性阿片肽(endogenous opioid peptides)，简称阿片肽。阿片肽在体内的分布广泛，除中枢神经系统外，也分布于自主神经节、肾上腺、消化道等组织和器官。阿片肽起着神经递质、神经调质或神经激素的作用，对痛觉、神经内分泌、心血管活动和免疫反应有重要调节作用。

阿片受体与内源性阿片肽共同组成机体的抗痛系统，吗啡主要通过激动脊髓胶质区、丘脑内侧、脑室及导水管周围灰质部位的阿片 μ 受体，模拟内源性阿片肽对痛觉的抑制功能而产生镇痛作用（图 16-2）。

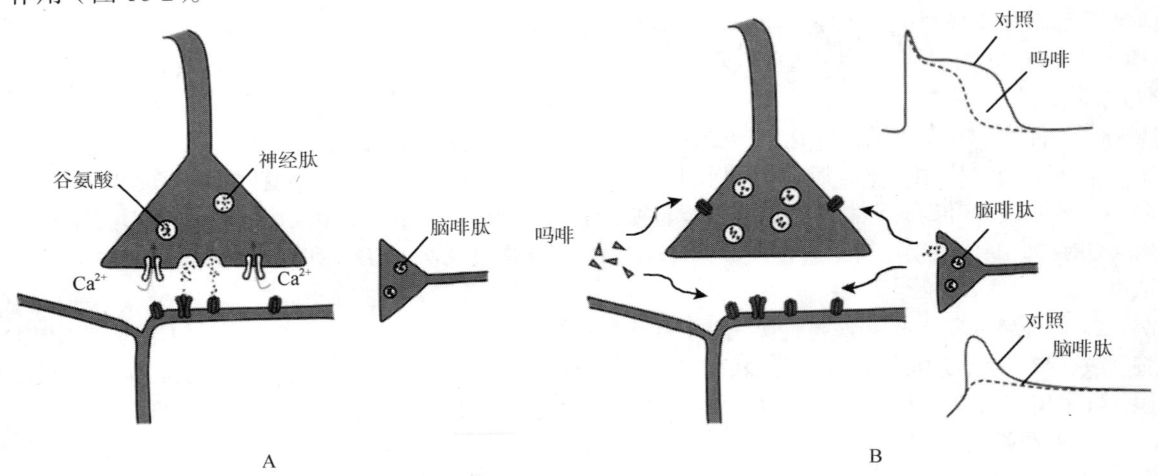

图 16-2 吗啡镇痛作用机制示意图

A：脊髓背角痛觉传入。谷氨酸和神经肽是伤害性感觉传入末梢释放的主要神经递质，突触前、后膜均接受含脑啡肽的中间神经元调控，后者受中枢下行抑制通路控制；B：内源性脑啡肽或吗啡激动突触前、后膜的阿片受体，导致突触前膜 Ca^{2+}内流减少，神经递质释放减少，而突触后膜 K^+外流增加，后膜超极化，从而减弱或阻滞痛觉信号传向中枢。右上角插图：阿片类缩短突触前末梢动作电位时程（APD）；右下角插图：阿片类导致突触后膜超极化和减弱兴奋性突触后电位（EPSP）

【临床应用】

1. 疼痛 对多种疼痛均有效，久用易成瘾。一般仅适用于其他镇痛药无效的急性锐痛的短时应用，如严重创伤、烧伤、手术等引起的剧烈疼痛；晚期癌症患者常伴有严重的持续性疼痛，吗啡等强效镇痛药是最有效的镇痛药物；对心肌梗死引起的心绞痛，若血压正常时，可应用吗啡止痛，吗啡除能缓解疼痛和减轻焦虑等不安情绪外，还可扩张外周血管，减轻心脏负担；对内脏平滑肌引起的绞痛如胆绞痛、肾绞痛则应与解痉药阿托品合用。吗啡镇痛的效果与个体对药物的敏感性及疼痛程度有关，应根据不同患者对药物的反应性来调整用量。

2. 心源性哮喘 对于左心衰竭突发急性肺水肿引起的呼吸困难（心源性哮喘），除吸氧，应用强心苷、氨茶碱外还可配合应用小剂量的吗啡，使症状得以迅速改善。吗啡用于心源性哮喘的作用机制：①吗啡有镇静作用，有利于消除患者的紧张、焦虑和恐惧情绪；②吗啡能够扩张外周血管，降低外周阻力，减少回心血量，减轻心脏前、后负荷；③吗啡能降低呼吸中枢对 CO_2 的敏感性，使急促浅表的呼吸得以缓解。对其他原因引起的肺水肿，如尿毒症所致的肺水肿，也可应用吗啡；但对化学性或过敏性肺水肿用量应小，作用机制与治疗心源性哮喘相同。伴有昏迷、休克、严重肺部疾患或痰液过多的患者禁用。

3. 腹泻 用于急、慢性消耗性腹泻以减轻症状，可选用阿片酊或复方樟脑酊。如伴有细菌感染，应同时服用抗菌药物。

【不良反应】

1. 一般不良反应 治疗量可引起眩晕、恶心、呕吐、便秘、尿少、排尿困难、呼吸抑制、胆道压力升高，甚至胆绞痛、嗜睡及直立性低血压（低血容量者易发生）等。

2. 耐受性和依赖性 长期反复应用阿片类药物易产生耐受性和依赖性。除缩瞳和引起便秘的作用外，吗啡的镇痛、呼吸抑制、催吐、镇静、抗利尿和降血压作用均可出现耐受性。常规用量2～3周即可产生耐受性，剂量越大，给药间隔越短，耐受性发生越快越强。阿片类药物存在交叉耐受性。依赖性是指当本类药物被人们反复使用后，使用者将对它们产生瘾癖的特性。药物依赖性表现为身体依赖性和精神依赖性。身体依赖性是指机体对药物产生的适应性改变，一旦停药则产生难以忍受的不适感如兴奋、失眠、流泪、流涕、出汗、呕吐、腹泻，甚至虚脱及意识丧失等，称为戒断症状。精神依赖性是药物对中枢神经系统产生的一种精神活动，迫使患者渴求药物的一种病态心理。阿片类药物可产生欣快感，患者感觉心情舒畅，是阿片类药物产生精神依赖性的基础。吗啡成瘾作用甚强，成瘾后一旦停药即出现戒断症状，成瘾者为避免停药所致戒断症状的痛苦，常不择手段地强迫觅药和反复无节制地用药，造成人格丧失，道德沦丧，社会危害极大。

3. 急性中毒 过量引起急性中毒，表现为昏迷、深度呼吸抑制及瞳孔极度缩小。常伴有血压下降、严重缺氧及尿潴留。呼吸麻痹是致死的主要原因，抢救措施为人工呼吸、适量给氧及静脉注射阿片受体阻断药纳洛酮。

【禁忌证】 能通过胎盘或乳汁抑制新生儿和婴儿的呼吸，能对抗缩宫素对子宫的兴奋作用而延长产程，故禁用于分娩止痛和哺乳期妇女止痛。由于其抑制呼吸、抑制咳嗽反射及释放组胺可致支气管收缩，支气管哮喘及肺源性心脏病患者禁用。此外，颅脑外伤所致颅内压增高及肝功能严重减退者禁用。

可待因（codeine，甲基吗啡）

可待因在阿片中含量约占0.5%。口服易吸收，生物利用度为40%～70%。吸收后10%在肝内脱去甲基转变为吗啡。

可待因本身与阿片受体的亲和力低，药理作用与吗啡相似，但作用较吗啡弱。其镇痛作用为吗啡的1/12～1/10，但比解热镇痛抗炎药强，可用于中等程度疼痛的止痛，与解热镇痛抗炎药合用有协同作用。镇咳作用为吗啡的1/4，对呼吸中枢抑制也较轻，无明显的镇静作用，临床上作为中枢镇咳药主要用于无痰干咳、剧烈咳嗽引起的胸痛。可待因无明显便秘、尿潴留及直立性低血压等不良反应，欣快感及成瘾性也低于吗啡。

第三节 人工合成镇痛药

阿片类药物镇痛作用虽很强，但成瘾性及呼吸抑制等不良反应也很强。因此，目前临床上多为人工合成镇痛药所取代。

哌替啶（pethidine，度冷丁）

哌替啶为苯基哌啶的衍生物，是临床上常用的人工合成镇痛药。

【体内过程】 口服或注射给药均可吸收，口服生物利用度为40%～60%，皮下或肌内注射吸收迅速，起效快，临床常用注射给药。吸收后60%与血浆蛋白结合，主要在肝脏代谢成哌替啶酸和去甲哌替啶，以结合型或游离型自尿中排出。去甲哌替啶是弱的镇痛药和强的中枢神经系统兴奋药，反复大量使用哌替啶引起的肌肉震颤、抽搐甚至惊厥可能与此有关，亦是中毒时出现惊厥的原因。$t_{1/2}$为3h，肝硬化患者显著延长。本药能通过胎盘屏障，进入胎儿体内，也有少量经乳腺排出。

【药理作用】 作用与吗啡相似，但较弱，作用机制也与激动阿片受体有关。

1. 中枢神经系统

（1）镇痛、镇静：镇痛效力较吗啡弱，其效价强度为吗啡的1/10～1/7，作用持续时间短于吗啡，为 2～4h。在镇痛的同时，可引起明显的镇静作用，并产生欣快感。

（2）抑制呼吸：哌替啶与吗啡在等效镇痛剂量时抑制呼吸程度相等，但维持时间较短。对呼吸功能正常者尚无妨碍，但对肺功能不良及颅脑损伤者可危及生命。

（3）其他：对咳嗽中枢有轻度抑制作用，并能兴奋延髓呕吐化学感受区（CTZ）及增加前庭器官的敏感性，易致眩晕、恶心、呕吐等。

2. 心血管系统 口服或肌内注射给予治疗剂量偶可引起直立性低血压。

3. 平滑肌 对胃肠道平滑肌及括约肌的作用与吗啡相似，但作用较弱且维持时间短，较少引起便秘及尿潴留；对胆道括约肌兴奋作用较吗啡弱；对正常支气管平滑肌无明显影响，大剂量可引起收缩；有轻微的子宫兴奋作用，但对妊娠末期子宫收缩无影响，也不对抗缩宫素的作用，故不延长产程。

【临床应用】

1. 镇痛 代替吗啡用于各种剧痛，如创伤性疼痛、手术后疼痛、内脏绞痛、晚期癌痛及分娩疼痛等，对内脏绞痛仍应配伍解痉药阿托品。止痛时，考虑到新生儿对哌替啶抑制呼吸作用极为敏感，因此产妇临产前 2～4h 不宜使用。

2. 麻醉前给药 其目的是使患者安静，消除患者术前紧张和恐惧情绪，减少麻醉药用量及缩短诱导期。

3. 人工冬眠 常与氯丙嗪、异丙嗪组成冬眠合剂，氯丙嗪可加强哌替啶的镇痛、镇静、呼吸抑制及血管扩张作用。用药后可引起血压降低、心动过速及呼吸抑制等。因此，凡老年、体弱、呼吸功能不良者及婴幼儿所使用的冬眠合剂不宜加哌替啶。

4. 心源性哮喘 可代替吗啡作为心源性哮喘的辅助治疗。

【不良反应】 哌替啶的耐受性和成瘾性虽较吗啡弱，但一般仍不应连续应用。治疗量时不良反应与吗啡相似，可致眩晕、出汗、口干、恶心、呕吐、心悸和直立性低血压等。剂量过大可明显抑制呼吸，偶见致震颤、肌肉痉挛、反射亢进以致惊厥等中枢兴奋症状，用纳洛酮不能对抗其惊厥症状，中毒解救时可配合抗惊厥药。

美沙酮（methadone）

美沙酮为 μ 受体激动药，镇痛作用强度和持续时间与吗啡相当，单次给药镇静作用较弱，反复用药有显著的镇静作用；呼吸抑制、缩瞳、镇咳等作用与吗啡相似；对平滑肌有兴奋作用，可引起便秘和胆管痉挛及升高胆囊内压，但较吗啡轻。其久用可产生吗啡样依赖，耐受性与成瘾性发生较慢，戒断症状略轻。主要用于慢性、中度至重度疼痛和剧烈咳嗽的患者，尤其适用于晚期癌症镇痛。由于其具有吗啡样药理作用，能抑制阿片类药物的戒断症状，所以适用于阿片类成瘾者的脱毒治疗，是目前常用的阿片类依赖的替代治疗药物。

不良反应一般为眩晕、恶心、呕吐、便秘、嗜睡、口干、抑郁及直立性低血压等。呼吸抑制作用维持时间较长，禁用于分娩止痛，以免影响产程和抑制胎儿呼吸。

芬太尼（fentanyl）

芬太尼为 μ 受体激动药，作用与吗啡相似，属短效镇痛药。镇痛效力为吗啡的 100 倍，起效快，静脉注射后 1min 起效，4min 达高峰，维持时间约 10min；肌内注射 15min 起效，维持 1～2h。用于各种剧烈疼痛；其注射液常与麻醉药合用，用于诱导麻醉和维持麻醉；透皮贴剂适用于癌症及其他疾病引起的慢性疼痛的止痛治疗。

不良反应与哌替啶相似，但成瘾性较轻，一般为眩晕、恶心、呕吐及胆管括约肌痉挛；大剂量可产生明显肌肉强直，与抑制纹状体多巴胺能神经功能有关，可用纳洛酮对抗；静脉注射过快可致呼吸抑制；反复用药能产生依赖性，不宜与单胺氧化酶抑制药合用。禁用于支气管哮喘、重症肌无力、颅脑肿瘤或颅脑外伤引起昏迷的患者及 2 岁以下儿童。

二氢埃托啡（dihydroetorphine）

二氢埃托啡为我国研制的强效镇痛药，主要激动 μ 受体，对 δ、κ 受体也有弱激动作用，是迄今临床效应最强的镇痛药，镇痛强度为吗啡的 6000～10 000 倍，起效快，维持时间短。用于各种急性重度疼痛的镇痛，如创伤性疼痛和哌替啶、吗啡等无效的顽固性疼痛与晚期癌症疼痛。因其依赖性强，目前临床已很少使用。

喷他佐辛（pentazocine，镇痛新）

喷他佐辛为阿片受体部分激动药，主要激动 κ、δ 受体和阻断 μ 受体。其对中枢神经系统的作用如镇痛、镇静、呼吸抑制等与吗啡相似。按等效镇痛剂量计算其镇痛效力为吗啡的 1/3，呼吸抑制为吗啡的 1/2，但剂量超过 30mg 时，呼吸抑制程度并不随剂量增加而加重，故相对较为安全；用量达 60～90mg 时，则产生焦虑不安、幻觉等精神症状，纳洛酮可对抗。本品对胃肠道平滑肌的兴奋作用比吗啡弱。其对心血管系统的作用与吗啡不同，大剂量可加快心率和升高血压，冠心病患者静脉注射本药能提高平均主动脉压和左室舒张末压，增加心脏做功，此作用可能与本药升高血浆儿茶酚胺浓度有关。由于喷他佐辛有轻度的 μ 受体阻断作用，故成瘾性小，在药政管理上已列入非麻醉品。主要用于各种慢性疼痛，对剧痛的止痛效果不及吗啡。

不良反应常见有镇静、嗜睡、眩晕、出汗、轻微头痛，恶心、呕吐少见，有时可引起焦虑、做噩梦及幻觉。剂量增大能引起呼吸抑制、血压升高、心率加快及心律失常。纳洛酮可对抗其呼吸抑制作用。

布托啡诺（butorphanol）

布托啡诺为阿片受体部分激动药，激动 κ 受体，对 μ 受体有弱的竞争性拮抗作用。镇痛效力和呼吸抑制作用为吗啡的 3.5～7 倍，但呼吸抑制程度不随剂量增加而加重；对胃肠道平滑肌兴奋作用较吗啡弱；可增加外周血管阻力和肺血管阻力，因而增加心脏做功。用于缓解中、重度疼痛，如术后、外伤和癌症疼痛，以及肾或胆绞痛等，对急性疼痛的止痛效果好于慢性疼痛，也可作麻醉前用药。

不良反应常见的有镇静、乏力、出汗，个别出现嗜睡、头痛、眩晕、飘浮感、精神错乱等，久用产生依赖性。

丁丙诺啡（buprenorphine）

丁丙诺啡是一种半合成、高脂溶性的阿片受体部分激动药，以激动 μ 受体为主，对 κ 受体有拮抗作用，大剂量时也有拮抗 δ 受体的作用。其镇痛效力为吗啡的 25 倍，作用时间长，但因为存在封顶效应（ceiling effect），其呼吸抑制作用较轻，较少引起烦躁等精神症状。成瘾性比吗啡小，海洛因成瘾者服用后，能较好地控制毒瘾。临床主要用于各种术后疼痛、癌性疼痛的中、重度疼痛，常制成透皮贴剂或舌下含服制剂，也可单独或与纳洛酮组成复方制剂用于吗啡或海洛因成瘾的脱毒治疗。

纳布啡（nalbuphine）

纳布啡对 μ 受体的拮抗作用比布托啡诺强，对 κ 受体的激动作用比布托啡诺弱，镇痛作用稍弱于吗啡。其呼吸抑制作用较轻，依赖性小，戒断症状轻，不增加心脏负荷，可用于心肌梗死和心绞痛患者的止痛。纳洛酮可拮抗纳布啡的镇痛及呼吸抑制作用，临床应用同布托啡诺。

第四节 其他镇痛药

曲马多（tramadol）

曲马多有较弱的 μ 受体激动作用，并能抑制去甲肾上腺素和 5-羟色胺的再摄取。镇痛作用较弱，镇痛效力与喷他佐辛相当，镇咳作用为可待因的 1/2。呼吸抑制作用弱，对胃肠道无影响，亦无明显的心血管作用。镇痛作用机制尚未完全明了，纳洛酮仅能部分拮抗其镇痛作用，用于中、重度急慢性疼痛，如手术、创伤、分娩和晚期癌症疼痛。不良反应与吗啡相似但较轻，常见的有眩晕、恶心、呕吐、口干、疲倦、嗜睡、纳差及排尿困难，少有皮疹、低血压等；静脉注射过快可有颜面潮红、多汗和心动过速，心悸；长期应用也可成瘾。

布桂嗪（bucinnazine，强痛定）

布桂嗪镇痛效力为吗啡的 1/3。口服 10～30min 或皮下注射 10min 起效，作用持续 3～6h。呼吸抑制和胃肠道作用较轻。临床多用于偏头痛、三叉神经痛、炎症性及外伤性疼痛、关节痛、痛经及晚期癌症疼痛。偶有恶心、头晕、困倦等神经系统反应，停药后症状即消失，有一定的成瘾性。

延胡索乙素（tetrahydropalmatine）

延胡索乙素，即罗通定（rotundine），为中药延胡索所含生物碱，即消旋四氢帕马丁，有效部分为左旋体。为罂粟科草本植物玄胡（元胡）的有效成分，能活血散瘀、行气止痛。《本草纲目》中曾记载“治一身上下诸痛，用之中的，妙不可言”。本类药物有镇静、安定、镇痛和中枢性肌肉松弛作用，其镇痛作用较哌替啶弱，但较解热镇痛抗炎药强。镇痛作用与脑内阿片受体及前列腺素系统无关，其镇痛机制与阻断脑内多巴胺受体有关，亦可增加与痛觉有关的特定脑区内脑啡肽神经元和内啡肽神经元的 mRNA 表达，促进脑啡肽和内啡肽的释放，无明显成瘾性。对慢性钝痛及内脏痛效果较好，对创伤性及手术后疼痛或晚期癌症的止痛效果较差。可用于治疗胃肠及肝胆系统等疾病引起的钝痛、一般性头痛及脑震荡后的头痛，也可用于痛经及分娩止痛，对产程和胎儿均无不良影响。

第五节　阿片受体阻断药

纳洛酮（naloxone）

纳洛酮是阿片受体阻断药，对各型阿片受体都有竞争性拮抗作用，为阿片受体完全阻断药。

【体内过程】 口服可吸收，但因首关消除明显，故常静脉给药。静脉注射 2min 起效，维持时间短，为 30～60min。$t_{1/2}$ 为 40～55min。经肝脏代谢失活。巴比妥类药物或长期饮酒所致肝微粒体酶诱导者，可缩短血浆 $t_{1/2}$。

【药理作用】 纳洛酮结构与吗啡相似，与吗啡及其类似物竞争阿片受体，但不产生吗啡样激动作用。它本身在正常人和动物产生很小的作用，对痛阈仅有很小的影响，在紧张（或应激）和炎症情况下将会引起痛敏。并且能够阻断所有吗啡样作用，但对丁丙诺啡只能部分拮抗。

【临床应用】

1. 阿片类药物过量中毒 首选用于已知或疑为阿片类药物过量引起的呼吸抑制、昏迷等，可迅速改善呼吸，使意识清醒，并对抗阿片类药物的其他效应。对阿片类药物依赖者，可同时促进戒断症状产生，应注意区别。本品亦能解除喷他佐辛引起的焦虑、幻觉等精神症状。

2. 阿片类药物麻醉术后呼吸抑制 以芬太尼类、哌替啶等作静脉复合麻醉或麻醉辅助用药，术后呼吸抑制仍明显者，可分次静脉注射或肌内注射纳洛酮。用量过大或给药过快，可同时取消或减弱阿片类药物的镇痛作用，引起恶心、呕吐、血压骤升、心动过速、呼吸急促等反应，故应特别注意掌握用量和给药速度。

3. 阿片类药物成瘾者的鉴别诊断 对阿片类药物如吗啡、美沙酮、哌替啶，尤其是海洛因依赖者，肌内注射本品可激发严重的戒断症状，结合用药史和尿检结果，可确认为阿片类成瘾。但纳洛酮鉴别试验阴性者，不能排除阿片依赖性。

4. 其他 还可用于酒精急性中毒和感染中毒性休克；也是用于疼痛和镇痛研究的重要工具药。

【不良反应】 不良反应少，大剂量偶见轻度的烦躁不安。

纳曲酮（naltrexone）

纳曲酮和纳洛酮相似，但对κ受体的拮抗作用强于纳洛酮，能明显地减弱或完全阻断阿片受体，甚至反转由静脉注射阿片类药物所产生的作用。口服吸收迅速，生物利用度可达60%，而且作用维持时间较长。本品不产生生理或心理依赖性。临床可用于：①阿片成瘾者的鉴别；②解除患者对阿片的躯体依赖性，在防复吸中起到良好的辅助作用；③治疗酒精依赖，纳曲酮可减少乙醇戒断症状，减少酒精依赖者再次酗酒。常见不良反应是腹泻和腹痛。超过推荐剂量的纳曲酮有肝毒性，引起转氨酶增高，急性肝炎或肝衰竭患者禁用。

1. 吗啡中枢神经系统的药理作用有哪些？
2. 吗啡治疗心源性哮喘的机制是什么？
3. 吗啡中毒有哪些临床表现？用什么药物解救？
4. 哌替啶与吗啡在药理作用和临床应用方面有何异同？

附 吗啡的发现及作用机制研究

考古学家认为早在新石器时代人类祖先就发现了罂粟，公元前7世纪，罂粟由波斯传入我国。早在19世纪初，人们就知道鸦片有止痛作用，并可以治疗腹泻，但由于其取材于天然产物罂粟，其品质和使用剂量不稳定，因此当时的医生很少用鸦片镇痛和麻醉。在欧洲战事不断的时期，随着手术技术的蓬勃发展，每个人都在寻找有效的镇痛和麻醉手段。1780年，法国药剂师福尔考埃建立了对植物进行分析的经典研究，启发科学界对当时非常重要的两种药用植物——鸦片和金鸡纳进行研究。鸦片是有用的，但是其何种成分起作用却无人知晓。1803年，德国药剂师泽尔蒂纳成功从鸦片中分离出一种全新物质，1805年他发简报称这种物质呈碱性，但其作用仍不清楚。泽尔蒂纳将这种碱性物质喂给流浪狗，发现这些狗进入了深度睡眠。为了进一步验证自己的研究结果，他给几个朋友服用了该生物碱，引起他们昏睡，所以，他用希腊传说中的梦幻之神——墨菲斯（Morpheus）为其命名，称其为Morphine（吗啡）。

19世纪20年代，英国化学家罗宾逊提出吗啡的正确分子结构。此后德国化学家艾斯雷普对吗啡的结构进行了细致的研究，认为分子中的环状系统是吗啡镇痛作用的必需基团。同时期的法国医生维·巴利把化学的精准和医学实践紧密结合到一起，通过救治700余名患者，详细探究了吗啡的功效、量-效关系及与其他物质的作用。至此，吗啡进入临床的最后障碍已经扫清，但是对学者们来讲，其作用机制才是需要待解决的问题。

1959年，中国科学院上海药物研究所学者发现，往小白鼠脑内注射微量吗啡可以产生明显镇痛作用，这引起了当时还是硕士研究生的邹冈的好奇心，在导师张昌绍教授指导下，他研究发现往家兔脑室注射微量吗啡（20μg）产生的效果，与静脉大量注射（10～20mg）的效果相当。这揭开了吗啡作用靶点的面纱，其位于脑内，静脉注射吗啡必须经过血液循环，通过血脑屏障进入脑内才能发挥作用。邹冈带着这种思路，凭借着耐心和对脑内解剖的了解，在脑部的每个区域都进行了测试，最终找到了吗啡的作用部位。这一结果最终以英文形式发表，并引来了同行们的兴趣。此时，加州大学洛杉矶分校的学者们以电击镇痛来研究此区域，两相结合，产生了吗啡作用机制的假说——电刺激引起吗啡样物质释放，吗啡样物质作用于相应的神经元，产生镇痛效果。然而，邹冈教授的贡献不止于此，他曾经发现吗啡作用于脊髓可以抑制脊髓对疼痛的反应。

第十七章 治疗中枢神经退行性疾病药

学习目标

1. 清晰阐述左旋多巴的药理作用及特点、临床应用及不良反应。

2. 能概括左旋多巴增效药和苯海索的作用特点及临床应用；明确抗阿尔茨海默病药物的分类及应用特点。

3. 通过对帕金森病和阿尔茨海默病的诊疗规范或指南的学习，规范和提高对两类疾病的整体治疗水平，切实维护和增进人民群众的身心健康。

中枢神经系统退行性疾病（neurodegenerative disease）是一类由慢性进行性的中枢神经组织退行性变性而产生的疾病的总称。主要包括帕金森病（Parkinson's disease，PD）、阿尔茨海默病（Alzheimer's disease，AD）、亨廷顿病（Huntington disease，HD）、多发性硬化症（multiple sclerosis，MS）和肌萎缩侧索硬化症（amyotrophic lateral sclerosis，ALS）等。虽然这些疾病的病因及病变部位不同，但病理学特征相似，都表现为进行性不同脑区和（或）脊髓特定神经元发生退行性变、脱失，同时伴有运动和（或）认知功能障碍。目前这些疾病发病机制尚未完全明确，研究认为可能与兴奋性毒性、细胞凋亡和氧化应激等假说密切相关。本章重点介绍治疗 PD 和 AD 的药物。

第一节 抗帕金森病药

帕金森病（Parkinson's disease，PD）又称震颤麻痹（paralysis agitans），是以锥体外系功能障碍为特征的慢性进行性中枢神经系统退行性疾病，以 65 岁以上老人发病居多，典型的临床表现为静止性震颤、肌肉僵直、运动迟缓（困难）、共济失调等，严重者可伴有记忆障碍和痴呆。临床按不同病因分为四类：原发性、动脉硬化性、脑炎后遗症性、化学药物中毒性（如抗精神病药、氰化物、一氧化碳、锰中毒等），均有相同的主要症状，总称为帕金森综合征（parkinsonism）。

多年来，学者们提出多种帕金森病的病因学说，如 DA 缺失学说、兴奋性神经毒性学说、线粒体功能障碍学说和氧化应激学说等，其中 DA 缺失学说和氧化应激学说受到多数学者的广泛认可。

DA 缺失学说认为帕金森病是因纹状体内缺乏 DA 所致，其主要病变在黑质。黑质中多巴胺能神经元发出上行纤维到达纹状体，与尾核及壳核组成黑质–纹状体的多巴胺能神经通路，以 DA 为递质，对脊髓前角运动神经元起抑制作用；同时，尾核中的胆碱能神经通路，以乙酰胆碱（ACh）为递质，对脊髓前角运动神经元起兴奋作用。正常情况下两条神经通路功能或 DA、ACh 两种神经递质处于动态平衡，共同调节机体运动功能。PD 患者出现黑质多巴胺能神经元变性、缺失，DA 合成减少，使纹状体内 DA 含量降低，造成黑质–纹状体通路多巴胺能神经功能减弱，而胆碱能神经功能相对占优势，因而出现帕金森病的肌张力增高等临床症状。该学说提示补充脑内 DA 可以治疗 PD，而胆碱受体阻断药治疗 PD 也是合理的。氧化应激学说是 PD 发病机制中受到多数学者认可的另一学说。该学说认为，正常情况下，DA 通过 MAO 催化氧化脱氨代谢，所产生的 H_2O_2 能被抗氧化系统清除掉。PD 患者在发生氧化应激时，产生大量的 H_2O_2 和超氧阴离子（O_2^-），在黑质部位 Fe^{2+} 催化下进一步生成毒性更大的羟自由基（OH·），而此时黑质线粒体呼吸链的复合物Ⅰ（complex Ⅰ）活性下降，抗氧化物特别是谷胱甘肽减少，无法清除自由基，黑质部位的自由基通过氧化神经膜类脂破坏 DA 神经元膜功能或直接破坏细胞 DNA，最终导致 DA 神经元退行性变性。该学说解释了黑质多巴胺能神经元变性的原因，为 PD 的治疗开拓了新的方向——抗氧化治疗，即采用抗氧化药治疗早期 PD，以保护神经细胞，延缓 PD 病情进展，如司来吉兰除可选择性抑制 MAO-B 外，更重要的作用是能够有效地清除自由基。

目前，PD 发病原因及发病机制尚未完全阐明，其典型病理特征为中脑黑质致密部多巴胺能神经元进行性变性缺失和残存多巴胺能神经元胞质内病理标志物路易小体的形成。多年来，学者们提出多种帕金森病的病因学说，如 DA 缺失学说、兴奋性神经毒性学说、线粒体功能障碍学说和氧自由基学说等，其中 DA 缺失学说受到多数学者的广泛认可。该学说认为，PD 患者黑质致密部多巴胺能神经元进行性变性缺失，使得基底神经节环路神经递质 ACh 与 DA 之间的平衡被打破。黑质中多巴胺能神经元发出上行性纤维到纹状体（尾核及壳核），与纹状体神经元形成突触，释放 DA 递质，最终对脊髓前角运动神经元起抑制作用；纹状体内有胆碱能神经元释放 ACh 递质，对脊髓前角运动神经元起兴奋作用。正常时两种递质相互拮抗，处于平衡状态，共同作用于脊髓前角运动神经元，参与运动功能调节。PD 时由于黑质病变，DA 合成减少，造成纹状体 DA 能神经功能低下而胆碱能神经功能相对亢进，从而产生肌张力增高等一系列临床症状。许多临床证据支持此学说。例如，PD 患者纹状体中 DA 含量仅为正常人的 5%～10%，提高脑内 DA 含量或应用 DA 受体激动药可显著缓解 PD 等症状；耗竭黑质纹状体内 DA 或长期使用 DA 受体阻断药可导致 PD；胆碱受体阻断药可缓解 PD 的某些症状。氧化应激学说解释了黑质多巴胺能神经元变性的原因，为 PD 的治疗带来了新的思路，即从改善症状转向预防 DA 神经元自身中毒，如利用司来吉兰有效清除自由基进而治疗 PD。

知识拓展　氧化应激学说

氧化应激学说是 PD 发病机制中受到多数学者认可的另一学说。该学说认为，正常情况下，DA 通过 MAO 催化氧化脱氨代谢，所产生的 H_2O_2 能被抗氧化系统清除掉。PD 患者在发生氧化应激时，产生大量的 H_2O_2 和超氧阴离子（O_2^-），在黑质部位 Fe^{2+} 催化下进一步生成毒性更大的羟自由基（OH·）。此时黑质线粒体呼吸链的复合物Ⅰ（complex Ⅰ）活性下降，抗氧化物特别是谷胱甘肽减少，无法清除自由基，自由基通过氧化神经膜类脂破坏 DA 神经元膜功能或直接破坏细胞 DNA，最终导致神经元变性。这一学说得到如下事实支持：在 PD 患者的黑质中发现“两多两少”，即 Fe 尤其是 Fe^{2+} 增加，O_2^- 和 OH·增加；谷胱甘肽几乎消失，complex Ⅰ功能严重不足。

根据药物作用机制，将临床常用治疗 PD 的药物分为两类，即拟多巴胺药和中枢抗胆碱药。拟多巴胺药通过直接补充 DA 前体物或抑制 DA 降解发挥作用，而抗胆碱药通过拮抗相对过高的胆碱能神经功能缓解症状，两类药物治疗的总体目标都在于恢复多巴胺能神经和胆碱能神经的平衡，合用亦可增强疗效。另外，除药物治疗外，外科手术治疗、细胞和组织移植治疗、基因治疗等也取得了长足进展。

一、拟多巴胺类药

根据作用机制分为 DA 前体药、左旋多巴增效药、促多巴胺释放药和 DA 受体激动药。

（一）DA 前体药

左旋多巴（levodopa，*L*-dopa）

左旋多巴为酪氨酸形成儿茶酚胺的中间产物，是 DA 的前体物质，是目前应用最广泛、改善运动症状最主要的抗 PD 药物。

【体内过程】 口服后在小肠经主动转运迅速吸收，0.5～2h 血药浓度达峰值，$t_{1/2}$ 为 1～3h。因其在小肠需借助芳香族氨基酸转运体转运吸收，故食物中氨基酸可与其竞争载体，减少其吸收。口服吸收的左旋多巴绝大部分在肝脏和胃肠黏膜被外周的左旋芳香族氨基酸脱羧酶（AADC）脱羧，仅有 1%左右进入中枢，被脑内的 AADC 脱羧转变为 DA，因此起效缓慢，而且由于外周生成的 DA 难以通过血脑屏障，大量蓄积在外周可引起不良反应，如能同服外周左旋芳香族氨基酸脱羧酶抑制药卡比多巴、苄丝肼等，可增加进入脑内的左旋多巴并减少左旋多巴外周的脱羧作用，从而增强疗效，减轻不良反应。生成的多巴胺一部分被突触前膜摄取进入多巴胺能神经末梢，另一部分被 MAO 和 COMT 代谢，最终经肾排泄。

【药理作用】 通过血脑屏障，在中枢 AADC 作用下转变为 DA，补充纹状体中的 DA 不足，产生治疗 PD 的作用。

【临床应用】

1. 帕金森病 是目前治疗 PD 的一线药物，约 80%的 PD 患者用药后效果显著，尤其是用药初期。特点：①药物作用与疾病严重程度有关，对轻症及年轻患者疗效较好，对重症及老年患者疗效较差；②对 PD 症状缓解存在差异，对肌肉强直和运动徐缓者疗效较好，对肌肉震颤者疗效较差；③显效较慢，服药后 2～3 周开始见效，1～6 个月达最大疗效，随着用药时间延长，疗效逐渐下降，3～5 年后疗效不显著，可能与疾病进展、耐受性形成及存在补偿机制等有关；④对吩噻嗪类抗精神失常药物所引起的帕金森综合征无效，因吩噻嗪类药物阻断了中枢 DA 受体，使脑内生成的 DA 无法发挥作用。

2. 肝性脑病 又称肝性昏迷，是严重肝病引起的、以代谢紊乱为基础的中枢神经系统功能失调综合征，主要临床表现为意识障碍、行为失常和昏迷。肝昏迷时，机体蛋白质的代谢产物苯乙胺和酪胺在肝脏被氧化，解毒功能减弱，血中浓度升高，并大量进入脑内，经 β-羟化酶形成“伪递质”——苯乙醇胺和羟苯乙醇胺，取代了正常递质去甲肾上腺素（NA），使神经功能紊乱。左旋多巴在脑内转化成 DA，DA 可进一步转化成 NA，与伪递质相竞争，并提高大脑对氨的耐受力，有利于中枢神经功能的恢复，使患者清醒，症状改善；但不能改善肝功能。

【不良反应】 短期服用主要引起胃肠道和心血管反应，长期服用可出现运动障碍、症状波动及精神障碍。

1. 胃肠道反应 约 80%的患者治疗初期即出现恶心、呕吐、食欲减退等，用药数周后可逐渐耐受，此反应与外周的左旋多巴转变为 DA 后直接刺激胃肠道黏膜及兴奋延髓催吐化学感受区 D_2 受体有关。偶见消化性溃疡出血及穿孔，消化性溃疡患者慎用。饭后服药或合用外周左旋芳香族氨基酸脱羧酶抑制药，可减轻胃肠道反应。

2. 心血管反应 30%的患者治疗初期出现轻度直立性低血压，可能与 DA 激动血管 DA 受体，引起血管舒张有关。DA 激动 β 受体，亦可引起心律失常。

3. 运动障碍 又称异常不随意运动，长期用药易出现，主要表现为不自主运动，多见于面部肌群抽动，如张口、伸舌、咬牙、皱眉和头颈扭动等，也可累积肢体或躯体肌群引起摇摆运动。偶见喘息样呼吸，这是由于服用大量左旋多巴后，DA 受体过度兴奋所导致的，服用 DA 受体阻断药左旋千金藤啶碱可缓解。

4. 症状波动 也称“开-关现象”（on-off phenomenon）。服药 3～5 年，有 40%～80%的患者出现，表现为患者突然多动或活动正常（开），而后又出现全身性或肌肉强直性运动不能（关），两种现象可交替发生，严重妨碍患者的正常活动，其发生机制可能与 PD 进展导致 DA 储备能力下降有关。可应用左旋芳香族氨基酸脱羧酶抑制药、DA 受体激动药或单胺氧化酶抑制药等减轻症状，也可调整给药方案，如改用静脉滴注、增加给药次数等。

5. 精神障碍 10%～15%的患者可出现，表现为失眠、焦虑、做噩梦、躁狂、幻觉、妄想或抑郁等，可能与DA作用于边缘系统有关。需减量或停药或氯氮平可对抗此反应。精神病患者慎用。

【药物相互作用】

（1）维生素 B_6 为AADC的辅基，可增强外周AADC活性，促进左旋多巴在外周转变为DA，增加外周副作用，降低疗效，因此应该避免合用。

（2）吩噻嗪类（如氯丙嗪、奋乃静）和丁酰苯类（如氟哌啶醇）等抗精神病药能阻断中枢DA受体，拮抗左旋多巴的中枢作用。

（3）利血平能耗竭中枢DA，甚至引起帕金森综合征，使左旋多巴作用失效。

（4）非选择性单胺氧化酶抑制药能抑制DA在外周的代谢，增强DA的外周副作用，并能使NA堆积，引起血压升高，甚至发生高血压危象，故不宜与左旋多巴合用。

（二）左旋多巴增效药

Ⅰ．左旋芳香族氨基酸脱羧酶抑制药

卡比多巴（carbidopa）和苄丝肼（benserazide）

卡比多巴是α-甲基多巴肼的左旋体，为*L*-芳香氨基酸脱羧酶抑制药，不易透过血脑屏障，仅能抑制外周AADC的活性，单独使用无治疗作用，与左旋多巴合用后，抑制其在外周脱羧，减轻外周副作用，同时使进入脑中的左旋多巴增多，增强药物作用。临床上将卡比多巴与左旋多巴以1：10的剂量比例配伍，制成复方制剂心宁美（sinemet）及其控释制剂，是临床上治疗PD的常规药物。

苄丝肼作用与卡比多巴相似，它与左旋多巴按1：4剂量比例制成复方制剂美多巴（madopar），与心宁美作用相同。

Ⅱ．单胺氧化酶B抑制药

司来吉兰（selegiline）

司来吉兰为中枢神经系统选择性单胺氧化酶B抑制药，迅速通过血脑屏障，不可逆地抑制MAO-B，降低黑质–纹状体内DA降解代谢，同时其体内代谢产物甲基苯丙胺抑制DA的再摄取并促进DA的释放，使纹状体DA的浓度增加，作用时间延长。司来吉兰又是抗氧化药，能抑制黑质–纹状体DA氧化应激过程中超氧阴离子和羟自由基生成，从而保护黑质DA神经元，延迟神经元变性和PD病情发展。

司来吉兰与左旋多巴合用能增加及延长左旋多巴的疗效，并减少后者剂量和副作用，消除长期使用左旋多巴出现的“开–关现象”。临床上将司来吉兰与抗氧化药维生素E联合应用治疗早期PD，称为DATATOP方案（deprenyl and tocopherol antioxidative therapy of Parkinsonism），但确切效果尚不肯定。本品低剂量对外周MAO-A无作用，肠道和血液中DA和酪氨酸代谢不受影响，不会产生MAO非选择性抑制剂所引起的高血压危象，但大剂量（$>$10mg/d）亦可抑制MAO-A，应避免剂量过大。

Ⅲ．儿茶酚胺氧位甲基转移酶抑制药

硝替卡朋（nitecapone）和托卡朋（tolcapone）

硝替卡朋和托卡朋为新型儿茶酚胺氧位甲基转移酶抑制药，与左旋多巴合用，既延长左旋多巴有效血药浓度的时程，又消除3-*O*-甲基多巴对左旋多巴转运的抑制作用，从而提高左旋多巴的口服生物利用度和进入中枢神经系统的量，并减少左旋多巴高峰剂量出现的不良反应，从而减轻左旋多巴长期治疗后发生的症状波动。临床适用于长期使用复方左旋多巴制剂后疗效减退、“开关现象”明显的PD患者，用药后“开”时间明显延长，“关”时间减少。其中，硝替卡朋仅抑制外周COMT，增加左旋多巴生物利用度，使纹状体中左旋多巴和DA增加来发挥抗PD作用。托卡朋为可逆性的外周和

中枢儿茶酚胺氧位甲基转移酶抑制药，使更多的左旋多巴进入脑组织，同时能通过血脑屏障抑制中枢COMT，减少DA降解，可明显改善病情，尤其适用于伴有症状波动的患者。托卡朋的主要不良反应为肝损伤，甚至引起暴发性肝衰竭，仅用于其他抗PD药无效的患者，且要严密监测肝功能。

案例解析

患者，男，70岁，5年前左肢不明原因出现不自主抖动，安静状态下较为明显，紧张激动时加重，平静放松时减轻。3年前右侧肢体亦出现上述症状。于入院半年前出现面部表情减少，伴左侧肢体活动不灵活、僵硬。入院查体：意识清醒、高级活动反应慢。面部表情少，四肢呈齿轮样肌张力增高，右手静止性震颤，紧张时加剧，手部精细活动困难，动作迟缓，行走时出现慌张步态，小写征明显，头部磁共振成像未见异常。诊断：PD。医嘱给予口服美多巴125mg，每日2次，饭后服用。

请分析：美多巴是由哪两种药物组成的复方制剂？配伍道理如何？美多巴可减少组合药物中哪些外周副作用？

解析

美多巴由左旋多巴及苄丝肼组成。两药合用后，苄丝肼可抑制左旋多巴的外周脱羧，减轻其外周副作用，并使进入脑中的左旋多巴增多，增强药物作用。

（三）促多巴胺释放药

金刚烷胺（amantadine）

金刚烷胺原为抗病毒药物，后发现其有抗PD作用，作用机制涉及多个环节：①促进内源性DA释放，抑制突触前膜对DA的再摄取，从而增加突触间隙的DA含量；②抗胆碱能作用；③直接作用于DA受体；④降低谷氨酸兴奋性神经毒性作用而保护神经细胞。金刚烷胺用于PD治疗见效快、维持时间短，用药数日即可获得最大效应，6～8周后逐渐减弱，而左旋多巴起效慢，维持时间长，因此两者合用有协同作用。金刚烷胺对PD肌肉强直、震颤和运动障碍的缓解作用较强，优于抗胆碱药，但不及左旋多巴。长期用药可见下肢出现网状青斑，还可引起精神不安、失眠和运动失调等。

（四）DA受体激动药

溴隐亭（bromocriptine）

溴隐亭为麦角碱衍生物，为D_2受体强激动药，对外周DA受体及α受体有较弱的激动作用。口服吸收迅速，1h显效，2～3h达高峰，$t_{1/2}$为6～8h。可透过血脑屏障，血浆蛋白结合率为90%～96%，全部经肝代谢，主要代谢物经胆汁排泄。溴隐亭的血药浓度个体差异较大，达5倍之多，故剂量应个体化。小剂量溴隐亭可激动结节-漏斗通路部DA受体，抑制催乳素和生长激素的释放，用于产后回乳、催乳素分泌过高引起的闭经及溢乳，也可治疗垂体瘤伴肢端肥大症；大剂量可激动黑质-纹状体通路的D_2样受体，用于治疗PD，与左旋多巴合用疗效更好；对外周DA受体作用弱。溴隐亭不良反应较多，消化系统可见食欲减退、恶心、呕吐、便秘等症状；心血管系统可出现直立性低血压、心律失常等；临床仅用于左旋多巴疗效差或不能耐受左旋多巴者，与左旋多巴合用时能减少PD患者症状波动。

培高利特（pergolide）

培高利特疗效与溴隐亭相似，作用强而持久，可用于不能耐受左旋多巴者，特别适用于复方制剂疗效逐渐减退者，对左旋多巴引起的“开-关现象”有较好的防治效应，肌肉僵直和运动迟缓症状也见改善。但近来报道其可致心脏瓣膜的损害，应予以注意。

利修来得（lisuride）

利修来得为新型 DA 受体激动药，选择性激动 D_2 受体，能改善运动功能障碍，减轻左旋多巴所致的“开–关现象”和不自主异常运动，作用强于溴隐亭。

二、中枢抗胆碱药

中枢抗胆碱药通过阻断中枢胆碱受体，减弱纹状体中 ACh 的作用，从而恢复 PD 患者 DA 和 ACh 平衡，治疗 PD。传统胆碱受体阻断药，如阿托品、东莨菪碱等虽然对 PD 也有效，但外周抗胆碱作用较大，一般临床上不使用，而常用的药物为中枢胆碱受体阻断药，如苯海索等。

苯海索（benzhexol，安坦）

苯海索对中枢胆碱受体具有较强的阻断作用，使得黑质–纹状体通路中的 ACh 作用减弱，多巴胺功能增强，产生抗 PD 作用，主要用于不能耐受或禁用左旋多巴的患者，还可用于抗精神分裂症药引起的锥体外系反应。特点：①对肌震颤者疗效好，对肌肉强直及运动困难者效果差；②对早期轻症患者疗效较好，而晚期重症疗效差；③对抗精神分裂症药引起的帕金森综合征有效，其疗效不及左旋多巴，但两者合用可提高疗效；④外周抗胆碱作用弱，为阿托品的 1/10～1/3，不良反应与阿托品相似但较轻，故闭角型青光眼、前列腺增生者禁用；⑤可引起中枢神经系统副作用如精神错乱、谵妄及幻觉等，另外有可能加重 PD 患者伴有的痴呆症状；⑥久用不能突然停药，否则可使病情迅速恶化。

第二节　治疗阿尔茨海默病药

阿尔茨海默病（Alzheimer’s disease，AD）是一种起病隐袭、呈进行性发展的神经退行性疾病，临床特征主要为认知障碍、精神行为异常和社会生活功能减退，表现为记忆力、判断力、抽象思维和语言功能减退，情感及行为异常、丧失工作能力及独立生活能力。

AD 的主要病理特征为皮层与海马胆碱能神经元缺失、神经细胞外 β-淀粉样蛋白（amyloid beta-protein，Aβ）聚集形成老年斑（senile plaques，SP）、细胞内高度磷酸化 Tau 蛋白形成神经原纤维缠结（neurofibrillary tangies，NFT）及神经胶质细胞的增生。目前 AD 的发病机制还未完全阐明，学术界提出了 10 余种 AD 发病假说，其中比较公认的为 β-淀粉样蛋白级联假说、Tau 蛋白过度磷酸化假说、胆碱能及氧化应激假说。

AD 患者大脑的病理改变呈弥漫性脑萎缩，镜下病理改变以老年斑、神经原纤维缠结和神经元减少为主要特征。老年斑的中心是 β-淀粉样蛋白，神经原纤维缠结的主要组分是高度磷酸化的微管相关蛋白，即 Tau 蛋白。目前比较公认的发病机制认为 β-淀粉样蛋白的生成和清除失衡是神经元变性和痴呆发生的始动因素，其可诱导 Tau 蛋白过度磷酸化、炎症反应、神经元死亡等一系列病理过程。同时，AD 患者大脑中存在广泛的神经递质异常，包括乙酰胆碱系统、单胺系统、氨基酸类及神经肽等，以及神经调控系统功能障碍等病理生理改变，为相关药物治疗策略提供了研究基础。

目前已证实有效的治疗策略是增强中枢胆碱能神经功能，其中胆碱酯酶抑制药的疗效相对肯定，但是随着 AD 病情的加重，能释放 ACh 的神经元越来越少，中枢胆碱酯酶抑制药的疗效降低。此时，突触后膜的 M_1 受体数量基本不变，所以选择性 M_1 受体激动药有一定开发应用前景。此外，影响脑内非胆碱能神经功能的治疗 AD 的药物，如 *N*-甲基-*D*-天门冬氨酸（*N*-methyl-*D*-aspartic acid，NMDA）受体阻断药正在临床应用，还有神经细胞生长因子增强药、促代谢药等可用于 AD 的治疗。

一、中枢胆碱酯酶抑制药

他克林（tacrine）

他克林是美国 FDA 批准上市的第一个治疗 AD 的药物（1993 年），为第一代可逆性乙酰胆碱酯酶抑制药，但由于此药具有较重的肝毒性，现在临床已少用。

【体内过程】 口服吸收快，但容易受食物的影响，口服给药血药浓度个体差异较大。本药脂溶性较高，易透过血脑屏障，主要经肝代谢失活，饭后服用 $t_{1/2}$ 为 2～4h。

【药理作用】 抗 AD 作用与多种机制有关：①抑制血浆和组织中的 AChE，增加 ACh 含量；②激动 M、N 受体促进 ACh 释放；③促进脑组织对葡萄糖的利用，改善由药物、缺氧、老化等引起的实验动物学习记忆能力下降。

【临床应用】 对轻、中度 AD 患者的疗效较为肯定，可减缓病程 6～12 个月，提高患者的认知能力和自理能力。尚可用于拮抗非除极化肌松药作用；亦可用作呼吸兴奋药，用于减轻阿片类生物碱引起的呼吸抑制作用。

【不良反应】 最常见的是肝毒性，是患者终止治疗的主要原因，约有 30%的患者即使接受低剂量他克林也可出现转氨酶升高。约 1/3 的患者出现胃肠道反应，如胃肠痉挛、恶心呕吐、腹泻等。

多奈哌齐（donepezil）

多奈哌齐是第二代可逆性乙酰胆碱酯酶抑制药，通过竞争性抑制中枢 AChE 来增加中枢 ACh 的含量，对丁酰胆碱酯酶无作用。与他克林相比具有如下优势：①中枢神经系统 AChE 选择性高，能改善轻度至中度 AD 患者的认知能力和临床综合功能；②具有剂量小、毒性低、价格相对较低和患者耐受性较好的优点。临床用于轻、中、重度 AD 患者的治疗。

口服吸收好，3～4h 达峰浓度。血浆蛋白结合率高，约 95%。经肝代谢，代谢产物 6-*O*-脱甲基衍生物仍然具有活性，且活性与母药相当，代谢物经肾排泄，$t_{1/2}$ 约为 70h。

常见不良反应为肝毒性及外周抗胆碱副作用，但较他克林轻。

加兰他敏（galanthamine）

加兰他敏为第二代竞争性乙酰胆碱酯酶抑制药，与他克林相比具有如下优势：①选择性高，对神经元中的 AChE 抑制作用强，而对血液中的丁酰酯酶则抑制能力较弱；②疗效和他克林相当，对于轻、中度 AD 治疗有效率达 50%～60%，用药 6～8 周后疗效显著。用于轻、中度 AD 患者，疗效显著，无肝毒性，是较安全有效的治疗 AD 的药物。

口服吸收较快，2h 达到峰浓度，药物主要分布于肾、肝、脑中，脑内药物浓度高，为血药浓度的 3 倍左右。主要经肾排出体外，$t_{1/2}$ 为 5h 以上。主要不良反应为用药早期的恶心、呕吐及腹泻等胃肠道反应。无肝毒性。

利斯的明（rivastigmine，卡巴拉汀）

利斯的明属于第二代中枢乙酰胆碱酯酶抑制药，口服吸收迅速，易通过血脑屏障，血浆蛋白结合率约为 40%。本药是一种高度脑选择性乙酰胆碱酯酶抑制药，能选择性地抑制大鼠大脑皮质和海马中的 AChE 活性，而对纹状体、脑桥的 AChE 活性抑制很弱，且无外周抗 AChE 作用。通过延缓功能完整的胆碱能神经元所释放 ACh 的降解，促进海马和皮质胆碱能神经传导，改善 AD 患者胆碱能神经介导的认知功能障碍，提高认知能力，如记忆力、注意力和方位感，尚可减少 Aβ 前体蛋白的生成。适用于伴有心脏、肝脏及肾脏等疾病的 AD 患者，是目前本类药中唯一对日常生活中的认知行为及综合能力有显著改善的药物。不良反应较轻，以胃肠道反应如恶心、呕吐常见，通常不需要特殊处理即可自行消失。每日一次使用利斯的明贴剂可使胃肠道反应大为减少。

石杉碱甲（huperzine A，哈伯因）

石杉碱甲是我国学者从中药千层塔中分离提取的生物碱，是一种高选择性、强效、可逆性的乙酰胆碱酯酶抑制药，对真性胆碱酯酶具有选择性抑制作用。本品脂溶性高，口服吸收迅速，生物利用度为96.9%，易透过血脑屏障，进入中枢后主要分布于大脑的额叶、颞叶、海马等与学习和记忆密切相关的脑区。低剂量石杉碱甲即对AChE具有强大的抑制作用，使突触间隙的ACh含量明显升高，从而增强神经元兴奋传导，强化学习与记忆脑区的兴奋性，显著改善衰老性记忆障碍及老年痴呆患者的记忆和认知能力，主要用于老年性记忆功能减退及老年痴呆患者。不良反应较轻，主要有胃肠道反应和头晕、多汗等。

二、胆碱受体激动药

AD患者脑组织中M_1受体未受损，激动该受体可增强胆碱能神经功能，此外，此类药物能拮抗Aβ诱导的神经细胞凋亡、减少Tau蛋白的磷酸化、促进神经元生长，对神经元具有一定保护作用。

占诺美林（xanomeline）

占诺美林是高选择性M_1受体激动药。口服易吸收，易透过血脑屏障，大脑皮质和纹状体分布较多，大剂量可明显改善AD患者的认知功能和行为能力，但易引起胃肠道和心血管方面的不良反应部分使治疗中断，可选择皮肤给药。

三、神经生长因子增强剂

神经生长因子（nerve growth factor，NGF）是最早发现的神经营养因子，对神经细胞具有保护作用。神经生长因子增强剂是一类能促进神经系统发育和维持神经系统功能的蛋白质，具有促进神经元生长、分化和修复损伤，纠正钙稳态失调，增强中枢胆碱系统功能等作用，主要用于治疗轻、中度AD，如神经营养因子，包括成纤维细胞生长因子（bFGF）、神经生长因子（NGF）、脑源性神经营养因子（BDNF）等。

吡拉西坦（piracetam）

吡拉西坦为GABA环形衍生物，能激活、保护和修复脑细胞，加速大脑半球间经过胼胝体的信息传递，还可对抗物理因素、化学因素所致的脑功能损伤等作用，能增强记忆、提高学习能力。本品能透过血脑屏障，在大脑皮质和嗅球药物浓度更高，可改善轻、中度AD患者的认知能力，但对重症患者无效，适用于急、慢性脑血管病，脑外伤，各种中毒性脑病等多种原因所致的记忆减退及轻、中度脑功能障碍，对老年性痴呆、老年精神衰退综合征引起的记忆和思维障碍也有一定的疗效。

四、NMDA受体阻断药

谷氨酸（glutamic acid，Glu）是中枢神经系统兴奋性突触神经递质，通过作用于突触后谷氨酸受体，进行突触间信号的传递。近年研究发现谷氨酸受体，尤其是*N*-甲基-*D*-天门冬氨酸（*N*-methy1-*D*-aspartate，NMDA）型谷氨酸受体的过度激活可造成突触间可塑性的下降、神经细胞死亡等，进而导致认知功能下降，而NMDA受体阻断药可对抗谷氨酸受体过度激活导致的神经毒性。

美金刚（memantine）

美金刚是第一个对AD有显著疗效的非竞争性NMDA受体阻断药，其抗AD机制是可与NMDA受体上的环苯己哌啶（phencyclidine）位点结合，具有强效、快速电压依赖性阻断NMDA离子通道的动力学特性，而且在抑制兴奋性氨基酸神经毒性时，不干扰学习、记忆所需短时Glu的生理性释放。临床上主要用于中、重度AD的治疗，可明显缓解AD患者的认知功能障碍和日常生活能力，与乙酰胆碱酯酶抑制药合用效果更显著；也可用于PD所致痴呆的治疗。主要不良反应为轻微眩晕、不安、头重、口干等，严重者可出现肝损害和意识紊乱等。孕妇、哺乳期妇女禁用。

1. 列举抗帕金森病的药物分类及代表药。
2. 简述左旋多巴抗帕金森病的作用机制和特点、临床应用及不良反应。
3. 简述多奈哌齐治疗阿尔茨海默病的作用机制和特点、临床应用。

附　“光纤之父”高锟

“光纤之父”高锟，1933年出生于江苏省金山县。1966年取得了光纤物理学上的突破性成果，他计算出如何使光在光导纤维中进行远距离传输，这项成果最终促使光纤通信系统问世，而正是光纤通信为当今互联网的发展铺平了道路。2009年，高锟获得诺贝尔物理学奖，表彰其在“有关光在纤维中的传输以用于光学通信方面”作出的突破性贡献。2010年2月5日，香港中文大学校董会主席欢迎高锟伉俪载誉归来，同时宣布成立“高锟奖学基金”，感激高锟对科学及工程的杰出贡献，发扬高锟独立思考的教育理念。然而，在2003年年初，高锟已被证实患上阿尔茨海默病。此后高锟与其夫人成立了高锟慈善基金，该基金一直资助阿尔茨海默病的研究和药物开发。

第十八章　中枢兴奋药

学习目标

1. 清晰表述咖啡因、尼可刹米、洛贝林的中枢兴奋机制和临床应用。

2. 根据大脑皮质兴奋药及促进脑功能恢复药的药理作用、临床应用、不良反应及使用禁忌的特点合理选用药物，区别呼吸兴奋药和脊髓兴奋药的用药特点，了解其他药物的应用情况。

中枢兴奋药（central nervous system stimulants）是指能增强中枢神经系统功能活动的一类药物。根据其主要作用部位和特点可分为4类：①主要兴奋大脑皮质的药物，如咖啡因、哌甲酯等；②主要兴奋延髓呼吸中枢的药物，又称呼吸兴奋药，如尼可刹米等；③主要兴奋脊髓的药物，如一叶萩碱等；④脑功能改善药，如吡拉西坦等。

随着剂量的增加，上述药物均可对中枢产生广泛的兴奋作用，诱发惊厥，而过度兴奋又可转为抑制，甚至会导致死亡。临床应用应严格掌握用药剂量和给药方法，严密观察患者病情变化，防止意外发生。

第一节　主要兴奋大脑皮质的药物

大脑皮质兴奋药是一类在临床治疗剂量下选择性兴奋大脑皮质，并提高其功能活动的药物。临床用于颅脑外伤后昏迷、中枢抑制剂中毒等所致意识障碍。因此类药还具有改善注意力、减少攻击行为等作用，常用于儿童精神迟钝、儿童注意缺陷多动障碍（attention deficit hyperactivity disorder，ADHD）等的治疗。

咖啡因（caffeine）

咖啡因是可可豆和茶叶中的主要生物碱，属黄嘌呤类。咖啡因的作用与茶叶中的茶碱相似，但中枢兴奋作用较强，临床上主要用于兴奋中枢，对抗中枢抑制状态。临床上常使用安钠咖（caffeine sodium benzoate，苯甲酸钠咖啡因）。

【体内过程】　脂溶性高，口服、肌内注射均易吸收。体内分布广泛，在脑组织中可快速达到有效药物浓度。主要经肝脏氢化成甲基尿酸，通过肾排泄，$t_{1/2}$约为3.5h。

【药理作用】　能竞争性拮抗腺苷受体（腺苷有镇静、抗惊厥及收缩支气管平滑肌等作用），从而产生兴奋中枢及舒张支气管平滑肌的作用。

1. 兴奋中枢　对大脑皮质有兴奋作用，口服小剂量（50～200mg）即可使睡意消失，疲劳减轻、精神振奋、思维敏捷、工作效率提高。较大剂量时，则会直接兴奋延髓呼吸中枢和血管运动中枢，使呼吸加深加快，血压升高；在呼吸中枢受抑制时，其作用尤为明显，达到中毒剂量可兴奋脊髓，引起阵挛性惊厥。

2. 收缩脑血管　可直接收缩脑血管，增加血管阻力，减少血流量，降低脑血管搏动幅度，缓解头痛症状。

3. 其他　还具有舒张支气管平滑肌、利尿、刺激胃酸和胃蛋白酶分泌的作用。

【临床应用】

1. 中枢抑制状态　主要用于对抗中枢抑制状态，如严重传染病、镇静催眠药过量引起的昏睡、呼吸和循环抑制，可肌内注射安钠咖。

2. 头痛 能收缩脑血管，减少脑血管搏动的幅度而增强止痛药的效果，常配伍麦角胺治疗偏头痛，配伍解热镇痛药治疗一般性头痛。

【不良反应】 少见且较轻，偶见激动、不安、失眠；剂量过大也可引起反射亢进、心动过速、呼吸加快；中毒剂量可引起惊厥。由于婴儿高热时易发生惊厥，不宜用含咖啡因的复方解热制剂；因本品可增加胃酸分泌，消化性溃疡患者不宜久用。动物实验发现，咖啡因能引起仔鼠先天缺损、骨骼发育迟缓，故孕妇慎用。

哌甲酯（methylphenidate，利他林）

哌甲酯的化学结构与具有中枢兴奋作用的交感胺–苯丙胺相似。

【体内过程】 口服易吸收，2h 达血药峰浓度（C_{max}），脑内药物浓度高于血药浓度。80%酯解成利他酸随尿液排出，$t_{1/2}$ 约 2h，一次服药作用持续 4h。

【药理作用】 对皮质和皮质下中枢有兴奋作用，也可作为呼吸兴奋药，小剂量时通过颈动脉体化学感受器反射性兴奋呼吸中枢，大剂量时直接兴奋延髓呼吸中枢。其作用机制是对去甲肾上腺素（NA）和多巴胺（DA）等脑内单胺类神经递质的促进释放及抑制再摄取作用。

中枢兴奋作用较温和、交感作用很弱。哌甲酯可振奋精神，缓解抑郁状态，减轻疲乏感；还可产生轻度欣快感和轻度食欲缺乏；较大剂量兴奋呼吸中枢；中毒剂量引起惊厥。作用机制与增加大脑皮质及脑干网状结构上行激活系统内 NA 和 DA 等单胺类神经递质的水平有关。

【临床应用】

1. 儿童注意缺陷多动障碍 是国内治疗 ADHD 的主要药物。ADHD 是由于脑干网状结构上行激活系统内 NA、DA、5-羟色胺（5-HT）等递质中某一种缺乏所致。哌甲酯能促进这类递质的释放，对 70%～80%的 ADHD 患者有效，能使患者注意力集中，学习能力提高。

2. 小儿遗尿 兴奋大脑皮质，使患儿易被尿意唤醒，可用于治疗小儿遗尿症。

3. 其他 轻度抑郁症，发作性睡眠症，中枢抑制药如巴比妥类、水合氯醛等的过量中毒。

【不良反应和禁忌证】 治疗量时不良反应较少，偶有失眠、心悸等。大剂量时可使血压升高而致头痛、眩晕等。长期服用可抑制儿童生长发育，呈时间依赖关系。对本品过敏者、严重高血压、癫痫发作期、青光眼、严重焦虑、过度兴奋者及 6 岁以下儿童禁用，孕妇及哺乳期妇女禁用。傍晚后不宜服药，以免引起失眠；长期使用本品可产生依赖性；服用单胺氧化酶抑制药者，应在停药 2 周后再用本品。

匹莫林（pemoline）

匹莫林中枢兴奋作用温和，作用强度约相当于咖啡因作用的 5 倍，还具有较弱的拟交感作用。口服后 2～4h 达 C_{max}，$t_{1/2}$ 约为 12h，主要经肾排出。用于治疗儿童 ADHD，疗效弱于哌甲酯，与哌甲酯合用可增强疗效，延长作用时间。本品也可用于治疗轻度抑郁症及发作性睡眠症。常见不良反应为失眠、厌食和体重减轻。少见头晕、恶心、胃痛、萎靡、易激怒、抑郁、皮疹等，减量或停药可消失。因本品有较明显的肝毒性风险，应避免用于 6 岁以下儿童，肝、肾有明显损害者，孕妇及哺乳期妇女慎用。

第二节 主要兴奋延髓呼吸中枢的药物

呼吸中枢兴奋药是在临床治疗剂量下主要兴奋呼吸中枢，用于解除或改善呼吸抑制状态的药物。这类药物中，有些药不仅能兴奋呼吸中枢，还能兴奋中枢神经系统的其他部位，提高其功能活动，常称为苏醒药。此类药物作用时间短，需要反复用药才能维持疗效。

尼可刹米（nikethamide）

【体内过程】 本品可皮下注射和肌内注射，吸收好，起效快，作用温和，安全范围大。一次静脉注射，作用仅维持 5～10min。进入体内后迅速分布至全身，体内代谢为烟酰胺，然后再被甲基化成为 *N*-甲基烟酰胺经尿排出。

【药理作用】 系烟酰胺衍生物，可选择性地直接兴奋延髓呼吸中枢，也可作用于颈动脉体和主动脉体化学感受器反射性地兴奋呼吸中枢，提高呼吸中枢对 CO_2 的敏感性，使呼吸加深加快。此外，对大脑皮质、血管运动中枢及脊髓也有较弱的兴奋作用，剂量过大可引起惊厥。

【临床应用】 临床常用于中枢性呼吸抑制及各种原因所致呼吸衰竭，对肺源性心脏病引起的呼吸衰竭及吗啡中毒引起的呼吸抑制效果较好，对巴比妥类药物引起的呼吸抑制效果较差。由于一次静脉注射作用仅维持数分钟，临床需多次给药，给药过程中应注意观察病情，以免发生蓄积中毒。

【不良反应】 治疗量应用不良反应少见，常见的不良反应有恶心呕吐、烦躁不安、抽搐等。过量可引起血压上升、心动过速、咳嗽、出汗、呕吐、肌肉震颤和僵直等。抽搐及惊厥患者禁用。

出现惊厥时，可注射苯二氮䓬类药物或小剂量硫喷妥钠、苯巴比妥钠等控制。静脉滴注 10%葡萄糖注射液，促进排泄，给予对症治疗和支持疗法。

贝美格（bemegride）

贝美格作用迅速，维持时间短（10～20min）。在药理作用上，直接兴奋呼吸中枢及血管运动中枢，使呼吸运动增强，血压微升。主要用于巴比妥类药物、水合氯醛等中枢抑制药过量中毒的解救；也用于减少硫喷妥钠麻醉的深度以加速恢复。本品选择性差，用量过大或注射速度太快可致惊厥，故应严格控制药物剂量和给药速度。

二甲弗林（dimefline）

二甲弗林静脉给药起效迅速，维持 2～4h。本品能直接兴奋呼吸中枢，作用比尼可刹米强 100 倍，亦强于贝美格；能显著改善呼吸功能，增加肺换气量，降低 PCO_2，提高动脉血氧饱和度。其作用机制可能与阻断中枢 GABA 受体有关。适用于麻醉药、催眠药过量等各种原因引起的中枢性呼吸抑制；对肺性脑病有较好的促醒作用。本品安全范围小，过量易引起肌肉震颤和惊厥，故吗啡中毒者慎用，因中毒量吗啡亦可兴奋脊髓诱发惊厥。不良反应可见恶心、呕吐、皮肤烧灼感等。肝肾功能不全者、孕妇及哺乳期妇女禁用。

洛贝林（lobeline）

洛贝林对呼吸中枢并无直接兴奋作用，可通过刺激颈动脉体和主动脉化学感受器，反射性兴奋呼吸中枢而使呼吸加快；对迷走神经中枢和血管运动中枢也有反射性的兴奋作用。本品作用持续时间短（数分钟），安全范围大，很少引起惊厥。临床上常用于新生儿窒息、小儿感染性疾病引起的呼吸衰竭及 CO、阿片中毒等各种原因引起的中枢性呼吸抑制。不良反应可见恶心、呕吐、呛咳、头痛、心悸等。大剂量可兴奋迷走神经中枢引起心动过缓、传导阻滞。本品具有烟碱样作用，对自主神经节先兴奋后麻痹，过大剂量则可兴奋交感神经节导致心动过速、呼吸抑制甚至惊厥。其水溶液遇光、热易分解变色，应避光、阴凉处存放。

多沙普仑（doxapram）

多沙普仑为非特异性呼吸兴奋药，小剂量可刺激颈动脉体化学感受器，兴奋呼吸中枢，使呼吸加深加快，大剂量可直接兴奋延髓呼吸中枢和脑桥的其他中枢，静脉注射后立即生效，作用持续 5～12min，安全范围大，临床应用广泛，常用于乙醇和镇静催眠药引起的呼吸抑制及全麻术后催醒。

不良反应可见头痛、乏力、恶心、呕吐、腹泻、尿潴留、胸痛、胸闷、血压升高、心律失常、局部用药发生血栓性静脉炎等；少见精神错乱、呛咳、眩晕、畏光、发热、多汗等；过量表现为惊厥、不自主震颤和反射亢进。癫痫、惊厥、严重肺部疾病患者禁用。

第三节　主要兴奋脊髓的药物

一叶萩碱（securinine）

一叶萩碱可皮下、肌内注射，体内代谢快，无蓄积作用。主要兴奋脊髓使肌肉张力增加，并能兴奋脑干、增强呼吸、加强心肌收缩力、升高血压，且具有抑制胆碱能的作用。其毒性低，代谢快，无蓄积作用。临床主要用于治疗脊髓灰质炎后遗症和面部神经麻痹等。

常见注射部位疼痛、肿胀，部分患者可见心悸、头痛等，过量可引起惊厥。注射时切勿注入血管。

第四节　脑功能改善药

促进脑功能恢复药大多作用靶点不明确，作用机制复杂，包括增加脑血流量，促进脑组织对氧、葡萄糖、氨基酸和磷脂的利用，增加蛋白质的合成，改善脑代谢，促进大脑皮质及海马 ACh 释放，保护神经细胞膜等。临床用于治疗多种急慢性脑功能障碍，如脑卒中、椎基底动脉供血不足、脑外伤、AD、药物及酒精中毒、儿童智力发育迟缓等。

吡拉西坦（piracetam）

【体内过程】 口服易吸收，易通过血脑屏障，主要以原形由肾脏排泄，$t_{1/2}$ 为 5～6h。

【药理作用】 是 GABA 的衍生物，具有激活、保护和修复脑细胞的作用。其作用机制可能涉及以下几方面：①促进脑组织对氧、葡萄糖、氨基酸和磷脂的利用，促进蛋白质合成，提高大脑中 ATP/ADP，改善脑代谢；②作用于大脑前额叶皮质，通过受体的变构效应，抑制 α-氨基-3-羟基-4-异噁唑丙酸（AMPA）受体的脱敏和失活，进而增强 AMPA 受体的功能；③促进中枢海马 ACh 释放，增加前额叶皮质 M 受体的密度；④增加脑血流量；⑤增强脑部左右两半球间神经信息的传递。

【临床应用】 临床广泛用于 AD、血管性痴呆（vascular dementia，VD）、脑动脉硬化症、脑血管意外、脑外伤等引起的思维与记忆功能减退，以及轻、中度脑功能障碍；也可用于儿童智能发育迟缓；对巴比妥、氰化物、CO、酒精中毒后的意识恢复有一定疗效。

【不良反应】 常见的不良反应有口干、失眠、食欲低下、呕吐等，偶见轻度肝功能损伤。

同类药物还有奥拉西坦（oxiracetam）和茴拉西坦（aniracetam，阿尼西坦）。奥拉西坦的药理作用、作用机制及临床应用均与吡拉西坦相似，但其改善脑功能等作用为吡拉西坦的 3～5 倍。茴拉西坦与吡拉西坦相比，具有作用强、起效快、毒性低的特点。

甲氯芬酯（meclofenoxate）

甲氯芬酯主要兴奋大脑皮质，能在缺氧条件下，增加神经细胞对葡萄糖的利用，改善脑细胞能量代谢；增加大脑皮质、下丘脑、基底节等的血流量，改善脑缺氧状态；可增加脑组织 ACh 含量，提高 M 受体与 ACh 的亲和力，提高大脑的学习和记忆能力；清除自由基，减少脑细胞内脂褐素沉积；促进膜卵磷脂合成，保护生物膜；激活脑干上行网状结构系统功能，产生促进苏醒作用。主要用于外伤性昏迷、知觉减退、新生儿缺氧症、儿童遗尿症、酒精中毒、老年性精神错乱、药物中毒或脑动脉硬化及脑梗死引起的意识障碍与某些中枢及周围神经症状等。精神过度兴奋或锥体外系症状等不宜使用。本品起效缓慢，为避免失眠，应上午服用，并需反复用药。

胞磷胆碱（citicoline）

胞磷胆碱为磷脂酰胆碱（卵磷脂）生物合成的重要辅酶，促进卵磷脂合成，修复受损的神经细胞膜，利于神经细胞再生；并能提供胆碱，促进胆碱能神经合成 ACh，增强学习记忆功能。本品具有兴奋网状结构上行激活系统、促进苏醒和恢复大脑功能、降低脑血管阻力、增加脑血流量而促进脑物质代谢等作用。

本品主要用于急性颅脑外伤和脑手术后的意识障碍，也适用于脑梗死、药物急性中毒、酒精中毒、严重感染等所致的意识障碍。用于轻、中度 AD 和 VD 的治疗，可改善患者的认知功能；对非创伤性脑出血患者的肌萎缩症具有改善作用；也可用于耳鸣及神经性耳聋等。脑内出血急性期不宜大量使用。

醋谷胺（aceglutamide，乙酸谷酰胺）

醋谷胺为谷氨酸乙酰化合物，能通过血脑屏障，改善神经细胞代谢，维持神经的兴奋性，并有降低血氨的作用。临床上常用于脑外伤昏迷、肝昏迷、偏瘫、小儿麻痹后遗症、神经性头痛、记忆力障碍及注意力不集中等症。可引起血压下降。

吡硫醇（pyritinol）

吡硫醇系维生素 B_6 的类似物，能促进脑内葡萄糖及氨基酸代谢，增加脑血流量，改善脑功能，对边缘系统和网状结构亦有兴奋作用。适用于脑震荡综合征、脑外伤后遗症、脑膜炎后遗症等引起的头晕、头痛、失眠、注意力不集中、记忆力减退等症状；也可用于脑动脉硬化、AD 等的辅助治疗。不良反应可见皮疹、恶心等。动物实验显示本品有引起子代唇裂的倾向，孕妇及肝功能不全者慎用。

托莫西汀（tomoxetine）

托莫西汀为选择性皮质下区 NA 再摄取抑制剂，能提高突触间隙 NA 浓度。本品早期用于治疗抑郁症，后发现对 ADHD 效果良好，是第一个获美国 FDA 批准用于治疗 ADHD 的非中枢兴奋药。其在我国也作为 ADHD 防治指南中的主要推荐药物，用于治疗 7 岁以上儿童、青少年及成人 ADHD。本品可改善症状，间接促进认知功能，提高注意力，疗效与哌甲酯相当。托莫西汀不改变皮质下区 DA 水平，因而不诱发抽动或加重运动障碍，适用于 ADHD 合并抽动障碍的患儿及 ADHD 合并抑郁或焦虑的患者。

托莫西汀代谢产物 80%以上从肾脏排出。我国有约 1.7%的人为托莫西汀慢代谢型，代谢时间长达 21.6h，血药浓度峰值可达正常代谢型的 2～3 倍，连续用药可能出现患者体内药物蓄积，临床使用时应注意。托莫西汀不良反应发生率与哌甲酯相似，主要表现为服药初期食欲下降、恶心、头痛、头晕、疲倦等，多在服药后 1～2 周消失；约近 0.4%的用药患者可产生自杀念头，应引起注意。

单唾液酸四己糖神经节苷脂（monosialotetrahexosylganglioside）

单唾液酸四己糖神经节苷脂是一种神经保护剂。当中枢神经损伤后，本品可透过血脑屏障与神经细胞膜结合，维持神经细胞膜上 Na^+-K^+-ATP 酶和 Ca^{2+}-Mg^{2+}-ATP 酶的活性，维持细胞内外离子平衡，防止钙超载，促进神经细胞的存活率，改善神经电传导速度，减轻脑水肿；还能改善脑灌注，增加受损局部脑血流，恢复脑电活动，减轻受损脑组织病理形态学改变，对损伤后继发神经退化有保护作用。临床用于治疗 PD、小儿脑瘫、脑血管病变、脊髓损伤及周围神经病变等。少数患者出现皮疹样反应，故对本品过敏、神经节苷脂累积病、肝肾功能严重障碍者禁用。

莫达非尼（modafinil）和阿屈非尼（adrafinil）

莫达非尼和阿屈非尼均为非苯丙胺类精神兴奋药。主要激动中枢神经系统的突触后 α 受体，激活中枢觉醒系统，提高中枢神经系统对外界刺激的敏感性。能改善脑缺氧或衰老所致的脑电图变化，增强记忆力。临床用于老年觉醒障碍和抑郁症、发作性睡病和注意力缺陷等。不良反应可见烦躁不安、短暂发作性兴奋，连续用药可消失。严重肝、肾功能损害者减量。

第五节　中枢兴奋药的合理应用

中枢兴奋药是一类能提高中枢神经系统功能活动的药物，特别是对呼吸中枢多数有兴奋作用，临床上主要用于治疗呼吸衰竭。应用时须注意以下几点。

1. 患者应气道通畅　应没有明显的痰液潴留和气管痉挛等气道阻塞征象，呼吸肌功能正常，否则呼吸兴奋药不仅对呼吸衰竭毫无益处，反而提高呼吸功率，增加耗氧量。

2. 采用综合疗法　应用中枢兴奋药只是抢救呼吸衰竭的综合措施之一，还应采取对因治疗、吸氧、人工呼吸等综合措施，方能取得较好效果。

3. 防止中枢兴奋药过量致惊厥　此类药物大多作用时间短，反复用药易因过量而致惊厥，因此应严格掌握剂量及间隔时间（一般 2～4h 注射一次），密切观察病情变化。当出现躁动、面部肌肉抽搐等症状即为中毒先兆，应立即停药。一旦出现惊厥，可注射地西泮或苯巴比妥钠对抗。

4. 合理选药　应首选安全范围较大的洛贝林、尼可刹米等药物。具体选药原则：①严重疾病或中枢抑制药中毒所致的呼吸抑制及吗啡中毒首选尼可刹米；②新生儿窒息、小儿感染性疾病引起的呼吸衰竭及 CO 中毒首选洛贝林；③对循环衰竭所致的呼吸衰竭，因中枢兴奋药可加重脑细胞缺氧，须慎用；④对呼吸肌麻痹引起的外周性呼吸抑制，中枢兴奋药无效，宜用新斯的明等解救。

咖啡因与哌甲酯对大脑皮质的兴奋作用有什么不同？

附　茶与咖啡中提神的物质——咖啡因

在非洲和中东地区，咖啡是一种流行的饮品。17～18 世纪，咖啡传入欧洲，作为一种具有提神作用的饮品，一直流行到现在。在第一次工业革命后，人们对咖啡中具有提神作用的物质越来越感兴趣，1820 年，德国化学家伦格（Friedlieb Ferdinand Runge）从咖啡豆中提取出一种生物碱，命名为“咖啡因”，后经研究发现咖啡因通过抑制大脑中腺苷受体产生中枢兴奋作用。过量饮用含咖啡因饮料，会摄入过量咖啡因，可引起身体不适，若长期过量摄入咖啡因，会增加肿瘤和骨质疏松的风险。作为化学药品使用时，高纯度的过量咖啡因则可引起中毒。

第四篇
作用于心血管系统的药物

第十九章 抗高血压药

学习目标

1. 清晰表述利尿药、ACEI、ARB、CCB、β 受体阻断药降压的机制和特点、临床应用和不良反应。

2. 掌握抗高血压药的分类及各类的代表药；熟悉其他抗高血压药的药理作用、机制，并能够通过药理作用及机制解释其临床应用和不良反应。

3. 通过对高血压防治指南的更新学习，引导学生如何开展规范诊疗，如何依据临床实际情况选择不同的抗高血压药。

第一节 概 述

一、高血压的定义及分类

高血压（hypertension）是以体循环动脉血压增高为主要表现的一种临床综合征，持续的动脉血压升高可导致心、脑、肾和血管等靶器官病变，引起脑卒中、心肌梗死、心功能及肾功能不全等严重并发症。高血压是临床常见病和多发病，也是心脑血管病的最主要危险因素，世界卫生组织（WHO）将高血压定义为收缩压≥140mmHg 和（或）舒张压≥90mmHg。高血压血压水平分类见表 19-1。通常我们所说的高血压是指原发性高血压，是一种以动脉压升高为特征而病因尚未明确的进行性"心血管综合征"，可伴有血管、心脏、脑和肾等器官功能性或者器质性改变的全身性疾病，已经成为我国心脑血管病（包括冠心病、卒中、心力衰竭和肾衰竭）的最主要危险因素，占高血压患者的 90%～95%。少数高血压是由某些确定的病因引起，称为继发性高血压或症状性高血压，占高血压患者的 5%～10%。根据高血压起病的急缓和病情进展的快慢，又可分为缓进型和急进型高血压。

表 19-1 血压水平的定义和分类

类别	收缩压（SBP，mmHg）	舒张压（DBP，mmHg）
正常血压	＜120 和	＜80
正常高值	120～139 和（或）	80～89
高血压	≥140 和（或）	≥90
1 级高血压（轻度）	140～159 和（或）	90～99
2 级高血压（中度）	160～179 和（或）	100～109
3 级高血压（重度）	≥180 和（或）	≥110
单纯收缩期高血压	≥140 和	＜90

注：当 SBP 和 DBP 分属于不同级别时，以较高的分级为准。

抗高血压药（antihypertensive drugs），是一类能降低血压而用于治疗高血压的药物。合理地应用降压药可有效控制血压，不仅可改善高血压患者的症状，还能延缓因高血压所引发的重要脏器并发症，减少心、脑、肾和血管等靶器官的损伤，从而提高患者的生活质量，降低病死率，延长寿命。

二、抗高血压药的分类

动脉血压形成的基本因素是心排血量和外周血管阻力。心排血量受心脏功能、回心血量和血容量的影响，外周血管阻力受小动脉紧张度的影响。高血压的发病机制尚未完全明了，但目前已知高血压的发生发展与多个系统神经–体液调节机制紊乱有关，如RAAS、交感神经–肾上腺素系统、血管舒缓肽–激肽–前列腺素系统、血管内皮松弛因子–收缩因子等系统都参与了血压的调节（图19-1）。抗高血压药可以作用于血压调节中的一个或多个环节使血压下降。

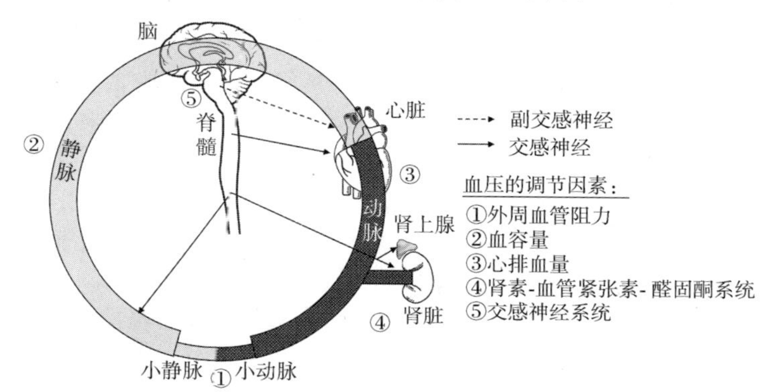

图19-1 血压调节因素模式图

根据抗高血压药的作用和作用部位可将其分为以下几类。

1. 利尿药 氢氯噻嗪、吲达帕胺等。

2. 肾素–血管紧张素系统抑制药

（1）血管紧张素转换酶抑制药（angiotensin converting enzyme inhibitors，ACEI）：卡托普利、依那普利、雷米普利等。

（2）血管紧张素Ⅱ（AngⅡ）受体阻断药：氯沙坦、缬沙坦等。

（3）肾素抑制药：阿利吉仑等。

3. 钙通道阻滞剂 硝苯地平、氨氯地平等。

4. 肾上腺素受体阻断药

（1）β受体阻断药：普萘洛尔、美托洛尔、阿替洛尔、比索洛尔等。

（2）α_1受体阻断药：哌唑嗪、特拉唑嗪、多沙唑嗪等。

（3）α、β受体阻断药：拉贝洛尔、卡维地洛等。

5. 交感神经抑制药

（1）中枢性降压药：可乐定、甲基多巴、莫索尼定等。

（2）神经节阻断药：樟磺咪芬、美卡拉明等。

（3）去甲肾上腺素能神经末梢阻断药：利血平、胍乙啶等。

6. 血管扩张药

（1）血管平滑肌扩张药：肼屈嗪、硝普钠等。

（2）钾通道开放药：米诺地尔。

7. 其他 沙克太宁、酮色林等。

目前临床常用的一线抗高血压药有利尿药、血管紧张素转换酶（ACE）抑制药、血管紧张素Ⅱ

受体阻断药、钙通道阻滞剂、β受体阻断药五大类药物。其他抗高血压药如交感神经抑制药和血管扩张药等较少单独应用，多用于联合用药和复方制剂中。

第二节 常用抗高血压药

一、利尿药

利尿药主要通过排钠利尿、降低高血容量负荷发挥降压作用，可单独使用，也常与其他降压药合用以增强疗效，还可以减轻其他药物引起的水钠潴留，是目前常用的基础抗高血压药。临床以噻嗪类利尿药（thiazide diuretics）为主，其中以氢氯噻嗪最为常用。

氢氯噻嗪（hydrochlorothiazide，双氢克尿噻）

【体内过程】 口服吸收迅速而不完全，分布于各组织，在肾脏中含量最高，肝脏次之，一般口服 1h 后产生降压效应，约 2h 血药浓度达高峰，持续 12～18h。95%经肾脏排泄，也可通过胎盘屏障，并从乳汁排出。$t_{1/2}$ 约为 12h。

【药理作用】 降压作用确切、温和、持久，降压过程平稳，多数患者用药 2～4 周后达到最大效应。一般不引起直立性低血压，长期用药无明显耐受性，但单用降压效能较低，与血管扩张药及某些交感神经抑制药合用，可产生协同或相加作用。

降压机制：①用药初期，利尿药通过排钠利尿，使细胞外液及血容量减少达到降压效果；②长期用药，由于排 Na^+，使血管平滑肌细胞内 Na^+ 含量降低，细胞内 Na^+ 与细胞外 Ca^{2+} 交换减少，减少 Ca^{2+} 内流，导致细胞内 Ca^{2+} 浓度降低，减弱血管平滑肌对去甲肾上腺素等缩血管物质的反应性，松弛血管平滑肌而降压；③诱导血管壁产生缓激肽、PGE_2 等扩血管物质，引起降压。

【临床应用】 单用治疗轻度高血压，尤其适用于老年高血压、单纯收缩期高血压或伴心力衰竭患者。与其他降压药如 β 受体阻断药、ACEI、钙通道阻滞剂等合用治疗中、重度高血压，能克服其他抗高血压药引起的水钠潴留。限制食盐的摄入能增强其降压作用。

【不良反应】 小剂量无明显不良反应，但长期大剂量应用可导致电解质紊乱，如低血钠、低血钾、高血钙，用药时适度限钠、注意补钾或与留钾利尿药、β受体阻断药、血管紧张素系统抑制药合用可减少不良反应的发生；对糖代谢及脂质代谢产生不良影响，如高血糖、高血脂，故高血压患者合并有糖尿病或高脂血症者慎用。另外，氢氯噻嗪还会引起高尿酸血症，因此痛风患者慎用。

吲达帕胺（indapamide）

吲达帕胺为非噻嗪类吲哚衍生物。口服吸收较为迅速完全，不受食物影响。经肝脏代谢，代谢产物 70%由肾脏排泄，5%～7%以原形从尿中排泄。$t_{1/2}$ 约为 13h。是新型长效降压药，对血管平滑肌选择性较高，可明显舒张外周血管，降低外周阻力，降压作用强而持久，长期应用可减轻左心室肥厚。适用于轻度和中度高血压，伴有水肿者更适宜，特别是高血压伴高脂血症患者。每日服药 1 次，降压作用可维持 24h。不良反应少，对血糖和血脂代谢无明显影响，故伴有高脂血症患者可用吲达帕胺代替噻嗪类利尿药。严重肝、肾功能不全和急性脑血管疾病患者禁用。

二、肾素-血管紧张素系统抑制药

（一）肾素-血管紧张素系统

肾素-血管紧张素系统（renin-angiotensin system，RAS）是由肾素（renin）、血管紧张素原（angiotensinogen）、血管紧张素转化酶（angiotensin converting enzyme，ACE）、血管紧张素

（angiotensin，Ang）及其相应的受体构成。RAS 不仅存在于体液系统，也存在于肾脏、心脏、血管与脑组织中，协同激肽系统调节局部的生理病理过程。

1. 肾素和血管紧张素原　肾素是一种酸性蛋白水解酶，由肾近球细胞分泌，能够水解由肝生成的血管紧张素原（属 α 球蛋白），生成 Ang Ⅰ。交感神经张力、肾内压力、远曲小管中的 Na^+浓度及化学和药物等因素影响肾素的合成和释放。

2. 血管紧张素转化酶　又称激肽酶Ⅱ（kininaseⅡ）。ACE 对底物的选择性不高，不但可以降解 AngⅠ为 AngⅡ，也能降解缓激肽、P 物质与内啡肽，使之失活。此外，机体还存在着非 ACE 途径产生 AngⅡ，即在人体的心脏与血管局部的糜酶（chymase，Chy）也可将 AngⅠ转化为 AngⅡ。

3. 血管紧张素及其受体　血管紧张素原在多种酶的催化下，生成一系列血管紧张素，包括血管紧张素Ⅰ（angiotensinⅠ，AngⅠ）、血管紧张素Ⅱ（angiotensinⅡ，AngⅡ）、血管紧张素Ⅲ（angiotensin Ⅲ，AngⅢ）及血管紧张素 1-7（angiotensin 1-7，Ang 1-7）等。AngⅠ是 AngⅡ的前体，无特异性受体，生物活性很低。AngⅡ是 RAS 的主要活性肽，可以作用于血管紧张素受体（angiotensin receptor，AT）亚型 1，即 AT_1 受体。AT_1 受体分布于心、血管、肾、肾上腺、肝、脑、肺等多种器官和组织。AT_1 受体被激活时产生收缩血管、促进肾上腺皮质释放醛固酮、增加血容量、升高血压等作用，长期刺激具有生长激素样作用，促进心肌肥大与纤维化、血管增生及动脉粥样硬化等病理过程。AngⅡ也可作用于血管紧张素受体亚型 2（AT_2）。AT_2 受体分布于胎儿组织，出生后表达迅速衰减，故认为与胎儿发育有关。它能激活缓激肽 B_2 受体与 NO 合酶，促进 NO 合成、舒张血管、降低血压。

作用于 RAS 的抗高血压药包括 ACEI、血管紧张素Ⅱ受体阻断药和肾素抑制药（图 19-2）。

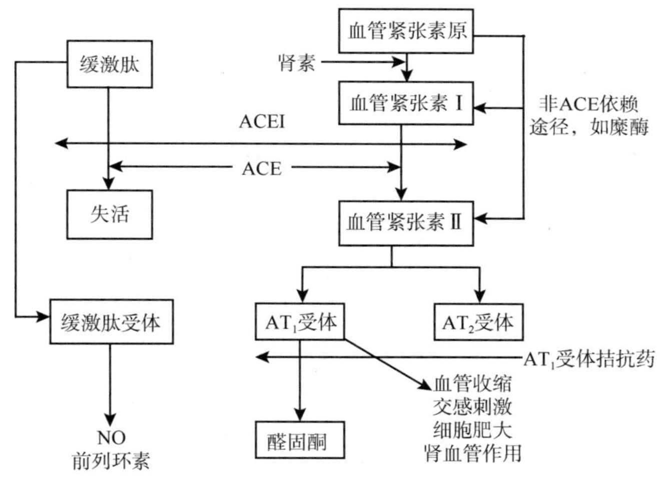

图 19-2　肾素-血管紧张素系统

（二）血管紧张素转换酶抑制药

1. 药理作用

（1）减少 AngⅡ生成：ACEI 通过抑制 AngⅡ的生成，从而减弱 AngⅡ收缩血管、刺激醛固酮释放、增加血容量、升高血压及促心血管肥大增生等作用，有利于高血压、心力衰竭与心血管重构的防治。

（2）抑制缓激肽降解：ACEI 在抑制 AngⅡ生成的同时也抑制了缓激肽的降解。目前认为缓激肽一方面可直接扩张血管，另一方面可使 NO 和 PGI_2 生成增加，而 NO 与 PGI_2 都有舒张血管、降低血压、抗血小板聚集、抗心血管细胞肥大增生和重构作用。

（3）保护血管内皮细胞：ACEI 能减轻高血压、心力衰竭、动脉硬化与高血脂引起的内皮细胞功能损伤，改善内皮细胞依赖性的血管舒张作用。

（4）保护心肌：ACEI 有抗心肌缺血与梗死作用，能减轻心肌缺血再灌注损伤，拮抗自由基对心肌的损伤效应。

（5）增加胰岛素受体敏感性：多数 ACEI 能增加糖尿病与高血压患者对胰岛素的敏感性。

2. 临床应用

（1）高血压：ACEI 单用即可有效控制轻至中度高血压。合用利尿药可增加降压效果，比单纯增加 ACEI 剂量更有效。ACEI 对肾血管性高血压患者降压效果尤为明显。ACEI 对心、肾、脑等器官有保护作用，且能减轻心肌肥厚，改善或逆转心血管病理性重构。ACEI 可作为首选药，用于伴有心力衰竭、糖尿病或肾病的高血压患者。

（2）充血性心力衰竭与心肌梗死：ACEI 能降低心力衰竭患者的死亡率，改善充血性心力衰竭预后，延长寿命，效果优于其他血管舒张药和强心药。ACEI 能降低心肌梗死并发心力衰竭的病死率，且能改善血流动力学和组织器官灌流。

（3）糖尿病肾病和其他肾病：ACEI 能改善或阻止肾功能恶化。除多囊肾外，ACEI 对其他原因引起的肾功能障碍如高血压、肾小球病变、间质性肾炎等也有一定疗效，且能减轻蛋白尿。其肾脏保护作用主要是通过舒张肾小球出球小动脉发挥，与降压作用无关。但对肾动脉阻塞或肾动脉硬化造成的双侧肾血管病，ACEI 则会加重肾功能损伤。

3. 不良反应

（1）首剂低血压：常见于口服吸收快、生物利用度高的 ACEI。

（2）无痰干咳：较常见，也是患者不能耐受而被迫停药的主要原因。偶尔有支气管痉挛性呼吸困难，可伴有咳嗽。咳嗽与支气管痉挛的原因可能与 ACEI 使缓激肽和（或）前列腺素、P 物质水解减少，在肺内蓄积有关。

（3）高血钾：ACEI 抑制 AngⅡ生成，使依赖 AngⅡ的醛固酮分泌减少，引起血钾升高，在肾功能障碍患者与同时服用保钾利尿药的患者中更多见。

（4）低血糖：ACEI 特别是卡托普利能增加机体对胰岛素的敏感性，因此常引起低血糖。

（5）肾功能损伤：ACEI 可加重肾动脉阻塞或肾动脉硬化造成的双侧肾血管病变患者的肾功能损伤，引起血浆肌酐浓度升高，甚至产生氮质血症，偶有不可逆性肾功能减退发展为持续性肾衰竭者。这是因为 ACEI 减弱了 AngⅡ收缩出球小动脉维持肾灌注压的作用，同时，ACEI 舒张出球小动脉，降低肾灌注压，导致肾滤过率与肾功能降低，但停药后常可恢复。

（6）胎儿畸形：妇女妊娠的第二期与第三期服用 ACEI，可引起胎儿畸形、胎儿发育不良甚至死胎，因此，一旦证实妊娠应立即停药。

（7）血管神经性水肿：常见于嘴唇、舌、口腔、鼻部与面部其他部位。偶可发生于喉头，威胁生命。多发生于用药的第 1 个月，因此，一旦发生应停药。血管神经性水肿的发生机制与缓激肽或其代谢产物有关。

（8）皮疹：多为瘙痒性丘疹，常发生于用药几周内，急性服药常可自行消退。

目前被批准上市的高效、长效且不良反应较少的 ACEI 已有 20 余种。据化学结构将此类药物分为 3 类：含巯基（—SH）类，如卡托普利、阿拉普利等；含羧基（—COOH）类，如依那普利、赖诺普利等；含次磷酸基（POO—）类，如福辛普利等。另外，依那普利和福辛普利为前体药物，需要在体内被转化后才能发挥药理作用。

卡托普利（captopril，开博通）

1981 年，卡托普利作为首个 ACEI 获准治疗高血压。

【体内过程】 口服吸收快，生物利用度约为 75%。食物可减少其吸收，宜在饭前 1h 服用。给药后 1h 血药浓度达峰值。血浆蛋白结合率约为 30%。体内分布广，但分布在中枢神经系统和哺乳期妇女乳汁中的浓度较低，$t_{1/2}$ 为 2～3h。部分在肝脏代谢，40%～50%原形药物随尿排出，其余部分则以其代谢物形式从肾脏排泄。

【药理作用】 具有轻至中等强度的降压作用，可降低外周阻力，增加肾血流量，不伴有反射性心率加快。降压机制：卡托普利在体内外均能抑制 ACE，使 AngⅠ转变为 AngⅡ减少，扩张血管，降低外周阻力，从而产生降压作用；可抑制缓激肽降解，使缓激肽增多；促进 NO 和 PGI_2 的生成，增强血管扩张效应。卡托普利也可抑制交感神经活性，使血管扩张，血压下降，可逆转高血压患者左心室肥厚和心血管组织重构，能降低肾血管阻力，使肾血流量增加。卡托普利还能增加糖尿病及高血压患者对胰岛素的敏感性。

【临床应用】 适用于各型高血压。单用时降压效果为 50%～60%，与其他降压药合用疗效可增至 80%～90%。尤其适用于高血压伴有左心室肥厚、心力衰竭、糖尿病肾病及胰岛素抵抗、急性心肌梗死患者，可明显改善生活质量且无耐受性，连续用药 1 年以上疗效不会下降，而且停药不反跳。与利尿药或 β 受体阻断药联合用于重型及顽固性高血压疗效较好。

【不良反应】 主要不良反应为刺激性干咳、皮疹、瘙痒、嗅觉改变等。久用因减少醛固酮的分泌，可致高血钾。少数患者可发生中性粒细胞减少，应定期检查血常规。少数患者出现血管神经性水肿。

【禁忌证】 禁用于双侧肾动脉狭窄者和孕妇。

（三）血管紧张素Ⅱ受体阻断药

血管紧张素Ⅱ受体（AT_1受体）阻断药可阻断 ACE 途径和非 ACE 途径（如糜酶途径）几乎所有血管紧张素Ⅱ的生成；不影响缓激肽等物质的生化代谢，几乎不出现干咳、血管神经性水肿不良反应；与 ACEI 相比，具有作用专一的特点。AT_1受体阻断药通过阻断 AT_1受体，使 AngⅡ收缩血管的作用被抑制，同时也减少了 AngⅡ对肾上腺皮质的刺激，减少醛固酮的释放，减轻水钠潴留，进而引起血压降低。AT_1受体被阻断后，会反馈性地增加血浆肾素水平，引起血浆 AngⅡ浓度升高。但由于此时 AT_1 受体已被阻断，故这些反馈性作用难以表现。但是血浆中升高的 AngⅡ通过激活 AT_2受体，可激活缓激肽-NO 途径，产生舒张血管、降低血压、抑制心血管重构等效应，有利于高血压与心力衰竭的治疗。

氯沙坦（losartan，洛沙坦）

【体内过程】 口服吸收良好，首关消除明显，生物利用度约为 33%，$t_{1/2}$ 为 2h，血浆蛋白结合率＞99%。每日服药 1 次，降压作用可维持 24h。

【药理作用】 竞争性阻断 AT_1受体，是第一个用于临床的口服非肽类 AT_1受体阻断药，可选择性地与 AT_1受体结合，拮抗 AngⅡ的缩血管作用，使血压下降。具有高效、长效、低毒的特点。其降压不影响心率，略增加肾血流，保持肾小球滤过率，增加尿酸排出。

【临床应用】 用于治疗各型高血压，尤其适用于有使用 ACEI 适应证，但因严重咳嗽不能耐受的患者。对伴有肾病、糖尿病和慢性心功能不全的患者有良好疗效。若用药 3～6 周后血压下降仍不理想，可加用利尿药。

【不良反应】 不良反应较少，咳嗽及血管神经性水肿发生率等较低，可引起头晕和直立性低血压。

【禁忌证】 禁用于孕妇、哺乳期妇女及肾动脉狭窄者。低血压、严重肾功能不全和肝病患者慎用。

（四）肾素抑制药

肾素是 RAS 系统起始的第 1 个特异性限速酶。肾素抑制药通过抑制肾素活性，使血管紧张素原生成 AngⅠ减少，进而 AngⅡ降低，血压下降。理论上肾素抑制药与 ACEI 或 AT_1受体阻断药合用，可增加降压作用，并克服 ACEI、AT_1受体阻断药引起血浆肾素活性升高所致的风险。但实际应用显示，肾素抑制药与 ACEI 或 AT_1受体阻断药合用，虽然降压疗效增强，但不良反应也随之增加，因此，应避免合用。但此药作用较强，口服有效，在降压的同时增加有效肾血流量。对不宜用 ACEI 的患者可试用此类药物。

阿利吉仑（aliskiren）

阿利吉仑是 2007 年批准的首个非肽类肾素抑制药，也是目前用于临床的唯一肾素抑制药。

【体内过程】 口服吸收快，血药浓度于 1～3h 后达到峰值；生物利用度低，仅 2.5%；半衰期长，约 40h；大多数（90%）通过胆汁进入肠道经粪便以原形排泄。肝、肾疾病患者药动学无明显改变，不需要调整剂量。

【药理作用】 可选择性抑制肾素活性，剂量依赖性地降低血管紧张素Ⅱ水平，从而发挥降压作用。用药后也可使血浆肾素浓度异常升高，但肾素活性是被抑制的，这与 ACEI 和 AT_1受体阻断药有所不同。

【临床应用】 采用 150～300mg 剂量治疗高血压，因为 75mg 剂量疗效不够，而 600mg 剂量会增加不良事件发生率。适用于各型高血压。单用的降压疗效与 AT_1受体阻断药相当，略优于 ACEI。降压疗效持久，控制血压较好。阿利吉仑与氢氯噻嗪或氨氯地平合用降压疗效增强，副作用减少，也可三药合用。

【不良反应】 可出现腹泻，但无干咳、血管神经性水肿等不良反应。阿利吉仑与 AT_1受体阻断药或 ACEI 合用，低血压、高血钾、肾衰竭等不良事件增加。

三、钙通道阻滞剂

钙通道阻滞剂（calcium channel blockers）又称钙拮抗药，能选择性阻滞电压门控钙通道，抑制细胞外 Ca^{2+}内流，使进入细胞内的 Ca^{2+}含量减少，导致小动脉平滑肌舒张、外周阻力降低而发挥降压作用。钙通道阻滞剂从化学结构上分为二氢吡啶类和非二氢吡啶类。前者对血管平滑肌选择性高，血管扩张明显，且对心脏影响较小，是治疗高血压的重要药物，特别适用于伴有低肾素水平的患者，以及伴有心绞痛或心律失常的高血压患者。常用的有硝苯地平、尼群地平、尼莫地平、尼索地平、氨氯地平等。后者选择性较差，对心脏和血管均有作用，常用的有维拉帕米、地尔硫䓬等。各类钙通道阻滞剂对心脏和血管的选择性不同，对心脏的作用最强的药物是维拉帕米。对血管的作用最强的是氨氯地平和尼莫地平，尤其对冠状动脉选择性更高，尼莫地平可以选择性舒张脑血管。钙通道阻滞剂在降压的同时不减少心、脑、肾等重要器官的血流量；还能抑制血小板聚集，增加红细胞变形能力，降低血液的黏稠度，长期应用可逆转或改善高血压引起的左心室肥厚和血管肥厚，增加血管的顺应性，改善高血压患者预后。

硝苯地平（nifedipine，心痛定）

【体内过程】 为短效制剂，口服 15～20min 起效，血浆蛋白结合率为 92%～95%，$t_{1/2}$为 2～5h，在肝内代谢，经肾脏排泄。

【药理作用】 作用于血管平滑肌细胞膜 L 型钙通道，通过抑制 Ca^{2+}从细胞外进入细胞内，而使细胞内 Ca^{2+}浓度降低，导致小动脉扩张，总外周血管阻力下降而降低血压。由于血压下降，可引起反射性交感神经兴奋，表现为心率加快、心排血量增加、血浆肾素活性增高，合用 β 受体阻断药可对抗这些作用并增强降压效应。

【临床应用】 临床用于轻、中、重度高血压。对高血压伴有心绞痛、脑血管疾病、肾功能不良者疗效较好。可单用，目前多推荐使用缓释与控释剂型，适用于高血压的长期治疗。也可以与其他药物合用，如与 β 受体阻断药普萘洛尔合用，以消除因扩血管作用所产生的反射性心动过速。也可与利尿药合用以消除因扩血管作用可能引起的水钠潴留，并加强其降压效果。

【不良反应】 主要由于血管舒张作用所引起，有面部潮红、头痛、眩晕、心悸、踝部水肿等。部分患者心绞痛加重。

【禁忌证】 低血压、肥厚型梗阻性心肌病及严重主动脉缩窄者禁用。心力衰竭极有可能发展为心肌梗死的不稳定型心绞痛发作时慎用。

氨氯地平（amlodipine，络活喜）

氨氯地平为新一代长效二氢吡啶类钙通道阻滞剂，起效缓和，维持时间长，降压平稳，口服吸收好，生物利用度高，每日只需服药 1 次，降压作用可维持 24h，血药浓度较稳定，可减少血压波动造成的器官损伤，为目前治疗原发性高血压的常用药，也可用于稳定型与变异型心绞痛。不良反应与硝苯地平相似，但发生率低，由血管扩张引起的头痛、面红、心率加快等症状不明显。

四、肾上腺素受体阻断药

（一）β 受体阻断药

β 受体阻断药广泛用于不同程度的高血压。尽管不同的 β 受体阻断药在许多方面如脂溶性、对 β_1 受体的选择性、内在拟交感活性及膜稳定性等方面有所不同，但均有降压作用。长期应用一般不引起水钠潴留，亦无明显的耐受性。不具内在拟交感活性的 β 受体阻断药可增加血浆三酰甘油浓度，降低高密度脂蛋白胆固醇，而有内在拟交感活性的 β 受体阻断药对血脂影响很小或无影响。

普萘洛尔（propranolol，心得安）

【体内过程】 脂溶性高，口服吸收完全，首关消除显著，生物利用度约为 25%，个体差异大，$t_{1/2}$ 约为 4h，但降压作用持续时间较长，可 1～2 次/日。

【药理作用】 为非选择性 β 受体阻断药，对 β_1、β_2 受体都有作用，无内在拟交感活性。用药初期，使心率减慢、心排血量降低、外周阻力增加、血压不变或略降；长期用药，外周阻力降低、心排血量仍减少、收缩压和舒张压均下降。通过减少心排血量、抑制肾素释放、在不同水平通过抑制交感神经活性（中枢部位、压力感受性反射及外周神经水平）、增加前列环素的合成等多种机制产生降压作用。

【临床应用】 用于各种程度的原发性高血压。作为一线降压药可单独使用，也可与其他降压药联合应用，对年轻高血压患者、心排血量及肾素活性偏高者疗效较好，对高血压伴有心绞痛、偏头痛、焦虑症等选用 β 受体阻断药较为合适。

【不良反应】 常见的不良反应有眩晕、疲倦、嗜睡、胃肠紊乱（恶心、腹泻等），较严重的有心动过缓、充血性心力衰竭、房室传导阻滞、支气管痉挛、低血糖、外周血管收缩甚至痉挛、雷诺症状、疲劳、失眠、精神忧郁、性欲减退等。长期或大量使用还可使血清高密度脂蛋白降低、总胆固醇与三酰甘油水平升高。若突然停药，还可引起严重的心律失常或心绞痛发作。

【禁忌证】 窦性心动过缓、重度房室传导阻滞、支气管哮喘患者禁用；高脂血症、甲状腺功能亢进、糖尿病患者慎用。

阿替洛尔（atenolol）

阿替洛尔降压机制与普萘洛尔相同，对心脏的 β_1 受体有较大的选择性，对血管及支气管的 β_2 受体的影响较小，但较大剂量时也有作用。口服吸收完全，生物利用度为 40%～50%，$t_{1/2}$ 为 3～4h，主要在肝脏代谢，10%以原形经肾脏排泄，无膜稳定作用和内在拟交感活性。用于各种程度高血压的治疗，开始口服一次 12.5mg，一日 1～2 次，以后可逐渐增加剂量至一次 50mg，一日 2 次。老年高血压患者及肾功能不良者，适当减量。

（二）α_1受体阻断药

α_1受体阻断药可选择性阻断血管平滑肌突触后膜α_1受体，使血管扩张，外周阻力降低及回心血量减少。目前临床常用的α_1受体阻断药有哌唑嗪、特拉唑嗪，还有近年来问世的多沙唑嗪、曲马唑嗪。

哌唑嗪（prazosin）

【体内过程】 口服易吸收，口服后1～3h血药浓度达高峰，降压作用可维持6～8h，大部分经肝代谢，仅10%以原形经肾脏排泄，$t_{1/2}$约为3h。

【药理作用】 选择性阻断血管平滑肌突触后膜α_1受体，使小动脉和小静脉舒张，外周血管阻力降低，血压下降。降压时不伴有反射性心率加快和肾素释放，对肾血流量及肾小球的滤过率也无明显影响。长期服用对脂质代谢产生有益的影响，而对糖代谢并无不良作用。使前列腺增生患者排尿困难减轻。

【临床应用】 可单独治疗轻、中度高血压或伴有肾功能不全、高脂血症、前列腺增生的患者。与利尿药和β受体阻断药合用可增强降压作用。

【不良反应】 主要不良反应为首次用药时出现“首剂现象”，即在首次服用哌唑嗪30～90min出现严重直立性低血压，表现为晕厥、心悸等。将首次剂量减半，临睡前服用可避免。其他不良反应常见口干、头痛、鼻塞、乏力、心悸等。

（三）α、β受体阻断药

拉贝洛尔（labetalol）

拉贝洛尔为非选择性β受体阻断药，兼有α_1受体阻断作用。口服吸收迅速，用药后1～2h血药浓度达峰值，$t_{1/2}$为2～8h，具有高度亲脂性，主要由肝代谢。治疗高血压的初用剂量为口服，一次100mg，一日2次，以后每隔2～3日增加一次100mg，一日2次，一般维持剂量为一次200～400mg，一日2次。其降压作用出现较快，但作用较温和，对心率影响不明显。临床可用于各型高血压及高血压急症、妊娠期高血压、嗜铬细胞瘤、麻醉或手术时高血压，尤其是伴有心绞痛的高血压患者。合用利尿药可增强其降压效果。此药可诱发支气管哮喘，头皮刺麻感是此药的特殊反应，其他尚有胃肠道反应、头痛、乏力和过敏现象。

卡维地洛（carvedilol）

卡维地洛为新一代α、β受体阻断药，口服吸收快，首关消除显著，单次口服25mg或50mg后1～2h即可达到血药浓度峰值，生物利用度为22%，$t_{1/2}$为6～9h。对心脏产生较好的保护作用，还具有扩张微血管、改善微循环、清除氧化自由基、阻断钙通道等特点，临床广泛应用于轻度至中度高血压的治疗，对伴有肾功能不全或糖尿病患者的治疗效果较好。

第三节 其他抗高血压药

一、交感神经抑制药

（一）中枢性降压药

中枢性降压药包括可乐定（clonidine）、甲基多巴（methyldopa）、莫索尼定（moxonidine）和利美尼定（rilmenidine）等。第一代典型代表药为可乐定，可乐定虽然有较好的降压效果，曾广泛用于高血压的治疗，但由于口干、嗜睡、阳痿、停药后血压反跳等严重不良反应在临床已较少使用。莫索尼定为可乐定类似物，是第二代中枢性降压药中的代表药，是一种比较有效的抗高血压药，降压效果与可乐定相仿，但镇静、口干等不良反应较第一代明显减轻，停药时也不产生反跳现象，且具有高效、长效的优点。

可乐定（clonidine）

【体内过程】 口服易吸收，生物利用度为75%，服后1.5～3h血药浓度达峰值，$t_{1/2}$为5.2～13h，体内分布均匀，易透过血脑屏障。50%经肝代谢，50%以原形随尿排泄。

【药理作用】 可乐定降压作用中等偏强，并可抑制胃肠分泌及运动，其降压机制主要是激动延髓嘴端腹外侧区（rostral ventrolateral medulla，RVLM）的I_1咪唑啉受体（I_1受体，imidazoline-I_1），使交感神经张力下降、外周血管阻力降低。此外，降压作用也与激动延髓背侧孤束核突触后膜α_2受体，抑制交感神经中枢的传出冲动，使外周血管扩张，血压下降有关。过大剂量的可乐定也可兴奋外周血管平滑肌上的α_2受体，引起血管收缩，使降压作用减弱。另外，可乐定还可以通过激动中枢α_2受体，兴奋抑制性神经元而发挥镇静作用。

【临床应用】 用于其他抗高血压药无效的中度高血压的治疗。可乐定可抑制胃肠道的分泌和运动，尤其适用于伴有溃疡病的高血压患者。也用于吗啡类药成瘾者的戒毒治疗，还可用于偏头痛的预防。其溶液滴眼剂用于治疗开角型青光眼。

【不良反应】 有口干、便秘、嗜睡、眩晕、阳痿、腮腺肿痛等。久用可致水钠潴留，与利尿药合用可减轻。长期服用突然停药可出现短时间的交感神经功能亢进现象，如头痛、心悸、出汗、精神激动、血压骤升等，可能是突然停药引起NA大量释放所致，可用α受体阻断药酚妥拉明对抗血压的骤升，此时仍可继续用可乐定治疗。

莫索尼定（moxonidine）

莫索尼定为第二代中枢性降压药，作用强度与可乐定相似，选择性作用于中枢延髓嘴端腹外侧区I_1咪唑啉受体，具有高度选择性和亲和力。口服吸收较快、完全，血浆$t_{1/2}$为2.5h。长期用药有良好的降压效果，并能逆转高血压患者的心肌肥厚，可用于治疗轻、中度高血压。口服一次0.2mg，一日1～2次。由于莫索尼定对中枢及外周α_2受体作用较弱，因此嗜睡、口干等不良反应少见，无停药反跳现象。

（二）神经节阻断药

樟磺咪芬（trimetaphan camsylate）、美卡拉明（mecamylamine）、六甲溴铵（hexamethonium bromide）等为神经节阻断药，能够阻断交感神经节和副交感神经节。阻断交感神经节支配占优势的血管，可使血管扩张，血压显著下降，但因为同时阻断副交感神经节，所以不良反应较多而且严重，目前仅用于高血压危象、主动脉夹层动脉瘤、外科手术中的控制性低血压等。

（三）去甲肾上腺素能神经末梢阻断药

此类药物作用于去甲肾上腺素能神经末梢部位，通过影响儿茶酚胺的储存和释放而产生降压作用，代表药有利血平和胍乙啶。利血平通过抑制囊泡的胺泵摄取NA而引起递质储存耗竭，使交感神经功能减弱而致血压下降，降压作用缓和持久。由于利血平不良反应多，现已少用。胍乙啶通过影响NA释放，使交感神经兴奋性降低，小动脉扩张，血压下降，但是直立性低血压明显，在降压的同时，易引起肾、脑血流量减少。主要用于重症高血压。

二、血管扩张药

（一）血管平滑肌扩张药

血管平滑肌扩张药通过直接扩张血管，降低外周阻力而产生降压作用。根据药物对动脉和静脉的选择性不同，分为主要扩张小动脉药和扩张小动脉与静脉药。扩张小动脉药如肼屈嗪，对容量血管无明显作用，通过扩张小动脉，使外周阻力下降而降低血压；同时通过压力感受性反射兴奋交感神经，出现心率加快、心肌收缩力加强，心排血量增加，从而部分对抗其降压效力；且有心悸、诱发心绞痛等不良反应；还可反射性激活 RAS，增加肾上腺醛固酮分泌，导致水钠潴留。扩张小动脉与静脉药如硝普钠对小动脉和静脉均有扩张作用，由于扩张静脉，使回心血量减少，因此不增加心排血量，但也会反射性兴奋交感神经。由于这类药物不良反应较多，一般不单独用于治疗高血压，仅在利尿药、β 受体阻断药或其他降压药无效时才加用此类药物。

硝普钠（sodium nitroprusside）

【体内过程】 口服不吸收，静脉滴注给药 1～2min 血压明显下降，停药 5min 内血压回升至给药前水平。本品对光敏感，易被破坏，药液宜新鲜配制，避光保存和使用。

【药理作用】 可直接舒张小动脉和静脉平滑肌，属于硝基扩血管药。在血管平滑肌内代谢产生一氧化氮，一氧化氮激活鸟苷酸环化酶，促进 cGMP 生成，从而产生强大的舒张血管作用。本品属于非选择性血管扩张药，很少影响局部血流分布。一般不降低冠脉血流、肾血流及肾小球滤过率。

【临床应用】 适用于高血压急症及高血压危象、高血压脑病、恶性高血压等，以及高血压合并急性心肌梗死或冠状动脉功能不全者，也可用于高血压伴有心力衰竭者和手术麻醉时的控制性低血压。

【不良反应】 静脉滴注时可出现恶心、呕吐、精神不安、肌肉痉挛、头痛、皮疹、出汗、发热等。大剂量或连续使用（特别在肝、肾功能损害的患者），可引起血浆氰化物或硫氰化物浓度升高而中毒，可导致甲状腺功能减退。用药时须严密监测血浆氰化物浓度。

【禁忌证】 肝肾功能不全者禁用。

（二）钾通道开放药（钾外流促进药）

钾通道开放药（potassium channel openers, KCO）有米诺地尔（minoxidil）、吡那地尔（pinacidil）、尼可地尔（nicorandil）等。这类药物可促进钾通道开放、血管平滑肌舒张、血压下降，是一类新型的血管扩张药。

米诺地尔（minoxidil，长压定）

【体内过程】 口服易吸收，生物利用度约为 90%。给药后 1h 血药浓度达峰值，$t_{1/2}$ 为 4h，在肝内代谢，代谢产物随尿排出。

【药理作用】 可激活 ATP 敏感性钾通道，促进细胞内 K^+ 外流，使血管平滑肌细胞膜超极化，导致血管舒张，血压下降。主要舒张小动脉，降低外周血管阻力使血压下降。降压时引起反射性交感神经兴奋，使心率加快和心排血量增加。是很强的肾血管扩张剂，可使肾血流增加，偶尔可因血压显著下降而致肾血流量减少。

【临床应用】 用于重度原发性和肾性高血压，不宜单独使用。开始口服一次 2.5mg，一日 1～2 次，逐渐增至一次 5～10mg，一日 1～2 次，一般不超过一日 40mg。

【不良反应】 不良反应较多，如有水钠潴留、心率加快、多毛症。

三、其　　他

尚有作用机制与上述药物不同，但具有明显抗高血压作用的其他药物，如沙克太宁（cicletanine，西氯他宁），属呋喃吡啶类，能增加前列环素的合成等；酮色林（ketanserin），具有阻断 $5\text{-}HT_{2A}$ 受体和轻度的 M 受体阻断作用；波生坦（bosentan），为非选择性内皮素受体阻断药。这些药物作为抗高血压药目前尚较少应用。

第四节 抗高血压药的应用原则

持续的血压升高可伴有血管、心脏、脑和肾等器官功能性或器质性改变，已经成为我国心脑血管病的最主要危险因素。但是我国高血压患者的知晓率、治疗率处于较低水平。而且近几年随着社会经济的高速发展、不良生活方式的出现和人口老龄化的加速等原因，高血压的发病率呈逐渐上升趋势，成为危害人们身体健康最严重的疾病之一。高血压的主要治疗目标是使高血压患者的血压达到目标水平，最大限度地降低心血管并发症发生与致死的总体危险，需要治疗所有可逆性心血管危险因素、亚临床靶器官损害及各种并存的临床疾病。原则是坚持治疗，使血压达标，能最大限度地减少、延缓并发症的发生，提高生活质量，延长寿命。所以必须坚持长期规范合理服用降压药。

一、有效降压，平稳降压

在患者能耐受的情况下，逐步降压达标。一般高血压患者，应将血压降至 140/90mmHg 以下。65 岁及以上老年人的收缩压应控制在 150mmHg 以下，如能耐受还可进一步降低。伴有肾脏疾病、糖尿病或病情稳定的冠心病的高血压患者治疗更宜个体化，一般可以将血压降至 130/80mmHg 以下。脑卒中后的高血压患者一般降压目标为＜140/90mmHg。处于急性期的冠心病或脑卒中患者，应按照相关指南进行血压管理。舒张压低于 60mmHg 的冠心病患者，应在密切监测血压的前提下逐渐实现收缩压达标。应及时将血压降低到上述目标血压水平，但并非越快越好，应平稳降压。大多数高血压患者，应根据病情在数周至数月内将血压逐渐降至目标水平。年轻、病程较短的高血压患者，可较快达标。但老年人、病程较长或已有靶器官损害或并发症的患者，降压速度宜适度缓慢。

二、根据高血压程度选药

1 级高血压患者即收缩压 140～159mmHg 和（或）舒张压 90～99mmHg，可首先采用非药物疗法，即减少钠盐摄入、增加钾盐摄入、控制体重、不过量饮酒、定期体育锻炼、减轻精神压力等，在生活方式干预数周后，血压仍≥140/90mmHg 时再开始降压药物治疗。常用降压药物包括钙通道阻滞剂、ACEI、AT_1 受体阻断药、利尿药和 β 受体阻断药五类均可用于高血压的初始治疗和维持治疗。一般而言，高盐膳食及老年患者、单纯收缩期高血压患者，对钙通道阻滞剂、噻嗪类利尿药的降压反应较好。青、中年患者则对 ACEI 或 AT_1 受体阻断药、β 受体阻断药反应较好；伴代谢异常者，对 ACEI 或 AT_1 受体阻断药反应较好。此外，α 受体阻断药、中枢降压药、直接扩血管药有时亦可应用于某些高血压人群。

三、高血压并发症和特殊人群的药物选择

1. 伴冠心病 首先确保患者获得适当的冠心病治疗，主要有阿司匹林、β 受体阻断药和他汀类药物等。对稳定型心绞痛患者可加用长效钙通道阻滞剂，心肌梗死后患者加用 ACEI 或 AT_1 受体阻断药。

2. 伴脑卒中 常用的五类降压药均可用于脑卒中的二级预防，其中利尿药和钙通道阻滞剂在我国应用较多，预防脑卒中效果良好。

3. 伴肾脏疾病 优先考虑应用 ACEI 或 AT_1 受体阻断药，血压不能有效控制者，加用钙通道阻滞剂或小剂量利尿药。肾功能严重障碍者，慎用或不用 ACEI、AT_1 受体阻断药，可用钙通道阻滞

剂、呋塞米（速尿）等。

4. 老年高血压 常用的五大类降压药物均可以选用。对于合并前列腺增生或使用其他降压药而血压控制不理想的患者，α 受体阻断药亦可以应用，同时注意防止直立性低血压等不良反应。对于合并双侧颈动脉狭窄≥70%并有脑缺血症状的患者，降压治疗应慎重，不应过快、过度降低血压。

5. 高血压急症、高血压危象 高血压急症口服卡托普利、硝苯地平等；高血压危象临床常采用静脉滴注血管扩张药硝普钠。

6. 妊娠期高血压 妊娠期间禁用 ACEI 或 AT_1 受体阻断药。必要时谨慎使用降压药。常用的静脉降压药物有拉贝洛尔和硫酸镁；口服药物包括 β 受体阻断药、阿米洛利、肼屈嗪或钙通道阻滞剂等；硫酸镁是治疗严重先兆子痫的首选药物。

四、降压药物应用的基本原则

1. 小剂量开始 绝大多数患者需要长期甚至终身服用降压药。小剂量开始有助于观察治疗效果和减少不良反应。如效果欠佳，可逐步增加剂量。

2. 优先应用长效制剂 尽可能使用每日给药 1 次，有持续 24h 降压作用的长效药物，以有效控制夜间血压与晨峰血压，更有效预防心脑血管并发症发生。如使用中、短效制剂，则需给药一日 2～3 次，以达到平稳控制血压。

3. 靶器官保护 由于高血压患者需终身使用降压药，长期治疗中常伴有一些重要脏器的损害和并发一些其他心血管疾病，因此在抗高血压治疗中必须考虑逆转或阻止靶器官损伤。对靶器官的保护作用比较好的药物是 ACEI、AT_1 受体阻断药和长效钙通道阻滞剂。

4. 联合用药 可增加降压效果又不增加不良反应，在低剂量单药治疗疗效不满意时，可以采用两种或多种降压药物联合治疗。在目前常用的五类药物中，钙通道阻滞剂和 ACEI 或 AT_1 受体阻断药、ACEI 或 AT_1 受体阻断药和利尿药、钙通道阻滞剂和 β 受体阻断药、钙通道阻滞剂和利尿药联用都是可行的。

5. 个体化 患者的体质各有差异，高血压的发病机制不同，一类药物对部分患者有效，对另一部分患者也许并不适宜。因此应根据患者具体情况和耐受性及个人意愿或长期承受能力，选择适合患者的降压药物。

1. 抗高血压药的分类及各类代表药物有哪些?
2. 试述肾素-血管紧张素系统抑制药的药理作用、临床应用及不良反应，各举一例说明。
3. 如何合理使用抗高血压药?

附 血管紧张素转化酶抑制剂卡托普利发现的小故事

1968 年，施贵宝公司科学顾问，伦敦皇家外科学院约翰 · 范恩（John Vane）爵士，召开研讨会，报道了从其合作者巴西药理学家圣迭戈费雷拉那里得到的巴西蝰蛇 *Bothrops jararaca* 血清的肽提取物可以抑制血管紧张素转化酶，因此可以预防血管紧张素Ⅱ的形成。John Vane 爵士是发现阿司匹林抗炎作用机制的科学家，他于 1982 年获得诺贝尔生理学或医学奖。在血管紧张素的研究方面，John Vane 认为血管紧张素是造成血管收缩、促使血压上升的关键物质，所以如果能够抑制血管紧张素应该可以有效地控制高血压。在施贵宝公司的支持下，John Vane 的想法得到了验证，他们成功地研发出历史上第一个血管紧张素转化酶抑制剂卡托普利。于是，利用抑制血管紧张素转化酶来治疗高血压的药理作用机制至今仍然被广泛应用。目前，除了越来越多的血管紧张素转化酶抑制剂被研发成功之外，新的抗高血压药如血管紧张素受体阻断药、肾素抑制药的开发工作，也都离不开 John Vane 等当年的理论基础。

第二十章　抗心力衰竭药

学习目标

1. 清晰表述强心苷类抗心力衰竭的作用机制和特点、临床应用、不良反应及防治措施。

2. 通过对慢性心功能不全的病理生理机制解读，掌握治疗心力衰竭药物的分类及各类的代表药；能够通过药理作用及机制解释 ACEI 及 AT_1 受体阻断药、β 受体阻断药、利尿药治疗心力衰竭的作用特点和机制、临床应用及不良反应；能解释血管扩张药在治疗心力衰竭中的作用机制及注意事项。

3. 通过对治疗心力衰竭防治指南的更新学习，引导学生如何根据个体化原则，制订诊疗策略、治疗方案及随访方案。

第一节　概　　述

心力衰竭（heart failure，HF），简称心衰，是指各种原因引起心脏结构和（或）功能的异常改变，使心室收缩和（或）舒张功能发生障碍，从而引起的一组复杂临床综合征，主要表现为呼吸困难、疲乏和液体潴留（肺淤血、体循环淤血及外周水肿）等。根据发生的时间、速度、严重程度，心力衰竭可分为急性心力衰竭和慢性心力衰竭。

慢性心功能不全（chronic heart failure），也称充血性心力衰竭（congestive heart failure，CHF），是指在适当的静脉回流下，由于心肌收缩和（或）舒张功能障碍，心脏排出量绝对或相对减少，不能满足全身组织器官代谢需要的一种病理状态，以心脏排血量不足而组织血液灌注减少、体循环和（或）肺循环淤血为主要临床特征。CHF 也是多种心脏疾病终末阶段的表现，症状复杂，预后严峻，药物仍是治疗 CHF 的主要手段。

目前认为心力衰竭是慢性、自发进展性疾病，神经内分泌系统激活导致心肌重构是引起心力衰竭发生和发展的关键因素。心肌重构最初可以对心功能产生部分代偿，但随着心肌重构的加剧，心功能逐渐由代偿向失代偿转变，导致心肌收缩和舒张功能失代偿，出现明显的症状和体征。

一、心力衰竭的病理生理机制

（一）交感神经系统激活和β受体信号转导的变化

交感神经系统激活是心力衰竭最常见的早期代偿表现，CHF 时心肌收缩力减弱、心排血量下降，使交感神经系统活性反射性增高，这些变化在心力衰竭早期可起到一定的代偿作用，但长期的交感神经系统的激活可收缩小动脉，加重心脏后负荷，心率加快增加心肌耗氧量，细胞内 Ca^{2+}超载，促进心肌肥厚，诱发心律失常。

长期的交感神经系统的激活还可导致心肌β受体信号转导发生变化。①$β_1$受体下调：心力衰竭时心肌 $β_1$受体密度降低，数量减少，可减轻去甲肾上腺素对心肌的损害；②$β_1$受体与兴奋性 G_s蛋白脱耦联或减敏：心力衰竭时 G_s 蛋白数量减少，活性下降，而抑制性 G_i 蛋白数量增多或活性提高，G_s/G_i 下降，使心脏对 β_1 受体激动药的反应性降低；同时 AC 活性下降，cAMP 生成减少，细胞内 Ca^{2+} 减少，心肌收缩功能障碍；③G 蛋白耦联受体激酶（GRKs）活性增强：心力衰竭时心肌细胞中 GRKs 活性增强，而 β_1 受体下调与此有关。

（二）RAAS 激活

心力衰竭时，肾血流量减少，RAAS 被激活，在心功能不全早期有一定的代偿作用，但长期的 RAAS 激活，使全身小动脉强烈收缩，促进肾上腺皮质释放醛固酮而致水钠潴留、低钾，增加心脏负荷而加重心力衰竭。RAAS 激活还可促进多种生长因子基因的表达、促进细胞生长、促进原癌基因表达及增加细胞外基质合成等，从而引起心肌肥厚、心室重构。

（三）心肌重构

心肌重构（myocardial remodeling）是指心肌损伤或负荷增加时，通过改变心室的结构、代谢、功能而发生的慢性综合性代偿性反应。心肌细胞的结构性适应不仅有量的增加，即心肌肥大（myocardial hypertrophy），还伴随质的变化，即细胞表型（phenotype）改变，其功能与代谢均有别于正常心肌细胞。除心肌细胞外，非心肌细胞及细胞外基质也会发生明显的变化。心肌重构是 CHF 发生发展的基本机制，与重构有关的主要因素是压力超负荷（室壁张力）、交感神经激活、AngⅡ和醛固酮含量增加等。

（四）其他

精氨酸加压素（arginine vasopressin，AVP）增多，通过特异受体（V_1）与 G 蛋白耦联，激活磷脂酶 C（PLC），产生 IP3 和 DAG，使血管平滑肌细胞内 Ca^{2+} 增加而收缩血管，增加心脏负荷；内皮素（ET）增多，产生强烈收缩血管作用和促生长作用而引起心室重构；肿瘤坏死因子-α（TNF-α）增多，引起发热、恶病质等，还有负性肌力作用，使心力衰竭恶化；此外，心力衰竭发生时患者体内的心房利尿钠肽（atrial natriuretic peptide，ANP）、脑利尿钠肽（brain natriuretic peptide，BNP）、肾上腺髓质素（adrenomedullin，AM）等分泌增加，具有扩张血管、排钠利尿等作用，则有利于心力衰竭症状的改善。

二、治疗心力衰竭药物的分类

治疗心力衰竭的药物主要通过增加心肌收缩力、减轻心脏前后负荷等发挥作用，根据治疗药物的药理作用特点，分类如图 20-1 所示。既往 CHF 的药物治疗多限于缓解症状、改善血流动力学变化，20 世纪 90 年代后对 CHF 发生的病理生理机制认识不断深化，对 CHF 的治疗给予了新的评价，当前的药物治疗目标是：①减少充血性心力衰竭急性发作次数；②预防心律失常病理发展；③改善患者心脏功能，降低死亡率；④提高患者生活质量。但是，迄今为止仍无一种药物能满足对 CHF 治疗的全部需要，临床均需联合用药。

1. 肾素–血管紧张素–醛固酮系统抑制药

（1）血管紧张素转化酶抑制药：卡托普利、依那普利等。

（2）血管紧张素Ⅱ受体阻断药：氯沙坦、缬沙坦等。

（3）醛固酮受体阻断药：螺内酯等。

2. 利尿药 氢氯噻嗪、呋塞米等。

3. β 受体阻断药 美托洛尔、卡维地洛等。

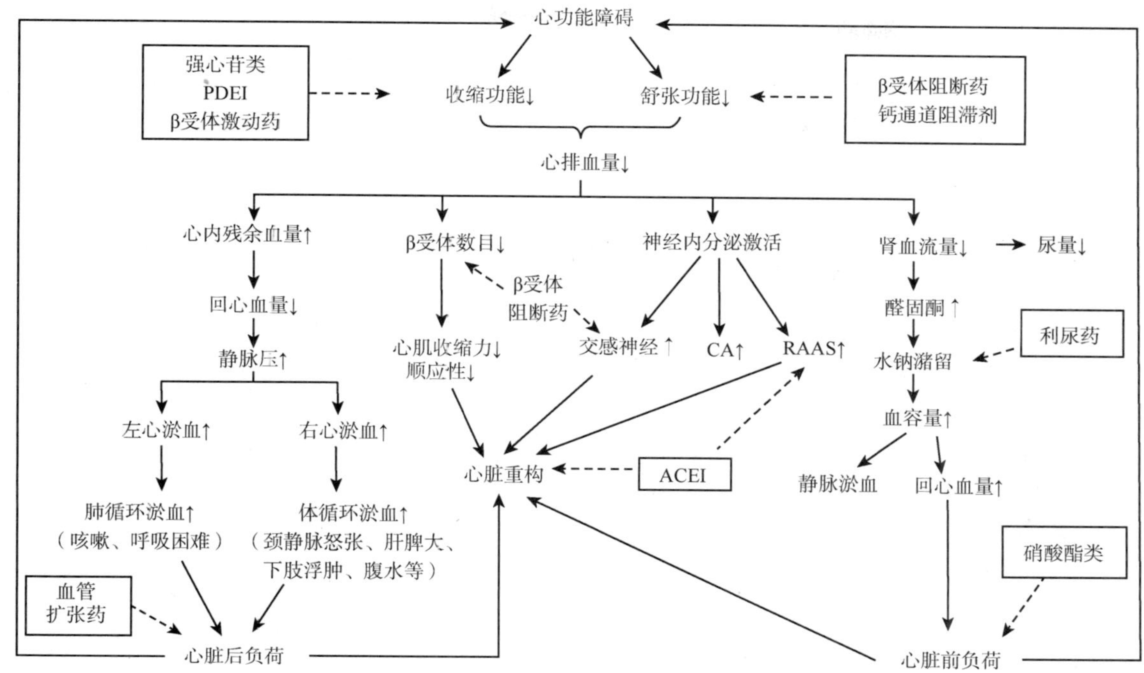

图 20-1　心力衰竭的病理生理变化及常用药物作用环节

PDEI：磷酸二酯酶抑制药；RAAS：肾素-血管紧张素-醛固酮系统；CA：儿茶酚胺；ACEI：血管紧张素转化酶抑制剂

4. 正性肌力药

（1）强心苷类药：地高辛等。

（2）非苷类正性肌力药：米力农、维司力农等。

5. 其他

（1）血管扩张药：硝酸甘油、硝酸异山梨酯、肼屈嗪、硝普钠、哌唑嗪等。

（2）钙通道阻滞剂：如氨氯地平等。

第二节　常用治疗心力衰竭的药物

一、肾素-血管紧张素-醛固酮系统抑制药

肾素-血管紧张素-醛固酮系统抑制药包括血管紧张素转化酶抑制药（ACEI）、血管紧张素Ⅱ受体（AT_1）阻断药和醛固酮受体阻断药。ACEI 和 AT_1 阻断药能防止和逆转心室重构，提高心脏及血管的顺应性，缓解心力衰竭的症状，提高生活质量，降低病死率，改善预后。故这类药物已经成为治疗心力衰竭的重要药物，广泛用于临床。

（一）血管紧张素转化酶抑制药

临床常用的药物有卡托普利（captopril）、依那普利（enalapril）、贝那普利（benazepril）、雷米普利（ramipril）等。这些药物治疗心力衰竭的作用机制相似。

1. 抗心力衰竭药理作用　ACEI 可抑制体循环及局部组织中 AngⅠ向 AngⅡ的转化，使血液及组织中 AngⅡ含量降低；抑制缓激肽的降解，使血中缓激肽含量增加；可减少醛固酮生成，减轻

水钠潴留。

（1）抑制心肌及血管重构：AngⅡ和醛固酮是促进心肌细胞增生、纤维化，导致心肌及血管重构的主要因素。ACEI 通过减少 AngⅡ和醛固酮生成，减轻了两者的促细胞增殖作用，能有效阻止或逆转心力衰竭心室肥厚的发生，提高心肌和血管的顺应性，改善左心室功能，降低心力衰竭病死率。

（2）对血流动力学的影响：ACEI 通过抑制 AngⅠ转化酶活性，使血液及组织（如心脏、血管内皮等）中 AngⅡ含量降低，同时缓激肽含量增加，使全身阻力血管和容量血管舒张，心脏前后负荷降低，增加心排血量，改善心脏功能。ACEI 还能降低肾血管阻力，增加肾血流量，改善肾功能。

（3）其他：ACEI 抑制醛固酮分泌，使水钠潴留减轻，回心血量减少，心脏前负荷降低。还通过拮抗交感神经的活性，恢复下调的β受体数量，降低血中儿茶酚胺和精氨酸加压素含量等改善心脏功能。

2. 临床应用 ACEI 对各阶段心力衰竭均有益，能消除或缓解心力衰竭症状，防止和逆转心肌肥厚，改善生活质量，降低病死率。已作为一线药物广泛用于临床，轻度患者可单独应用，能延缓早期心力衰竭的病情进展；中重度患者可与利尿药、β受体阻断药、强心苷类药物合用。特别对舒张性心力衰竭患者疗效明显优于强心苷类药物。亦是治疗和预防急性心肌梗死或有显著左心室功能异常的心力衰竭最好的药物。无禁忌证者均可应用，包括无症状的心力衰竭，但应注意从小剂量开始。

（二）血管紧张素Ⅱ受体阻断药

临床常用的药物有氯沙坦（losartan）、缬沙坦（valsartan）、厄贝沙坦（irbesartan）等。血管紧张素Ⅱ受体（AT_1）阻断药直接阻断 AngⅡ与其受体的结合，拮抗 AngⅡ的缩血管作用和促心血管重构作用，对其他非 ACE 途径如糜酶产生的 AngⅡ也有拮抗作用，发挥与 ACEI 类似的效应。短期应用表现为降低心脏前后负荷，改善血流动力学，长期应用可预防及逆转心血管重构，改善心功能，降低心力衰竭患者的病死率。

本类药物因不影响缓激肽代谢，不良反应较少，不易引起咳嗽、血管神经性水肿等，常作为对 ACEI 不耐受患者的替代品。长期应用对心率无影响，不易产生耐受性，特别适用于血浆肾素活性高、AngⅡ增多所致心室重构的心力衰竭患者。

（三）醛固酮受体阻断药

心力衰竭时，血中醛固酮的浓度显著升高，一方面引起水钠潴留，通过其明显的促生长作用，引起心房、心室、大血管的重构，加速心力衰竭进程；另一方面阻止心肌摄取 NA 使其游离浓度增加，诱发冠状动脉痉挛和心律失常，增加心力衰竭的室性心律失常及猝死率发生。临床研究证明，常规治疗基础上，加用非选择性醛固酮受体阻断药螺内酯（spironolactone）可通过防止左心室心肌间质纤维化，改善血流动力学及临床症状，明显降低心力衰竭的病死率，但因其有性激素样作用所致男性乳腺增生等副作用限制了其应用。依普利酮（eplerenone）新型的选择性醛固酮受体阻断药，因其不作用于雄激素和孕酮受体，避免了螺内酯的性激素样副作用，治疗心力衰竭安全有效。在 ACEI、AT_1受体阻断药或β受体阻断药治疗的基础上，加用此药可进一步降低心肌梗死合并左心室功能低下心力衰竭患者的病死率。

二、利 尿 药

体内水钠潴留可增加心脏前负荷，加重心力衰竭。因此，利尿药目前仍作为治疗心力衰竭的基础药物。

（一）药理作用

（1）促进水、钠排泄，减少血容量和回心血量，降低心脏前负荷，改善心功能。

（2）通过排钠作用，降低血管壁中的 Na^{+}浓度，通过 Na^{+}-Ca^{2+}交换，使细胞内 Ca^{2+}浓度降低，对缩血管物质的敏感性下降，血管扩张，降低心脏后负荷，有利于改善心脏泵血功能，减轻心力衰竭症状。

（二）临床应用

轻度心力衰竭，可单独使用噻嗪类利尿药，对伴有容量负荷增加征象如水肿或有明显充血者效果较好。中度心力衰竭，可用留钾利尿药与其他两类利尿药合用，可以拮抗 RAAS 激活引起的醛固酮水平升高，增强利尿效果，同时防止低钾血症的发生。重度心力衰竭、慢性心力衰竭急性发作、急性肺水肿或全身水肿者，应静脉注射呋塞米。保钾利尿药作用较弱，多与其他利尿药如袢利尿药等合用，能有效拮抗 RAAS 激活所致的醛固酮水平的升高，增强利尿效果及防止失钾，还可抑制心肌细胞胶原增生和防止纤维化。

（三）注意事项

因大剂量利尿药明显减少有效循环血量，反射性兴奋交感神经，导致心力衰竭恶化，提倡小剂量应用；利尿药引起的水电解质平衡紊乱，尤其是低钾血症是诱发心律失常的主要原因之一，与强心苷类药物合用时更易发生，应注意补充钾盐或与留钾利尿药合用。

三、β 受体阻断药

心力衰竭时交感神经张力持续增加，可造成心肌细胞内 Ca^{2+}超负荷和儿茶酚胺增加，冠状动脉血流减少和心肌耗氧量增加，促进心力衰竭恶化。β 受体阻断药虽可抑制心肌收缩力，但长期应用，通过抑制 RAAS，降低交感神经活性，使心脏负荷减轻，提高射血分数，改善患者的生活质量，降低病死率，目前已被推荐作为治疗慢性心力衰竭的常规用药。临床常选用的药物有卡维地洛（carvedilol）、比索洛尔（bisoprolol）、美托洛尔（metoprolol）等，与 ACEI 合用，可进一步增加疗效。

（一）药理作用

1. 避免心肌细胞坏死，改善心肌重构 阻断心脏 β_1 受体、拮抗过量儿茶酚胺对心脏的毒性作用，防止过量儿茶酚胺所致的大量 Ca^{2+}内流，并减轻由此导致的大量能量消耗与线粒体损伤。

2. 降低心脏前后负荷 抑制 RAAS，减弱 AngⅡ和醛固酮的作用，降低心脏前后负荷，改善心功能。

3. 改善心肌收缩功能 长期应用可上调心肌 β_1 受体，改善 β_1 受体对儿茶酚胺的敏感性。

4. 保护心肌 防止心肌细胞内钙超载，减少氧自由基。

5. 抗心肌缺血及抗心律失常 改善心力衰竭症状，降低心力衰竭病死率。

（二）临床应用

β 受体阻断药主要适用于扩张型心肌病及缺血性心力衰竭，长期应用可阻止临床症状恶化、改善心功能、降低猝死率及心律失常的发生率。但初期应用 β 受体阻断药治疗心力衰竭可因抑制心肌收缩力，使血压下降、心率减慢、心排血量降低、心功能恶化，故应严格掌握适应证。从小剂量开始并合用强心苷，可以消除负性肌力作用的不良影响。

（三）注意事项

（1）正确选择适应证，以扩张型心肌病心力衰竭为最佳。

（2）较长时间用药，一般心功能改善的平均奏效时间为 3 个月。

（3）应从小剂量开始，逐渐增加至使患者能够耐受又不加重病情的剂量，做到个体化给药。

（4）需要合并使用其他抗心力衰竭药，如利尿药、ACEI 和地高辛等。

（5）严重心动过缓、严重左心室功能减退、明显房室传导阻滞、低血压及支气管哮喘等患者慎用或禁用。

四、正性肌力药

（一）强心苷类

强心苷类（cardiac glycosides）是一类直接作用于心肌具有增强心肌收缩力作用的苷类化合物，因其只能改善心力衰竭的短期症状而不能改善预后，其临床应用受到一定限制，已不再作为治疗心力衰竭的首选药物。此类药物有地高辛（digoxin）、洋地黄毒苷（digitoxin）、毛花苷丙（lanatoside C）、毒毛花苷 K（strophanthin K）等，其中地高辛最为常用。

1. 体内过程 强心苷类药物是由苷元和稀有糖键相连的苷类化合物（图 20-2），这类药物作用性质相同，但由于侧链不同，导致它们药动学特点差异大。一般来说强心苷类药物的口服吸收率、血浆蛋白结合率和生物转化率与其化学结构上的羟基数成反比，而肾脏排泄率与羟基数成正比。根据半衰期长短，强心苷类药物分为长效、中效和短效 3 类。洋地黄毒苷脂溶性高，口服吸收好，大部分经肝脏代谢后经肾脏排出，但有部分形成肝肠循环，$t_{1/2}$ 达 5～7 天，为长效强心苷。地高辛口服吸收后在体内分布广泛，生物利用度个体差异大，约 2/3 以原形经肾脏排泄，$t_{1/2}$ 为 33～36h，属中效强心苷。毛花苷丙及毒毛花苷 K 口服不吸收，需静脉给药，大部分以原形经肾脏排出，显效快，属短效强心苷。

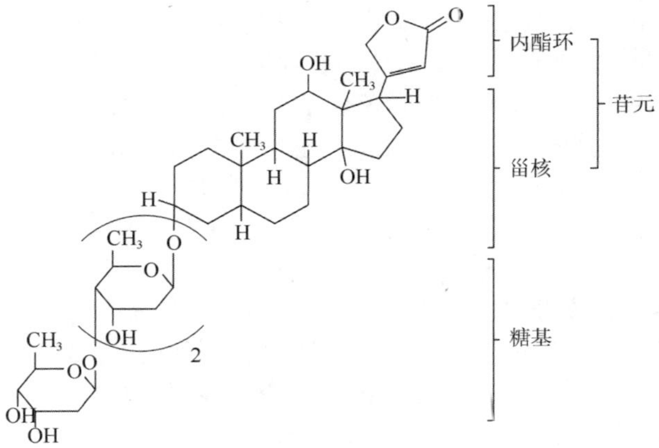

图 20-2 强心苷类化学结构式

2. 药理作用 各类强心苷药理作用基本相同，其作用强度、起效快慢和持续时间存在差异。

（1）对心脏的作用

1）正性肌力作用（positive inotropic effect）：强心苷选择性地作用于心脏，显著增加衰竭心脏的心肌收缩力。表现为心肌收缩时最高张力和最大缩短速率的提高，使心肌收缩有力而敏捷，因此舒张期相对延长，有利于衰竭心脏充分休息、增加静脉回流，加上其负性频率作用，降低衰竭心脏的心肌耗氧量。因此，强心苷发挥正性肌力作用增加心排血量的同时不引起心肌耗氧量增加，有利于心力衰竭症状的改善，也是区别于非苷类正性肌力药物的优势所在。

强心苷产生正性肌力作用的机制与增加心肌细胞内的 Ca^{2+}含量有关。心肌收缩过程需要 Ca^{2+} 的参与，目前认为强心苷与心肌细胞膜上的 Na^+-K^+-ATP 酶结合，并抑制其活性，导致心肌细胞内

Na^+增多，K^+减少。由于细胞内 Na^+增多，诱发 Na^+-Ca^{2+}双向交换机制，使心肌细胞内 Ca^{2+}增加，从而增强心肌收缩力，发挥正性肌力作用（图 20-3）。

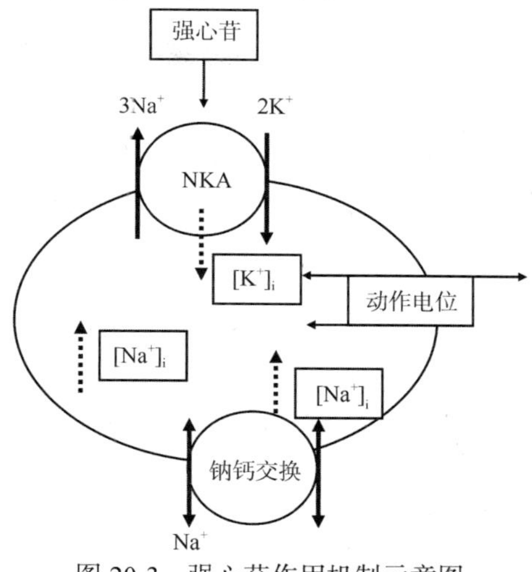

图 20-3　强心苷作用机制示意图

NKA：神经激肽 A

2）负性频率作用（negative chronotropic effect）：治疗量强心苷对正常心率影响小，主要针对心率过快及伴有心房颤动的心力衰竭患者，减慢心率作用显著。心力衰竭时，由于心排血量减少，反射性提高交感神经活性，引起心率加快。应用强心苷后，心排血量增加，反射性地兴奋迷走神经，增加心肌对迷走神经的敏感性，窦房结、房室结受到抑制，心率减慢，房室传导减慢。故强心苷过量引起的心动过缓和传导阻滞可用阿托品对抗。

3）对心肌电生理特性的影响：强心苷对心肌电生理的影响随用药剂量、心肌细胞的部位和病变情况而不同。

治疗剂量下，缩短心房与心室的动作电位时程（APD）和有效不应期（ERP）；强心苷因改善心功能反射性地兴奋迷走神经及其对迷走神经中枢的兴奋作用，可降低窦房结自律性，减慢房室传导；强心苷可因兴奋迷走神经，促进 K^+外流，使心房肌细胞静息电位加大，加快心房的传导速度。高浓度时，强心苷可过度抑制 Na^+-K^+-ATP 酶，使细胞失钾，最大舒张电位减小（负值减小），使自律性提高，K^+外流减少而使 ERP 缩短，细胞内 Ca^{2+}增加进而引起 Ca^{2+}振荡、早后除极、迟后除极等；中毒剂量下，强心苷也可增强中枢交感活动。故强心苷中毒时可出现各种心律失常，以室性期前收缩、室性心动过速多见。

（2）对神经和内分泌系统的作用：强心苷可改善神经内分泌异常，通过兴奋脑干副交感神经中枢，减慢心率和房室结传导。通过降低心力衰竭患者血浆肾素活性，进而减少 AngⅡ及醛固酮含量，对心力衰竭时过度激活的 RAAS 产生拮抗作用。中毒剂量的强心苷可兴奋延髓催吐化学感受区引起呕吐，还可兴奋交感神经中枢而引起快速型心律失常。

（3）对肾脏的作用：强心苷对心力衰竭患者有明显利尿作用。利尿机制：一方面心功能改善后，心排血量增加，肾血流量和肾小球滤过率增加发挥间接利尿作用；另一方面通过抑制肾小管 Na^+-K^+-ATP 酶，减少肾小管对 Na^+重吸收而产生直接利尿作用。

（4）对血管的作用：强心苷能直接收缩血管平滑肌，导致外周阻力升高。但心力衰竭患者用药后，其对交感神经活性的抑制效应超过了其直接收缩血管的效应，外周阻力下降，心排血量增加，组织灌流量改善，动脉血压不变或略升。

3. 临床应用

（1）慢性心力衰竭：随着近年来 ACEI 和 β 受体阻断药的应用，强心苷现多用于以收缩功能障碍为主，对利尿药、ACEI、β受体阻断药疗效欠佳的心力衰竭患者。但由于不同原因引发的心力衰竭病情不同，疗效存在差异。

1）疗效最佳：伴有心房颤动或心室率过快的心力衰竭患者。

2）疗效较好：由瓣膜病、风湿性心脏病（高度二尖瓣狭窄的病例除外）、冠心病和高血压心脏病所导致的心力衰竭。

3）疗效较差：继发于甲状腺功能亢进、严重贫血、维生素 B_1 缺乏等疾病所致的心力衰竭。

4）易发生中毒：肺源性心脏病、活动性心肌炎或严重心肌损伤引起的心力衰竭。

5）不宜选用：扩张型心肌病、心肌肥厚、舒张性心力衰竭者伴有机械性阻塞的心功能不全如缩窄性心包炎、严重二尖瓣狭窄，强心苷不能改善其心室舒张和充盈障碍，所以无效。

（2）某些心律失常

1）心房颤动：即心房发生细弱而不规则的颤动，其最大的危害是过多的心房冲动下传到心室引起心室率过快，心排血量减少，导致严重循环障碍。强心苷可通过兴奋迷走神经或抑制房室结，减慢房室传导，增加房室结中隐匿性传导，降低心室率，增加心排血量，从而改善循环障碍。强心苷减慢过快的心室率而非消除心房颤动，实际上对大多数患者并不能终止心房颤动。

2）心房扑动：此时心房的冲动相比心房颤动时少，但更强而规则，更易于传入心室引起心室率过快而难以控制。强心苷可通过不均一地缩短心房有效不应期，首先使心房扑动转为心房颤动，继而发挥治疗心房颤动的作用。强心苷是治疗心房扑动最常用的药物，部分患者在转为心房颤动后停用强心苷可恢复窦性节律，因停用强心苷相当于取消了缩短不应期的作用，使心房有效不应期延长，终止折返激动，恢复窦性节律。

3）阵发性室上性心动过速：强心苷通过增强迷走神经功能，降低心房兴奋性而终止阵发性室上性心动过速发作。

4. 不良反应及防治 强心苷治疗指数小，一般治疗量接近中毒量的 60%，且患者对强心苷的敏感性个体差异大，又容易受多种因素的影响，如伴有低血钾、低血镁、酸血症、肾功能不全、合并用药等情况更易诱发中毒。

（1）强心苷不良反应

1）心脏毒性反应：是最严重、最危险的不良反应，约有 50%的病例发生各种类型心律失常。

A. 快速型心律失常：最多见和最早见的是室性期前收缩，约占心脏毒性的 1/3，也可发生二联律、三联律及由异位节律点自律性增高引起的房性或室性心动过速，甚至发生心室颤动。

B. 房室传导阻滞：程度各异，严重者可出现完全阻滞。与强心苷兴奋迷走神经和高度抑制 Na^+-K^+-ATP 酶导致细胞内低 K^+、静息膜电位降低有关。

C. 窦性心动过缓：由于强心苷抑制窦房结，降低自律性，中毒时可发生心动过缓，心率降至 60 次/分以下作为停药指征。

2）胃肠道反应：表现为厌食、恶心、呕吐、腹泻等，是最常见的早期中毒症状。应注意与用药量不足、心力衰竭未得到控制引起的胃肠道反应加以鉴别。剧烈呕吐导致失钾而加重强心苷中毒，应注意补钾并减量或停药。

3）中枢神经系统反应：头痛、眩晕、疲乏、做噩梦、幻觉等，还可出现黄视、绿视症及视物模糊等视觉障碍，视觉障碍是强心苷中毒的特异性症状，为临床停药指征。

（2）强心苷中毒的防治

1）预防：注意诱发或加重强心苷中毒的因素，如低血钾、低血镁、酸碱平衡失调等，预防发生。及时发现中毒的先兆，如胃肠道反应、视觉障碍、室性期前收缩、窦性心动过缓等，应及时减量或停药。严格掌握适应证，有条件时可监测血药浓度。

2）治疗：根据中毒症状的类型和严重程度采取相应的措施，氯化钾是强心苷轻度中毒的有效治疗药物。

A. 快速型心律失常：可用氯化钾缓慢静脉滴注。必须注意补 K^+，不可过量，尤其肾功能不全患者应注意防止高血钾发生，严重房室传导阻滞患者不能补充钾盐以防心搏骤停。

B. 缓慢型心律失常：包括窦性心动过缓、房室传导阻滞等，可用阿托品、异丙肾上腺素静脉注射治疗，注意不宜补钾。

C. 危及生命的地高辛中毒：可使用地高辛抗体 Fab 片段作静脉注射治疗，可使强心苷与 Na^+-K^+-ATP 酶解离，对严重中毒效果明显。

5. 药物相互作用

（1）排钾利尿药因引起低血钾诱发强心苷中毒，应谨慎合用并注意补钾。

（2）奎尼丁能使部分患者地高辛血药浓度提高 1 倍，提高的程度与奎尼丁用量相关，其他抗心律失常药如胺碘酮、维拉帕米等也能提高地高辛血药浓度，合用时宜减量应用。

（3）苯妥英钠因能增加地高辛的代谢而降低其血药浓度。

（4）拟肾上腺素药提高心肌自律性，使心肌对强心苷的敏感性增高而导致强心苷中毒。

6. 给药方法

（1）负荷量加维持剂量疗法：负荷量即全效量，亦称“洋地黄化”量，指短时间内给予足量强心苷，以充分发挥疗效。分为速给法和缓给法，速给法适宜于病情较急且两周内未使用强心苷的患者，于 24h 内分次给足全效量；缓给法适宜于慢性病例，于 2～4 日给足全效量，然后给予维持剂量继续治疗。

（2）无负荷量的维持剂量疗法：即每日给予一定剂量，经 4～5 个 $t_{1/2}$ 使药物达到平均稳态血药浓度发挥治疗作用。这种给药方法安全有效，简便易行，现多采用。特别适宜于轻、中度心力衰竭患者。对于病情较重者，可联合应用 ACEI 和利尿药等，能迅速缓解病情。

7. 知识拓展

心房颤动简称房颤，是最常见的心律失常之一，是由心房主导折返环引起许多小折返环导致的房律紊乱。心房颤动时心房激动的频率达 300～600 次/分，心跳频率往往快而且不规则，心房失去正常的有效收缩，引起严重并发症，如心力衰竭和动脉栓塞。心房颤动可以是阵发性的，也可以自行终止，其患病率的增加还与冠心病、高血压和心力衰竭等疾病的增加密切相关。

心房扑动简称房扑，是一种快速异位心律失常，发生于心房内，冲动频率较房性心动过速更快，心率为 250～350 次/分。其临床表现主要取决于心室率的快慢、心室率变化的急骤程度及心脏的状态。在突然发生快速型心房扑动伴有心脏疾患时，患者可出现类似阵发性心动过速的一系列症状，感到心悸、呼吸困难，甚至出现心绞痛、心力衰竭，或脑、肺、肢体动脉栓塞现象。心房扑动可突然中止发作，亦可先转为心房颤动，而后恢复窦性心律。

阵发性室上性心动过速是指起源于心房或房室交界区的心动过速，大多数是由于折返激动所致，少数由自律性增加和触发活动引起。心率快，多在 160～220 次/分，节律规则。心电图连续 3 次以上室上性期前收缩称为阵发性室上性心动过速，包括房性和交界区性心动过速，有时两者心电图上难以鉴别，则统称为阵发性室上性心动过速。

（二）非苷类正性肌力药

这类药物可改善心力衰竭症状，但不降低病死率，不宜用作常规治疗。

1. 磷酸二酯酶抑制药（phosphodiesterase inhibitor，PDEI） 属于正性肌力扩血管药，通过抑制磷酸二酯酶（PDE）Ⅲ活性而显著增加心肌细胞内 cAMP 含量，从而产生增加心肌收缩力和扩张动、静脉作用，改善心力衰竭症状。主要用于心力衰竭做短期支持疗法，尤其对强心苷、利尿药等反应不佳的患者。常用药物有米力农（milrinone）、氨力农（amrinone）、维司力农（vesnarinone）、匹莫苯（pimobendan）等。

米力农（milrinone）

米力农是双吡啶类衍生物，选择性抑制 PDEⅢ活性，为氨力农的替代品。其抑酶活性较氨力农强，不良反应发生率较氨力农低，但仍可发生心律失常、低血压、心绞痛样疼痛等，且可能增加患者病死率，故不宜作常规治疗用药，仅供短期静脉给药治疗严重急性或其他药物疗效不佳的心力衰竭。

维司力农（vesnarinone）

维司力农口服有效，可产生正性肌力作用和中度扩血管效应。其作用机制复杂，包括抑制PDE Ⅲ的活性，但作用较米力农弱；能激活细胞膜钠通道，促进Na^{+}内流；同时抑制钾通道，延长动作电位时程；也因增加cAMP含量而促进Ca^{2+}内流，使细胞内Ca^{2+}增加，产生一定正性肌力作用。用于心力衰竭患者可缓解其临床症状，提高生活质量。

匹莫苯（pimobendan）

匹莫苯是苯并咪唑类衍生物。此药不仅抑制PDE Ⅲ的活性，还能提高心肌收缩成分对细胞内Ca^{2+}的敏感性，使心肌收缩力增强。且其正性肌力作用可在不增加Ca^{2+}的前提下产生，避免因Ca^{2+}超载带来的心律失常和细胞损伤等，是开发正性肌力新药的研究方向。临床试验还表明此药可增加患者的运动耐力，减轻心力衰竭症状，对中、重度心力衰竭患者有效，且其不良反应较双吡啶类药物轻。

2. β受体激动药 心力衰竭时，交感神经处于激活状态，内源性儿茶酚胺的长期影响使β受体向下调节，心肌细胞对儿茶酚胺类药物的敏感性下降。β受体激动药通过增强心肌收缩力和心脏射血指数，增加心排血量。β受体激动药主要适用于对强心苷反应不佳或禁忌的心力衰竭患者，更适合伴有心率减慢或传导阻滞的患者。其中多巴胺和多巴酚丁胺常用于进行性心力衰竭的短期维持治疗，而肾上腺素、异丙肾上腺素对于心力衰竭治疗几乎不起作用，甚至可因增加心肌耗氧量而加重心力衰竭。

多巴胺（dopamine）

小剂量多巴胺时主要扩张肾、肠系膜及冠状血管，增加肾血流量和肾小球滤过率，促进排钠。较大剂量激动β受体，促进NE释放，抑制其摄取，能增加外周血管阻力和心排血量。大剂量时激动α受体，致外周血管收缩，心脏后负荷增加。故多巴胺常作静脉滴注主要用于急性心力衰竭。

多巴酚丁胺（dobutamine）

多巴酚丁胺化学结构和体内过程与多巴胺相似，临床使用含有右旋多巴酚丁胺和左旋多巴酚丁胺的消旋体。口服无效，临床上作静脉给药。

【药理作用】 主要激动β_1受体，对β_2受体作用相对较弱，能明显增强心肌收缩力，使心排血量增加，肾血流量亦相应增加，此剂量下一般不明显加快心率；在静脉滴注速度过快或浓度过高时，可引起心率加快，这可能与外周阻力变化不大和心脏β_1受体激动时正性肌力作用有关。

【临床应用】 静脉短期滴注可增加心排血量。主要用于强心苷反应不佳的严重左心室功能不全和心肌梗死后心功能不全患者，注意血压明显下降者不适宜。剂量过大或静脉滴注速度过快，可使心率加快，引起心律失常。

【不良反应】 主要不良反应为心率加快和心律失常，用药期间因可使心肌耗氧量增多，偶见心肌梗死患者梗死面积增加，应引起重视，连续给药可出现耐受性。禁用于心房颤动及肥厚型梗阻性心肌病患者。

第三节 其他治疗心力衰竭的药物

一、血管扩张药

心力衰竭时往往伴随心脏前、后负荷增加，血管扩张药可迅速降低心脏前、后负荷，改善心功能，增加心排血量，临床常作为治疗心力衰竭的辅助用药。常用的药物有硝酸甘油（nitroglycerin）、硝酸异山梨酯（isosorbide dinitrate）、肼屈嗪（hydralazine）、硝普钠（nitroprusside sodium）、哌唑嗪（prazosin）等。

1. 扩张静脉为主的药物　硝酸酯类中的硝酸甘油（nitroglycerin）和硝酸异山梨酯（isosorbide dinitrate），主要作用是扩张静脉，使静脉容量增加，回心血量减少，降低心脏前负荷，减轻肺水肿和呼吸困难症状，还可增加缺血心肌的冠状动脉流量，改善心肌血液供应，提高患者的运动耐力。

2. 扩张小动脉为主的药物　肼屈嗪（hydralazine）可扩张小动脉，降低外周阻力，降低心脏后负荷，增加心排血量，缓解组织缺血的症状，还能明显增加肾血流量。由于反射性兴奋交感神经系统和 RAAS，不宜长期单独应用。主要用于肾功能不全或 ACEI 不能耐受的心力衰竭患者。

3. 扩张动、静脉的药物　硝普钠（nitroprusside sodium）可扩张小动脉和小静脉，降低心脏前、后负荷，改善心力衰竭症状。口服无效，静脉滴注 2～5min 见效，由于起效迅速，常用于控制危急的心力衰竭，也适用于需要迅速降低血压的急性肺水肿、高血压危象等危重病例。哌唑嗪（prazosin）选择性阻断 α 受体，扩张动、静脉，降低心脏的前、后负荷，增加心排血量。

二、钙通道阻滞剂

钙通道阻滞剂抗心力衰竭的机制：①具有较强的扩张外周动脉作用，可降低总外周阻力，减轻心脏的后负荷，改善心力衰竭的血流动力学障碍；②具有降压和扩张冠脉的作用，可对抗心肌缺血；③减轻钙超载，改善心室的松弛性和僵硬度，改善舒张期功能障碍。

短效钙通道阻滞剂如硝苯地平、地尔硫䓬、维拉帕米等可使心力衰竭症状恶化，增加患者的病死率，可能与其负性肌力作用及反射性激活神经内分泌系统等有关。因此，不适用于心力衰竭的治疗。

长效钙通道阻滞剂如氨氯地平和非洛地平是新一代二氢吡啶类钙通道阻滞剂，其作用出现较慢、维持时间较长，舒张血管作用强而负性肌力作用弱，且反射性激活神经内分泌系统作用较弱，降低左心室肥厚的作用与 ACEI 相当，可用于心力衰竭的治疗。此外，氨氯地平尚有抗动脉粥样硬化、抗 TNF-α 等作用。长期应用可治疗左心室功能障碍伴有心绞痛、高血压的患者，也可降低非缺血者的病死率。

钙通道阻滞剂的最佳适应证是继发于冠心病、高血压及舒张功能障碍的心力衰竭，尤其是其他药物无效的病例。但对于心力衰竭伴有房室传导阻滞、低血压、左心室功能低下伴后负荷低及有严重收缩功能障碍的患者，不宜使用钙通道阻滞剂。

1. 抗心力衰竭药物的分类及各类代表药物有哪些？
2. 简述强心苷类药物的药理作用、临床应用及不良反应。
3. β受体阻断药通过哪些方面来治疗心力衰竭？

附　洋地黄药用价值的发现

1542 年，德国植物学家伦纳德·富克斯（Leonard Fuchs）第一次把洋地黄这个植物收录进他出版的一本植物学的书，书中描述“一种植物的花朵长得很像一个顶针”（顶针：做针线活时戴在手指上用来保护手指不被针扎的鼓状物）。所以他干脆给该植物取名为 digitalis，原意为小指头。Digitalis 就成了使用至今的洋地黄的拉丁名。

洋地黄本身是一种多年生的草本植物，发源于爱尔兰。人们发现服用该植物后具有通便功能，但是在治疗过程中，出现了中毒死亡案例，因此，当地人认为洋地黄“这家伙”全身带毒。

直到一个叫威廉·维瑟林（William Withering）的英国内科学和植物学家出现，洋地黄才从全身是毒的毒物，转变成了拯救心力衰竭患者的大英雄。他把洋地黄的药理作用写在一本叫作 *An Account of the Foxglove and some of its Medical Uses*：*with practical Remarks on Dropsy and other Diseases* 的书中，于 1785 年 3 月 17 日发表。在该书中，他提到：毛地黄属植物紫花毛地黄（Digitalis purpura）提取出来的物质具有增强心功能、治疗心力衰竭的作用。此后洋地黄被广泛应用于临床上，时至今日依然闪耀在心力衰竭治疗的“战场”上。

第二十一章　抗心绞痛药

学习目标

1. 通过对抗心绞痛药分类及代表药物的学习，掌握硝酸甘油、β受体阻断药、钙通道阻滞剂各类抗心绞痛药的药理作用、机制，并能够通过药理作用及机制解释其临床应用及不良反应。

2. 熟悉发生心绞痛的基本病理生理机制、临床表现和分型。

3. 通过对各型抗心绞痛药的作用机制及特点的学习，熟悉抗心绞痛药的应用原则，一方面能合理选用药物治疗不同类型的心绞痛，另一方面能根据临床实际复杂问题，联合应用不同类型的抗心绞痛药。

第一节　概　　述

心绞痛（angina pectoris）是因冠状动脉供血不足以满足心肌代谢需要而引起的心肌急剧的、暂时的缺血与缺氧的临床综合征。表现为阵发性胸骨后压榨性疼痛并向左上肢放射，疼痛特征性地分布于胸、臂和颈，可以由劳累、寒冷或兴奋诱发。各种原因引起的冠状动脉粥样硬化、冠状动脉痉挛、心肌肥大和心肌病等均可导致心肌缺血和缺氧而引发心绞痛，其中冠状动脉粥样硬化是引起心绞痛的最常见病因。

根据世界卫生组织“缺血性心脏病的命名及诊断标准”，临床上将心绞痛分为 3 型：①劳累型心绞痛（angina of effort，classic angina 或 atherosclerotic angina），其特点是由劳累、情绪波动或其他增加心肌耗氧量的因素所诱发，休息或舌下含服硝酸甘油可缓解。根据病程、发作频率及转归，此类心绞痛又可分为稳定型、初发型和恶化型。②自发性心绞痛（angina pectoris at rest），心绞痛发作与心肌耗氧量无明显关系，多发生于安静状态，发作时症状严重、持续时间长，且不易被硝酸甘油缓解，根据发生原因可分为卧位型（休息或熟睡时发生）、变异型（为冠状动脉痉挛所诱发）、中间综合征和梗死后心绞痛。③混合型心绞痛（mixed pattern of angina），劳累型和自发性心绞痛混合出现，特点是在心肌需氧量增加或无明显增加时都可能发生。

决定心肌耗氧量的主要因素（determinants of cardial oxygen requirement）是心室壁张力（ventricular wall tension）、每分射血时间（ejection time）和心肌收缩力（ventricular contractility）。心室壁张力与心室内压力（相当于收缩期动脉血压）和心室容积成正比，心室壁张力越大，维持张力所需的能量越多，心肌耗氧量也就越大，当心室内压增高、心室容积增大，可使心室壁张力增高，心肌耗氧量增加。每分射血时间（ejection time）等于心率与心室每搏射血时间的乘积，与心肌耗氧成正比，当心肌射血时心室壁张力增大，即每搏射血时间增加或心率加快均可增加心肌耗氧量。心肌收缩力增强和收缩速度加快，均可使心肌的机械做功增加而增加心肌耗氧量。因此临床上，将影响心肌耗氧量的主要因素简化为“收缩压×心率×左心室射血时间”或“收缩压×心率”（图 21-1）。

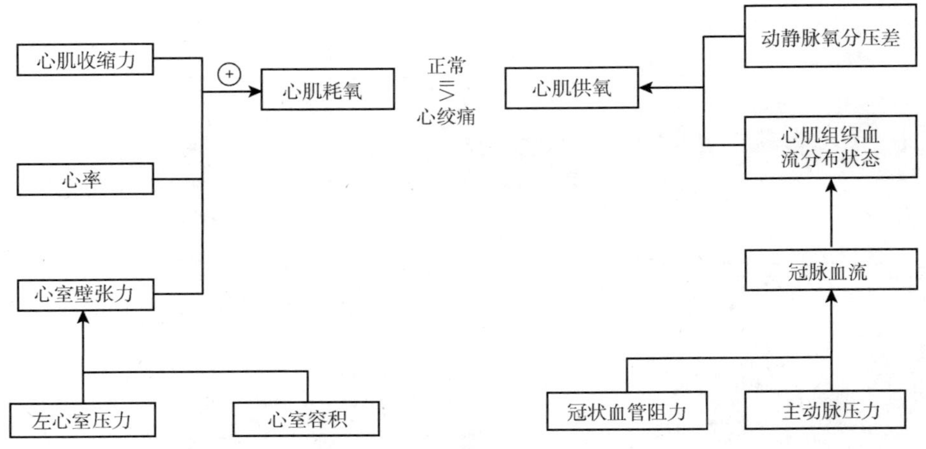

图 21-1 影响心肌耗氧和供氧的因素

心肌的血/氧供给来自冠脉循环，与冠脉血流量、冠脉灌注压、侧支循环和心舒张期长短等因素有关。冠脉分支的起始部分走行于心脏表面（心外膜下），称为输送血管，具有调节冠脉流量的作用，且不受心肌收缩压迫的影响；而冠脉继续分支的小动脉、微动脉，则垂直穿入心肌层分布于心内膜下，为心肌和心内膜下供血，这部分血管易受心脏收缩的压迫，使得心内膜下区域容易发生缺血、缺氧，当心室内压增加，特别是左室舒张末期压力（LVEDP）增加时，缺血/氧加重。

心绞痛的主要病理生理机制是心肌需氧与供氧的平衡失调，致心肌暂时性缺血缺氧，引起代谢产物（乳酸、丙酮酸、组胺、激肽样多肽、K^+等）在心肌组织聚积，刺激心肌传入神经末梢引起疼痛。

抗心绞痛药主要通过调节心肌氧的供需平衡发挥疗效，改善心肌灌注和（或）降低心肌耗氧量是缓解心绞痛的主要治疗对策。目前临床用于治疗心绞痛的药物主要有三类：硝酸酯类、β 受体阻断药和钙通道阻滞剂。此外，抗血小板药、抗血栓药、ACEI、他汀类药物也有助于心绞痛的治疗。

第二节 常用抗心绞痛药

一、硝 酸 酯 类

硝酸酯类药物结构相似，均有硝酸多元酯结构，脂溶性高，用于治疗心绞痛安全、有效，是目前临床治疗心绞痛的主要药物。常用的制剂有硝酸甘油（nitroglycerin）、硝酸异山梨酯（isosorbide dinitrate）、单硝酸异山梨酯（isosorbide mononitrate）、戊四硝酯（pentaerythrityl tetranitrate）。此类药物作用相似，显效快慢和作用维持时间有差异，其中硝酸甘油最常用。

硝酸甘油（nitroglycerin）

本品是硝酸酯类的代表药，具有作用迅速、疗效可靠、应用方便、廉价等优点，早在 1867 年就开始应用于临床，目前依然是防治心绞痛的首选药物。

【体内过程】 脂溶性高，易于通过皮肤、黏膜吸收。普通制剂口服因首关消除明显，生物利用度仅为 8%，难以达到有效治疗浓度，故临床应用时不宜口服。因其脂溶性高，可通过口腔黏膜吸收，舌下含服 1～2min 即可起效，疗效持续 20～30min，$t_{1/2}$ 为 2～4min；硝酸甘油的软膏或膜剂可以涂抹或贴敷于皮肤上，能较长时间维持有效浓度。硝酸甘油在肝脏中经谷胱甘肽–有机硝酸酯还原酶还原成水溶性的二硝酸代谢物及少量的一硝酸代谢物、无机亚硝酸盐，再与葡糖醛酸结合经肾脏排出。

【作用机制】 作为一氧化氮供体药，在平滑肌细胞内被谷胱甘肽转移酶分解为NO，NO为血管内皮舒张因子（endothelinum derived relaxing factor，EDRF），可激活可溶性鸟苷酸环化酶，升高血管平滑肌细胞中cGMP的水平，cGMP激活依赖型蛋白激酶G，减少细胞内 Ca^{2+} 释放和外 Ca^{2+} 内流，降低细胞内 Ca^{2+} 浓度，改变细胞中蛋白的磷酸化状态，肌球蛋白轻链去磷酸化，使横桥与肌动蛋白解离，产生松弛血管平滑肌的作用。

硝酸甘油的扩血管作用还与内源性扩血管物质释放和细胞膜超极化有关。NO能促进 PGI_2 和降钙素基因相关肽等内源性扩血管物质的合成与释放，而降钙素基因相关肽能激活血管平滑肌细胞的ATP敏感型钾通道，使平滑肌细胞膜超极化，产生强烈的扩血管作用。另外，硝酸甘油通过其产生的NO抑制血小板聚集、黏附，改善血流动力学和血液流变学。

【药理作用】 基本作用是松弛血管平滑肌，选择性扩张较大的血管。

1. 扩张血管，降低心肌耗氧量 最小有效量可选择性扩张静脉，特别是较大的静脉血管，增加静脉血容量，减少回心血量，使心室内压减小，心室壁张力下降，减轻心脏前负荷；较大剂量可显著舒张动脉血管，使心脏射血阻力降低，减轻心脏后负荷，缩短心肌收缩时间，减少心肌耗氧量；然而再增大剂量后，因血管大范围扩张导致血压过度下降，引起反射性兴奋心脏，使心率加快和收缩力增强，反而加重心肌耗氧量。因此，在临床使用中，需根据患者实际情况合理选择用量。

2. 改变心肌血流分布，增加缺血区血液灌注 ①增加心内膜下血供：冠状动脉从心外膜呈垂直分支，贯穿心室壁呈网状分布至心内膜下，因此心内膜下血液供应更易受心室壁张力及室内压的影响，故心绞痛急性发作时心内膜缺血最为严重。硝酸甘油扩张外周静脉和动脉，减少回心血量并降低射血阻力，心室容积减少使左心室舒张末期压力降低，改善心肌顺应性，有利于血液从心外膜流向易于缺血的内膜下区，增加了心内膜下血液供应。②改善缺血区供血：在冠状动脉因粥样硬化或痉挛产生狭窄时，缺血区的阻力血管因缺血和代谢产物堆积而处于高度舒张状态；硝酸甘油对较大的心外膜血管、输送血管、连接分支的侧支血管的扩张作用强于阻力血管，用药后冠状血管灌注压增大，迫使血液经侧支血管更多地流向缺血区，增加缺血区的供血、供氧（图21-2）。

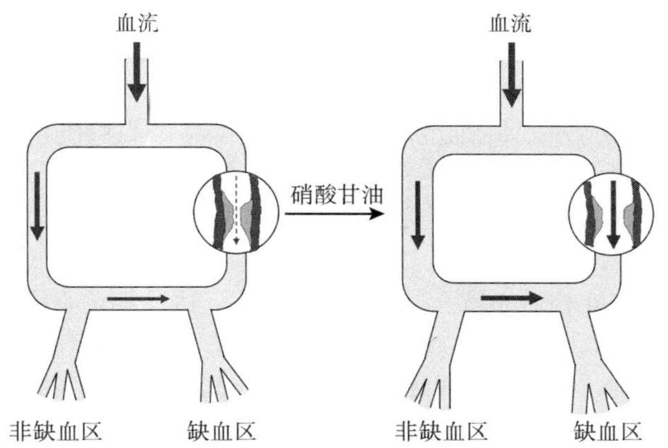

图21-2　硝酸甘油使用前后对冠状动脉血流分布的影响示意图

3. 促进内源性保护因子释放，保护心肌细胞 硝酸甘油通过提供外源性的NO，促进内源性 PGI_2、降钙素基因相关肽等物质的生成和释放，诱导热休克蛋白释放，抑制黏附分子释放，减轻缺血损伤，增强缺血心肌的电稳定性。硝酸甘油不仅能产生早期保护作用，也能产生诱导性、药理性预适应，防止心肌遭受严重缺血性损害。

4. 抑制血小板聚集，抗血栓形成 硝酸甘油释放的NO可活化血小板中鸟苷酸环化酶，使cGMP生成增多，抑制血小板聚集和黏附。

【临床应用】

1. 心绞痛 对各类型心绞痛均有效，舌下含服硝酸甘油可迅速缓解症状，用药后可终止发作，也可以预防发作，还可以用于诊断性治疗。

2. 心肌梗死 对急性心肌梗死常静脉给药，不仅能降低耗氧量，增加缺血区供血，避免梗死面积扩大；但反复连续应用时应限制用量，以免过度降压加重心肌缺血。

3. 心力衰竭 硝酸甘油通过降低心脏前负荷，扩张静脉，减少回心血量，而用于心力衰竭的治疗。

4. 急性呼吸衰竭及肺动脉高压 硝酸甘油通过舒张肺血管，降低肺血管阻力，改善肺通气，而用于急性呼吸衰竭及肺动脉高压的治疗。

【不良反应】

1. 继发反应 多数因其血管舒张作用所致。如皮肤潮红、搏动性头痛、眼压升高、直立性低血压及晕厥，对眼压影响不大，但青光眼患者仍应慎用。

2. 加重心绞痛发作 因剂量大，反射性兴奋交感神经所致。

3. 高铁血红蛋白血症 在超剂量时可引起，表现为呕吐、发绀等。

4. 耐受性 连续用药后可出现，停药1～2周后可消失。为克服耐受性可采取下列措施：调整给药剂量，减少给药频率；采用最小剂量，以及间歇给药方法；补充含巯基的药物，并且注意调整膳食结构，肉类、蛋白含大量巯基，而水果、蔬菜、奶制品则不含巯基。

二、β受体阻断药

β受体阻断药（β receptor blocker）于20世纪60年代开始用于心绞痛的治疗，这类药物可使心绞痛发作次数减少，减少心肌耗氧量，改善心肌缺血，增加患者运动耐量，缩小心肌梗死范围，是继硝酸酯类药物之后又一类治疗缺血性心脏病的药物。临床可用于治疗心绞痛的药物有十余种，包括普萘洛尔（propranolol）、吲哚洛尔（pindolol）、噻吗洛尔（timolol），以及选择性 β_1 受体阻断药阿普洛尔（alprenolol）、美托洛尔（metoprolol）、醋丁洛尔（acebutolol）等。其中普萘洛尔、美托洛尔、阿替洛尔是临床最为常用的抗心绞痛药。

（一）药理作用

β受体阻断药因其对 β_1、β_2 受体的阻断作用而用于心绞痛、高血压和心律失常等多种疾病的治疗（参见第九章肾上腺素受体阻断药），本章仅介绍其抗心绞痛作用。

1. 降低心肌耗氧量 心绞痛发作时，交感神经兴奋，心肌局部和血液中儿茶酚胺水平增高，激动β受体，增强心肌收缩力，加快心率及收缩血管，使左心室后负荷增加，从而使心肌耗氧量增加。同时因心率加快，心室舒张期相对缩短，冠脉血流量减少，因而加重心肌缺氧。β受体阻断药可使心率减慢，心脏舒张期延长；抑制心肌收缩力，减慢心肌缩短速度，降低心肌耗氧量。但β受体阻断药所致的心肌收缩力减弱，使射血时间延长，心排血不完全，心室容积扩大，又增加了心肌耗氧量，但总体效应仍是减少心肌耗氧量，缓解心绞痛。

2. 改善缺血区血液供应 药物阻断β受体后，心肌耗氧量降低，通过冠状动脉血管的自身调节机制，非缺血区阻力血管收缩，而缺血区血管则由于缺氧呈代偿性舒张状态，促使血液从非缺血区流向缺血区。此外β受体阻断药通过减慢心率作用而延长心脏舒张期，增加心脏灌注时间，有利于血液流向易缺血的心内膜下区域。β 受体阻断药还可增加缺血区域侧支循环，增加缺血区血液供应。β受体阻断药能增加总冠脉阻力，减少冠脉总血流量，这是由于应用β受体阻断药后，阻断β受体，使冠脉血管α受体相对占优势。但β受体阻断药却可使冠脉血流重新分布，使缺血区血流增多。

3. 改善心肌代谢 心肌缺血时，肾上腺素分泌增加，使游离脂肪酸（free fatty acids，FFA）增多。心肌细胞代谢 FFA 需消耗大量的氧，进而导致缺血、缺氧程度加重。应用 β 受体阻断药后，阻断 β 受体，抑制脂肪分解酶活性，减少心肌 FFA 的含量，并能提高缺血区心肌对葡萄糖的摄取和利用，改善糖代谢，使心肌耗氧量降低。

4. 增加组织供氧 应用 β 受体阻断药可促进氧合血红蛋白解离，从而增加全身组织包括心脏的供氧。

此外，本类药物尚能抑制缺血时由 ADP、肾上腺素、胶原和凝血酶诱导的血小板聚集，改善心肌血液循环。

（二）临床应用

β 受体阻断药是治疗心绞痛的有效药物，但对不同类型的心绞痛具有不同的作用。

1. 稳定型心绞痛 主要用于对硝酸酯类不敏感或疗效差的稳定型心绞痛患者，疗效肯定。选择性和非选择性 β 受体阻断药对心绞痛的疗效差别不大，可减少心绞痛发作的次数和程度，缩短心肌缺血持续时间，提高运动耐量，改善生活质量。由于其具有减慢心率和降低血压的作用，特别适用于伴有心率快和高血压的心绞痛患者。

2. 不稳定型心绞痛 其发病机制是冠脉器质性狭窄和痉挛，应用 β 受体阻断药可减少心肌耗氧量，改善冠脉血流量，增加缺血心肌供血，尤其是交感神经张力高的患者，能降低疼痛阈值，预防缺血复发和猝死。在无禁忌证时效果较好。联合用药可提高疗效。而对于变异型心绞痛，因本类药物阻断 β 受体后，使 α 受体作用占优势，易致冠脉痉挛，从而加重心肌缺血症状，不宜应用。

（三）不良反应和注意事项

1. 心功能抑制 表现为心率减慢、心动过缓、房室传导阻滞，心功能不全者可加重心脏抑制，低血压者可使其症状加重。

2. 诱发和加重哮喘 特别是非选择性 β 受体阻断药更为严重，选择性 β 受体阻断药及具内在拟交感活性的药物相对安全，但较大剂量时仍有诱发哮喘的可能，哮喘或慢性阻塞性肺疾病患者禁用。

3. 反跳现象 长期应用 β 受体阻断药可使受体上调，如果突然停药，则出现反跳现象，使心动过速、心绞痛加重，甚至出现室性心律失常、心肌梗死或猝死。故长期应用者，应逐渐减量停药。

三、钙通道阻滞剂

钙通道阻滞剂（calcium channel Blockers）是 20 世纪 70 年代以来防治缺血性心脏病的一类主要药物，可单独应用，也可与硝酸酯类或 β 受体阻断药合用。可用于治疗心绞痛的钙通道阻滞剂主要有维拉帕米（verapamil）、硝苯地平（nifedipine）、地尔硫䓬（diltiazem）、氨氯地平（amlodipine）及普尼拉明（prenylamine）等。

（一）药理作用

细胞内 Ca^{2+}浓度升高可引起一系列反应，如使心肌和血管平滑肌的收缩加强、心脏耗氧量增加等。导致心肌细胞收缩的 Ca^{2+}来源于细胞外，通过钙通道内流而起作用。血管平滑肌细胞的收缩依靠细胞内储存 Ca^{2+}的释放，同时血管平滑肌细胞外 Ca^{2+}内流也能促使细胞内储存的 Ca^{2+}释放。因此，钙通道开放所致的 Ca^{2+}内流在心肌和血管平滑肌的收缩过程中具有重要作用。钙通道阻滞剂抗心绞痛作用如下。

1. 降低心肌耗氧量

（1）扩张血管，减轻心脏负荷：钙通道阻滞剂作用于血管平滑肌，阻滞 Ca^{2+}内流，使血管平滑肌松弛。此类药物主要舒张动脉，其中以冠状动脉和脑动脉平滑肌最为敏感，能舒张大的输送血管和阻力小的血管，同时也能扩张外周血管，使外周阻力降低，减轻心脏后负荷，从而减少心肌耗氧量。硝苯地平扩张血管作用较强，应用后可出现反射性心率加快，使心肌耗氧量增加，维拉帕米、地尔硫䓬此作用较弱。

（2）抑制心肌收缩力，减慢心率：钙通道阻滞剂作用于心肌细胞，阻滞 Ca^{2+}内流，使胞质内 Ca^{2+}浓度降低，心肌收缩力减弱；作用于窦房结、房室结慢反应细胞，减少 Ca^{2+}内流，既降低自律性、减慢心率，又减慢房室传导、延长有效不应期，从而降低心肌耗氧量。对心脏的抑制作用以维拉帕米最强，地尔硫䓬次之，硝苯地平较弱。

（3）拮抗交感神经活性：交感神经末梢释放递质的过程需要 Ca^{2+}参与，钙通道阻滞剂阻滞 Ca^{2+}进入神经末梢，抑制递质释放，从而对抗交感神经活性增高所致的心肌耗氧量增加，其中维拉帕米的作用较强。

2. 增加心肌的血液供应

（1）扩张冠脉：钙通道阻滞剂是目前作用最强的冠状动脉扩张药。其机制除直接松弛血管平滑肌外，还可刺激血管内皮细胞合成和释放 NO，故应用钙通道阻滞剂可扩张冠状动脉，解除冠状动脉痉挛，降低冠状动脉阻力，以增加心肌血液供应。

（2）促进侧支循环开放：钙通道阻滞剂通过开放侧支循环，可增加对缺血区的血液灌注。

（3）抑制血小板聚集：钙通道阻滞剂可阻滞血小板膜表面的钙通道，拮抗心肌缺血时儿茶酚胺诱导的血小板聚集和活性产物的合成、释放，有利于保持冠脉血流通畅，增加缺血心肌的血液供应。

3. 保护缺血的心肌细胞 心肌缺血或再灌注时细胞内“钙超载”可造成心肌细胞，尤其是线粒体功能严重受损。钙通道阻滞剂可由于阻滞 Ca^{2+}内流而减轻“钙超载”，保护线粒体氧化磷酸化的功能，特别是在心肌缺血或再灌注早期给予，可起到保护心肌细胞的作用；钙通道阻滞剂能减少组织 ATP 的分解，抑制黄嘌呤氧化酶的激活和继发性的氧自由基产生，进而对缺血心肌产生保护作用；钙通道阻滞剂还可抑制心肌缺血时 cAMP 的堆积，因而可对抗 cAMP 过量所诱发的正性肌力作用和心律失常，如在心肌梗死后应用可有效地减少猝死的发生。

（二）临床应用

钙通道阻滞剂对各型心绞痛均有效，具有强大的扩张冠状动脉作用，尤其适用于由冠状动脉痉挛引起的变异型心绞痛的治疗，硝苯地平是首选药。钙通道阻滞剂对支气管平滑肌不但无收缩作用，且具有一定程度的扩张作用，故对伴有哮喘和阻塞性肺疾病患者更为适用；钙通道阻滞剂能扩张外周血管，也可用于伴有外周血管痉挛性疾病的心绞痛患者。

（三）不良反应

二氢吡啶类钙通道阻滞剂具有较强的扩张外周血管作用，血压下降后反射性心率加快，可减弱其抗心绞痛作用，大剂量下可加重心绞痛发作程度。

第三节 其他抗心绞痛药

ACEI 包括卡托普利（captopril）、赖诺普利（lisinopril）、雷米普利（ramipril）等，不仅用于高血压的治疗，也用于降低有症状和无症状充血性心力衰竭的发生率与病死率，最近提出此类药对心绞痛治疗可能具有有益作用，并超过了对血压的作用。ACEI 通过舒张动脉和静脉，降低心脏前、后负荷，从而降低心肌耗氧量；降低左心室充盈压及心室壁张力，改善心脏舒张功能；扩张冠脉血管，增加冠脉血流量，保护缺血心肌；减少冠状血管对 AngⅡ的反应，并阻止有害的心室重构。同时，ACEI 还能抑制缓激肽（bradykinin）的降解，使血中缓激肽含量增加，缓激肽可促进 NO 和 PGI_2 生成，两者均可舒张血管，抑制血小板聚集，防止心肌细胞损伤，改善心肌缺血。ACEI 还可清除自由基，减轻自由基引起的心功能损伤。

尼可地尔（nicorandil）

尼可地尔是一种新型血管扩张药。研究表明其对冠状小动脉的松弛作用可被 ATP 敏感性钾通道（ATP-sensitive potassium channel K_{ATP}）阻滞剂格列本脲（glibenclamide）抑制，故此药可能通过激活 K_{ATP} 通道从而使血管平滑肌细胞超极化；K_{ATP} 与缺血预适应有关，尼可地尔可诱导药理性预适应，产生心肌细胞保护作用。同时本药也发挥硝酸酯类样效应，通过释放 NO，兴奋鸟苷酸环化酶，增加细胞内 cGMP 的生成，降低细胞内 Ca^{2+}，较强地扩张冠脉的输送血管，而且持续时间长，对冠脉阻力血管影响弱，无“窃血”现象，并可减轻 Ca^{2+}对缺血心肌细胞的损伤。在较小样本的研究中尼可地尔抗心绞痛效能与硝酸酯类、β 受体阻断药及钙通道阻滞剂相似。对不稳定型心绞痛能减轻心肌缺血程度和心律失常的发生。

吗多明（molsidomine）

吗多明在肝脏转化为具有药理活性的 3-吗琳代斯德酮亚胺（SIN-Ⅰ），SIN-Ⅰ能提供 NO，通过与硝酸酯类药物相似的作用机制，使血管扩张，主要扩张容量血管而降低心脏前负荷，轻度扩张小动脉而降低心脏后负荷，从而降低心肌耗氧量；也能扩张冠脉，促进侧支循环开放，增加缺血区的血液供应。由于吗多明转化为 SIN-Ⅰ的速度较慢，与硝酸酯类药物比较，起效较慢，但作用持久，且本药在产生作用时不需要—SH 参与，不易产生耐受性，临床可作为硝酸酯类药物的替代药。舌下含服或喷雾吸入可用于稳定型心绞痛、充盈压较高的急性心肌梗死的治疗。由于吗多明转化过程中有过氧化物产生，使临床应用受限，为避免长期用药所致氧化应激，可同时给予抗氧化药。

地拉草（dilazep）

地拉草具有明显、持久的选择性扩张冠脉作用，可增加冠脉血流量。另外可促进冠脉的侧支循环，并具有抗血小板聚集作用。其作用机制为抑制腺苷分解酶，阻止腺苷的分解代谢，从而发挥腺苷的扩张冠脉作用，临床用于心绞痛的治疗，与强心苷合用可增强对慢性心功能不全的治疗效果。应用中偶见头晕、胃肠不适等。新近发生的心肌梗死患者禁用。

第四节 抗心绞痛药的联合应用

单一用药治疗心绞痛常常疗效不佳，联合用药是心绞痛治疗的重要措施，以下联合用药的方案可供参考。

1. β 受体阻断药和硝酸酯类药物合用 多选用作用时间相近的药物，通常以普萘洛尔与硝酸异山梨酯合用，两药能取长补短产生协同作用，共同降低心肌耗氧量。β 受体阻断药可抑制硝酸酯类药物扩张血管所致的反射性心率加快及心肌收缩力增强，而硝酸酯类药物则可对抗 β 受体阻断药引起的心室容积增大和心室射血时间延长，两药合用时疗效增加、用量减少、不良反应也减少。但应注意，此两药均可降压，合用时应监测血压，以免过度降压导致冠脉流量减少，加重心绞痛。

2. 硝酸酯类药物和钙通道阻滞剂合用 硝酸酯类药物主要作用于静脉，钙通道阻滞剂主要扩张小动脉并有较强的扩张冠脉作用，两者可联合应用。但硝苯地平与一般硝酸酯类药物合用时应慎重，因其可导致反射性心动过速、头痛和皮肤潮红。此种联合用药最好选择作用缓和的钙通道阻滞剂或新型钙通道阻滞剂，如氨氯地平（络活喜），可取得良好疗效。

3. 钙通道阻滞剂与 β 受体阻断药合用 其中硝苯地平与 β 受体阻断药合用较为安全，两者对降低心肌耗氧量起协同作用，β 受体阻断药可消除钙通道阻滞剂引起的反射性心动过速，后者可对抗前者收缩血管作用，临床证明对心绞痛伴高血压及运动时心率加快者最适宜。由于维拉帕米和地尔硫䓬具有抑制心功能作用，与 β 受体阻断药合用可明显抑制心肌收缩力和传导速度。因两药的药动学作用方式互补，早期应用这种疗法可减少血管再造术和血管成形术的需要。

1. 简述硝酸酯类药物抗心绞痛的作用、作用机制，并比较硝酸甘油、硝酸异山梨酯和单硝酸异山梨酯的作用特点。
2. 简述硝酸甘油与普萘洛尔联合应用治疗心绞痛的优点及注意事项。

附 硝酸酯类，从炸药原料到心脏急救药

1847 年，意大利化学家索伯雷首次合成了硝酸甘油，但硝酸甘油化学性质非常不稳定，很容易发生爆炸，索伯雷的脸就被炸伤了，他曾经亲口品尝过硝酸甘油，发现它味甜且辛辣，会引起头痛。后来瑞典人诺贝尔通过用多孔硅胶吸附硝酸甘油使其变得可控，最终制得了炸药，并被广泛应用于工业和军事上。

医生发现好多兵工厂中生产硝酸甘油的工人在周末休息再返工后，都会出现皮肤潮红和头痛症状，称为“周一病”。后来研究发现，硝酸甘油有扩张血管的作用，尤其是可以缓解狭窄、痉挛的冠脉血管，改善心肌循环。进一步研究发现，硝酸甘油在体内可以被分解出 NO（一氧化氮），可以作用于血管平滑肌细胞表面受体，激活鸟苷酸环化酶，引起血管扩张，使平滑肌细胞舒张。1998 年，发现硝酸甘油作用机制的穆拉德、伊格纳罗和佛契哥特被授予诺贝尔生理学或医学奖。

第二十二章　调血脂药与抗动脉粥样硬化药

学习目标

1. 掌握他汀类、胆汁酸结合树脂、贝特类药物的药理作用、临床应用与不良反应。

2. 理解胆固醇吸收抑制药、烟酸、普罗布考、降低脂蛋白（a）药物的药理作用和临床应用；了解多烯脂肪酸、动脉内皮保护药的药理作用。

3. 通过对血浆脂蛋白的分类及其与动脉粥样硬化的关系及各类调血脂药作用特点的学习，根据患者的具体病情合理选用相应的调血脂药。

第一节　概　　述

动脉粥样硬化（atherosclerosis，AS）是主要发生在大动脉及中动脉，特别是冠状动脉、脑动脉和主动脉的一种慢性炎症过程，是心脑血管疾病的主要病理学基础。因动脉内膜积聚的脂质外观呈黄色粥样而得名，受累动脉病变从内膜开始，首先是脂质的沉着，而后是纤维组织增生及钙质的沉着等，最后形成泡沫细胞脂纹及纤维斑块，进而引起管壁硬化、管腔变窄。血脂异常、血管内皮损伤、氧化应激、血管平滑肌细胞的移行增生、泡沫细胞的形成在 AS 的发病过程中有重要意义。AS 始于脂质在血管壁的沉积，以低密度脂蛋白（low density lipoprotein，LDL）、胆固醇（cholesterol，Ch）或三酰甘油（triglyceride，TG）升高为特点的血脂异常是动脉粥样硬化性心脑血管疾病的重要危险因素。

血脂是血浆中所含脂类的总称，包括胆固醇、TG、游离脂肪酸（free fatty acid，FFA）和磷脂（phospholipid，PL）等。人体内胆固醇主要以游离胆固醇（free cholesterol，FC）及胆固醇酯（cholesteryl ester，CE）的形式存在，两者相加为总胆固醇（total cholesterol，TC）。

血脂与血浆中的载脂蛋白（apoprotein，Apo）结合形成脂蛋白（lipoprotein，LP），是脂类在血液中存在、转运及代谢的形式。脂蛋白呈球形颗粒，内部为非极性分子，如胆固醇酯和三酰甘油，颗粒表面由磷脂、游离胆固醇及载脂蛋白组成的单分子层外壳覆盖。应用超速离心和电泳的方法可将脂蛋白分为乳糜微粒（chylomicron，CM）、极低密度脂蛋白（very low density lipoprotein，VLDL）、LDL、中间密度脂蛋白（intermediate density lipoprotein，IDL）、高密度脂蛋白（high density lipoprotein，HDL）。

CM 主要含有外源性三酰甘油，是转运外源性三酰甘油和胆固醇到肝脏及外周组织的主要形式，而 VLDL、LDL、IDL 可将肝内合成的内源性脂质转运至肝外组织。VLDL 在肝细胞内合成，是转运肝脏合成的 TG 进入血液循环的主要形式。IDL 是 VLDL 在血浆的代谢物，其组成及密度介于 VLDL 及 LDL 之间。HDL 是颗粒最小的血浆脂蛋白，主要功能是将外周的胆固醇转给 LDL 或 IDL，而后被肝脏利用，担负着将内源性胆固醇（以 CE 为主）从组织往肝脏的逆向转运。各种 LP 在血浆中的浓度基本恒定并维持一定的平衡，如果比例失衡则导致脂代谢紊乱。

Apo 主要有 A、B、C、D、E 五类，又各分为若干亚组分，不同的脂蛋白含不同的 Apo。Apo

在结合、转运脂质和稳定脂蛋白结构方面发挥重要的作用，还可以调节脂蛋白代谢关键酶的活性，参与脂蛋白受体的识别与结合。比如，ApoA Ⅰ激活卵磷脂胆固醇酰基转移酶，识别 HDL 受体；ApoA Ⅱ稳定 HDL 结构，激活肝脂肪酶，促进 HDL 的成熟及胆固醇逆向转运；ApoB 100 能识别 LDL 受体；ApoC Ⅱ是脂蛋白脂肪酶（lipoprotein lipase，LPL）的激活剂，促进 CM 和 VLDL 的分解；ApoC Ⅲ则抑制 LPL 的活性，并抑制肝细胞 ApoE 受体；ApoE 参与 LDL 受体的识别；ApoD 促进胆固醇及三酰甘油在 VLDL、LDL 与 HDL 间的转运。

Lp（a）是一种特殊独立的血浆脂蛋白，其理化性质和组成结构与 LDL 有很大的共同性，Lp（a）中除含有 ApoB 外还含有 Apo（a），并且与纤溶酶原的结构具有高度同源性。现有研究表明 Lp（a）是动脉粥样硬化性心脑血管疾病的独立危险因素。

某些血脂或脂蛋白高出正常范围称为高脂血症或高脂蛋白血症。高脂蛋白血症可促进动脉粥样硬化病变的形成和发展，同时，HDL 降低也是动脉粥样硬化的危险因素。世界卫生组织对高脂蛋白血症的分型见表 22-1，通常Ⅱ～Ⅳ型均能引起动脉粥样硬化。高脂血症按病因分为原发性和继发性两大类，原发性高脂血症指由于遗传因素或后天的饮食习惯、生活方式及其他自然环境因素等引起的脂质代谢异常。继发性高脂血症多由于代谢紊乱性疾病或其他因素所致，如肾病综合征、糖尿病、甲状腺功能低下、肝脏疾病和药物等因素。

对于高脂血症患者，首先要采用饮食控制、调节生活方式及避免和减少 AS 发生发展的危险因素，如增加运动、戒烟限酒，积极治疗相关疾病如高血压、糖尿病等。如果经过以上措施，血脂水平仍然不能恢复正常或出现 AS 的症状，则可采用调血脂药，以纠正脂质代谢紊乱。

表 22-1　高脂蛋白血症的分型

分型	临床名称	升高的脂蛋白	血脂变化		发病率
Ⅰ	家族性高乳糜微粒血症	CM	TC+	TG+++	极低
$Ⅱ_a$	家族性高胆固醇血症	LDL	TC++	–	较高
$Ⅱ_b$	复合性高胆固醇血症	VLDL、LDL	TC++	TG++	较高
Ⅲ	家族性高脂血症	IDL	TC++	TG++	低
Ⅳ	家族性高三酰甘油血症	VLDL	TC+	TG++	高
Ⅴ	混合性高三酰甘油血症	CM、VLDL	TC+	TG++	较低

+：浓度增加；–：无明显变化。

第二节　调 血 脂 药

高脂血症在促进动脉粥样硬化病变的形成和发展中发挥了重要作用。调血脂药通过多个环节调节脂质代谢异常（图 22-1），维持血脂稳态，延缓动脉粥样硬化进程。根据药物作用机制不同，调血脂药可分为主要降低 TC 和 LDL 的药物、主要降低 TG 和 VLDL 的药物及降低 Lp（a）的药物。

一、主要降低 TC 和 LDL 的药物

（一）他汀类

羟甲基戊二酸单酰辅酶 A（3-hydroxy-3-methylglutaryl CoA，HMG-CoA）还原酶是肝细胞合成胆固醇过程中的限速酶，催化 HMG-CoA 生成甲羟戊酸（mevalonic acid，MVA）。MVA 生成是内源性胆固醇合成的关键步骤，抑制 HMG-CoA 还原酶则减少内源性胆固醇合成。他汀类（statins）药物是 HMG-CoA 还原酶的竞争性抑制剂，是临床应用的首选调血脂药。

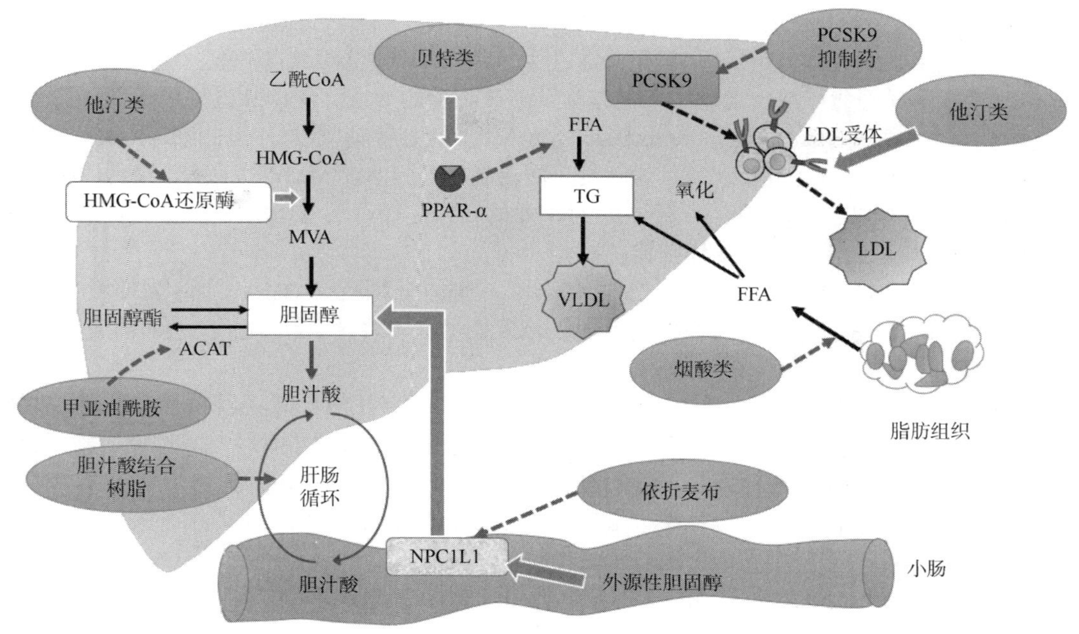

图 22-1　调血脂药的主要作用环节

PCSK9，前蛋白转化酶枯草溶菌素 9；PPAR-α，过氧化物酶体增殖激活受体-α；ACAT，酰基辅酶 A 胆固醇酰基转移酶；NPC1L1，胆固醇转运蛋白

他汀类药物具有二羟基庚酸结构，主要分为内酯环型和开环羟基酸型，是抑制 HMG-CoA 还原酶所必需的基团。内酯环型的有洛伐他汀和辛伐他汀，在体内必须转化为开环羟基酸型才能发挥其药理活性。开环羟基酸型的如普伐他汀，可通过载体进入肝细胞，直接发挥药理活性。氟伐他汀为人工合成品，兼有脂溶性和水溶性。一般具内酯环型的洛伐他汀和辛伐他汀亲脂性较强，具开环羟基酸形式的普伐他汀亲水性较强，氟伐他汀则介于两者之间。食物可影响洛伐他汀和普伐他汀的生物利用度，但对其他他汀类药物则无影响。

1. 药理作用

（1）调血脂作用：他汀类有明显的调血脂作用。在治疗剂量下，对低密度脂蛋白胆固醇（LDL-C）的降低作用最强，TC 次之，而高密度脂蛋白胆固醇（HDL-C）略有升高，调血脂作用呈剂量依赖性，大剂量时可降低血浆 TG，长期应用可保持疗效。

肝脏是合成内源性胆固醇的主要场所，在胆固醇合成过程中 HMG-CoA 还原酶使 HMG-CoA 转换为中间产物 MVA。他汀类药物或其代谢产物与 HMG-CoA 的化学结构相似，且对 HMG-CoA 还原酶的亲和力高出 HMG-CoA 数千倍，对该酶发生竞争性的抑制作用，从而使胆固醇合成受阻；通过负反馈调节导致肝表面 LDL 受体代偿性增加或活性增强，使血浆中大量的 LDL 经 LDL 受体途径代谢，血浆 LDL 水平降低，继而导致 VLDL 代谢加快，最终将胆固醇代谢为胆汁酸排出体外，再加上肝合成及释放 VLDL 减少，也导致 VLDL 及 TG 相应降低，HDL 升高。由于各种他汀类药物与 HMG-CoA 还原酶亲和力不同，所以调血脂的作用强度各有不同。

（2）非调血脂作用

1）改善血管内皮功能，提高血管内皮对扩血管物质的反应性。

2）抑制血管平滑肌细胞（vascular smooth muscle cells，VSMCs）的增殖和迁移，促进 VSMCs 凋亡。

3）抗炎作用：抑制细胞黏附，减轻单核巨噬细胞的黏附和分泌功能，降低血浆 C 反应蛋白，减轻动脉粥样硬化过程的炎性反应。

4）抗血栓：通过抑制血小板聚集和提高纤溶活性发挥抗血栓作用。

5）抗氧化作用：氧化型 LDL 是粥样斑块中的主要成分，影响斑块稳定性；在斑块破裂后又能诱发血栓形成。斑块内的 LDL 极易发生氧化修饰，他汀类药物通过清除氧自由基，发挥抗氧化作用。

6）抗动脉粥样硬化：减少动脉壁巨噬细胞及泡沫细胞的形成，使动脉粥样硬化斑块稳定和缩小；基质金属蛋白酶（Matrix metalloproteinase，MMP）能分解基质成分，加速胶原降解，从而降低纤维帽的抗张强度，引起斑块破裂。他汀类药物能显著下调体内 MMP 的表达，降低巨噬细胞活性，并能降低斑块中 T 淋巴细胞活性，干扰 TNF-α 的转录途径，下调斑块中 TNF-α 含量，使斑块稳定。这些作用均有助于抗动脉粥样硬化。

（3）保护肾脏：他汀类药物具有降低胆固醇的作用，继而纠正因脂质代谢异常而引发的慢性肾损害，同时具有抗细胞增殖、抗炎症、免疫抑制、抗骨质疏松等作用，减轻肾损害的程度，从而保护肾脏。

2. 临床应用

（1）高脂血症：他汀类药物主要用于杂合子家族性和非家族 $Ⅱ_a$ 型、$Ⅱ_b$ 型和Ⅲ型高脂蛋白血症，也可用于 2 型糖尿病和肾病综合征引起的高胆固醇血症。对病情较严重者可与其他调血脂药合用。对冠心病一级和二级预防有效而安全，可使冠心病发病率和死亡率明显降低。

（2）肾病综合征：他汀类药物对肾功能有一定的改善作用，除与调血脂作用有关外，可能还与他汀类药物抑制肾小球系膜细胞的增殖、延缓肾动脉硬化有关。

（3）预防心脑血管急性事件：他汀类药物因能增加粥样斑块的稳定性或使斑块缩小，故可减少缺血性脑卒中、稳定型和不稳定型心绞痛发作、致死性和非致死性心肌梗死的发生。

（4）其他：抑制血管成形术后再狭窄、缓解器官移植后的排异反应和治疗骨质疏松症（osteoporosis）等。

3. 不良反应 他汀类药物不良反应较少而轻，大剂量应用时患者偶可出现胃肠道反应、皮肤潮红、头痛等暂时性反应；偶见无症状性转氨酶升高，停药后即恢复正常。需注意本类药物可引起肌肉不良反应，西立伐他汀和辛伐他汀引起肌病的发病率高，氟伐他汀的发病率低，绝大多数是肌病，极少数发展为横纹肌溶解症（rhabdomyolysis）。超大剂量他汀类药物可引起犬的白内障，人体用药应注意。用药期间应定期检测肝功能，有肌痛者应检测肌酸磷酸激酶，必要时停药。孕妇，儿童，哺乳期妇女，肝、肾功能异常者不宜应用。

4. 药物相互作用 他汀类药物与胆汁酸结合树脂类药物联合应用，可增强降低血清 TC 及 LDL-C 的效应；若与贝特类药物或烟酸联合应用可增强降低 TG 的效应，但也能增加肌病的发生率；若与香豆素类抗凝药同时应用，有可能使凝血时间延长，应及时调整抗凝血药的剂量。若同时服用其他抑制 CYP_{450} 代谢途径的药物，如红霉素等大环内酯类药物、西咪替丁、伊曲康唑和酮康唑、维拉帕米、利托那韦、环孢素、他克莫司和抗艾滋病药地拉韦啶，体内他汀类药物浓度升高，明显增加肌病的发生率。

洛伐他汀（lovastatin）

洛伐他汀为内酯环前药，口服吸收后在体内水解成开环羟酸型，呈现药理活性；在胃肠道的吸收率约为 30%，对肝脏有高度选择性。调血脂作用稳定可靠，一般用药 2 周呈现明显效应，4～6 周可达最佳治疗效果。主要用于高胆固醇血症和混合型高脂血症的治疗及冠心病的预防。避免与免疫抑制药、烟酸和红霉素等合用。

辛伐他汀（simvastatin）

辛伐他汀亦为内酯环前药，调血脂作用较洛伐他汀强 1 倍。升高 HDL 和 ApoA Ⅰ 的作用强于阿托伐他汀。长期应用辛伐他汀能有效降低胆固醇，同时能显著延缓动脉粥样硬化病变进展和病情恶化，减少心脏事件和不稳定型心绞痛的发生。

阿托伐他汀（atorvastatin）

阿托伐他汀口服吸收快，1～2h 血药浓度达高峰，半衰期为 11～14h。与氟伐他汀有相似的作用特性和适应证，但是降低 TG 作用较强。对其他同类药物反应不佳的纯合子家族性高胆固醇血症，疗效较好。有活动性肝病或转氨酶持续升高的患者禁用。

（二）胆汁酸结合树脂

本类药物又称胆汁酸螯合剂（bile acid sequestrants），为碱性阴离子交换树脂，不溶于水，进入肠道后不被吸收，在肠道内与氯离子和胆汁酸进行离子交换，与胆汁酸牢固结合阻滞胆汁酸的肝肠循环和反复利用，从而减少胆固醇的吸收，最终降低血浆和肝中的 TC 和 LDL-C 水平。常用药物有考来烯胺、考来替泊等。

考来烯胺（cholestyramine）

考来烯胺又称消胆胺，为苯乙烯型强碱性阴离子交换树脂类，其氯化物呈白色或淡黄色球状颗粒或粉末，无臭或有氨臭。进入肠道后不溶于水，不被消化酶破坏。

【药理作用】 可降低 TC 和 LDL-C，ApoB 也相应降低，但 HDL-C 几乎无改变，对 TG 和 VLDL 的影响较小。

考来烯胺在肠道通过离子交换与胆汁酸结合后发生下列作用：①被结合的胆汁酸失去活性，减少食物中脂类（包括胆固醇）的吸收；②阻滞胆汁酸在肠道的重吸收；③由于大量胆汁酸丢失，肝内胆固醇经 7α-羟化酶的作用转化为胆汁酸；④由于肝细胞中胆固醇减少，导致肝细胞表面 LDL 受体增加或活性增强；⑤LDL-C 经受体进入肝细胞，使血浆 TC 和 LDL-C 水平降低；⑥反馈性增强 HMG-CoA 还原酶的活性，使胆固醇的合成增多。但是，总体效应是血浆 TC、LDL-C 水平降低。故与他汀类药物合用，可增强其降脂作用。

【临床应用】 适用于 $Ⅱ_a$、$Ⅱ_b$ 及家族性杂合子高脂蛋白血症，对纯合子家族性高胆固醇血症无效。对 $Ⅱ_b$ 型高脂蛋白血症者，应与降 TG 和 VLDL 的药物配合应用。还可用于治疗胆管不完全阻塞所致的瘙痒。

【不良反应】 本类药物不良反应较多，考来烯胺有特殊的臭味和一定的刺激性，少数人用药后可能出现胃肠道不良反应，如便秘、腹胀、嗳气和食欲减退等，一般在 2 周后可消失，若便秘过久，应停药，避免引起肠梗阻；偶可出现短时的转氨酶升高、高氯酸血症或脂肪痢等。

【药物相互作用】 本类药物在肠腔内与他汀类、氯噻嗪、保泰松、苯巴比妥、洋地黄毒苷、甲状腺素、口服抗凝剂、脂溶性维生素（A、D、E、K）、叶酸及铁剂等结合，可影响这些药物的吸收，应尽量避免配伍使用，必要时可在服用此药 1h 前或 4h 后服用上述药物。

（三）酰基辅酶 A 胆固醇酰基转移酶抑制药

甲亚油酰胺（melinamide）

甲亚油酰胺口服后约 50%经门静脉吸收，在体内分布广，最后大部分被分解，约 7%自胆汁排出。

【药理作用】 甲亚油酰胺抑制酰基辅酶 A 胆固醇酰基转移酶（acyl-coenzyme A cholesterol transferase，ACAT），阻止细胞内胆固醇向胆固醇酯的转化，减少外源性胆固醇的吸收，阻滞胆固醇在肝内形成 VLDL，并且阻滞外周组织胆固醇酯的蓄积和泡沫细胞的形成，有利于胆固醇的逆向转运，使血浆及组织胆固醇降低。

【临床应用】 适用于Ⅱ型高脂蛋白血症。

【不良反应】 不良反应轻微，可有食欲减退或腹泻等。

（四）胆固醇吸收抑制药

依折麦布（ezetimibe）

依折麦布是新型选择性胆固醇吸收抑制药。

【体内过程】 口服后吸收迅速，并广泛结合成具有药理活性的酚化葡萄糖苷酸（依折麦布-葡萄糖苷酸）。依折麦布和依折麦布-葡萄糖苷酸结合物均经过肝肠循环，两者 $t_{1/2}$ 约为 22h。依折麦布主要由胆汁及肾脏排出。

【药理作用】 依折麦布作用于胆固醇吸收部位——小肠黏膜刷状缘，选择性抑制胆固醇转运蛋白（Niemann-Pick C1 like 1，NPC1L1）活性，持久地抑制胆固醇的吸收，从而降低胆固醇和相关植物甾醇的吸收，降低总胆固醇。肝脏胆固醇酯储存减少，导致肝脏 LDL 受体合成增加，LDL 代谢加快，使血浆中 LDL-C 水平降低。与胆汁酸结合树脂不同，不影响 TG、胆汁酸和脂溶性维生素的吸收。此外，依折麦布和他汀类药物联合使用能同时抑制胆固醇的小肠吸收和肝合成环节，有效降低高脂血症患者血清中 TC、LDL-C、ApoB 和 TG 水平，并增加 HDL-C 水平，治疗效果强于本品和他汀类药物单独给药。

【临床应用】 适用于原发性（杂合子家族性或非家族性）高胆固醇血症、纯合子家族性高胆固醇血症、纯合子谷甾醇血症（或植物甾醇血症）。

【不良反应】 不良反应较少，口服后少数患者出现疼痛、痉挛和无力的肌肉失调症状、血清肌酸激酶升高、转氨酶升高、血小板减少等不良反应。与他汀类药物联合应用，偶见可逆性肝损伤。怀孕或哺乳期妇女、中至重度肝功能损伤患者及 10 岁以下儿童禁用此药。

（五）前蛋白转化酶枯草溶菌素 9 抑制药

前蛋白转化酶枯草溶菌素 9（proprotein convertase subtilisin/kexin type 9，PCSK9）是肝脏合成的分泌型丝氨酸蛋白酶，属于前蛋白转化酶家族蛋白酶 K 亚家族，主要在肝脏、神经组织、肾脏细胞和小肠上皮细胞中表达，其中在肝脏和空回肠表达水平最高。正常情况下，LDL-C 在血液中与肝细胞表面的 LDL 受体结合形成复合物进入细胞，LDL-C 被降解，而 LDL 受体回到肝细胞表面循环利用。PCSK9 蛋白分泌入血后可与 LDL 受体结合形成复合物，并在溶酶体内被降解，使肝细胞表面的 LDL 受体数量减少，血浆 LDL-C 水平升高。

前蛋白转化酶枯草溶菌素 9 抑制药通过抑制 PCSK9，阻止 LDL 受体降解，促进 LDL-C 清除，从而降低 LDL-C 水平。前蛋白转化酶枯草溶菌素 9 抑制药主要有依洛尤单抗（evolocumab）和阿利西尤单抗（alirocumab）。前蛋白转化酶枯草溶菌素 9 抑制药无论单用或与他汀类合用时，均可明显降低血浆 LDL-C 水平，并减少心血管事件的发生。依洛尤单抗是一种人单克隆免疫球蛋白 G2（IgG2），通常皮下注射给药，用于治疗成人或 12 岁以上青少年的纯合子型家族性高胆固醇血症，也用于成人动脉粥样硬化性心血管疾病的治疗。

二、主要降低 TG 及 VLDL 的药物

（一）贝特类

贝特类又称苯氧酸类，20 世纪 60 年代上市的药物氯贝丁酯（clofibrate，安妥明）是第一个应用于临床的贝特类药物，具有显著降低 TG 及 VLDL 的作用，曾广泛应用。后经大规模和长期临床试验，发现严重不良反应，特别是肝胆系统并发症，且不能降低冠心病的死亡率，现已少用。目前应用的新型贝特类药物吉非贝齐（gemfibrozil）、苯扎贝特（benzafibrate）、非诺贝特（fenofibrate）和环丙贝特（ciprofibrate），调血脂作用增强而不良反应减少。

1. 体内过程 口服吸收快而完全，在血液中与血浆蛋白结合率高，不易分布到外周组织，最后大部分在肝内与葡糖醛酸结合、少量以原形经肾脏排出。各个药物的 $t_{1/2}$ 不完全相同，吉非贝齐和苯扎贝特具有活性酸形式，吸收后起效快，持续时间短，$t_{1/2}$ 为 1～2h；非诺贝特则需先水解成活性酸形式发挥作用，T_{max} 为 4～5h，$t_{1/2}$ 为 13～20h。

2. 药理作用 贝特类药物既有调血脂作用又有非调脂作用。能降低血浆 TG、VLDL-C、TC、LDL-C，升高 HDL-C。但是，各种贝特类药物的作用强度不同，吉非贝齐、非诺贝特和苯扎贝特作用较强。非调脂作用有抗凝血、抗血栓和抗炎作用等，共同发挥抗动脉粥样硬化的效应。

3. 作用机制 作用机制复杂，可能主要与激活过氧化物酶体增殖激活受体-α（peroxisome proliferator activated receptor-α，PPAR-α）途径有关。主要包括：①活化 PPAR-α 诱导人肝细胞 ApoAⅠ和 ApoAⅡ基因表达水平增加，导致循环中 HDL-C 增加；②降低 ApoCⅡ的转录，增加 LPL 的生成和活性，促进 VLDL 分解；③促肝脏摄取脂肪酸，抑制 TG 合成；④促使小颗粒致密 LDL（small dense LDL，sLDL）转变为大而密度较低的 LDL，有利于肝细胞膜上的 LDL 受体摄取，从而降低 LDL-C；⑤ PPAR-α 也是一种炎性调节因子，激活后减轻 AS 过程中炎性反应，抑制血管平滑肌增殖和影响斑块稳定性，使 AS 进展减缓。此外，贝特类药物能降低某些凝血因子的活性，减少纤溶酶原激活物抑制物（PAI-1）的产生，也同样起到抗 AS 作用。

4. 临床应用 主要用于 TG 或 VLDL 升高为主的原发性高脂血症，如$Ⅱ_b$、Ⅲ型高脂血症，亦可用于 HDL-C 下降的轻度高胆固醇血症和 2 型糖尿病引起的高脂血症。

5. 不良反应 一般耐受良好，常见的不良反应主要为胃肠道反应，如食欲缺乏、恶心、腹胀等。其次为乏力、头痛、失眠、皮疹、阳痿等。偶有肌痛、尿素氮增加、转氨酶升高，停药后可恢复。肝胆疾病患者、肾功能不全的患者、孕妇、儿童禁用。

6. 药物相互作用 贝特类药物能增强口服抗凝药的抗凝活性，因此与口服抗凝药合用时，应适当减少抗凝药的剂量。与他汀类药物联合应用，可能增加肌病的发生。

非诺贝特（fenofibrate）

非诺贝特口服吸收快，50%～75%被吸收，血浆蛋白结合率为 99%，在肠道或肝脏转化为活性物质，$t_{1/2}$约为 22h，约 66%随尿排泄，25%随粪便排出，肾功能不全者慎用。本品除有调血脂作用外，还可以明显改善内皮功能、减轻炎症反应、增加胰岛素敏感性，适用于 2 型糖尿病及代谢综合征的患者；同时，能明显降低血浆纤维蛋白原和血尿酸水平，降低血液黏稠度，改善血流动力学，冠脉造影证明能阻止冠脉腔的缩小；严重肾功能不全、肝功能不全、原发性胆汁性肝硬化、胆石症患者，儿童，孕妇禁用。

苯扎贝特（bezafibrate）

苯扎贝特口服易吸收，排泄较快，48h 后 94.6%经尿排出，3%由粪便排出，无蓄积性，肾功能不全者应慎用；作用及应用同吉非贝齐，除调血脂作用外，还能降低空腹血糖，用于伴有血脂升高的 2 型糖尿病；并降低血浆游离脂肪酸、纤维蛋白原和糖化血红蛋白水平，抑制血小板聚集；长期应用可使血浆 Lp（a）水平降低；孕妇及肾功能不全者禁用。

环丙贝特（ciprofibrate）

环丙贝特是一种新型的贝特类药。口服吸收好，1 次口服后 T_{max} 为 2h。部分药物与血浆蛋白相结合，$t_{1/2}$ 为 17h，以原形药或葡糖醛酸结合物形式经尿排出，肾功能正常者，长期服用无蓄积现象。可降低血浆 TC、TG、LDL、VLDL 和 ApoB，对 HDL 和 ApoAⅠ有升高作用，也可作为其他降脂药物治疗失败时的替代药。本品尚可清除 LDL 和胆固醇在血管壁上的沉积与结节性黄瘤，使冠心病危险因素减少。不良反应较少，一般为头痛、无力、恶心、食欲减低、皮疹等，偶可出现血清转氨酶、乳酸脱氢酶及肌酐的升高。妊娠期及哺乳期妇女、中及重度肝肾功能不全者禁用。

（二）烟酸

烟酸（nicotinic acid）

烟酸是一种水溶性 B 族维生素，大剂量烟酸对多种类型高脂蛋白血症均有效。现多应用烟酸的衍生物，如阿昔莫司、肌醇烟酸酯等。

【体内过程】 口服吸收迅速而完全，生物利用度约为 95%，$t_{1/2}$为 20～45min。血浆蛋白结合率低，迅速分布于肝、肾和脂肪组织，大部分（88%）以原形及代谢物烟尿酸的形式经肾脏排出。

【药理作用】 当用量超过作为维生素作用的剂量时，具有明显的调节血脂作用。大剂量烟酸降低血浆 TG 和 VLDL，服药后 1～4h 生效，作用强度与患者 VLDL 水平有关；降 LDL 作用慢而弱，用药 5～7 天生效，3～5 周达最大效应。若与胆汁酸结合树脂合用，可使其作用增强，若再加他汀类药物作用还可增强。另外，烟酸具有降低 Lp（a）的作用。

调节血脂作用机制尚不十分明确，可能与下列作用有关：①通过降低细胞 cAMP 的水平抑制脂肪酶活性，脂肪组织中的脂肪分解受阻，从而减少游离脂肪酸的释放和减少肝脏中 VLDL 的合成和分泌，因此 LDL 来源减少；②TG 浓度降低导致 HDL 分解代谢减少；③在升高 HDL-C 的同时，还改变 HDL_2 与 HDL_5 的比率，明显增高 ApoA Ⅰ 的含量；能升高脂蛋白脂酶活性，加速脂蛋白中三酰甘油水解，因此降 TG 的作用明显。此外，烟酸还可抑制 TXA_2 的生成，增加 PGI_2 的生成，从而抑制血小板聚集和扩张血管，有利于抗动脉粥样硬化。

【临床应用】 属广谱调血脂药，除Ⅰ型以外的各型高脂血症均可用，对 $Ⅱ_b$ 和Ⅳ型作用最好。用于混合型高脂血症、高 TG 血症、低 HDL 血症及高 Lp（a）血症。若与他汀类药物或贝特类药物合用，可提高疗效。

【不良反应】 由于用量较大，不良反应较多。最常见的为皮肤潮红及瘙痒，也可引起恶心、呕吐、腹泻等胃肠道刺激症状。面部潮红可能是前列腺素引起的皮肤血管扩张所致，用药前 30min 给予阿司匹林可使反应减轻，还能延长其 $t_{1/2}$，并能防止烟酸所致的尿酸浓度升高。长期应用可致皮肤干燥、色素沉着或棘皮症，还可引起血糖和尿酸浓度升高、肝功能异常和变态反应等。溃疡病、糖尿病及肝功能异常者禁用。

阿昔莫司（acipimox）

阿昔莫司是烟酸的衍生物，口服吸收快而完全，不与血浆蛋白结合，以原形由尿中排出，$t_{1/2}$ 约为 2h。药理作用类似烟酸，可使血浆 TG 明显降低，HDL 升高，与胆汁酸结合树脂合用可加强其降 LDL-C 作用，作用较强而持久；此外，尚能降低血浆纤维蛋白浓度和全血黏度。除用于 $Ⅱ_b$ 型、Ⅲ型和Ⅳ型高脂血症外，也适用于高 Lp（a）血症及 2 型糖尿病伴有高脂血症患者。不良反应与烟酸基本相同，但发生率较低。对本品过敏及消化道溃疡者、孕妇、哺乳期妇女、儿童禁用，严重肾损伤（肌酐清除率小于 30mL/min）者禁用。

三、降低 Lp（a）的药物

流行病学调查证明，血浆 Lp（a）升高是动脉粥样硬化的独立危险因素，也是经皮穿刺腔内冠状动脉成形术（percutaneous transluminal coronary angioplasty，PTCA）后再狭窄的危险因素。其原因可能一方面是 Apo（a）与纤溶酶原有高度的相似性，竞争性地抑制纤溶酶原活化，促进血栓形成；另一方面是增进单核细胞向内皮的黏附，参与泡沫细胞的形成；降低血浆 Lp（a）水平，已成为防治动脉粥样硬化研究的热点。现已证明烟酸、烟酸戊四醇酯、维生素 E 烟酸酯、阿昔莫司、依洛尤单抗和阿利西尤单抗等可降低血浆 Lp（a）水平。

第三节 抗 氧 化 药

氧自由基（oxygen free radical）在动脉粥样硬化的发生和发展中发挥重要作用。氧自由基可对 LDL 进行氧化修饰，形成氧化型 LDL（ox-LDL）。ox-LDL 可通过以下途径促进动脉粥样硬化的发生和发展：①损伤血管内皮，促进单核细胞向内皮黏附并向内皮下转移。②阻止进入内皮下的单核细胞所转化的巨噬细胞返回血流。③巨噬细胞可无限制地摄取 ox-LDL 而成为泡沫细胞。④促进内皮细胞释放血小板衍化生长因子（platelet derived growth factor，PDGF）等，导致血管平滑肌细胞增殖和迁移。⑤泡沫细胞的脂质积累形成脂质条纹和斑块。⑥被损伤的内皮细胞还可导致血小板聚集和血栓形成。研究表明，Lp（a）和 VLDL 也可被氧化而增强其致动脉粥样硬化作用，HDL 也可被氧化，转化为致动脉粥样硬化因素。因此，防止氧自由基对脂蛋白的氧化修饰，是阻止动脉粥样硬化发生和发展的重要手段。

普罗布考（probucol，丙丁酚）

普罗布考为合成的疏水性抗氧化药。普罗布考能明显减轻动脉粥样硬化病变，降低冠心病发病率，这可能是抗氧化和调血脂作用的综合结果。

【体内过程】 口服吸收低于 10 %，且不规则，食物可增加其吸收，吸收后主要蓄积于脂肪组织和肾上腺，血清中浓度较低。一次口服本品后 18h 达血药浓度峰值，$t_{1/2}$ 为 52～60h。连续服用，3～4 个月达稳态水平。普罗布考在体内产生代谢产物。口服剂量的 84 %从粪便排出，1%～2%从尿中排出，粪便中以原形为主，尿中以代谢产物为主。

【药理作用】 显著降低血浆 TC、LDL-C 和 HDL-C，对 TG 无影响。

1. 抗氧化 抗氧化作用强，进入体内后结合到脂蛋白中，本身被氧化成普罗布考自由基，抑制脂质过氧化，减少脂质过氧化物（lipid peroxides，LPO）的产生，阻断 LPO 对 LDL 中 ApoB 蛋白分子的氧化交联作用，抑制 ox-LDL 的生成及其引起的一系列病变过程，减缓 AS 病变。

2. 调节血脂 可使血浆 TC 和 LDL-C 下降，而 HDL-C 及 ApoA Ⅰ同时明显下降，对血浆 TG 和 VLDL 一般无影响。若与他汀类或胆汁酸结合树脂合用，可增强其调血脂作用。有研究认为，普罗布考能提高胆固醇酯转移蛋白和 ApoE 的血浆浓度，使 HDL 颗粒中胆固醇减少，特别是 HDL_2 减少，但是 HDL_3 增加，提高 HDL 数量和活性，可促进胆固醇的逆向转运。

3. 抗动脉粥样硬化 较长期应用可使冠心病发病率降低，使已形成的动脉粥样硬化病变停止发展或消退，黄色瘤明显缩小或消除。

【临床应用】 用于各型高胆固醇血症，包括纯合子和杂合子家族性高胆固醇血症和其他严重进行性动脉粥样硬化的高胆固醇血症患者。对继发于肾病综合征或糖尿病的Ⅱ型高脂蛋白血症也有效。与他汀类药物或胆汁酸结合树脂合用可增强调血脂效果。普罗布考可预防 PTCA 后的再狭窄。长期服用降低冠心病发病率。

【不良反应】 不良反应较少，以胃肠道反应为主，腹泻的发生率大约为 10 %，还有胀气、腹痛、恶心和呕吐。其他少见的反应有头痛、头晕、感觉异常、失眠、耳鸣、皮疹、皮肤瘙痒等，偶见血管神经性水肿。罕见的严重的不良反应有心电图 Q-T 间期延长、室性心动过速、血小板减少等。普罗布考降低 HDL，故 LDL/HDL 很高的患者不应使用。Q-T 间期延长者慎用，不宜与延长 Q-T 间期的药物合用。近期有心肌损伤者禁用，孕妇和小儿禁用。

维生素 E（vitamine E）

维生素 E 又称生育酚，有很强的抗氧化作用。其分子中苯环的羟基失去电子或 H^+，清除氧自由基和过氧化物或抑制磷脂酶 A_2 和脂氧酶，减少氧自由基的生成，阻断过氧化物和丙二醛的生成。维生素 E 能防止脂蛋白的氧化修饰及其所引起的一系列动脉粥样硬化病变过程，如单核细胞向内皮的黏附，抑制 VSMCs 增殖和迁移，抑制血小板黏附和聚集，抑制黏附分子的表达和功能，减少白三烯的合成，增加 PGI_2 的释放等。维生素 E 可作为 AS 的辅助治疗用药。

第四节　多烯脂肪酸类药物

多烯脂肪酸（polyenoic fatty acids）是指有 2 个或 2 个以上不饱和键结构的脂肪酸，又称多不饱和脂肪酸（polyunsaturated fatty acids，PUFAs）。根据不饱和键在脂肪酸链中开始出现的位置，分为 *n*-3（或 ω-3）型和 *n*-6（或 ω-6）型两大类。

n-3 型多烯脂肪酸

n-3 型 PUFA，主要有二十碳五烯酸（eicosapentaenoic acid，EPA）、二十二碳六烯酸（docosahexaenoic acid，DHA）和 α-亚麻油酸（α-linoleic acid）。它们主要存在于海洋生物藻、鱼及贝壳类中。

【药理作用】 EPA 和 DHA 主要来自海洋生物，可通过调血脂和非调血脂作用发挥抗动脉粥样硬化的效应。

1. 调节血脂 EPA 和 DHA 有明显的调血脂作用，降低 TG 及 VLDL-TG 的作用较强，并升高 HDL-C 水平。作用机制可能与抑制肝脏合成 TG 和 ApoB，并提高 LPL 活性，促进 VLDL 分解有关。

2. 非调血脂作用 EPA 和 DHA 可取代花生四烯酸（arachidonic，AA），作为三烯前列腺素和五烯白三烯的前体发挥下列作用：①取代 AA 形成了 TXA_3，减弱 TXA_2 促进血小板聚集和收缩血管作用；在血管壁形成 PGI_3，呈现较强的抗血小板聚集和扩张血管的作用。②由于抗血小板，抑制血小板 PDGF 的释放，从而抑制 VSMCs 的增殖和迁移。③红细胞膜上的 EPA 和 DHA 可增加红细胞的可塑性，改善微循环。④EPA 和 DHA 对动脉粥样硬化早期的白细胞–内皮细胞炎性反应的多种细胞因子表达呈明显的抑制作用。

【临床应用】 适用于高 TG 性高脂血症，对心肌梗死患者的预后有明显改善；亦可用于糖尿病并发高脂血症等，常作为联合用药或辅助用药。

【不良反应】 一般无明显不良反应，但若长期或大剂量应用，可出现出血时间延长、免疫反应降低等。

n-6 型多烯脂肪酸

n-6 型 PUFA 主要来源于植物油如月见草油、玉米油及葵花籽油等，有亚油酸（linoleic acid，LA）和 γ-亚麻酸（γ-linolenic acid，γ-LNA）。主要降低 TC 和 LDL-C 水平，升高 HDL 水平，总体降血脂作用较弱。

第五节 动脉内皮保护药

在动脉粥样硬化发生发展过程中，血管内皮损伤是重要的因素之一。因此保护血管内皮免受各种因子损伤，是抗 AS 的重要措施之一。常用的动脉内皮保护药主要为硫酸多糖，包括肝素、低分子量肝素和天然类肝素。天然类肝素是存在于生物体类似肝素结构的一类物质，如硫酸乙酰肝素（heparan sulfate）、硫酸皮肤素（dermatan sulfate）、硫酸软骨素（chondroitin sulfate）及冠心舒等。这些药物含有大量负电荷，结合在血管内皮表面，防止白细胞、血小板及有害因子的黏附，产生保护血管内皮作用，抑制 VSMCs 的增殖迁移，预防 PTCA 后再狭窄，这些作用有利于防治 AS 斑块形成。

1. 试述调血脂药和抗动脉粥样硬化药的分类及其代表药。
2. 试述他汀类药物的药理作用、作用机制及临床应用。
3. 试述胆汁酸结合树脂的药理作用、作用机制及临床应用。
4. 试述贝特类药物的药理作用、作用机制及临床应用。

附 他汀类药物发现史

高脂血症是心血管疾病的主要危险因素，降低血浆胆固醇和 LDL-C 是防治心血管疾病的主要策略之一。他汀类药物显著改善机体血脂异常，且在降低死亡率上临床获益最大，奠定了其防治心血管疾病的基石地位。

20 世纪 50 年代末，胆固醇的生物合成过程被探明：乙酰辅酶 A→甲羟戊酸→鲨烯→胆固醇，明确了 HMG-CoA 还原酶是胆固醇合成过程中的关键酶，这一发现为调血脂药的研发奠定了基础。

20 世纪 60 年代，以青霉素和链霉素开启的微生物活性代谢产物掀起了科学研究热潮。1968 年，远藤章（Akira Endo）在日本三共（Sankyo）制药公司支持下，开始从微生物代谢产物中寻找可以作为 HMG-CoA 还原酶抑制剂的活性成分。经过多次实验，终于在 1976 年从橘青霉菌（*Penicillium citrinum* Thom.）培养液中发现了 ML-236B——美伐他汀（coinpactin）。1977 年，研究胆固醇合成代谢的美国科学家 Joseph Leonard Goldstein 和 Michael Stuart Brown 与远藤章合作，证明美伐他汀具有抑制 HMG-CoA 还原酶的作用。因其不良反应严重而未被开发成药物，却为他汀类药物治疗高脂血症开辟了先河。

1979 年从红曲霉菌（*Munascus ruber*）中发现 monacolin K，1980 年从土曲霉菌（*Aspergillus terreus*）中发现了 movinolin，后证明两者为同一物质，即洛伐他汀（1987 年上市），这是第一个应用于临床的 HMG-CoA 还原酶抑制药，被誉为治疗心血管系统疾病的里程碑。之后，他汀类药物陆续上市，疗效逐步提升。辛伐他汀（1988 年上市），是洛伐他汀的甲基化衍生物；普伐他汀（1989 年上市），是美伐他汀的活性代谢产物；氟伐他汀（1994 年上市）是第一个人工合成的他汀类药物；阿托伐他汀（1997 年上市）是临床上治疗高脂血症最常用的他汀类药物；人工合成第三代他汀类药物瑞舒伐他汀（2002 年上市）的疗效、安全、耐受性均优于当时已有的他汀类药物。

他汀类药物的发现得益于科学家对胆固醇及其生物合成机制数十年的探索，尤其是 HMG-CoA 还原酶的发现成为他汀类药物诞生的先决条件，他汀类药物最早来源于天然产物，进一步结构优化，逐步过渡到生物半合成及完全人工合成。这也是以生物活性为导向天然药物开发的一项经典案例。

他汀类药物与我国传统中医药也有着重要联系。洛伐他汀从红曲霉菌中发现，而大米经红曲霉菌发酵形成了红曲，红曲在我国的使用历史已有一千余年之久。红曲味甘，性温，归肝、脾、胃、大肠经，具有消食和胃、活血止痛、健脾燥胃之功效。红曲经加工制成具有自主知识产权的现代中药血脂康胶囊（片），血脂康调节 LDL-C 异常的作用优于氟伐他汀，同时，血脂康的不良反应发生率明显低于氟伐他汀，减少心血管事件的作用优于普伐他汀。脂必妥主要组分为茯苓和红曲发酵物，调脂效果好且不易发生不良反应，现已成为临床常用的调脂药物。从红曲到血脂康再到脂必妥等一系列制剂，显示了我国传统中药的独特优势和巨大的发展潜力。

第二十三章　抗心律失常药

学习目标

1. 能复述抗心律失常药的分类及代表药。
2. 充分理解抗心律失常药代表药的作用及机制，能针对不同类型快速型心律失常合理选用药物。
3. 了解心律失常发生的电生理学机制。

心脏泵血过程是由心肌电活动、收缩与舒张、瓣膜活动三者相互配合完成的。心肌的收缩与舒张由电活动触发。当电活动异常时，心脏搏动的频率和（或）节律发生异常，出现心律失常（arrhythmia）。心律失常导致心脏泵血功能受损，严重者将危及生命。心律失常可分为缓慢型心律失常（bradyarrhythmia）和快速型心律失常（tachyarrhythmia）两大类。缓慢型心律失常主要包括窦性心动过缓、房室传导阻滞等，可用阿托品或异丙肾上腺素等药物治疗。快速型心律失常主要分为室上性心律失常（窦性心动过速、房性期前收缩、阵发性房性心动过速、心房扑动、心房颤动等）和室性心律失常（室性期前收缩、心室扑动、心室颤动等）两大类。本章介绍快速型心律失常发生的电生理学机制及其治疗药物。

第一节　心律失常的电生理学基础

一、心肌细胞类型

心房肌及心室肌细胞执行收缩舒张功能，具有兴奋性和较低的传导性，不具有自律性，属于工作细胞；窦房结、房室结和浦肯野细胞不具有收缩舒张功能，但具有自律性、兴奋性和传导性，属于自律细胞。心室肌、心房肌及房室束中浦肯野细胞动作电位 0 期除极的速率快、幅度大，属于快反应细胞；而窦房结、房室结细胞动作电位 0 期除极速率慢、幅度小，属于慢反应细胞。

二、正常心肌电生理

（一）心肌细胞膜电位

1. 静息膜电位　静息期心肌细胞的细胞膜处于内负外正的极化状态，两侧的电位差称为静息膜电位。静息膜电位由细胞内 K^+顺着浓度差扩散至细胞外引起，K^+浓度差越大静息膜电位越大。心脏不同部位的静息膜电位不同，心房肌、心室肌为–90～–80mV，浦肯野细胞为–95～–90mV，窦房结细胞则为–60～–50mV。

2. 动作电位　当心肌细胞兴奋时，相继发生除极（膜内电位由负趋正）和复极（恢复至静息膜电位）过程，形成动作电位。

快反应细胞的动作电位可分为 5 个时相（图 23-1）：① 0 期（除极期），细胞内膜电位快速地上升至+30mV，主要由 Na^+快速内流所致；② 1 期（快速复极初期），细胞内膜电位快速从+30mV 降至约 0mV，主要由短暂的 K^+外流引起；③ 2 期（缓慢复极期，平台期），细胞内膜电位稳定于 0mV 左右，主要是 Ca^{2+}内流与 K^+外流平衡的结果；④ 3 期（快速复极末期），细胞内膜电位较快地从 0mV 下降至静息膜电位水平，主要是 K^+快速外流所致；⑤ 4 期（静息期），在 Na^+-K^+-ATP 酶及 Na^+-Ca^{2+}交换机制作用下，排出多余的 Na^+、Ca^{2+}而摄入 K^+，恢复静息时的离子分布状态；心房肌、心室肌细胞膜稳定于静息膜电位水平，而浦肯野细胞则在此之后自动除极。

与快反应细胞相比，慢反应细胞动作电位具有以下特点：①最大复极电位（–70mV）和阈电位（–40mV）均较正；②除极后上升至约 0mV，除极幅度小、除极速度慢，主要由 Ca^{2+}内流引起；③没有明显的 1 期和 2 期，复极化主要是 K^+快速外流引起；④在第 4 期自动除极且快于浦肯野细胞。

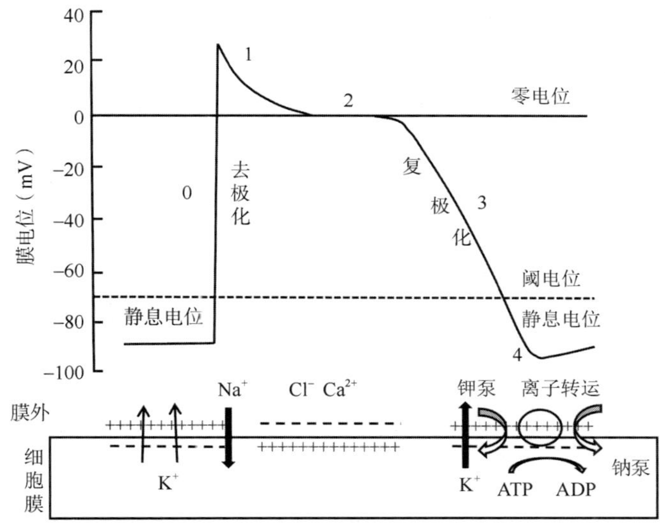

图 23-1　快反应心肌细胞的动作电位时相及离子转运示意图

心脏中存在特殊传导系统，包括窦房结、房室结、房室束和末梢浦肯野纤维网，窦房结、房室结主要由慢反应细胞构成，房室束和末梢浦肯野纤维网主要由快反应细胞构成，因此各自具有不同的动作电位（图 23-2）。正常情况下，起源于窦房结的冲动沿着特殊传导系统依次传导，最后到达心室肌，引起心脏节律性的收缩与舒张，并可在体表测量到心脏电变化曲线，即心电图(electrocardiogram, ECG)。心电图是诊断心律失常的主要依据。

（二）心肌细胞电生理特性

1. 自律性　即细胞在没有外来刺激的情况下自动节律性地产生动作电位的能力。窦房结、房室结自动除极的机制包括动作电位 4 期 K^+外流的进行性衰减、Na^+内流及 Na^+-Ca^{2+}交换所产生的净内向电流，浦肯野细胞则主要是 Na^+内流所致。影响自律性的主要因素包括：①最大复极电位与阈电位之间的差距，差距越小自律性越高；②4 期自动除极速度，速度越快，自律性越高。

2. 传导性　心肌细胞动作电位通过形成局部电流传播。心肌细胞 0 期除极速度越快、幅度越大，局部电流形成越快、电流越强，传导性越好。静息膜电位对除极速度和幅度具有决定性的影响。对快反应细胞而言，静息膜电位可影响钠通道开放的速度和数量。

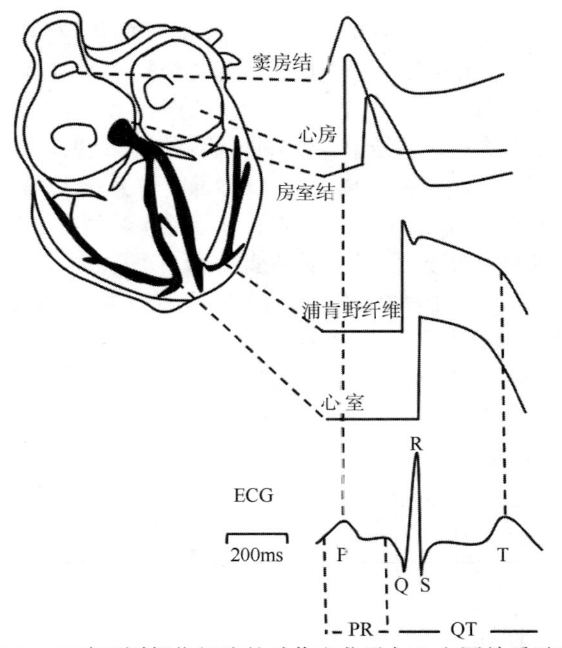

图 23-2 心脏不同部位细胞的动作电位及与心电图关系示意图

3. 兴奋性和不应期 兴奋性是指细胞受到刺激后产生动作电位的能力。对于快反应细胞而言，静息膜电位水平和钠通道状态（激活、失活、备用）具有决定性影响。心肌细胞从除极开始到复极膜电位恢复到–60mV 的一段时程，刺激不能引起动作电位，称为有效不应期（effective refractory period，ERP）（图 23-3）。ERP 长则兴奋性低。ERP 与整个动作电位时程（action potential duration，APD）的比值（ERP/APD）也与心肌兴奋性有关：比值增大则在一个动作电位时程中钠通道状态失活的时间相对延长，兴奋性降低。

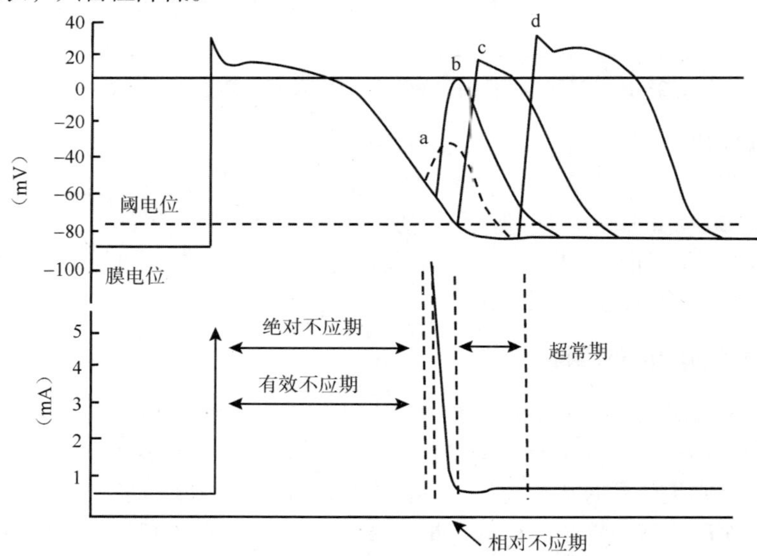

图 23-3 心肌细胞动作电位与不应期示意图

a：局部电流；b、c、d：可扩布性兴奋

三、心律失常发生的机制

当心脏电活动形成异常、传导障碍，或两者兼有时即产生心律失常。

（一）冲动形成异常

1. 自律性升高　体内儿茶酚胺增多、电解质紊乱（如低血钾、高血钙）、心肌缺血、缺氧及损害等均可引起自律性升高。窦房结自律性最高，为心脏正常起搏点。当窦房结自律性异常增高时，可产生窦性心动过速。窦房结以外的潜在起搏点（房室结、房室束、末梢浦肯野纤维网等）在自律性增高时，可诱发期前收缩、异位性心动过速等。另外，心房肌、心室肌等非自律细胞在缺血、缺氧时，也可表现出异常自律性，诱发异位节律。

2. 后除极与触发活动　在一个动作电位复极 2 期或 3 期遇到强刺激时可发生早后除极（early after depolarization，EAD），在完全复极或接近完全复极时则可发生迟后除极（delayed after depolarization，DAD）（图 23-4）。后除极达到阈电位时可引起可扩布的动作电位，即触发活动，引起房性或室性快速型心律失常。EAD 主要由 Ca^{2+}内流增多引起，心肌细胞复极过程显著延长时易发生，诱因包括低血钾、药物毒性等。药物所致尖端扭转型室性心动过速（伴 Q-T 间期延长）与之有关。DAD 由心肌细胞内 Ca^{2+}浓度过高并诱发 Na^{+}短暂性内流（Na^{+}-Ca^{2+}交换）引起，诱因有强心苷类药物中毒、心肌缺血、电解质紊乱（如低血钾、高血钙）等。

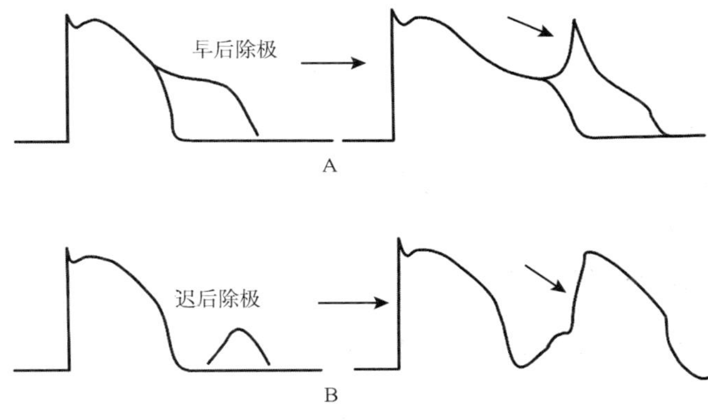

图 23-4　后除极与触发活动示意图

（二）折返激动

折返激动（reentry）是指冲动沿传导通路下传后，又经另一条传导通路返回至原处的现象。当折返环路中存在单向传导阻滞区时，冲动不能正常下传却可逆行上传，当折回的冲动作用于已兴奋过的且正好处于非 ERP 时相的心肌细胞时，即可引起折返激动（图 23-5）。单次折返引起一次期前收缩，连续折返可引起阵发性心动过速，多个微型折返同时发生可引起扑动或颤动。依据折返的部位不同，发生于房室结或房室之间的折返可诱发阵发性室上性心动过速，发生于心房内可表现为心房扑动或者颤动，发生于心室内则可诱发心室扑动或颤动。

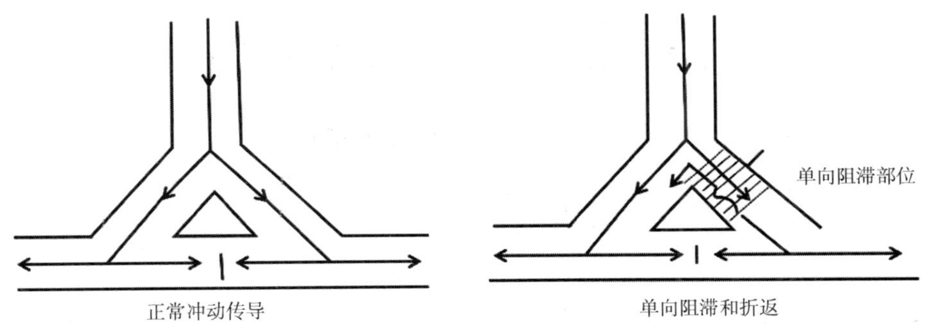

图 23-5　折返激动示意图

第二节 抗心律失常药的作用机制及分类

抗心律失常药作用机制主要在于降低心肌组织的自律性、减少后除极与触发活动、消除折返激动等。这些作用具有一定的选择性，可降低异位起搏活动而不影响窦房结功能，降低除极化组织的传导性、兴奋性，延长其不应期，而不影响正常极化状态的组织。这是因为本类药可选择性地阻滞除极化细胞的离子通道：对激活态（动作电位 0 相）或失活态通道（动作电位 2、3 相）有高度亲和力，而对备用态（静息期）通道亲和力低。快速型心律失常发生时离子通道激活和失活频率高，因此更容易被阻滞。但这种选择性是有限的，用药不当也可导致药源性心律失常。

按照改良 Williams 分类方法，抗心律失常药可分为四大类。

（一）Ⅰ类——钠通道阻滞剂

根据作用强度和阻滞解除后通道的复活时间常数（$\tau_{recovery}$），可将其分为三个亚类。

1. Ⅰa类 $\tau_{recovery}$为 1～10s，适度（30%）阻滞钠通道，降低动作电位 0 相上升速率，减慢传导速率；不同程度抑制心肌细胞膜 K^+、Ca^{2+}通透性，延长复极过程，且以延长 ERP 更为显著。代表药有奎尼丁、普鲁卡因胺等。

2. Ⅰb类 $\tau_{recovery}<1s$，轻度阻滞钠通道，降低动作电位 0 相上升速率，减慢传导速率；缩短或不影响 APD。代表药有利多卡因、苯妥英钠等。

3. Ⅰc类 $\tau_{recovery}>10s$，重度（50%）阻滞钠通道，显著降低动作电位 0 相上升速率和幅度，明显减慢传导速率，轻度延长 APD。代表药有普罗帕酮等。

（二）Ⅱ类——β受体阻断药

β受体阻断药阻断心脏 β_1受体，使心肌细胞自律性降低、传导减慢、复极时间缩短。代表药有普萘洛尔、美托洛尔等。

（三）Ⅲ类——延长动作电位时程药

延长动作电位时程药又称为钾通道阻滞剂，主要抑制多种钾电流。阻滞 K^+外流，延长复极时间，因此显著延长 APD 和 ERP；对动作电位的幅度和除极化速率影响小，不影响传导速度。代表药有胺碘酮、索他洛尔等。

（四）Ⅳ类——钙通道阻滞剂

钙通道阻滞剂阻滞 Ca^{2+}内流，可降低窦房结、房室结自律性，减慢房室结传导性，延长房室结 ERP。代表药有维拉帕米、地尔硫䓬等。

第三节 常用抗心律失常药

一、Ⅰ类——钠通道阻滞剂

（一）Ⅰa类——适度钠通道阻滞剂

奎尼丁（quinidine）

奎尼丁是从金鸡纳树皮中分离出的一种生物碱。

【体内过程】　口服吸收快而完全，达峰时间1～2h，生物利用度为70%～80%；血浆蛋白结合率为80%～90%，心肌中药物浓度是血中药物浓度的10倍以上；主要经肝脏代谢，代谢产物仍有生物活性；药物原形及代谢产物均经肾脏排泄，原形占排泄量的10%～25%；$t_{1/2}$为5～7h。

【药理作用】

1. 降低自律性　主要降低心房肌、心室肌和浦肯野纤维的异常自律性；对正常窦房结的自律性影响较小，但对于病态窦房结综合征者则可显著降低自律性。机制主要为适度抑制Na^+内流，使4期自动除极速率减慢。

2. 减慢传导速度　主要降低心房肌、心室肌和浦肯野纤维的传导速度。机制在于适度抑制Na^+内流，使动作电位0期上升的速率和振幅降低。减慢传导速度可使病理情况下的单向传导阻滞变为双向阻滞，从而消除折返激动。

3. 延长有效不应期　主要延长心房肌、心室肌和浦肯野纤维的APD和ERP。机制在于减慢2期Ca^{2+}内流和3期K^-外流。对ERP的延长作用更明显，使ERP/APD加大，因此可使异位冲动或折返冲动落入ERP中而被消除。此外，可使邻近细胞的ERP趋于一致，减少折返激动的发生。

4. 其他　阻滞M受体，产生明显抗胆碱作用，由此使心率加快、房室结传导加快；阻滞α受体，扩张血管，使血压降低；抑制Ca^{2+}内流，对心肌产生负性肌力作用。

【临床应用】　奎尼丁为广谱抗心律失常药，适用于心房颤动、心房扑动、室上性及室性心动过速的转复与预防，还用于频发室上性和室性期前收缩的治疗。心房颤动、心房扑动现多采用电转律法，奎尼丁可用于防止复发。

由于奎尼丁的抗胆碱作用，使房室结传导性增加。因此，在治疗心房颤动、心房扑动时，应先用强心苷或钙通道阻滞剂抑制房室传导、控制心室率后再用奎尼丁。

【不良反应】　安全范围小，约1/3患者发生不良反应。

1. 胃肠道反应　用药早期常有恶心、呕吐、腹泻等反应，发生率非常高（30%～50%），患者常因此难以继续用药。

2. 心血管反应　奎尼丁可引起多种心律失常，如房室和心室内传导阻滞，严重者可导致尖端扭转型室性心动过速甚至心室颤动、心搏骤停等，出现“奎尼丁晕厥”，严重者可致死。奎尼丁还可抑制心肌收缩力、扩张血管而引起低血压。因此，服药期间应进行心电和血压监护，若心率减慢低于60次/分，收缩压低于90mmHg，Q-T间期延长超过30%时，应停止用药。

3. 金鸡纳反应　长期用药，轻者可引起耳鸣、头痛、视力模糊，重者出现谵妄、精神失常，严重者可致死。

4. 过敏反应　偶见发热、皮疹、血小板减少等。

【禁忌证】　严重心肌损害、心功能不全、重度房室传导阻滞、低血压、强心苷中毒及对奎尼丁过敏者禁用。肝、肾功能不全者慎用。

【药物相互作用】　肝药酶诱导剂（如苯巴比妥、苯妥英钠）可加速奎尼丁的代谢；可致地高辛肾清除率降低、血药浓度升高；可与抗凝血药（双香豆素、华法林等）竞争血浆蛋白，增强其抗凝血作用。

普鲁卡因胺（procainamide）

普鲁卡因胺是局部麻醉药普鲁卡因的衍生物。

【体内过程】　口服吸收快而完全，达峰时间约1h，生物利用度约80%；肌内注射后30min血药浓度达峰值；血浆蛋白结合率约20%，体内分布广；$t_{1/2}$为3～6h。在肝脏代谢为*N*-乙酰普鲁卡因胺（NAPA），与母药不同，NAPA具有明显延长动作电位时程（钾通道阻滞剂）的作用。

【药理作用】　与奎尼丁相似，能降低心肌自律性、减慢房室传导、延长大部分心脏组织的APD和ERP、消除折返。抑制心肌收缩力作用弱于奎尼丁，无明显的α受体阻滞及抗胆碱作用。

【临床应用】　广谱抗心律失常药，对房性、室性心律失常均有效。作用比奎尼丁弱，因此常用作奎尼丁的替换药；作用比奎尼丁快，可静脉注射或静脉滴注用于抢救危急病例；但对于急性心肌梗死时的持续性室性心律失常不作首选。

【不良反应】 口服给药常见厌食、恶心、呕吐、腹泻等胃肠道反应；剂量过大可引起低血压、传导阻滞和室性心律失常；长期使用，少数代谢消除能力弱的慢代谢患者可发生红斑狼疮样综合征。

【禁忌证】 同奎尼丁。

丙吡胺（disopyramide，双异丙吡胺）

丙吡胺口服吸收快而完全，达峰时间为1～3h，生物利用度为90%；广泛分布全身；部分经肝脏代谢，代谢产物具有显著抗胆碱作用；约50%以原形经肾脏排泄；$t_{1/2}$为4～10h。

药理作用与奎尼丁和普鲁卡因胺相似，抗胆碱作用明显。

临床可用于治疗室性和室上性心律失常。

丙吡胺可因为抗胆碱作用引起口干、便秘、尿潴留、视物模糊等不良反应，还可因为抑制Ca^{2+}内流而引起心肌收缩力减弱、心搏骤停、房室传导阻滞和室性心律失常。禁用于房室传导阻滞、青光眼、尿潴留患者；心力衰竭患者慎用。

（二）I_b类——轻度钠通道阻滞剂

利多卡因（lidocaine）

利多卡因是一种具有局麻作用的抗心律失常药。

【体内过程】 口服给药首关消除明显，只能非肠道用药；血浆蛋白结合率为70%；分布广泛；主要在肝脏代谢，5%～10%以原形经肾脏排泄；$t_{1/2}$为1～2h。

【药理作用】

1. 降低自律性 治疗剂量时选择性作用于心室内浦肯野纤维，而对心房肌和窦房结无明显影响；轻度抑制动作电位4期Na^+内流从而降低浦肯野纤维的自律性，促进K^+外流从而提高心室肌的阈电位水平、提高致颤阈。

2. 改变传导速度 治疗量对正常心肌无显著影响，但对处于病理情况下的浦肯野纤维传导速度具有血钾浓度依赖的作用：①当细胞外液K^+浓度升高时（如心肌缺血），可抑制Na^+内流，减慢传导，使单向阻滞变为双向阻滞而消除折返；②当细胞外液K^+浓度降低时（如低血钾）或心肌部分除极时，可促进K^+外流，加快传导，消除单向阻滞而终止折返。

3. 相对延长ERP 促进K^+外流，缩短心室肌和浦肯野纤维的APD和ERP，但缩短APD更显著，相对延长ERP，有利于消除折返。

【临床应用】 利多卡因是一种窄谱抗心律失常药，仅用于治疗室性心律失常，如心脏手术、心导管术、强心苷中毒、急性心肌梗死所致的室性心动过速或心室颤动。

【不良反应】 肝功能不良患者或静脉注射过快，可出现头晕、嗜睡或激动不安、感觉异常等中枢神经系统症状；剂量过大可引起心率减慢、房室传导阻滞和低血压。眼球震颤是利多卡因中毒的早期信号。

【禁忌证】 可诱发癫痫发作，有癫痫病史者禁用；此外，严重低血压，严重的慢性心力衰竭，以及二、三度房室传导阻滞患者禁用。

苯妥英钠（phenytoin sodium）

苯妥英钠是一种兼具抗癫痫作用的抗心律失常药。

【体内过程】 口服吸收较慢，达峰时间4～12h，生物利用度为60%～80%；血浆蛋白结合率约90%，能透过胎盘屏障；主要在肝脏水解灭活，存在肝肠循环；$t_{1/2}$为7～42h，长期服用者可达15～95h，甚至更长。

【药理作用】 苯妥英钠作用与利多卡因相似，仅作用于希-浦系统，通过抑制失活状态的钠通道，降低部分除极的浦肯野纤维 4 期自动除极速率，降低其自律性；促进 K^+外流，相对延长 ERP。不同之处在于，苯妥英钠还可抑制强心苷中毒所致的迟后除极及触发活动，并能直接与强心苷竞争 Na^+-K^+-ATP 酶。

【临床应用】 主要用于治疗强心苷中毒引起的室上性及室性快速型心律失常，亦可用于心肌梗死、心脏手术、心导管术等所引发的室性心律失常，但疗效不如利多卡因。

【不良反应】 快速静脉注射容易引起低血压，高浓度可引起心动过缓。常见中枢不良反应有头晕、眩晕、震颤、共济失调等，严重者出现呼吸抑制。

【禁忌证】 低血压时慎用，窦性心动过缓及二、三度房室传导阻滞者禁用。孕妇用药可致胎儿畸形，禁用。

美西律（mexiletine，慢心律）

美西律口服吸收迅速而完全，达峰时间为 2～3h，生物利用度可达到 90%；血浆蛋白结合率约为 60%；主要在肝脏水解灭活，少数经肾脏排泄；$t_{1/2}$ 长达 12h，因此作用维持时间较长。美西律药理作用类似利多卡因，属窄谱抗心律失常药。临床常用于治疗或预防室性心律失常（如急性心肌梗死、二尖瓣脱垂、Q-T 延长综合征、洋地黄中毒等），对利多卡因无效者此药仍可能有效。不良反应常有胃肠道反应，长期服用可出现震颤、共济失调等中枢神经系统反应。重度心力衰竭、心室内传导阻滞、缓慢性心律失常者禁用，有癫痫病史者、低血压或肝病者慎用。

（三）$\mathrm{I_c}$类——重度钠通道阻滞剂

普罗帕酮（propafenone）

【体内过程】 口服吸收快，达峰时间为 2～3h，但口服吸收首关消除明显，生物利用度为 20%～30%；血浆蛋白结合率达到 93%；主要（99%）经肝脏代谢，然后以代谢物形式经肾脏排泄；$t_{1/2}$ 为 3～4h。

【药理作用】 具有明显的钠通道阻滞作用，还有较弱的钙通道阻滞作用；结构与普萘洛尔相似，因此也具有弱的 β 受体阻滞作用。

1. 降低自律性 抑制 4 相 Na^+内流，降低浦肯野纤维和心室肌细胞的自律性。

2. 明显减慢传导速度 抑制 0 相 Na^+内流，使 0 相上升速率和幅度降低，可使心房、心室和浦肯野纤维的传导速度明显减慢。

3. 轻度延长 APD 和 ERP 抑制钾通道，延长心肌细胞 APD 和 ERP，但对复极过程影响弱于奎尼丁。

4. 轻度抑制心肌收缩力 轻度阻滞钙通道，产生负性肌力作用。

【临床应用】 广谱抗心律失常药，适用于室性、室上性心律失常。一般不与其他抗心律失常药合用，避免心脏抑制。

【不良反应】 不良反应较少，有恶心、呕吐、味觉改变、头晕等。心血管反应有促心律失常、房室传导阻滞、心力衰竭、低血压等。

【禁忌证】 窦房结功能低下、严重房室传导阻滞、心源性休克者禁用。低血压，肝、肾功能不良者慎用。

二、Ⅱ类——β 受体阻断药

普萘洛尔（propranolol）

【体内过程】 口服吸收快、达峰时间为 1～1.5h，首关消除明显，生物利用度约为 30%；血浆蛋白结合率为 90%～95%；主要经肝脏代谢，代谢产物经肾脏排泄；$t_{1/2}$ 为 2～3h。

【药理作用】 可治疗交感神经兴奋、过量儿茶酚胺释放所致快速型心律失常，主要机制在于阻滞心脏 β_1 受体，抑制 Ca^{2+}和 Na^+内流及 K^+外流，从而：①降低窦房结、心房和浦肯野纤维自律性；②减少儿茶酚胺所引起的迟后除极、防止触发活动；③延长房室交界细胞 ERP；④大剂量时（几十倍于临床有效血药浓度）减慢房室结传导性。

【临床应用】 适用于治疗交感神经兴奋所致的各种心律失常。

1. 室上性心律失常 如心房颤动、心房扑动及阵发性室上性心动过速等，尤其对因焦虑、甲状腺功能亢进等引起的窦性心动过速效果良好。

2. 室性心律失常 特别是对由于运动和情绪激动引起的室性心律失常疗效显著；对急性心肌梗死患者，长期使用可减少心律失常的发生及再梗死率，从而降低病死率。

【不良反应】 可致窦性心动过缓、房室传导阻滞、心力衰竭、哮喘、低血压等，并可能诱发精神压抑和记忆力减退等。长期应用对脂质代谢和糖代谢有不良影响。突然停药可产生反跳现象。

本类药物还包括美托洛尔（metoprolol）、阿替洛尔（atenolol）等。

三、Ⅲ类——延长动作电位时程药

胺碘酮（amiodarone）

胺碘酮的化学结构与甲状腺素相似，分子中含有 2 个碘原子。

【体内过程】 口服、静脉注射给药均可：口服给药吸收缓慢且不完全，达峰时间为 3～7h，生物利用度约为 40%，静脉注射 5～10min 起效；血浆蛋白结合率为 95%，吸收后药物在体内分布广泛，尤以脂肪组织为多，有再分布现象；本药主要在肝脏代谢，经胆汁排泄；单次口服，$t_{1/2}$ 约为 4.6h，长期服药则长达数周，停药半年后仍可在血液中测出药物。

【药理作用】 主要阻滞心肌细胞膜钾通道，还可阻滞钠通道和钙通道，并可轻度非竞争性地阻滞 α 受体和 β 受体。

1. 降低自律性 阻滞钠、钙通道和 β 受体，降低窦房结和浦肯野纤维的自律性。

2. 减慢传导 阻滞钠、钙通道，减慢房室结和浦肯野纤维的传导速度，消除折返激动。

3. 显著延长 APD 和 ERP 抑制 K^+外流，延缓复极过程，明显延长心房肌、心室肌和浦肯野纤维的 APD 和 ERP。胺碘酮延长 APD 的作用不依赖于心率的快慢，因此无翻转使用依赖性。具有翻转使用依赖性的药物，在心率快时延长 APD 的作用不明显，而在心率慢时延长 APD 的作用明显，该作用易诱发尖端扭转型室性心动过速。

4. 减少心肌耗氧量 能阻滞 α 受体和 β 受体，因此可扩张外周血管、产生轻度负性肌力作用，减少心脏做功。

【临床应用】 为广谱抗心律失常药，可用于各种室上性和室性心律失常，对心房扑动、心房颤动和室上性心动过速疗效好。因可减少心肌耗氧量，尤其适用于冠心病、心力衰竭等器质性心脏病并发的快速型心律失常。

【不良反应】 不良反应与剂量和疗程有关。心血管不良反应较其他抗心律失常药少，大剂量或伴有低血钾时，可见窦性心动过缓、房室传导阻滞，偶见 Q-T 间期延长伴尖端扭转型室性心动过速、低血压等。因含碘，长期服用可引起甲状腺功能亢进或低下。因少量经泪腺排出，服药 3 个月以上，可在角膜形成棕黄色药物颗粒沉着，或可影响视力，无永久性损害。偶致肺间质纤维化，严重者可致死。还可引起胃肠道反应及皮肤光过敏症等。长期服用者应定期检查血压、心电图、肺部 X 线、肝功能、血清三碘甲状腺原氨酸（T_3）及甲状腺素（T_4）。

【禁忌证】 严重窦房结功能异常者、二或三度房室传导阻滞者、心动过缓引起晕厥者、甲状腺功能障碍及对碘过敏者禁用。

【药物相互作用】 与β受体阻断药、钙通道阻滞剂合用可诱发低血压、心动过缓、心力衰竭甚至心搏骤停；与地高辛合用，可使后者血药浓度升高。

索他洛尔（sotalol）

索他洛尔为钾通道阻滞剂，也具有β受体阻滞作用。口服吸收快，达峰时间为2～3h，生物利用度达90%～100%；几乎全部以原形经肾脏排泄；$t_{1/2}$为12～15h。能阻滞β_1受体，降低自律性，减慢房室结传导；抑制K^+外流，抑制复极过程，明显延长心房肌、心室肌和浦肯野纤维APD和ERP。临床上用于各种严重室性心律失常，也可治疗阵发性室上性心动过速及心房颤动。不良反应少，可见β受体阻滞所致副作用，包括心动过缓、低血压、支气管痉挛等；也可导致心律失常，表现为原有心律失常加重或出现新的心律失常，严重时可出现扭转型室性心动过速甚至心室颤动。

多非利特（dofetilide）

多非利特是快速激活整流钾电流的特异性阻滞剂。口服吸收良好，生物利用度为100%；主要以原形经肾脏排泄，肾功能不良者宜减量。本药长期口服可有效维持心房颤动或心房扑动复律后的窦性心律。因为其延长动作电位时程的作用具有翻转使用依赖性，因此可诱发尖端扭转型室性心动过速，这是其引起的主要毒性反应。

四、Ⅳ类——钙通道阻滞剂

维拉帕米（verapamil，异搏定）

【体内过程】 口服吸收迅速，达峰时间为1～2h，但由于首关消除效应，生物利用度仅为20%～35%；血浆蛋白结合率约为90%；大部分在肝脏代谢，代谢产物主要经肾脏排泄；$t_{1/2}$为2.8～7.4h，长期口服增加至4.5～12.0h。

【药理作用】 主要阻滞钙通道，抑制Ca^{2+}内流，对钾通道也有抑制作用。

（1）降低自律性：减慢4期自动除极化速率而降低慢反应细胞的自律性，也可降低缺血所致心房、心室和浦肯野纤维的异常自律性，减少或取消后除极引发的触发活动。

（2）减慢传导速度：使慢反应细胞0期除极上升速率减慢、振幅减小而使冲动传导减慢，可变单向阻滞为双向阻滞，从而消除折返。这一作用可终止房室结的折返激动，还可减慢心房颤动、心房扑动时的心室率。

（3）延长APD和ERP：对窦房结、房室结作用明显，高浓度时也延长浦肯野纤维的APD和ERP。

（4）抑制心肌收缩力、扩张冠脉、扩张外周血管。

【临床应用】 治疗室上性和房室结折返引起的心律失常效果好，是治疗阵发性室上性心动过速常用药物；对急性心肌梗死、心肌缺血及洋地黄中毒引起的室性期前收缩有效。对冠心病、高血压伴发心律失常者尤其适用。

【不良反应】 发生率在1%～10%的不良反应包括便秘、眩晕、轻度头痛、恶心、皮疹等，发生率小于1%的包括心动过速、颜面潮红等。静脉注射过快或剂量过大可引起心动过缓、房室传导阻滞甚至心搏骤停，也可引起血压下降、诱发心力衰竭。二、三度房室传导阻滞，心功能不全，心源性休克患者禁用，老年人、肾功能低下者慎用。

【药物相互作用】 与β受体阻断药合用可诱发低血压、心动过缓、心力衰竭甚至心搏骤停；与地高辛合用，可使后者清除减少，血药浓度升高；与胺碘酮合用可能增加心脏毒性。

地尔硫䓬（diltiazem）

地尔硫䓬口服吸收迅速，达峰时间为2～3h，首关消除明显，生物利用度约为40%；在体内代谢完全，仅极少量（2%～4%）以原形由肾脏排泄；$t_{1/2}$约为3.5h。地尔硫䓬药理作用与维拉帕米相似：可降低窦房结、房室结自律性及房室结传导性，还可抑制心肌收缩力、扩张冠脉及外周血管。临床可用于阵发性、室上性心动过速的治疗。不良反应与维拉帕米相似，包括浮肿、头痛、恶心、眩晕、皮疹、无力等。

Ⅰ类抗心律失常药应用历史最为悠久，曾经占主导地位，但使患者猝死风险显著增加，因此除个别药物外，Ⅰ类已极少使用。Ⅱ类即β受体阻断药，兼具抗心肌缺血、抗心力衰竭、抗高血压等作用，能通过降低心源性猝死而降低总病死率，重要性逐步上升，已成为快速型心律失常治疗的基础用药。Ⅲ类药物以胺碘酮为代表，对心功能无抑制作用，在抗心律失常的同时不增加死亡率，已取代了Ⅰ类药物的地位。Ⅳ类即钙通道阻滞剂，常用的有维拉帕米和地尔硫䓬。

窦性心动过速可使用兼顾基础疾病治疗并可减慢窦性心律的药物，如β受体阻断药，存在禁忌时可选用维拉帕米；阵发性室上性心动过速多见于无器质性心脏病的中青年，可首选维拉帕米、普罗帕酮，无效或存在药物禁忌时可选用胺碘酮；房性心动过速时，为控制心室率，可选用β受体阻断药或维拉帕米；对于心房扑动、心房颤动，在不伴有心力衰竭或低血压时，复律可用普罗帕酮，减慢心室率可用β受体阻断药或维拉帕米，否则复律用胺碘酮，减慢心室率可用胺碘酮或者洋地黄类药物；对于室性心动过速、心室颤动，可选用胺碘酮、β受体阻断药，无效或不适用时可用利多卡因；治疗洋地黄中毒所致快速型心律失常，首选苯妥英钠。

1. 胺碘酮适用于哪些类型的心律失常？其不良反应有哪些？
2. β受体阻断药用于抗心律失常的机制是什么？
3. 请写出抗心律失常药分类及各自代表药。

附　常见抗心律失常中药

心律失常可归属中医学的“怔忡”“惊悸”“厥证”范畴。研究表明，不少中药复方、中药成分具有抗心律失常作用。

中药复方稳心颗粒由党参、黄精、三七、琥珀、甘松组成，其抗心律失常的作用机制与抑制 Na^+和 Ca^{2+}的后期电流、减轻心室肌细胞由于缺氧再氧化引起的 Ca^{2+}超载有关。养心定悸胶囊由炙甘草、桂枝、地黄、麦冬、红参、芝麻、生姜、大枣、阿胶组成，可明显抑制 Na^+内流，降低心肌细胞自律性。参松养心胶囊由龙骨、黄连、甘松、丹参等中药组成，可以阻滞 Na^+和 Ca^{2+}电流。参连复脉颗粒由党参、法半夏、黄连、鬼箭羽、川芎等组成，可抑制 Ca^{2+}和 K^+电流，还可抑制钠通道的表达及晚钠电流。益心定悸方由人参、黄芪、川芎、丹参、赤芍、当归等中药组成，可下调心肌钠通道的基因表达，具有预防作用；还可以阻断钠通道，使单向传导阻滞转变为双向传导阻滞。交泰丸由黄连和肉桂两种中药组成，除了可抑制 K^+和 Ca^{2+}电流外，还可显著降低心肌细胞对 Na^+的通透性，抑制 Na^+内流，消除折返激动。

中药成分关附甲素、人参皂苷 Re、苦参碱、丹参酮ⅡA、丹参素、小檗碱、甘草次酸、汉防己碱、粉防己碱、葛根素、川芎嗪、甘松新酮、红花黄素、青藤碱、丹皮酚等具有显著抗心律失常作用。例如，临床前研究表明，关附甲素对大鼠离体心脏因缺血引起的心律失常具有保护作用，与利多卡因无显著差异；对电刺激兔心引起的心室颤动有明显提高致颤阈的作用，效果与利多卡因相当；对乌头碱诱发的室性心律失常有保护作用，效果与奎尼丁相当。临床研究证实，关附甲素可有效终止室上性心动过速，其疗效与普罗帕酮相当；对室性心动过速的作用，则较盐酸普罗帕酮起效快且维持时间更长。

第五篇

自体活性物质及其影响药物

第二十四章　组胺及抗组胺药

学习目标

1. 清晰表述常用抗组胺药的药理作用、临床应用和不良反应。

2. 根据抗组胺药的特点，结合临床疾病特点，合理选择药物用于变态反应性疾病及消化性溃疡等疾病的防治。

3. 通过对抗组胺药临床应用的相关疾病诊疗指南和相关知识学习，了解抗组胺药在临床中的应用及中西医结合诊疗相关疾病的优势。

第一节　组胺及拟组胺药

组胺（histamine）

组胺是由 *L*-组氨酸脱羧而成，广泛存在于人体组织的自体活性物质，主要存在于肥大细胞、嗜碱性粒细胞、肠嗜铬细胞及神经元中。在肥大细胞及嗜碱性粒细胞中，组胺与酸性蛋白、高分子肝素结合，以复合物的形式储存在细胞内的颗粒中，结合型的组胺无生理活性；当抗原与肥大细胞等胞膜表面 IgE 结合后，细胞脱颗粒释放组胺，参与机体免疫反应，增加毛细血管的通透性；而存在于胃肠嗜铬细胞和脑神经元的组胺主要起神经递质的作用。

组胺本身无治疗用途，主要作为生理、药理研究的工具药物和临床诊断的辅助药物，可作为变应性皮肤病和哮喘的阳性对照药物，也可用于真假胃酸缺乏症的诊断药物。倍他司汀（betahistine）激动 H_1 受体，用于内耳眩晕病、慢性缺血性脑血管病及多种原因引起的头痛；英普咪定高选择性激动 H_2 受体，促进胃酸分泌，用于胃功能检查。拟组胺药临床价值不大，但抗组胺药在临床应用中有较大价值，其中 H_1、H_2 受体阻断药的临床应用广泛（表 24-1）。

表 24-1　组胺受体分类及功能

受体	受体分布	功能	激动药
H_1	平滑肌、内皮、中枢神经	调节皮肤黏膜过敏反应；支气管、胃肠平滑肌收缩；血管扩张、通透性增加、渗出增加	2-甲基组胺（2-methyl histamine）
H_2	胃黏膜、心肌、肥大细胞、中枢神经	促进胃酸分泌；增加心肌收缩力；血管扩张；负反馈抑制肥大细胞释放组胺	英普咪定（impromidine）
H_3	中枢神经和肠肌丛神经元突触前膜	负反馈抑制组胺及其他递质的释放	α-甲基组胺（α-methyl histamine）
H_4	嗜酸性粒细胞、中性粒细胞、CD4T 细胞	与肥大细胞趋化有关；分泌细胞因子	4-甲基组胺（4-methyl histamine）

第二节　抗 组 胺 药

抗组胺药（antihistamines）是指能竞争性阻断组胺受体的药物，也称组胺受体阻断药。按作用的受体亚型不同，分为 H_1、H_2、H_3、H_4 受体阻断药，其中 H_1 受体阻断药和 H_2 受体阻断药被广泛用于临床。

一、H_1 受体阻断药

H_1 受体阻断药大多具有组胺相似的乙基胺结构，对组胺 H_1 受体有亲和力，但无内在活性，能竞争性阻断 H_1 受体。H_1 受体阻断药品种较多，从 1937 年合成第一个抗组胺药，1942 年第一个抗组胺药 antergan 进入临床以来，已经有 50 多个药物在临床使用。本类药物的药理作用和临床应用基本相似，按应用先后、体内过程、作用特点，分为三代 H_1 受体阻断药。第一代又称镇静性抗组胺药，如苯海拉明（diphenhydramine）、氯苯那敏（chlorpheniramine）、异丙嗪（promethazine）、曲吡那敏（tripelennamine）等；第二代又称非镇静性抗组胺药，对 H_1 受体选择性高，不易透过血脑屏障而无中枢镇静作用，抗胆碱作用与抗组胺作用分离，中枢系统不良反应较少，如特非那定（terfenadine）、阿司咪唑（astemizole）、西替利嗪（cetirizine）、咪唑斯汀（mizolastine）等。第三代在具备第二代药物作用特点的同时，心脏毒性的发生率也较低，如左旋西替利嗪（levocetirizine）、非索非那定（fexofenadine）、去甲阿司咪唑（norastemizole）等。

（一）体内过程

大多数药物口服易吸收，2～3h 血药浓度达到峰值，第一代 H_1 受体阻断药作用持续时间一般为 4～6h，体内分布广泛，能透过血脑屏障，而第二代及第三代药物不易通过血脑屏障；大部分药物经肝脏代谢后从肾脏排出，部分药物如特非那定、阿司咪唑的代谢物仍有活性，因此作用时间可长达 12h 以上，西替利嗪主要以原形从肾脏排泄。

（二）药理作用

1. 抗外周 H_1 受体作用　H_1 受体阻断药可完全阻断组胺引起的支气管、胃肠道平滑肌收缩；对组胺引起的局部毛细血管扩张和通透性增加也有很强的对抗作用；部分对抗组胺引起的血管扩张和血压下降，若与 H_2 受体阻断药合用，则可完全对抗。

2. 中枢抑制作用　此类药物大多数可以通过血脑屏障，阻断中枢 H_1 受体，拮抗组胺介导的觉醒反应，可以不同程度地产生中枢抑制作用，以第一代为甚，表现为镇静、嗜睡，其中苯海拉明和异丙嗪作用最强，氯苯那敏较弱，但苯茚胺却有中枢兴奋作用。第二、第三代药物 H_1 受体选择性好，且不易透过血脑屏障，无明显中枢抑制作用。

3. 其他　第一代药物如苯海拉明、异丙嗪等具有中枢抗胆碱作用，防晕止吐作用较强，第二、三代药物此作用较弱或无此作用。此外，苯海拉明局部注射有较弱的局麻作用。

（三）临床应用

1. 变态反应性疾病　H_1 受体阻断药用于防治组胺释放引起的皮肤、黏膜变态反应性疾病，对荨麻疹、过敏性鼻炎、花粉症等疗效较好，现在一般选用第二代药物；对昆虫咬伤引起的皮肤瘙痒和水肿也有良效；对药疹和接触性皮炎有止痒效果；对血清病也能减轻水肿症状。对于组胺产生的与炎症相关的其他症状和体征，由于与肥大细胞激活后产生的其他炎症介质如白三烯、前列腺素、血小板活化因子、神经生长因子、白细胞介素等相关。因此，H_1 受体阻断药对急性炎症并无明显作用，一般不用于支气管哮喘的控制，而在过敏性休克的治疗中，应以肾上腺素为主，本类药物仅能起辅助性治疗作用。

2. 晕动病及呕吐 苯海拉明、异丙嗪、布克利嗪、美克洛嗪对晕动病、放射病，特别是迷路紊乱引起的恶心、呕吐有镇吐作用；苯海拉明、异丙嗪需提前15～30min给予对晕动病有良好的预防效果。

3. 失眠 苯海拉明、异丙嗪对中枢有明显的抑制作用，可用于治疗失眠。

（四）不良反应

1. 中枢神经系统反应 第一代 H_1 受体阻断药中枢抑制作用明显，常见镇静、嗜睡、乏力等，以苯海拉明、异丙嗪最为明显，故服药期间应避免驾驶车、船及高空作业。乙醇或其他中枢抑制药可增强本类药物的这一不良反应。第二、三代药物此反应轻微。

2. 消化道反应 本类药物可出现口干、厌食、恶心、上腹不适等消化道反应。

3. 其他 偶见粒细胞减少及溶血性贫血；布克利嗪和美克洛嗪可致动物畸胎，妊娠早期禁用；阿司咪唑和特非那定可阻断心肌细胞膜的钾通道，致Q-Tc间期延长，引起尖端扭转型室性心动过速，可致晕厥、心搏停止，已于1998年和1999年从国际市场撤出。

二、H_2 受体阻断药

H_2 受体阻断药以含有甲硫乙胍的侧链代替 H_1 受体阻断药的乙基胺链，能选择性阻断壁细胞的 H_2 受体，对 H_1 受体无作用。能拮抗组胺引起的胃酸分泌，不仅抑制基础胃酸的分泌，还对促胃液素、咖啡因、进食及刺激迷走神经等引起的胃酸分泌均有抑制作用。临床主要用于消化性溃疡、胃食管反流病，预防应激性溃疡的发生等。常用药物有西咪替丁（cimetidine）、雷尼替丁（ranitidine）、法莫替丁（famotidine）、尼扎替丁（nizatidine）等（具体见第二十七章作用于消化系统的药物）。

简述 H_1 受体阻断药的药理作用及临床应用。

附 皮肤“三重反应”与麻风病

三重反应是指组胺注入皮内，首先因皮肤毛细血管扩张，在注射处出现红斑，继而因血管通透性增加，在红斑部位形成一小肿块丘疹，最后通过轴突反射使邻近小动脉扩张，在小肿块四周出现红晕。但这种反应在麻风病时，由于神经受损，轴突反射不完全，皮肤“三重反应”不完全，可作为麻风病的辅助诊断之一。麻风病在我国已经有2000多年的历史，麻风病防治工作是新中国历史上的第二次重要抗疫斗争，麻风病在绝大部分省份已基本消灭。按照世界卫生组织的要求，以人口为基数，麻风病患者在万分之一以下时，就达到了“基本消灭”的水平。2000年，卫生部向全世界宣布，我国的麻风病患者已经下降到2000人左右，患病率在1/10万以下，基本消灭了麻风病。

第二十五章　其他自体活性物质类药物

学习目标

1. 清晰表述常用抗 5-羟色胺药物的药理作用、临床应用和不良反应。
2. 根据各自体活性物质类药的特点，结合临床疾病特点，合理选择药物用于相关疾病的防治。

第一节　5-羟色胺及其激动药与抗 5-羟色胺药

一、5-羟色胺及其激动药

5-羟色胺（5-hydroxy tryptamine，5-HT）

5-羟色胺又称血清素（serotonin），广泛分布于胃肠道、脾脏、血液和中枢神经系统等组织，约 90%的 5-HT 合成并分布于肠嗜铬细胞颗粒。在刺激因素作用下从细胞颗粒内释放，弥散到血液，其中约 8%被血小板摄取储存。中枢神经系统的 5-HT 作为一种抑制性神经递质主要存在于松果体和下丘脑，占全身总量的 1%～2%，可能参与痛觉、睡眠和体温等多种生理功能的调节，其含量或功能异常，也可能与精神病、偏头痛等多种疾病的发生有关。外周组织中的 5-HT 是强血管收缩剂和平滑肌收缩刺激剂。主要经 MAO 代谢成 5-羟色醛和 5-羟吲哚乙酸排出体外。

5-HT 受体目前发现有 5-HT_1～5-HT_7 7 个亚型，5-HT 通过激动不同的亚型受体产生不同的作用，但因其作用广泛，本身无临床应用价值。

舒马普坦（sumatriptan）

舒马普坦为 5-HT_{1D} 受体激动药，是 5-HT 的衍生物，可激动 5-HT_{1D} 受体，引起颅内血管收缩，用于偏头痛和丛集性头痛的治疗，是目前治疗急性偏头痛最好的药物。口服吸收迅速但不完全，2h 达到血药峰值，$t_{1/2}$ 为 2～4h，主要不良反应为头晕、面红、无力、嗜睡、疲劳等，也可能出现由于血管痉挛引起的局部剧痛如胸痛等，甚至出现严重的心血管事件如心律失常、心肌缺血甚至心肌梗死。禁用于未经治疗控制的高血压、缺血性心脏病、变异型心绞痛、周围血管疾病及有短暂脑缺血发作的患者。

那拉普坦（naratriptan）、佐米普坦（zolmitriptan）、夫罗曲普坦（frovatriptan）等也属于 5-HT_{1D} 受体激动药，具有与舒马普坦相似的作用。

芬氟拉明（fenfluramine）和右芬氟拉明（dexfenfluramine）

芬氟拉明和右芬氟拉明为 5-HT_1 受体激动药，可抑制食欲，适用于肥胖症、单纯性肥胖，以及伴有糖尿病、高血压、焦虑症、心血管疾病的肥胖病患者。不良反应主要有口干、恶心、便秘、腹泻、乏力等表现，继续用药可以消失。心律失常，肝、肾功能不全患者慎用。

丁螺环酮（buspirone）

丁螺环酮为 5-HT_{1A} 受体激动药，是近年来推出的新一类抗焦虑药阿扎哌隆类的典型代表，可选择性地部分激动 5-HT_{1A} 受体，发挥抗焦虑作用，为非苯二氮䓬类抗焦虑药。严重肝肾功能不良及重症肌无力患者禁用。本类药物还有伊沙匹隆（ipsapirone）、吉哌隆（gepirone）等。

西沙比利（cisapride）和伦扎必利（renzapride）

西沙比利和伦扎必利为 5-HT_4受体激动药，可选择性激动肠壁神经节细胞上的 5-HT_4受体，促进神经末梢释放 ACh，促进食管、胃、小肠直至结肠的运动，改善胃肠道症状。临床用于胃食管反流症、功能性消化不良、胃轻瘫等胃肠动力不足的消化道疾病。不良反应有暂时性肠痉挛和腹泻，无锥体外系反应（具体见第二十七章作用于消化系统的药物）。

氟西汀（fluoxetine）

氟西汀为选择性 5-HT 再摄取抑制剂，抑制中枢神经元对 5-HT 的再摄取，提高突触间隙 5-HT 浓度而发挥抗抑郁作用。临床用于各种抑郁性神经症，能明显改善抑郁心情，减轻伴随的焦虑症状，提高睡眠质量（具体见第十四章抗精神失常药）。

二、抗 5-羟色胺药

本类药物可阻断不同亚型的 5-HT 受体，产生不同药理作用，临床用途不同。

赛庚啶（cyproheptadine）和苯噻啶（pizotifen）

赛庚啶和苯噻啶选择性阻断 5-HT_2受体，还可阻断 H_1受体并有较弱的 M 受体阻断作用，具有较弱的抗胆碱、抗抑郁和中枢镇静作用，有一定的降低血糖和刺激食欲的作用。临床主要用于荨麻疹、湿疹、接触性皮炎等皮肤黏膜过敏性疾病，也可以用于预防偏头痛发作，但对已经发作的无效。不良反应主要表现为口干、恶心、发力、嗜睡等。青光眼、前列腺增生及尿闭症患者忌用。驾驶员及高空作业者慎用。

酮色林（ketanserin）

酮色林为典型的 5-HT_{2A}受体阻断药，并具有较弱的 α_1 和 H_1 受体阻断作用，可扩张血管、减慢心率、收缩支气管、抗血小板聚集、降低血压。临床用于高血压、血管痉挛性疾病。不良反应可见嗜睡、乏力口干等，老年人可见头痛，严重的不良反应为 Q-T 间期延长。

昂丹司琼（ondansetron）

昂丹司琼选择性阻断肠道和延髓极后区的 5-HT_3受体，产生强大的镇吐作用，临床用于癌症放疗、化疗引起的严重恶心、呕吐。不良反应主要表现为头痛、疲劳、便秘或腹泻。同类药物还有多拉司琼（dolasetron）、格拉司琼（granisetron）等。

美西麦角（methysergide）

美西麦角阻断 5-HT_2受体，收缩血管、抑制血小板聚集、减少花生四烯酸释放，减轻炎症反应。主要用于偏头痛的预防和治疗。不良反应可见胃肠道反应、紧张失眠、欣快、共济失调、心绞痛样疼痛、四肢发冷麻木等。

第二节　膜磷脂代谢物类药物及其阻断药

细胞膜磷脂在体内首先由磷脂酶 A_2（PLA_2）催化衍生为花生四烯酸（arachidonic acid，AA）

和血小板活化因子（platelet activating factor，PAF）。AA 在环氧合酶（cyclooxygenase，COX）和脂氧合酶（lipoxygenase，LOX）作用下形成一系列具有广泛活性的代谢物，如前列腺素类（prostaglandines，PGs）、血栓素类（thromboxanes，TXs）、白三烯类（leukotrienes，LTs）等。

一、前列腺素类（PGs）和血栓素类（TXs）

这两类物质作用复杂，对血管、呼吸道、消化道和生殖器官平滑肌均有显著作用，对肾、血小板、内分泌及神经系统也有广泛影响，且天然 PGs 代谢快，选择性差，不良反应多。一些人工合成的 PGs 类似物在心血管系统、消化系统和生殖系统疾病的治疗中有一定的应用价值。

（一）药理作用

1. 影响血管平滑肌兴奋性 TXA_2 和 PGF_2 能收缩血管，对静脉血管的作用更为明显。主要由血管内皮细胞合成的 PGI_2、PGE_2 共同激活腺苷酸环化酶，升高 cAMP，松弛小动脉。

2. 影响内脏平滑肌兴奋性 多数 PGs 和 TXs 都具有收缩胃肠平滑肌的作用，但由于受体亚型不同，所表现的作用有所不同。

3. 影响血小板功能 TXA_2 促使血小板聚集，而 PGE_1、PGD_2 和 PGI_2 抑制血小板聚集。

4. 对中枢和外周神经系统影响 致热源使白细胞介素-1（IL-1）释放增加，促进 PGE_2 合成释放，使体温升高。脑室内注射 PGE_1 和 PGE_2 可以升高体温。

PGE 还能促进生长激素、催乳素、甲状腺激素、促肾上腺皮质激素、促性腺激素及黄体生成素的释放。

（二）临床应用

这两类物质主要用于治疗心血管系统、消化系统和生殖系统疾病。

前列地尔（alprostadil，PGE_1）

前列地尔静脉滴注后经肺循环迅速被代谢，经肾排泄，血浆 $t_{1/2}$ 为 5～10min，可直接扩张血管和抑制血小板聚集，增加血流量，改善微循环。血管内给药可用于动脉导管未闭和严重肢体缺血；与抗高血压药和血小板聚集抑制药有协同作用。阴茎注射可用于诊断和治疗阳痿。不良反应主要有头痛、食欲减退、腹泻、低血压、心动过速、可逆性骨质增生和注射局部的红肿热痛等。禁用于妊娠期和哺乳期妇女。

依前列醇（epoprostenol，PGI_2）和伊洛前列素（iloprost）

依前列醇可明显舒张血管和抑制血小板聚集，是目前作用最强的抗凝血药。PGI_2 的 $t_{1/2}$ 为 2～3min，经肺循环不被代谢，静脉滴注较高剂量[20μg/（kg・min）]可使聚集的血小板解聚，可替代肝素用于体外循环和肾透析时防止血栓形成，也可用于缺血性心脏病、多器官功能衰竭、外周血管痉挛性疾病和肺动脉高压。不良反应主要有血压下降、颜面潮红、头痛和胃肠道反应。

伊洛前列素是 PGI_2 的衍生物，作用和应用与 PGI_2 相同，但性质更稳定。

米索前列醇（misoprostol）

米索前列醇为 PGI_1 衍生物，能抑制基础胃酸分泌，以及组胺、五肽促胃液素等引起的胃酸分泌；口服吸收迅速；用于治疗胃溃疡和十二指肠溃疡有良好效果，对 H_2 受体阻断药无效者也有效，对于防止溃疡复发较其他抗溃疡药物更佳，常作为防治非甾体抗炎药引起的溃疡、上消化道出血的首选药。同类药物有罗沙前列醇（rosaprostol）和恩前列素（enprostil）。

地诺前列酮（dinoprostone，PGE_2）

地诺前列酮在整个孕期均可引起子宫收缩，作为阴道栓剂催产药，可用于妊娠2～3月的流产。其衍生物卡前列素（carboprost，15-甲基 $PGF_{2\alpha}$）主要用于其他药物无效的宫缩无力导致的产后顽固性出血，以及终止妊娠。

二、白三烯类（LTs）

白三烯（leukotriene，LT）受体组织分布广泛，种属间差异较大，目前对 LTC_4、LTD_4 及 LTE_4 受体的研究较为深入。白三烯阻断药分为白三烯受体阻断药和白三烯生物合成抑制药两类，主要用于支气管哮喘患者的预防和治疗。

1. 白三烯受体阻断药 主要为 LTD_4 结构类似物，竞争性阻断 LTD_4 受体，阻断白三烯所致的血管通透性增加、气道嗜酸性粒细胞浸润、支气管痉挛等作用，主要用于过敏性鼻炎及支气管哮喘的预防和治疗。目前常用药物有扎鲁司特（zafirlukast）、普鲁司特（pranlukast）、孟鲁司特（montelukast）。

2. 白三烯合成和释放抑制剂 齐留通（zileuton）通过抑制 5-脂氧酶活性，减少 LTs 生成，可用于预防支气管哮喘发作或轻中度慢性支气管哮喘的治疗，口服吸收迅速，减少糖皮质激素的用量。糖皮质激素抑制白三烯的合成；色甘酸钠可抑制白三烯、组胺和血小板活化因子的释放，均可用于支气管哮喘。

第三节 激肽类及影响激肽系统的药物

激肽（kinin）是一类强扩血管或血管肽，由激肽原（单链糖蛋白）在激肽释放酶（kallikrein）作用下生成，分为缓激肽（bradykinin）和胰激肽（kallidin）两种。

激肽通过与靶细胞表面的激肽受体（B_1 和 B_2）结合，激活 PLA_2、释放出 AA、产生 PGs 及对靶组织的直接作用。缓激肽和胰激肽具有相似的生物活性，可扩张血管，提高血管通透性，其扩张心、脑、肾、骨骼肌和肝内血管的作用为组胺的 10 倍；可收缩呼吸道平滑肌诱发哮喘，也可收缩子宫平滑肌和大多数胃肠道平滑肌；激肽作用于皮肤和内脏感觉神经末梢，可引起剧烈疼痛，PGE 可增强或延长其致痛作用；激肽还能促进白细胞游走和聚集，为重要的炎症介质之一。

激肽被激肽酶水解而失活，激肽酶包括激肽酶Ⅰ和激肽酶Ⅱ，前者存在于血浆中，后者又称为血管紧张素转化酶（ACE），同时存在于血浆和组织中。ACE 可水解激肽，并将血管紧张素Ⅰ（AngⅠ）转化为 AngⅡ。

抑肽酶（aprotinin）

抑肽酶为从牛肺中提取的一种激肽酶抑制剂，由 58 个氨基酸组成，使激肽原不能形成激肽。此外，对胰蛋白酶、糜蛋白酶等蛋白水解酶也有抑制作用。临床用于预防和治疗急性胰腺炎、纤维蛋白溶解引起的出血及弥散性血管内凝血，还用于休克的治疗及腹腔手术后腹腔注射预防肠粘连。

艾替班特（icatibant）

艾替班特为第二代激肽受体（B_2）阻断药，具有受体选择性高、阻断作用强的特点，用于 18 岁及以上成年人群的遗传性血管水肿（HAE）的急性发作。

卡托普利（captopril）

卡托普利为激肽酶Ⅱ抑制药，通过抑制激肽酶Ⅱ，减少缓激肽降解，并抑制 AngⅠ转化为 AngⅡ，用于高血压治疗（具体见第十九章抗高血压药）。

1. 作用于5-HT受体的代表药物有哪些？其药理作用特点是什么？
2. 前列腺素类药物的主要药理作用是什么？

附　中药与止吐

2019 年国家癌症中心发布的全国癌症统计数据显示，中国恶性肿瘤每年发病约 392.9 万人，死亡约 233.8 万人，化疗是主要的治疗方法之一。但化疗药物不良反应严重，化疗过程中出现的恶心、呕吐往往使患者难以接受，因而中断治疗，故亟须对抗化疗引起的呕吐以继续治疗。目前，5-HT_3受体阻断药类止吐剂如昂丹司琼为临床有效的止吐药物。近年来研究发现，中药半夏、生姜及中药复方小半夏加茯苓汤等具有止吐作用，作用机制与药物作用于中枢和外周 5-HT、DA 受体，影响 5-HT、DA 生成和释放，调节胃肠激素的变化，调整胃肠蠕动有关，且具有多靶点的作用特点，这些研究结果为从中药及中药复方发现具有良好止吐作用、辅助肿瘤化疗的止吐药物提供了有价值的研究线索。

第六篇
作用于内脏系统的药物

第二十六章　作用于呼吸系统的药物

学习目标

1. 清晰表述倍氯米松、沙丁胺醇、氨茶碱、色甘酸钠的平喘机制和临床应用。

2. 根据平喘药类型及其临床应用特点合理选用药物；区别中枢性和外周性镇咳药；了解痰液稀释药和黏痰溶解药的应用情况。

3. 通过对支气管哮喘防治指南的更新学习，引导学生规范诊疗，发挥中西医结合防治新发突发呼吸系统疾病的优势。

呼吸系统常见疾病有上呼吸道感染、支气管炎、肺炎、支气管哮喘、慢性阻塞性肺疾病等，主要表现为咳嗽、咳痰、喘息等症状，三者常同时存在并互为因果，给患者带来痛苦甚至危及生命。因此，临床常在抗感染、抗过敏、抗炎和调节免疫等对因治疗的基础上，联合控制或缓解症状、防止并发症发生等对症治疗的手段来防治呼吸系统疾病。本章主要介绍呼吸系统常见疾病的对症治疗药物平喘药（anti-asthmatic drugs）、镇咳药（antitussives）、祛痰药（expectorants）。

第一节　平　喘　药

哮喘是由多种细胞及细胞组分参与的慢性气道炎症性疾病，临床表现为反复发作的喘息、气急，伴有或不伴有胸闷、咳嗽等症状，同时伴有气道高反应性和可变的气流受限，随着病程延长导致气道结构改变，即气道重塑（airway remodeling）。哮喘是一种异质性疾病，其基本病理特征如下。①慢性支气管炎症：以支气管黏膜的嗜酸性粒细胞和淋巴细胞等炎性细胞浸润为主；②广泛并可逆的支气管狭窄：包括发作性支气管平滑肌痉挛性收缩、支气管黏膜充血水肿、腺体分泌增多等多个环节；③气道高反应性：对支气管收缩因素（如某些化学物质、冷空气、运动等）的敏感性增高；④气道重塑：由于支气管平滑肌增生、基膜增厚、腺体增生、支气管重构等，导致持续性的支气管阻塞。

近年来，对哮喘的治疗由控制发作向抗炎、抗过敏、调节免疫等多环节发展，因此平喘药是指能预防、缓解或者消除哮喘症状的药物，主要分为以下三类：一是抗炎平喘药，针对支气管哮喘的病因进行治疗，能有效地缓解疾病的进程，主要包括糖皮质激素类、白三烯调节剂等药物；二是支气管扩张药，缓解支气管哮喘急性发作时的气道痉挛，主要包括肾上腺素受体激动药、茶碱类、抗胆碱药等；三是抗过敏平喘药，主要用于预防哮喘的发作，包括炎症细胞膜稳定药、H_1受体阻断药。

一、抗炎平喘药

无论是哮喘还是慢性阻塞性肺疾病（chronic obstructive pulmonary disease，COPD，简称慢阻肺），气道炎症都是这些疾病发生的根本原因，所以抗炎治疗能部分有效地缓解喘息症状，而用于哮喘治疗的抗炎药物也称抗炎平喘药。目前临床用于控制哮喘和COPD气道炎症的药物主要有：①糖皮质激素类，主要是吸入糖皮质激素制剂；②白三烯调节剂，包括白三烯受体阻断药和5-脂氧合酶抑制剂。

（一）糖皮质激素类

糖皮质激素（glucocorticoids，GCs）是控制气道炎症最有效的药物，由于全身给药作用广泛，不良反应较多，所以通常应用吸入性糖皮质激素（inhale corticosteroids，IC_S）。IC_S局部抗炎作用强，能直接作用于呼吸道，有效控制气道炎症、降低气道高反应性、改善肺功能，以减少哮喘发作的频率和减轻哮喘发作程度，降低病死率，且所需剂量较小，全身不良反应较轻。

1. 药理作用　GCs进入靶细胞内与糖皮质激素受体结合后进入细胞核，通过基因效应调控炎症相关靶基因的转录，抑制炎症反应的多个环节发挥抗炎平喘作用。

（1）抑制多种参与哮喘发病的免疫细胞功能，如抑制肺嗜酸性粒细胞、巨噬细胞和肥大细胞的浸润，并诱导肺部炎症细胞的凋亡。

（2）抑制细胞因子和炎症介质的产生，如抑制肿瘤坏死因子-α（TNF-α）、白细胞介素-1β（IL-1β）、干扰素-γ（IFN-γ）等产生。

（3）诱导脂皮素1（lipocortin 1）的生成从而抑制磷脂酶A_2（PLA_2）活性，减少花生四烯酸炎症代谢物（前列腺素、白三烯等）的生成。

（4）抑制气道高反应性，降低哮喘患者因抗原、胆碱受体激动药、冷空气刺激、运动后的支气管收缩反应。

（5）增强支气管及血管平滑肌对儿茶酚胺的敏感性，利于缓解支气管痉挛和减轻黏膜水肿。

2. 临床应用　用于支气管扩张药不能有效控制的慢性哮喘患者，长期应用可以减少或终止发作，减轻病情严重程度，但不能缓解急性症状。慢性持续期哮喘主要通过吸入和全身给药，近年来主要以气雾吸入为首选途径。IC_S可减少口服制剂用量或逐步替代口服制剂，但对于哮喘持续状态，因不能吸入足够的气雾量，故不宜应用。

3. 不良反应　IC_S在口咽部会有药物沉积，产生咽部的局部不良反应，包括声音嘶哑、咽部不适和念珠菌感染。吸药后应及时用清水含漱口咽部，选用干粉吸入剂或加用储雾器可减少上述不良反应。IC_S全身不良反应的大小与药物剂量、药物的生物利用度、在肠道的吸收、肝脏首关代谢率及全身吸收药物的半衰期等因素有关。哮喘患者长期吸入临床推荐剂量范围内的IC_S是安全的，但长期大剂量吸入也可出现全身不良反应，如骨质疏松、肾上腺皮质轴抑制及增加肺炎发生的危险等。

目前常用的吸入糖皮质激素类药物有倍氯米松（beclomethasone）、布地奈德（budesonide）、氟替卡松（fluticasone），其中布地奈德气雾剂的局部作用最强、副作用最小。另有丙酸氟替卡松与长效β_2受体激动药昔萘酸沙美特罗的复方制剂等。

（二）白三烯调节剂

半胱氨酰白三烯（cysteinyl leukotrienes，Cys-LTs）是引起哮喘发作的重要炎症介质，可影响气道功能，诱导支气管收缩、气道高反应性、血浆渗出、黏液分泌，并增加嗜酸性粒细胞的游走，引起炎症反应。

白三烯调节剂包括白三烯受体阻断药（leukotriene receptor antagonist，LTRA）和5-脂氧合酶抑制剂，是IC_S之外可长期单独应用的控制性药物之一，可作为ICs的替代治疗药物用于轻度哮喘或中重度哮喘的联合用药。在我国主要使用LTRA减轻哮喘症状、改善肺功能、减少哮喘的恶化，但其抗炎作用强度不如IC_S。

扎鲁司特（zafirlukast）

扎鲁司特为选择性$Cys\text{-}LT_1$受体竞争性阻断药，预防性减轻白三烯多肽LTC_4、LTD_4、LTE_4所致血管通透性增加引起的气道水肿，并抑制其诱导的气道嗜酸性粒细胞浸润，缓解哮喘症状。口服吸收良好，约 99%与血浆蛋白结合，约 89%经消化道排泄，少量经肾脏排泄，$t_{1/2}$ 约为 10h，与食物同服可降低其生物利用度。单用，或作为糖皮质激素的替换用药用于预防和治疗成人及 12 岁以上儿童的轻、中度慢性支气管哮喘，尤其适用于伴有过敏性鼻炎、阿司匹林哮喘、运动性哮喘的患者；不能用于哮喘急性发作。常见不良反应为轻度头痛、咽炎、鼻炎、胃肠道反应及转氨酶增高，停药后可消失。妊娠期及哺乳期妇女慎用。

齐留通（zileuton）

齐留通通过抑制 5-脂氧合酶的活性，抑制白三烯的合成，产生抗过敏和抗炎作用，抑制白三烯引起的收缩支气管作用。口服吸收迅速，30min 起效，约 93%与血浆蛋白结合，经肝脏代谢，$t_{1/2}$ 约为 2h。临床适用于抗原、阿司匹林引起的支气管哮喘，改善肺功能，还可用于特发性皮炎、过敏性鼻炎。不良反应较少，偶见转氨酶升高，停药后可恢复。妊娠期及哺乳期妇女慎用。

二、支气管扩张药

支气管扩张药可解除哮喘症状，是哮喘急性发作的首选药物，也用于 COPD 伴喘息或喘息型慢性支气管炎。根据作用机制，将支气管扩张药分为肾上腺素受体激动药、茶碱类和抗胆碱药。

（一）肾上腺素受体激动药（adrenoceptor agonists）

此类平喘药分为非选择性肾上腺素受体激动药和选择性 β_2 受体激动药两类，前者包括肾上腺素、异丙肾上腺素，但可引起严重的心血管不良反应，应慎用。后者因对呼吸道选择性高，疗效好且不良反应少，是控制哮喘急性发作的首选药。根据其疗效长短分为短效和长效两类，短效 β_2 受体激动药（short-acting β_2 receptor agonists，SABA）有沙丁胺醇（salbutamol）、克伦特罗（clenbuterol）、特布他林（terbutaline）和吡布特罗（pirbuterol）等；长效 β_2 受体激动药（long-acting β_2 receptor agonists，LABA）有福莫特罗（formoterol）和沙美特罗（salmeterol）等。

Ⅰ. 非选择性肾上腺素受体激动药

肾上腺素（adrenaline）

肾上腺素对 α 受体和 β 受体均有激动作用。激动 β_2 受体而舒张支气管平滑肌；激动肥大细胞和嗜碱性粒细胞膜上的 β_2 受体，抑制过敏介质的释放；激动 α 受体使支气管黏膜血管收缩，减轻黏膜水肿，改善通气功能发挥平喘作用。临床治疗哮喘仅用于急性发作，采用皮下注射或微气溶胶（microaerosol）剂型喷雾。但其易产生心动过速、头痛、血压升高等心血管不良反应，已不作为平喘的常用药物。

异丙肾上腺素（isoprenaline，喘息定）

异丙肾上腺素兴奋 β 受体，但对 β_1、β_2 受体无选择性，通过激动 β_2 受体而舒张支气管平滑肌；激动肥大细胞和嗜碱性粒细胞膜上的 β_2 受体，抑制过敏介质的释放。其平喘作用强大而迅速，可吸入给药，主要用于控制支气管哮喘急性发作，重复使用的间隔时间应不少于 2h。但由于激动心脏的 β_1 受体可明显兴奋心脏，吸入过量或过于频繁应用可致心悸、肌震颤，甚至心律失常，严重者可致心室颤动，现已逐渐被选择性 β_2 受体激动药取代。

Ⅱ. 选择性 β_2 受体激动药

沙丁胺醇（salbutamol，舒喘灵）

【体内过程】 口服 30min 后起效，生物利用度为 30%，T_{max} 为 1～3h，维持 6h；气雾吸入 5min 起效，10～15min 作用达高峰，持续 3～6h。近年来有缓释和控释剂型，一次口服可维持稳定的血药浓度达 12h。大部分在肠壁和肝脏代谢，主要经肾脏排泄。

【药理作用】 此药激动支气管平滑肌细胞膜上的 β_2 受体，引起受体构型改变，激活兴奋性 G 蛋白（G_s），从而活化腺苷酸环化酶（AC），催化细胞内 ATP 转变为 cAMP，引起细胞内 cAMP 水平增加，转而激活 cAMP 依赖性蛋白激酶 A（PKA），再通过降低细胞内游离钙浓度、降低肌球蛋白轻链激酶（MLCK）活性、增加肌球蛋白轻链（MLC）磷酸酶活性和开放钾通道等多个途径，引起支气管平滑肌松弛，具体作用机制如图 26-1 所示。同时通过抑制肥大细胞释放过敏介质，降低毛细血管通透性，增强黏液–纤毛系统清除功能。

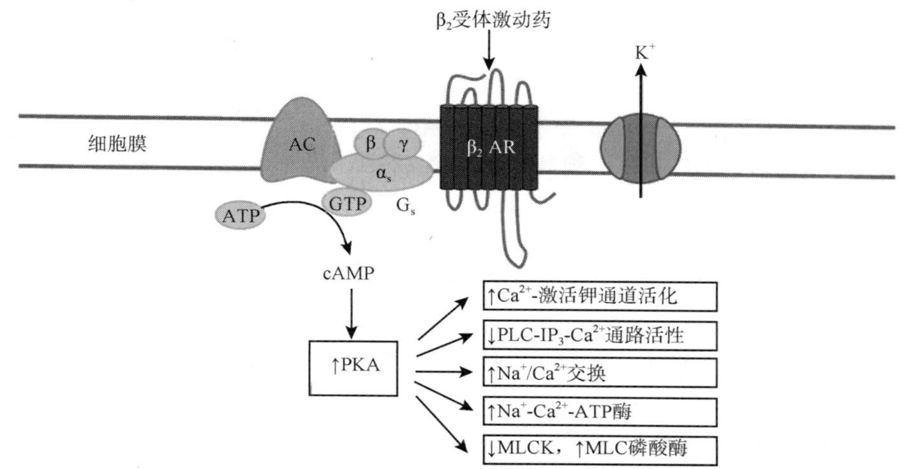

图 26-1　β_2 受体激动药舒张支气管平滑肌的机制

【临床应用】 适用于支气管哮喘、喘息性支气管炎、肺气肿伴支气管痉挛患者。吸入型选择性 β_2 受体激动药是治疗哮喘的首选支气管扩张剂，并且在正确使用时副作用最小、控制哮喘急性发作效果良好；口服给药用于频发性或慢性哮喘症状的控制和预防发作。

【不良反应】 治疗量偶见心血管系统不良反应，大剂量可见窦性心动过速，血压波动，血钾降低；少数患者可出现骨骼肌震颤、头痛、心律失常。心血管疾病、甲状腺功能亢进、糖尿病等患者慎用。

其他选择性 β_2 受体激动药：目前可供吸入的 SABA 包括气雾剂、干粉剂和雾化溶液等，能够迅速缓解支气管痉挛，通常在数分钟内起效，疗效可维持数小时，是缓解轻、中度哮喘急性症状的首选药物，也可用于预防运动性哮喘。这类药物应按需使用，不宜长期、单一、过量应用。沙丁胺醇、特布他林、丙卡特罗等口服给药时，通常在服药后 15～30min 起效，疗效维持 4～8h，使用虽较方便，但心悸、骨骼肌震颤等不良反应比吸入给药时明显。缓释和控释剂型的平喘作用维持时间可达 8～12h，特布他林的前体药班布特罗作用时间可维持 24h，适用于有夜间哮喘症状的患者。SABA 虽平喘作用较为迅速，但因全身不良反应发生率较高，一般不推荐使用注射给药。

LABA 舒张支气管平滑肌的作用可维持 12h 以上。目前在我国临床使用的吸入型 LABA 主要有沙美特罗（salmeterol）和福莫特罗（formoterol），以及超长效的茚达特罗（indacaterol）、维兰特罗（vilanterol）及奥达特罗（olodaterol）等，可通过气雾剂、干粉剂等装置给药；福莫特罗起效最快，也可作为缓解哮喘的药物按需使用。但 LABA 有增加哮喘死亡的风险，不推荐长期单独使用。

（二）茶碱类（theophylline）

本类药物为甲基黄嘌呤类衍生物，具有松弛支气管平滑肌作用，主要药物有氨茶碱（aminophylline）、胆茶碱（choline theophylline）等。

1. 药理作用 茶碱类药物具有平喘、强心、利尿、扩张血管和兴奋中枢等作用。可直接松弛支气管平滑肌，尤其对处于痉挛状态的支气管松弛效果更明显，其平喘机制如下。①抑制磷酸二酯酶（phosphodiesterase，PDE）：使气道平滑肌细胞内 cAMP 水平升高而舒张支气管平滑肌；②阻断腺苷受体，对抗内源性腺苷引起的气道平滑肌收缩和肥大细胞释放组胺；③促进内源性肾上腺素和去甲肾上腺素的释放；④通过抑制细胞外 Ca^{2+}内流和细胞内质网储存的 Ca^{2+}释放，影响磷脂酰肌醇代谢；⑤低浓度茶碱类药物具有免疫调节与抗炎作用；⑥增加膈肌收缩力并促进支气管纤毛运动，减轻呼吸道阻塞及呼吸负荷增加造成的呼吸肌疲劳，有助于 COPD 和哮喘的治疗。

2. 临床应用

（1）支气管哮喘：对 $β_2$受体激动药不能控制的急性哮喘，可静脉注射氨茶碱；慢性哮喘患者口服氨茶碱以防止急性发作。但其扩张支气管作用不及 $β_2$受体激动药强，起效较慢。

（2）慢性阻塞性肺疾病：因茶碱类药物同时具有扩张肺动脉及降低肺动脉压、强心和利尿作用，故适用于 COPD 伴有喘息或伴有右心功能不全的心源性哮喘患者。

（3）中枢性睡眠呼吸暂停综合征：因具有中枢兴奋作用，使通气功能明显增强，可改善脑部疾病或原发性呼吸中枢病变导致通气不足患者的症状。

3. 不良反应 茶碱类药物的安全范围较窄，不良反应的发生率与其血药浓度密切相关，当血药浓度超过 20mg/L 时，易发生不良反应，因此静脉注射时要充分稀释并缓慢注射，老人和儿童也应慎用此类药物。此类药的主要不良反应如下。

（1）胃肠道反应：上腹部疼痛、恶心、呕吐、胃食管反流、食欲减退等。

（2）中枢兴奋：主要有失眠、震颤、激动等症状，可用镇静药治疗。

（3）急性中毒：常见于剂量较大或静脉注射过快，出现心动过速、心律失常、血压骤降、谵妄、惊厥和昏迷等，严重者可导致呼吸衰竭、心搏骤停。另外，偶见横纹肌溶解所致的急性肾衰竭，可致死。

氨茶碱（aminophylline）

氨茶碱为茶碱与二乙胺形成的复盐，水中溶解度大，可制成注射剂。用于 $β_2$受体激动药不能控制的哮喘急性发作，在急性重度哮喘或哮喘持续状态时可采用静脉注射或静脉滴注，以迅速缓解喘息与呼吸困难等症状。此药碱性较强，局部刺激性大，口服容易引起胃肠道刺激症状。

胆茶碱（cholinophylline）

胆茶碱为茶碱与胆碱的复盐，水溶性更大，口服易吸收，对胃肠道刺激性小，胃肠道反应较氨茶碱少，患者易耐受。对心脏和中枢神经系统的作用不明显。

（三）抗胆碱药（胆碱受体阻断药）

各种刺激引起的乙酰胆碱释放在诱发哮喘中起重要作用，M 受体激动时可使气道平滑肌收缩，气道缩小，促进呼吸道的黏液分泌与黏膜下血管扩张等。因此，阻断 M 受体，可抑制内源性乙酰胆碱对 M 受体的兴奋作用，产生舒张支气管及抑制呼吸道黏液分泌等作用。本类药物主要有异丙托溴铵（ipratropium bromide，异丙托品）、氧托溴铵（oxitropium，氧托品）和噻托溴铵（tiotropium bromide）。

抗胆碱平喘药可通过气雾剂、干粉剂和雾化溶液给药。吸入性抗胆碱药，如短效抗胆碱药（short-acting muscarinic antagonist，SAMA）异丙托溴铵和长效抗胆碱药（long-acting muscarinic antagonist，LAMA）噻托溴铵，其支气管舒张作用较 $β_2$受体激动药弱，起效也较慢，与 $β_2$受体激动药联合应用具有互补作用。雾化吸入 SAMA 异丙托溴铵与 SABA 沙丁胺醇复合制剂是治疗哮喘急性发作的常用药物。妊娠早期，患有青光眼、前列腺肥大者应慎用此类药物。

异丙托溴铵（ipratropium bromide，异丙托品）

异丙托溴铵为阿托品的异丙基衍生物。为季铵盐。起效慢，口服不吸收，常采用气雾剂。对

M_1、M_2、M_3受体无选择性，对气道平滑肌有较高的选择性，对心血管系统作用不明显，也不影响痰液黏稠度和分泌。对老年性哮喘，尤其是对高迷走神经活性的哮喘患者尤为适用，对因 $β_2$ 受体激动药耐受的患者亦有效，对其他类型的哮喘效果不及 $β_2$ 受体激动药。

噻托溴铵（tiotropium bromide）

噻托溴铵为阿托品季铵衍生物，对人体气道内的 M 受体亚型均有相同的亲和力，且与 M_1 和 M_3 受体解离缓慢，可长时间阻滞胆碱能神经介导的支气管平滑肌收缩，持久地扩张支气管。对老年性哮喘，特别是对迷走神经亢奋的哮喘患者尤为适用；同时，也能降低 COPD 加重的频率，改善通气功能，遏止病情恶化，提高生活质量。本品对 M_1 和 M_3 受体的高选择性和长时间作用，可避免因 M_2 受体阻断导致的唾液分泌减少和瞳孔散大等副作用。

三、抗过敏平喘药

抗过敏平喘药主要通过抑制过敏反应的不同环节发挥平喘作用，因无直接松弛支气管平滑肌作用，也无拟肾上腺素作用和糖皮质激素样作用，故此类药物起效缓慢，不宜用于哮喘急性发作期的治疗，临床上主要用于预防哮喘的发作。本类药物包括炎症细胞膜稳定药、H_1 受体阻断药。

（一）炎症细胞膜稳定药

色甘酸钠（sodium cromoglycate）

【体内过程】 极性高，口服仅吸收 1%，临床须采用粉剂定量雾化器（MDI）方式吸入，约 10% 达肺深部组织并吸收入血。T_{max} 为 15min，血浆蛋白结合率为 60%～75%，以原形经胆汁或尿排出，$t_{1/2}$ 为 45～100min。

【药理作用】

1. 稳定肥大细胞膜 抑制由抗原诱发的肺组织肥大细胞释放过敏介质的反应，其机制为减少 Ca^{2+}内流，从而抑制肥大细胞脱颗粒。

2. 抑制气道感觉神经末梢功能与气道神经源性炎症 抑制二氧化硫、缓激肽、甲苯二异氰酸盐、冷空气、运动等引起的支气管痉挛。

3. 阻断炎症细胞介导的反应 抑制巨噬细胞与嗜酸性粒细胞介导的炎症反应，长期应用可降低气道高反应性。

【临床应用】 用于预防哮喘发作，因起效缓慢，须在接触哮喘诱因前 7～10 天给药，对过敏性、运动性、非特异的外源性刺激引起的哮喘效果较好，也可用于过敏性鼻炎、溃疡性结肠炎等疾病。

【不良反应】 不良反应较少，偶见咽喉与气管刺痛感或支气管痉挛，必要时可同时吸入 $β_2$ 受体激动药预防。

奈多罗米钠（nedocromil sodium）

奈多罗米钠抑制支气管炎症细胞释放炎症介质，有明显的抗炎作用；且其稳定肥大细胞膜的作用强于色甘酸钠；能抑制呼吸道感觉神经末梢释放 P 物质，降低非特异性气道反应性。长期预防哮喘可采用吸入方式给药；对于糖皮质激素依赖型哮喘，可减少糖皮质激素的用量。不良反应为头痛、恶心等。

（二）H_1 受体阻断药

酮替芬（ketotifen）

酮替芬具有减少过敏介质释放及阻断 H_1 受体的双重作用，亦可抑制白三烯的作用；并能预防

和逆转 β_2 受体的"向下调节"，加强 β_2 受体激动药的平喘作用。酮替芬口服有效，作用持久，临床上可单独应用或与茶碱类、β_2 受体激动药合用来防治轻、中度哮喘，对儿童患者疗效优于成人；对糖皮质激素依赖型哮喘，可减少糖皮质激素的用量；还可用过敏性鼻炎、慢性荨麻疹的治疗。不良反应可出现短暂的嗜睡、疲倦、头晕、口干等，驾驶员及精密仪器操作者慎用。

第二节 镇 咳 药

咳嗽是呼吸系统受到刺激时产生的一种保护性反射，有利于呼吸道内痰液和异物排出，保持呼吸道清洁与通畅。轻度咳嗽有利于排痰，一般不必用镇咳药，以免痰液滞留而阻塞支气管；若咳嗽伴有痰液黏稠或痰液过多，则不宜单用镇咳药，以免黏痰难排继发感染或阻塞呼吸道引起窒息；但无痰剧烈的干咳，会增加患者痛苦，影响休息和生活，甚至影响原发疾病的康复或引发并发症（气胸、腹直肌撕裂、尿失禁等），应给予镇咳药缓解或消除症状。镇咳是对症治疗而非根治措施，故使用镇咳药前，应针对引起咳嗽的病因进行治疗。

根据作用机制，目前常用的镇咳药（antitussives）分为两类。①中枢性镇咳药（central antitussives）：直接抑制延髓咳嗽中枢，包括成瘾性镇咳药（narcotic antitussives）和非成瘾性（non-narcotic antitussives）镇咳药；②外周性镇咳药（peripheral antitussives）：通过抑制咳嗽反射弧中的感受器、传入或传出神经、效应器任何环节发挥镇咳作用。有些药物兼中枢和外周镇咳作用。

一、中枢性镇咳药

本类药物通过选择性抑制延髓咳嗽中枢而产生镇咳作用，其镇咳作用强、疗效可靠、临床较为常用，可分为成瘾性和非成瘾性两类。

（一）成瘾性镇咳药

成瘾性镇咳药主要指阿片类生物碱，其中作用最强的是吗啡，它对咳嗽中枢有强大的作用，但具有成瘾性，临床主要用于支气管癌或主动脉瘤引起的剧烈咳嗽，急性肺梗死或急性左心衰竭伴有的剧烈咳嗽。目前临床上仅用可待因等几种成瘾性较小的药物作为镇咳药。

可待因（codeine，甲基吗啡）

可待因为阿片生物碱类药物，口服或注射均可吸收，生物利用度为 40%～70%。有镇咳、镇痛作用，镇咳强度约为吗啡的 1/4，镇痛强度为吗啡的 1/12～1/10。镇咳机制为选择性抑制延髓咳嗽中枢，作用强而迅速。用于各种原因引起的剧烈干咳，对胸膜炎干咳伴胸痛者尤其适用。大剂量（60mg）明显抑制呼吸中枢，小儿可致惊厥。能抑制支气管腺体分泌和纤毛运动，使痰液黏稠度增高，对黏痰量多患者易造成气道阻塞及继发感染，不宜应用。反复用药可产生耐受性及成瘾性。呼吸不畅、支气管哮喘性咳嗽者及妊娠期、哺乳期妇女慎用。

（二）非成瘾性镇咳药

非成瘾性镇咳药目前发展迅速，临床应用也较广泛，虽对呼吸中枢抑制作用很弱，但也不可滥用，主要有右美沙芬、喷托维林等。

右美沙芬（dextromethorphan，右甲吗南）

右美沙芬镇咳作用与可待因相似或稍强，起效快，无镇痛作用亦无成瘾性。用于各种原因引起的干咳，也用于多种复方制剂，治疗感冒咳嗽。本品安全范围大，偶有头晕、轻度嗜睡、口干、便秘、恶心和食欲缺乏。痰多患者慎用，妊娠 3 个月内及有精神病史者禁用。

喷托维林（pentoxyverine，咳必清）

喷托维林镇咳强度约为可待因的 1/3，持效时间为 3～6h。对咳嗽中枢具有直接抑制作用，并有弱的阿托品样作用和局部麻醉作用，可轻度抑制支气管内感受器及传入神经末梢，使痉挛的支气管平滑肌松弛，减轻气道阻力，因此兼具末梢性镇咳作用。用于各种原因引起的干咳、阵咳，对儿童患者的疗效优于成人。偶有轻度头痛、头晕、口干、恶心和腹泻等不良反应。青光眼、前列腺肥大和心功能不全者慎用，痰多者宜与祛痰药合用。

二、外周性镇咳药

外周性镇咳药通过抑制咳嗽反射弧中的末梢感受器、传入神经或传出神经的传导而产生镇咳作用。

苯佐那酯（benzonatate，退嗽）

本药为丁卡因的衍生物，有较强的局部麻醉作用，通过抑制肺牵张感受器及感觉神经末梢，阻断肺迷走神经反射，抑制咳嗽冲动的传导，产生镇咳作用。用药 20min 后起效，维持 3～4h。用于急慢性支气管炎、支气管哮喘、肺炎、肺癌等引起的干咳、阵咳，是支气管哮喘患者咳嗽较理想的治疗药；也可在支气管镜等检查前给药，预防咳嗽。有轻度嗜睡、头晕、鼻塞等不良反应，偶见过敏性皮炎。服用时勿将药丸咬碎，以免引起口腔麻木。

其他外周性镇咳药有左羟丙哌嗪（levodropropizine），是一种高效安全的镇咳药物，主要通过选择性抑制气管、支气管而发挥镇咳作用，镇咳效应较右美沙芬强，维持时间长，临床用于各种原因引起的咳嗽。二氧丙嗪（dioxopromethazine，双氧异丙嗪）兼有抗组胺、平滑肌解痉、抗炎和局麻作用，并有中枢抑制作用，临床用于治疗咳嗽及过敏性疾病。那可丁（narcotine）可用于阵咳。依普拉酮（eprazinone）有中枢性镇咳作用，兼有镇静、局麻、抗组胺、抗胆碱和黏痰溶解作用。

第三节　祛　痰　药

祛痰药（expectorants）是指能增加呼吸道分泌，使痰液变稀，黏稠度降低，或者增加呼吸道黏膜上皮纤毛运动，使痰液易于排出的药物。由于祛痰药有助于呼吸道腔内的积痰排出，减少呼吸道黏膜的刺激，有利于防止继发感染，间接发挥镇咳、平喘作用。根据作用机制分为两类：痰液稀释药和黏痰溶解药。

一、痰液稀释药

此类药物口服后可刺激胃黏膜，通过反射性兴奋迷走神经，使呼吸道腺体分泌增加，痰液变稀，易于咳出，其作用温和，适用于呼吸道炎症。

氯化铵（ammonium chloride）

口服后可刺激胃黏膜迷走神经末梢引起恶心，反射性促进支气管腺体分泌增加，使痰液稀释，易于咳出；同时，氯化铵可从呼吸道黏膜分泌，提高管腔渗透压，保留水分而稀释痰液，有利于黏痰的咳出。适用于急、慢性呼吸道炎症而痰液不易咳出者。本药祛痰效果较弱，常与其他药物组成复方。消化道溃疡、肝肾功能不全者慎用。

愈创甘油醚（guaifenesin，愈创木酚甘油醚）

本药祛痰机制与氯化铵相似，作用较强，还有轻度消毒防腐作用，可减轻痰液恶臭。常与其他镇咳祛痰药组成复方，用于支气管炎、慢性化脓性气管炎、肺脓肿、支气管扩张等痰多咳嗽。

二、黏痰溶解药

本类药物适用于痰液黏稠引起的咳痰困难、呼吸困难。痰液黏性来自气道腺体及杯状细胞分泌的酸性黏蛋白（白色痰液的主要成分），它们由二硫键、氢键等化学键交叉连接，构成凝胶网而增加黏度；此外，呼吸道感染后大量破损炎症细胞残留的 DNA 与黏蛋白结合，进一步增加痰液的黏稠度。因此，破坏二硫键可裂解黏蛋白，降解痰液中的 DNA 可溶解脓性痰液。裂解二硫键的药物主要有乙酰半胱氨酸、羧甲司坦（carbocisteine）、厄多司坦（erdosteine）和半胱甲酯（mecysteine）；降解 DNA 的药物主要有脱氧核糖核酸酶。

乙酰半胱氨酸（acetylcysteine）

本药为巯基化合物，能使黏痰中的二硫键裂解，从而降低痰液黏稠度，对黏稠的脓性及非脓性痰液均有良好的疗效；对脓性痰液中的 DNA 也具有一定的降解作用。雾化吸入或气管内滴入给药，用于各种疾病引起的痰液黏稠和术后咳痰困难。本品有特殊的臭味，对呼吸道有刺激性，哮喘及肺功能不全的老年人慎用；不宜与金属、橡胶等器物接触；因可降低 β 内酰胺类抗生素活性，不宜合用。

脱氧核糖核酸酶（deoxyribonuclease，DNase）

本药是从哺乳动物中提取的核酸内切酶，使脓痰中的DNA迅速水解成核苷酸片段，使原与DNA结合的蛋白失去保护，进而产生继发性蛋白溶解，降低黏稠度，使痰液易于咳出。本品雾化吸入，用于治疗有大量脓痰的呼吸道感染，用药后有咽部疼痛感，需立即漱口。长期应用可发生变态反应（皮疹、发热等）。有急性化脓性蜂窝织炎、支气管胸腔瘘的活动性结核病患者禁用。

溴己新（bromhexine）

本药能抑制气管、支气管腺体和杯状细胞合成酸性黏多糖，同时使腺体和杯状细胞分泌小分子的黏蛋白，从而使黏稠度降低，痰液易于咳出。另外，本品能促进呼吸道黏膜纤毛运动，促进痰液排出，还有恶心性祛痰的作用。可口服、雾化、静脉给药，口服后 1h 起效，3～5h 达到高峰，维持 6～8h。用于支气管炎、肺气肿、硅沉着病、慢性肺部炎症、支气管扩张症等，伴有白色黏痰不易咳出的患者。不良反应发生少，偶有转氨酶升高，溃疡患者慎用。

1. 平喘药的分类及作用机制是什么？请各举出一个代表药。
2. 简述糖皮质激素、沙丁胺醇的平喘机制及临床应用。

第二十七章　作用于消化系统的药物

学习目标

1. 通过对胃酸分泌机制的学习，掌握临床抗消化性溃疡药物的分类及代表药物；熟悉助消化药、止吐药、促胃肠动力药、泻药、止泻药的分类及代表药；了解利胆药的药理作用及临床应用。

2. 清晰表述质子泵抑制剂的药理作用及作用机制、临床应用和不良反应；各型止吐药的作用机制。

3. 正确认识幽门螺杆菌感染及其引起相关疾病的规范化诊治，更新学习消化性溃疡中西医结合诊疗共识意见，从而理解中西医结合防治消化系统疾病的优势。

消化系统疾病为临床常见病、多发病，包括食管、胃、肠、肝、胆、胰等脏器的器质性和功能性病变。消化系统药物（drug affecting gastrointestinal function）主要用于缓解和消除消化系统疾病的症状，包括抗消化性溃疡药（antiulcer drug）和调节消化功能药（助消化药、止吐药、促胃肠动力药、泻药、止泻药、利胆药等）。

第一节　抗消化性溃疡药

消化性溃疡（peptic ulcer，PU）多为发生在胃及十二指肠的慢性溃疡，即胃溃疡（gastric ulcer，GU）和十二指肠溃疡（duodenal ulcer，DU）。目前认为溃疡的发病机制与胃壁和十二指肠壁存在的致溃疡因素和防御因素平衡失调有关。致溃疡因素包括胃酸、胃蛋白酶、幽门螺杆菌（*Helicobacter pylori*，*Hp*）、乙醇、非甾体抗炎药等；防御因素包括胃黏膜、胃黏液、HCO_3^-、前列腺素等。另外，胃排空减慢和胆汁反流，以及遗传、精神、环境等因素也与消化性溃疡的发生有关。

目前临床提倡采用综合方式治疗消化性溃疡。根据溃疡部位、严重程度和胃酸分泌量高低，在患者全身情况好、溃疡较小、无恶性症状的情况下进行药物治疗。治疗消化性溃疡的药物按其作用机制可分为四类：①抗酸药；②抑制胃酸分泌药；③胃黏膜保护药；④抗幽门螺杆菌药。

一、抗　酸　药

抗酸药（antacids）又称胃酸中和药，多为弱碱性无机化合物。口服后直接中和胃酸，降低胃液酸度，减弱胃酸对胃、十二指肠黏膜的刺激和侵蚀；还可降低胃蛋白酶活性，促进溃疡面愈合。有些抗酸药如氢氧化铝、三硅酸镁等，还能形成胶状保护膜，覆盖于溃疡面和胃黏膜，发挥物理保护作用。

抗酸药的作用与胃充盈程度有关，当胃内容物接近排空或完全排空后，抗酸药才能发挥药效，故在餐后 1h 及晚上临睡前各服一次，疗效更好。理想的抗酸药作用应迅速而持久，不吸收、不产气、不引起腹泻或便秘，对黏膜及溃疡面有收敛、保护作用。常用抗酸药物作用特点见表 27-1。

表 27-1 常用抗酸药的作用特点

药物	抗酸作用强度	对溃疡的保护作用	收敛作用	对排便的影响	产气作用
氢氧化铝	较强	有	有	致便秘	无
氢氧化镁	强	无	无	致轻泻	无
三硅酸镁	较弱	有	无	致轻泻	无
氧化镁	强	无	无	致轻泻	无
碳酸钙	较强	无	有	致便秘	产生 CO_2
碳酸氢钠	强	无	无	无影响	产生 CO_2

氢氧化铝（aluminum hydroxide）

本药口服不吸收，不产生 CO_2，起效缓慢，但抗酸作用较强而持久。药物在胃内形成胶状保护膜，使溃疡面与胃酸隔离，利于愈合，对阿司匹林或乙醇所致胃黏膜损伤有良好的保护作用。本药与胃酸反应产生的氯化铝有收敛作用，但在肠内形成的磷酸铝可引起便秘。

因抗酸药物作用时间短，较少单独应用，且有些可引起反跳性的胃酸分泌增加，故抗酸药物一般不作为治疗消化性溃疡的首选药物。临床常用复方制剂，以增强疗效、减少不良反应，如复方氢氧化铝、胃得乐等。

二、抑制胃酸分泌药

胃酸的主要成分是盐酸，由胃壁细胞分泌，受神经、体液的整合调控，其中迷走神经释放的乙酰胆碱（acetylcholine，ACh）、旁分泌细胞（肠嗜铬样细胞 enterochromaffin like cells，ECL）释放的组胺（histamine）、胃窦部的 G 细胞（内分泌细胞）释放的促胃液素（gastrin，G-17）对胃酸分泌起重要调控作用。当中枢神经系统受食物刺激后，通过迷走神经释放 ACh 激活胃壁细胞的 M 受体，同时 ACh 激活 ECL 细胞膜上的 M 受体，促使 ECL 释放组胺，通过旁分泌作用激活胃壁细胞膜上的 H_2 受体；胃窦部的 G 细胞释放的促胃液素通过血液循环作用于 ECL 细胞膜上的促胃液素-胆囊收缩受体（gastrin-cholecystokinin 2，G-CCK_2 受体），促使 ECL 释放组胺进而激活胃壁细胞膜上的 H_2 受体。

ACh-M 受体、G-CCK_2 受体、组胺-H_2 受体均存在于胃壁细胞的基底膜侧，此三种受体兴奋后分别通过不同途径，使胃壁细胞黏膜侧（胃腔侧）的 H^+-K^+-ATP 酶（proton pump，质子泵）的活性增强。M 受体、G-CCK_2 受体激活后，胃壁细胞内游离 Ca^{2+}浓度升高，从而激活 H^+-K^+-ATP 酶；H_2 受体激活后，通过升高胃壁细胞内 cAMP 浓度，激活一系列蛋白磷酸化过程，最终激活 H^+-K^+-ATP 酶。H^+-K^+-ATP 酶位于胃壁细胞的管状囊泡和微管膜上，其功能是将 H^+从壁细胞内排出至胃腔、K^+从胃腔泵入胃壁细胞内，从而进行 H^+-K^+交换，转运入胃腔内的 H^+与 Cl^-形成 HCl 即胃酸，使胃液 pH 维持在 0.9～1.8 的环境。因此，H_2 受体阻断药、质子泵抑制药、M 受体阻断药、促胃液素受体阻断药均能减少胃酸分泌，提高胃液 pH，从而缓解溃疡症状，促进溃疡愈合。

另外，前列腺素类药物通过与壁细胞前列腺素受体结合，影响腺苷酸环化酶的活性从而降低胃壁细胞 cAMP 的水平，也能抑制胃酸分泌。胃酸分泌的机制及常用抑制胃酸分泌药作用靶点见图 27-1。

（一）H_2 受体阻断药

H_2 受体阻断药（H_2-receptor antagonists）的化学结构与组胺相似，因而能竞争性阻断内源性或外源性组胺与壁细胞基底膜上的 H_2 受体结合，抑制胃酸分泌。常用药物有西咪替丁（cimetidine）、雷尼替丁（ranitidine）、法莫替丁（famotidine）、尼扎替丁（nizatidine）、罗沙替丁（roxatidine）、乙溴替丁（ebrotidine）、咪芬替丁（mifentidine）等。

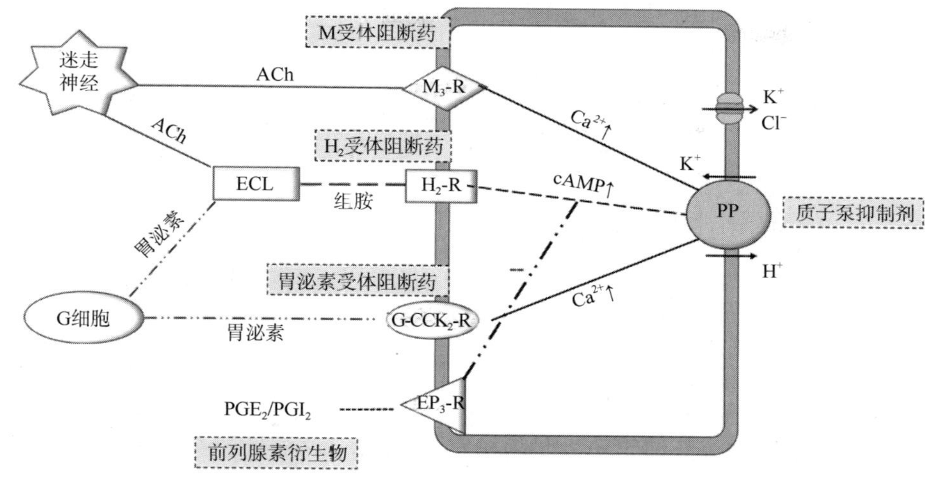

图 27-1　胃酸分泌的机制及常用抑制胃酸分泌药作用靶点

ACh：乙酰胆碱；PGE_2：前列腺素 E_2；PGI_2：前列环素；ECL：肠嗜铬样细胞；M_3-R：M_3受体；H_2-R：H_2受体；G-CCK_2-R：促胃液素-胆囊收缩素受体；EP_3-R：前列腺素受体；PP：H^+-K^+-ATP 酶（质子泵）

西咪替丁（cimetidine，甲氰咪胍）

西咪替丁是第一个用于临床的 H_2 受体阻断药。

【体内过程】　口服易吸收，达峰时间约为 1.5h，生物利用度为 60%～75%，血浆 $t_{1/2}$ 为 2h，作用维持 4h。约 15%经肝脏代谢，主要经肾脏排泄，部分从乳汁排泄，可透过血脑屏障和胎盘屏障。抑制肝药酶，延长经肝代谢药物（如华法林、地高辛、地西泮等）的代谢时间。

【药理作用】

1. 抑制胃酸分泌　对基础胃酸分泌的抑制作用最强，也能明显抑制夜间胃酸的分泌，亦能抑制组胺、促胃液素、食物、胰岛素和刺激迷走神经等引起的胃酸分泌。

2. 增强免疫作用　阻断 T 淋巴细胞表面的 H_2 受体，减少组胺诱导的抑制因子生成，降低抑制性 T 淋巴细胞活性，明显提高 T 淋巴细胞转化率，促进白细胞介素-2 和干扰素合成，从而拮抗组胺所致免疫抑制作用。

【临床应用】

1. 消化性溃疡　能减轻疼痛、促进溃疡愈合。用于十二指肠溃疡，每次 400mg，每日 3 次，或 800mg 晚餐后 1 次口服，连用 4～8 周，治愈率为 70%～80%；胃溃疡以同样剂量治疗，治愈率为 66%～73%。停药后复发率较高，6 个月后复发率高达 90%，可考虑在溃疡愈合后进行长期维持治疗。

2. 胃肠道出血　特别是胃肠黏膜糜烂引起的出血，常发生于应激状态之后，多采用静脉滴注给药。

3. 胃酸分泌过多症　见于佐林格-埃利森综合征（Zollinger-Ellison syndrome，ZES）和反流性食管炎。佐林格-埃利森综合征又称胃泌素瘤（gastrinoma），由位于胰腺或胰腺外的腺瘤分泌大量促胃液素所致，其临床特征是重症消化性溃疡、胃酸分泌过多、血清促胃液素水平显著增高。

4. 免疫功能低下及肿瘤　用于辅助治疗。

【不良反应】

1. 中枢神经系统　表现为头痛、疲倦、头晕、嗜睡、视物模糊、记忆力障碍、精神亢奋等。

2. 胃肠道反应　主要表现为腹泻、恶心、口腔溃疡、肝损害等，严重时可引起重度黄疸。

3. 血液系统　少数患者出现血小板减少、再生障碍性贫血、粒细胞减少等。

4. 其他　能阻断雄激素受体，抑制雄激素代谢，产生抗雄激素样作用，并可促进催乳素的分泌，使男性乳腺增生，女性溢乳。

其他常用 H_2 受体阻断药作用特点见表 27-2。

表 27-2 其他常用 H_2 受体阻断药作用特点

药物	药理作用	临床应用	不良反应	药物相互作用
雷尼替丁	明显抑制组胺、五肽促胃液素和卡巴胆碱（氨甲酰胆碱）刺激后引起的胃酸分泌，抑制胃酸分泌作用为西咪替丁的 5～8 倍；降低胃酸和胃蛋白酶的活性	治疗消化性溃疡，可缓解溃疡病症状，促进溃疡愈合，减少溃疡复发	抗雄激素作用和促催乳素分泌作用较弱，不易引起男性乳房发育和女性溢乳	肝药酶的抑制作用较西咪替丁弱，较少干扰华法林、茶碱、地西泮等药物在肝脏的代谢和灭活
法莫替丁	抑制胃酸分泌作用强于雷尼替丁；抑制各种刺激所引起的胃酸和胃蛋白酶分泌；促进溃疡愈合；兼有止血作用	口服治疗出血性胃炎、胃和十二指肠溃疡、应激性溃疡及反流性食管炎；静脉给药可用于严重胃酸分泌亢进的佐林格-埃利森综合征及上消化道出血	不良反应较少，无抗雄激素、促催乳素分泌的作用	无肝药酶抑制作用
罗沙替丁	抑制胃酸分泌作用为西咪替丁的6倍；对血清促胃液素无明显影响，对胃黏膜有保护作用	麻醉前给药，以预防酸吸入综合征	与法莫替丁相似	无肝药酶抑制作用

（二）质子泵抑制药

质子泵抑制药（proton pump inhibitor，PPI）是弱碱性的苯并咪唑类化合物，进入胃壁细胞分泌小管后转化成次磺酸（sulfenic acid）和亚磺酰胺（sulfenamide），后者的硫原子与 H^+-K^+-ATP 酶 α 亚单位上的巯基以共价键不可逆结合，阻止酶与胞内的 H^+或 K^+结合，使 H^+无法转运至分泌性微管内，从而阻断胃酸分泌。

由于 PPI 抑制了胃酸分泌的最终环节 H^+-K^+-ATP 酶，所以此药对各种因素引起的胃酸分泌均具有抑制作用，是最直接、最有效的胃酸分泌抑制药；另外 PPI 与质子泵的结合是不可逆的，因此此药对胃酸分泌具有强大（胃酸分泌减少 80%～95%）而持久（24～48h）的抑制作用，一般停药后 3～4 天胃酸分泌才可逐渐恢复到原有水平。

目前临床上常用的质子泵抑制药有奥美拉唑（omeprazole）、兰索拉唑（lansoprazole）、泮托拉唑（pantoprazole）、雷贝拉唑（rabeprazole）和埃索美拉唑（esomeprazole）。

奥美拉唑（omeprazole）

奥美拉唑为脂溶性弱碱性药物，是第一个上市的质子泵抑制药。

【体内过程】 口服后吸收迅速，酸性环境和食物可减少其吸收。血浆蛋白结合率为 95%，单次给药生物利用度为 35%，血药浓度达峰时间为 1～3h，$t_{1/2}$ 为 0.5～1h。重复给药后，因胃内 pH 升高，生物利用度可增至 70%。经肝脏代谢，大部分代谢物经肾脏排泄。本品为肝药酶抑制剂，可延缓华法林、地西泮、苯妥英钠等药物的代谢，合用时应注意调整剂量。

【药理作用】

1. 抑制胃酸分泌 抑制正常人或溃疡患者的基础胃酸及由组胺、促胃液素等刺激引起的胃酸分泌，作用强大而持久。一次口服 20mg 可使 24h 胃酸分泌减少 60%～70%，作用持续 20h 左右；在连续给药的最初 3～5 天，抑酸作用逐渐增强，达到稳态后停药，作用仍可持续 2～3 天；静脉给药起效更快，持续滴注可维持胃内无酸状态。

2. 抑制胃蛋白酶分泌及活性　可减少胃蛋白酶的分泌；由于胃内 pH 的提高，也影响胃蛋白酶的活化和作用。

3. 抗幽门螺杆菌　体内、外均能抑制幽门螺杆菌生长。此外，还通过抑制胃酸分泌、升高胃内 pH，为其他抗菌药物发挥作用创造有利条件。

4. 保护胃黏膜　对阿司匹林、乙醇、应激引起的胃黏膜损伤也有保护作用。

【临床应用】

1. 消化性溃疡　能促进胃、十二指肠和食管溃疡愈合，每日 20mg，用于十二指肠溃疡 2～4 周为一疗程，用于胃溃疡 4～8 周为一疗程。

2. 胃-食管反流病（gastro-esophageal reflux disease，GERD）　基本病因是胃-食管连接区的屏障减弱，导致胃内容物反流到食管腔，食管黏膜暴露于酸性胃液的时间过长，引起食管黏膜的损伤。每日早晨服用奥美拉唑 20mg，4～6 周为一疗程。

3. 幽门螺杆菌感染　代表性联用方案如 OCA 方案：（O）奥美拉唑 20mg+（C）克拉霉素 0.5g+（A）阿莫西林 1g，2 次/日，口服，连服 10～14 天，约有 90%以上的幽门螺杆菌感染转阴。

4. 佐林格-埃利森综合征　抑制胃酸分泌是控制佐林格-埃利森综合征临床症状的有效方法，每日 60mg。

5. 其他　用于消化道出血、应激状态时并发或 NSAIDs 引起的急性胃黏膜损伤。

【不良反应】

1. 消化系统　可见恶心、呕吐、腹胀、腹泻、便秘、腹痛等。与用药后胃酸度下降，影响消化功能有关。

2. 神经系统　头痛、头晕、失眠、嗜睡、外周神经炎等症状。长期用药可加重既往存在的焦虑、抑郁症状。

3. 血清促胃液素水平升高　胃灼热、反酸等症状。由于长期服用 PPI，会反射性增加血浆促胃液素的浓度，引起胃息肉、胃癌、胃类癌和结肠癌发生的风险升高。长期服用者，应定期检查胃黏膜有无肿瘤样增生。

4. 其他　可见皮疹、溶血性贫血、转氨酶增高、男性乳腺发育等。新近有引起特发性水肿的报道，表现为皮肤潮红、荨麻疹，甚至引起剥脱性皮炎。

此外长期使用 PPI，持续抑制了胃酸的分泌，改变了胃内酸性环境，使胃内 pH 升高，胃排空延迟，降低胃内黏液的黏滞性，可能会导致细菌移位，使菌群发生改变，使胃内细菌过度增殖，引起肠道感染、呼吸道感染、自发性腹膜炎等。

其他常用 PPI 的作用特点见表 27-3。

表 27-3　其他常用 PPI 的作用特点

药物	体内过程	药理作用及临床应用	不良反应
兰索拉唑	口服易吸收，生物利用度约为 85%	具有抑制胃酸分泌、保护胃黏膜、抗幽门螺杆菌、反射性升高促胃液素作用，且抑酸及抗幽门螺杆菌作用均强于奥美拉唑，临床应用与奥美拉唑相同	与奥美拉唑相似
泮托拉唑	在 pH3.5～7 时较为稳定，血浆蛋白结合率为 98%，$t_{1/2}$ 为 1h	用于消化性溃疡、反流性食管炎、佐林格-埃利森综合征等疾病，也可用于预防大手术或严重外伤引起的应激性溃疡	轻微；长期应用注意定期检查肝功能
雷贝拉唑	p*K*a 为 5.0，进入胃壁细胞分泌小管内的离子型药物浓度高，可迅速被活化生成亚磺酰胺。在肝脏代谢，个体差异小，疗效稳定	抑制胃酸分泌及缓解症状、治愈黏膜损害的能力较佳。抑酸起效快、作用强而持久，且安全性较高	轻微

续表

药物	体内过程	药理作用及临床应用	不良反应
埃索美拉唑（奥美拉唑的S异构体，第一个纯左旋的光学异构体PPI）	较奥美拉唑首关消除低，生物利用度大于 64%。血浆蛋白结合率为 97%	抑酸作用起效快、效果强于奥美拉唑	与奥美拉唑相似，可延缓地西泮、苯妥英钠、华法林、硝苯地平、酮康唑等药物的代谢

（三）M 受体阻断药

传统的 M 受体阻断药在治疗量时抗胃酸作用弱，不良反应多，目前多应用选择性阻断胃壁细胞上 M_1 受体的药物，如哌仑西平（pirenzepine）、替仑西平（telenzepine）等，对引起胃酸分泌的 M_1 受体亲和力较高，对 M_2、M_3 受体亲和力低，在治疗量下抑制基础胃酸分泌和促胃液素引起的胃酸分泌，还可抑制胃蛋白酶原和胃蛋白酶分泌，对胃黏膜也有直接的保护作用，用于治疗胃、十二指肠溃疡，应激性溃疡的疼痛，还可用于急性胃黏膜出血、高酸性胃炎、反流性食管炎和胃泌素瘤的治疗。替仑西平的作用强于哌仑西平。不良反应较少，主要是口干、视物模糊、头痛等，且不易通过血脑屏障，无中枢作用。

（四）促胃液素受体阻断药

丙谷胺（proglumide）

丙谷胺的化学结构与促胃液素及胆囊收缩素两种肠激肽的终末端分子结构相似，可竞争性阻断促胃液素受体，抑制促胃液素介导的胃酸分泌；增加胃黏膜糖蛋白的合成和黏液-HCO_3^-保护屏障，具有保护胃黏膜、促进溃疡愈合的作用。此外，还具有较好的利胆作用，可预防胆结石。临床用于胃和十二指肠溃疡、浅表性胃炎及十二指肠球炎。

三、胃黏膜保护药

胃黏膜屏障包括细胞屏障和黏液-HCO_3^-盐屏障，细胞屏障由胃黏膜细胞顶部的细胞膜和细胞间隙紧密连接组成；黏液-HCO_3^-盐屏障是双层黏稠的胶冻状黏液，内含-HCO_3^-和不同分子量的糖蛋白。细胞屏障和黏液-HCO_3^-盐屏障均能防止胃酸、胃蛋白酶损伤胃黏膜细胞，而当胃黏膜屏障功能受损时，可导致溃疡发作。胃黏膜保护药通过增强胃黏膜的细胞屏障和黏液-HCO_3^-盐屏障，发挥治疗消化性溃疡病的作用。常用药物有前列腺素衍生物（米索前列醇、恩前列素）、硫糖铝、铋剂（枸橼酸铋钾）等。

前列腺素衍生物（prostaglandin analogue）

前列腺素 E（PGE）和前列环素均能使胃酸分泌减少，防止攻击因子损伤胃黏膜，对胃黏膜屏障具有保护作用。PGE 衍生物如米索前列醇（misoprostol）、恩前列素（enprostil）等性质稳定，保护黏膜作用强。其中米索前列醇是第一个合成的 PGE_1 的衍生物，恩前列素为 PGE_2 的衍生物。其胃黏膜保护作用表现为：①可与胃壁细胞基底侧的 PGE_2 受体结合，抑制胃壁细胞腺苷酸环化酶水平，降低 cAMP 浓度，从而抑制胃酸和胃蛋白酶的分泌；②可与胃黏膜上皮细胞基底侧的 PGE_2 和 PGI_2 受体结合，促进黏液-HCO_3^-分泌，提高胃黏膜对损伤因子的抵抗力，增强黏膜的屏障功能；③增加胃黏膜血流，促进胃黏膜受损上皮细胞的重建和增殖。恩前列素药理作用与米索前列醇类似，但其作用较米索前列醇更强，持续时间更长，一次用药，抑制胃酸作用可持续 12h，而米索前列醇的作用则持续 3～5.5h。此类药物不良反应为腹泻、恶心、呕吐等胃肠道反应。本药可收缩子宫引起流产，故孕妇禁用。

硫糖铝（sucralfate）

硫糖铝为无臭无味的白色粉末，不溶于水，亦不溶于乙醇等有机溶剂，口服不易吸收，其作用机制：①黏附于胃、十二指肠黏膜表面，在溃疡面形成保护屏障，有利于上皮细胞的再生，减少 H^+向黏膜内逆向扩散，促进溃疡愈合；②与胃蛋白酶结合使其活性降低，减少胃黏膜的损伤；③促进胃、十二指肠黏膜合成 PGE_2，从而增强胃、十二指肠黏膜的细胞屏障和黏液-HCO_3^-盐屏障；④增强表皮生长因子、碱性成纤维细胞生长因子的作用，使之聚集于溃疡区，促进溃疡愈合；⑤抑制幽门螺杆菌的繁殖，使黏膜中的幽门螺杆菌密度降低，阻止幽门螺杆菌产生的蛋白酶、脂酶对胃黏膜的破坏。临床用于治疗胃及十二指肠溃疡、反流性食管炎、幽门螺杆菌感染及对抗各种损伤因子对胃黏膜的损害。最常见的不良反应是便秘，发生率约为 2%。

注意事项：①本药在酸性环境中起保护胃、十二指肠黏膜作用，应在餐前 1h 空腹服用，且不宜与碱性药物及抑制胃酸分泌药合用；②能降低苯妥英钠、布洛芬、吲哚美辛、氨茶碱、地高辛、甲状腺素及脂溶性维生素（A、D、E 和 K）等药物的生物利用度；③慎用于肾功能不全的患者。

枸橼酸铋钾（bismuth potassium citrate）

枸橼酸铋钾也称三钾二枸橼酸铋、胶体次枸橼酸铋。本药能抑制胃蛋白酶活性，减少黏液蛋白降解；在酸性环境下，与溃疡表面或溃疡基底肉芽组织形成坚固的氧化铋胶体沉淀，覆盖于溃疡表面起到黏膜保护作用；促进 PGE 的合成和分泌，进一步促进黏膜-HCO_3^-释放，与黏液凝胶共同组成保护屏障；改善胃黏膜血流及抗幽门螺杆菌。主要用于胃和十二指肠溃疡、浅表性胃炎、反流性食管炎等，与抗菌药合用根除幽门螺杆菌。服药期间舌、粪可被染黑，偶见恶心、皮疹、轻微头痛，避免与牛奶或抗酸药合用。肾功能不良者及孕妇禁用。

四、抗幽门螺杆菌药

幽门螺杆菌为革兰阴性厌氧菌，生长于胃、十二指肠的黏液层与黏膜细胞之间，对黏膜产生损伤作用，已证明幽门螺杆菌是慢性胃炎、消化性溃疡、胃癌、胃黏膜相关性淋巴样组织样恶性淋巴瘤四种胃肠道疾病的重要致病因子。80%～90%的消化性溃疡与幽门螺杆菌感染有关，因此杀灭幽门螺杆菌对防治消化性溃疡复发尤为重要。

常用的抗幽门螺杆菌药主要有两类：①抗溃疡类药，如 PPI、铋剂、硫糖铝等；②抗菌药物，如阿莫西林、克拉霉素、甲硝唑、四环素、呋喃唑酮、左氧氟沙星等。

目前抗幽门螺杆菌的治疗，单药疗效较差，临床上推荐了含铋剂的四联方案（PPI+铋剂+2 种抗生素）作为主要的根除幽门螺杆菌的经验性治疗方案：标准剂量（PPI+铋剂）（2 次/日，餐前 0.5h 口服）+2 种抗生素（餐后口服）。标准剂量 PPI 为艾司奥美拉唑 20mg、雷贝拉唑 10mg 或 20mg、奥美拉唑 20mg、兰索拉唑 30mg、泮托拉唑 40mg、艾普拉唑 5mg，以上任选一；标准剂量铋剂为枸橼酸铋钾 220mg。除含左氧氟沙星的方案不作为初次治疗方案外，根除方案不分一线、二线，应尽可能将疗效高的方案用于初次治疗。

第二节　调节消化功能药

一、助 消 化 药

助消化药（digestants）多为消化液的成分或具有促进消化液分泌的药物，能促进食物的消化或增强食欲，临床用于消化不良、消化道功能减退等。

胃蛋白酶（pepsin）

胃蛋白酶为胃主细胞分泌的一种消化酶，药用制剂取自家畜的胃黏膜，能水解蛋白质和多肽。常与稀盐酸配伍制成合剂，辅助治疗胃酸、胃蛋白酶分泌不足引起的消化不良和其他胃肠疾病。不宜与碱性药物配伍。

胰酶（pancreatin）

来自家畜的胰腺，含胰蛋白酶、胰淀粉酶及胰脂肪酶，用于胰液分泌不足引起的脂肪、蛋白质、淀粉的消化障碍。

乳酶生（biofermin）

乳酶生为干燥活乳酸杆菌制剂，在肠内可分解糖类产生乳酸，降低 pH，抑制肠内腐败菌的繁殖，减少发酵和产气。用于消化不良及腹胀、小儿消化不良性腹泻。不宜与抗菌药或吸附药同时服用，以免中和乳酸、降低肠内酸度影响疗效。

二、止 吐 药

恶心、呕吐是胃肠功能紊乱的表现之一，可由多种原因引起，如胃肠疾病、晕动病、内耳眩晕症、肿瘤的化学治疗及外科手术等。呕吐属于机体保护性反射活动。呕吐刺激产生后，经前庭神经、CTZ、孤束核到达呕吐中枢，产生呕吐反射，呕吐反射受呕吐中枢和延髓催吐化学感受区（CTZ）支配。多种神经递质通过受体介导呕吐信号转导，如组胺作用在孤束核的 H_1 受体；乙酰胆碱作用在孤束核和 CTZ 的 M 受体；多巴胺作用在 CTZ 和孤束核的 D_2 受体；5-HT 作用在胃、小肠、CTZ、孤束核的 5-HT 受体。这些受体的阻断药可通过抑制呕吐反射产生的不同环节达到止吐作用。

1. H_1 受体阻断药 苯海拉明、美克洛嗪、异丙嗪等，具有止吐和中枢镇静作用，用于防治晕动病、内耳眩晕症等疾病引起的呕吐。

2. M 受体阻断药 东莨菪碱、阿托品、苯海索等，通过阻断呕吐中枢和外周反射途径中的 M 受体，降低迷路感受器的敏感性，抑制前庭小脑通路的传导，用于晕动病和防治胃肠刺激所致的恶心、呕吐，其中东莨菪碱疗效较好。

3. 多巴胺 D_2 受体阻断药 氯丙嗪、硫乙拉嗪等，通过阻断 CTZ 的 D_2 受体，降低呕吐中枢的神经活动，有效地减轻化学治疗引起的轻度恶心、呕吐，但不能控制化疗药物引起的严重恶心、呕吐。

4. 5-羟色胺受体阻断药 昂丹司琼、格拉司琼、阿扎司琼、多拉司琼等，均为高度选择性的 5-HT_3 受体阻断药。

昂丹司琼（ondansetron）

昂丹司琼是第一代强效的、高选择性的 5-HT_3 受体阻断药。抗肿瘤化疗药物或放射性治疗可诱发小肠嗜铬细胞释放 5-HT，通过 5-HT_3 受体引起迷走神经兴奋导致呕吐反射。此类药物能选择性地抑制外周神经系统突触前膜和呕吐中枢的 5-HT_3 受体，阻断呕吐反射。止吐作用迅速、强大、持久，临床用于控制癌症化疗和放疗引起的恶心和呕吐，亦适用于预防和治疗手术后恶心、呕吐，但对晕动病及多巴胺激动药阿扑吗啡（去水吗啡）引起的呕吐无效。不良反应较轻，有头痛、疲乏、便秘或腹泻。

三、促胃肠动力药

促胃肠动力药能增强胃肠动力，改善多种原因引起的胃或肠运动减弱，常用的药物有多潘立酮、甲氧氯普胺、西沙必利等。

多潘立酮（domperidone，吗丁啉）

多潘立酮为外周多巴胺受体阻断药，口服后迅速吸收，30～60min 达血药浓度高峰，生物利用度较低（约 15%），$t_{1/2}$ 为 7～8h，不易通过血脑屏障，主要经肝代谢，经肠道排出。通过阻断胃肠 D_2 受体，促进胃肠蠕动、加速胃肠排空、协调胃肠运动、防止食物反流，发挥胃肠促动及止吐作用。临床用于治疗胃肠运动障碍性疾病，如各种轻度胃瘫、进食后消化不良、恶心、呕吐、胃潴留；放射治疗及肿瘤化疗药、偏头痛、颅外伤、手术、胃镜检查等引起的恶心、呕吐。不良反应轻，偶见口干、头痛、男性乳房发育、女性溢乳等。

甲氧氯普胺（metoclopramide，胃复安）

甲氧氯普胺具有中枢和外周双重作用，中枢作用表现为可阻断 CTZ 的 D_2 受体，发挥强大的中枢性镇吐作用，较大剂量也阻断 5-HT_3 受体而产生止吐作用；其外周作用表现为阻断胃肠 DA 受体，增加胃肠平滑肌的运动，增加贲门括约肌张力，松弛幽门，加速胃的正向排空。临床用于慢性功能性消化不良引起的胃肠运动障碍，也可以治疗肿瘤的放疗和化疗、脑外伤后遗症、急性颅脑损伤及药物所引起的呕吐。不良反应主要有嗜睡、困倦等中枢抑制作用，大剂量可引起锥体外系反应、男性乳房发育等。

四、泻　　药

泻药（laxatives）是能刺激肠蠕动、软化粪便、润滑肠道以促进排便的药物。临床主要用于功能性便秘。按作用机制分为三类，即容积性、刺激性和润滑性泻药。

（一）容积性泻药

本类药物也称为渗透性泻药（osmotic laxatives），口服后肠道很少吸收，增加肠容积而促进肠道推进性蠕动，产生泻下作用。

硫酸镁（magnesium sulfate）、硫酸钠（sodium sulfate）

口服后 Mg^{2+}、SO_4^{2-}在肠内难以吸收，形成高渗透压从而抑制肠内水分的吸收，增加肠容积，扩张肠道，刺激肠蠕动而致泻。作用快而强，空腹服用且同时饮用大量温开水，一般药后 1～4h 即可发生剧烈腹泻。主要用于外科手术前或结肠镜检查前排空肠内容物，辅助排出肠内毒物、肠道寄生虫等。此外，硫酸镁口服还能促进胆汁分泌，具有利胆作用，用于阻塞性黄疸、慢性胆囊炎的治疗；其注射给药具有降压及抗惊厥作用，该作用机制与 Mg^{2+}拮抗 Ca^{2+}有关。硫酸镁可引起反射性盆腔充血和失水，故妊娠期、月经期妇女慎用；Mg^{2+}约 20%可吸收，经肾脏排泄，故肾功能不全者应慎用；抑制中枢神经系统，不宜用于中枢抑制性药物中毒的抢救或有中枢抑制症状的患者；禁用于充血性心力衰竭和水肿患者。

临床应用的容积性泻药还有乳果糖（lactulose）、甘油（glycerol）、山梨醇（sorbitol）及纤维素类（celluloses）等。

（二）刺激性泻药

本类药物也称接触性泻药（contact cathartics），药物原形或其代谢物与肠黏膜接触，可刺激大肠和小肠，同时改变肠黏膜通透性，使电解质和水分向肠腔扩散，肠腔水分增加，促进肠蠕动产生导泻作用。

1. 二苯甲烷类（diphenylmethane compound）　常用药物有酚酞和比沙可啶。

酚酞（phenolphthalein，果导）

酚酞口服后与碱性肠液反应生成可溶性钠盐，刺激肠壁黏膜，促进肠蠕动，同时抑制肠内水分吸收。不溶于水，口服后约15%被吸收，有肝肠循环，一次给药可持续3～4天，主要由肾脏排泄，尿液为碱性时呈红色。作用温和、持久，服药后6～8h排出软便，适用于慢性或习惯性便秘。不良反应包括偶致皮疹等过敏反应、肠绞痛及出血倾向等。长期使用可引起电解质紊乱和结肠功能紊乱。

比沙可啶（bisacodyl）

比沙可啶口服或直肠给药后，经肠道细菌分解转换成有活性的代谢物，对结肠黏膜产生刺激而泻下。口服6h内、直肠给药15～60min起效，排出软便。本药刺激性大，可引起腹痛、胃肠痉挛、直肠炎等。

2. 蒽醌类（anthraquinones） 包括大黄（*Rheum officinale* Baill.）、番泻叶（*Cassia angustifolia* Vahl.；*Cassia acutifolia* Delile.）、芦荟（*Aloe barbadensis* Miller.；*Aloe ferox* Miller.）等含有蒽醌苷类物质。蒽醌苷口服后被肠道细菌水解为蒽醌而刺激肠肌丛，增加结肠推进性蠕动，排出软便，适用于急、慢性便秘的治疗。大黄植物中含有鞣酸，具有收敛作用，可引起继发性便秘。

（三）润滑性泻药

本类药物通过局部润滑肠壁并软化粪便发挥作用。

液状石蜡（liquid paraffin）

液状石蜡为矿物油，口服肠道不吸收，可润滑肠壁和软化粪便，同时妨碍水分吸收，起到润滑肠壁和软化粪便作用。其泻下作用温和，适用于老年人、儿童、痔疮患者及肛门手术后排便困难患者。长期应用干扰脂溶性维生素（A、D、K）及钙、磷的吸收，故不宜久用。此外，甘油、纤维素类等也有类似作用。

五、止 泻 药

腹泻是多种疾病的症状，如细菌性腹泻、炎症性腹泻、消化不良性腹泻等，治疗时应注意对因治疗，但剧烈而持久的腹泻易出现电解质紊乱和脱水，应在对因治疗的同时，适当给予止泻药控制症状。

止泻药（antidiarrheal drugs）是能抑制肠道蠕动或保护肠道免受刺激而制止腹泻的药物。通常包括阿片制剂、收敛剂、吸附剂。

（一）阿片制剂

阿片制剂如阿片酊（opium tincture）、复方樟脑酊（tincture camphor compound），止泻效果最好，其作用机制详见第十六章镇痛药，适用于严重的非细菌感染性腹泻。

地芬诺酯（diphenoxylate，苯乙哌啶）

地芬诺酯为人工合成的哌替啶衍生物，无镇痛作用，对肠道运动的作用类似阿片类药物，通过激动μ阿片受体，减少胃肠推进性蠕动而止泻，用于急、慢性功能性腹泻。不良反应少，有恶心呕吐、头晕头痛等，大剂量长期服用可引起依赖性。

洛哌丁胺（loperamide，苯丁哌胺）

洛哌丁胺结构与哌替啶相似，对消化道具有更明显的选择性，止泻作用比吗啡强40～50倍。能与钙调蛋白结合，降低许多钙依赖性酶的活性，还阻止ACh和PGs释放，拮抗平滑肌收缩而抑制肠蠕动和分泌。止泻作用快、强、持久，适用于非感染性急、慢性腹泻和炎症性肠疾病所致腹泻。

不良反应较少，大剂量对中枢有抑制作用，过量中毒可用纳洛酮治疗。

（二）收敛剂

收敛剂（astringents）包括鞣酸蛋白（tannalbin）、次水杨酸铋（bismuth subsalicylate）、碱式碳酸铋（bismuth subcarbonate）等。其中，鞣酸蛋白含鞣酸50%左右，口服后在肠中释放出鞣酸，与肠黏膜表面的蛋白质结合形成沉淀，在肠黏膜表面形成保护膜，抑制炎性渗出，发挥收敛止泻作用，临床上用于急性肠炎和非细菌性腹泻的治疗；次水杨酸铋、碱式碳酸铋可用于非特异性腹泻的治疗，与抗生素合用可治疗幽门螺杆菌感染有关的消化性溃疡。

（三）吸附剂

吸附剂（absorbents）包括药用炭（medical charcoal）、活性炭（activated charcoal）、白陶土（kaolin）、矽炭银（agysical）。可通过吸附肠道毒素、细菌、水分、气体而止泻。

六、利　胆　药

胆汁的基本成分是胆汁酸，胆汁酸的主要成分是胆酸、鹅去氧胆酸和去氧胆酸，占95%，次要成分有熊去氧胆酸和石胆酸等。胆汁酸具有多项生理功能，如反馈性抑制胆汁酸合成；引起胆汁流动；调节胆固醇合成与消除；促进脂质和脂溶性维生素吸收等。

利胆药是指具有促进胆汁分泌和胆囊排空的药物，辅助用于胆石症、胆道感染与胆囊炎等病的治疗。按照利胆药的作用方式可分为两类：①促胆汁分泌药：去氢胆酸、鹅去氧胆酸、熊去氧胆酸、牛胆酸钠等；②促胆汁排空药：硫酸镁、桂美酸、曲匹布等。利胆药禁用于阻塞性黄疸，特别是完全性阻塞性黄疸。

（一）促胆汁分泌药

鹅去氧胆酸（chenodeoxycholic acid，CDCA）

鹅去氧胆酸为天然的二羟胆汁酸。能降低胆汁内胆固醇的饱和度，通过抑制HMG-CoA还原酶，降低胆固醇合成，因而降低胆汁中胆固醇含量，促进胆固醇结石溶解，但速度较慢。主要用于胆固醇或以胆固醇为主的混合型胆石症。不良反应以腹泻多见，长期用药可致转氨酶活性可逆性升高。可能有致畸作用，妊娠和哺乳期妇女禁用。

熊去氧胆酸（ursodeoxycholic acid）

熊去氧胆酸为鹅去氧胆酸的7-β异构体。具有以下作用特点：①增加胆汁酸的分泌，导致胆汁酸成分变化，使其在胆汁中含量增加，产生利胆作用；②抑制肝脏合成胆固醇，降低胆汁中的胆固醇饱和指数，有利于胆固醇从结石表面溶解，但本药溶胆石机制与鹅去氧胆酸不同，是通过在结石表面形成卵磷脂-胆固醇液态层，促使结石溶解。临床用于胆囊及胆管功能失调，胆汁淤滞的胆结石患者。不良反应较鹅去氧胆酸少且不严重。

去氢胆酸（dehydrocholic acid）

去氢胆酸为半合成的胆酸氧化的衍生物，能增加胆汁中的水分含量，使胆汁稀释，流动性提高，发挥胆道内冲洗作用。可用于胆石症、急慢性胆道感染、胆囊切除术后综合征。禁用于胆道空气梗阻和严重肝肾功能减退者。

（二）促胆汁排空药

本类药能引起胆囊收缩或使胆道奥迪括约肌松弛而促进胆汁排出。

硫酸镁（magnesium sulfate）

口服或将硫酸镁溶液用导管注入十二指肠，可刺激十二指肠黏膜分泌缩胆囊素（有刺激分泌和运动作用），反射性引起胆总管括约肌松弛、胆囊收缩，促进胆道小结石排出。临床用于治疗胆囊炎、胆石症、十二指肠引流检查。

桂美酸（cinametic acid）

桂美酸为苯丙酸型利胆剂，有显著而持久的利胆作用。能促进胆汁排泄，并松弛胆总管括约肌，有解痉止痛作用；能促进血中胆固醇分解成胆酸排出，降低胆固醇，用于胆石症、慢性胆囊炎或作胆道感染的辅助用药。

1. 治疗消化性溃疡的药物分为几类？列举各类的代表药物，并简述各类药物的作用机制。
2. 奥美拉唑是哪类药物？试述其药理作用和临床应用。
3. 简述止吐药的分类和作用机制。

附　幽门螺杆菌的发现之旅

1979 年，澳大利亚病理学医师罗宾·沃伦（J. Robin Warren）在慢性胃炎患者的胃窦黏膜组织切片中，观察到一种以前从未报道过的弯状细菌，这种细菌邻近的胃黏膜常伴有炎症存在，因而推测这种细菌和慢性胃炎可能有密切关系，但他的发现却遭到了医学界的质疑。1981 年，Warren 和巴里·马歇尔（B. J. Marshall）合作研究，进一步证明该细菌的存在确实与胃炎相关。1982 年他们在胃黏膜活检标本中成功得到该细菌，Marshall 将其命名为 *Helicobacter pylori*，简称 *H. pylori*，*Hp*，但是当时的医学界对他们的理论不屑一顾，为了获得 *Hp* 致病的证据，1984 年 Marshall 决定“以身试菌”。

基于前期研究成果，Marshall 与 Warren 同时提出 *Hp* 涉及胃炎和消化性溃疡的病因学假说，并将研究结果在 1984 年 4 月发表在世界权威医学期刊《柳叶刀》（*The Lancet*）上。之后，*Hp* 感染与胃炎和消化性溃疡之间的相关性被越来越多的流行病学研究和抗生素治疗性研究所证实，*Hp* 导致消化性溃疡的理论得到医学界越来越多人的认可。1994 年美国国立卫生研究院（National Institutes of Health，NIH）批准抗生素作为消化性溃疡病的标准治疗药物，数以亿计的溃疡病患者也因此重获健康；WHO 国际癌症研究机构（International Agency for Research on Cancer，IARC）也于同年正式将 *Hp* 确定为Ⅰ类致癌原。*Hp* 的发现革命性地改变了世人对消化性溃疡的认识、治疗理念和治疗方法，随后人们普遍认为 *Hp* 是溃疡的主要攻击因子，形成了“无幽门螺杆菌、无胃炎亦无溃疡”之说。

由于 Warren 和 Marshall 的发现，溃疡病从原先难以治愈、反复发作的慢性病，变成了一种采用短疗程的抗生素和抑酸剂就可治愈的疾病，为改善人类生活质量作出了贡献。2005 年度诺贝尔生理学或医学奖授予上述两位科学家，不仅奖励他们在科学上的贡献，还奖励他们对真理的坚持和为科学献身的崇高精神。

第二十八章　利尿药和脱水药

学习目标

1. 掌握利尿药分类及各类药物的作用部位、作用机制及代表药物。
2. 能清晰表述呋塞米、氢氯噻嗪、螺内酯、氨苯蝶啶的药理作用、临床应用、不良反应；了解脱水药的作用特点及临床应用。
3. 通过学习，能根据患者的病情合理选用治疗药物。

第一节　利　尿　药

利尿药是一类作用于肾脏，主要通过抑制肾小管对水和电解质的重吸收，促进其排泄，使尿量增加的药物。临床上主要用于治疗各种原因引起的水肿，如心力衰竭、肝硬化、肾衰竭、肾病综合征等；亦可用于治疗非水肿性疾病，如高血压、尿崩症、高钙血症、青光眼等。

一、泌尿生理学及利尿药的药理学基础

尿液的生成过程包括三个环节：肾小球滤过、肾小管和集合管的重吸收及主动分泌，利尿药则通过作用于肾单位的不同部位和泌尿生理的某些环节产生利尿作用。

（一）肾小球滤过

血液中的成分除血细胞和蛋白质外，均可经肾小球滤过而形成原尿，原尿量的多少取决于肾血流量和有效滤过压，正常人每日原尿量可达 180L，约 99%的原尿在肾小管被重吸收，排出的终尿仅为 1～2L。强心苷、氨茶碱和多巴胺等药物通过加强心肌收缩力、扩张肾血管、增加肾血流量而增加肾小球滤过率，使原尿生成增加，但由于球-管平衡的调节机制，这些药物并不能使终尿量明显增多，故利尿作用较弱。

（二）肾小管重吸收

目前常用的利尿药不是作用于肾小球，而是直接作用于肾小管和集合管，通过减少水和电解质的重吸收而发挥利尿作用（图 28-1）。

1. 近曲小管　此处是 Na^+重吸收的主要部位，原尿中 60%～65%的 Na^+在此通过 Na^+-H^+交换主动重吸收，即细胞内的 CO_2 和 H_2O 在碳酸酐酶的催化下生成 H_2CO_3，H_2CO_3 又解离成 H^+和 HCO_3^-，H^+由细胞内分泌到小管液中，通过 Na^+-H^+交换将小管液中的 Na^+交换到细胞内。同时，85%的 $NaHCO_3$、60%的水被动重吸收，以维持近曲小管渗透压的稳定。乙酰唑胺通过抑制碳酸酐酶活性，减少 H_2CO_3 的生成，使 H^+水平降低，Na^+-H^+交换减少，导致管腔内 Na^+滞留，从而产生利尿作用。由于近曲小管管腔内原尿量增多，使肾小管被动扩张，以及以下各段肾小管对 Na^+的重吸收呈代偿

性增强，因此，作用于近曲小管的药物利尿作用较弱（图 28-2）。

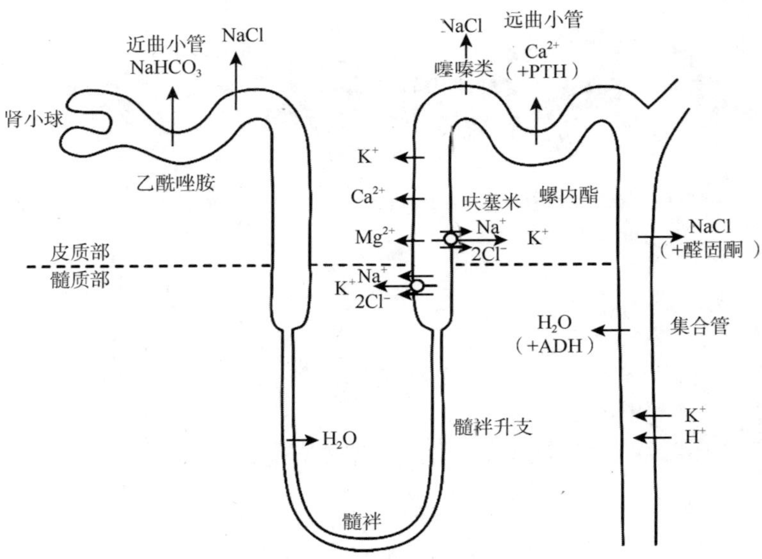

图 28-1 肾小管转运系统及利尿药作用部位

2. 髓袢升支粗段髓质和皮质部 原尿中 20%～30%的 Na^+依赖于此段管腔膜上的 Na^+-K^+-$2Cl^-$同向转运体被重吸收。Na^+和 Cl^-被重吸收而水不被重吸收，使管腔液渗透压逐渐由高渗降为低渗，即肾对尿液的稀释功能；同时 Na^+重吸收到髓质间质后，髓质的渗透压逐渐升高，当尿液流经集合管时，在抗利尿激素（antidiuretichormone，ADH）调节下，大量水因管腔内外渗透压差被重吸收，使尿液浓缩，即肾对尿液的浓缩功能。高效能利尿药呋塞米选择性阻断 Na^+-K^+-$2Cl^-$同向转运体，减少髓袢升支粗段 Na^+和 Cl^-重吸收，一方面降低肾对尿液的稀释功能，另一方面由于髓质的高渗无法维持而降低肾的浓缩功能，产生强大的利尿作用。由于 K^+的再循环造成管腔内正电位，驱动 Ca^{2+}和 Mg^{2+}的重吸收，因此高效能利尿药不仅增加 Na^+和 Cl^-的排出，也增加 Ca^{2+}和 Mg^{2+}的排出（图 28-3）。

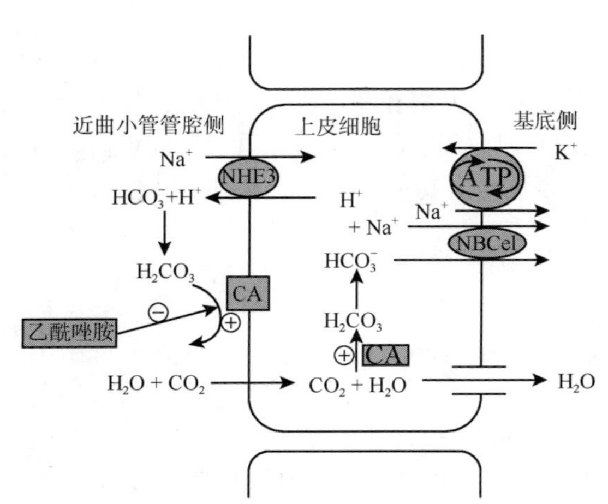

图 28-2 乙酰唑胺作用部位及作用机制

NHE3：钠/质子交换蛋白；NBCe1：生电碳酸氢钠协同转运蛋白 1；CA：碳酸酐酶

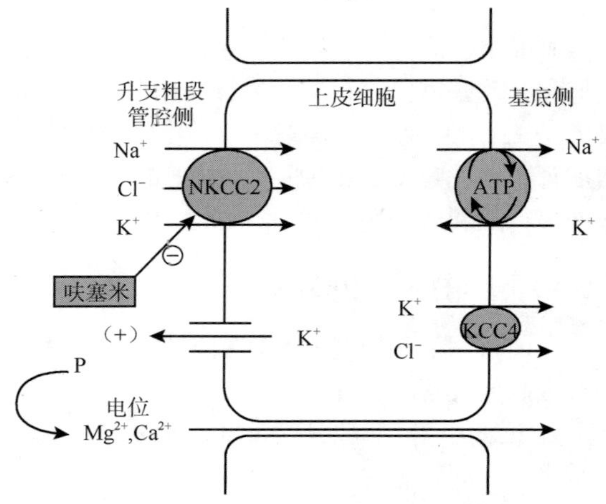

图 28-3 呋塞米作用部位及作用机制

NKCC2：Na^+-K^+-$2Cl^-$同向转运体；KCC4：K^+-Cl^-同向转运体 4

3. 远曲小管和集合管　原尿中 5%～10%的 Na^+在远曲小管和集合管被重吸收。在远曲小管近端，Na^+和 Cl^-的重吸收主要通过 Na^+-Cl^-同向转运体完成。与髓袢升支粗段一样，此段对水通透性较低，Na^+和 Cl^-的重吸收进一步稀释了小管液。中效能利尿药氢氯噻嗪通过选择性阻断 Na^+-Cl^-同向转运体而产生利尿作用，该过程仅影响尿液的稀释过程，不影响尿液的浓缩过程，故此类药的利尿作用较高效能利尿药弱。在远曲小管远端和集合管腔膜存在钠和钾通道，管腔液中的 Na^+经过钠通道进入细胞内，而细胞内的 K^+则经钾通道排入管腔液，形成 K^+-Na^+交换。这一过程主要受醛固酮的调节，低效能利尿药螺内酯通过阻断醛固酮受体，拮抗醛固酮效应，间接抑制 K^+-Na^+交换，排 Na^+留 K^+而产生利尿作用。低效能利尿药氨苯蝶啶则通过直接抑制钠通道，减少 Na^+和水的重吸收而利尿（图 28-4、图 28-5）。

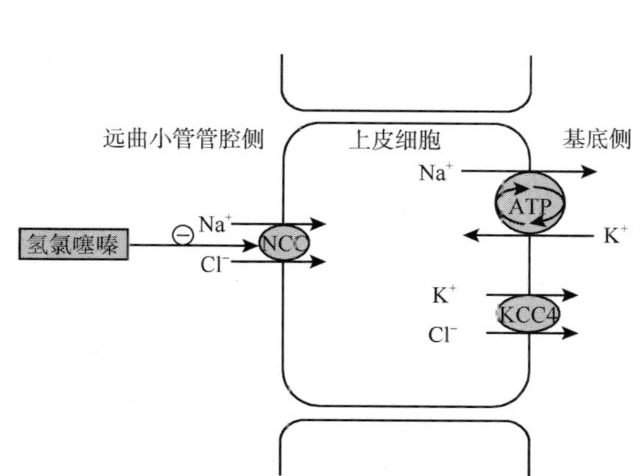

图 28-4　氢氯噻嗪作用部位及作用机制

KCC4：K^+-Cl^-同向转运体 4；NCC：Na^+-Cl^-同向转运体

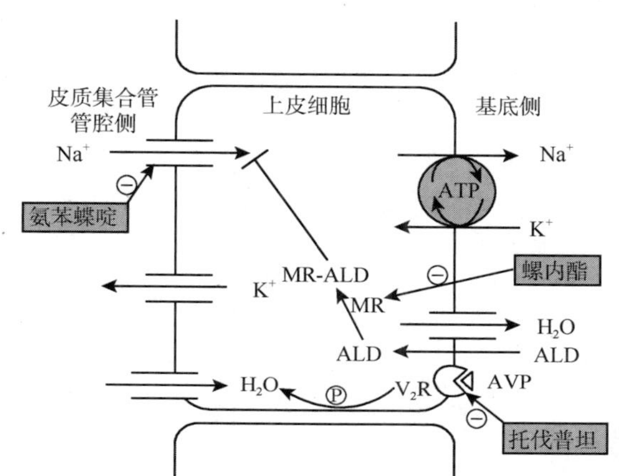

图 28-5　保钾利尿药作用部位及作用机制

MR：盐皮质激素受体；ALD：醛固酮；V_2R：血管加压素 2 受体；AVP：精氨酸加压素

二、常用利尿药

按利尿药的效能和作用部位可分为以下 3 类。①高效能利尿药（high efficacy diuretics）：主要作用于髓袢升支粗段髓质和皮质部，抑制 Na^+-K^+-$2Cl^-$同向转运体，利尿作用强大，常用药物有呋塞米、托拉塞米、布美他尼等。高效能利尿药又称袢利尿药（loop diuretics）或 Na^+-K^+-$2Cl^-$同向转运体抑制药（inhibitors of Na^+-K^+-$2Cl^-$ symport）。②中效能利尿药（moderate efficacy diuretics）：主要作用于远曲小管近端，抑制 Na^+-Cl^- 同向转运体，利尿作用强度中等，常用药物有氢氯噻嗪、氢氟噻嗪、环戊噻嗪等噻嗪类利尿药（thiazide diuretics）和吲达帕胺、氯噻酮、美托拉宗、喹乙宗等类噻嗪类利尿药（thiazide-like diuretics）。中效能利尿药又称 Na^+-Cl^-同向转运体抑制药（inhibitors of Na^+-Cl^- symport）。③低效能利尿药（low efficacy diuretics）：其中一类主要作用于远曲小管远端和集合管，常用药物有螺内酯、氨苯蝶啶、阿米洛利等，利尿作用弱，能减少 K^+排出，又称保钾利尿药（potassium-sparing diuretics）；另一类主要作用在近曲小管，抑制碳酸酐酶活性，减少 Na^+-H^+交换，常用药物有乙酰唑胺等，称为碳酸酐酶抑制药。

（一）高效能利尿药

本类药物化学结构各不相同，但药理作用相似，对 Na^+和 Cl^-的重吸收有强大的抑制作用，且作用迅速。常用药物有呋塞米、布美他尼、托拉塞米、依他尼酸等。

呋塞米（furosemide，速尿）

呋塞米是目前最常用的高效能利尿药。

【体内过程】 口服吸收好，生物利用度达 50%～69%，30min 后起效，1～2h 达峰浓度；静脉注射 5min 起效，30min 达峰浓度，作用持续 2～3h。血浆蛋白结合率为 95%～99%，大部分以原形经近曲小管有机酸分泌途径排泄。$t_{1/2}$ 个体差异较大，肾功能正常者为 30～50min，肾功能不全者可延长至 10h。新生儿由于肝脏廓清能力较差，$t_{1/2}$ 可延长至 4～8h。

【药理作用】

1. 利尿 主要作用于髓袢升支粗段的髓质和皮质部，抑制 Na^+-K^+-$2Cl^-$同向转运体，从而抑制 Na^+、K^+、Cl^-的重吸收，降低肾脏的稀释和浓缩功能，排出大量接近于等渗的尿液，故利尿作用迅速、强大但短暂，同时还使尿中 Ca^{2+}、Mg^{2+}的排出增加。

2. 舒张血管 可舒张肾动脉，增加肾皮质的血液供应，改善肾脏的缺血、缺氧症状。还可舒张全身容量血管，降低心脏前负荷，减少回心血量，降低左心室压力，减轻肺水肿。作用机制与其促进具有血管舒张作用的前列腺素生成、降低血管对血管收缩因子（如血管紧张素Ⅱ和去甲肾上腺素等）的反应性及促进动脉钾通道开放等作用有关。

【临床应用】

1. 急性肺水肿和脑水肿 静脉注射呋塞米能迅速扩张容量血管，使回心血量减少，在利尿作用发挥之前即可缓解肺水肿症状，是治疗急性肺水肿的首选药。同时由于其强大的利尿作用，使血液浓缩，血浆渗透压增高，也有利于降低颅内压，消除脑水肿，常与脱水药合用以增强疗效。

2. 其他严重水肿 主要用于治疗心、肝、肾等各类其他利尿药治疗无效的严重水肿，如充血性心力衰竭、肾病、肝硬化等多种原因引起的严重水肿。

3. 急、慢性肾衰竭 治疗急性肾衰竭时，静脉注射呋塞米可舒张肾血管，增加肾血流，改善肾缺血；同时其强大的利尿作用，可使阻塞的肾小管得到冲洗，减少肾小管萎缩和坏死。另外，能增加慢性肾衰竭患者尿量，减轻水肿，但禁用于无尿的肾衰竭患者。

4. 加速某些毒物的排泄 配合输液，可使尿量显著增加，加速毒物排泄。主要用于某些经肾排泄的药物中毒抢救，如巴比妥类药物、水杨酸类药物、溴剂、碘化物和氟化物等。

5. 其他 适用于伴有肺水肿或肾衰竭的高血压患者，也可用于治疗高钾血症和高钙血症。

【不良反应】

1. 水和电解质紊乱 因过度利尿引起，表现为低血容量、低血钾、低血钠、低氯性碱血症，长期应用还可引起低血镁，其中以低钾血症最为常见。低血钾可增加强心苷对心脏的毒性，对肝硬化的患者可能诱发肝性脑病。故应注意及时补充钾盐或加服保钾利尿药。

2. 高尿酸血症 本类药和尿酸在肾小管竞争有机酸分泌通道，抑制尿酸排泄，导致高尿酸血症，可诱发或加重痛风。

3. 耳毒性 表现为耳鸣、听力减退或暂时性耳聋，呈剂量依赖性。耳毒性的发生机制与药物引起内耳淋巴液电解质成分改变，损伤耳蜗管基底膜毛细胞有关。肾功能不全或合用其他具有耳毒性药物，如氨基糖苷类抗生素，更易发生耳毒性。

4. 其他 可引起恶心、呕吐、上腹部不适等，大剂量时甚至出现胃肠出血，宜餐后服用；也可发生过敏反应，表现为皮疹、嗜酸性粒细胞增多、间质性肾炎等，停药后可恢复，与其磺胺结构有关，因此，可与其他磺胺类药物发生交叉过敏；少数患者可发生白细胞、血小板减少，视物模糊，黄视症等。长期应用还可引起高血糖、高血脂等。

布美他尼（bumetanide，丁苯氧酸）

布美他尼的利尿作用机制与呋塞米相同，其作用强度为呋塞米的 40～60 倍，具有用药剂量小、速效、高效、短效、低毒等特点。口服吸收快而完全，生物利用度为 80%，血浆蛋白结合率为 95%，

0.5～1h 显效，1～2h 达高峰，$t_{1/2}$ 为 1～1.5h，作用持续 4h，主要以原形经肾脏排泄。临床替代呋塞米用于各种顽固性水肿和急性肺水肿，对伴有听力缺陷患者及肾衰竭患者尤为适宜；也可用于某些呋塞米治疗无效的病例。不良反应与呋塞米相似但较轻，虽然耳毒性小，但仍应避免与有耳毒性的药物合用。大剂量时可出现肌肉疼痛和痉挛。

托拉塞米（torasemide）

托拉塞米为新型磺酰脲吡啶类高效能利尿药，其作用机制与呋塞米相似，但利尿作用较强，特点是起效迅速、作用持久、安全性和耐受性好。静脉注射 10min 起效，1～2h 达峰浓度，作用持续 5～8h。临床主要用于充血性心力衰竭、高血压、肾病、肝硬化等引起的水肿及脑水肿的治疗，也可用于原发性高血压的治疗。不良反应少，对尿中 K^+、Ca^{2+}的排出作用较弱，较少引起低血钾、低血钙反应，对 Mg^{2+}、尿酸、脂代谢和糖代谢无明显不良影响。肾衰竭无尿、肝性脑病、低血钾、低血钠、低血压、对磺胺类药物过敏的患者禁用。大剂量应用可加重头孢类、氨基糖苷类抗生素的肾毒性和耳毒性。

依他尼酸（ethacrynic acid，利尿酸）

依他尼酸化学结构中无磺酰胺基，其药理作用和临床应用与呋塞米相似，但利尿作用弱于呋塞米。因不良反应较多，可致永久性耳聋，现已少用。对具有磺酰胺基结构利尿药过敏者，可选用本品。

阿佐塞米（azosemide）和吡咯他尼（piretanide）

阿佐塞米和吡咯他尼利尿作用的部位和机制、临床应用及不良反应等均与呋塞米相似。

（二）中效能利尿药

中效能利尿药包括噻嗪类（thiazides）和类噻嗪类（thiazide-like）两类，主要作用部位在远曲小管近端。噻嗪类利尿药是临床广泛应用的一类口服利尿药和基础降压药，它们药理作用和作用机制相似，效能相同，但效价强度和作用持续时间不同。常用药物有氢氯噻嗪（hydrochlorothiazide）、氢氟噻嗪（hydroflumethiazide）、环戊噻嗪（cyclopenthiazide）等。类噻嗪类利尿药吲达帕胺（indapamide）、氯噻酮（chlortalidone，氯酞酮）、美托拉宗（metolazone）、喹乙宗（quinethazone）虽无噻嗪环但有磺酰胺基结构，其利尿作用与噻嗪类相似（表 28-1）。

表 28-1　常用的噻嗪类或类噻嗪类利尿药剂量和药理特性比较

药物	每日口服剂量（mg）	药理特性（与氢氯噻嗪比较）
氢氯噻嗪	50～100	本类药的原形药物
吲达帕胺	2.5～10	利尿强度相等，对碳酸酐酶抑制作用强
氯噻酮	50～100	利尿强度相等，作用持久，对 K^+影响小
美托拉宗	2.5～10	利尿作用强，作用持久
喹乙宗	50～100	与美托拉宗相似

氢氯噻嗪（hydrochlorothiazide，双氢克尿噻）

【体内过程】　脂溶性高，口服吸收迅速而完全，口服后 1～2h 起效，4～6h 血药浓度达高峰，作用持续 6～12h，以有机酸的形式从肾小管分泌排泄，与尿酸的分泌产生竞争，可使尿酸的分泌速率降低。

【药理作用】

1. 利尿　通过抑制远曲小管近端 Na^+-Cl^-共同转运体，抑制 Na^+和 Cl^-的重吸收，影响肾的稀释功能，但不影响肾的浓缩功能，故产生温和持久的利尿作用。由于转运至远曲小管的 Na^+增加，促进了 Na^+-K^+交换，因此 K^+的排泄也增多。本药对碳酸酐酶有一定的抑制作用，略增加 HCO_3^-的排泄。此外，还能促进远曲小管对 Ca^{2+}的重吸收，而减少尿 Ca^{2+}排泄及 Ca^{2+}在管腔内的沉积。

2. 抗利尿 能明显减少尿崩症患者的尿量，减轻口渴症状。其抗利尿作用机制尚不明确，可能因排 Na^+使血浆渗透压降低而减轻口渴感，使饮水量减少，从而减少尿量；还可能通过抑制磷酸二酯酶，增加远曲小管和集合管细胞内 cAMP 浓度，使水的重吸收增加，减少尿量。

3. 降压 用药早期通过利尿排 Na^+、减少血容量而降压，长期用药则通过降低血管平滑肌内 Na^+，进而减少 Na^+-Ca^{2+}交换，使细胞内 Ca^{2+}减少而舒张外周血管，产生降压作用。

【临床应用】

1. 水肿 可用于治疗各种原因引起的水肿。对轻、中度心源性水肿疗效较好，是充血性心力衰竭的主要治疗药物之一（见第二十章治疗心力衰竭的药物）；对肾性水肿的疗效与肾功能损害程度有关，受损较轻者效果较好；肝性水肿或肝硬化腹水在应用时要注意防止低血钾诱发肝性脑病。

2. 高血压 是治疗高血压的基础药物之一，多与其他降压药合用，可增强疗效，减少不良反应（见第十九章抗高血压药）。

3. 其他 可用于肾性尿崩症及加压素无效的垂体性尿崩症；也可用于高尿钙伴有肾结石患者，可抑制高尿钙引起的肾结石形成。

【不良反应】

1. 电解质紊乱 如低血钾、低血钠、低血镁、低氯性碱血症等，其中以低血钾症最常见，表现为口干、乏力、恶心、呕吐、肌痛、腱反应消失等，合用保钾利尿药可防治。

2. 代谢异常 可导致高血糖、高脂血症、高尿酸血症，在肾功能不全患者可致血尿素氮升高等。本药可使糖尿病患者及糖耐量异常的患者血糖升高，长期应用可使血清胆固醇及低密度脂蛋白升高，故糖尿病、高脂血症和高尿酸血症患者慎用。

3. 过敏反应 本药与磺胺类药物有交叉过敏反应，可见皮疹、皮炎等，偶见严重的过敏反应，如溶血性贫血、血小板减少、坏死性胰腺炎等。

（三）低效能利尿药

低效能利尿药包括保钾利尿药和碳酸酐酶抑制药两类。保钾利尿药又分为醛固酮受体阻断药（如螺内酯）和钠通道阻滞剂（如氨苯蝶啶和阿米洛利），通过干扰 Na^+-K^+的交换，在增加 Na^+排出的同时减少 K^+的排泄，它们均作用于远曲小管远端和集合管。碳酸酐酶抑制药乙酰唑胺则通过抑制碳酸酐酶，使 Na^+-H^+交换减少，产生利尿作用，作用部位在近曲小管。

螺内酯（spironolactone，安体舒通）

螺内酯是人工合成的甾体化合物，其化学结构与醛固酮相似。

【体内过程】 口服吸收迅速，生物利用度大于 90%，约 3h 血药浓度达高峰，血浆蛋白结合率在 90%以上，$t_{1/2}$ 仅 10min。螺内酯需经肝脏代谢为有活性的坎利酮（canrenone）才能发挥利尿作用。服药后 1 天开始起效，作用维持时间可达 5～6 天。多以结合型无活性代谢产物形式经肾脏和胆道排泄，仅 10%以原形经肾脏排泄。

【药理作用】 通过与醛固酮竞争远曲小管远端和集合管的醛固酮受体，对抗醛固酮而产生排 Na^+保 K^+的作用，促进水钠的排出；螺内酯利尿作用弱、缓慢、持久，仅在体内有醛固酮存在时才产生利尿作用。

【临床应用】 用于治疗与醛固酮升高有关的顽固性水肿，如肝硬化、充血性心力衰竭、肾病综合征引起的水肿，晚期肾性高血压水肿等，常与排钾利尿药合用，以增强利尿效果，预防血钾紊乱。还可以用于诊断和治疗原发性醛固酮增多症。

【不良反应】

1. 高钾血症　久用可引起血钾升高，肾功能不良患者，老年人，少尿、无尿者易发生，常表现为心律失常，故用药期间应进行血钾和心电图监测，做到个体化给药，从小剂量开始。肾功能不全及血钾偏高者禁用。

2. 胃肠道反应　表现为恶心、呕吐、腹泻等，也可导致消化性溃疡。

3. 其他　具有性激素样副作用，表现为女性面部多毛、月经紊乱和男性乳房女性化、性功能障碍等；偶有低钠血症；长期或大剂量应用可发生中枢神经系统症状，如头痛、行走不协调、精神异常等。

氨苯蝶啶（triamterene，三氨蝶啶）和阿米洛利（amiloride）

氨苯蝶啶与阿米洛利化学结构不同，但药理作用相似。

【体内过程】　口服吸收快，生物利用度为30%～70%，1～2h起效，4～6h达峰浓度，作用持续12～16h，$t_{1/2}$约为4h，经肝脏代谢的产物仍有活性，代谢物和原形药主要经肾脏排泄。阿米洛利口服仅吸收15%～20%，2h起效，6～10h达峰浓度，作用持续24h，$t_{1/2}$为6～9h。

【药理作用】　氨苯蝶啶和阿米洛利阻滞远曲小管远端和集合管的钠通道，抑制Na^+重吸收及K^+的分泌，促进Na^+的排出而利尿。单用利尿作用较弱，且易引起血钾增高，宜与排钾利尿药合用。

【临床应用】　与高效能利尿药或中效能利尿药合用治疗顽固性水肿，如肝硬化、心力衰竭、慢性肾炎等引起的水肿。也用于氢氯噻嗪或螺内酯治疗无效的病例。

【不良反应】　不良反应少，偶见胃肠道反应、光敏感、头痛、头晕、低钠血症等。长期应用易致高钾血症，严重肝、肾功能不全及血钾偏高者禁用。

乙酰唑胺（acetazolamide，醋唑磺胺）

乙酰唑胺为碳酸酐酶抑制药，通过抑制碳酸酐酶，使近曲小管H^+产生减少，从而减少Na^+-H^+交换，产生弱的利尿作用，目前较少作为利尿药使用。此外，还抑制睫状肌上皮细胞和中枢脉络丛细胞中的碳酸酐酶活性，使HCO_3^-向房水和脑脊液的转运受到抑制，减少房水和脑脊液的生成量并改变局部pH，因此临床上主要用于治疗青光眼和防治高山病，也可以用于纠正代谢性碱中毒。本品无严重不良反应，可见过敏反应、代谢性酸中毒、低血钾、尿结石、嗜睡、感觉异常等，肝、肾功能不全患者慎用。

第二节　脱　水　药

脱水药（dehydrant agents）又称渗透性利尿药（osmotic diuretics），可通过提高血浆晶体渗透压，使组织脱水，同时在肾脏产生高渗性利尿作用，包括甘露醇、山梨醇、高渗葡萄糖等。此类药物具备以下特点：①静脉注射后不易通过毛细血管进入组织细胞；②易经肾小球滤过，不易被肾小管重吸收；③在体内不被代谢。

甘露醇（mannitol）

甘露醇为己六醇，可溶于水，临床常用20%高渗溶液静脉注射或静脉滴注。

【体内过程】　口服不吸收，静脉注射10～20min产生利尿作用，2～3h达峰浓度，作用持续6h以上。降低眼压和颅内压作用于静脉注射后15min内出现，维持3～8h。约20%可进入肝脏转变为糖原。大部分以原形经肾脏排出，$t_{1/2}$约为100min，急性肾衰竭时可延长至6h。

【药理作用】

1. 脱水　静脉注射后不易从毛细血管渗入组织，能迅速提高血浆渗透压，使组织间液向血液转移而产生脱水作用。对脑、前房等具有屏障结构的组织脱水作用更为明显。

2. 利尿 脱水作用使组织间液进入血液增多，循环血容量增加；同时甘露醇促进前列腺环素（PGI_2）分泌，扩张肾血管，增加肾血流量，使肾小球滤过率明显增加；进入肾小管中的甘露醇不被重吸收，使小管液渗透压增高，减少肾小管和集合管对 Na^+、Cl^-和水的重吸收，产生渗透性利尿作用。此外，由于排尿速率增加，尿液与肾小管上皮细胞接触的时间减少，使电解质的重吸收减少，肾髓质高渗区渗透压下降，集合管对水的重吸收减少。

3. 其他 口服不吸收，可使肠内渗透压增高，产生渗透性腹泻作用。

【临床应用】

1. 脑水肿及青光眼 甘露醇是目前治疗脑水肿、降低颅内压安全有效的首选药，用于脑外伤、脑瘤、脑膜炎及脑组织缺氧等引起的脑水肿，以及大面积烫伤引起的水肿，也适用于青光眼急性发作和患者手术前降低眼压。

2. 预防急性肾衰竭 在急性肾衰竭伴有少尿时，甘露醇通过脱水作用减轻肾间质水肿；通过利尿作用稀释肾小管内有害物质，防止肾小管坏死。此外，还能改善急性肾衰竭早期的血流动力学变化，对肾衰竭伴有低血压者效果较好。

3. 其他 某些药物过量中毒（如巴比妥类药物、水杨酸盐等）时，应用甘露醇可促进毒物排泄；也可用于肠道术前准备等。

【不良反应】 可致稀释性低钠血症，偶有高血钾发生。注射过快可引起头痛、眩晕、恶心、视物模糊等。大剂量快速静脉滴注时，可致肾功能损害，甚至急性肾衰竭。心功能不全、活动性颅内出血患者禁用。

【注意事项】

（1）静脉注射如果外漏，会导致局部组织肿胀，甚至坏死。因此，一旦外漏，应给予局部热敷、0.25%普鲁卡因局部封闭等处理，并更换注射部位。

（2）用药期间应进行血压、血电解质浓度、肾功能及尿量监测。

（3）甘露醇遇冷易析出结晶，可水浴（80℃）加热或用力振荡，使之完全溶解后再注射。

（4）老人用药易出现肾损害，应注意控制剂量；甘露醇能通过胎盘屏障，孕妇慎用。

山梨醇（sorbitol）

山梨醇是甘露醇的同分异构体，其药理作用、临床应用及不良反应与甘露醇相似。本品水溶性较大，临床上常用25%的高渗溶液。药物进入体内后大部分在肝内代谢转化为果糖而失效，故其利尿作用较甘露醇弱，持续时间较短。心功能不全患者慎用。

高渗葡萄糖（hypertonic glucose）

50%葡萄糖高渗溶液静脉注射可产生脱水和渗透性利尿作用。因其可从血管扩散到组织，易被代谢，故作用弱，持续时间短。单独用于脑水肿时，葡萄糖可迅速进入脑脊液，使颅内压升高，产生“反跳”现象。故常与甘露醇或山梨醇交替使用，治疗脑水肿，也可治疗急性肺水肿。

1. 为什么影响髓袢升支粗段重吸收的利尿药作用比影响近曲小管、远曲小管及集合管的利尿药作用强?
2. 试述保钾利尿药在消除水肿治疗中的地位。

附　加压素受体阻断药

加压素受体（vasopressin receptor 2，V_2R）阻断药包括托伐普坦（tolvaptan）、考尼伐坦（conivaptan）、莫扎伐普坦（mozavaptan）等。

托伐普坦（tolvaptan）

托伐普坦是全球首个血管加压素 V_2 受体阻断药。血管加压素（arginine vasopressin，AVP）在下丘脑的室上核和室旁核合成，储存在神经垂体，其受体 V_2R 分布于肾集合管基底侧膜上，调控肾脏对水的重吸收。托伐普坦能特异性拮抗 AVP 与受体的结合，减少肾集合管对水的重吸收，尿液渗透压降低，尿量增多。本品用于治疗临床上明显的高容量性和正常容量性低钠血症（血钠浓度＜125mmol/L，或低钠血症不明显但有症状并且限液治疗效果不佳者），包括伴有充血性心力衰竭、肝硬化、多囊肾、肾性尿崩症及抗利尿激素分泌异常综合征的患者。

第二十九章　子宫兴奋药和抑制药

学习目标

1. 清晰表述缩宫素的药理作用、临床应用、不良反应及应用注意事项。了解麦角生物碱、前列腺素衍生物的临床应用。

2. 根据子宫兴奋药的作用特点与临床应用注意事项，合理选用药物治疗子宫相关疾病。

3. 了解子宫抑制药的临床应用。

按对子宫平滑肌的作用性质不同将药物分为两大类：子宫兴奋药和子宫抑制药。子宫兴奋药（oxytocics）是一类选择性兴奋子宫平滑肌的药物，临床常用药物有缩宫素、麦角生物碱类药物和前列腺素类药物等，主要用于催产、引产、产后止血及产后子宫复原；子宫抑制药（uterorelaxants）是一类抑制子宫平滑肌收缩的药物，包括 β_2 受体激动药、钙通道阻滞剂、硫酸镁和前列腺素合成酶抑制药等，临床上主要用于痛经和防治早产。

第一节　子宫兴奋药

子宫兴奋药因剂量不同，引起子宫平滑肌兴奋程度及其临床应用不同，小剂量可使子宫产生节律性收缩，用于引产和催产；大剂量则可使子宫产生强直性收缩，用于产后出血和子宫复原。若此类药物使用不当，可造成子宫破裂、胎儿窒息等严重后果，故临床使用必须严格控制药物剂量及适应证。

缩宫素（oxytocin；催产素，pitocin）

缩宫素是垂体后叶激素的主要成分之一。目前临床应用的缩宫素多从牛、猪的神经垂体提取分离，也可人工合成。从动物神经垂体提取的药物制剂中含有缩宫素和少量的加压素，而人工合成品不含加压素，所以无升压作用。

【体内过程】　在消化道易被消化酶破坏，故口服无效。肌内注射吸收良好，3～5min 起效，作用持续 20～30min；静脉注射作用快而短，故需静脉滴注维持疗效。可透过胎盘，大部分经肝、肾代谢消除，妊娠期间血浆中会出现缩宫素酶，能使缩宫素失活，$t_{1/2}$ 为 5～12min。

【药理作用】

1. 兴奋子宫　直接兴奋子宫平滑肌，增强子宫平滑肌的收缩力，加快收缩频率，其收缩强度取决于缩宫素的剂量及子宫的生理状态。小剂量缩宫素（2～5U）可引起子宫（特别是妊娠末期子宫）节律性收缩，其收缩性质与正常分娩相似，即子宫底部节律性收缩，而子宫颈松弛，利于胎儿顺利娩出；大剂量缩宫素（5～10U）可引起子宫平滑肌产生持续性强直收缩，不利于胎儿娩出。子宫平滑肌对缩宫素的敏感性还受子宫生理状态的影响，孕激素能降低子宫对缩宫素的敏感性，而雌激素能增加子宫对缩宫素的敏感性。在妊娠早期，孕激素水平较高，使子宫平滑肌兴奋性较弱，有利于胎儿安全发育；随着妊娠进程，孕激素水平逐渐降低，雌激素水平逐渐升高，特别在临产时子宫对缩宫素最为敏感，有利于胎儿娩出，故此时只需小剂量缩宫素即可达到引产或催产的目的。

子宫平滑肌胞浆膜存在缩宫素受体，未孕子宫受体密度低，妊娠期间随孕周的增加而受体数目增多，34 周后渐趋平稳，临产时则增至最高。缩宫素与受体结合后，活化与之耦联的 G 蛋白，激活磷脂酶 C（PLC），使三磷酸肌醇（IP_3）生成增加，促进 Ca^{2+}向子宫平滑肌细胞内大量转移，增加细胞内游离 Ca^{2+}浓度，使子宫平滑肌收缩增强、频率加快。此外，缩宫素还与子宫内膜和蜕膜上的受体结合，促使前列腺素 $F_{2\alpha}$及其代谢产物 13, 14-双氢 15-酮 $PGF_{2\alpha}$（PGFM）的合成和释放，作用于子宫颈，使宫颈变软、展平及扩张。

2. 促进排乳　可与乳腺的缩宫素受体结合，收缩乳腺小叶周围的肌上皮细胞，有助于乳汁排出，但不会增加乳汁分泌量。

3. 其他作用　大剂量能直接扩张血管，引起血压下降，易产生快速耐受性，但催产剂量的不引起血压下降。此外，大剂量尚有弱的抗利尿作用。

【临床应用】

1. 催产和引产　对子宫收缩乏力而胎位正常、头盆相称、无产道障碍的产妇，可用小剂量缩宫素催产，以增强子宫的节律性收缩，促进分娩。对于死胎、过期妊娠或由于某些疾病（如严重心脏病、肺结核等）需提前终止妊娠者，也可用小剂量缩宫素引产。用法：2.5U 缩宫素以 5%葡萄糖液 500mL 稀释，8～10 滴/分静脉缓慢滴注，可根据子宫收缩和胎心情况调整速度，最快不超过 40 滴/分。

2. 产后出血　产后出血时，可立即皮下或肌内注射较大剂量（5～10U）缩宫素，使子宫平滑肌产生持续性强直收缩，压迫子宫肌层内的血管而止血。因其作用时间短，目前临床上已被作用快、持续时间较长的麦角新碱取代。

3. 其他　也可用于催乳，产褥期产妇乳房充血及乳腺炎引起的泌乳不畅。缩宫素易经鼻黏膜吸收，故可在喂奶前几分钟通过鼻黏膜给药，促进乳汁排出，也可肌内注射小剂量缩宫素催乳。

【不良反应】　催产和引产时，因缩宫素剂量过大引起子宫持续性强直收缩，可导致胎儿宫内窒息或子宫破裂。另外，大剂量使用缩宫素还可导致抗利尿作用，若输液过多或速度过快，可出现水潴留和低钠血症。缩宫素还可引起母体恶心、呕吐、心率加快或心律失常等。如果在产程中使用缩宫素，则产后 2h 内需继续使用缩宫素维持，以免子宫松弛性出血。缩宫素的人工合成品不良反应较少，而生物制剂偶见过敏反应。

【注意事项】

1. 禁用　骨盆过窄、产道受阻、胎位不正、明显头盆不称、前置胎盘、3 次妊娠以上的经产妇或有剖宫产史、子宫肌瘤剔除术史及脐带先露或脱垂、胎儿窘迫、宫缩过强、子宫收缩乏力长期用药无效、产前出血（包括胎盘早剥）、多胎妊娠、子宫过大、严重的妊娠高血压综合征等禁用缩宫素。

2. 慎用　心脏病、临界性头盆不称、曾有宫腔内感染史、宫颈曾经手术治疗、宫颈癌、早产、胎头未衔接、孕妇年龄已超过 35 岁者，用药时应警惕胎儿异常及子宫破裂的可能。

麦角生物碱（ergot alkaloid）

麦角（ergot）是寄生在黑麦及其他禾本科植物子房中的一种麦角菌的干燥菌核。目前已用人工方法培养生产。麦角中含有多种生物碱，它们的药理作用各不相同。根据化学结构，麦角生物碱类可分为两类：①肽生物碱类，包括麦角胺（ergotamine）和麦角毒（ergotoxine），难溶于水，口服吸收不佳，对血管作用显著，子宫兴奋作用慢而持久；②胺生物碱类，以麦角新碱（ergometrine）和甲基麦角新碱（methylergometrine）为代表，易溶于水，口服吸收好，对子宫兴奋作用快而强，对血管几乎无作用。

【体内过程】　口服或肌内注射后吸收快而完全，口服 6～15min，肌内注射 2～3min，宫缩开始生效，作用持续 3h；静脉注射立即见效，作用持续约 45min；本品在肝内代谢，经肾脏排泄。麦角胺口服吸收少而不规则，一般在 1～2h 起效，0.5～3h 达峰浓度，$t_{1/2}$ 约为 2h，吸入则吸收快而好；与咖啡因合用可提高麦角胺的吸收并增强对血管的收缩作用；在肝内代谢，90%代谢物经胆汁排出，少量原形物随尿液及粪便排泄。

【药理作用】

1. 兴奋子宫 麦角新碱和甲基麦角新碱都有兴奋子宫平滑肌的作用，以麦角新碱兴奋作用最强。与缩宫素比较，麦角新碱收缩子宫作用强而持久，用药剂量稍大即引起子宫体和子宫颈同时发生强直性收缩，不利于胎儿娩出。妊娠子宫尤其是妊娠末期子宫对其更敏感。因此，只用于产后出血和子宫复原。

2. 收缩血管 麦角胺能直接收缩动、静脉血管，减少脑动脉搏动幅度。大剂量麦角胺可损伤血管内皮细胞，长期应用易导致肢端干性坏疽和血栓形成。麦角胺对血管作用最强，麦角毒次之。

3. 阻断 α 受体 大剂量麦角胺或麦角毒能阻断 α 受体，使肾上腺素的升压作用翻转。麦角新碱无此作用。

【临床应用】

1. 子宫出血 麦角新碱和甲基麦角新碱可用于产后或其他原因引起的子宫出血，使子宫平滑肌强直性收缩，压迫血管而止血。

2. 产后子宫复原 若子宫复原缓慢，易发生出血或感染，此时，服用麦角制剂等子宫兴奋药可加速子宫复原，常用麦角流浸膏或麦角新碱。

3. 偏头痛 麦角胺用于偏头痛的诊断及其发作时的治疗，与咖啡因合用可增效。

4. 人工冬眠 麦角毒有中枢抑制作用，与异丙嗪、哌替啶组成冬眠合剂，用于人工冬眠。

【不良反应】 注射麦角新碱可引起恶心、呕吐、血压升高等；偶见过敏反应，严重者出现呼吸困难、血压下降。麦角流浸膏中含有麦角毒和麦角胺，长期应用对血管内皮细胞有损害，肝功能不全和周围血管病患者尤为敏感，可出现剧痛、惊厥、幻觉或缺血坏疽等慢性中毒的表现。

【注意事项】

1. 禁用 麦角制剂禁用于催产、引产；在胎盘未剥离娩出前也应禁用，否则可使胎盘嵌留宫腔内。

2. 慎用 高血压、血管硬化、冠心病、肝功能损害、肾功能损害、低血钙、闭塞性周围血管病患者慎用。

前列腺素（prostaglandins，PGs）

前列腺素广泛存在于人和动物的组织和体液中，是一类具有多种生理活性和药理作用的不饱和脂肪酸，对心血管系统、呼吸系统及消化系统均有调节作用。能兴奋子宫平滑肌的药物有地诺前列酮（dinoprostone，前列腺素 E_2，PGE_2）、地诺前列素（dinoprost，前列腺素 $F_{2\alpha}$，$PGF_{2\alpha}$）、卡前列素（carboprost，15-甲基前列腺素 $F_{2\alpha}$，15-Me-$PGF_{2\alpha}$）、硫前列酮（sulprostone）等。给药途径有静脉滴注、阴道内、宫腔内或羊膜腔内给药。

【药理作用】 PGs 对妊娠各期子宫都有兴奋作用，其中作用最强的是地诺前列酮和地诺前列素，分娩前的子宫对其尤为敏感，在分娩中具有重要意义，使子宫收缩的特性与正常分娩相似，在增强子宫体平滑肌节律性收缩的同时，尚能使子宫颈松弛。对妊娠初期和中期子宫的收缩作用远比缩宫素强。

【临床应用】

1. 催产 可静脉滴注，也可经舌下或口服给药。

2. 终止妊娠 可用于各期妊娠流产，由于对妊娠中期子宫平滑肌兴奋作用较强，尤其对中期妊娠终止效果较好。停经 49 天以内的早孕妇女，应用大剂量卡前列素阴道内给药，通过溶黄体作用及收缩子宫作用，以催经并终止早孕。

【不良反应】　主要为恶心、呕吐、腹痛、腹泻等消化道反应。因能收缩支气管平滑肌，诱发哮喘，不宜用于支气管哮喘患者。能升高眼压，不宜用于青光眼患者。引产时禁忌证和注意事项与缩宫素相同。

第二节　子宫抑制药

子宫抑制药可抑制子宫平滑肌，使子宫收缩力减弱，收缩节律减慢，临床上可用于痛经，也用于防治早产或暂时终止分娩，故又称抗分娩药（tocolytic drugs）。目前，能抑制子宫平滑肌并具有治疗价值的药物包括五类：β_2受体激动药、硫酸镁、钙通道阻滞剂、前列腺素合成酶抑制药、缩宫素受体阻断药。有些药物具有较广泛的作用，在相关章节中已经介绍，本节只重点介绍其抑制子宫与防治早产有关的作用。

一、β_2受体激动药

β_2受体激动药具有松弛平滑肌作用，主要用于防治支气管哮喘，少数药物同时具有较明显的抑制子宫平滑肌作用，用于防治早产，如利托君、沙丁胺醇、克伦特罗等，其中利托君抑制子宫平滑肌的作用最强。

利托君（ritodrine，盐酸羟苄羟麻黄碱、利妥特灵）

【体内过程】　口服易吸收，但首关消除明显，生物利用度为30%左右；血浆蛋白结合率约为32%，能通过胎盘屏障。本品在肝脏代谢后经肾脏排泄，以原形和代谢产物从肾脏排泄。

【药理作用】　利托君为选择性β_2受体激动药，可特异性地与子宫平滑肌细胞膜上的β_2受体结合，激活腺苷酸环化酶，升高细胞内cAMP浓度，从而降低细胞内游离Ca^{2+}的浓度，使子宫平滑肌松弛。本品对非妊娠和妊娠子宫均有抑制作用，表现为子宫平滑肌张力下降，收缩力减弱，尤其对妊娠期子宫平滑肌的异常收缩明显。

【临床应用】　有早产先兆的妇女使用本品后，可延缓分娩，使妊娠时间接近正常，主要用于防治早产。一般先采用静脉滴注方式给药，起效后，再口服维持疗效。

【不良反应】　静脉给药不良反应较严重，可加快心率，引起心悸、血压升高等心血管系统的不良反应；有些患者可见血红蛋白降低，血糖升高，血钾降低，游离脂肪酸升高或神经过敏等反应；个别妇女可出现肺水肿，甚至危及生命。一般认为口服给药较静脉给药产生的不良反应轻。

【注意事项】　本类药物禁忌证较多，使用时严格掌握适应证，应在具有抢救条件的医院并在医生的密切观察下使用。

1. 禁用　有严重心血管疾病的患者、妊娠不足20周和分娩进行期（子宫扩展大于4cm或全开80%以上）的孕妇禁用。

2. 慎用　糖尿病患者及使用排钾利尿药的患者慎用。

二、其他子宫平滑肌抑制药

硫酸镁（magnesium sulfate）

硫酸镁对子宫平滑肌收缩有显著抑制作用，Mg^{2+}直接作用于子宫平滑肌，拮抗Ca^{2+}的子宫收缩活性，表现为子宫平滑肌收缩减弱，胎盘血管阻力降低，增加子宫动脉血流量，可用于治疗早产和妊娠高血压综合征、子痫的发生，对于β_2受体激动药禁用的产妇，可用硫酸镁治疗早产。

钙通道阻滞剂

钙通道阻滞剂可松弛离体子宫平滑肌，明显拮抗缩宫素所致的子宫兴奋作用。其中，硝苯地平（nifedipine）可用于防治早产。

前列腺素合成酶抑制药

前列腺素合成酶抑制药，如吲哚美辛（indomethacin，消炎痛）可用于早产，但由于前列腺素能维持胎儿的动脉导管开放，而吲哚美辛可使胎儿动脉导管过早关闭，故临床应用时应慎重。仅在 β_2 受体激动药、硫酸镁等药物使用无效或使用受限时应用，且限用于妊娠 34 周之内的妇女。

缩宫素受体阻断药

阿托西班（atosiban）是一种合成多肽，为一种新型的缩宫素受体阻断药，对子宫具有高度特异性，可在受体水平竞争性结合位于子宫肌层和蜕膜的缩宫素受体，阻止细胞内 Ca^{2+} 的增加，从而松弛子宫平滑肌，显著延长妊娠时间。本药母体耐受性好，不良反应少，可用于自发性早产的治疗，对于 β_2 受体激动药治疗不能耐受的患者，可考虑改用阿托西班治疗。最常见的不良反应为恶心，常见的有头痛、头晕、潮红、呕吐、低血压和高血糖等；少见的有发热、失眠、瘙痒和出疹。

1. 试比较缩宫素和麦角生物碱对子宫的药理作用和临床应用。
2. 缩宫素的不良反应及注意事项有哪些？
3. 利托君松弛子宫平滑肌的机制和作用特点是什么？

附　缩宫素的发现与发展

垂体后叶素是从猪、牛、羊等动物的垂体后叶中提取的粗制品，内含缩宫素及加压素两种成分。1895 年奥利弗（Oliver）和谢弗（Schaffer）在研究垂体后叶时，发现垂体后叶的活体浸出物具有升高血压和使子宫收缩的作用。1906 年戴尔（Dale）给孕猫注射牛的垂体后叶浸出液，发现可引起子宫收缩，这一作用后来在孕猴的实验中也得到证实。1948 年思尔伯德（Theobeld）首先将垂体后叶浸出液引入临床静脉滴注用于引产。1953 年美国生物化学家文森特·迪维尼奥（Vincent du Vigneaud）从垂体后叶的活体浸出物中分离出了两种物质，即缩宫素和加压素，研究确定了缩宫素是一种九肽化合物，并进行了人工合成，因此获得诺贝尔生理学或医学奖。1984 年伊内尔（Inell）等确定了缩宫素基因的结构。

缩宫素最初通过生物提取得到产物应用于临床，但受当时条件所限，提取物的纯度经常不稳定，还有一些与疗效无关的杂质。自 1953 年确定了其化学结构并人工合成缩宫素后，其纯度和稳定性比原来的生物物质提取有了很大的提高。但人工合成的缩宫素仍存在非常多的缺点，以化学肽为原料人工合成的缩宫素，其理化性质不如生物提取的稳定，易被降解，在合成产物中有许多无法去除的杂质干扰，结构松散，其与受体的亲和力弱化，影响疗效；合成物中存在小量残余肽链片段，可带来一定副作用，同时无效的杂质又进一步影响了制剂的疗效。随着工艺的改进和生物提取技术的改良，新型的天然生物提取缩宫素得到了进一步的发展，其理化、生物活性稳定，在正常存放时不易被降解，含 S-S 键和 β 回折结构，稳定激活受体，增加了药物疗效，稳定了纯度，大大减少了杂质的干扰和副作用，故新型的天然生物提取缩宫素逐步被国内外大量地应用于要求严格的临床医疗行业。而人工合成的产品由于其原料来源广、成本低、产量高，仍被广泛地使用于农业及动物养殖。

第七篇
作用于血液及造血系统的药物

第三十章　抗凝血药和促凝血药

学习目标

1. 通过学习血液凝固的发生机制，掌握抗凝血药和促凝血药的药物分类及作用机制。
2. 明晰肝素、香豆素类药、维生素K的药理作用和临床应用。
3. 根据阿司匹林、双嘧达莫、链激酶、尿激酶等药物的作用特点选择适合的临床治疗药物。

血液由血浆和血细胞组成，血浆是血液的无形部分，由水、蛋白质、脂类、无机盐和大量化合物组成。血细胞是血液的有形部分，包括红细胞、白细胞和血小板，其中红细胞约占99%。血液系统担负着运输氧、二氧化碳和营养物质，维持内环境稳态和防御保护功能。生理状态下，机体内血液凝固、抗凝血和纤维蛋白溶解过程维持动态平衡以保证血液在循环系统中处于流动状态，一旦该平衡被打破，就会出现出血性或血栓性疾病。作用于血液系统的药物是指用于调节和控制血液流动性，维持机体正常血液循环的药物。本章主要介绍抗凝血药和促凝血药。为掌握这类药物，需了解血液凝固、抗凝血和纤维蛋白溶解的生理过程。

1. 血液的凝固　血液凝固过程包括凝血酶原激活复合物的形成、凝血酶的激活、纤维蛋白的生成等三个阶段，其中有许多凝血因子参与（图 30-1）。在内源性或外源性凝血途径中，凝血因子按一定顺序相继激活，形成的凝血酶原激活物激活凝血酶原，生成凝血酶，使纤维蛋白原转变为纤维蛋白，交联成纤维蛋白凝块（难溶性纤维蛋白）。

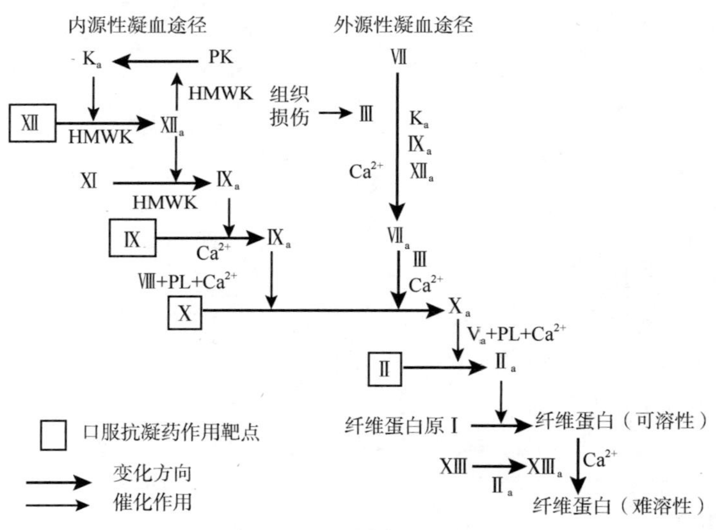

图 30-1　血液凝固过程

HMWK：高分子激肽原；PL：血小板膜磷脂；PK：前激肽释放酶；K_a：激肽释放酶；罗马数字代表相应的凝血因子

2. 抗凝系统　血浆中的抗凝物质包括抗凝血酶Ⅲ（AT-Ⅲ）和蛋白质C。AT-Ⅲ是丝氨酸蛋白酶的抑制剂，其结构中含有精氨酸残基，能作用于以丝氨酸为活性中心的凝血因子，与这些因子活性中心的丝氨酸残基结合，形成 1∶1 的复合物，从而使上述凝血因子失活，产生抗凝作用。蛋白质 C 是由肝脏合成的维生素 K 依赖因子，在血小板膜磷脂和 Ca^{2+}存在时可使凝血因子 V_a 和 VIII_a 失活，从而发挥抗凝作用。

3. 纤维蛋白溶解系统　在生理条件下，血液凝固过程中生成的难溶性纤维蛋白在纤溶酶的作用下被分解液化的过程称为纤维蛋白溶解，简称纤溶。

第一节　抗 凝 血 药

抗凝血药（anticoagulants）是一类干扰凝血因子，阻止血液凝固的药物，主要用于血栓栓塞性疾病的预防与治疗，包括抗凝血药、纤维蛋白溶解药、抗血小板药。

一、凝血酶间接抑制药

肝素（heparin）

肝素因首先源于动物肝脏而得名，药用肝素多是从猪肠黏膜和牛肺脏中提取而得。

【体内过程】　肝素是带大量负电荷的大分子，口服不吸收，肌内注射易导致局部出血和刺激症状，故临床常采用静脉注射给药。注射后约 60%的肝素集中于血管内皮，大部分经肝脏单核巨噬细胞系统的肝素酶代谢，极少量以原形从尿中排出。肝素抗凝活性 $t_{1/2}$ 与给药剂量有关，静脉注射 100U/kg、400U/kg、800U/kg，抗凝活性 $t_{1/2}$ 分别为 1h、2.5h 和 5h。肺气肿、肺栓塞及肝硬化患者 $t_{1/2}$ 明显延长。

【药理作用】

1. 抗凝作用　肝素在体内、体外均具有抗凝活性。凝血因子 II_a、IX_a、X_a、XI_a、XII_a 的活性中心含丝氨酸残基，都属丝氨酸蛋白酶。生理情况下，AT-Ⅲ分子上的精氨酸残基与这些酶活性中心丝氨酸残基结合，封闭了酶的活性中心使酶失活。带负电荷的肝素可与带正电荷的 AT-Ⅲ的赖氨酸残基形成可逆性复合物，使 AT-Ⅲ发生构型的改变，更充分暴露出其活性中心，使 AT-Ⅲ的精氨酸残基迅速与丝氨酸蛋白酶活性中心的丝氨酸残基结合，从而加速 II_a、IX_a、X_a、XI_a、XII_a 等的失活。

2. 其他作用　肝素具有调节血脂作用，能使血管内皮释放脂蛋白脂酶，水解乳糜微粒及 VLDL。但停药后易发生“反跳”，使血脂回升。肝素还能通过抑制凝血酶产生而间接发挥抑制血小板聚集作用。

【临床应用】

1. 血栓栓塞性疾病　防止血栓形成与扩大，如深静脉血栓、肺栓塞、脑栓塞及急性心肌梗死。

2. 弥散性血管内凝血（DIC）　用于脓毒血症、胎盘早期剥落、恶性肿瘤溶解等各种原因引起的 DIC。应早期应用，以防止因纤维蛋白原及其他凝血因子耗竭而发生继发性出血。

3. 体外抗凝　心血管手术、心导管检查、血液透析等抗凝。

【不良反应】

1. 出血　过量易引起自发性出血，是肝素的主要不良反应，表现为各种黏膜出血、关节腔积血和伤口渗血。应用过程中应监测活化部分凝血酶原时间（APPT），使其维持在正常值的 1.5～2.5 倍（通常在 50～80s）可减少出血的危险。一旦发生，立即停用，注射带有正电荷的鱼精蛋白（protamine），每毫克鱼精蛋白可中和 100U 肝素。部分患者应用肝素 2～14 天可出现血小板缺乏，与肝素引起血小板聚集作用有关。

2. 其他　连续应用肝素 3～6 个月，可引起骨质疏松，产生自发性骨折。也可引起皮疹、药物热等过敏反应。

严重肝肾功能不全、消化性溃疡、恶性高血压、内脏肿瘤、脑出血病史、DIC 的纤溶亢进期、血友病、亚急性细菌性心内膜炎、围产期妇女、近期外伤或手术者禁用。

低分子量肝素（low molecular weight heparin，LMWH）

低分子量肝素主要有依诺肝素、替地肝素、亭扎肝素纳等，是由普通肝素经化学分离方法制备的一种短链制剂，其平均分子量为 4000～5000Da。与普通肝素相比，低分子量肝素具有以下特点：①对抗凝血因子Ⅹa 选择性高，对其他凝血因子作用弱；生物利用度高，$t_{1/2}$ 长，是普通肝素的 2～4 倍；抗凝血作用强；②较少引起血小板减少、出血并发症。

低分子量肝素不良反应有出血、低醛固酮血症伴高钾血症、过敏反应和暂时性转氨酶升高等，偶见血小板减少。

二、凝血酶抑制药

香 豆 素 类

香豆素类是一类含有 4-羟基香豆素基本结构的物质，口服经体内代谢后发挥抗凝作用，故称口服抗凝药。主要药物有华法林（warfarin，苄丙酮香豆素）、醋硝香豆素（acenocoumarol，新抗凝）和双香豆素（dicoumarol）等。近年来，新型口服抗凝药利伐沙班、达比加群、阿哌沙班与华法林相比，无明显的出血风险和栓塞风险的差异，在临床有较好治疗效果。

【体内过程】 华法林和醋硝香豆素口服吸收迅速而完全，双香豆素的吸收易受食物的影响，三药的血浆蛋白结合率高，主要在肝脏及肾脏中代谢，均经肾脏排泄，能透过胎盘屏障，双香豆素和醋硝香豆素还可见于母乳中。$t_{1/2}$ 为 8～60h。

【药理作用】 抗凝作用：香豆素类是维生素 K 的阻断药，可抑制肝脏中维生素 K 由环氧化物向氢醌型转化，从而阻止维生素 K 的反复利用；还影响含有谷氨酸残基的凝血因子Ⅱ、Ⅶ、Ⅸ、Ⅹ的羧化作用，使这些因子停留于无凝血活性的前体阶段，从而影响凝血过程。对已形成的上述因子无抑制作用，因此抗凝作用起效时间较慢，一般需 8～12h，1～3 天达到高峰，停药后抗凝作用尚可维持数天。双香豆素抗凝作用慢而持久，持续 4～7 天。华法林抗凝作用出现较快，持续 2～5 天。

【临床应用】 用途同肝素，可防止血栓的形成与扩大，也可作为心肌梗死的辅助用药。口服有效，作用时间较长，但作用出现缓慢，剂量不易控制。也用于防止风湿性心脏病和髋关节固定、人工置换心脏瓣膜等手术后静脉血栓形成。

【不良反应】 剂量应根据凝血酶原时间控制在 25～30s（正常值 12s）进行调节。过量易发生出血，可用维生素 K 对抗，必要时输新鲜血浆或全血。其他不良反应有胃肠道反应、过敏等。禁忌证同肝素。

阿哌沙班（apixaban）

阿哌沙班是凝血因子Ⅹa 的直接抑制剂，口服使用，其防止血栓形成的作用机制为选择性与凝血因子Ⅹa 结合，阻止凝血酶原转变成凝血酶。阿哌沙班吸收和作用均不受食物和 pH 影响，很少与其他药物发生相互作用，使用后能快速起效并且不影响肝 CYP_{450} 酶的代谢。在欧盟多国，阿哌沙班已被普遍用于预防成人膝关节或全髋置换术后非瓣膜性心房颤动。

水蛭素（hirudin）

水蛭素具有抗凝血、抗血栓、抗纤维化等作用。天然水蛭素是一种分子量在 7000 Da 左右的酸性单链多肽，由 64～66 个氨基酸组成，N 端的 3 个二硫键对其蛋白结构起稳定作用。水蛭素非单一化合物，而是一个具有同源结构的多肽化合物家族，目前已分离鉴定出 7 种异构体，具有结构稳定、活性高、不易失活等特点。天然水蛭素含有 6 个三维结构和分布位置都很相似的半胱氨酸残基，凝血酶活性结合位点位于其结构紧密（由二硫键形成）的 N 端（肽 1～48）；凝血酶纤维蛋白原结合位点则位于其富含酸性氨基酸残基的 C 端（肽 55～65）；中间区（肽 49～54）的氨基酸残基则发挥调节作用。天然水蛭素由于其肽链的特殊结构，具有极强的抗凝血作用。其渗透能力和稳定性均较强，不会被胰蛋白酶和糜蛋白酶破坏，在 pH 和温度变化稍大情况下亦不易被分解，可口服，即使被分解，其分解后的片段仍具有抗凝血效果，但在某些特殊条件，如强碱性和高温同时存在时，会导致其不可逆性失活。

三、纤维蛋白溶解药

纤维蛋白溶解药（fibrinolytic drugs）可直接或间接激活纤溶酶原成为纤溶酶，促进纤维蛋白溶解，故又称溶栓药（thrombolytic drugs）。纤维蛋白溶解药按问世先后分为三代：第一代有链激酶（streptokinase，SK）、尿激酶（urokinase，UK），第二代有组织型纤溶酶原激活剂（tissue-type plasminogen activator，t-PA），如阿替普酶（alteplase）、阿尼普酶（anistreplase）、沙芦普酶（saruplase）等；随着基因工程技术和蛋白质工程技术的发展，针对第一、二代溶栓药对纤维蛋白特异性差，体内半衰期短，需大剂量连续用药等弊端进行了改造，第三代溶栓药通过基因重组技术改良天然溶栓药的结构，增强溶栓选择性，延长 $t_{1/2}$，减少出血，如瑞替普酶（reteplase，rPA）。

本类药物具有以下特点：①对血浆和血栓中纤溶酶原选择性低，溶解血栓的同时可呈现全身纤溶状态而易引起出血。其中 t-PA、阿尼普酶和葡萄球菌激酶等第二、三代药对血栓中纤溶酶原选择性比链激酶和尿激酶相对强，但大剂量亦可引起出血。②作用时间短，$t_{1/2}$ 多在 25min 以下，但阿尼普酶因能在体内缓慢脱酰基而生效，故作用时间较长，$t_{1/2}$ 为 90～105min。③临床主要用于血栓栓塞性疾病，如急性心肌梗死、脑栓塞、肺栓塞、深静脉血栓、眼底血栓等。其中 UK 价格昂贵，仅用于对 SK 过敏或耐受者。④对新形成的血栓疗效好，对陈旧性血栓溶解作用差。一般认为血栓形成 6h 内溶栓效果好。

四、抗血小板药

血小板的基本生理功能是黏附、聚集、释放和分泌颗粒内容物（如 ADP），是维持血液凝固性的重要因素，一旦其功能亢进，又是诱发血栓形成的重要因素之一。血液中游离的花生四烯酸（arachidonic acid，AA）经环氧化酶（cyclooxygenase，COX）的作用后可生成前列腺素 H_2（prostaglandin H_2，PGH_2），PGH_2 在血栓素 A_2（thromboxane A_2，TXA_2）合成酶作用下进一步生成 TXA_2，TXA_2 是目前已知的最强血管收缩剂和血小板聚集剂之一。而在血管内皮细胞等部位的 AA 经 COX 作用生成的 PGI_2，则是血小板功能的抑制剂。PGI_2 能激活腺苷酸环化酶，迅速增加血小板内 cAMP 浓度，降低血小板的敏感性。

抗血小板药（antiplatelet drug）是能减少血小板聚集，抑制血栓形成的药物。根据其作用机制，可分为以下 5 类。

（一）影响花生四烯酸代谢酶的药物

1. TXA_2 合酶抑制剂和 TXA_2 受体阻断药 具有抑制 TXA_2 生成和阻断 TXA_2 受体双重作用的药物，如利多格雷。

利多格雷（ridogrel）

利多格雷具有强大的抑制 TXA_2 合成酶活性，减少 TXA_2 生成和中等强度阻断 TXA_2 受体作用。与阿司匹林比较，利多格雷对血小板血栓和冠状动脉血栓作用更强，降低急性心肌梗死再栓塞、反复心绞痛及缺血性中风等疾病的发生率效果更好，但对降低急性心肌梗死的血管梗死率、复灌率及增强链激酶的纤溶作用等与阿司匹林作用相当。同时，利多格雷不良反应少，仅有轻度胃肠道反应，易耐受。

同类药物有匹可托安（picotamide），作用较利多格雷弱，但不良反应轻。

2. 环氧化酶抑制剂 通过抑制 COX，减少 TXA_2 生成。

阿司匹林（aspirin）

阿司匹林与 COX 活性部分丝氨酸残基发生不可逆性乙酰化反应而抑制该酶活性，使 TXA_2 合成减少。对血小板功能亢进所致的血栓栓塞性疾病疗效肯定，可降低急性心肌梗死或不稳定型心绞痛患者的梗死率及死亡率，也可降低一过性脑缺血的发生率和死亡率。

（二）增加血小板内 cAMP 的药物

双嘧达莫（dipyridamole，潘生丁）

双嘧达莫对 ADP、胶原与低浓度凝血酶诱导的血小板聚集有抑制作用，在体内和体外均有抗血栓作用，通过抑制磷酸二酯酶，使 cAMP 增高，也能抑制腺苷摄取，进而激活血小板腺苷酸环化酶使 cAMP 浓度增高。单独应用时作用较弱。与华法林合用可防止心脏瓣膜置换术后血栓形成。

前列环素（prostacyclin，PGI_2）

前列环素能激活腺苷酸环化酶而使 cAMP 浓度增高。既能抑制多种诱导剂引起的血小板分泌与聚集，又能扩张血管，有抗血栓形成作用。PGI_2 极不稳定，$t_{1/2}$ 仅 2～3min。采用静脉滴注，用于急性心肌梗死、外周闭塞性血管疾病等。

（三）抑制血小板活化的药物

氯吡格雷（clopidogrel）

氯吡格雷为强效血小板抑制剂，能抑制 ADP、AA、胶原、凝血酶和血小板活化因子等所引起的血小板聚集。口服吸收良好，主要用于预防脑中风、心肌梗死及外周动脉血栓性疾病的复发，疗效优于阿司匹林。不良反应有恶心、呕吐、中性粒细胞下降等。同类药物噻氯匹定（ticlopidine）作用与氯吡格雷相似。

（四）血小板膜糖蛋白 GPⅡb/Ⅲa 受体阻断药

阿昔单抗（abciximab，c7E3Fab，ReoPro）

阿昔单抗通过阻断血小板膜糖蛋白 GPⅡb/Ⅲa 受体而抑制血小板聚集。临床用于急性心肌梗死、溶栓治疗、不稳定型心绞痛和血管成形术后再梗死等。使用时有出血危险，应严格控制剂量。

（五）其他抗血小板药物

奥扎格雷（ozagrel）

奥扎格雷具有抗血小板集结作用，其机制为直接降低血栓素合成酶活性，抑制 TXA_2 生成。

第二节 促凝血药

促凝血药是用于治疗凝血因子缺乏、纤溶功能亢进或血小板功能低下等原因所致出血的药物，可分为 5 类。

一、促进凝血因子活性药物

维生素 K（vitamin K）

维生素 K 广泛存在于自然界，基本结构是甲萘醌，分多种亚型，其中维生素 K_1（phytomenadione）存在于绿色植物中，维生素 K_2（menaquinone）来自肠道细菌或腐败鱼粉，两者均为脂溶性维生素，需胆汁协助吸收；维生素 K_3 系人工合成品，为水溶性维生素。

【药理作用】 维生素 K 是 γ-羧化酶的辅酶，在肝脏参与凝血因子Ⅱ、Ⅶ、Ⅸ、Ⅹ前体的功能活化过程。在氢醌型维生素 K 存在条件下，γ-羧化酶使这些凝血因子前体的氨基末端的谷氨酸残基 γ 羧化，成为凝血因子。同时氢醌型维生素 K 转变为环氧型维生素 K，后者又可经环氧还原酶（vitamin K epoxide reductase）作用还原为氢醌型维生素 K，继续参与羧化反应。香豆素类可抑制此酶活性。

【临床应用】 维生素 K 缺乏引起的出血：口服抗凝血药、广谱抗生素、阻塞性黄疸、胆瘘、慢性腹泻和广泛肠段切除后因吸收不良所致的低凝血酶原血症，以及新生儿因维生素 K 产生不足所致出血，可口服、肌内注射和静脉注射给药。但对先天性或严重肝病所致的低凝血酶原血症无效。

【不良反应】 维生素 K_1 静脉注射速度过快可出现颜面潮红、呼吸困难、胸闷、血压剧降等类似过敏反应的症状，故应缓慢滴注。维生素 K_3 的不良反应较多，口服易出现胃肠道反应，肌内注射引起疼痛，较大剂量维生素 K_3 可引发新生儿、早产儿溶血性贫血和高胆红素血症等。对葡萄糖-6-磷酸脱氢酶（G-6-PD）缺乏的患者也可诱发溶血。

二、抗 纤 溶 药

氨甲环酸（tranexamic acid，AMCHA）和氨甲苯酸（aminomethylbenzoic acid，AMBA）

【药理作用】 低剂量能竞争性抑制纤溶酶原与纤维蛋白的结合，阻止纤溶酶原的活化；高剂量则直接抑制纤溶酶的活性，并减少纤维蛋白的降解而产生止血作用。因此属于抗纤溶药（antifibrinolytics）。

【临床应用】 主要用于预防和治疗由纤溶功能亢进而引起的出血，如含有纤溶酶原激活物的器官（肝、肺、前列腺、尿道和肾上腺等）手术或创伤后、应用 t-PA 或纤溶药物过量等。尚可用于血友病患者手术前后的辅助治疗。因本药主要经尿路排出，可抑制尿激酶对尿路中血凝块的作用，故前列腺和泌尿系统手术时慎用。

【不良反应】 最常见的不良反应是胃肠道反应、头晕、耳鸣、瘙痒、红斑等。快速静脉给药可引起直立性低血压、多尿、心律失常、惊厥及心脏或肝脏的损伤。本药可致血栓形成。肾功能不全者慎用，DIC 早期和血栓形成者禁用。

三、增强血小板功能药

酚磺乙胺（etamsylate）

酚磺乙胺（止血敏）是一种人工合成的促凝血药，能降低毛细血管的通透性，增强血小板的功能及黏合力，促进血小板释放凝血活性物质，缩短凝血时间而止血。本药止血作用迅速，可以维持 4～6h，用于预防和治疗血小板减少性紫癜，外科手术出血过多或过敏性紫癜及其他原因引起的出血，如泌尿道出血、胃肠道出血、鼻出血、脑出血、眼底出血、齿龈出血和皮肤出血等。使用时应注意如下几点：①本药毒性低，但可有恶心、头痛、皮疹、荨麻疹、药物热、流感样综合征、心肌梗死、暂时性低血压、血栓形成和过敏性休克等；②对本药过敏者禁用，有血栓形成病史者和肾功能不全者慎用，哺乳期妇女不宜使用；③勿与氨基己酸混合使用；④出现发热时停止使用。

四、血管收缩止血药物

垂体后叶素（hypophysin）

【药理作用】 垂体后叶素是一种水溶性多肽类，它的成分是精氨酸加压素（AVP）和催产素，可从动物的垂体后叶提取，其能兴奋子宫平滑肌，并能作用于内脏小动脉和毛细血管，使血管平滑肌收缩。

【临床应用】 用于治疗肺结核咯血或支气管扩张，因为其可以使肺小动脉收缩，从而在肺血管破裂处形成血栓而止血。因此药可降低门静脉压力，还用以治疗门脉高压和食管静脉曲张破裂出血。临床认为垂体后叶素对出血性疾病导致的月经过多也有一定疗效。

【不良反应】

1. 消化道反应 呕吐、恶心、大便次数增加、腹痛、上腹部不适。

2. 电解质异常 神经精神症状包括低钠血症导致的呕吐、恶心、嗜睡、肌无力、谵妄、幻视、严重幻觉等，抽搐、意识模糊、昏迷、癫痫样发作。

3. 心血管系统 心悸、心动过缓、血压升高、房室传导阻滞、心房颤动、心绞痛。

4. 泌尿系统 肾功能损伤、一过性多尿。

5. 用药部位损伤 静脉炎、局部软组织疼痛。心力衰竭、高血压、冠心病、肺源性心脏病及动脉硬化患者禁用此类药物。

卡巴克洛（carbazochrome）

卡巴克洛可直接作用于血管，无拟肾上腺素作用，因此不影响血压和心率，但能增强毛细血管对损伤的抵抗力，稳定血管及其周围组织中的酸性黏多糖，降低毛细血管的通透性，增强受损毛细血管端的回缩作用，使血块不易从管壁脱落，从而缩短止血时间，但不影响凝血过程。一般用于毛细血管通透性增加所致的出血，如特发性紫癜、视网膜出血、慢性肺出血、胃肠出血、鼻出血、咯血、血尿、痔出血、子宫出血、脑出血等。

五、其　　他

鱼精蛋白（protamine）

【药理作用】 鱼精蛋白是从雄性鲑鱼或雄性鱼类生殖细胞中提取的多阳离子强碱性多肽，能与强酸性肝素钠或肝素钙形成稳定的盐而使肝素失去抗凝作用。本品作用迅速，静脉给药 5min 内即发生中和肝素的作用。

【临床应用】

1. 出血 因肝素钠或肝素钙严重过量而致的出血症及自发性出血，如咯血等。

2. 中和肝素 心血管手术、体外循环或血液透析过程中应用肝素者，在结束时用本药中和体内残余肝素。

【不良反应】

（1）本药注射过快可引起心动过缓、胸闷、低血压、呼吸困难、短暂颜面潮红、温热感、肺动脉高压（因药物直接作用于心肌或使周围血管扩张引起），也有引起高血压的报道。

（2）对鱼过敏，过去曾接受过本品或含鱼精蛋白的胰岛素（如中性鱼精蛋白胰岛素）者，易发生抗鱼精蛋白 IgE 介导的高敏或过敏反应。男性不育症或输精管切除者中某些人易发生鱼精蛋白高敏反应。

（3）心脏手术体外循环所致的血小板减少，可因注射本药而加重。

使用时应注意：①对本药有不耐受史或不良反应史者禁用，对鱼过敏者、男性不育症或输精管切除者慎用；②在肝素化患者不能把精蛋白注入含有泛影酸的导管内，因为硫酸精蛋白的 pH 为 2.5～3.5，可使泛影酸沉淀，会引起栓塞；③本药粉针剂以制菌折射用水溶解后不能用于新生儿，因其含有苯甲醇（防腐剂），大剂量[100～400mg/（kg·d）]使用对新生儿有毒性反应；④反复给药拮抗大剂量肝素时，必须延长监护时间，监测活化全血凝固时间（ACT）、活化部分凝血活酶时间（APTT）、凝血酶时间（TT）；⑤在一些胰岛素制剂中，鱼精蛋白可延长胰岛素的作用；⑥对血容量偏低患者，宜纠正后再用本品，以防发生周围循环衰竭；⑦本品与青霉素及头孢菌素类药物有配伍禁忌，不应同时注射。

1. 临床上抗凝血药与促凝血药有哪几类？每类举一代表药。
2. 从血液凝固的过程阐述肝素的作用机制。

附　肝素的发现

在临床上，有一种常用的抗凝血药物，称作肝素。它是怎么发现的，是不是只存在于肝脏中呢？

1916 年，约翰·霍普金斯大学医学院二年级的学生麦克廉在老师指导下进行科研工作。他的任务是从犬的脏器提取物中找到能够促进血液凝固的物质。可研究过程中麦克廉发现，脑和心的提取物都有促进凝血的作用，可肝脏却不然，它的提取物不但不能促进凝血，反而会抗凝。于是，麦克廉和他的老师经过反复实验发现，肝脏提取物中的确有一种强效的抗凝血物质。既然这种物质是从肝脏中提取的，那就叫它“肝素”吧，肝脏的希腊文为“Heper”，所以，肝素也称为“Heparin”，这个名称一直沿用至今。后来人们发现动物的肺脏、肠黏膜中也有肝素，并分离纯化了肝素。而今，肝素通常由猪小肠黏膜和猪、牛的肺中提取，已经成为临床常用的体内、体外抗凝剂。

感谢麦克廉，百年前这位医学院正在念大二的学生没有找到促进凝血的物质，却为我们找到了最常用的抗凝血药物——肝素。

附　水蛭素的发现

水蛭药用，由来已久，从水蛭干粉到天然水蛭素，再到重组水蛭素，走过了一段漫长的岁月。虽然水蛭干粉、天然水蛭素和重组水蛭素三者共同的有效成分都是水蛭素，但仍然有着明显的区别。

3000 多年前，古埃及的金字塔墓道就刻有人们利用水蛭治疗疾病的壁画；2000 多年前，古印度利用水蛭祛除患者瘀血的故事被动物学家萨乌叶尔记录在案；公元前 200 年的欧洲，希腊医学家尼坎德留下了水蛭药用的文字。古代中国也不乏水蛭的药用记载。医圣张仲景首先将水蛭用于临床，用其祛邪扶正，治疗“瘀血”“水结”之症。在两次世界战争中，作为祛除瘀血的“神秘药箱”，水蛭发挥了重要作用。而药用均是将水蛭洗干净，晾干，用滑石粉热炒，炒至水蛭鼓起，筛去滑石粉，粉碎，就得到水蛭干粉了。随后，受拿破仑军医对水蛭推崇的影响，1884 年，英国科学家海克拉夫特（Haycraft）首次发现水蛭之王——菲牛蛭含有抗凝血的物质。1904 年，英国科学家雅克比（Jacoby）成功地从菲牛蛭中分离出抗凝血有效成分，并定名为天然水蛭素。1955 年，前东德科学家马克沃德特（Markwardt）分离出高纯度水蛭素，并鉴定出它是一种含有 65 个氨基酸的多肽。通过大量药理实验证明，菲牛蛭内含的水蛭素，是至今为止世界上最有效和最安全的天然凝血酶抑制剂！由于水蛭素具有重要开发价值，而水蛭的来源有限，故国内外医药界均着重研究通过基因工程获得重组水蛭素。1986 年后，重组水蛭素已在大肠杆菌和酵母中分别表达成功，1998 年年底重组水蛭素药物首先在德国正式上市，1999 年英国批准上市，已注册的国家有美国、法国、瑞士、欧洲国家、澳大利亚、新西兰、南非国家等 10 多个国家。与天然水蛭素相比，一方面，重组水蛭素在第 63 位氨基酸（酪氨酸）上未硫酸化，这就使得重组水蛭素对凝血酶的抑制常数比天然水蛭素降低了 90%，难以发挥抗栓效果；另一方面，重组水蛭素与生俱来无法克服的先天缺陷，容易引起潜在出血部位出血副作用，使其无法与天然水蛭素相比。因此，天然水蛭素（即水蛭素）与胰岛素、青蒿素被称为拯救人类疾病的“世界三素”。

第三十一章 抗贫血药和促白细胞生成药

学习目标

1. 明晰铁剂、叶酸、维生素 B_{12}、红细胞生成素的药理作用和临床应用特点，为不同的贫血选择适宜的治疗药物。

2. 了解促白细胞生成药的特点及主要临床应用。

第一节 抗贫血药

贫血是指循环血液中血红蛋白含量和（或）红细胞数量低于正常的病理现象。根据病因及发病机制，临床常见贫血可分为 3 种类型，因铁缺乏导致的缺铁性贫血、因叶酸或维生素 B_{12} 缺乏导致的巨幼红细胞贫血和因骨髓造血功能降低所致的再生障碍性贫血。在对贫血病因进行正确诊断，去除病因的同时，可根据贫血类型选择相应的抗贫血药进行补充治疗。

一、铁 剂

铁是人体必需的元素，是构成血红蛋白、肌红蛋白及组织酶系如过氧化物酶、细胞色素 C 等所必需的。当机体铁的摄入量不足、胃肠道吸收障碍或慢性失血造成铁缺乏时，可影响血红蛋白的合成而引起贫血，此种贫血发生时，红细胞呈小细胞低色素性。常用的铁剂有口服铁剂包括硫酸亚铁（ferrous sulfate）、琥珀酸亚铁（ferrous succinate）、枸橼酸铁（ferric ammonium citrate）；注射铁剂包括右旋糖酐铁（iron dextran）、山梨醇铁（iron sorbitex）等。

【体内过程】 口服铁剂或食物来源的铁都以 Fe^{2+}在十二指肠和空肠上段吸收。Fe^{3+}难吸收，凡能促进 Fe^{3+}还原成 Fe^{2+}的物质（如胃酸、维生素 C、食物中的果糖、半胱氨酸等），都有利于铁的吸收，但食物中高磷、高钙、鞣酸等物质使铁沉淀，使用抗酸药、H_2受体阻断药、质子泵抑制药等导致胃酸缺乏而抑制 Fe^{2+}形成或能与铁络合的药物（四环素等）都会阻碍铁吸收。肉类食物的血红素中铁吸收最佳，蔬菜中铁吸收较差。铁的吸收与体内储存铁多少有关，吸收进入肠黏膜的铁根据机体需要或直接进入骨髓供造血使用，或与肠黏膜去铁蛋白结合以铁蛋白（ferritin）的形式储存。体内铁的转运需要转铁蛋白（transferrin）。它是分子量为 76 000Da 的糖蛋白，有 2 个铁结合位点。细胞膜上有转铁蛋白受体，铁-转铁蛋白复合物与受体结合，通过受体调节的胞饮作用进入细胞，铁分离后，去铁的转铁蛋白被释放出细胞外继续发挥作用。铁的排泄主要通过肠黏膜细胞脱落或经胆汁、尿液、汗液排出体外。

【药理作用】 参与形成血红蛋白：铁是红细胞成熟阶段合成血红素的必需物质。吸收到骨髓的铁吸附在有核红细胞膜上并进入线粒体，与原卟啉结合后形成的血红素再与珠蛋白结合，即形成血红蛋白。

【临床应用】 预防和治疗缺铁性贫血，尤其适用于营养不良、生长发育期铁需求增加和慢性失血引起的缺铁性贫血患者。口服铁剂 1 周，血液中网织红细胞即可上升，10～14 天达高峰，2～4 周后血红蛋白明显增加，达正常值需 1～3 个月。为使体内铁储存恢复正常，待血红蛋白正常后尚需减半量继续服药 2～3 个月。硫酸亚铁吸收良好，最为常用。枸橼酸铁铵为三价铁，吸收差，但可制成糖浆供小儿应用。缺铁性贫血原则上使用口服铁剂进行治疗，注射铁剂仅限于少数严重贫血、口服铁剂胃肠道反应严重及铁剂吸收障碍者应用。

【不良反应】 口服铁剂对胃肠道有刺激性，可引起恶心、腹痛、腹泻，饭后服用可以减轻。因铁与肠腔中硫化氢结合，减少了硫化氢对肠壁的刺激作用，可引起便秘。小儿误服 1 g 以上铁剂可引起急性中毒，表现为坏死性胃肠炎、呕吐、腹痛、血性腹泻、休克、呼吸困难，可引起死亡。急救措施为以磷酸盐或碳酸盐溶液洗胃，并以特殊解毒剂去铁胺（deferoxamine）注入胃内以结合残存的铁。

蔗糖铁（iron sucrose）

蔗糖铁对血红蛋白的合成、维持氧的传递和利用，以及其他血红素和非血红素化合物的形成是必不可少的。本品经体内网状内皮系统分解成铁和蔗糖，释放的部分铁可用来补充体内被消耗的铁储备，显著提高血清中的铁和铁蛋白含量。临床主要用于治疗接受补充红细胞生成素疗法的长期血液透析患者的缺铁性贫血。不良反应有头痛、头晕、发热、乏力、低血压、胸痛等。

葡萄糖酸铁钠复合物

葡萄糖酸铁钠复合物主要用于治疗成人缺铁性贫血及6岁以上接受补充红细胞生成素疗法的慢性血液透析患者的缺铁症。大多数患者需最小累积剂量为 1g 元素铁，给予 8 次以上才能达到良好的恢复血红蛋白、血细胞比容效果。透析期间静脉注射给药。本品不良反应为可发生严重的过敏反应和低血压。

去铁酮（deferiprone）

去铁酮是一种口服的双齿状的铁螯合剂，它与铁结合的比率是 3∶1，能减少由常规输注造成铁过量患者的铁负荷，降低患者的高血清铁蛋白水平，将患者血清中充分螯合的铁蛋白水平维持在可接受范围内。本品临床应用为 β 地中海贫血及含铁血黄素沉积症。不良反应有轻度锌缺乏、粒细胞缺乏症和关节炎等。

二、叶　　酸

叶酸（folic acid）是由蝶啶核、对氨苯甲酸及谷氨酸三部分组成（图 31-1）的水溶性 B 族维生素。广泛存在于动植物性食品中，少量由回肠细菌合成。人体细胞自身不能合成叶酸，必须从食物中获取。叶酸性质不稳定，易被光和热破坏。正常人每日需要叶酸量 50～100μg，一般食物中的含量已能充分补足机体需要。

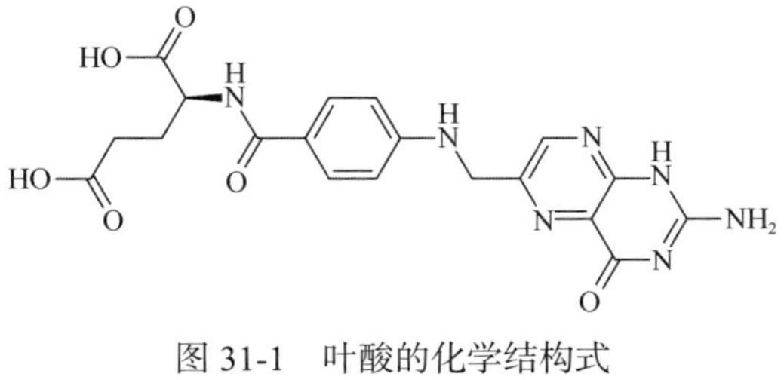

图 31-1　叶酸的化学结构式

【体内过程】 叶酸经口服在空肠通过主动转运易被吸收，少部分经还原及甲基化作用转变为甲基四氢叶酸，大部分以原形进入血液循环，分布到各组织器官。通过细胞膜叶酸受体，进入细胞内，并以 5-甲基四氢叶酸形式存于肝内。叶酸及其代谢产物主要经肾脏排泄，少部分由胆汁经粪便排泄，部分经重吸收形成肝肠循环。

【药理作用】 食物中的叶酸进入体内后，在二氢叶酸（DHFA）还原酶作用下形成具有活性的四氢叶酸（THFA），作为甲基（—CH_3）、甲酰基（—CHO）等一碳基团的传递体。这些一碳基团由丝氨酸、组氨酸、甘氨酸和甲硫氨酸等产生后，即以叶酸作为载体，参与体内多种生化代谢（图 31-2、图 31-3），包括嘌呤核苷酸的从头合成；从尿嘧啶脱氧核苷酸（dUMP）合成胸嘧啶脱氧核苷酸（dTMP）；促进某些氨基酸的互变。当叶酸缺乏时，上述代谢出现障碍，其中最为明显的是 dTMP 的合成受阻，导致细胞核中 DNA 合成减少，细胞分裂与增殖减少。但由于对 RNA 和蛋白质合成影响较少，使细胞的 DNA/RNA 降低，出现细胞增大、胞质丰富、细胞核中染色质疏松分散的现象。药物对红细胞的影响最为明显，表现为巨幼红细胞贫血；同时，药物还可使消化道上皮增殖受阻，表现为舌炎、腹泻等。

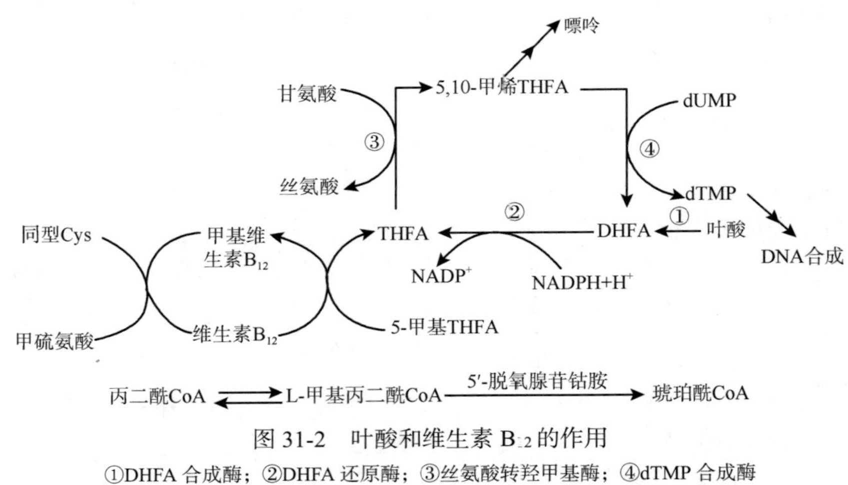

图 31-2　叶酸和维生素 B_{12} 的作用

①DHFA 合成酶；②DHFA 还原酶；③丝氨酸转羟甲基酶；④dTMP 合成酶

【临床应用】 叶酸作为补充治疗用于各种原因所致巨幼红细胞贫血。与维生素 B_{12} 合用效果更好。由于二氢叶酸还原酶受到抑制，叶酸对由叶酸对抗剂甲氨蝶呤、乙胺嘧啶、甲氧苄啶等所致巨幼红细胞贫血无效，此类疾病需用亚叶酸钙（calcium leucovorin）进行治疗。对维生素 B_{12} 缺乏所致“恶性贫血”，大剂量叶酸治疗可纠正血象，但不能改善神经症状。故治疗时以维生素 B_{12} 为主，叶酸为辅。

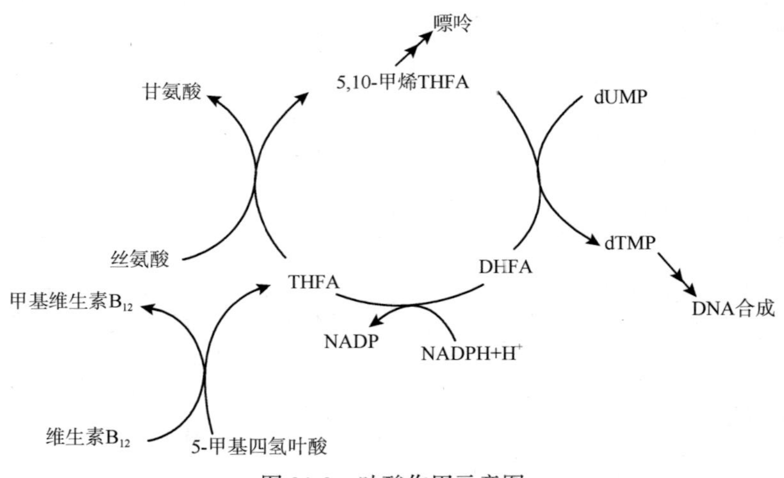

图 31-3　叶酸作用示意图

【不良反应】 不良反应少，罕见过敏反应。

三、维生素 B_{12}

【体内过程】 维生素 B_{12}（vitamin B_{12}）必须与胃壁细胞分泌的糖蛋白即“内因子”结合才能

免受胃液消化而进入空肠被吸收。胃黏膜萎缩致“内因子”缺乏可影响维生素 B_{12} 吸收，引起“恶性贫血”。口服维生素 B_{12} 被机体吸收后，有 90%储存于肝脏，其余则经由胆汁排泄，主要从肠道排出，可形成肝肠循环，注射时则大部分由肾脏排出。

【药理作用】 维生素 B_{12} 为细胞分裂和维持神经组织髓鞘完整所必需。体内维生素 B_{12} 主要参与下列两种代谢过程（图 31-4）。

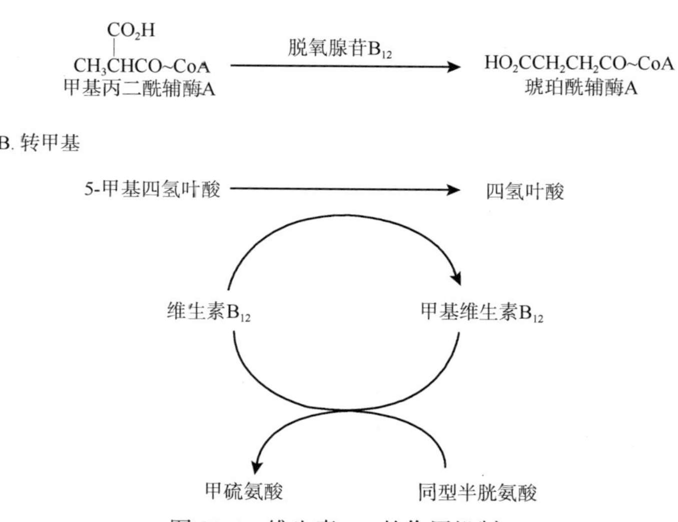

图 31-4　维生素 B_{12} 的作用机制

1. 参与叶酸代谢 维生素 B_{12} 作为甲基转移酶的辅酶，促进四氢叶酸循环利用同型半胱氨酸甲基化成甲硫氨酸。维生素 B_{12} 通过催化作用自 5-甲基四氢叶酸得到甲基，然后将其转给同型半胱氨酸，5-甲基四氢叶酸则转变成四氢叶酸，起到促进四氢叶酸循环利用的作用，故维生素 B_{12} 缺乏会引起叶酸缺乏症状。

2. 维持髓鞘神经功能的完整性 在 5′-脱氧腺苷 B_{12} 参与下，甲基丙二酰辅酶 A 变为琥珀酰辅酶 A 而进入三羧酸循环。维生素 B_{12} 缺乏时，甲基丙二酰辅酶 A 发生积聚，导致脂肪酸合成异常，影响正常神经髓鞘脂质合成，出现神经症状。

【临床应用】 临床主要用于治疗恶性贫血及巨幼红细胞贫血，也可作为神经炎、神经萎缩等神经系统疾病和肝脏疾病的辅助治疗。

【不良反应】 可致过敏反应，甚至过敏性休克，不宜滥用；不可静脉给药。

四、红细胞生成素

红细胞生成素（erythropoietin，EPO）又称促红素，是由肾脏近曲小管管周细胞产生的糖蛋白激素，现用基因工程合成。

【体内过程】 慢性肾衰竭患者，一次静脉注射后，$t_{1/2}$ 为 4～13h；在长期血液透析的患者，一次静脉注射后，$t_{1/2}$ 为 8～12h；如重复用药，$t_{1/2}$ 可缩短为 6h。皮下注射后 8～12h 血药浓度达峰值，有效浓度可维持 12～16h，生物利用度仅 20%，大部分在肝脏代谢。

【药理作用】 红细胞生成素主要通过与红系祖细胞的表面受体结合，促进红系细胞的增殖和分化，促进红细胞母细胞成熟，增加红细胞数和血红蛋白含量；稳定红细胞膜，提高红细胞膜抗氧化酶功能。长期接受血液透析的患者应用本品后，可增加血细胞比容。另外，本品还能改善血小板功能，对凝血障碍有所改善。

【临床应用】 主要用于慢性肾衰竭和晚期肾病所致的贫血，也用于多发性骨髓瘤相关的贫血和骨髓增生异常及骨癌引起的贫血，对结缔组织病（类风湿关节炎和系统性红斑狼疮）所致的贫血也有效。

【不良反应】 血压升高，偶可诱发脑血管意外、癫痫发作。瘙痒、发热、恶心、头痛、关节痛、血栓等不良反应较少见。

第二节 促白细胞生成药

维生素 B_4、鲨肝醇等作为升白细胞药应用多年，但疗效较差。基因重组及克隆技术则为集落刺激因子的生产和应用创造了条件。集落刺激因子是一组可刺激血细胞增殖，形成集落的糖蛋白，主要包括 G-CSF（刺激粒细胞增殖）、M-CSF（刺激巨噬细胞增殖）、GM-CSF（刺激粒细胞和巨噬细胞增殖）、IL-3（多能集落刺激因子）。此类药物包括粒细胞集落刺激因子、粒细胞-巨噬细胞集落刺激因子等，是 1974 年开始陆续开发的治疗血液和造血系统疾病更加有效的药物，可广泛用于各种原因引起的白细胞数量减少。

升白新（cleistanthin-B）

【体内过程】 口服吸收迅速，生物利用度约为 50%，肌内注射吸收更快而完全。体内分布很广，以肝、肾、心脏组织含量最高，肾上腺、骨髓及骨组织中含量低，可透过血脑屏障。主要经胆道及粪便排出，其次为肾脏，其降解产物由肾脏排泄。体内消除慢，服药 2 天后，血药浓度仍维持一定水平，肌内注射 24h 后仍可测出血药浓度。

【药理作用】 促进骨髓造血功能，升高外周血白细胞。

【临床应用】 临床用于防治肿瘤放疗和化疗引起的白细胞减少症。其升白细胞的作用优于维生素 B_4 和鲨肝醇。其他药物无效时，本品仍可有效。

【不良反应】 剂量过大时可能影响肝肾功能。

非格司亭（filgrastim）

本品又称重组人粒细胞集落刺激因子，是粒细胞集落刺激因子（G-CSF）的基因重组产物，含 175 个氨基酸，排列顺序与天然的相同。

【体内过程】 静脉注射或皮下注射后血药峰浓度与剂量成正比，血浆浓度达峰时间为 30min，血浆药物浓度峰值为 0.1～0.5μg/mL，血浆半衰期为 1.2～1.5h，但用较大剂量时的半衰期为 5～7h，给药 48h 后全部由血浆中清除，在体内不蓄积。

【药理作用】 通过与靶细胞膜受体结合，可刺激中性粒细胞祖细胞分化、增殖及促进成熟中性粒细胞自骨髓的释放，并增强成熟中性粒细胞的功能，促进外周血粒细胞计数增加。

【临床应用】 用于骨髓移植患者，促进中性粒细胞数的增加；用于癌症化疗引起的中性粒细胞减少症：恶性淋巴瘤、肺癌、卵巢癌、睾丸肿瘤、神经母细胞瘤；骨髓异常增生综合征的中性粒细胞减少症；再生障碍性贫血的中性粒细胞减少症；先天性及原发性中性粒细胞减少症。

【不良反应】 常见有骨痛（腰部、胸部、骨盆、下背部）、头痛、皮疹、食欲缺乏、发热、疲劳、脱发、口腔溃疡、失眠等症状。偶见白细胞过多，AST、ALT 升高，尿酸水平升高等。罕见休克。

来格司亭（lenograstim）

【体内过程】 健康成人单次静脉给药，$t_{1/2}$ 为 1～1.5h，皮下给药后 3.5～4.5h 达血药峰值。

【药理作用】

1. 升高白细胞 对放射线照射、骨髓移植的小鼠，本品 1μg/kg 以上剂量皮下给药 17 天，血液中中性粒细胞数目呈剂量依赖性增加。对化疗药物引起的白细胞减少，皮下或静脉给药 50～

100μg/kg 能阻止末梢血液中中性粒细胞降低或促进恢复；对 CTX 引起的猴中性粒细胞降低，本品皮下给药 2.5～10μg/kg，亦能阻止白细胞降低，缩短恢复期。本品对于正常小鼠，单次皮下给药 0.16μg/kg，或 0.08μg/kg 静脉连续给药 14 天，均能明显增加末梢血液中中性粒细胞数量；大鼠 0.1μg/kg 皮下及静脉连续给药 14 天，末梢血中中性粒细胞数也显著增加。

2. 抗感染作用　对铜绿假单胞菌、肠杆菌、真菌、金黄色葡萄球菌、念珠菌等所致的非荷瘤小鼠的感染，本品皮下给药 1～10μg/kg 有显著治疗作用。对荷瘤动物的铜绿假单胞菌感染，皮下给药 100μg/kg 有效。与足量有效的抗生素联合应用，可提高抗感染疗效。这可能与其促进中性粒细胞的生理功能有关。

【临床应用】　促进骨髓移植时中性粒细胞增加。用于下列癌症化疗引起的中性粒细胞减少症：如恶性淋巴瘤、肺癌、睾丸肿瘤、卵巢癌、神经母细胞瘤等；先天性、特发性及骨髓异化综合征，再生不良性贫血引起的中性粒细胞减少症。

【不良反应】　主要有发热、腰痛、胸痛、颈痛、食欲缺乏等，有时检验可见乳酸脱氢酶（LDH）、碱性磷酸酶（ALP）、谷丙转氨酶（GPT）、谷草转氨酶（GOT）升高。

沙格司亭（sargramostim）

【体内过程】　本品的药动学性质取决于给药途径。志愿者和患者皮下注射 3μg/kg、10μg/kg、20μg/kg 和静脉注射 3～30μg/kg，其血药浓度峰值和曲线下面积（AUC）均随剂量增加而增高。皮下注射时，血药浓度达峰时间为 3～4h，静脉注射时消除 $t_{1/2}$ 为 1～2h，皮下注射则为 2～3h。

【药理作用】　本品能刺激粒细胞、单核细胞和 T 细胞增殖，而对 B 细胞增殖无影响。能诱导正常人骨髓细胞形成粒细胞集落形成单位（CFU-G）、巨噬细胞集落形成单位（CFU-M）和粒细胞-巨噬细胞集落形成单位（CFU-GM），集落的大小和数目均增加。能促进早期的多能前体细胞生长和分化为集落形成单位（CFU）。主要促进单核细胞和粒细胞成熟，并可与红细胞生成因子（EPO）、M-CSF、G-CSF 等相互作用，促进巨核细胞生长。与高浓度 EPO 有协同作用，促进红细胞的增殖。本品尚能克服化疗和放疗引起的骨髓毒性，缩短肿瘤化疗时中性粒细胞减少时间，减少感染并发症，使患者易于耐受化疗，从而可给予全疗程化疗药，有利于大剂量强化化疗，缩短肿瘤化疗的周期。由于本品能增强单核细胞、粒细胞、嗜酸性粒细胞和巨噬细胞功能，能提高机体抗肿瘤及抗感染免疫力。

【临床应用】　主要用于肿瘤化疗引起的白细胞减少症、药物特应性引起的白细胞减少症、慢性循环性白细胞减少症、再生障碍性贫血、骨髓功能损伤包括骨髓移植后用药、周围干细胞过多症等。

【不良反应】　常见发热、寒战，其次为皮疹，且常发生于皮下注射部位。偶见低血压、恶心、水肿、胸痛、骨痛和腹泻等。

简述服用铁剂的注意事项。

第三十二章　血容量扩充药

学习目标

1. 理解血容量扩充药的临床应用价值。
2. 掌握右旋糖酐的药理作用、临床应用和不良反应。
3. 学会根据临床需求选用适合的右旋糖酐。

大量失血或大面积烧伤可使机体循环血量减少，严重时可发生低血容量性休克。迅速扩充血容量是基本疗法，除了全血或血浆外，还可应用人工合成的血容量扩充药，因此此类药物又称血浆代用品，具有提高血浆胶体渗透压、增加血浆容量和维持血压的作用，也能阻止红细胞及血小板聚集，降低血液黏滞性，从而改善微循环。理想的血容量扩充药应能长时间维持血液胶体渗透压、无毒性、无抗原性。目前最常用的是右旋糖酐、人血清白蛋白等。

右旋糖酐（dextran）

右旋糖酐为高分子葡萄糖聚合物，因其聚合的葡萄糖分子数目不同，而有不同分子质量的产品。常用的有中分子右旋糖酐 70（dextran 70，平均分子量约为 70kDa）、低分子右旋糖酐 40（dextran 40，平均分子量约为 40kDa）和小分子右旋糖酐 10（dextran 10，平均分子量约为 10kDa）。

【药理作用】　能提高血浆胶体渗透压、增加血浆容量和维持血压，作用强度和维持时间随分子量减小而逐渐降低。低、小分子右旋糖酐阻止红细胞和血小板聚集及纤维蛋白聚合，降低血液黏滞性，从而改善微循环。

【临床应用】　作为血浆代用品的中分子右旋糖酐，主要用于急性失血、创伤或烧伤等低血容量性休克。低、小分子右旋糖酐主要用于各种休克所致的微循环障碍、弥漫性血管内凝血、心绞痛、急性心肌梗死、脑血栓形成及血管闭塞性脉管炎和视网膜动静脉血栓等其他周围血管疾病等。

【不良反应】　偶有发热、荨麻疹等过敏反应，少见血压下降、呼吸困难和胸闷等严重反应，罕见过敏性休克。连续应用会因制剂中少量大分子右旋糖酐蓄积而引起凝血障碍和出血。禁用于出血性疾病、血小板减少症等，心、肾功能不全和肺水肿者慎用。

人血清白蛋白（human serum albumin）

人血清白蛋白是血浆的重要组成部分，能增加血容量和维持血浆胶体渗透压；能结合阴离子和阳离子，输送物质，也可将有毒物质输送到代谢器官；人血清白蛋白还可作为氮源为组织提供营养。

临床上可用于失血、创伤和烧伤引起的低血容量性休克；脑水肿及损伤引起的颅内压升高；肝硬化及肾病引起的水肿或腹水、低蛋白血症；新生儿高胆红素血症；心肺分流术、烧伤、血液透析的辅助治疗和成人呼吸窘迫综合征。

不良反应表现为寒战、发热、颜面潮红、皮疹、恶心呕吐等。输注过快可导致肺水肿，偶见过敏反应。

简述右旋糖酐的药理作用和临床应用。

附　人血清白蛋白的“前世今生”

人血清白蛋白是从人的血浆中经过低温乙醇提取得到的白蛋白，是血浆的重要组成部分。人血清白蛋白的研发始于第二次世界大战，在第二次世界大战期间，生灵遭到涂炭，对安全稳定的血浆替代品的需求急剧增加，为抢救伤员，美国哈佛大学医学院科恩（Cohn）教授等于 1942 年 1 月采用低温乙醇提取技术成功从人血浆提纯了白蛋白用于战时伤员抢救，由于人血清白蛋白的使用不需要区分血型，临床应用非常方便，挽救了大量的伤员。该方法作为血液制品生产经典工艺沿用至今。

药用人血清白蛋白全部从人血浆提取，主要存在两方面的问题：一是原料血浆存在艾滋病、肝炎等病毒感染的风险；二是血源紧缺。因此，在大肠杆菌、枯草杆菌、酵母、植物和转基因动物等系统中进行了重组人血清白蛋白（rHSA）的表达研究，通过基因改造或化学修饰还能进一步扩大其临床应用范围。应用现代基因工程技术获得高纯度的重组人血清白蛋白，在结构、功能和免疫学等性质方面与人血清白蛋白基本相似，有望成为替代产品。日本研制的基因重组人血清白蛋白于 2008 年全球上市，用于治疗由于烧伤、肝硬化等引起的白蛋白严重丢失等症。2020 年，由华北制药研发成功的重组人血清白蛋白获得 SFDA“药品生产许可证”，标志着这一填补国内空白的重组人血清白蛋白技术已经成熟，在国内首次具备了重组人血清白蛋白产业化的能力，为产品投入市场迈出了重要一步。

第八篇
作用于内分泌系统的药物

第三十三章　肾上腺皮质激素类药物

学习目标

1. 明晰肾上腺皮质激素类药物的分类、代表药物、作用及构效关系特点、临床应用和典型的不良反应。

2. 能够根据糖皮质激素的药理作用及其机制、不良反应，安全、合理地应用于临床。

3. 了解促肾上腺皮质激素和盐皮质激素类药物的应用，促皮质激素药及皮质激素抑制药的来源、概念及其代表药物的作用特点。

肾上腺位于肾脏上方，由皮质和髓质两个部分的内分泌腺体组成，在结构和功能上各不相同。皮质部分泌肾上腺皮质激素（adrenocortical hormones），而髓质部可分泌儿茶酚胺类激素。肾上腺皮质由外向内可分为三层：球状带、束状带和网状带，分别合成盐皮质激素（mineralocorticoid，MC）、糖皮质激素（glucocorticoid，GC）和少量性激素等三类激素，都属于甾体类激素（steroid hormones）。肾上腺皮质激素是肾上腺皮质各部位分泌产生的各种激素的总称，临床上常用的皮质激素主要是糖皮质激素类药物。

肾上腺皮质激素分泌受下丘脑-垂体-肾上腺轴（hypothalamic-pituitary-adrenal axis，HPAa）的精确调控（图 33-1）。下丘脑促肾上腺皮质激素释放激素（corticotropin releasing hormone，CRH）的释放，促进垂体促肾上腺皮质激素（adrenocorticotropic hormone，ACTH，促皮质素）的合成和释放。CRH 主要由下丘脑室旁核的神经元分泌，具有昼夜节律性。ACTH 由腺垂体的垂体前叶促肾上腺皮质细胞分泌产生，属于促激素，主要作用是促进肾上腺皮质束状带分泌糖皮质激素。ACTH 的分泌受下丘脑 CRH 控制可呈现一定的昼夜节律性。此外，下丘脑分泌的精氨酸加压素（AVP）也可促进 ACTH 的合成和分泌。糖皮质激素具有负反馈调节垂体 ACTH 和下丘脑 CRH 分泌的作用，当血液中的糖皮质激素水平升高时，可以抑制垂体 ACTH 和下丘脑 CRH 分泌。肾上腺皮质外层分泌的盐皮质激素主要受血管紧张素Ⅱ（angiotensin Ⅱ）和细胞外 K^+浓度调节。

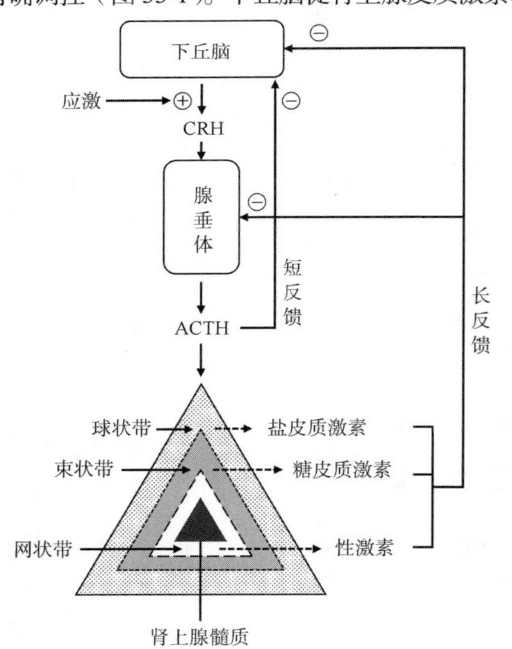

图 33-1　肾上腺皮质激素分泌的调节模式图
"+"表示促进；"–"表示反馈性抑制

化学结构与构效关系：肾上腺皮质激素类的基本结构为甾核（steroid nucleus），其共同的结构为甾核 A 环的 $C_{4\sim5}$ 为双键，C_3 上有酮基，C_{20} 上有一个羰基，这些结构为保持生理功能所必需。人工合成的皮质激素在第 1、2 位碳原子间多为双键，使其在机体内不易被还原灭活，故作用时间延长、作用强度增加。

糖皮质激素类结构特征是在甾核 C 环上的 C_{11} 上有氧（可的松）或羟基（氢化可的松），而在 D 环的 C_{17} 上有 α 羟基，对糖代谢影响较强，对水盐代谢影响较弱，故称为糖皮质激素。这类药物具有较强的抗炎作用，因此又被称为甾体类抗炎药。

盐皮质激素类结构特征是在甾核 C 环上的 C_{11} 上无氧（去氧皮质酮），或有氧但与 C_{18} 结合（醛固酮），在 D 环的 C_{17} 上无 α 羟基。这类皮质激素对水盐代谢影响显著而对糖代谢影响较弱，故称为盐皮质激素。

可的松或氢化可的松 $C_{1\sim2}$ 引入双键分别成为泼尼松或泼尼松龙，糖代谢和抗炎作用增强 4～5 倍，水盐代谢作用减弱；可的松或泼尼松 C_{11} 上的氧在肝中转化为羟基，生成有活性的氢化可的松或泼尼松龙；泼尼松龙 C_6 上引入 α 甲基成为甲泼尼松龙，抗炎作用强于泼尼松龙；在 C_9 位上引入氟，C_{16} 位上引入甲基，抗炎作用明显提高，水钠潴留作用明显减弱，如地塞米松等；如 C_6、C_9 位上同时引入氟，则抗炎作用和水钠潴留作用均明显增强，如氟轻松，用于皮肤局部抗炎；泼尼松龙 C_{16} 位上引入羟基，C_9 位上引入氟，则成为曲安西龙，抗炎作用增强，对水盐代谢影响不大。各化合物结构式见图 33-2。

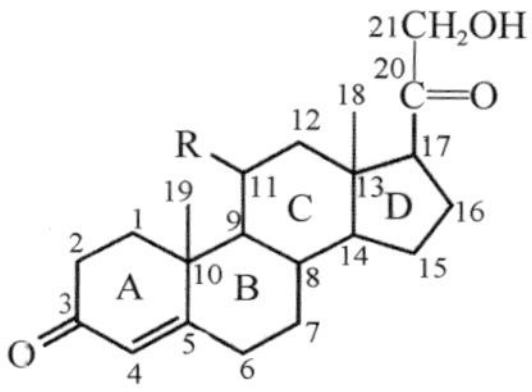

肾上腺皮质激素

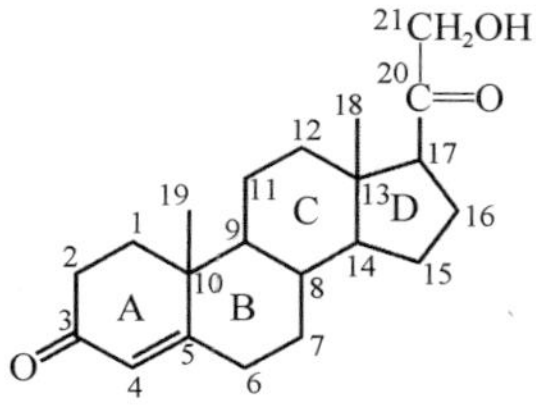

去氧皮质酮 deseoxycortone　　醛固酮 aldosterone　　泼尼松 prednisone

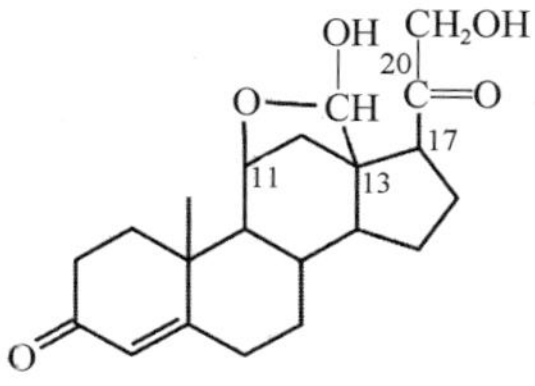

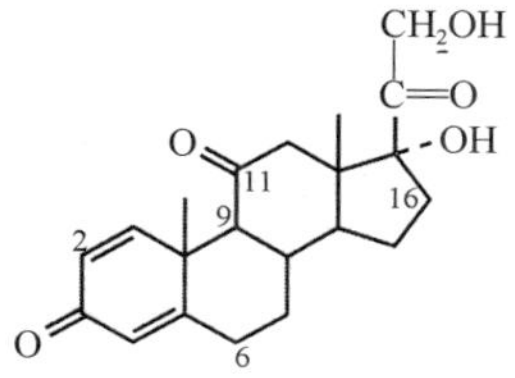

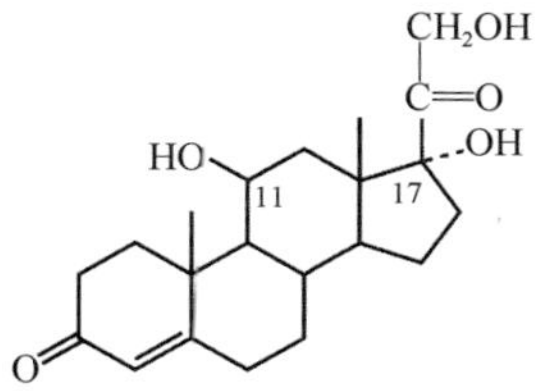

氢化可的松 hydrocortisone　　可的松 cortisone　　泼尼松龙 prednisolone

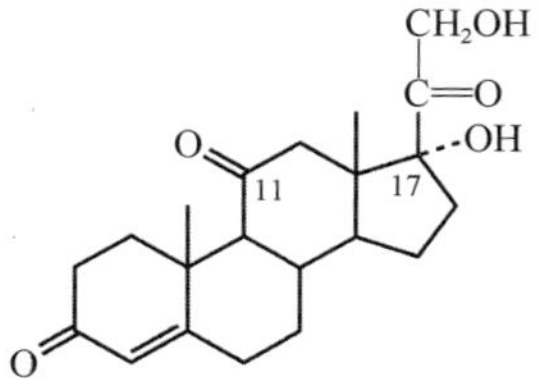

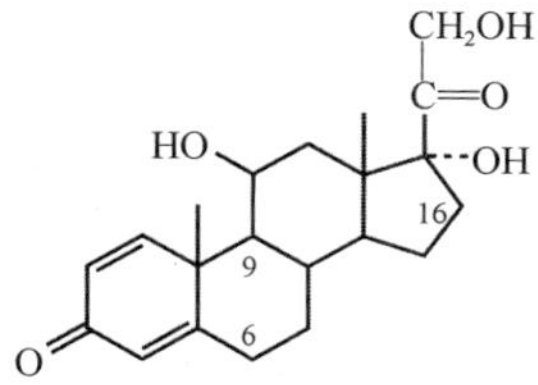

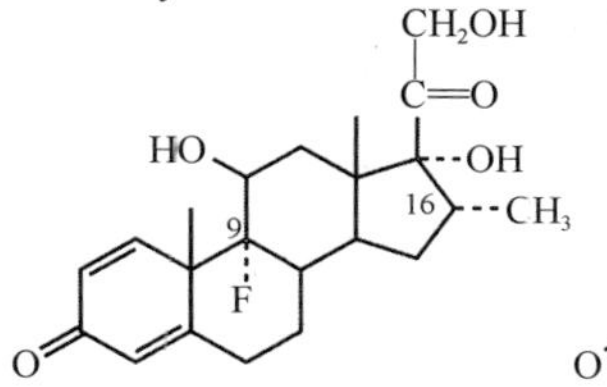

地塞米松 dexamethasone　　曲安西龙 triamcinolone　　氟轻松 fluocinolone acetonide

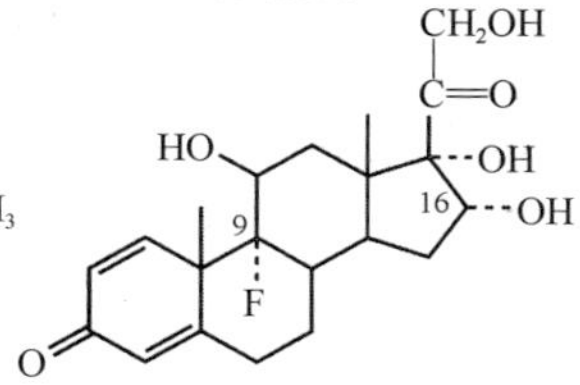

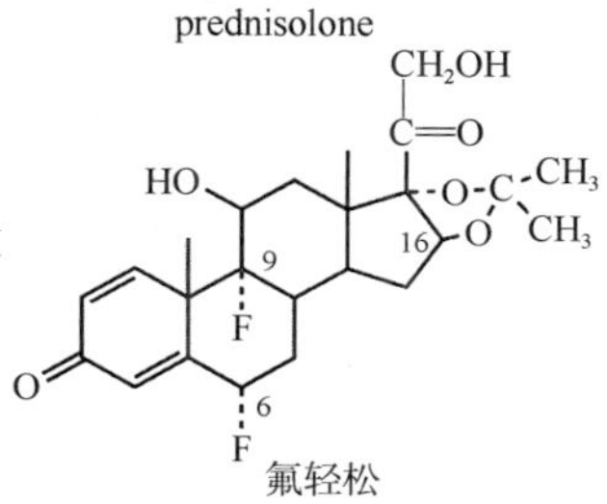

图 33-2　肾上腺皮质激素类药物的化学结构式

第一节 糖皮质激素类药

糖皮质激素由于其广泛而强大的作用，成为世界上应用最广泛的处方药物。糖皮质激素对细胞功能的影响涉及生长、发育、维持机体稳定、新陈代谢、识别和免疫调节等多个方面。

（一）体内过程

由于甾体类药物脂溶性较大，口服、注射均可吸收。可的松或氢化可的松口服后 1～2h 血药浓度达到高峰，一次给药作用持续 8～12h。氢化可的松进入血液后约 80%与皮质激素运载蛋白（transcortin，corticosteroid binding globulin，CBG）结合，10%左右与白蛋白结合，10%为游离型。其结合形式无生物活性，游离型才可发挥作用。CBG 在肝脏中合成，雌激素可促进其合成，肝、肾疾病时 CBG 减少，游离型皮质激素会增多，可能引起效应增强，并易引发不良反应。可的松和泼尼松在肝脏代谢为氢化可的松和泼尼松龙后才有活性，因此严重肝功能不全患者宜直接选用氢化可的松和泼尼松龙。与肝药酶诱导剂合用时，须注意增加皮质激素的用量。

（二）药理作用及机制

正常生理状态下肾上腺分泌糖皮质激素供机体调节物质代谢活动以维持稳态，缺乏时可引起代谢失调甚至死亡。机体在应激状态下可分泌大量糖皮质激素，使机体适应内外环境变化所产生的强烈刺激。临床超生理剂量应用时，除了对代谢有影响外，还具有抗炎、免疫抑制、抗休克等药理作用。

1. 对物质代谢的影响

（1）糖代谢：能促进糖原异生，增加肝糖原、肌糖原含量的同时升高血糖，其可利用一些氨基酸及其中间代谢物合成糖原；减慢葡萄糖分解，促进中间代谢产物再合成葡萄糖，减少机体组织对葡萄糖的利用从而升高血糖。

（2）蛋白质代谢：促进胸腺、淋巴结、肌肉、皮肤、骨组织等的蛋白质分解，抑制其合成，使血中游离氨基酸含量与尿氮排泄量增加，引起负氮平衡。长期大剂量使用糖皮质激素可引起肌肉及皮肤中蛋白质含量降低，骨质形成障碍等，这是糖皮质激素类药物产生多种不良反应的主要原因。

（3）脂质代谢：长期大剂量使用时能促进脂肪分解并重新分布。糖皮质激素能促进 cAMP 依赖性激酶的合成，从而激活脂肪酶，分解脂肪，升高血浆胆固醇水平。四肢皮下的脂酶激活后，促使脂肪分解，使脂肪重新分布到面、颈、上胸、背、腹和臀部，形成向心性肥胖，表现为“满月脸，水牛背”，呈现出躯干胖而四肢瘦的特殊体形。

（4）水盐代谢：糖皮质激素可产生较弱的盐皮质激素样保钠排钾作用，尤其是在长期大量使用后作用明显。若与利尿药合用，应注意避免低钾血症。其能促进肾脏对钙的排出，减少小肠对钙的吸收，长期或大量使用时，可引起低血钙，导致骨质疏松，而肾上腺皮质功能不全时，则常伴有高血钙。

2. 抗炎 炎症反应是机体的一种保护反应，但过强的炎症则会造成机体的损伤。糖皮质激素具有强大的抗炎作用，能抑制各种原因（物理、化学、生物、免疫等）引起的炎症反应。在炎症初期，本类药物能抑制局部血管扩张，减轻充血；降低毛细血管的通透性，减轻渗出和水肿；同时可抑制白细胞浸润及吞噬作用，减少各种炎性介质的释放，从而改善红、肿、热、痛等症状。在慢性炎症或急性炎症后期，糖皮质激素可通过抑制毛细血管和成纤维细胞的增生，抑制胶原蛋白和黏多糖等的生成和肉芽组织增生，防止炎症引起的粘连及瘢痕形成，减轻后遗症。炎症后期的反应与组织修复作用有关，因此，糖皮质激素在抑制炎症、减轻症状的同时会降低机体的防御功能，可能导致感染扩散、创口愈合延迟。

糖皮质激素抗炎作用的主要机制是基因组效应。具有甾体结构的激素属于脂溶性很高的分子，易通过细胞膜进入细胞，与细胞浆内的糖皮质激素受体（glucocorticoid receptor，GR）结合。GR由约800个氨基酸构成，存在GRα和GRβ两种亚型。GRα活化后产生经典的激素效应，GRβ作为GRα拮抗体起作用，不具备与激素结合的能力。未活化的GRα在细胞浆内与热休克蛋白90（heat shock protein 90，HSP90）等结合成无活性的复合体，这种复合体与激素结合后，空间构型发生变化，HSP与GRα分离，随之激素-GRα复合体易位进入细胞核，在细胞核内与特异性DNA位点即靶基因的启动子（promoter）序列的糖皮质激素应答元件（glucocorticoid response element，GRE）或负性糖皮质激素应答元件（negative glucocorticoid response element，nGRE）相结合，通过影响基因转录（增加或减少），改变介导的相关蛋白水平，进而发挥抗炎作用（图33-3）。

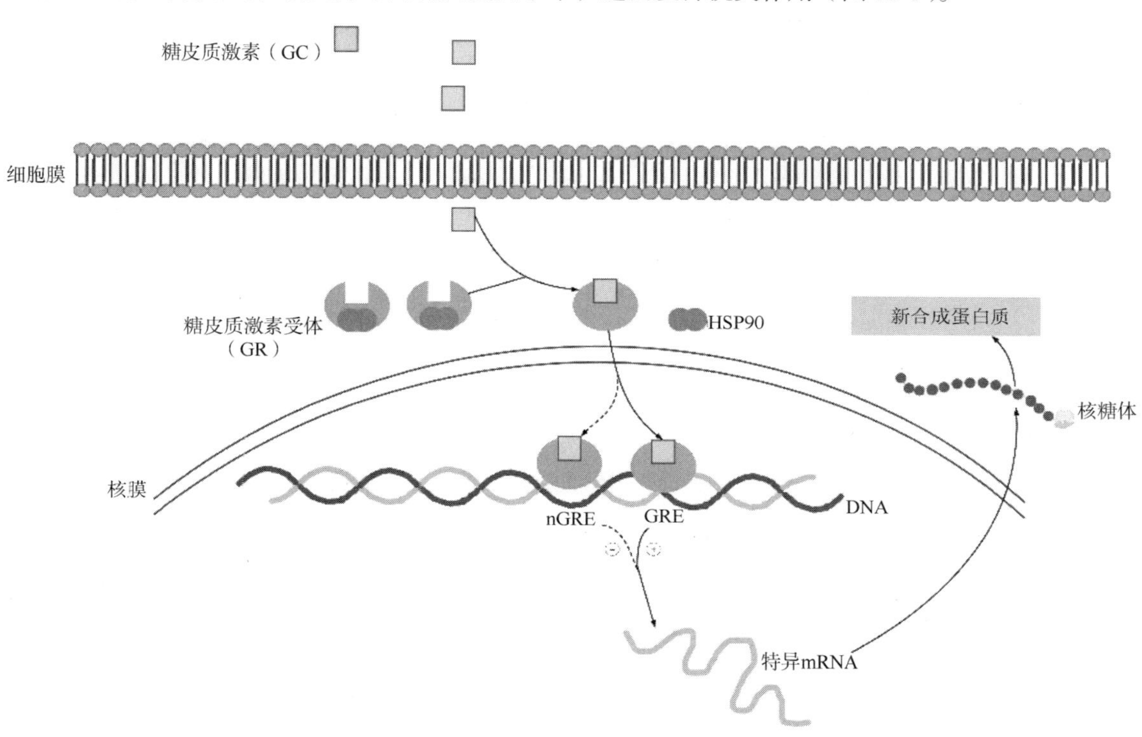

图33-3　肾上腺皮质激素作用机制

具体表现如下。

（1）对炎症抑制蛋白及某些靶酶的影响：①诱导炎症抑制蛋白脂皮素-1（lipocortin-1）的生成，继而抑制磷脂酶A_2（PLA_2），影响花生四烯酸代谢连锁反应，减少具有扩血管作用的前列腺素，如PGE_2、PGI_2等和有趋化作用的白三烯类（如LTA_4、LTB_4、LTC_4和LTD_4）等炎症介质的生成，降低血管通透性，从而产生抗炎作用；②抑制诱导型的NO合成酶和COX-2等表达，阻断相关介质的产生，发挥抗炎作用。

（2）对细胞因子及黏附分子的影响：不仅抑制多种炎性细胞因子，如TNF-α、IL-1、IL-2、IL-3、IL-5、IL-6、IL-8、巨噬细胞集落刺激因子集（GM-CSF）的产生，而且可在转录水平上直接抑制黏附分子如E-选择素及细胞间黏附分子-1（intercellular adhesion molecule-1，ICAM-1）的表达，从而显著抑制由此介导的炎症反应；还影响细胞因子及黏附分子生物效应的发挥。此外，能减少NO生成，减少炎症部位的血浆渗出。

（3）对炎症细胞凋亡的影响：可下调GR介导细胞增殖相关基因表达，增加半胱天冬酶（caspase）

和特异性核酸内切酶表达，继而诱导炎症细胞凋亡，是内源性和外源性糖皮质激素抗炎作用的重要分子机制之一。

糖皮质激素还可通过非基因组效应发挥作用，其主要特点为起效迅速，可在数分钟产生作用，对转录和蛋白质合成抑制剂不敏感。快速效应的可能机制是：①通过位于细胞膜上的类固醇受体介导；②非基因的生化效应，对细胞能量代谢有直接影响；③与细胞质受体结合的过程中，激活受体外成分介导的信号通路产生快速效应。

3. 免疫抑制与抗过敏

（1）免疫抑制：对免疫系统有广泛的抑制作用。小剂量主要抑制细胞免疫，大剂量可抑制体液免疫。能干扰淋巴组织在抗原作用下的分裂和增殖，阻断致敏T淋巴细胞所诱发的单核细胞和巨噬细胞的募集，从而抑制器官移植排异反应及皮肤迟发性过敏反应等。

糖皮质激素免疫抑制的作用机制有：①诱导淋巴细胞中DNA降解；②影响淋巴细胞物质代谢，减少葡萄糖、氨基酸及核苷的跨膜转运，抑制淋巴细胞中DNA、RNA和蛋白质的生物合成；减少淋巴细胞中RNA聚合酶的活力和ATP的生成；③诱导淋巴细胞凋亡；④抑制核转录因子NF-κB活性。

（2）抗过敏：在免疫过程中，由于抗原-抗体反应引起肥大细胞或嗜碱性粒细胞脱颗粒而释放组胺、5-HT、过敏性慢反应物质、缓激肽等，从而引起一系列过敏性反应症状，如过敏性充血、水肿、渗出、皮疹、平滑肌痉挛及细胞损害等。糖皮质激素能减少上述过敏介质的产生，从而减轻过敏性症状。

4. 抗休克 大剂量糖皮质激素具有抗休克作用，机制包括：①扩张痉挛收缩的血管和兴奋心脏、加强心脏收缩力；②抑制某些炎性因子的产生，减轻全身炎症反应综合征及组织损伤，使微循环血流动力学恢复正常，改善休克状态；③稳定溶酶体膜，减少心肌抑制因子（myocardial depressant factor，MDF）的生成；④提高机体对细菌内毒素的耐受力，但对外毒素则无防御作用。

5. 其他作用

（1）允许作用（permissive action）：糖皮质激素对有些组织细胞无直接效应，但可以为其他激素发挥作用创造有利条件，称为允许作用。如糖皮质激素可增强儿茶酚胺的收缩血管作用和胰高血糖素的升高血糖作用。

（2）退热：对于严重的中毒型感染及肿瘤晚期的发热，常具有迅速而良好的退热作用。这与其抑制体温中枢对致热原的反应，稳定溶酶体膜，减少内源性致热原的释放有关。

（3）兴奋中枢神经系统：可通过减少中枢γ-氨基丁酸浓度而提高中枢兴奋性，引起欣快、激动、失眠等，偶可诱发精神失常；能降低大脑的电兴奋阈值，诱发惊厥及癫痫发作，故精神病患者和癫痫患者应慎用。

（4）对血液与造血系统的影响：①能增强骨髓造血功能，使红细胞和血红蛋白含量增加。②大剂量可使血小板和纤维蛋白原增多并缩短凝血酶原时间。③刺激骨髓中的中性粒细胞释放入血而使中性粒细胞数增多，但却降低其游走、吞噬、消化、糖酵解等功能，因而减弱对炎症病灶的浸润与吞噬活动。对淋巴组织有明显动物种属差异性影响。④使血液中淋巴细胞、单核细胞和嗜酸性粒细胞减少。

（5）骨骼：糖皮质激素增多症患者或长期大量应用本类药物时会出现骨质疏松，其中椎骨的变化最为明显，故可有腰背痛，甚至发生压缩性骨折、鱼骨样及楔形畸形。因糖皮质激素可以抑制成骨细胞的活力，减少骨中胶原的合成，促进胶原和骨基质的分解，使骨盐不易沉着，骨质形成发生障碍。此外，糖皮质激素可促进钙从尿中排出及抑制肠道钙的吸收，加重骨质疏松的形成。

（三）临床应用

1. 自身免疫性疾病、过敏性疾病和器官移植排斥反应

（1）自身免疫性疾病：对多发性皮肌炎，糖皮质激素为首选药。严重风湿热、风湿性心肌炎、风湿及类风湿关节炎、全身性红斑狼疮、结节性动脉周围炎、皮肌炎、自身免疫性贫血和肾病综合征等应用糖皮质激素后可缓解症状。一般采用综合疗法，不宜单用，以免引起不良反应。

（2）过敏性疾病：如荨麻疹、花粉热、血管神经性水肿、过敏性鼻炎、支气管哮喘和过敏性休克等。此类疾病一般发作快，消失也快，治疗上主要应用肾上腺素受体激动药和抗组胺药物。对严重病例或其他药物无效时，可应用本类药物作辅助治疗，目的是通过其免疫抑制及抗炎作用，抑制抗原-抗体反应所引起的组织损害和炎症过程。支气管哮喘可采用吸入型糖皮质激素，局部用药可减少全身不良反应。

（3）器官移植排斥反应：异体器官移植手术后所产生的免疫性排斥反应也可使用糖皮质激素。若与环孢素 A 等免疫抑制剂合用，疗效更好，并可减少两药的使用剂量。

2. 严重感染或炎症

（1）严重急性感染：主要用于中毒性感染或同时伴有休克者，如中毒性细菌性痢疾、暴发型流行性脑膜炎、中毒性肺炎、重症伤寒、猩红热及败血症等，在应用有效的抗菌药物治疗感染的同时，可用糖皮质激素作辅助治疗。因糖皮质激素能增加机体对有害刺激的耐受性，减轻中毒反应，有利于争取时间进行抢救。病毒性感染一般不用，因为用后会降低机体的防御能力反而使感染扩散加剧。但对严重传染性肝炎、流行性腮腺炎、麻疹、乙型脑炎和严重急性呼吸综合征等所致严重病变和症状，已对机体构成严重威胁时，可用糖皮质激素控制症状，防止或减轻并发症。对于多种结核病的急性期，特别是以渗出为主的结核病，如结核性脑膜炎、胸膜炎、心包炎、腹膜炎，在早期应用抗结核病药的同时辅以短程小剂量糖皮质激素，可迅速退热，减轻炎症渗出，使积液消退，减少愈合过程中发生的纤维增生及粘连，因此，在有效抗结核病药的作用下，糖皮质激素的治疗并不会引起结核病灶的恶化。

（2）防止或减少某些炎症后遗症：如果炎症发生在人体重要器官，由于炎症损害或恢复时产生粘连和瘢痕，将引起严重功能障碍，此时可使用糖皮质激素以减少炎性渗出，防止组织过度破坏，抑制粘连及瘢痕的形成。如结核性脑膜炎、胸膜炎、心包炎、风湿性心瓣膜炎、损伤性关节炎、睾丸炎及烧伤后瘢痕挛缩，以及眼科疾病，如虹膜炎、角膜炎、视网膜炎和视神经炎等非特异性眼炎等，早期应用糖皮质激素可减少炎性渗出，减轻愈合过程中纤维组织过度增生及粘连，防止后遗症的发生。

（3）休克：治疗感染中毒性休克时，在有效的抗菌药物治疗下，可及早、短时间内突击使用大剂量糖皮质激素，待微循环改善、脱离休克状态时停用，且尽可能在抗菌药物之后使用，停药则在撤去抗菌药物之前。对过敏性休克，糖皮质激素为次选药，可与首选药肾上腺素合用，对病情较重或发展较快者，可同时静脉注射地塞米松 5～10mg 或静脉滴注氢化可的松 200～400mg，之后视病情决定用量，好转后逐渐减少用量。对低血容量性休克，在补液补电解质或输血后效果不佳者，可合用超大剂量的糖支质激素。

（4）血液病：糖皮质激素多用于治疗儿童急性淋巴细胞白血病，目前采取与抗肿瘤药联合的多药并用方案，其中泼尼松用量为每日 40～60mg，晨服一次，连续 4 周，但对急性非淋巴细胞白血病的疗效较差。此外，还可用于再生障碍性贫血、粒细胞减少症、血小板减少症和过敏性紫癜等的治疗，停药后易复发。

3. 局部应用 对于一般性皮肤病，如湿疹、肛门瘙痒、接触性皮炎、牛皮癣等都有疗效，多采用氢化可的松、泼尼松龙或肤氢松等软膏、霜剂或洗剂局部用药。当肌肉韧带或关节劳损时，可将醋酸氢化可的松或醋酸泼尼松龙混悬液加入 1%普鲁卡因注射液，肌内注射，也可注入韧带压痛点或关节腔内以消炎止痛。

4. 补充疗法 用于急、慢性肾上腺皮质功能不全者，垂体前叶功能减退及肾上腺次全切除术后患者。

（四）不良反应

1. 长期大剂量应用引起的不良反应

（1）医源性肾上腺皮质功能亢进：又称类肾上腺皮质功能亢进综合征（Cushing syndrome，库欣综合征，又称皮质醇增多症或柯兴综合征），是过量使用引起物质代谢和水盐代谢紊乱的结果，表现为满月脸、水牛背、向心性肥胖、皮肤变薄、多毛、浮肿、低血钾、高血压、糖尿病等，一般不需特殊治疗，停药后症状可自行消失，必要时可加用降压药、降糖药治疗，并采用低盐、低糖、高蛋白饮食及加用氯化钾等措施。高血压、动脉硬化、水肿、糖尿病、心及肾功能不全者禁用或慎用。

（2）诱发或加重感染：糖皮质激素具有免疫抑制作用，故长期应用会降低机体的防御功能，诱发感染或使体内潜在病灶扩散，特别是在原有疾病已使抵抗力降低的白血病、再生障碍性贫血、肾病综合征等患者更易发生，还可使原来静止的结核病灶扩散恶化，故必要时应合并应用有效抗菌药物，如肺结核、淋巴结结核、脑膜结核、腹膜结核等患者，必要时应合用抗结核病药。无有效药物可控制的感染（如病毒感染等），应慎用或禁用。

（3）消化系统并发症：因可刺激胃酸、胃蛋白酶的分泌并抑制胃黏液分泌，降低胃肠黏膜的抵抗力，可诱发或加重胃、十二指肠溃疡，甚至造成消化道出血或穿孔；少数患者可诱发胰腺炎或脂肪肝。

（4）心血管系统并发症：由于钠、水潴留和血脂升高可引起高血压和动脉粥样硬化。

（5）骨质疏松、肌肉萎缩、伤口愈合迟缓：糖皮质激素减少钙、磷的肠道吸收并增加其排泄，促蛋白质分解并抑制其合成，长期应用可抑制成骨细胞活力，易造成骨质疏松，多见于儿童、绝经妇女和老人。严重者可发生自发性骨折。由于抑制生长激素的分泌和造成负氮平衡，还可影响生长发育。对孕妇偶可引起胎儿畸形。长期应用激素可引起高脂血症，脂肪栓可栓塞骨终末动脉从而引起无菌性股骨头坏死。

（6）神经精神异常：有癫痫或精神病史者慎用或禁用，儿童大剂量应用可致惊厥。

（7）白内障、青光眼：长期大剂量应用糖皮质激素时容易发生。

2. 停药反应

（1）医源性肾上腺皮质功能不全：长期应用尤其是连日给药的患者，减量过快或突然停药时，可引起肾上腺皮质萎缩和功能不全。这是由于长期大剂量使用糖皮质激素，反馈性抑制垂体-肾上腺皮质轴所致。多数患者无表现，但如果遇到严重应激情况出现，如感染、创伤、手术等时，可发生肾上腺危象，表现为恶心、呕吐、乏力、低血压和休克等，需及时抢救。防治方法：停药须经缓慢的减量过程，不可突然停药，尽量减低每日维持剂量或采用隔日给药法，停用糖皮质激素后连续应用 ACTH 7 天左右。在停药数月或更长时间内如遇应激情况（如感染或手术等），应及时给予足量的糖皮质激素。

（2）反跳现象：长期用药因减量过快或突然停药，引起原有病情复发或加重的现象，称为“反跳现象”。常需加大剂量再行治疗，待症状缓解后再缓慢减量至停药。

（五）禁忌证

活动性消化性溃疡病、新近胃肠吻合术、骨折、创伤修复期、角膜溃疡、肾上腺皮质功能亢进症、严重高血压、糖尿病、妊娠、抗菌药物不能控制的感染（如水痘、麻疹、真菌感染等）者禁用。严重的精神病（过去或现在）和癫痫病史者慎用或禁用。

（六）用法与剂量

1. 大剂量冲击疗法　适用于急性、重度、危及生命的疾病抢救，常用氢化可的松静脉给药，首剂 200～300mg，一日量可超过 1g，以后逐渐减量，疗程不超过 3～5 日。大剂量应用时宜联用氢氧化铝凝胶等以防止急性消化道出血。

2. 一般剂量长期疗法　适用于反复发作、累及多器官的慢性疾病，如结缔组织病和肾病综合征等，常用泼尼松口服，开始每日 10～30mg，分 3 次服，临床起效后，逐渐减量，每 3～5 日减量 1 次，每次按 20%左右递减，直到最小维持剂量。最小维持剂量应比生理条件下机体分泌的皮质激素量稍高，按泼尼松计算，生理量应为 7.5mg（相当于氢化可的松 37.5mg）。维持剂量用法有两种：①每日清晨给药法，即 7～8 时给药 1 次，常用短效糖皮质激素，如可的松、氢化可的松等；②隔晨给药法，即每隔一日，7～8 时给药 1 次，常用中效的皮质激素，如泼尼松、泼尼松龙，而不用长效的激素，以免引起对下丘脑-垂体-肾上腺轴的抑制。

3. 小剂量补充疗法　适用于治疗急、慢性肾上腺皮质功能不全症（包括肾上腺危象、艾迪生病）、垂体前叶功能减退及肾上腺次全切除术后。一般维持剂量，可的松每日 12.5～25mg，或氢化可的松每日 10～20mg。

第二节　盐皮质激素类药

盐皮质激素（mineralocorticoids）主要有醛固酮（aldosterone）和去氧皮质酮（desoxycortone）两种，对维持机体正常的水、电解质代谢起着重要作用。

（一）体内过程

醛固酮在肠内不易吸收，而肌内注射吸收良好，70%～80%与血浆蛋白结合，在肝中迅速被代谢失效，因此无蓄积作用。去氧皮质酮在肠内吸收差，且在肠内易被破坏，现主要应用去氧皮质酮油剂作肌内注射，在体内代谢成孕二醇，从尿中排泄。

（二）药理作用及机制

醛固酮主要作用于肾脏的远曲小管，促进远曲小管中 Na^+、Cl^-的重吸收和 K^+、H^+的排出，其中留 Na^+作用是原发的。由于 H^+的排出增多，尿氨的排出也增加。此外，醛固酮对唾液腺、汗腺、肌肉和胃肠道黏膜细胞也同样有留 Na^+、排 K^+的作用，故醛固酮分泌过多可使唾液、汗液和粪中 Na^+降低而 K^+增高。

醛固酮留 Na^+排 K^+机制与类固醇的基因效应有关，通过与肾远曲小管上皮细胞内特殊受体（醛固酮结合蛋白质）相结合，转位进入细胞核，作用于染色质 DNA，引起某种特异 mRNA 的合成，生成一类醛固酮诱导蛋白（aldosterone induced protein，AIP），使上皮钠通道（epithelial sodium channel，ENaC）活性增大，表现为 ENaC 开放频率及开放数目增加，从而促进肾小管细胞膜对 Na^+的重吸收，放线菌 D 可抑制醛固酮留 Na^+作用，但不影响排 K^+作用。

机体分泌少量去氧皮质酮，其具有与醛固酮相似的留 Na^+排 K^+作用，但作用弱，仅为醛固酮的 1%～3%，但远较氢化可的松强。在天然皮质激素中，醛固酮是作用最强的一种盐皮质激素，其作用是等量糖皮质激素的 500 倍。但由于在正常生理状态下，糖皮质激素的分泌量很大，故在人体总的水盐代谢中糖皮质激素也承担了重要的作用。平时每日醛固酮的分泌量很少，如因某种情况引起醛固酮分泌过多，其显著的水钠潴留及排钾效应可引起低血钾、组织水肿及高血压。若盐皮质激素分泌水平过低，会导致水钠流失和血压降低的症状。本品对糖代谢几乎无作用。

（三）临床应用

此类药物可用于慢性肾上腺皮质功能减退症（Addison's disease，艾迪生病）。去氧皮质酮与糖皮质激素合用作为补充疗法，治疗慢性肾上腺皮质功能减退症，补充患者因皮质功能减退而引起的盐皮质激素分泌不足，以纠正患者失钠、失水和钾潴留等，恢复水和电解质平衡。

（四）不良反应

过量或长期使用易引起水钠潴留、高血压、心脏扩大和低钾血症。

第三节　促皮质素及皮质激素抑制药

一、促肾上腺皮质激素

天然的促肾上腺皮质激素（ACTH）是经垂体前叶促肾上腺皮质细胞合成分泌，由 39 个氨基酸组成的多肽，其生理活性主要依赖于前 24 个氨基酸残基，氨基酸残基 25～39 则主要与 ACTH 的免疫原性有关。人工合成的 ACTH 仅有 24 个氨基酸残基，免疫原性明显降低，故过敏反应显著减少。

ACTH 的合成受 CRH 的调节，对维持机体肾上腺正常形态和功能具有重要作用。糖皮质激素对下丘脑及垂体前叶起着负反馈抑制作用，可抑制 CRH 及 ACTH 的分泌，且 ACTH 本身也能负反馈抑制 ACTH 的分泌。在应激状态时下丘脑产生的精氨酸加压素（AVP）能促进 ACTH 分泌。此外，免疫系统所产生的免疫递质也能刺激下丘脑-垂体-肾上腺皮质轴，增加 ACTH 及 GC 的分泌。

ACTH 的合成受 CRH 的调节，对维持机体肾上腺正常形态和功能具有重要作用。糖皮质激素对下丘脑及垂体前叶起着负反馈抑制作用，可抑制 CRH 及 ACTH 的分泌，且 ACTH 本身也能负反馈抑制 ACTH 的分泌。在应激状态时下丘脑产生的 AVP 能促进 ACTH 分泌。此外，免疫系统所产生的免疫递质也能刺激下丘脑-垂体-肾上腺皮质轴，增加 ACTH 及 GC 的分泌。

ACTH 口服后在胃内被胃蛋白酶破坏而失效，只能注射给药，$t_{1/2}$ 为 10min。ACTH 的主要作用是促进肾上腺皮质分泌 GC，其中以氢化可的松为主，因此，ACTH 的作用是通过氢化可的松而实现的，故只有在肾上腺皮质功能完好时方能发挥治疗作用。一般在给药 2h 后，肾上腺皮质才开始分泌氢化可的松。临床上可用于诊断垂体前叶-肾上腺皮质功能状态及长期使用皮质激素的停药前后的皮质功能，以防止因停药而发生皮质功能不全。在生理情况下，下丘脑、垂体和肾上腺三者处于动态平衡。ACTH 缺乏，将引起肾上腺皮质萎缩、分泌功能减退。

二、皮质激素抑制药

皮质激素抑制药按其作用方式分为两类，一类是抑制肾上腺皮质激素生物合成的药物；另一类是阻断 GR 或盐皮质激素受体的药物。盐皮质激素类抑制药物（adrenocortical inhibitors），如抗醛固酮类药物螺内酯。皮质激素抑制药可代替外科的肾上腺皮质切除术，临床常用的有米托坦和美替拉酮等。

米托坦（mitotane，双氯苯二氯乙烷）

米托坦为杀虫剂滴滴涕（DDT）一类化合物，能相对选择性地作用于肾上腺皮质细胞，使肾上腺皮质束状带及网状带细胞萎缩、坏死，但不影响球状带，故醛固酮分泌不受影响。主要用于不可切除的皮质癌、切除复发癌及皮质癌术后辅助治疗。不良反应包括厌食、恶心、腹泻、皮疹、嗜睡、头痛、眩晕、乏力、中枢抑制及运动失调等。若由于严重肾上腺功能不全而出现休克，或严重的创伤时，可给予肾上腺皮质类固醇类药物。

美替拉酮（metyrapone，甲吡酮）

美替拉酮可抑制 11β-羟化反应，干扰 11-去氧皮质酮转化为皮质酮，抑制 11-去氧氢化可的松转化为氢化可的松，而降低它们的血浆水平；又能反馈性地促进 ACTH 分泌，导致 11-去氧皮质酮和 11-去氧氢化可的松代偿性增加，故尿中 17-羟类固醇排泄也相应增加。临床用于治疗肾上腺皮质肿瘤和产 ACTH 的肿瘤所引起的氢化可的松过多症和皮质癌，还可用于垂体释放 ACTH 功能试验。不良反应较少，有眩晕、消化道反应等。

氨鲁米特（aminoglutethimide，氨基苯哌啶酮）

氨鲁米特能抑制胆固醇转变成 20α-羟胆固醇，阻断类胆固醇生物合成的第一个反应，从而抑制氢化可的松和醛固酮合成。氨鲁米特能有效减少肾上腺肿瘤和 ACTH 过度分泌时氢化可的松的增多。它也能与美替拉酮合用，治疗因垂体 ACTH 过度分泌诱发的库欣综合征。为了防止肾上腺功能不足，可给予生理剂量的氢化可的松。

酮康唑（ketoconazole）

酮康唑是一种抗真菌的咪唑类衍生物，其机制是抑制胆固醇侧链分裂，阻断真菌类固醇的合成。由于哺乳类动物组织对其敏感性远较真菌为低，因此它对人体类固醇合成的抑制作用仅在高剂量时才会出现。酮康唑主要用于治疗库欣综合征和前列腺癌。

1. 简述糖皮质激素的作用特点、典型不良反应。
2. 简述糖皮质激素的临床用法与疗程。
3. 简述盐皮质激素的作用特点。
4. 浅谈你对促皮质激素和皮质激素抑制药的认识。
5. 结合生活实际，交流你对本章药物在实际中应用的认识。

附　激素治疗的起源

1848 年，德国格丁根城的生理学家阿诺德·伯索尔德（Arnold Berthold）将小公鸡的两个睾丸去除，发现阉割后鸡冠萎缩，但只要植入一个没有神经联系的睾丸就能使鸡冠恢复正常生长，首次发现腺体能分泌在生理学上有活性的物质，这种物质直接进入血液，而不是通过导管。该实验开辟了一条通向新的科学领域的道路，即身体的某些部分向血液释放特异物质，并输送到身体的特定部位，为特殊需要而利用。

法国生理学家、实验医学的奠基人之一克劳德·伯纳德（Claude Bernard）从 1848 年起，在一系列的实验中发现，动物和人的肝脏具有生成糖原即动物淀粉的功能，却看不见有任何导管样的器官。伯纳德在论文《人和动物肝脏的新功能》中首次应用"内分泌"（internal secretion）这个术语，开拓出了内分泌学这一新领域。

所谓"内分泌"的现象激发了布朗-塞加尔（Brown-Séquard）的兴趣，他是伯纳德的朋友，也是医学院的接班人。1856 年，布朗-塞加尔报道，在肾脏的顶端，左右各有一体积很小的内分泌腺，其作用极大，如果将两侧肾脏腺体摘除，人就会心力衰竭、体温下降，数小时内即会死亡，是人和哺乳动物生命所不可缺少的。布朗-塞加尔的这项报道被认为是生理学上最重要的发现之一。随后进行了一项有关睾酮的自体实验。他给 72 岁的自己注射了由动物性腺制作的浸膏，并于 1889 年 6 月 1 日，向巴黎生理协会大会作了报告，描述了进行 8 次注射后自己身体"恢复青春"的变化。报告引起了生理学家广泛的关注，随后尝试对他的实验进行检验，并且由此还扩大到对其他内分泌器官的研究，而这些实验促进了内分泌学的发展。尽管这所谓的"恢复青春"的效果并不持久，多半是布朗-塞加尔自己心理上的"自我暗示"，但布朗-塞加尔的自体实验，在生理-医学史上给人留下了难忘的情景，科学史家评价它是激素疗法的第一次有计划的认真尝试，显示出一个有理想的科学家的开拓精神，开创了"内分泌学"这门有趣的、极富吸引力的现代新学科，并把他作这次报告的 1889 年 6 月 1 日定为"内分泌学"诞生的日子。

第三十四章　降血糖药

学习目标

1. 掌握降血糖类药物分类、代表药物及其作用特点。
2. 清晰表述胰岛素的药理作用机制、临床应用和不良反应。
3. 根据各类降糖药的作用特点正确选择药物进行糖尿病的诊疗。

血糖的稳定对于维持机体正常生命活动至关重要。机体多个器官参与血糖的调节，如胰岛、肝脏、肌肉和脂肪等。调节血糖的主要激素有胰岛素、胰高血糖素、肾上腺素、生长激素和糖皮质激素等。糖尿病是一种在遗传和环境因素长期共同作用下，由于胰岛素分泌绝对或相对不足，引起渐进性糖、脂肪、蛋白质、水和电解质代谢紊乱的疾病，以高血糖为主要标志。糖尿病主要有 2 种类型。①1 型糖尿病（胰岛素依赖型，insulin-dependent diabetes mellitus，IDDM，1 型）：由多种因素引起自身免疫机制紊乱导致胰岛 β 细胞受损，使胰岛素分泌绝对不足，需要外源性给予胰岛素治疗；②2 型糖尿病（非胰岛素依赖型，noninsulin-dependent diabetes mellitus，NIDDM，2 型），包括胰岛素相对缺乏或存在胰岛素抵抗（insulin resistance，INR），占糖尿病患者总数的 90%以上。糖尿病的发病率呈逐年上升趋势，已成为最常见的慢性病之一。合理控制血糖、有效预防和治疗糖尿病及其并发症是目前治疗糖尿病的基本原则。1 型糖尿病的常规治疗为定期给予胰岛素，但不良反应多见。2 型糖尿病通常采用口服降血糖药物治疗，但仍有 20%～30%的患者需用胰岛素治疗。来自健康人的胰岛细胞移植到 1 型糖尿病患者体内的成功尝试，为重建患者的胰岛素分泌能力，治疗糖尿病提供了新的手段。

第一节　胰　岛　素

胰岛素（insulin）是由胰岛 β 细胞分泌的一种具有降血糖作用的肽类激素，由 51 个氨基酸残基排列成 A、B 两条肽链，中间由二硫键连接组成。人胰岛素分子量为 5808 Da，药用品除由猪、羊、牛等胰腺提取获得外，还有基因工程重组的人胰岛素用于临床，后者所占比例渐增。此外，人胰岛素亦可由半合成法制得，即用酶或微生物法，选择性地使猪胰岛素 B 链第 30 位上丙氨酸被苏氨酸取代。目前胰岛素给药方式仍以皮下注射为主。吸入性胰岛素已于 2006 年由美国 FDA 批准上市，开辟了胰岛素给药新途径。

胰岛素含酸性氨基酸多，等电点为 pH 5.3～5.8，在体液偏碱性条件下，易吸收。若与碱性蛋白（精蛋白或珠蛋白）结合后，等电点与体液的 pH 相近，在皮下注射部位易形成沉淀，使作用时间延长。根据起效快慢、达峰时间和作用持续时间长短，可将胰岛素制剂分为速效胰岛素和短效、中效、长效胰岛素，常用制剂特点见表 34-1。

表 34-1 胰岛素制剂的特点

类别	制剂	注射途径	作用时间		
			起效	达峰	维持
速效	赖脯胰岛素 insulin lispro	皮下	15min	0.5～1h	2～4h
	门冬胰岛素 insulin aspart	皮下	5～15min	1～2h	4～5h
中效	低精蛋白锌胰岛素 low protamine zinc insulin	皮下	3～4h	8～12h	18～24h
低效	精蛋白锌胰岛素 protamine zinc insulin	皮下	4～6h	14～20h	24～36h
	甘精胰岛素 insulin glargine	皮下	1～2h	6～24h	＞24h

（一）体内过程

胰岛素口服无效，一般注射给药。皮下注射吸收迅速，但作用快慢与持续时间长短存在个体差异。给药后 0.5～1h 起效，1.5～4h 作用达峰，血浆 $t_{1/2}$ 约 10min，但有效作用持续 5～8h。主要在肝、肾灭活，经谷胱甘肽胰岛素转氢酶还原二硫键成巯基，使两链分开而灭活，进而被蛋白酶水解，也可被肾胰岛素酶直接水解。因此，严重肝肾功能不良可影响其灭活。

（二）药理作用

胰岛素调节体内葡萄糖稳态水平的主要靶器官是肝脏、骨骼肌、脂肪组织，促进这些靶组织糖原和脂肪的储存，对其他组织器官也有一定的作用。有些作用发生于数秒或数分钟内，如离子转运系统的激活、酶的磷酸化或去磷酸化；有些作用发生于数小时内，如蛋白质合成与基因转录等；有些作用发生于数天中，如细胞增殖、分化，发挥长时程作用。

1. 促进糖代谢 可增加葡萄糖转运体（glucose transporter，GLUT）合成，并促使转运体从胞内重新分布到胞膜（如 GLUT4），提高其活性，从而加速葡萄糖转运，加速全身组织（脑除外）对葡萄糖的摄取和利用，降低血糖。还促进糖原的合成和储存，加速葡萄糖氧化和酵解，并抑制糖原分解和糖异生，降低血糖。

2. 抑制脂肪代谢 抑制脂肪酶及肾上腺素、生长激素和胰高血糖素的脂肪分解作用，使脂肪分解减慢；促进脂肪酸进入细胞，使肝脏等部位脂肪合成增加；促进脂肪酸转运，使其利用增加。

3. 促进蛋白质合成 增加氨基酸转运，促进蛋白质合成，并抑制蛋白质分解。

4. 兴奋心脏 可加速心率，加强心肌收缩力和减少肾血流量。

5. 促钾内流 促进 K^+进入细胞，降低血钾浓度。

（三）作用机制

胰岛素属多肽类激素，一般认为胰岛素不易进入靶细胞而只作用于膜受体发挥作用。胰岛素受体（insulin receptor，lns-R）为跨膜糖蛋白复合物（约 400kDa），由 2 个 α 亚单位和 2 个 β 亚单位经二硫键连接组成，存在于机体所有组织细胞膜上。α 亚单位在细胞外，含有胰岛素结合部位，β 亚单位为跨膜蛋白，其位于胞内的部分含酪氨酸蛋白激酶（tyrosine protein kinase，TPK）。胰岛素与胰岛素受体的 α 亚基结合后迅速引起 β 亚基的自身磷酸化，进而激活 β 亚基上的酪氨酸蛋白激酶，引起细胞内其他活性蛋白的连续磷酸化反应，进而产生降血糖等生物效应（图 34-1）。

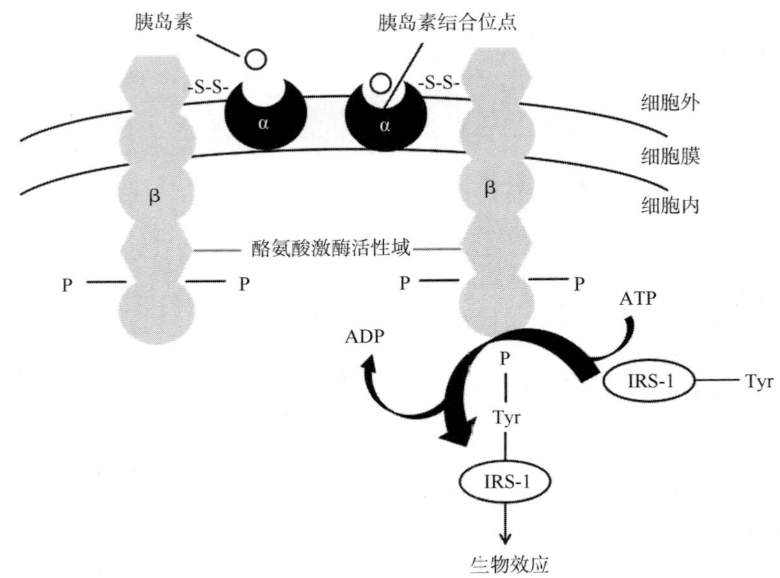

图 34-1 胰岛素受体结构及信号转导示意图

IRS-1：胰岛素受体底物-1；Tyr：酪氨酸蛋白激酶；α、β：亚单位；P：磷酸残基

（四）临床应用

1. 糖尿病 胰岛素可用于治疗各型糖尿病，是1型糖尿病最重要的治疗药物，主要用于以下情况：①1 型糖尿病。②2 型糖尿病需迅速降低血糖至正常水平者的初始治疗。新诊断的 2 型糖尿病患者，如有明显的高血糖症状和（或）血糖及糖化血红蛋白水平明显升高，一开始即采用胰岛素治疗，加或不加其他药物。③经饮食控制或口服降血糖药物未能控制的 2 型糖尿病。④发生各种急性或严重并发症（如酮症酸中毒、非酮症性高渗性昏迷）的糖尿病。⑤合并重度感染、高热、妊娠、分娩及大手术等应激性高血糖患者。

酮症酸中毒治疗原则是立即给予足够的胰岛素，纠正失水、电解质紊乱等异常和去除诱因。高渗性非酮症性糖尿病昏迷的治疗原则是纠正高血糖、高渗状态及酸中毒，适当补钾，但不宜贸然使用大剂量胰岛素，以免血糖下降过快，细胞外液中水分向高渗的细胞内转移，导致或加重脑水肿。

2. 其他 对于细胞内缺钾者，胰岛素与葡萄糖同用可促使 K^+内流，将胰岛素加入葡萄糖液内静脉滴注治疗高钾血症。合用葡萄糖、胰岛素和氯化钾液（GIK，极化液）静脉滴注，促进 K^+进入细胞，用于心肌梗死的早期治疗，可防治心肌病变时的心律失常，降低死亡率。

（五）不良反应

1. 低血糖反应 为胰岛素过量所致，是最常见的不良反应。早期表现为饥饿、虚弱、出汗、心悸、面色苍白、头痛、震颤、情绪不稳定等症状，严重时可出现低血糖休克、昏迷甚至死亡。轻者可饮糖水或进食，重者需立即静脉注射 50%葡萄糖。临床应用时须注意将低血糖昏迷与酮症酸中毒性昏迷及非酮症性糖尿病昏迷相鉴别。

2. 过敏反应 一般反应轻微，如出现皮肤痛痒、红斑、丘疹等，偶可出现过敏性休克，过敏症状可用抗组胺药处理，重症可用糖皮质激素。系胰岛素纯度较低、杂质所致，可改用高纯度胰岛素或重组人胰岛素。

3. 胰岛素抵抗 正常或高于正常浓度的胰岛素只发挥低于正常的生物效应，称为胰岛素抵抗（insulin resistance）。胰岛素抵抗是糖尿病，特别是 2 型糖尿病发病的重要因素。用胰岛素治疗糖尿病过程中也能发生胰岛素抵抗现象（胰岛素耐受性），可分为急性型、慢性型。

（1）急性型：并发感染、手术、创伤、情绪激动等所致应激状态时，血中拮抗胰岛素作用物质增多；酮症酸中毒时，血中大量游离脂肪酸和酮体妨碍了葡萄糖的摄取和利用；pH 的降低减少了胰岛素与受体的结合等诱发因素使得胰岛素的效应下降。需要及时发现和处理诱因，调节酸碱平衡及水、电解质平衡，短期内需增加胰岛素剂量达数百乃至数千单位。

（2）慢性型：无并发症或应激状态的糖尿病，临床每日需用胰岛素 200U 以上，可认为出现慢性型胰岛素抵抗现象。慢性抵抗的原因涉及多个方面，包括体内产生了胰岛素抗体，胰岛素受体数量减少，以及受体与胰岛素亲和力降低，靶细胞膜上葡萄糖转运系统失常等。

4. 脂肪萎缩 多见于注射部位，女性多于男性。应用高纯度胰岛素较少见。

第二节 口服降血糖药

根据药物的基本作用方式和化学结构，常用的口服降血糖药可分为促胰岛素分泌剂、双胍类、胰岛素增敏剂和 α-葡萄糖苷酶抑制剂等。口服降血糖药使用较胰岛素方便，但作用慢而弱，主要用于轻、中度糖尿病的治疗，尚不能完全替代胰岛素。

一、促胰岛素分泌剂

（一）磺酰脲类

磺酰脲类（sulfonylureas）药物具有磺酰脲结构，是最早被广泛应用且应用时间最长的口服降血糖药物，为目前临床控制 2 型糖尿病高血糖的主要用药。它们的药理作用及毒性相似，但作用强度、起效和持续时间不同。目前临床常用的有格列本脲（glibenclamide）、格列吡嗪（glipizide）、格列美脲（glimepiride）和格列齐特（gliclazide）等。

1. 体内过程 本类药物口服易吸收，食物和高血糖可抑制其吸收，与血浆蛋白结合率高，主要在肝内代谢，代谢物迅速由肾脏排泄，肝肾功能不良患者慎用。磺酰脲类可通过胎盘，刺激胎儿胰岛 β 细胞释放胰岛素，引发出生时严重的低血糖反应，故妊娠期糖尿病患者不宜使用。

2. 药理作用与机制 本类药物对正常人与胰岛功能尚存的糖尿病患者均具有降血糖作用，但胰岛中至少存在 30%正常 β 细胞是其产生作用的必要条件。最主要的降血糖作用机制为刺激胰岛 β 细胞释放胰岛素。胰岛 β 细胞膜分布有磺酰脲受体和与之相耦联的 ATP 敏感钾通道和电压门控钙通道。磺酰脲类药物与胰岛 β 细胞膜上磺酰脲受体结合，引起 ATP 敏感钾通道关闭，抑制细胞内 K^+ 外流，使细胞膜除极化，进而引起电压门控钙通道开放，Ca^{2+}内流，触发胰岛素的释放。本类药物降血糖作用机制还有：①增强胰岛素与靶组织及受体的结合能力；②减慢肝脏对胰岛素的消除；③促进生长抑素的释放，抑制胰高血糖素的分泌。

3. 临床应用 主要用于单用饮食控制无效的胰岛功能尚存的 2 型糖尿病。

4. 不良反应 常见不良反应为胃肠道反应、过敏性皮疹、嗜睡、眩晕、神经痛及体重增加等。少数患者可出现黄疸及肝损害、粒细胞减少、溶血性贫血，一般在服药后 1～2 个月发生，故应注意定期检查肝功能和血象。较严重的不良反应为持久性低血糖，老年人及肾功能不良者易发生。

5. 药物相互作用 磺酰脲类血浆蛋白结合率高，表观分布容积小，因此合用其他药物如水杨酸类、双香豆素类、青霉素等可与之竞争结合血浆蛋白，使游离型药物浓度上升而引起低血糖反应。消耗性疾病和黄疸患者血浆蛋白水平低，使用本类药物更易发生低血糖。肝药酶诱导剂利福平可加速本类药物在肝脏中的代谢。此外，氯丙嗪、糖皮质激素、噻嗪类利尿药及口服避孕药均可减弱本类药物的降血糖作用。

（二）氯茴苯酸类

瑞格列奈（repaglinide）

【体内过程】 口服吸收迅速，1h 内血浆药物浓度达峰值，血浆 $t_{1/2}$ 约为 1h，这个特点允许多次餐前用药。

【药理作用与机制】 化学结构不同于磺酰脲类，但降血糖作用机制与磺酰脲类相似，主要通过与胰岛 β 细胞膜上 ATP 依赖性钾通道结合，阻滞钾通道，抑制细胞内 K^+外流，使细胞膜除极化，进而引起钙通道开放，Ca^{2+}内流，促进胰岛素分泌而起作用。

【临床应用】 临床主要用于 2 型糖尿病的治疗，其突出的优点是可以模拟胰岛素的生理性分泌，有效控制餐后高血糖。因可有效改善餐后高血糖，被称为“餐时血糖调节剂”。老年糖尿病患者、糖尿病肾病患者也适用。因其结构不含硫，故对磺酰脲类药物过敏者可使用。

【不良反应】 低血糖反应。

那格列奈（nateglinide）

那格列奈为 *D*-苯丙氨酸衍生物，作用方式类似于瑞格列奈，但作用更为迅速而短暂。餐前 1～10min 口服给药，用于控制 2 型糖尿病的餐后高血糖。由于本品可减少胰岛素的总释放量，减弱餐后的葡萄糖波动，因而诱发低血糖反应的危险性更小。

二、双 胍 类

双胍类（biguanides）药物包括二甲双胍（metformin）及苯乙双胍（phenformin），其中二甲双胍最为常用。

（一）体内过程

本类药物口服易吸收，在体内不与蛋白质结合，$t_{1/2}$ 约为 1.5h，作用时间短，主要以原形药物从肾脏排泄。

（二）药理作用与机制

双胍类药物可降低糖尿病患者的血糖水平，但对正常人血糖无明显影响。其通过激活 AMPK（adenosine 5’-monophosphate-activated protein kinase）发挥作用，表现：①抑制肠壁细胞对葡萄糖的吸收；②促进脂肪和骨骼肌等组织对葡萄糖的摄取和利用；③抑制肝糖原异生；④增强靶组织对胰岛素的敏感性；⑤抑制胰高血糖素的释放等。

（三）临床应用

本类药物主要用于轻、中度糖尿病患者，不增加患者体重，且能显著降低糖尿病相关的血管并发症的危险，是治疗 2 型糖尿病的一线药物，尤其是肥胖或单用饮食控制无效者。

（四）不良反应

本类药物常见不良反应食欲下降、恶心、腹部不适、腹泻、低血糖等不良反应。少数患者可见乳酸性酸血症、酮血症等严重不良反应。

三、胰岛素增敏剂

胰岛素抵抗和 β 细胞功能缺陷是导致 2 型糖尿病的主要病理生理机制，提高对胰岛素的敏感性，对改善胰岛素抵抗状态具有重要治疗意义。本类药物多为噻唑烷二酮类（thiazolidinediones，TZDs）衍生物，主要有吡格列酮（pioglitazone）、罗格列酮（rosiglitazone）、环格列酮（ciglitazone）、恩格列酮（englitazone）等。

（一）药理作用与机制

TZDs 可改善胰岛素抵抗、降低高血糖；改善脂肪代谢紊乱；防治 2 型糖尿病血管并发症；改善胰岛 β 细胞功能等。改善胰岛素抵抗及降血糖作用机制为竞争性激活核内过氧化物酶增殖体受体 γ（peroxisomal proliferator activated receptor γ，PPARγ），调节胰岛素反应性基因转录，通过多个途径增强靶组织对胰岛素的敏感性，减轻胰岛素抵抗。作用的发挥需要胰岛素的存在。

（二）临床应用

TZDs 主要用于治疗胰岛素抵抗和 2 型糖尿病。

（三）不良反应

TZDs 具有良好的安全性和耐受性，低血糖反应发生率低。主要副作用为嗜睡、肌肉和骨骼疼痛、头痛、消化道反应等，体重增加和水肿。某些药物因突出的不良反应而临床应用受限，罗格列酮由于引发充血性心力衰竭风险增加，我国严格限制其适用范围，要求只能在无法使用其他降血糖药或使用其他降血糖药无法控制血糖的情况下，方可考虑使用罗格列酮及其复方制剂。吡格列酮可增加骨折、膀胱癌的潜在风险。

四、α-葡萄糖苷酶抑制剂

本类药物主要有阿卡波糖（acarbose）、米格列醇（miglitol）等。

（一）药理作用与机制

α-葡萄糖苷酶抑制剂（α-glucosidase inhibitors）可在小肠上皮刷状缘竞争性抑制 α-葡萄糖苷酶，从而抑制寡糖分解为单糖，减少淀粉、糊精和双糖在小肠中吸收，控制餐后血糖的升高。

（二）临床应用

临床用于各型糖尿病，通常与口服降血糖药或胰岛素合用。也可单用于老年患者或餐后明显高血糖的患者。

（三）不良反应

由于本类药物阻碍碳水化合物在肠道分解和吸收，使之滞留时间延长，因而导致细菌酵解产气增加，可出现肠道多气、腹痛、腹泻等不良反应。

五、其他降血糖药

随着糖尿病及其治疗的深入研究，不断发现抗糖尿病新的药物作用靶标，研发了大量的新型降血糖候选药物。2005 年以来上市的新型降血糖药艾塞那肽、西他列汀、普兰林肽等，其作用的靶点不同于以往的药物，为糖尿病的治疗提供了新的用药选择。

艾塞那肽（exenatide）

胰高血糖素样肽-1（glucagons-like peptide 1，GLP-1）是由人胰高血糖素基因编码，并由肠道 L 细胞分泌的一种肠促激素。其具有以下作用：①以葡萄糖依赖方式作用于胰岛 β 细胞，促进胰岛素基因的转录，增加胰岛素的合成和分泌；②刺激 β 细胞的增殖和分泌，抑制 β 细胞凋亡，从而增加胰岛 β 细胞的数量；③抑制胰高血糖素的分泌；④抑制食欲；⑤延缓胃排空等。这些作用均有利于降低餐后血糖并使血糖维持在稳定水平。此外，GLP-1 不易引起严重的低血糖反应。

艾塞那肽是一种人工合成的肽类物质，含有 39 个氨基酸。艾塞那肽可结合并激活 GLP-1 受体，具有与 GLP-1 相似的生物学作用，但其 N 端不易被 DPP-4 降解，$t_{1/2}$ 为 2.4h。本品具有葡萄糖依赖性的促胰岛素分泌作用，可恢复 2 型糖尿病患者的胰岛素第一时相分泌，并可通过抑制胰高血糖素分泌、减慢胃排空及降低食欲等作用发挥降血糖效应。采用注射给药治疗 2 型糖尿病。不良反应为恶心、低血糖、腹泻和呕吐。相当比例患者使用后会产生抗体，但抗体滴度很低，且无生物学相关性。但要警惕 GLP-1 类似物可能有增加胰腺炎和甲状腺癌的潜在风险。

1. 简述胰岛素的药理作用、临床应用、不良反应及其防治。
2. 简述胰岛素的作用机制。
3. 简述胰岛素抵抗的主要原因。
4. 比较胰岛素和口服降血糖药的降糖作用及其优缺点。

附 胰岛素的发现及合成史

胰岛素是生命科学研究中的一颗“明星”。1921 年，加拿大多伦多大学医学院年仅 30 岁的医生弗雷德里克·班廷（Frederick Banting）博士和学生查尔斯·贝斯特（Charles Best）在研究手术切除胰脏的犬时，发现了胰脏中胰岛 β 细胞分泌出一种激素，具有降低血糖的作用，他们将这种激素命名为胰岛素。胰岛素随后迅速被应用于临床，使得糖尿病这种昔日的不治之症变得有药可医。在这之后，生物化学家致力于蛋白一级结构的测定和多肽合成的研究，试图搞清胰岛素的结构和合成方法，解决来源紧缺的问题。1953 年，英国人弗雷德里克·桑格（Frederick Sanger）首次完成了牛胰岛素的全部测序工作，因此获得 1958 年的诺贝尔化学奖。有了一级结构序列，能否人工合成胰岛素成为一项世界性的热门课题。在此情况下，新中国的科学家也加入了这一科研竞争。1965 年，在历经 6 年多的艰辛之后，中国科学院上海生物化学研究所、上海有机化学研究所和北京大学化学系的科学家成功获得人工合成的牛胰岛素结晶。这是一项伟大的胜利，开创了人工合成蛋白质的新纪元。这项研究的完成，证明中国也能加入尖端科研领域的竞争，极大地增强了民族自豪感。之后，全球的科学家继续寻找药效更长、更稳定、更安全的胰岛素制剂。1978 年，科学家利用基因重组生产出了和人胰岛素的序列完全相同的胰岛素产品。20 世纪 90 年代起，科学家通过改变胰岛素的氨基酸序列和结构，研发出药效更持久，作用更稳定，更好地模拟生理性分泌的基础胰岛素类似物。随着这些药物的不断问世，为医生和患者提供了更加优质、安全的血糖控制工具。

第三十五章　甲状腺激素及抗甲状腺药

学习目标

1. 能清晰表述抗甲状腺药的种类，硫脲类、碘及碘化物的药理作用、作用机制、临床应用和不良反应。

2. 能概括甲状腺激素的药理作用和临床用途，学会区分大、小剂量碘剂对甲状腺功能的影响，并合理应用于临床。

甲状腺激素是机体维持正常代谢、促进生长发育所必需的激素，由甲状腺滤泡上皮细胞合成和分泌。甲状腺功能减退（hypothyroidism，甲减）时，该激素分泌过少，需补充甲状腺激素；而甲状腺功能亢进（hyperthyroidism，甲亢）时，该激素分泌过多，需应用抗甲状腺药抑制其合成和分泌或采用手术进行治疗。

第一节　甲状腺激素

甲状腺激素由甲状腺素（四碘甲状腺原氨酸，3, 5, 3′, 5′-tetraiodothyronine，T_4）和三碘甲状腺原氨酸（3, 5, 3′-triiodothyronine，T_3）组成，正常人每日释放量 T_4 为 70～90μg，T_3 为 15～30μg。T_3 和 T_4 均含无机碘，其结构中有两个相互垂直的苯环，其中环Ⅰ的羧基侧链和环Ⅱ的酚羟基是维持 T_3 和 T_4 活性的基本结构（图 35-1）。

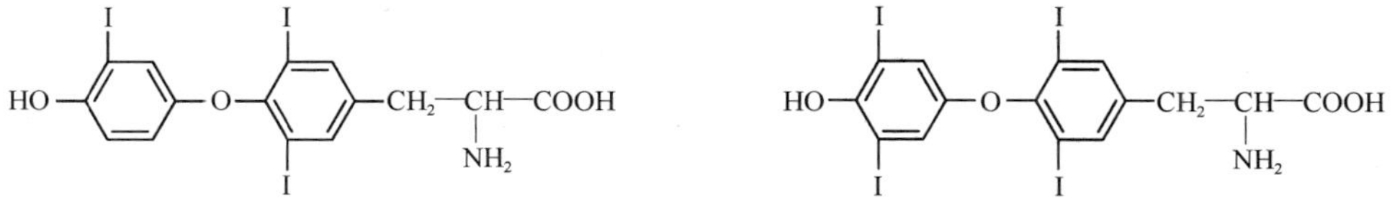

三碘甲状腺原氨酸（T_3）　　四碘甲状腺原氨酸（T_4）

图 35-1　甲状腺激素 T_3、T_4 的基本结构

甲状腺激素的合成、储存、分泌及调节：血液中的 I^- 被甲状腺腺泡细胞膜上的钠-碘同向转运体（碘泵）主动摄取，摄取的碘（I^-）被过氧化物酶氧化为活性碘（I^+），I^+ 与甲状腺球蛋白（thyroglobulin，TG）上的酪氨酸残基结合，生成一碘酪氨酸（monoiodotyrosine，MIT）和二碘酪氨酸（diiodotyrosine，DIT）。再在过氧化物酶作用下，一分子 MIT 与一分子 DIT 耦联成 T_3，两分子 DIT 耦联成 T_4。T_3、T_4 合成后，结合在 TG 分子上，储存于腺泡腔内胶质中。当机体需要时，在溶酶体的蛋白水解酶作用下，TG 分解并释放出 T_3、T_4 进入血液。其中 T_4 约占分泌总量的 90%以上，T_4 在外周组织脱碘酶作用下，可转化成 T_3，T_3 生物活性比 T_4 约高 5 倍。

T_3、T_4 合成和释放受下丘脑-垂体-甲状腺轴调节。下丘脑分泌的促甲状腺激素释放激素（thyrotropin releasing hormone，TRH）促进垂体分泌促甲状腺激素（thyroid-stimulating hormone，TSH），TSH 促进甲状腺的增生和 T_3、T_4 的合成及释放。血液中 T_3 和 T_4 的浓度可负反馈性调节 TSH

和 TRH 的释放（图 35-2）。

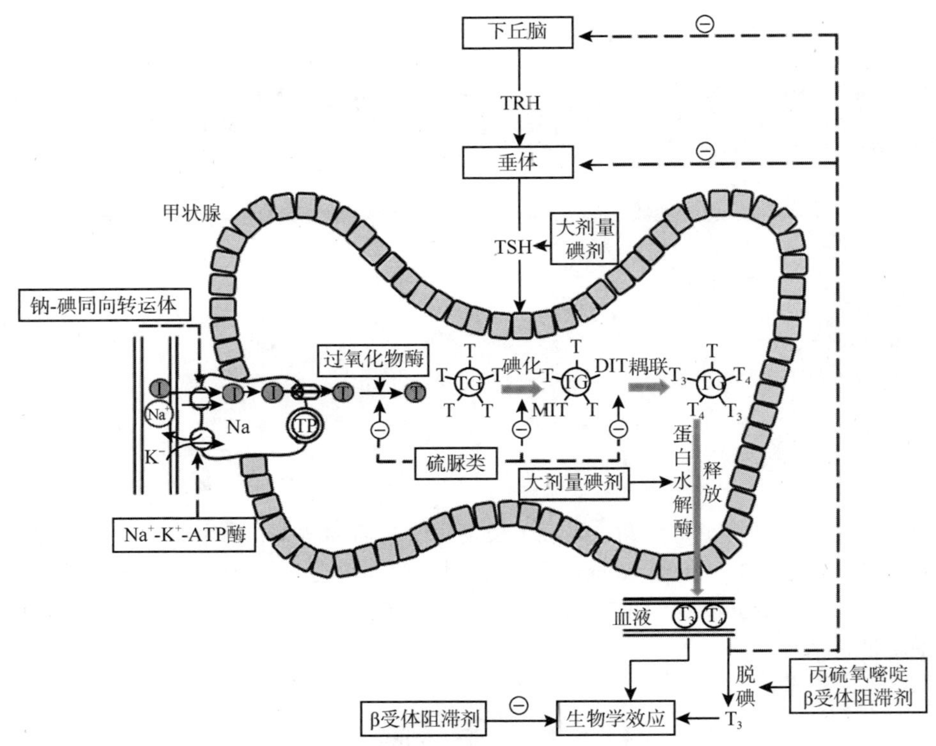

图 35-2 甲状腺激素的合成、储存、分泌和调节

（一）体内过程

本品口服易吸收，T_3 和 T_4 的生物利用度分别为 90%～95%和 50%～70%，其中 T_4 吸收率受肠内容物等因素的影响。两者与血浆蛋白的结合率均可达 99%以上，但 T_3 的蛋白亲和力低于 T_4，其游离型是 T_4 的 10 倍。T_3 起效快、作用强，但维持时间短，T_4 则起效慢、作用弱，但维持时间长。T_3 的 $t_{1/2}$ 为 2 天，T_4 的 $t_{1/2}$ 为 6～8 天，两者的 $t_{1/2}$ 均超过 1 天，故每天只需用药 1 次即可。肝脏是 T_3、T_4 非脱碘性降解的主要部位，并和葡糖醛酸或硫酸结合经胆汁排泄。T_3、T_4 可通过胎盘屏障，也可随乳汁排泄，故在妊娠和哺乳期间慎用。

（二）生理和药理作用

1. 维持生长发育 甲状腺激素能促进蛋白质的合成，调控机体生长发育，对婴幼儿骨骼和中枢神经系统的生长、发育尤为重要。在胚胎或婴幼儿期，如因缺碘或母体使用抗甲状腺药可导致甲状腺功能不足，使神经元轴突和树突的形成发生障碍，神经髓鞘形成延缓，骨骺不能形成，进而出现不可逆性智力低下、身材矮小的呆小病（cretinism，克汀病），并伴有大脑的多种形态改变。成年期甲状腺功能低下时，则出现中枢神经兴奋性降低的症状，如神情冷漠、反应迟钝、记忆力减退等。由于蛋白质合成减少，组织间黏蛋白增多，结合大量水分可引起黏液性水肿。

2. 促进代谢 甲状腺激素能促进糖、蛋白质及脂肪代谢，加速物质氧化，提高基础代谢率，增加组织器官的耗氧量和产热量。甲状腺功能亢进时，基础代谢率增高，患者出现怕热、多汗、消瘦、乏力等症状；甲状腺功能低下时，基础代谢率降低，患者出现畏寒、怕冷等症状。

3. 增敏交感-肾上腺系统 甲状腺激素可增加 β 受体数量，增强机体对儿茶酚胺类物质的敏感性，故甲亢患者常出现急躁易怒、失眠不安、心率加快、血压升高等症状，严重者可发生甲状腺功能亢进性心脏病。

（三）作用机制

甲状腺激素通过激动其特异性受体产生作用。甲状腺激素受体（thyroid hormone receptor，TR）在垂体、心脏、肝脏、肾脏、骨骼肌等组织器官中均有分布。血液中 T_3、T_4 与血浆蛋白解离后，进入细胞核，与核内的 TR 结合形成激素-受体复合物，再与靶基因的启动/调节区内的甲状腺激素应答元件结合，从而启动、调节靶基因转录，加速相关蛋白和酶的生成，由此发挥生理效应。TR 数量易受多种因素影响，如饥饿、营养不良等可使 TR 数目减少。此外，甲状腺激素也可通过"非基因作用"，与核糖体、线粒体和细胞膜上的受体结合，影响转录后的过程、能量代谢及膜的转运过程，进而促进葡萄糖、氨基酸等摄入组胞内，增强多种酶和细胞的活性。

（四）临床应用

1. 呆小病　对呆小病的治疗越早越好，在出生后的前 2 周开始补充甲状腺激素可以有效防止大脑形态的改变，发育可维持正常；若治疗过晚，躯体发育虽可正常，但智力低下难以逆转。治疗应从小剂量开始，逐渐增加剂量，至症状明显好转时改为维持剂量，有效者应终生替代治疗，可根据症状及时调整剂量。

2. 黏液性水肿　应从小剂量开始给予甲状腺激素，逐渐增至足量，2～3 周后若基础代谢率恢复正常，可逐渐减为维持剂量。老年人及心血管疾病患者增量宜缓慢，以防过量诱发或加重心脏病变。垂体功能低下者因易发生急性肾上腺皮质功能不全，宜先用糖皮质激素再用甲状腺激素。黏液性水肿昏迷者必须立即注射 T_3，待清醒后改为口服。

3. 单纯性甲状腺肿　应尽快明确原因，由于缺碘所致者应补碘；原因不明者可给予适量甲状腺激素，以补充内源性激素的不足，并可抑制 TSH 过多分泌，缓解甲状腺腺体代偿性增生肥大；甲状腺结节不能消失者，需手术治疗。

4. 其他应用　①甲状腺功能亢进症患者服用抗甲状腺药时，加服 T_4 有利于减轻突眼、甲状腺肿大及防止甲状腺功能低下。T_4 不易通过胎盘屏障，不能防止抗甲状腺药剂量过大对胎儿甲状腺功能的影响，故甲亢孕妇一般不加服 T_4。②甲状腺癌术后应用 T_4 可抑制残余甲状腺癌变组织，减少复发，用量需较大。③单纯性甲状腺肿和甲状腺功能亢进症患者的鉴别诊断，即 T_3 抑制试验：服用 T_3 后，摄碘率比用药前对照值下降 50%以上者为单纯性甲状腺肿，小于 50%者为甲状腺功能亢进症。

（五）不良反应

甲状腺激素过量可引起甲状腺功能亢进症的临床表现，如心悸、手震颤、多汗、体重减轻、失眠等症状，重者可腹泻、呕吐、发热、脉搏快而不规则等。老年人和有心脏疾病患者甚至发生心绞痛、心力衰竭等，一旦发生应立即停药，并给予 β 受体阻断药对抗，停药 1 周后再从小剂量开始用药。

（六）药物相互作用

H^+-K^+-ATP 酶抑制剂、H_2 受体阻断药等可影响甲状腺激素吸收；氢氧化铝、碳酸钙、硫糖铝和硫酸亚铁等可结合甲状腺激素，减少其吸收；肝药酶诱导剂可加速甲状腺激素的代谢，减弱其作用。故合用时应增加甲状腺激素的用量。

第二节　抗甲状腺药

抗甲状腺药（antithyroid drugs，ATD）是一类能阻碍甲状腺激素合成、分泌或改变组织对甲状腺激素反应性的药物，临床用于各种原因引起的甲状腺功能亢进症，目前常用的有硫脲类（thioureas）、碘（iodine）和碘化物（iodide）、β受体阻断药、放射性碘（radioiodine）四类。

一、硫 脲 类

硫脲类是最常用的抗甲状腺药，可分为两类：①硫氧嘧啶类，包括甲硫氧嘧啶（methylthiouracil，MTU）和丙硫氧嘧啶（propylthiouracil，PTU）；②咪唑类，包括甲巯咪唑（thiamazole，他巴唑）和卡比马唑（carbimazole，甲亢平）（图 35-3）。

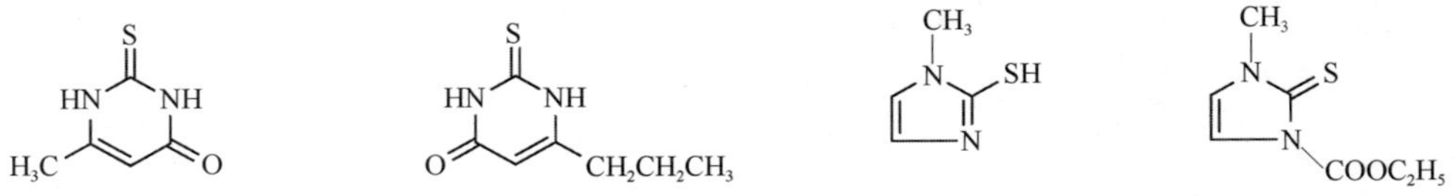

甲硫氧嘧啶　丙硫氧嘧啶　甲巯咪唑　卡比马唑

图 35-3　硫脲类药物基本结构

（一）体内过程

本类药物口服易吸收，生物利用度约为 80%，血浆蛋白结合率约为 75%，分布于全身各组织，以甲状腺组织中浓度较高，能通过胎盘屏障，易进入乳汁。药物在体内约 60%在肝脏被代谢，部分与葡糖醛酸结合而排出，代谢较快。血浆中丙硫氧嘧啶 $t_{1/2}$ 约为 75min，甲巯咪唑 $t_{1/2}$ 为 4～6h，卡比马唑在体内转化成甲巯咪唑后才能生效，作用缓慢，不宜用于甲状腺危象。

（二）药理作用

1. 抑制甲状腺激素合成　硫脲类通过抑制过氧化物酶，阻止 I^- 被氧化为 I^+，抑制酪氨酸的碘化及耦联，最终抑制甲状腺激素生物合成，起效缓慢，但药效维持时间持久。由于不能抑制甲状腺激素从腺泡的释放过程，故对已合成的甲状腺激素无效，须待甲状腺内储存的激素消耗到一定程度才能显效，用药后 2～3 周甲状腺功能亢进症状才得以改善，1～2 个月基础代谢率恢复正常。

2. 控制血清 T_3 水平　丙硫氧嘧啶可抑制外周组织 T_4 脱碘转化为 T_3，控制血清中 T_3 的水平，有助于迅速控制重症甲状腺功能亢进症的症状，可作为甲状腺危象及重症甲状腺功能亢进症治疗的首选药。

3. 抑制免疫球蛋白的生成　硫脲类能轻度抑制免疫球蛋白的合成，使甲状腺刺激性免疫球蛋白水平降低。由于甲状腺功能亢进症的发病与自体免疫机制异常有关，故硫脲类对甲状腺功能亢进症患者除能控制高代谢症状外，对其病因也有一定治疗作用。

（三）临床应用

1. 甲状腺功能亢进症的内科治疗　硫脲类适用于轻症和不宜手术或 ^{131}I 治疗的中、重度甲状腺功能亢进症患者，如儿童、青少年、术后复发及年老体弱或兼有心、肝、肾和出血性疾病等患者。开始治疗时，应给予大剂量硫脲类以最大程度抑制甲状腺激素的合成，1～3 个月后甲状腺功能亢进症状可明显缓解。当基础代谢率接近正常时，即可递减药量，直至维持剂量，疗程 1～2 年，疗程过短较易复发。内科治疗可使 40%～70%的患者痊愈。

2. 甲状腺手术前准备　为减少麻醉和手术后并发症，防止诱发甲状腺危象，在手术前应先服用硫脲类药物，使甲状腺功能恢复或接近正常。但由于服用硫脲类后 TSH 分泌增多，会使腺体增生，甲状腺组织变脆充血，不利于手术进行，应在手术前 2 周加服大剂量碘剂。

3. 甲状腺危象的辅助治疗　甲状腺危象是指在感染、外伤、手术和情绪激动等诱因作用下，甲状腺激素突然大量释放入血，使患者发生高热、虚脱、心力衰竭、水和电解质紊乱等症状，严重时可导致死亡。临床上除消除诱因、对症治疗外，主要是给予大剂量碘剂以抑制甲状腺激素的释放，同时立即应用 2 倍治疗量的硫脲类如丙硫氧嘧啶作辅助治疗，以阻止甲状腺激素合成，但大剂量用药一般不超过 1 周。

（四）不良反应

1. 过敏反应　最为常见。多为皮肤瘙痒和药疹等，少数伴有发热，一般不需停药也可逐渐消失。

2. 消化道反应　常见厌食、呕吐、腹痛和腹泻等，罕见黄疸性肝炎。

3. 粒细胞缺乏症　是硫脲类最严重的不良反应，发生率为 0.3%～0.6%，多发生在治疗后的 2～3 个月。应密切关注患者是否在用药后出现咽痛、发热等症状。发现症状应立即停药并进行粒细胞计数检查，停药后粒细胞减少是可逆的，也可使用重组人粒细胞集落刺激因子加速恢复。应注意将轻度粒细胞减少与甲状腺功能亢进症自身引起的白细胞总数偏低相区别。

4. 甲状腺肿及甲状腺功能减退　长期使用或用药过量，由于血液中甲状腺激素水平显著下降，TSH 分泌反馈性增加，引起腺体代偿性增生、肿大、充血，重者可出现气管压迫症状，还可诱发甲状腺功能减退，及时发现并停药常可恢复。

（五）禁忌证

硫脲类可通过胎盘屏障，并易进入乳汁，因此哺乳期和妊娠期妇女禁用。因可增加 TSH 分泌，促使甲状腺癌发展，故结节性甲状腺肿合并甲状腺功能亢进症或甲状腺癌患者禁用。

（六）药物相互作用

巴比妥类药物、酚妥拉明、妥拉唑林、锂盐、对氨基水杨酸、保泰松、维生素 B_{12}、磺胺类药物和磺酰脲类药物等均能不同程度抑制甲状腺功能，与硫脲类药物合用可增加抗甲状腺效应；因碘剂能延缓硫脲类药物起效时间，一般两者不应合用。

二、碘和碘化物

碘和碘化物是最早用于防治甲状腺疾病的药物，常用的有碘化钾（potassium iodide）、碘化钠（sodium iodide）及复方碘溶液（liquor iodine Co，卢戈液，lugol solution，内含碘 5%，碘化钾 10%）。

（一）药理作用

1. 小剂量碘促进甲状腺激素的合成　甲状腺以碘为原料合成甲状腺激素，当机体摄碘不足时，甲状腺激素合成减少，TSH 分泌反馈性增多，引起甲状腺组织代偿性增生，形成单纯性甲状腺肿，在食盐中加入小剂量碘（按 1：100 000～1：10 000 比例）可有效预防该病的发生。

2. 大剂量碘抗甲状腺作用　大剂量碘（＞6mg/d）对正常人和甲状腺功能亢进症患者均能产生抗甲状腺作用，其机制包括：①抑制谷胱甘肽还原酶，使还原型谷胱甘肽减少，从而降低 TG 对蛋白水解酶的敏感性，使甲状腺激素不能与 TG 解离，最终抑制甲状腺激素释放；②对抗 TSH 促进激素的释放；③抑制过氧化物酶，影响酪氨酸碘化和碘化酪氨酸耦联过程，减少甲状腺激素的合成。

大剂量碘起效快、作用强，用药 1～2 天起效，10～15 天达最大效应。如继续用药，细胞内碘离子浓度增高到一定程度，细胞摄碘即自动降低，细胞内碘离子浓度下降，从而失去抑制激素合成的效应，导致甲状腺功能亢进症的症状复发，因此大剂量碘不能单独用于甲状腺功能亢进症内科治疗。

（二）临床应用

1. 单纯性甲状腺肿 用小剂量碘，在食盐中加碘化钾或碘化钠可有效预防；如腺体太大或已有压迫症状者，则需考虑手术治疗。

2. 甲状腺功能亢进症手术前准备 在使用硫脲类药物控制症状的基础上，术前 2 周用大剂量碘，使腺体缩小变硬，利于手术的进行。

3. 甲状腺危象 用大剂量碘静脉滴注或口服，抑制甲状腺激素的释放，如果病情危急，可同时服用丙硫氧嘧啶、普萘洛尔等药物。在甲状腺危象消除后，需 2 周内逐渐停用碘剂。

（三）不良反应

1. 慢性碘中毒 早期的症状是口腔有铜腥味，口腔和咽喉烧灼感，牙齿和牙龈疼痛，呼吸道刺激、鼻窦炎和眼结膜炎症状，流涎增多、涎腺肿大，停药后可逐渐消退。慢性碘中毒可影响小儿智力发育，引起大脑缺氧，损害中枢神经。

2. 过敏反应 用药后立即或数小时内发生，主要表现为发热、皮疹、皮炎、血管神经性水肿，严重者喉头水肿可致窒息。一般停药可消退，必要时采取抗过敏措施。

3. 诱发甲状腺功能紊乱 长期或过量服用，可诱发甲状腺功能亢进症，也可诱发甲状腺功能减退症和甲状腺肿。碘可通过胎盘和进入乳汁，引起新生儿和婴儿甲状腺功能出现异常或甲状腺肿，严重者可因压迫气管而致死，因此妊娠期和哺乳期妇女慎用。

三、β 受体阻断药

（一）药理作用

无内在拟交感活性的 β 受体阻断药，如普萘洛尔（propranolol）、美托洛尔（metoprolol）等通过阻断 β 受体，可改善甲状腺功能亢进症患者心率加快、心肌收缩力增强等交感神经过度兴奋症状；还可抑制外周组织的 T_4 脱碘转化为 T_3；此外，还可减少甲状腺激素的分泌。

（二）临床应用

β 受体阻断药是治疗甲状腺功能亢进症和甲状腺危象的常用辅助药，适用于不宜用抗甲状腺药、不宜手术及 ^{131}I 治疗的甲状腺功能亢进症患者，单用时作用有限，与硫脲类合用疗效显著。

（三）不良反应

应注意 β 受体阻断药对心血管系统和气管平滑肌等的不良反应。

四、放 射 性 碘

临床常用放射性碘（radioiodine，^{131}I），其 $t_{1/2}$ 为 8 天，用药后 5～6 天在机体内其放射性消除 99%以上。

（一）药理作用

甲状腺摄取、浓集 ^{131}I 后，主要释放 β 射线（99%）和 γ 射线（1%）。β 射线在组织内射程为 0.5～2mm，辐射作用仅限于甲状腺内，且增生组织对辐射作用敏感，故只破坏甲状腺实质，极少损伤周围正常组织，可产生类似手术切除部分甲状腺的作用。γ 射线可在体外进行量化检测，辐射的影响取决于剂量的大小，用于检查甲状腺摄碘功能。

（二）临床应用

1. 甲状腺功能亢进症　放射性碘适用于不宜手术或术后复发及硫脲类药物无效或过敏的甲状腺功能亢进症患者，尤其是老年患者和心脏病患者的甲状腺功能亢进。一般用药后 1 个月见效，见效前应加用其他抗甲状腺药控制症状。

2. 甲状腺功能检查　小剂量用于甲状腺功能检查。摄碘率高，摄碘高峰时间前移为甲状腺功能亢进症。

（三）不良反应

放射性碘使用后，迟发性甲状腺功能减退发生率较高，故应严格控制剂量，一旦发生可补充甲状腺激素对抗。

（四）禁忌证

儿童处于生长发育期，对辐射较敏感；卵巢可浓集 ^{131}I，故低于 20 岁的患者、妊娠期或哺乳期妇女和肾功能不佳者不宜使用；此外，禁用于甲状腺危象、重症浸润性突眼症及甲状腺不能摄碘者。

1. 常用的硫脲类药物有哪些？简述它们的作用机制及临床应用。
2. 不同剂量的碘剂对甲状腺功能的影响有什么差异？

附　甲状腺激素的发现

甲状腺激素是甲状腺分泌的激素，作用非常广泛，几乎对全身组织细胞都有作用。早在 17 世纪初，从解剖学上就证实了人类甲状腺的存在。1656 年，英国解剖学家托马斯·沃顿（Thomas Warton）第一次将这个形似蝴蝶、犹如盾甲的腺体正式命名为甲状腺——Thyroid，希腊语有盾牌之意。

法国矿业工程师布鲁斯·辛高特在游历南美时发现，水里缺碘的地区甲状腺肿的患者较多，水里含碘较丰富的地区几乎没有甲状腺肿的患者，更有趣的是当一些甲状腺肿的患者从缺乏碘的地方移居到含碘丰富的地方后，部分患有甲状腺肿的患者症状消失了。于是，1833 年他在发表的文章中对这一现象进行了描述，提出碘盐能预防和治疗甲状腺肿。1883 年，瑞士外科医生特奥多尔·考科尔看到一篇关于甲状腺摘除的论文时，发现全甲状腺切除术患者术后症状与克汀病患者症状十分相似。于是，他对在他那里做过甲状腺手术的患者进行了跟踪观察，发现部分甲状腺切除术患者和全甲状腺切除术患者术后恢复过程不同，并首次提出甲状腺切除与黏液水肿的因果关系。1890 年，葡萄牙医生贝登科特（Bettencourt）和塞拉诺（Serrano）使用绵羊的甲状腺提取物注射剂，成功治疗了甲状腺功能减退的患者，并发表了相关文章，但是当时没有得到重视。1914 年美国化学家肯德尔（Kendall EC.）首次成功地从牛的甲状腺中分离出含碘化合物——甲状腺激素 T_4 的结晶，并把它命名为 Thyroxin。但是他尝试合成甲状腺激素未能获得成功，Kendall 坚信该化合物含的是碘元素，他假说为每个分子结合了三个碘元素，然而实验合成一直失败。1926 年，英国的学者哈林顿（Harington）发现 Thyroxin 由 4 个碘原子结合，成功合成了 T_4，他在征得 Kendall 同意后，在“Thyroxin”后面加上一个“e”，成为我们现在说的甲状腺素 T_4，T_4 是健康的甲状腺分泌的主要激素。T_4 虽然能够人工合成，但是 T_4 是酸性分子，口服生物利用度很低，治疗作用有限而成本很高。直到 1949 年甲状腺素钠盐研制成功，克服了 T_4 的不足。1952 年英国的生化学家皮特·里弗斯（Pitt Rivers R）等发现 T_3，T_3 的生物学效应高于 T_4。T_3 是活性甲状腺激素，向细胞发出信号，并控制人体的新陈代谢，T_3 激素由 T_4 激素转化。至此，甲状腺素的组成得到阐明。

第三十六章 性激素类药物及避孕药

学习目标

1. 能清晰表述性激素类药物与避孕药的分类，解释激素替代治疗的概念。
2. 能理解性激素的分泌及调节机制。

性激素（sex hormones）是性腺分泌的激素，包括雌激素、孕激素和雄激素，属甾体化合物，临床应用的性激素类药物是人工合成品及其衍生物。常用的避孕药大多属于雌激素与孕激素的复合制剂。

（一）性激素的分泌与调节

性激素的分泌受下丘脑-腺垂体的调节。下丘脑分泌促性腺激素释放激素（gonadotropin-releasing hormone，GnRH），促进腺垂体分泌促卵泡素（follicle stimulating hormone，FSH）和黄体生成素（luteinizing hormone，LH）。FSH 刺激卵巢滤泡的发育与成熟，并使其分泌雌激素，对男性则促进睾丸中精子的生成。LH 促进卵巢黄体生成并使其分泌孕激素，对男性可促进睾丸间质细胞分泌雄激素。

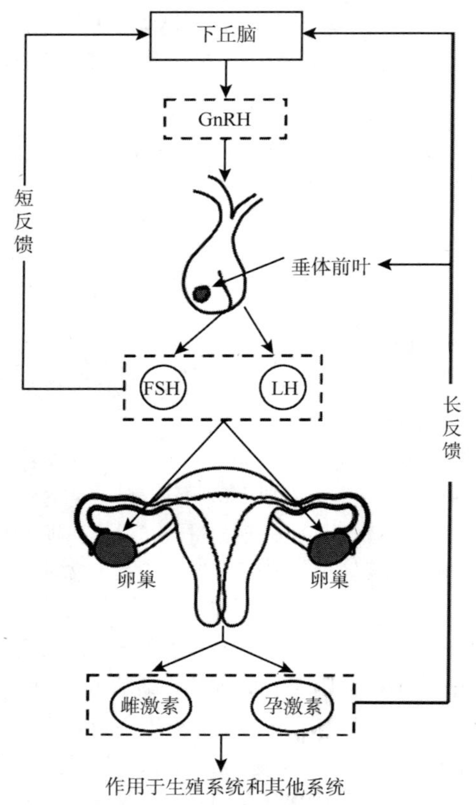

图 36-1 雌激素、孕激素的分泌与调节模式图

性激素对下丘脑及垂体前叶的分泌有正、负反馈调节作用（图 36-1），以女性为例：①长反馈：在排卵前，雌激素水平较高，可直接或间接通过下丘脑促进垂体前叶分泌 LH，导致排卵，这一反馈过程是正反馈调节。在黄体期，雌、孕激素水平均高，通过负反馈减少下丘脑 GnRH 的分泌，抑制排卵。常用的甾体避孕药就是根据这一负反馈机制而设计的。②短反馈：垂体分泌 FSH、LH，通过负反馈作用减少下丘脑 GnRH 的释放。③超短反馈：下丘脑分泌的 GnRH 反作用于下丘脑，促进 GnRH 分泌，实现自行调节。

（二）性激素的作用机制

性激素与其相应受体结合，作用于 DNA，影响 mRNA 转录和蛋白质合成，产生不同效应。

第一节　雌激素类药及抗雌激素受体药

一、雌激素类药

（一）来源

卵巢分泌的天然雌激素（estrogens）主要是雌二醇（estradiol，E_2）。天然雌激素活性较低，临床常用的雌激素类药多以雌二醇为母核，人工合成的高效衍生物，主要有炔雌醇（ethinylestradiol）、炔雌醚（quinestrol）及戊酸雌二醇（estradiol valerate）等。近年来，结合雌激素（雌酮硫酸盐和马烯雌酮硫酸盐混合物）因应用方便、长效、不良反应较少等特点而被广泛应用。此外，人工合成的非甾体类药物也具有雌激素样作用，如己烯雌酚（diethylstilbestrol）。

（二）体内过程

口服天然雌激素经胃肠道吸收，在肝内迅速被破坏，生物利用度低，故需注射给药。其代谢产物大部分形成葡糖醛酸或硫酸酯，经肾脏排泄，部分通过胆汁排出，形成肝肠循环。人工合成的炔雌醇、炔雌醚、己烯雌酚等在肝内代谢较慢，其中炔雌醇、炔雌醚吸收后储存于体内脂肪组织中，故口服疗效高，维持时间长。酯类衍生物或油溶液制剂，肌内注射吸收缓慢，作用时间延长。

（三）生理及药理作用

1. 促进女性性成熟并维持第二性征　雌激素促进女性性器官的发育和成熟，维持女性第二性征，参与形成月经周期。使子宫内膜增殖、变厚，在孕激素协同下，使子宫内膜进入分泌期，提高子宫平滑肌对缩宫素的敏感性，使子宫颈管腺体分泌黏液，有利于精子的穿透和存活，促进输卵管管腔上皮细胞分泌增加及纤毛生长，使阴道上皮增生，浅表层细胞角化。

2. 影响排卵　小剂量雌激素，可促进性腺激素分泌，促进排卵；大剂量雌激素则通过下丘脑-垂体前叶系统的负反馈机制，减少下丘脑 GnRH 的释放及 FSH 和 LH 分泌，从而抑制排卵。

3. 影响乳腺　小剂量雌激素能刺激乳腺导管及腺泡的生长发育；大剂量雌激素则抑制催乳素对乳腺的刺激作用，减少乳汁分泌。

4. 影响代谢　雌激素具有轻度水钠潴留作用，使血压升高；增加骨骼的钙盐沉积，加速骨骺闭合；对青春期生长发育有促进作用；预防绝经期妇女骨质丢失；降低低密度脂蛋白水平，升高高密度脂蛋白水平；降低糖耐量等作用。

（四）临床应用

1. 围绝经期综合征　雌激素替代治疗可抑制垂体促性腺激素的分泌，从而减轻围绝经期综合征的症状；对因雌激素缺乏引起的老年性阴道炎和女阴干枯病，局部用药有效。

2. 卵巢功能不全和闭经　雌激素替代治疗用于原发性或继发性卵巢功能低下患者，可促进子宫、外生殖器及第二性征的发育。雌激素与孕激素合用，可产生人工月经周期。

3. 功能性子宫出血　雌激素可促进子宫内膜增生，修复出血创面而止血，也可适当配伍孕激素，以调整月经周期。

4. 乳房胀痛及退乳　大剂量雌激素能干扰催乳素对乳腺的刺激作用，使乳汁分泌减少，可用于部分妇女停止授乳后乳汁继续分泌而致乳房胀痛。

5. 绝经后晚期乳腺癌　雌激素能缓解绝经后晚期乳腺癌不宜手术患者的症状。大剂量雌激素可抑制垂体前叶分泌促性腺激素，减少雌酮的产生，用于绝经后晚期乳腺癌的治疗。但绝经前和绝经期5年以内的乳腺癌患者禁用，主要原因是雌激素可促进肿瘤的生长。

6. 其他 治疗前列腺癌，大剂量雌激素抑制垂体促性腺激素的分泌，使睾丸萎缩及雄激素分泌减少。用于雄激素分泌过多，刺激皮脂腺分泌，引起腺管阻塞及继发感染所致的青春期痤疮。雌激素能阻止绝经早期的骨丢失，在绝经前5～10年开始应用激素疗法对预防骨质疏松效果最好。但长期应用外源性雌激素治疗的妇女，心脏病、脑卒中、浸润性乳腺癌的发病风险都有所增加，因此雌激素不能作为一线治疗药物，须根据获益与风险比来衡量是否采用。

（五）不良反应

1. 消化道症状 常见厌食、恶心、呕吐及头晕等，减少剂量或从小剂量开始逐渐增量可减轻症状。

2. 子宫出血 长期大量应用雌激素可使子宫内膜过度增生，引起子宫出血，故患有子宫内膜炎者慎用。此外，绝经后雌激素替代疗法可明显增加子宫内膜癌的发病风险，若同时服用孕激素可降低该风险。

3. 水肿及肝毒性 大剂量雌激素可引起水钠潴留导致水肿，故充血性心力衰竭、肝肾疾病导致的水钠潴留患者禁用。雌激素在肝内灭活，故肝功能不全者可致胆汁淤积性黄疸，应慎用。

二、抗雌激素受体药

抗雌激素受体药根据作用机制的不同，可分为雌激素受体阻断药、选择性雌激素受体调节药和芳香化酶抑制药。

（一）雌激素受体阻断药

本类药物竞争性拮抗雌激素受体，抑制雌激素作用。代表药物为氯米芬（clomiphene）。该药与己烯雌酚的化学结构相似，有较弱的雌激素活性和中等程度的抗雌激素作用，可阻断下丘脑的雌激素受体，消除雌二醇的负反馈抑制，促进垂体前叶分泌促性腺激素，诱发排卵。临床用于功能性不孕症、功能性子宫出血、月经不调、晚期乳腺癌及长期应用避孕药后引发的闭经等。长期大剂量应用可引起卵巢肥大，故卵巢囊肿者禁用。

（二）选择性雌激素受体调节药

本类药物与不同组织的雌激素受体亲和力不同，因此可作为部分激动药或部分阻断药而发挥作用，代表药物为雷洛昔芬（raloxifene）。该药对乳腺和子宫内膜上的雌激素受体没有明显作用，但能特异性拮抗骨组织的雌激素受体而发挥作用。临床主要用于骨质疏松症的治疗。

（三）芳香化酶抑制药

芳香化酶是催化形成雌激素的限速酶，存在于卵巢、脑、脂肪、肌肉、骨骼等组织中，抑制芳香化酶可减少雌激素的生成。代表药物来曲唑（letrozole），临床多用于雌激素依赖性肿瘤的治疗。

第二节 孕激素类药及抗孕激素受体药

一、孕激素类药

（一）来源

天然孕激素为黄体酮（progesterone，孕酮），临床应用的均为人工合成及其衍生物。按化学结构，孕激素类药可分为两类。①17α-羟孕酮类：从黄体酮衍生而得，如甲羟孕酮（medroxyprogesterone）、甲地孕酮（megestrol）、羟孕酮己酸酯（17α-hydroxyprogesterone caproate）等；②19-去甲睾酮类：从妊娠素衍生而得，结构与睾酮相似，如炔诺酮（norethisterone）、双醋炔诺酮（ethynodiol diacetate）等。

（二）体内过程

黄体酮口服后在胃肠道和肝脏迅速破坏，故口服无效，需注射或舌下给药。血浆蛋白结合率高，在肝脏代谢，代谢物多与葡糖醛酸结合，经肾脏排出。人工合成的炔诺酮、甲地孕酮等，在肝脏破坏较慢，可口服给药。油溶液肌内注射可发挥长效作用。

（三）生理及药理作用

1. 影响生殖系统

（1）利于受精卵的着床和胚胎发育：月经后期，孕激素在雌激素作用的基础上，促进子宫内膜继续增厚、充血，内膜由增殖期转为分泌期，有利于受精卵的着床和胚胎发育。

（2）保胎：作用于孕激素受体，降低子宫平滑肌对缩宫素的敏感性，抑制子宫收缩；也可通过下调子宫平滑肌间隙连接蛋白 43 磷酸化，抑制子宫平滑肌收缩，起到保胎作用。

（3）促进乳腺腺泡发育：与雌激素一起促进乳腺腺泡发育，为哺乳做准备。

（4）抑制排卵：一定量的孕激素可抑制 LH 分泌，从而抑制排卵。

2. 影响代谢　黄体酮为肝药酶诱导剂，可促进药物代谢；黄体酮与醛固酮结构相似，可竞争性对抗醛固酮的作用，引起 Na^+和 Cl^-排泄增加并利尿；促进蛋白质分解，增加尿氮的排泄。

3. 升高体温　月经周期中，黄体酮可使排卵期的体温较基础体温高约 0.6℃，其确切的机制不清楚。

（四）临床应用

1. 功能性子宫出血　黄体功能不足可引起子宫内膜不规则成熟与脱落，导致子宫持续性出血。应用孕激素可使子宫内膜同步转为分泌期，在行经期有助于子宫内膜全部脱落。

2. 痛经和子宫内膜异位症　雌激素、孕激素复合避孕药可抑制排卵并减轻子宫痉挛性收缩而止痛，还可使异位的子宫内膜萎缩退化。

3. 先兆流产和习惯性流产　黄体功能不足所致流产，可用大剂量孕激素安胎，但对习惯性流产，疗效不确切。

4. 子宫内膜腺癌、前列腺增生和前列腺癌　大剂量孕激素可使子宫内膜癌细胞分泌耗竭而退化。大剂量孕激素可反馈地抑制垂体前叶分泌间质细胞刺激激素（interstitial cell stimulating hormone，ICSH），减少睾酮分泌，促进前列腺细胞萎缩退化。

（五）不良反应

常见的不良反应为月经不规律，偶见恶心、呕吐、头痛、乳房胀痛及腹痛。大剂量黄体酮可致胎儿生殖器畸形。19-去甲睾酮激素因具有雄激素样作用，使女性胎儿男性化，不宜用于先兆流产和习惯性流产的治疗。

二、抗孕激素受体药

抗孕激素受体药干扰孕酮的合成和代谢，包括孕酮受体阻断药，如米非司酮（mifepristone）和3β-羟甾脱氢酶抑制剂，如曲洛司坦（trilostane）。

米非司酮（mifepristone）

本品口服有效，生物利用度高，血浆蛋白结合率较高，血浆半衰期长，因此可有效延长下一个月经周期，故不宜持续给药。米非司酮与孕激素受体有较强的亲和力，具有抗孕激素和抗皮质激素活性，同时还具有较弱的雄激素样活性，但几乎无孕激素样活性。米非司酮具有明显的抗着床作用，可单独用于房事后避孕；米非司酮可终止早期妊娠，可导致一些严重的不良反应如阴道出血，但一般不需特殊处理。贫血、正在接受抗凝治疗和糖皮质激素治疗者不宜使用米非司酮。

第三节　雄激素类药和同化激素类药

一、雄激素类药

（一）来源

天然雄激素（androgens）主要是由睾丸间质细胞分泌的睾酮（testosterone）。肾上腺皮质、卵巢和胎盘也分泌少量的睾酮。临床多用人工合成的睾酮衍生物，如甲睾酮（methyltestosterone，甲基睾丸素）、丙酸睾酮（testosterone propionate，丙酸睾丸素）和苯乙酸睾酮（testosterone phenylacetate，苯乙酸睾丸素）等。

（二）体内过程

睾酮口服易被肝脏破坏，故口服无效，一般用其油溶液肌内注射或植入皮下给药。睾酮的酯类化合物吸收缓慢，故作用时间延长，如植入皮下，作用可长达6周，代谢产物与葡糖醛酸结合，随尿排出。甲睾酮不易被肝脏破坏，可口服和舌下给药。

（三）生理及药理作用

1. 影响生殖系统　促进男性性器官及副性器官发育和成熟，促进男性第二性征形成，促进精子的生成及成熟。大剂量负反馈抑制垂体前叶分泌促性腺激素，对女性可减少雌激素分泌，并有直接抗雌激素作用。

2. 同化作用　睾酮能明显地促进蛋白质合成（同化作用），减少蛋白质分解（异化作用），从而造成正氮平衡，促进肌肉增长，体重增加，减少尿氮排泄，同时有水、钠、钙、磷潴留现象。

3. 提高骨髓造血功能　骨髓造血功能低下时，大剂量的雄激素可促进肾脏分泌促红细胞生成素（erythropoietin），也可直接刺激骨髓造血功能，使红细胞生成增加。

4. 增强免疫　睾酮能促进免疫球蛋白合成，使机体免疫功能和抗感染能力增强。

（四）临床应用

1. 男性雄激素替代疗法　作为替代疗法用于无睾症（两侧睾丸先天或后天缺损）或类无睾症（睾丸功能不足）、男子性功能低下者。

2. 功能性子宫出血　通过对抗雌激素作用，使子宫平滑肌和子宫血管收缩，子宫内膜萎缩而止血，更年期患者较适用。对严重出血病例，可用己烯雌酚、黄体酮和丙酸睾酮三种药物的混合物注射，可达止血目的，停药时应逐渐减量停药，停药后易出现撤退性出血。

3. 晚期乳腺癌　对晚期乳腺癌或乳腺癌转移的患者，雄激素可缓解部分患者的病情。治疗效果与癌细胞中的雌激素受体含量有关，含量越高疗效越好。

4. 贫血和身体虚弱　丙酸睾酮或甲睾酮可显著改善骨髓造血功能，可用于再生障碍性贫血及其他贫血。因具有同化作用，小剂量的雄激素可用于治疗各种消耗性疾病、骨质疏松、长期卧床等引起的身体虚弱状况，使患者食欲增加，加快患者体质恢复。

（五）不良反应

女性患者长期应用可出现男性化体征，如多毛、声音变粗、闭经、乳腺退化、性欲改变等。男性患者可发生性欲亢进，也可出现女性化。长期用药后的负反馈作用使睾丸萎缩，精子生成减少。17α 位有烷基取代的睾酮类药物干扰肝内毛细胆管的排泄功能，引起胆汁淤积性黄疸，若出现黄疸应立即停药。

（六）注意事项

孕妇及前列腺癌患者禁用。因雄激素有水钠潴留作用，肾炎、肾病综合征、肝功能不良、高血压及心力衰竭患者也应慎用。

甲睾酮（methyltestosterone）

甲睾酮为睾酮的 17α 甲基衍生物，作用与睾酮相同，口服有效，也可舌下给药。用于男性性功能减退、绝经妇女晚期乳腺癌的姑息治疗等。

丙酸睾酮（testosterone propionate）

丙酸睾酮作用与睾酮、甲睾酮相同但肌内注射起效慢、作用时间较持久。用于男性青春期发育迟缓、绝经妇女晚期乳腺癌的姑息治疗等。

二、同化激素类药

同化激素（anabolic hormone）是一类蛋白同化作用较强，男性化作用较弱的睾酮衍生物，如苯丙酸诺龙、司坦唑醇（康力龙）等。

苯丙酸诺龙（nandrolone phenylpropionate）

苯丙酸诺龙同化作用强，能促进蛋白质合成，抑制分解，减少尿氮排出，使钙、钠、钾、磷和水潴留，但男性化作用很弱。临床上主要用于治疗蛋白质合成不足或分解增多，如严重烧伤、大手术后恢复期、骨折不易愈合和骨质疏松、儿童生长发育迟缓等。服用时应同时增加食物中的蛋白质成分。本类药物属体育竞赛违禁药品。

长期使用可引起水钠潴留、血钙过高，女性患者可发生轻微男性化、月经紊乱或闭经等。可引起肝内毛细胆管胆汁淤积而发生黄疸，肝功能不全者慎用；孕妇、高血压患者及前列腺癌患者禁用。

司坦唑醇（stanozolol）

司坦唑醇能促进蛋白质合成，抑制蛋白异生；并能降低血清胆固醇、三酰甘油水平；促进钙、磷沉积，减轻骨髓抑制，因此也能用于再生障碍性贫血、白细胞减少症等疾病的治疗。

第四节　避　孕　药

生殖是一个复杂的生理过程，包括精子和卵子的形成、成熟、排卵、受精、着床及胚胎发育等多个环节，阻断其中任何一个环节均可达到避孕或终止妊娠的目的。

一、抑制排卵避孕药

本类药物多为不同类型的雌激素和孕激素联合组成的复方，目前常用的甾体避孕药多属此类。

本类药物在排卵前、排卵期及排卵后服用，都可影响受精卵着床。

（一）药理作用

1. 抑制排卵 甾体避孕药对排卵有显著的抑制作用，用药期间避孕效果达 90%以上。外源性激素通过负反馈机制抑制下丘脑 GnRH 的释放，从而减少 FSH 分泌，使卵泡的生长成熟过程受到抑制，同时孕激素又抑制 LH 释放，两者协同作用而抑制排卵。

2. 抗着床并阻止受精 甾体避孕药可抑制子宫内膜正常增殖，使其萎缩，不利于受精卵着床。使宫颈黏液的黏稠度增加，不利于精子进入宫腔。

3. 其他作用 甾体避孕药可以影响子宫和输卵管平滑肌的正常活动，使受精卵不能适时地到达子宫；抑制黄体内甾体激素的生物合成等。

（二）不良反应

少数用药者在用药初期出现头晕、恶心、呕吐、乏力、乳房胀痛等轻微的类早期妊娠反应，一般坚持用药 2～3 个月后药物反应可自然减轻或消失。用药后最初几个周期，可出现阴道不规则出血，可加服炔雌醇。有 1%～2%服药妇女发生闭经，原月经史不正常者较易发生。如连续 2 个月闭经，应停药。少数哺乳期妇女用药可使乳汁减少。甾体避孕药可引起血栓性静脉炎和血管栓塞，如肺栓塞和脑血管栓塞等。

（三）注意事项

充血性心力衰竭或者其他水肿倾向者慎用。急慢性肝病及糖尿病需要用胰岛素治疗者不宜使用。避孕药可减少子宫内膜癌、卵巢癌、子宫肌瘤，以及乳腺纤维囊性和纤维腺性病变的发生率，而增加宫颈癌和乳腺癌的发病率。如长期用药出现乳房肿块，则立即停药。宫颈癌患者禁用。

二、抗着床避孕药

抗着床避孕药也称探亲避孕药，可干扰子宫内膜正常发育，阻碍受精卵着床。常用的有大量炔诺酮（一次 5mg）或甲地孕酮（一次 2mg）或双炔失碳酯（anorethidrane dipropionate）。用法是同居当晚或事后服用，14 天以内必须连服 14 片，如超过 14 天，应接服复方炔诺酮片或复方甲地孕酮片等短效避孕药。

三、男性避孕药

男性避孕药主要为激素类避孕药，包括雄激素（androgen）、孕激素-雄激素复合剂。另外，棉酚（gossypol）亦可用作男性避孕药。

（一）雄激素

临床上作为男性避孕药的有庚酸睾酮（testosterone enanthate）、十一酸睾酮（testosterone undecanoate）、戊酸睾酮（testosterone pentanoate）等。

1. 体内过程 睾酮口服易吸收，但在进入全身循环前大部分被肝脏代谢，因此口服几乎无效。庚酸睾酮 $t_{1/2}$ 相对短，需要每 2 周肌内注射一次。十一酸睾酮和戊酸睾酮 $t_{1/2}$ 较长，分别可每 4 周和 6 周注射一次。

2. 药理作用与临床应用 睾酮类雄激素通过增加血中雄激素水平反馈性地抑制垂体促性腺激素 FSH、LH 的分泌，进而抑制精子的产生，达到避孕效果。临床上用于男性性功能减退、男性青春期发育迟缓、绝经女性晚期乳腺癌的姑息性治疗及男用避孕等。

3. 不良反应　庚酸睾酮反复应用可引起血脂和血脂蛋白的改变，使高密度脂蛋白胆固醇（HDL-C）降低，低密度脂蛋白胆固醇（LDL-C）升高。还可引起睾丸体积缩小、痤疮、性欲亢进、体重增加及血红蛋白增加等副反应。十一酸睾酮最常见的不良反应为注射部位胀痛、痤疮及性欲改变，性欲的改变在使用期间以增强为主，停药后性欲减弱，未发现严重不良反应。戊酸睾酮对血脂影响小，对性功能无明显影响。

（二）孕激素-雄激素复合剂

孕激素和雄激素在较大剂量时可反馈性抑制腺垂体促性腺激素的分泌，从而抑制精子的产生。两者合用具有协同效应，并可减少各药剂量，降低副作用发生。孕激素还可直接作用于睾丸，影响精子产生；某些孕激素还具有抗雄激素特性，导致精子发生停滞。而雄激素可补充体内睾酮的不足，用以维持正常性功能。推荐男用避孕药有雄激素+长效醋酸甲羟孕酮、雄激素+左炔诺孕酮、雄激素+庚酸炔诺酮等。

（三）孕激素

环丙孕酮（cyproterone）

环丙孕酮是一种强效孕激素，为抗雄激素药物，可在雄激素的靶器官竞争性对抗雄激素。大剂量时可抑制促性腺激素的分泌，减少睾丸内雄激素结合蛋白产生，抑制精子生成，干扰精子成熟过程。环丙孕酮可影响肝功能、糖代谢、肾上腺皮质功能等，因此用药期间要检测相应功能。由于环丙孕酮可抑制性功能，故未成年者禁用。

（四）棉酚

棉酚可破坏睾丸细精管的生精上皮，使精子数量减少，直至无精子，停药后可逐渐恢复。如每日服用 20mg，连服 2 个月即可达节育标准，避孕有效率达 99%以上。不良反应有胃肠道刺激症状、心悸及肝功能改变等；还可引起低血钾症状，由于棉酚可能引起不可逆性精子障碍，尚不能作为常规避孕药使用。

四、抗早孕药

抗早孕药为新型抗生育药物，包括孕激素类药、前列腺素类药和其他抗早孕药。米索前列醇为 PGE_1 的甲基化物。可使宫颈软化、扩张。具有促进黄体溶解作用，能收缩子宫，使宫腔压力升高，不利于受孕和着床。与米非司酮合用，可显著增高或诱发早孕子宫自发收缩的频率和幅度，完全流产率可达 90%以上。

1. 简述女性避孕药的分类及作用机制。
2. 为什么雌激素、孕激素和雄激素均可用于功能性子宫出血的治疗。

附　口服避孕药的研发历程

避孕药是女性自主掌控生育权的斗争历程中留下的宝贵成果。避孕药的诞生充满矛盾与偶然，它是第一种为没有生病的人设计的定期服用的药物，它的主要发明者是一位保守的天主教徒，一开始是寻找治疗不孕不育的药物，却偶然发现了作用相反的避孕药。

1921 年，澳大利亚生理学家路德维特·哈布兰特（Ludwig Haberlandt）首次揭示了月经的存在和发生是由大脑和卵巢共同产生的性激素调节的，并从动物实验中揭示避孕的原理。1933 年，历史上第一个生物孕激素——Proluton 由 Schering 公司上市。1934 年化学家 Schwenk 和 Hildebrand 开发了合成雌激素。20 世纪 40 年代，美国化学家鲁塞尔·马克（Russell Marker）认为合成性激素可由植物的根部提取的类固醇合成，他在墨西哥发现一种野生山芋可产生天然的孕激素。到了 1944 年，德国科学家比肯巴赫（Bickenbach）和保利科维特（Paulikovics）研究使用孕激素抑制排卵的方法。1951 年 10 月 15 日，卡尔·杰拉西（Carl Djerassi）团队合成了第一个合成孕激素——炔诺酮，这是第一种口服避孕药中的关键成分，因此，他被称为“人工避孕药之父”。1952 年 1 月，格雷戈里·平卡斯（Gregory Pincus）通过实验证实，黄体酮具有抑制排卵的功效。一次交流会中，他得知已有研究将激素用于女性治疗不孕。他猜想先用孕酮抑制排卵，然后停药，或许会产生“反弹”，说不定可以刺激排卵，这样就能让这些妇女怀孕了。后续实验验证了这一猜想。孕酮既然能阻止排卵，那就能阻止女性怀孕，正好与 Pincus 寻找避孕药的想法相吻合。在当时的社会条件下，为治疗不孕症在人体进行激素实验是合法的，但为了避孕而做此实验则是非法的。1953 年，Pincus 发现孕激素能够抑制排卵，雌激素可以改善月经周期。根据他的发现，现代避孕药都是雌激素与孕激素的配伍混合药剂。1956 年他的团队用雌激素和孕激素制成的药片进行了长期临床试验，实验结果证实这种药片可以达到避孕的效果。1956 年，Pincus 团队发明了美国第一个口服避孕药，并进行临床研究取得成功。1957 年，美国食品药品监督管理局（FDA）批准了这种药物投放市场，声称其主要用于治疗流产和月经不调，并附加警告，这种药品会影响排卵。广大妇女确实意识到了这一“副作用”的重要性，一大批自称“月经不调”的女性就医，“避孕药”处方激增。1960 年，美国法律终于作出让步，批准避孕药的主要成分异炔诺酮上市销售，这也宣告着口服避孕药正式开始临床应用。1960 年 5 月 9 日全球第一个含雌激素的复方口服避孕药面世，销售名称为 Enovid，又称异炔诺酮-炔雄醇甲醚片。1999 年，《经济学人》将避孕药评为 20 世纪最重要的科学进步。

第九篇
化学治疗药物

第三十七章　化学治疗药物概述

学习目标

1. 能正确应用抗菌药物的常用术语评价抗菌药物的活性及特点。
2. 能根据抗菌药物的作用机制解释各类抗菌药物的作用特点。
3. 能明晰机体、药物、病原体三者之间的相互作用和辩证关系。

化学治疗（chemotherapy）简称化疗，是指对于病原微生物、寄生虫或肿瘤细胞所致疾病的药物治疗。用于化学治疗的药物称为化疗药物（chemotherapeutical drugs），包括抗病原微生物药、抗寄生虫病药和抗恶性肿瘤药。抗病原微生物药是对病原微生物具有抑制或杀灭作用，用于防治感染性疾病的药物，包括抗菌药物、抗真菌药和抗病毒药等。

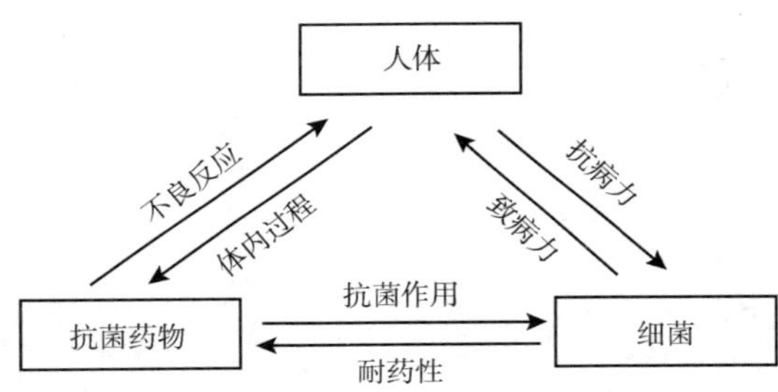

图 37-1　机体-抗菌药物-细菌之间的关系

抗菌药物在应用时，应注意药物、机体与病原体三者之间的关系（图 37-1）。主要包括：①病原体对机体的致病作用及机体抗病原体的能力；②药物对病原体的抑制或杀灭作用及病原体对药物的耐药性；③机体对药物体内过程的影响及药物对机体产生的不良反应。在化疗药物的临床应用中，应注重调动机体的抗病能力，明确药物对病原体的选择性作用，避免和减少药物的不良反应和病原体的耐药性产生，保证合理用药。

第一节　化疗药物的常用术语

抗菌药物（antibacterial drugs）是指能抑制或杀灭细菌，用于防治细菌感染性疾病的药物，包括抗生素和人工合成抗菌药物。抗菌药物可分为抑菌药（bacteriostatic drugs）和杀菌药（bactericidal drugs）。抑菌药是指能抑制病原菌的生长繁殖而无杀菌作用的药物，如红霉素和四环素等。杀菌药是指不仅能抑制病原菌生长繁殖而且能杀灭病原菌的药物，如青霉素和链霉素等。

抗生素（antibiotics）是某些微生物（细菌、真菌和放线菌等）产生的，对其他微生物起到抑制或杀灭作用的物质。按照来源分为天然抗生素和人工半合成抗生素。

抗菌谱（antibacterial spectrum）指抗菌药物抑制或杀灭病原微生物的范围。可分为广谱抗菌药和窄谱抗菌药。广谱抗菌药是指对多种病原微生物具有抑制或杀灭作用的药物，如四环素类、头孢菌素类等；窄谱抗菌药是指仅作用于一种或有限的几种病原微生物的药物，如异烟肼、青霉素等。

抗菌活性（antibacterial activity）是指抗菌药物抑制或杀灭病原微生物的能力。体外抗菌实验中常用最低杀菌浓度（minimum bactericidal concentration，MBC）和最低抑菌浓度（minimum inhibitory concentration，MIC）表示。时间依赖型抗菌药是指抗菌药浓度超过 MIC 一定程度后，即可达到最大抗菌效应，再增加药物浓度不能明显增强抗菌活性，延长作用时间可使抗菌活性增强，常每日多次给药。浓度依赖性抗菌药是指杀菌活性与药物浓度（即给药剂量）成正比，对致病菌的杀灭作用取决于药物峰浓度，而与其作用时间关系不大，常一日剂量单次给药。

抗菌药物后效应（post-antibiotic effect，PAE）是指细菌接触抗菌药物一定时间，抗菌药物浓度下降，当药物浓度下降到 MIC 以下或消失，细菌生长仍受到持续抑制的效应。PAE 的长短与药物浓度、接触时间呈依赖关系，它对临床合理使用抗菌药、联合用药和评价药物不良反应都具有重要指导意义。

首次接触效应（first expose effect）是指抗菌药物在初次接触细菌时表现出强大的抗菌活性，但再次接触或连续接触后，抗菌活性不再明显增强，需要间隔相当时间后才会再次出现这种明显的效应。氨基糖苷类抗生素具有明显的首次接触效应。

化疗指数（chemotherapeutic index，CI）为评价化疗药物安全性的指标。一般以动物半数致死量（LD_{50}）与半数有效量（ED_{50}）的比值表示。通常化疗指数越大，表明药物毒性越小，临床应用价值越高。但应注意，化疗指数大的抗菌药物并非绝对安全，如青霉素化疗指数很大，但小剂量也可能引起过敏性休克甚至死亡。

第二节 抗菌药物的作用机制

抗菌药物主要是通过干扰病原菌的生化代谢过程，破坏其结构的完整性或影响其功能而产生抑菌或杀菌作用，主要包括以下 5 个方面（图 37-2）。

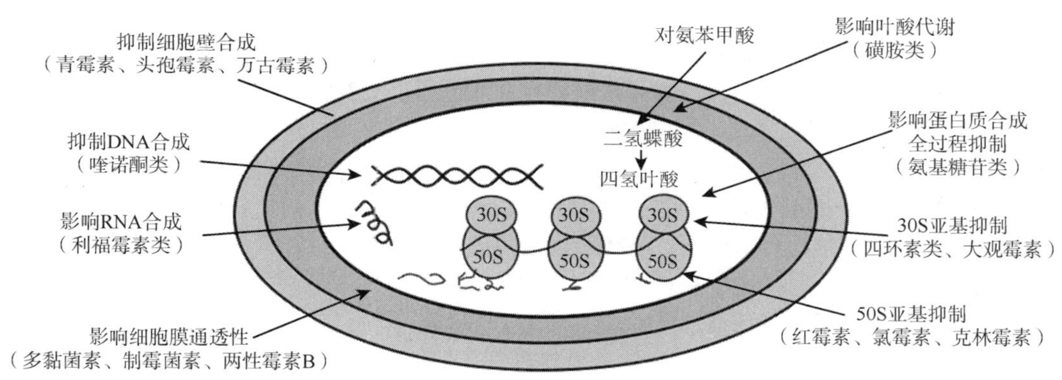

图 37-2 抗菌药物的作用机制示意图

1. 抑制细菌细胞壁合成 细胞壁是位于细胞膜外的一层较厚、较坚韧并略具弹性的结构，能抗御菌体内强大的渗透压，具有保护和维持细菌正常形态的功能。细菌细胞壁主要结构成分是肽聚糖，又称黏肽。黏肽的生物合成可分为胞浆内、胞浆膜与胞浆外三个阶段。万古霉素和杆菌肽主要影响黏肽合成的胞浆膜阶段，青霉素与头孢菌素类抗生素主要阻碍黏肽在胞浆外的交叉连接过程。细菌细胞壁缺损可致细菌膨胀、变形，在自溶酶影响下，细菌破裂溶解而死亡。

2. 改变细菌胞浆膜通透性 细菌胞浆膜是由类脂质和蛋白质分子构成的一种半透膜，具有渗透屏障和运输物质的功能。哺乳动物的胞浆膜含有胆固醇，真菌的胞浆膜含有麦角固醇，细菌的胞浆膜不含胆固醇和麦角固醇。多黏菌素类抗生素能选择性地与细菌胞浆膜中的磷脂结合；两性霉素 B 等多烯类抗生素则与真菌胞浆膜中麦角固醇类物质结合。它们均能使胞浆膜通透性增加，导致菌体内的蛋白质、核苷酸等重要物质外漏而死亡。

3. 抑制细菌蛋白质合成 核糖体是蛋白质合成的重要场所。细菌核糖体为 70S，由 30S 和 50S 亚基组成。有些抗菌药物（如大环内酯类、林可霉素类、氨基糖苷类、四环素类、氯霉素类）能阻止细菌蛋白质合成的某个阶段而起到抑菌或杀菌作用。①起始阶段：氨基糖苷类抗生素可阻止 30S

亚基与 50S 亚基合成始动复合物；②肽链延伸阶段：四环素类抗生素能与核糖体 30S 亚基结合，阻止氨基酸 tRNA 进入 A 位，阻碍肽链的形成；大环内酯类、林可霉素类及氯霉素类能与 50S 亚基结合，通过抑制移位酶或肽酰基转移酶而阻止肽链延长；③终止阶段：氨基糖苷类抗生素可阻止终止因子与 A 位结合，使合成的肽链不能从核糖体释放出来，导致核糖体循环受阻，合成异常或无功能的肽链，因而发挥杀菌作用。哺乳动物的核糖体为 80S，由 40S 与 60S 亚基构成，与细菌核糖体的生理、生化功能不同，抗菌药物对细菌的核糖体有高度的选择性毒性，一般不影响哺乳动物的蛋白质合成。

4. 影响细菌核酸代谢 喹诺酮类可抑制细菌 DNA 回旋酶或拓扑异构酶Ⅳ，妨碍细菌 DNA 复制和 mRNA 转录；利福平可抑制 DNA 依赖的 RNA 多聚酶，阻碍细菌 mRNA 合成，从而产生杀菌作用。

5. 影响细菌叶酸代谢 细菌不能直接利用环境中的叶酸，必须自身合成。合成叶酸的主要原料为蝶啶和对氨苯甲酸，在二氢蝶酸合酶的作用下生成二氢蝶酸，后者与谷氨酸结合形成二氢叶酸，再经二氢叶酸还原酶的作用形成四氢叶酸。四氢叶酸为一碳单位传递体的辅酶，参与嘌呤、嘧啶核苷酸的合成。磺胺类和甲氧苄啶分别抑制二氢蝶酸合酶和二氢叶酸还原酶，干扰细菌叶酸代谢，抑制细菌生长繁殖。

第三节 细菌耐药性及其产生机制

细菌耐药性（drug resistance）又称抗药性，系指细菌对于抗菌药物作用的耐受性，可分为固有耐药（intrinsic resistance）和获得性耐药（acquired resistance）。固有耐药又称天然耐药，是由细菌染色体基因决定，如链球菌对氨基糖苷类抗生素天然耐药；大肠杆菌对青霉素天然耐药；铜绿假单胞菌对多数抗生素均不敏感。获得性耐药是由质粒介导，通过改变自身的代谢途径，使其不被抗生素杀灭。如金黄色葡萄球菌产生 β-内酰胺酶而耐药。细菌的获得性耐药可因不再接触抗生素而消失，也可由质粒将耐药基因转移给染色体而代代相传，成为固有耐药。细菌对某种抗菌药物耐药后，对于结构近似或作用性质相同的抗菌药物也可能显示耐药性，称为交叉耐药。对抗菌药物主要分类的三类或三类以上耐药，称为多重耐药。对常用抗菌药物几乎全部耐药，革兰阴性杆菌仅对多黏菌素和替加环素敏感，革兰阳性球菌仅对糖肽类和利奈唑胺敏感，称为广泛耐药。

细菌耐药性产生的机制主要有以下 5 个方面。

1. 产生灭活酶 是细菌耐药性产生的最重要机制之一，是指细菌产生能够灭活抗菌药物的酶，使抗菌药物结构被破坏或改变而失活。β-内酰胺酶可使 β-内酰胺环裂解而导致 β-内酰胺类抗生素丧失抗菌作用。氨基糖苷类钝化酶（包括乙酰化酶、腺苷化酶和磷酸化酶）的基因经质粒介导合成，可将乙酰基、腺苷酰基和磷酰基连接到氨基糖苷类抗生素的氨基或羟基上，使其结构改变而失去抗菌活性，由于氨基糖苷类抗生素结构相似，故有明显的交叉耐药现象。氯霉素乙酰转移酶由质粒编码，可使氯霉素乙酰化而失去活性。甲基化酶由金黄色葡萄球菌携带的耐药质粒产生，使 50S 亚基中的 23SrRNA 上的嘌呤甲基化，对红霉素产生耐药性。

2. 改变靶位结构 是指由于细菌细胞膜上或膜内与抗菌药结合部位的靶蛋白发生改变，使抗菌药不能与其结合或降低与抗菌药的亲和力，导致抗菌失败。如因突变引起的青霉素结合蛋白（PBPs）改变，可使某些肺炎球菌、淋球菌对青霉素耐药，金黄色葡萄球菌对甲氧西林耐药。细菌核糖体 30S 亚基上链霉素作用靶位 P10 蛋白质发生改变可引起菌株对链霉素产生耐药性。细菌 RNA 多聚酶的 β′亚基发生改变可引起菌株对利福平产生耐药性。由质粒介导的对林可霉素和红霉素的耐药性，系细菌核蛋白体 23S 亚基的腺嘌呤甲基化，使药物不能与细菌结合所致。

3. 降低外膜通透性 很多广谱抗菌药都对铜绿假单胞菌无效或作用很弱，主要是抗菌药物不能进入铜绿假单胞菌菌体内，故产生天然耐药。细菌接触抗菌药后，可以通过改变通道蛋白性质和数量来降低细菌的膜通透性而产生获得性耐药性。正常情况下细菌外膜以 OmpF 和 OmpC 组成非特异性跨膜通道，允许抗菌药等药物分子进入菌体，当细菌多次接触抗菌药后，菌株发生突变，产生 OmpF 蛋白的结构基因失活而发生障碍，引起 OmpF 通道蛋白丢失，导致 β-内酰胺类、喹诺酮类等药物进入菌体减少。

4. 加强主动流出系统　某些细菌能将进入菌体的药物泵出体外，这种泵因需能量，故称主动流出系统（active efflux system）。流出系统由三个蛋白组成，即转运子、附加蛋白和外膜蛋白。附加蛋白位于转运子与外膜蛋白之间，起桥梁作用，转运子位于胞浆膜，它起着泵的作用，三者缺一不可，又称三联外排系统。由于这种主动流出系统的存在及它对抗菌药物选择性的特点，使大肠埃希菌、金黄色葡萄球菌、表皮葡萄球菌、铜绿假单胞菌、空肠弯曲杆菌等对四环素、氟喹诺酮类、大环内酯类、氯霉素、β-内酰胺类产生多重耐药。

5. 细菌生物被膜的形成　细菌生物被膜（biofilm）是指细菌黏附于固体或有机腔道表面，形成微菌落，并分泌胞外多糖蛋白复合物将自身包裹其中而形成的膜状物，此时细菌生长代谢缓慢，绝大多数抗菌药对此状态细菌不敏感，当使用抗菌药时仅杀死表层细菌，而不能彻底治愈感染，停药后迅速复发。生物被膜中的大量胞外多糖形成分子屏障和电荷屏障，可阻止或延缓抗菌药的渗入，而且被膜中细菌分泌的一些水解酶类浓度较高，可促使进入被膜的抗菌药灭活。

第四节　抗菌药物的合理应用原则

由于抗菌药物的发现，过去许多致死性细菌感染性疾病得到控制。但随着抗菌药物的广泛使用，特别是滥用，也给治疗带来许多新问题，如毒性反应、过敏反应、二重感染、细菌产生耐药性等。因此，合理使用抗菌药物日益受到重视。目前，我国抗菌药物临床合理应用的主要依据是《抗菌药物临床应用指导原则》。

一、抗菌药物的合理应用

1. 明确病原诊断　根据患者的症状、体征及血、尿常规等临床检查结果，初步诊断为细菌性感染者及经病原检查确诊为细菌性感染者，方有指征应用抗菌药物；由真菌、结核分枝杆菌、非结核分枝杆菌、支原体、衣原体、螺旋体、立克次体及部分原虫等病原微生物所致的感染亦有指征应用抗菌药物。诊断不能成立者，以及病毒性感染者，均无指征应用抗菌药物。有条件的医疗机构，住院患者应在开始抗菌治疗前，先留取相应标本，立即进行细菌培养，以尽早明确病原菌和药敏结果。危重患者在未获知病原菌及药敏结果前，可根据患者的发病情况、发病场所、原发病灶、基础疾病等推断最可能的病原菌，并结合当地细菌耐药状况先给予抗菌药物经验治疗，获知细菌培养及药敏结果后，对疗效不佳的患者调整给药方案。

2. 掌握药物特点　应根据各种抗菌药物的药效学（抗菌谱和抗菌活性）和人体药代动力学（吸收、分布、代谢和排泄过程）特点，按临床适应证正确选用抗菌药物。

3. 熟悉患者情况　应根据患者年龄、生理、病理、免疫等机体情况，合理选择抗菌药物。新生儿、早产儿、儿童、孕妇、哺乳期妇女等特殊生理时期的患者用药需谨慎。肝功能减退的患者应避免使用主要经过肝脏代谢或对肝脏有损害的药物。肾功能减退的患者应避免使用主要经肾脏排泄或对肾脏有损害的药物。

二、抗菌药物治疗方案制订

根据病原菌、感染部位、感染严重程度和患者的生理、病理情况制订抗菌药物治疗方案，包括抗菌药物的选用品种、剂量、给药次数、给药途径、疗程及联合用药等。

1. 品种选择 根据病原菌种类及药敏结果选用抗菌药物。

2. 给药剂量 按各种抗菌药物的治疗剂量范围给药。治疗重症感染（如败血症、感染性心内膜炎等）和抗菌药物不易达到的部位的感染（如中枢神经系统感染等），抗菌药物剂量宜较大（治疗剂量范围高限）；而治疗单纯性下尿路感染时，由于多数药物尿药浓度远高于血药浓度，则可应用较小剂量（治疗剂量范围低限）。

3. 给药途径 轻症感染可接受口服给药者，应选用口服吸收完全的抗菌药物，不必采用静脉或肌内注射给药。重症感染、全身性感染患者初始治疗应予静脉给药，以确保药效；病情好转能口服时应及早转为口服给药。治疗全身性感染或脏器感染时应避免局部应用抗菌药物，皮肤黏膜局部应用抗菌药物后，很少被吸收，在感染部位不能达到有效浓度，反易引起过敏反应或导致耐药菌产生。抗菌药物的局部应用只限于少数情况，如治疗中枢神经系统感染时某些药物可同时鞘内给药；包裹性厚壁脓肿脓腔内注入抗菌药物及眼科感染的局部用药等。某些皮肤表层及口腔、阴道等黏膜表面的感染可采用抗菌药物局部应用或外用，但应避免将主要供全身应用的品种作局部使用。局部用药宜采用刺激性小、不易吸收、不易导致耐药性和不易致过敏反应的杀菌剂，青霉素类、头孢菌素类等易产生过敏反应的药物不可局部应用。氨基糖苷类等耳毒性药物不可局部滴耳。

4. 给药次数 为保证药物在体内能最大限度发挥药效，应根据药动学和药效学相结合的原则给药。青霉素类、头孢菌素类、其他β-内酰胺类、红霉素、克林霉素等消除半衰期短者，应一日多次给药。氟喹诺酮类、氨基糖苷类等可一日给药一次（重症感染者例外）。

5. 疗程 抗菌药物疗程因感染不同而异，一般宜用至体温正常、症状消退后72～96h。败血症、感染性心内膜炎、化脓性脑膜炎、伤寒、布鲁菌病、骨髓炎、溶血性链球菌咽炎和扁桃体炎、深部真菌病、结核病等需较长的疗程方能彻底治愈，并防止复发。

三、抗菌药物的联合应用

单一药物可有效治疗的感染，不需联合用药。联合用药的指征：①病原菌尚未查明的严重感染，包括免疫缺陷者的严重感染；②单一抗菌药物不能控制的需氧菌及厌氧菌混合感染；③单一抗菌药物不能有效控制的感染性心内膜炎或败血症等重症感染；④需长程治疗，但病原菌易对某些抗菌药物产生耐药性的感染，如结核病、深部真菌病。

抗菌药物依其作用性质可分为四大类：Ⅰ类为繁殖期杀菌药，如青霉素类、头孢菌素类等；Ⅱ类为静止期杀菌药，如氨基糖苷类、多黏菌素类等；Ⅲ类为速效抑菌药，如四环素类、氯霉素类与大环内酯类抗生素等；Ⅳ类为慢效抑菌药，如磺胺类等。两种抗菌药联合应用在体外或动物实验中可获得无关、相加、协同（增强）和拮抗等四种效果：①Ⅰ类与Ⅱ类合用可获得协同效应，如青霉素与链霉素或庆大霉素合用治疗肠球菌心内膜炎；青霉素破坏细菌细胞壁的完整性，有利于氨基糖苷类抗生素进入细胞内发挥作用；②Ⅰ类与Ⅲ类合用可出现拮抗作用，如青霉素类与氯霉素或四环素类合用时由于细菌的生长被迅速抑制，使繁殖期杀菌不能充分发挥作用；③Ⅰ类与Ⅳ类合用可出现相加或无关作用，如治疗流行性脑脊髓膜炎时，青霉素与磺胺嘧啶合用可提高疗效；④Ⅱ类与Ⅲ类合用可出现相加或协同作用，如氨基糖苷类与四环素合用治疗鼠疫；⑤Ⅱ类与Ⅳ类合用可出现无关或相加作用，如氨基糖苷类与磺胺类合用治疗布鲁菌感染可获得相加作用；⑥Ⅲ类与Ⅳ类合用可获得相加作用，如曾用氯霉素与磺胺类药物合用治疗伤寒。

联合用药时应将毒性大的抗菌药物剂量减少，如两性霉素B与氟胞嘧啶联合治疗隐球菌脑膜炎时，前者的剂量可适当减少，从而减少其毒性反应。联合用药时宜选用具有协同或相加抗菌作用的药物联合，如青霉素类、头孢菌素类以及其他β-内酰胺类与氨基糖苷类联合，两性霉素B与氟胞嘧啶联合。联合用药通常采用2种药物联合，3种及以上药物联合仅适用于个别情况，如结核病的治疗。此外必须注意联合用药后药物不良反应将增多。

四、抗菌药物预防性应用的基本原则

预防性应用抗菌药物应限于可能出现的且其后果严重的细菌感染。不适当的预防用药会引起病原菌高度耐药或继发难以控制的感染。预防性用药必须严格掌握适应证，控制用药种类、剂量和疗程等。

1. 非手术患者抗菌药物的预防性应用 主要用于预防特定病原菌对特定人群可能发生的感染。普通感冒、麻疹、水痘等病毒性疾病，昏迷、休克、中毒、心力衰竭、肿瘤、应用肾上腺皮质激素等患者，以及留置导尿管、留置深静脉导管和建立人工气道（包括气管插管或气管切口）患者，不应预防性使用抗菌药物。

2. 围手术期抗菌药物的预防性应用 围手术期预防性用药的目的主要是预防手术部位感染，包括浅表切口感染、深部切口感染和手术所涉及的器官或腔隙感染，但不包括与手术无直接关系的、术后可能发生的其他部位感染。应根据手术切口类型、手术创伤程度、可能的污染细菌种类、手术持续时间、感染发生机会和后果严重程度、抗菌药物预防效果的循证医学证据、对细菌耐药性的影响和经济学评估等因素，综合考虑决定是否预防性应用抗菌药物。但预防性应用抗菌药物并不能代替严格的消毒、灭菌技术和精细的无菌操作，也不能代替术中保温和血糖控制等其他预防措施。

（1）清洁手术（Ⅰ类切口）：手术脏器为人体无菌部位，局部无炎症、无损伤，也不涉及呼吸道、消化道、泌尿生殖系统等人体与外界相通的器官。手术部位无污染，通常不需预防用抗菌药物。但在下列情况时可考虑预防用药：①手术范围大、手术时间长、污染机会增加；②手术涉及重要脏器，一旦发生感染将造成严重后果者，如头颅手术、心脏手术等；③异物植入手术，如人工心瓣膜植入、永久性心脏起搏器放置、人工关节置换等；④有感染高危因素如高龄、糖尿病、免疫功能低下（尤其是接受器官移植者）、营养不良等患者。

（2）清洁-污染手术（Ⅱ类切口）：手术部位存在大量人体寄殖菌群，手术时可能污染手术部位引致感染，故此类手术通常需预防用抗菌药物。

（3）污染手术（Ⅲ类切口）：已造成手术部位严重污染的手术。此类手术需预防用抗菌药物。

（4）污秽-感染手术（Ⅳ类切口）：在手术前即已开始治疗性应用抗菌药物，术中、术后继续，此不属预防应用范畴。

3. 抗菌药物的选药原则

（1）根据手术切口类别、可能的污染菌种类及其对抗菌药物的敏感性、药物能否在手术部位达到有效浓度等综合考虑。

（2）选用对可能的污染菌针对性强、有循证医学证据、安全、使用方便及价格适当的品种。

（3）应尽量选择单一抗菌药物预防用药，避免不必要的联合用药。

（4）头孢菌素过敏者，针对革兰阳性菌可用万古霉素、去甲万古霉素、克林霉素；针对革兰阴性杆菌可用氨曲南、磷霉素或氨基糖苷类。

（5）对某些手术部位感染会引起严重后果者，如心脏人工瓣膜置换术、人工关节置换术等。

（6）不应随意选用广谱抗菌药物作为围手术期预防用药，应严格控制氟喹诺酮类药物作为外科围手术期预防用药。

4. 给药方案

（1）给药方法：给药途径大多为静脉输注，仅有少数为口服给药。

（2）预防用药维持时间：抗菌药物的有效覆盖时间应包括整个手术过程。清洁手术的预防用药时间不超过 24h，心脏手术可视情况延长至 48h。清洁-污染手术和污染手术的预防用药时间亦为 24h，污染手术必要时延长至 48h。过度延长用药时间并不能提高预防效果，且预防用药时间超过

48h，耐药菌感染机会增加。

1. 简述抗菌药物的抗菌机制有哪些，并分别列举一个代表药物。
2. 简述细菌耐药性产生的主要机制及产生原因。

附 化学疗法之父

保罗·埃尔利希（Paul Ehrlich，1854 年 3 月 14 日～1915 年 8 月 20 日）是著名的德国科学家，作为第一种抗菌类化学药物的发明者，Ehrlich 被公认为化学疗法之父，1908 年的诺贝尔生理学或医学奖获得者。在 19 世纪 70 年代，Ehrlich 在医学院求学期间，就开始研究如何用不同的染料让不同细胞着色，以及通过染色在显微镜下分辨出入侵人体的病原体，用以诊断疾病。他想到染料还可以有重要的医疗用途：如果染料能够特定地附着在病原体上染色，而不附着人体细胞，那么是否也能从染料中发现药物，它只攻击病原体，而不攻击人体细胞。1899 年，他被任命为新成立的法兰克福实验医疗研究所所长后，开始去实现这个梦想。Ehrlich 与他的助手合成了上千种砷盐的衍生物进行实验，最终发现第 606 号化合物能使感染梅毒的兔子康复。随后进行的临床试验也表明“606”是能有效地治疗梅毒而毒副作用又较小的药物，被很快推向市场。

第三十八章　抗　生　素

学习目标

1. 能掌握β-内酰胺类、大环内酯类、氨基糖苷类、四环素类等常用抗生素的分类及代表药物。

2. 能明晰β-内酰胺类、大环内酯类、氨基糖苷类等抗生素的抗菌机制、抗菌谱、抗菌特点、临床适应证及不良反应。

3. 能针对临床细菌感染的情况选择合适的抗生素单用或联合应用进行治疗，并根据抗生素的特点制订合理的给药方案。

第一节　β-内酰胺类抗生素

β-内酰胺类抗生素（β-lactam antibiotics）是指化学结构中具有β-内酰胺环的一类抗生素。包括青霉素类、头孢菌素类、头霉素类、碳青霉烯类、氧头孢烯类、单环β-内酰胺类及β-内酰胺酶抑制剂等。此类抗生素具有杀菌活性强、对哺乳动物毒性低、适应证广、临床疗效好等特点。

一、药物分类、抗菌机制和耐药机制

（一）药物分类

1. 青霉素类药物

（1）天然青霉素：如青霉素等。

（2）半合成青霉素：①耐酸青霉素，如青霉素V等；②耐酶青霉素，如甲氧西林、氯唑西林、双氯西林等；③广谱青霉素，如氨苄西林、阿莫西林等；④抗铜绿假单胞菌广谱青霉素，如羧苄西林、磺苄西林、哌拉西林等；⑤抗革兰阴性菌青霉素类，如美西林、匹美西林等。

2. 头孢菌素类

（1）第一代头孢菌素，如头孢氨苄、头孢唑林、头孢拉定等。

（2）第二代头孢菌素，如头孢呋辛、头孢孟多、头孢克洛等。

（3）第三代头孢菌素，如头孢噻肟、头孢他啶、头孢曲松、头孢哌酮等。

（4）第四代头孢菌素，如头孢吡肟、头孢匹罗等。

（5）第五代头孢菌素，如头孢洛林、头孢吡普等。

3. 其他β-内酰胺类

（1）头霉素类，如头孢西丁、头孢美唑、头孢替坦等。

（2）碳青霉烯类，如亚胺培南、美罗培南、厄他培南等。

（3）氧头孢烯类，如拉氧头孢、氟氧头孢等。

（4）单环β-内酰胺类，如氨曲南等。

4. β-内酰胺酶抑制剂

（1）β-内酰胺酶抑制剂，如克拉维酸、舒巴坦、他唑巴坦等。

（2）β-内酰胺类药物的复方制剂，如头孢哌酮+舒巴坦、阿莫西林+克拉维酸、哌拉西林+他唑巴坦等。

（二）抗菌机制

β-内酰胺类抗生素的作用机制主要是作用于细胞膜上的青霉素结合蛋白（penicillin-binding proteins，PBPs），阻止细胞壁黏肽合成，使细菌胞壁缺损，菌体膨胀、崩解而死亡；也可通过活化细菌自溶酶使菌体溶解而产生杀菌作用。

PBPs 是位于细菌细胞膜上的一些膜蛋白，最初发现时因为能和青霉素共价结合而得名。PBPs 是参与细菌细胞壁肽聚糖生物合成的酶，包括转肽酶、羧肽酶、内肽酶。细菌的细胞壁主要由黏肽组成，黏肽通过高度交联的网状结构，形成细菌细胞壁坚韧的机械稳定性。组成黏肽的基本单位为双糖十肽，转肽酶可脱去其中一条双糖十肽的第五个 *D*-丙氨酸，使第四个丙氨酸的残基与相邻双糖十肽末端甘氨酸的氨基交叉连接而构成网状细胞壁。β-内酰胺类抗生素因构型与 *D*-丙氨酰-*D*-丙氨酸相似，竞争性抑制转肽酶，使转肽酶酰基化，从而阻止黏肽的交叉连接。当 PBPs 的数量、种类或者与抗生素的亲和力发生变化将会影响细菌的形态或者对抗生素的敏感性。细菌青霉素结合蛋白改变引起的细菌对抗生素的耐药性仍是目前研究的热点之一。

（三）耐药机制

细菌对 β-内酰胺类抗生素产生耐药性的机制主要有以下 5 个方面。

1. 产生 β-内酰胺酶 由耐 β-内酰胺类抗生素的细菌产生，能使药物结构中的 β-内酰胺环水解而失去抗菌活性。目前已发现 200 多种 β-内酰胺酶，如青霉素酶、头孢菌素酶、广谱酶、金属酶等，这是 β-内酰胺类抗生素不断更新换代的使用过程中逐渐诱导细菌产生的。β-内酰胺酶还可与某些耐酶抗生素迅速结合，使之停留在胞质膜外间隙中而不能到达靶位（PBPs）发挥作用，此非水解机制的耐药性又称“陷阱机制”或“牵制机制”。

2. 改变 PBPs PBPs 靶蛋白与抗生素亲和力降低、PBPs 增多或产生新的 PBP_{2a} 均可使 β-内酰胺类抗生素失去抗菌作用。如耐甲氧西林金黄色葡萄球菌（methicillin resistant staphylococcus aureus，MRSA）具有多重耐药性，其产生机制是影响 PBPs 改变的结果。

3. 改变细菌细胞膜通透性 大肠杆菌 K-12 外膜有亲水性的非特异性孔道蛋白（porin），为三聚体结构，有两个孔道蛋白，即 OmpF 与 OmpC，其合成受 OmpB3 基因调控。OmpF 的直径为 1nm，许多重要的 β-内酰胺类抗生素大多经过此通道扩散入菌体内。细菌接触该类抗生素后，通过基因突变，改变膜孔蛋白结构，使该类抗生素进入菌体内的量减少，达不到有效浓度而耐药。如鼠伤寒杆菌 OmpF 与 OmpC 缺陷突变株对头孢噻啶的通透性要比野生株小 10 倍，因而耐药；铜绿假单胞菌耐药株外膜缺失 OprD 蛋白，使亚胺培南不易透入菌体而耐药。

4. 增加药物外排 细菌可通过增强胞质膜上主动流出系统的功能而加速对药物的排出，从而形成低水平的非特异性、多重耐药，如大肠埃希菌、铜绿假单胞菌、金黄色葡萄球菌、表皮葡萄球菌等。

5. 缺乏自溶酶 某些细菌（如金黄色葡萄球菌）的自溶酶减少是 β-内酰胺类抗生素抗菌作用减弱的原因之一。

有时细菌耐药性产生可由 2 种或以上机制联合所致。

二、青霉素类抗生素

青霉素是最早应用于临床的抗生素，具有杀菌力强、毒性低、价格低廉、使用方便等优点。但青霉素有不耐酸、不耐青霉素酶、抗菌谱窄和容易引起过敏等特点，在临床上的应用受到一定限制。青霉素类抗生素含有6-氨基青霉烷酸（6-APA）母核和侧链（CO-R）。半合成青霉素类是在6-APA结构基础上进行化学改造而合成的，已广泛应用于临床。

（一）天然抗生素

青霉素（penicillin G）

青霉素又名苄青霉素，临床常用其钠盐或钾盐，其晶粉在室温下稳定，易溶于水，水溶液在室温下不稳定，遇酸、碱、醇、重金属离子及氧化剂易被破坏，室温放置24h，抗菌活性迅速下降，且可生成有抗原性的降解产物，故应在临用前配制。

【体内过程】 口服易被胃酸及消化酶破坏，肌内注射吸收迅速而完全，约0.5h血中达峰浓度。主要分布于细胞外液，广泛分布于肝脏、肾脏、肠道、关节腔中，在房水和脑脊液、前列腺液中的含量较低，但相应部位发生炎症时，由于组织通透性增加，可达有效浓度。主要以原形经肾脏排泄，约90%经肾小管分泌排出，10%经肾小球滤过排出。半衰期为0.5～1h，有效血药浓度一般可维持4～6h。

为延长青霉素的作用时间，可肌内注射难溶的混悬剂普鲁卡因青霉素（procaine benzylpenicillin）或油剂苄星青霉素（benzathine benzylpenicillin），在局部缓慢溶解吸收，故血药浓度低、作用时间长，仅用于治疗轻症感染或预防感染，不适于急性或重症感染。普鲁卡因青霉素一次肌内注射80万U可维持疗效24h，苄星青霉素一次肌内注射120万U可维持疗效15天。

【抗菌作用】 青霉素抗菌谱较窄，主要作用于革兰阳性菌、少数革兰阴性球菌和革兰阴性杆菌、各种致病螺旋体及放线菌等。

1. 大多数革兰阳性球菌 对溶血性链球菌、肺炎球菌、草绿色链球菌等作用强，不产生青霉素酶的金黄色葡萄球菌及多数表皮葡萄球菌对此药敏感，但产生青霉素酶的金黄色葡萄球菌对此药高度耐药。

2. 革兰阳性杆菌 白喉杆菌、炭疽杆菌及革兰阳性厌氧杆菌如产气荚膜杆菌、破伤风杆菌、难辨梭菌、丙酸杆菌、真杆菌、乳酸杆菌等皆对此药敏感。

3. 革兰阴性球菌 脑膜炎奈瑟菌对青霉素高度敏感，但对青霉素敏感的淋病奈瑟菌日益少见。

4. 革兰阴性杆菌 流感杆菌、百日咳鲍特菌等对此药敏感。

5. 螺旋体与放线菌 梅毒螺旋体、钩端螺旋体、回归螺旋体、牛放线杆菌等对此药敏感。此药对支原体、衣原体、立克次体、病毒、真菌等无效。

青霉素抗菌作用特点：①对繁殖期细菌作用强；②对革兰阳性菌作用强，对大多数革兰阴性杆菌不敏感；③对人体毒性小（哺乳动物无细胞壁）；④属时间依赖性抗菌药。

【临床应用】 青霉素为治疗敏感的革兰阳性球菌和杆菌、革兰阴性球菌及螺旋体所致感染的首选药物。

1. 革兰阳性球菌感染 如溶血性链球菌感染引起的咽炎、扁桃体炎、猩红热、丹毒、蜂窝织炎和产褥热等，肺炎链球菌感染引起的肺炎、中耳炎、脑膜炎和菌血症等，不产青霉素酶的葡萄球菌感染。

2. 革兰阳性杆菌感染 如炭疽、破伤风、白喉、气性坏疽等，但青霉素仅能杀灭细菌，不影响已产生的外毒素生物活性，故应合用相应的抗毒血清或抗毒素。

3. 螺旋体感染 如梅毒、回归热、钩端螺旋体病，一般采用长疗程、大剂量青霉素治疗。

4. 其他感染 如放线菌引起的放线菌病等。

青霉素为治疗A组和B组溶血性链球菌感染、敏感葡萄球菌感染、气性坏疽、鼠咬热等的首选药。肺炎球菌感染和脑膜炎时也可使用，当病原菌耐药时，可改用万古霉素或利福平替代使用。

青霉素与氨基糖苷类抗生素合用也是治疗草绿色链球菌心内膜炎的首选药。还可作为放线菌病、钩端螺旋体病、梅毒、回归热等及预防感染性心内膜炎发生的首选药。

【不良反应】

1. 变态反应 青霉素毒性较低，最常见的不良反应为变态反应，各种类型的变态反应都可发生，以Ⅱ型即溶血性贫血、药疹、接触性皮炎、间质性肾炎、哮喘及Ⅲ型即血清病样反应多见，但多不严重，一般停药后可消失；最严重的是Ⅰ型即过敏性休克，多在注射后数分钟内发生，少数病例也可于给药后数小时或连续给药过程中出现，症状为呼吸困难、紫绀、血压下降、昏迷、肢体强直，最后惊厥，可在短时间内死亡。青霉素的各种给药途径或制剂都能引起过敏性休克。多见于20～40岁的成年人，女性多于男性，老人及儿童少见，婴儿罕见，其中0.05%～0.1%表现为中度至重度反应，0.001%～0.002%为致死反应。而曾用过青霉素的患者过敏反应的发生率为0.7%～10%。

发生变态反应的原因是青霉素溶液中降解产物青霉噻唑蛋白、青霉烯酸、6-APA高分子聚合物，这些半抗原与机体血浆蛋白结合后形成全抗原，具有免疫原性，刺激机体在5～8天产生抗体，当机体再次接触时即可发生。不当用药者多在接触药物后立即发生，少数可在数日后发生。

使用青霉素时应高度重视过敏性休克的防治，防治措施如下。

（1）详细询问过敏史：有青霉素过敏史者禁用，属于过敏体质者（有荨麻疹、湿疹、支气管哮喘等病史者）必须用时，无论皮试和用药，均须十分谨慎。

（2）皮肤敏感性试验（皮试）：在初次使用、停用3天（72h）以上、更换药品生产厂家或批号等情况下，注射前均须做皮试，阴性表现为皮丘的局部没有红肿，患者无自觉症状；而阳性表现为在皮试后的15～20min观察到皮丘的局部隆起，并出现红晕、硬块，且直径大于1cm，或红晕的周围有伪足，患者感觉局部瘙痒。皮试阳性反应者禁用，另应注意皮试本身也可能引起过敏性休克，需做好急救准备。再者，皮试阴性者在后续注射过程中也有可能出现过敏反应。

（3）用药前做好急救准备：一旦发生过敏性休克，应立即肌内或皮下注射肾上腺素注射液0.5～1.0mg，必要时可数分钟重复注射一次或进行静脉注射，并根据需要进行输液、给氧、滴注肾上腺皮质激素、应用升压药和其他必要的急救措施。

（4）注射后应观察30min：遇有任何类型的过敏反应或患者主诉不适，应立即停止继续给药，注射结束后仍有可能出现过敏反应。如发生过敏性休克，应按上述方法进行急救。

（5）其他：青霉素水溶液不稳定，应现用现配；无急救药物（如肾上腺素）和抢救设备的条件下不能使用；避免在饥饿时注射；避免滥用和局部用药。

2. 青霉素脑病 青霉素极少进入中枢神经系统，鞘内注射或大剂量静脉给药时，可因脑脊液药物浓度过高导致青霉素脑病，表现为抽搐、肌肉阵挛、昏迷及严重精神症状等，多见于脑膜炎和肾功能不全患者。

3. 赫氏反应（herxheimer reaction） 青霉素治疗梅毒、钩端螺旋体病等疾病时出现症状加剧的现象，表现为全身不适、寒战、发热、咽痛、肌痛、心跳加快甚至危及生命，称为赫氏反应。可能因大量病原体被杀灭后释放的物质所致。

4. 其他 肌内注射可产生局部疼痛、红肿或硬结。大剂量使用青霉素钾盐或钠盐可引起高钾、高钠血症。

（二）半合成青霉素

天然青霉素存在抗菌谱窄、不耐酸及不耐酶易被水解等缺点，对天然青霉素进行化学结构改造可得到具有耐酸、耐酶、广谱、抗铜绿假单胞菌或主要抗革兰阴性菌等活性的一系列半合成青霉素。半合成青霉素与天然青霉素之间有一定的交叉过敏反应。

Ⅰ. 耐酸青霉素

青霉素 V（penicillin V，苯氧甲基青霉素）

青霉素 V 最大的特点为耐酸，口服吸收好，生物利用度约为 60%，食物可减少其吸收。抗菌谱与青霉素相似，而抗菌活性略弱，主要用于敏感菌引起的轻度感染、恢复期的巩固治疗和预防感染复发。不良反应与青霉素相似，偶尔引起轻度胃肠道反应，少数病例有过敏反应。

本类药物还包括非奈西林（pheneticillin，苯氧乙青霉素）、丙匹西林（propicillin）等。

Ⅱ. 耐酶青霉素类

耐酶青霉素类是通过其化学结构中的酰基侧链的空间位阻作用，保护了 β-内酰胺环，使其不易被 β-内酰胺酶水解。抗菌谱同青霉素，抗菌活性不及青霉素。主要用于耐青霉素的金黄色葡萄球菌感染，其中以双氯西林和氟氯西林活性较强。本类药物主要不良反应为过敏反应和胃肠道反应。第一个耐酶青霉素为甲氧西林（methicillin），不耐酸，只能静脉或肌内注射给药。可供注射和口服的有苯唑西林（oxacillin）、氯唑西林（cloxacillin）、双氯西林（dicloxacillin）、氟氯西林（flucloxacillin）等。抗菌活性：双氯西林＞氟氯西林＞氯唑西林＞苯唑西林。

Ⅲ. 广谱青霉素类

广谱青霉素结构上属于氨基青霉属，耐酸但不耐酶，抗菌谱广，对革兰阴性菌和革兰阳性菌均有杀灭作用。本类药物常用的有氨苄西林（ampicillin，氨苄青霉素）和阿莫西林（amoxicillin，羟氨苄青霉素），两者抗菌谱相似，对大多数革兰阴性杆菌如伤寒沙门菌、副伤寒沙门菌、大肠埃希菌、痢疾志贺菌、百日咳鲍特菌等有较强的杀灭作用，对革兰阳性菌、螺旋体的作用不如青霉素，但对粪链球菌的作用优于青霉素。本类药物对铜绿假单胞菌、耐药金黄色葡萄球菌无抗菌活性。阿莫西林抗菌活性较氨苄西林强，两者之间有完全交叉耐药，主要用于治疗敏感菌所致的呼吸道、泌尿道、胆道、胃肠道、软组织感染及伤寒、副伤寒、脑膜炎、心内膜炎等，对严重感染可与氨基糖苷类抗生素合用。不良反应有过敏反应、胃肠道反应、二重感染、血清转氨酶升高等。

本类药物还包括酞氨西林（talampicillin）、巴氨西林（bacampicillin）、匹氨西林（pivampicillin）、美坦西林（metampicillin）、海他西林（hetacillin）、氨氯西林（ampicloxacillin）等。

Ⅳ. 抗铜绿假单胞菌广谱青霉素类

抗铜绿假单胞菌广谱青霉素类包括羧苄西林（carbenicillin）和哌拉西林（piperacillin），本类药物不耐酸、不耐酶，只能注射给药，对产酶金黄色葡萄球菌无效。抗菌谱与广谱青霉素类相似，特点是对革兰阴性杆菌尤其是对铜绿假单胞菌和变形杆菌作用强，对耐氨苄西林的大肠埃希菌仍有作用，对革兰阳性菌作用较青霉素和氨苄西林弱。常用于治疗烧伤继发的铜绿假单胞菌感染，也可用于大肠埃希菌、变形杆菌及其他肠杆菌所致的各种感染，如肺部感染、腹腔感染、尿路感染等。与庆大霉素合用有协同抗菌作用，但应避免在同一容器中混合应用。不良反应有过敏反应、胃肠道反应、血清转氨酶升高，大剂量应用可能引起血钠升高、神经系统毒性、出血和二重感染等。哌拉西林对革兰阴性杆菌（包括铜绿假单胞菌）的抗菌活性较氨苄西林和羧苄西林强，对脆弱类杆菌和多种厌氧菌有良好作用，对革兰阳性球菌作用与氨苄西林相似。主要用于治疗铜绿假单胞菌、变形杆菌、大肠埃希菌、流感嗜血杆菌、伤寒沙门菌等所致的呼吸道、泌尿道、胆道感染和败血症。

本类药物还包括磺苄西林（sulbenicillin）、替卡西林（ticarcillin）、美洛西林（mezlocillin）、阿

洛西林（azlocillin）等。

Ⅴ. 主要抗革兰阴性杆菌青霉素类

主要抗革兰阴性杆菌青霉素类包括美西林（mecillinam）、替莫西林（temocillin）和匹美西林（pivmecillinam）。匹美西林在体内水解为美西林而发挥作用，替莫西林为半合成广谱青霉素，对β-内酰胺酶稳定。本类药物对革兰阴性菌（大肠埃希菌、克雷伯菌、肠杆菌属、枸橼酸杆菌、志贺菌、沙门菌和部分沙雷菌等）有良好的抗菌作用，对革兰阳性菌作用弱，对铜绿假单胞菌、吲哚阳性变形菌、奈瑟菌属、厌氧杆菌和肠球菌等无抗菌活性。主要用于大肠杆菌、克雷伯菌、肠杆菌属等敏感菌引起的单纯性或复合性泌尿道感染。主要不良反应有过敏反应和胃肠道反应。

三、头孢菌素类抗生素

头孢菌素类（cephalosporins）抗生素为一系列半合成抗生素，其母核为 7-氨基头孢烷酸（7-aminocephalosporanic acid，7-ACA）。其抗菌活性基团也为β-内酰胺环，故理化性质、生物活性、作用机制与青霉素相似。头孢菌素类抗菌谱广、杀菌力强、对β-内酰胺酶稳定性高、过敏反应发生率低。根据抗菌谱、对β-内酰胺酶的稳定性及肾毒性的不同可分为五代。

（一）体内过程

供口服用的头孢菌素类均耐酸，胃肠道吸收良好，其他均需注射给药。吸收后可分布于各组织，易透过胎盘，在滑囊液、心包积液中浓度较高。第三代头孢菌素组织穿透力强，可分布至房水、前列腺和胆汁，并能透过血脑屏障在脑脊液中达有效浓度。多数头孢菌素类主要经肾脏排泄，头孢哌酮、头孢曲松主要经肝胆系统排泄。大多数头孢菌素半衰期较短（0.5～2h），但头孢曲松半衰期较长，可达 8h。

（二）抗菌作用

头孢菌素类抗菌作用机制同青霉素类，能与细菌细胞膜上的 PBPs 结合，抑制细菌细胞壁黏肽合成而杀菌。细菌对头孢菌素可产生耐药性，并与青霉素类之间有部分交叉耐药。

第一代头孢菌素：对敏感的革兰阳性菌作用强，如肺炎球菌、链球菌、葡萄球菌等，但对 MRSA 不敏感；仅对少数革兰阴性杆菌（如大肠埃希菌、奇异变形杆菌、沙门菌、痢疾杆菌等）有抗菌活性，但弱于第二、三代；对铜绿假单胞菌、耐药肠杆菌和厌氧菌等无抗菌作用；对金黄色葡萄球菌产生的β-内酰胺酶稳定，但可被革兰阴性菌产生的β-内酰胺酶破坏。组织穿透力差，对肾脏有一定毒性。代表药物有头孢噻吩（cefalothin，先锋霉素Ⅰ）、头孢氨苄（cefalexin，先锋霉素Ⅳ）、头孢唑林（cefazolin，先锋霉素Ⅴ）、头孢拉定（cefradine，先锋霉素Ⅵ）、头孢羟氨苄（cefadroxil）等。

第二代头孢菌素：对革兰阴性菌（如大肠埃希菌、克雷伯菌属、痢疾志贺菌、阴沟杆菌等）的作用较第一代强，而对革兰阳性菌弱于第一代，对厌氧菌有一定作用，对某些肠杆菌属细菌较差，对铜绿假单胞菌无效。对革兰阴性菌产生的β-内酰胺酶较第一代稳定，对金黄色葡萄球菌所产生的β-内酰胺酶的稳定性弱于第一代。肾脏毒性低于第一代。代表药物有头孢呋辛（cefuroxime）、头孢呋辛酯（cefuroxime axetil）、头孢克洛（cefaclor）、头孢替安（cefotiam）、头孢孟多（cefamandole）等。

第三代头孢菌素：抗菌谱较广，对革兰阴性杆菌的作用强于第一、二代，对革兰阳性菌的作用弱于第一、二代，对厌氧菌、肠杆菌属细菌和铜绿假单胞菌及流感嗜血杆菌、脑膜炎球菌、淋病奈瑟菌均有较强的抗菌作用；对革兰阴性菌产生的广谱β-内酰胺酶高度稳定。组织穿透能力强，体内分布广泛，几乎无肾毒性。代表药物有头孢噻肟（cefotaxime）、头孢曲松（ceftriaxone）、头孢他啶

（ceftazidime）、头孢哌酮（cefoperazone）、头孢唑肟（ceftizoxime）等。

第四代头孢菌素：抗菌谱广，对革兰阳性菌、革兰阴性菌均有高效抗菌活性。对革兰阳性球菌的作用较第三代强，但比第一代差。对肠杆菌属、沙雷菌属、金黄色葡萄球菌、铜绿假单胞菌抗菌活性强于第三代，对耐第三代头孢菌素的革兰阴性杆菌仍敏感，对大多数厌氧菌有抗菌活性。对酶高度稳定，不仅对染色体介导的 β-内酰胺酶稳定，而且对许多可使第三代头孢菌素失活的广谱 β-内酰胺酶也很稳定。对革兰阳性菌具有更广的抗菌谱，特别是对 MRSA 有较强的抗菌作用。暂无肾毒性报道。代表药物有头孢吡肟（cefepime）、头孢匹罗（cefpirome）、头孢唑兰（cefozopran）等。

第五代头孢菌素：对革兰阳性菌的作用强于前四代，对 MRSA 等耐药菌敏感，对革兰阴性杆菌的作用与第四代头孢菌素相似，对一些厌氧菌也有良好的抗菌活性。本类药物对 β-内酰胺酶稳定性及肾毒性与第四代相似。代表药物有头孢洛林（ceftaroline）、头孢吡普（ceftobiprole）等。其中，头孢吡普是第一个对 MRSA 和耐万古霉素金黄色葡萄球菌（VRSA）有效的头孢菌素类药物（表 38-1）。

表 38-1 头孢菌素类抗生素作用特点

分代	抗菌谱				对 β-内酰胺酶稳定性	肾毒性
	革兰阳性菌	革兰阴性菌	铜绿假单胞菌	MRSA		
第一代	++++	+	–	–	+	++
第二代	+++	++	–	–	+	+
第三代	+	+++	+++/+	–	++	几乎无
第四代	++	++++	+++	–	+++	–
第五代	++++	++++	–	+	+++	–

“+”表示弱效；“++”表示中效；“+++”表示强效；“++++”表示超强效；“–”表示无效。

（三）临床应用

第一代头孢菌素主要用于治疗革兰阳性菌及耐药金黄色葡萄球菌引起的各种感染。如甲氧西林敏感葡萄球菌、溶血性链球菌和肺炎链球菌等所致的呼吸道感染、尿路感染、血液感染、心内膜炎、骨与关节感染及皮肤软组织感染等，流感嗜血杆菌、奇异变形杆菌、大肠埃希菌敏感株所致的尿路感染及肺炎等。头孢拉定、头孢氨苄等口服制剂主要适用于治疗敏感菌所致的轻度或部分中度感染。头孢唑啉可作为外科手术预防用药。

第二代头孢菌素可用于治疗甲氧西林敏感葡萄球菌、链球菌属、肺炎链球菌等革兰阳性球菌，以及流感嗜血杆菌、大肠埃希菌、奇异变形杆菌等敏感株所致的呼吸道感染、尿路感染、皮肤及软组织感染、血液感染、骨关节感染，对腹腔感染和盆腔感染需与抗厌氧菌药（如甲硝唑）合用。头孢呋辛酯、头孢克洛等口服制剂主要用于上述感染的轻症。注射用头孢呋辛常用于围手术期预防用药，也可用于部分脑膜炎的治疗。

第三代头孢菌素可用于革兰阴性菌引起的脑膜炎和敏感肠杆菌属细菌等革兰阴性杆菌所致严重感染，如下呼吸道感染、血液感染、腹腔及盆腔感染、肾盂肾炎和复杂性尿路感染、骨关节感染、复杂性皮肤及软组织感染、中枢神经系统感染等。头孢曲松能透过血脑屏障，常用于治疗颅内感染。头孢他啶、头孢哌酮可用于铜绿假单胞菌所致的各种感染，头孢他啶活性较头孢哌酮强。头孢噻肟、头孢曲松可用于 A 组溶血性链球菌、草绿色链球菌、肺炎链球菌、甲氧西林敏感葡萄球菌所致的各种感染，为青霉素耐药肺炎链球菌感染的有效治疗药物。治疗腹腔、盆腔感染时需与抗厌氧菌药（如甲硝唑）合用。口服第三代头孢菌素主要用于治疗敏感菌所致轻、中度感染。

第四代头孢菌素可用于各种严重感染，如呼吸道感染、泌尿系统感染、胆道感染、败血症等；某些对第二代或第三代头孢菌素耐药而对其敏感的产气肠杆菌、阴沟肠杆菌、沙雷菌属等细菌所致感染；亦可用于中性粒细胞缺乏伴发热患者的经验治疗。

第五代头孢菌素主要用于复杂性皮肤与软组织感染、社区获得性肺炎和医院获得性肺炎等。

（四）不良反应

1. 过敏反应 一般为皮疹、药物热、哮喘等，偶见过敏性休克，发生率与严重程度均低于青霉素。与青霉素类抗生素有交叉过敏现象，青霉素过敏者有 5%～10%对头孢菌素类也过敏。皮试阴性方可用药，但用药过程中一旦发生过敏反应，应立即停药，如发生过敏性休克，须立即就地抢救，并给予肾上腺素等相关治疗。

2. 肾毒性 第一代头孢菌素肾毒性相对较大，如头孢噻啶、头孢噻吩等大剂量使用后可造成近曲小管损伤，甚至急性肾衰竭，应避免与其他具有肾毒性的药物（如氨基糖苷类抗生素、呋塞米等）合用。第二代头孢菌素的肾毒性有所减轻，第三、四、五代头孢菌素基本没有肾毒性。

3. 二重感染 抗菌谱广的第三、四、五代头孢菌素类大剂量或长期应用均可能引起二重感染，尤其是耐药菌株如白念珠菌、肠球菌感染。一旦发生，应及时停止使用并选择适当的药物进行治疗。

4. 凝血功能障碍 表现为出血倾向、凝血酶原时间和出血时间延长，多见于头孢哌酮、头孢孟多等。发生的原因与其抑制正常肠道菌群产生维生素 K，抑制血小板聚集，干扰体内维生素 K 合成和活化有关。同时给予维生素 K 可预防该反应的发生。

5. 双硫仑样反应 头孢菌素类母核 7-ACA 的 3 位如存在与双硫仑分子结构相似的 *N*-甲硫四氮唑侧链，在用药期间或之后 5～7 天饮酒（或服用含有乙醇的药物或食物）可导致乙醛在体内蓄积，引起双硫仑样反应。临床表现为皮肤潮红、头晕、头痛、胸闷、出汗、呼吸困难、视物模糊、步态不稳、腹痛、腹泻、昏厥、口中大蒜气味，还可出现心动过速、血压下降、烦躁不安、精神错乱、大小便失禁，严重者可导致死亡。头孢曲松不具有 *N*-甲硫四氮唑侧链，但含有甲硫三嗪侧链也可引起类似反应。化学结构中无 *N*-甲硫四氮唑、甲硫三嗪侧链的头孢菌素如头孢氨苄、头孢拉定、头孢呋辛酯、头孢克洛、头孢他啶等则无此不良反应。

6. 其他 口服可引起恶心、呕吐、食欲减退、腹泻、腹部不适等胃肠道反应；肌内注射可引起局部疼痛，硬结；大剂量或长期静脉给药可引起静脉炎。大剂量头孢菌素可引起头痛、头晕、感觉异常、抽搐等神经系统反应；少数患者可出现轻度中性粒细胞和血小板减少。

四、其他 β-内酰胺类抗生素

本类药物化学结构中虽有 β-内酰胺环，但不具有青霉素类与头孢菌素类的典型结构，故又名非典型 β-内酰胺类抗生素。主要包括头霉素类、碳青霉烯类、氧头孢烯类、单环 β-内酰胺类、β-内酰胺酶抑制药。

（一）头霉素类

头霉素类（cephamycins）是一类性质与头孢菌素类似的抗生素，包括头孢西丁（cefoxitin）、头孢美唑（cefmetazole）、头孢米诺（cefminox）、头孢拉宗（cefbuperazone）、头孢替坦（cefotetan）等。本类药物对厌氧菌如脆弱拟杆菌有较强的作用，故也称抗厌氧菌的头孢菌素。头霉素类的化学结构式与头孢菌素相似，但在头孢烯母核的 7 位碳原子上有甲氧基，能提高药物对细菌 β-内酰胺酶的稳定性，尤其对产生 β-内酰胺酶的厌氧菌有较高的稳定性。头孢美唑和头孢西丁的抗菌谱类似第二代头孢菌素，头孢米诺则与第三代头孢菌素相近。本类药物对大肠杆菌、流感嗜血杆菌、奇异变形杆菌、沙门菌属、志贺菌属、肺炎克雷伯菌、产气杆菌等革兰阴性杆菌，卡他莫拉菌、淋病奈瑟菌、脑膜炎奈瑟菌等革兰阴性球菌和甲氧西林敏感的葡萄球菌、链球菌、白喉杆菌等革兰阳性菌均具有良好的抗菌作用。适用于治疗敏感的细菌引起的呼吸道、泌尿道、腹腔和盆腔、妇科、骨和关节、软组织感染，以及败血症、心内膜炎，特别适用于需氧菌和厌氧菌混合感染。不良反应有胃肠道反应、过敏反应、肝肾功能异常、注射部位硬结和疼痛及静脉炎，长期大剂量应用可发生二重感染及维生素 K 和维生素 B 缺乏。

（二）碳青霉烯类

碳青霉烯类（carbapenems）是一类结构与青霉素类相似的抗生素，不同之处在于 6-APA 的 C_2 和 C_3 间为不饱和键，1 位上的碳原子被硫原子取代。包括亚胺培南（imipenem）、美罗培南（meropenem）、比阿培南（biapenem）、厄他培南（ertapenem）、帕尼培南（panipenem）、法罗培南（faropenem）等。本类药物为抗菌谱最广、抗菌活性最强的非典型 β-内酰胺抗生素，因其具有对 β-内酰胺酶稳定及毒性低等特点，已经成为治疗严重细菌感染最主要的抗菌药物之一。亚胺培南在近端肾小管刷状缘易被脱氢肽酶水解失活，故一般与脱氢肽酶抑制剂西司他丁（cilastatin）联合使用。倍他米隆（betamipron）可减少帕尼培南在肾组织的蓄积，减轻其肾毒性，故帕尼培南常与倍他米隆联合使用。

亚胺培南对革兰阳性菌、革兰阴性菌和厌氧菌均有强大的抗菌活性。临床用于治疗多重耐药但对本类药物敏感的需氧革兰阴性杆菌所致严重感染；脆弱拟杆菌等厌氧菌与需氧菌混合感染的重症患者；病原菌尚未查明的免疫缺陷患者中重症感染的经验治疗。不良反应主要有局部反应（如红斑、硬结和血栓性静脉炎）、过敏反应（如皮疹、瘙痒、药物热等）、胃肠道反应（恶心、呕吐等）。亚胺培南/西司他丁可能引起癫痫、肌阵挛、意识障碍等严重中枢神经系统不良反应，故不适用于治疗中枢神经系统感染。

美罗培南（meropenem）对脱氢肽酶稳定，不需与脱氢肽酶抑制剂合用，临床应用同亚胺培南。

（三）氧头孢烯类

氧头孢烯类（oxacephems）是指化学结构中 7-ACA 上的 S 被 O 取代的一类抗生素，代表药物有拉氧头孢（latamoxef）、氟氧头孢（flomoxef）等。其抗菌谱和抗菌活性与第三代头孢菌素相似，对多种 β-内酰胺酶稳定，在脑脊液和痰液中浓度高。用于敏感菌引起的各种感染，如败血症、脑膜炎，以及呼吸系统、消化系统、泌尿及生殖系统、腹腔和盆腔、皮肤及软组织、骨和关节等的感染。拉氧头孢有 *N*-甲基四氮唑侧链，可导致凝血酶原缺乏、血小板减少和功能障碍而引起出血，并可出现双硫仑样反应。氟氧头孢无 *N*-甲基四氮唑侧链，未发现致凝血功能障碍和双硫仑样反应。对本类药物过敏者禁用，对头孢菌素类药物过敏者慎用。应用拉氧头孢应补充维生素 K 以减少凝血功能障碍和出血等不良反应，在治疗期间及治疗结束后 1 周内禁止饮酒。

（四）单环 β-内酰胺类

代表药物有氨曲南（aztreonam）和卡芦莫南（carumonam）。属于抗需氧革兰阴性杆菌窄谱抗生素，对革兰阴性杆菌产生的 β-内酰胺酶稳定，对包括铜绿假单胞菌在内的革兰阴性杆菌的作用与头孢他啶相似。氨曲南是第一个用于临床的单环 β-内酰胺类（monobactams）抗生素，具有耐酶、低毒、体内分布广、与青霉素无交叉过敏等特点。适用于治疗敏感需氧革兰阴性杆菌所致的各种感染。常见的不良反应有胃肠道不适、皮疹、瘙痒、血清转氨酶升高等。

（五）β-内酰胺酶抑制药

β-内酰胺酶抑制药为一类新型的 β-内酰胺类药物，几乎没有抗菌活性，但可抑制 β-内酰胺酶。此类药物主要与 β-内酰胺类抗生素联合应用或组成复方制剂使用，以保护或增强后者的抗菌活性。代表药物有克拉维酸（clavulanic acid）、舒巴坦（sulbactam）、他唑巴坦（tazobactam）。

克拉维酸又名棒酸，由链霉菌培养液中获得，可抑制Ⅱ、Ⅲ、Ⅳ和Ⅴ型及超广谱的β-内酰胺酶，并能作用于细菌细胞膜上的特定部位，与低浓度的抗生素共同影响细菌生长。克拉维酸口服吸收好，且不受食物、牛奶和氢氧化铝等影响，不易透过血脑屏障，可与多种β-内酰胺类抗生素合用以增强抗菌作用。常用的复方制剂有阿莫西林钠克拉维酸钾、替卡西林钠克拉维酸钾等。

舒巴坦又名青霉烷砜，为半合成β-内酰胺酶抑制药，作用略强于克拉维酸，对各种β-内酰胺酶的抑制作用有差别，对金黄色葡萄球菌和革兰阳性杆菌产生的β-内酰胺酶有强大的抑制作用。与β-内酰胺类抗生素合用有明显抗菌协同作用。常用的复方制剂有氨苄西林钠舒巴坦钠、头孢哌酮钠舒巴坦钠、头孢噻肟钠舒巴坦钠等。

他唑巴坦又名三唑巴坦，为舒巴坦衍生物，其抑酶强度、抑酶谱、对酶的稳定性都强于克拉维酸和舒巴坦，诱导细菌产生酶的作用明显低于克拉维酸、舒巴坦。常用的复方制剂为哌拉西林钠他唑巴坦钠。

他唑巴坦和舒巴坦的抑酶谱比克拉维酸广，对酶的抑制强度依次为他唑巴坦＞舒巴坦＞克拉维酸。

第二节　大环内酯类和林可霉素类

一、大环内酯类抗生素

大环内酯类抗生素（macrolides antibiotics）是一类具有14～16元大环内酯环结构的抗生素。常见具有14元环结构的药物有红霉素、罗红霉素、地红霉素、克拉霉素、泰利霉素、喹红霉素等；具有15元环结构的药物有阿奇霉素等；具有16元环结构的药物有麦迪霉素、螺旋霉素、吉他霉素、交沙霉素等。

红霉素是第一个用于临床的大环内酯类抗生素，它与之后发现的乙酰螺旋霉素、麦迪霉素、吉他霉素、交沙霉素等被称为第一代大环内酯类抗生素，主要用于治疗β-内酰胺类抗生素过敏或对青霉素耐药的金黄色葡萄球菌感染，但第一代药物生物利用率低，有一定肝损害和胃肠道反应，耐药菌株多见，故临床应用受到限制。20世纪70年代又先后开发了阿奇霉素、罗红霉素和克拉霉素等，其抗菌谱扩大、生物利用度高、半衰期长、不良反应少、抗菌后效应明显，被称为第二代大环内酯类抗生素，为治疗呼吸道感染的常用药物。第二代药物对大环内酯类-林可霉素类-链阳霉素类（macrolides-lincomycins-streptogramins，MLS）耐药菌株的活性较差，近年又开发了对MLS耐药菌株敏感的药物，如泰利霉素、喹红霉素，被称为第三代大环内酯类抗生素，主要用于耐药菌株的感染。

大环内酯类药物抗感染以外的药理作用也日益受到人们的关注。已发现的作用有非特异性抗炎、免疫调节、抗肿瘤等。目前，藤霉素、西罗莫司等大环内酯类免疫抑制剂已成功开发。

（一）大环内酯类抗生素的共性

1. 体内过程　本类药物血药浓度低，组织中浓度相对较高，痰、皮下组织及胆汁中的药物浓度高于血药浓度，不易透过血脑屏障，但炎症时血脑屏障通透性增加，主要经过胆汁排泄，部分药物存在肝肠循环而被重吸收。红霉素易被胃酸破坏，口服吸收少，故临床一般服用其肠衣片或酯化产物。第二代大环内酯类药物由于克服了酸不稳定性，口服吸收好，生物利用度高，血药浓度和组织细胞内药物浓度均增加。第三代的泰利霉素对酸稳定，口服生物利用度可达57%。

2. 抗菌作用　本类药物抗菌谱较青霉素广，第一代药物主要对大多数革兰阳性菌、厌氧球菌和包括流感嗜血杆菌及百日咳杆菌在内的部分革兰阴性杆菌有强大的抗菌活性，对嗜肺军团菌、弯曲菌、支原体、衣原体、弓形虫、非典型分枝杆菌等有良好作用，对产β-内酰胺酶的葡萄球菌和MRSA有一定抗菌活性。第二、三代大环内酯类抗生素对流感嗜血杆菌、肺炎支原体或肺炎衣原体等作用活性增强，临床适应证有所扩大。

抗菌作用机制主要是不可逆地与细菌核糖体50S亚基结合，抑制转肽作用和mRNA位移，从而抑制细菌的蛋白质合成。耐药机制主要为：①细菌产生灭活酶，如酯酶、磷酸化酶、甲基化酶、乙酰转移酶等，使药物水解、磷酸化、甲基化或乙酰化而失活；②摄入减少或主动外排增加，导致药物在细菌体内浓度降低。

大环内酯类抗生素属于快速抑菌药，高浓度时有杀菌作用。在碱性环境中抗菌作用增强，对革兰阳性菌有较长的PAE。红霉素属于时间依赖型抗菌药，克拉霉素、阿奇霉素等属于浓度依赖型抗菌药。

3. 临床应用

（1）为青霉素过敏患者的替代药物或用于青霉素耐药菌株感染；对军团菌病、支原体肺炎、百日咳、空肠弯曲菌肠炎、沙眼衣原体结膜炎可作为首选药；也用于治疗衣原体、支原体所致泌尿生殖系感染及厌氧菌所致口腔感染。

（2）第二、三代新型大环内酯类抗生素除上述适应证外，阿奇霉素、克拉霉素可用于流感嗜血杆菌、卡他莫拉菌所致的社区获得性呼吸道感染，与其他抗菌药物联合用于肺鸟分枝杆菌复合群感染的治疗及预防；克拉霉素与其他药物联合，可用于幽门螺杆菌感染。

4. 不良反应

（1）胃肠道反应：可出现恶心、呕吐、腹痛和腹泻等，为本类药物常见的不良反应，可能与激动胃泌素受体和胆碱受体，促进胃动力及胃酸分泌有关。

（2）血栓性静脉炎：静脉注射可发生血栓性静脉炎。

（3）肝毒性：少数患者可发生肝损害，表现为转氨酶升高、肝肿大、胆汁淤积性黄疸等，一般于停药后数日可自行恢复。

（4）耳毒性：老年人、肾功能不全者或用药剂量过大时易发生，以耳蜗神经损害的耳聋、耳鸣多见，前庭功能也可受损，常发生于用药后1～2周。

（5）心脏毒性：静脉滴注速度过快可发生心脏毒性，表现为心律失常、Q-T间期延长及尖端扭转型室性心律失常，甚至可发生晕厥或猝死。

（6）过敏反应：偶见药疹、药物热等过敏反应。

（二）常用药物

红霉素（erythromycin）

红霉素从链霉菌培养液中提取获得，在中性水溶液中稳定，在酸性溶液中易分解，故口服剂型为肠溶片。依托红霉素（erythromycin estolate，无味红霉素），为红霉素丙酸酯的十二烷基硫酸盐，耐酸，吸收好；硬脂酸红霉素（erythromycin stearate），对酸较稳定；琥乙红霉素（erythromycin ethylsuccinate），对胃酸稳定，在肠道以基质和酯化物形式吸收，在体内酯化物可水解为碱。乳糖酸红霉素（erythromycin lactobionate），为红霉素乳糖醛酸酯，主要用于静脉滴注给药。

【体内过程】 口服易被胃酸破坏，食物可影响其吸收。硬脂酸红霉素、琥乙红霉素、依托红霉素耐酸，口服吸收迅速而完全，组织渗透能力强，广泛分布于各种组织和体液，尤其在前列腺、胆汁及痰液中药物浓度较高。可透过胎盘屏障和进入乳汁，但难以透过血脑屏障。主要在肝脏代谢，经胆汁排泄，可形成肝肠循环，少量随尿液排泄。

【抗菌作用】 红霉素对革兰阳性菌如金黄色葡萄球菌、表皮葡萄球菌、链球菌、白喉棒状杆菌等抗菌活性强；对部分革兰阴性菌如脑膜炎奈瑟菌、淋病奈瑟菌、流感嗜血杆菌、百日咳鲍特菌、布氏杆菌、嗜肺军团菌等高度敏感；对除脆弱类杆菌和梭杆菌属以外的厌氧菌有活性；对某些螺旋体、肺炎支原体、衣原体、立克次体和螺杆菌也有作用；对青霉素耐药的某些菌株仍敏感。

【临床应用】

（1）作为青霉素过敏患者的替代药物，用于以下感染：①β溶血性链球菌、肺炎链球菌中的敏感菌株所致的上、下呼吸道感染；②敏感β溶血性链球菌引起的猩红热及蜂窝织炎；③白喉及白喉带菌者。

（2）军团菌病。

（3）衣原体属、支原体属等所致的呼吸道及泌尿生殖系统感染。

（4）其他：口腔感染、空肠弯曲菌肠炎、百日咳等。

【不良反应】 严重的不良反应少见，常见恶心、呕吐等胃肠道反应。静脉给药可引起血栓性静脉炎，乳糖酸红霉素粉针剂使用时必须首先以注射用水完全溶解，再加入生理盐水或5%葡萄糖溶液中，药物浓度不宜超过0.1%～0.5%，缓慢静脉滴注。肝功能损伤多见于酯化型红霉素，用药期间应定期检查肝功能。大剂量（≥4g/d）应用时，可引起听力减退。偶有心律失常、口腔或阴道念珠菌感染。对红霉素和其他大环内酯类过敏者禁用。

罗红霉素（roxithromycin）

本品对胃酸较稳定，口服吸收良好，分布广泛，原形和代谢产物自胆道、肺及尿液排出，$t_{1/2}$为8.4～15.5h。对革兰阳性菌和厌氧菌的作用与红霉素相近，对肺炎支原体和衣原体作用较强，对流感嗜血杆菌作用弱。主要用于敏感菌所致的呼吸道、泌尿道、皮肤和软组织、耳鼻咽喉等部位感染，也可用于非淋病性尿道炎。不良反应以胃肠道反应为主，偶见皮疹、皮肤瘙痒、头痛、头晕等。

克拉霉素（clarithromycin）

本品对酸稳定，口服吸收快而完全，且不受进食影响，但首关效应明显，生物利用度为55%，分布广泛，组织中药物浓度明显高于血液，主要经肾脏排泄，原形及活性代谢产物半衰期分别为3～5h、5～9h。对革兰阳性菌、嗜肺军团菌、肺炎衣原体的作用在此类药物中最强，对沙眼衣原体、肺炎支原体、流感杆菌及厌氧菌的作用亦强于红霉素，对幽门螺杆菌感染有效。临床主要用于敏感菌引起的呼吸道、泌尿生殖系统及皮肤软组织感染的治疗。主要不良反应为胃肠道反应，偶可发生皮疹、皮肤瘙痒及头痛等。

阿奇霉素（azithromycin）

本品口服吸收快，但易受到食物影响，也可静脉注射给药，组织分布广，细胞内浓度高，在扁桃体、肺、前列腺及泌尿生殖系统等组织器官的药物浓度比血药浓度高10～100倍。$t_{1/2}$长达35～48h，PAE明显，每日给药一次；大部分以原形及代谢产物的形式经胆汁排泄，少量由肾脏排泄。主要特点是抗菌谱广，对革兰阳性菌的作用与红霉素相当，对革兰阴性菌的作用明显强于红霉素，是大环内酯类中抗肺炎支原体最强者。适用于治疗敏感菌引起的上下呼吸道感染、支原体肺炎、泌尿生殖系统感染、鼻窦炎、中耳炎及皮肤软组织感染。不良反应发生率较红霉素低，轻、中度肝肾功能不全者仍可应用。

泰利霉素（telithromycin）

本品为半合成的酮内酯类抗生素，口服吸收好，组织细胞穿透力强，主要在肝脏代谢，经胆汁排泄。抗菌谱与红霉素相似，抗菌活性强于红霉素、阿奇霉素。对大环内酯类耐药菌有较强的抗菌活性，对MRSA和多重耐药肺炎链球菌的感染有效。主要用于治疗呼吸道感染，特别是对β-内酰胺类、大多数大环内酯类抗生素耐药菌引起的感染，如社区获得性肺炎、慢性支气管炎急性加剧、急性上颌窦炎、咽炎、扁桃体炎等。

二、林可霉素类抗生素

本类抗生素包括林可霉素（lincomycin）和克林霉素（clindamycin），林可霉素从链丝菌培养液中提取获得，克林霉素是林可霉素的半合成衍生物。两药抗菌机制、抗菌谱相同，由于克林霉素具有口服生物利用度高、抗菌活性强、不良反应低等特点，临床更为常用。

（一）体内过程

林可霉素口服吸收差，生物利用度低（20%～35%）。克林霉素口服吸收完全，受食物影响小，生物利用度较高（约 87%）。两药血浆蛋白结合率在 90%以上，且体内分布广泛，在体液和全身多数组织中均能达到有效治疗浓度，尤其在骨组织中有更高药物浓度。可透过胎盘屏障和进入乳汁，不易透过正常的血脑屏障，炎症时在脑组织也能达到有效浓度。主要经肝代谢，代谢产物经胆汁和肾排泄，约 10%以原形药物形式经肾排泄。

（二）抗菌作用

抗菌谱与青霉素相似，但对厌氧菌有强大的抗菌作用。对葡萄球菌、各型链球菌、肺炎链球菌等革兰阳性球菌有显著的活性，对白喉杆菌、破伤风杆菌、产气荚膜杆菌、厌氧菌包括脆弱类杆菌、人型支原体、沙眼衣原体及多数放线菌属敏感，但对肠球菌、革兰阴性杆菌、MRSA、肺炎支原体不敏感。

抗菌机制与大环内酯类抗生素相同，故不与红霉素合用。林可霉素和克林霉素之间呈完全交叉耐药性，与大环内酯类抗生素之间也存在交叉耐药，耐药机制也相同。

（三）临床应用

本类抗生素首选用于金黄色葡萄球菌引起的骨髓炎；用于厌氧菌，包括脆弱类杆菌、产气荚膜杆菌、放线菌等引起的腹腔、口腔和妇科感染；也用于需氧革兰阳性球菌引起的呼吸道感染、中耳炎、关节和软组织感染、胆道感染及败血症、心内膜炎等，可作为青霉素耐药或者过敏的替代药物。

（四）不良反应

1. 胃肠道反应 较为常见，表现为恶心、呕吐、腹泻等。

2. 假膜性肠炎 也称抗生素相关性肠炎，是一种主要发生于结肠和小肠的急性纤维素渗出性炎症，多系在长期应用广谱抗生素后导致正常肠道菌群失调，难辨梭状芽孢杆菌大量繁殖，产生毒素而致病，为二重感染的类型之一。其临床表现轻重不一，可仅为轻度腹泻，也可出现高热、严重腹泻、水电解质紊乱、中毒性巨结肠，甚至危及生命。林可霉素类抗生素对难辨梭状芽孢杆菌不敏感，长期用药可引起难辨梭状芽孢杆菌的过度繁殖，无论口服还是注射给药均可引起假膜性肠炎，可使用万古霉素和甲硝唑治疗。

3. 其他 少数患者出现皮疹、瘙痒、药物热或一过性中性粒细胞减少和血小板减少等过敏反应，过敏性休克罕见；偶见黄疸及肝损伤。

第三节 氨基糖苷类和多肽类

一、氨基糖苷类抗生素

氨基糖苷类（aminoglycosides）抗生素化学结构均由含有氨基糖分子和非糖部分的苷元结合而

成的糖苷所组成，故称氨基糖苷类。按其来源分为天然品和半合成品。天然氨基糖苷类抗生素是由链霉菌和小单胞菌产生，如链霉素、新霉素、卡那霉素、妥布霉素、庆大霉素、小诺米星、西索米星等；半合成氨基糖苷类抗生素有阿米卡星、奈替米星、依替米星等。本类药物为弱有机碱，化学性质较稳定，制剂均为硫酸盐。除链霉素外，其他药物水溶液性质均稳定。

因本类药物化学结构相似，在体内过程、抗菌作用和作用机制、耐药性及不良反应等方面具有许多共性。

（一）体内过程

1. 吸收 氨基糖苷类药物极性高、解离度大、口服难吸收，多采用肌内注射给药。口服制剂仅适用于胃肠道感染和肠道手术前消毒。肌内注射吸收迅速而完全，达峰时间为 0.5～2h。为避免血药浓度过高引起不良反应，一般不主张静脉注射给药。

2. 分布 除链霉素外，很少与血浆蛋白结合。穿透力弱，主要分布于细胞外液，故对细胞内细菌感染效果差。在内耳内、外淋巴液和肾皮质有高浓度聚集，可损害内耳柯蒂器内、外毛细胞和肾小管。能透过胎盘屏障并聚集于胎儿血浆和羊水，故需特别注意对胎儿的毒性。不能透过血脑屏障，脑膜炎时也难以在脑脊液达到有效治疗浓度。

3. 代谢与排泄 在体内不代谢，几乎全部以原形经肾小球滤过排出。除奈替米星外，其他药物不被肾小管重吸收，可迅速排泄至尿中，尿中药物浓度非常高。$t_{1/2}$为 2～3h，肾功能减退时排泄减慢，半衰期可显著延长，毒性加大，应注意调整给药方案。

（二）抗菌作用

本类药物抗菌谱较广，对各种需氧革兰阴性杆菌（包括大肠埃希菌、铜绿假单胞菌、克雷伯菌属、肠杆菌属、变形杆菌属、志贺菌属和枸橼酸杆菌属）均有强大的抗菌活性；对沙门菌属、沙雷菌属、嗜血杆菌属、产碱杆菌属和不动杆菌属也有一定抗菌活性；对 MRSA（耐甲氧西林金黄色葡萄球菌）和 MRSE（耐甲氧西林表皮葡萄球菌）也有较好的作用；对脑膜炎奈瑟菌、淋病奈瑟菌等革兰阴性球菌作用较弱；对各型链球菌作用弱，对肠球菌和厌氧菌不敏感。链霉素、卡那霉素还对结核分枝杆菌有作用。

本类药物为静止期速效杀菌药，属浓度依赖型杀菌药。其杀菌特点：①仅对需氧菌有杀灭作用，部分药物对结核分枝杆菌有抑制作用，对厌氧菌无作用；②杀菌速率和杀菌时程为浓度依赖性；③PAE 较长，且与浓度呈正相关；④具有明显的首次接触效应；⑤在碱性环境中抗菌活性增强。

（三）抗菌机制

本类药物的抗菌机制在于干扰敏感细菌蛋白质合成，还可破坏细菌胞质膜的完整性。对细菌蛋白质合成的始动、延伸、终止等环节均有抑制作用：①与细菌核糖体 70S 亚基结合形成始动复合物；②选择性地与细菌核糖体 30S 亚基上的靶蛋白（P_{10}）结合，使 A 位歪曲，造成 mRNA 上的密码翻译错误，从而合成异常或无功能蛋白质；③阻碍终止密码子与 A 位结合，使已合成的肽链不能释放；④抑制核糖体 70S 亚基解离，阻止核糖体的循环利用，最终造成细菌体内核糖体耗竭。另外，本类药物还可通过吸附作用与细菌胞质膜结合，使膜通透性增加，菌体内重要物质大量外漏而死亡。

（四）耐药机制

细菌对氨基糖苷类抗生素产生耐药性的机制包括以下几方面。

1. 产生钝化酶 产生修饰氨基糖苷类药物的钝化酶，使氨基糖苷类药物分子中的氨基或羟基乙酰化、磷酸化和腺苷化，不能与细菌核糖体结合，从而失去抗菌活性。本类药物之间存在部分或完全交叉耐药。

2. 改变膜通透性　细菌通过改变外膜通道蛋白结构，降低对氨基糖苷类药物的通透性，使菌体内药物浓度下降。

3. 修饰靶位　如结核分枝杆菌核糖体 30S 亚基靶蛋白发生结构修饰，造成对链霉素的亲和力下降而耐药。

（五）临床应用

本类药物主要用于中、重度肠杆菌属细菌等革兰阴性杆菌感染；中、重度铜绿假单胞菌感染（常需与具有抗铜绿假单胞菌作用的β-内酰胺类或其他抗生素联合应用）；严重葡萄球菌或肠球菌感染治疗的联合用药之一（非首选）；口服可用于治疗消化道感染、肠道术前准备和肝性脑病；制成外用软膏、眼膏或冲洗液可治疗局部感染；链霉素或庆大霉素可用于土拉菌病、鼠疫及布鲁菌病；链霉素、卡那霉素还可用于治疗结核病。

（六）不良反应

本类药物的主要不良反应是耳毒性和肾毒性，尤其在儿童和老年人更易引起，甚至在停药后出现不可逆的毒性反应。毒性反应的产生与用药剂量、疗程及药物种类有关。

1. 耳毒性　包括前庭神经和耳蜗听神经损伤。前庭神经功能损伤表现为眩晕、恶心、呕吐、眼球震颤和共济失调，其发生率依次为新霉素＞卡那霉素＞链霉素＞西索米星＞阿米卡星≥庆大霉素≥妥布霉素＞奈替米星＞依替米星。耳蜗听神经损伤表现为耳鸣、听力减退甚至永久性耳聋等，其发生率依次为新霉素＞卡那霉素＞阿米卡星＞西索米星＞庆大霉素＞妥布霉素＞奈替米星＞链霉素＞依替米星。耳毒性的发生机制是由于药物在内耳淋巴液中浓度较高，引起内耳柯蒂器内、外毛细胞的能量产生与利用障碍，导致细胞膜 Na^+-K^+-ATP 酶活性降低。用药期间应密切观察，注意耳鸣、眩晕等先兆症状，并监测听力，根据肾功能调整用药方案。避免与其他耳毒性药物合用（如万古霉素、高效利尿药、顺铂等）。避免与能掩盖耳毒性的抗组胺药合用。儿童和老人用药更应谨慎，以免因表述不清或生理性耳聋致使症状发现被延误，引起永久性耳聋。此毒性还会影响胎儿。

2. 肾毒性　氨基糖苷类是引起药源性肾衰竭最常见的因素。肾毒性机制是因为本类药物主要经肾排泄和在肾皮质蓄积，损害肾小管，尤其近曲小管上皮细胞，造成肾小管肿胀甚至坏死，表现为蛋白尿、管型尿、血尿等，严重者导致无尿、氮质血症及肾衰竭。其发生率依次为新霉素＞卡那霉素＞庆大霉素＞妥布霉素＞阿米卡星＞奈替米星＞链霉素＞依替米星。用药期间应定期检查肾功能，有条件者可监测血药浓度。避免与其他具有肾毒性的药物合用（如第一代头孢菌素类、万古霉素、两性霉素 B、顺铂等）。老年人及肾功能减退者应禁用或慎用。

3. 神经肌肉阻滞　与剂量及给药途径有关，常见于大剂量腹膜内或胸膜内给药或静脉滴注速度过快，偶见于肌内注射后。表现为心肌抑制、血压下降、肢体无力和呼吸衰竭。发生机制是由于药物与突触前膜钙结合部位结合，抑制 ACh 释放，造成神经肌肉接头处传递受阻所致。不同氨基糖苷类引起神经肌肉阻滞的严重程度依次为新霉素＞链霉素＞卡那霉素＞奈替米星＞阿米卡星＞庆大霉素＞妥布霉素＞依替米星。血钙过低、重症肌无力患者禁用或慎用。应避免合用肌松药、全麻药及其他具有神经肌肉阻滞作用的药物等。应注意与过敏性休克的鉴别。一旦发生应立即静脉注射新斯的明和钙剂治疗。

4. 过敏反应　常见症状为皮疹、发热、血管神经性水肿、口周麻木等。链霉素可引起过敏性休克，其发生率虽低，但死亡率较高。

链霉素（streptomycin）

本品是第一个用于临床的氨基糖苷类抗生素，也是第一个用于治疗结核分枝杆菌感染的药物。此药常作为首选药治疗土拉菌病和鼠疫，与四环素类抗生素合用已成为目前治疗鼠疫最有效的方法。与青霉素合用治疗草绿色链球菌、肠球菌引起的心内膜炎。也用于治疗结核病。最常见的不良反应为耳毒性，前庭神经功能损害较耳蜗听神经损伤出现早且发生率高，其次为神经肌肉阻滞，肾毒性少见。

庆大霉素（gentamicin）

本品为临床常用的氨基糖苷类药物，是治疗各种需氧革兰阴性杆菌感染的主要药物，尤其对沙雷菌属作用最强，为氨基糖苷类中的首选药。与青霉素类或其他抗生素合用，可协同治疗严重的肺炎链球菌、铜绿假单胞菌、肠球菌、葡萄球菌或草绿色链球菌感染；还可用于皮肤、黏膜表面感染和眼、耳、鼻部感染；口服可用于肠道感染或肠道术前准备。不良反应主要有耳毒性、肾毒性和神经肌肉阻滞，偶可发生过敏反应。

卡那霉素（kanamycin）

本品对多数需氧革兰阴性菌和结核分枝杆菌作用较强，但因毒性较大，目前主要与其他抗结核病药联合应用治疗耐药性结核病，也可口服用于肝性脑病或肠道手术前准备。

妥布霉素（tobramycin）

本品抗菌谱与庆大霉素相似，在革兰阳性菌中仅对葡萄球菌有作用；对肠杆菌属、肺炎克雷伯菌、变形杆菌属和铜绿假单胞菌的抗菌活性较好，与庆大霉素相比，其特点是抗铜绿假单胞菌作用更强，有较长的PAE。常与具有抗铜绿假单胞菌作用的广谱青霉素类或头孢菌素类抗生素合用治疗铜绿假单胞菌所致的各种感染。

阿米卡星（amikacin）

阿米卡星又名丁胺卡那霉素，是卡那霉素的半合成衍生物。是氨基糖苷类抗生素中抗菌谱最广的药物，对灭活氨基糖苷类药物的钝化酶稳定，故对一些耐常用氨基糖苷类抗生素的菌株（包括铜绿假单胞菌）所致的感染仍有效，为治疗此类感染的首选药物。

奈替米星（netilmicin）

本品抗需氧革兰阴性杆菌谱广，对多种钝化酶稳定，故对 MRSA 及对常用氨基糖苷类耐药菌仍有较好的抗菌活性。用于敏感菌所致的严重感染，是治疗各种需氧革兰阴性杆菌感染的主要药物。

依替米星（etimicin）

本品为新型半合成氨基糖苷类药物，其特点为广谱、高效、低毒。用于对其敏感的大肠埃希菌、克雷伯肺炎杆菌、沙雷杆菌属、枸橼酸杆菌、肠杆菌属、不动杆菌属、变形杆菌属、流感嗜血杆菌、铜绿假单胞菌和葡萄球菌等引起的各种感染。对产青霉素酶的部分葡萄球菌和部分低耐药 MRSA 有一定抗菌活性。不良反应发生率低，耳毒性、肾毒性和神经肌肉阻滞的程度均较阿米卡星、奈替米星轻。

二、多肽类抗生素

（一）万古霉素类

万古霉素类抗生素包括万古霉素（vancomycin）、去甲万古霉素（norvancomycin）和替考拉宁（teicoplanin），属糖肽类抗生素。去甲万古霉素抗菌作用略强于万古霉素。

1. 体内过程 口服难吸收，肌内注射可引起剧痛和组织坏死，故除治疗肠道感染外只宜静脉给药。体内分布广，可进入各组织和体液，可透过胎盘屏障，但不易透过血脑屏障。万古霉素血浆 $t_{1/2}$ 约为 6h，替考拉宁长达 47h。90%以上的药物经肾排泄，肾功能减退者 $t_{1/2}$ 明显延长，需按肾功能损害程度调整用量。

2. 抗菌作用 抗菌谱窄，仅对部分革兰阳性菌和某些螺旋体有效。对多种抗生素耐药的革兰阳性菌，如金黄色葡萄球菌、溶血性链球菌、草绿色链球菌、肺炎球菌及炭疽杆菌、白喉杆菌均有强大的杀灭作用。对 MRSA、耐青霉素肠球菌及难辨梭状芽孢杆菌有效。

3. 抗菌机制 通过与细菌细胞壁前体肽聚糖结合，阻碍细胞壁合成，造成细胞壁缺损而杀菌，尤其对繁殖期细菌呈快速杀灭作用。

4. 临床应用 用于耐药的革兰阳性菌所致的严重感染，特别是 MRSA、MRSE 和肠球菌属引起的感染，如败血症、肺炎、心内膜炎、骨髓炎、脓胸等。口服给药用于治疗假膜性结肠炎和肠道感染。

5. 不良反应 万古霉素和去甲万古霉素不良反应较大，替考拉宁毒性较小。长期大剂量使用可致耳毒性和肾毒性，表现为听神经和听觉损害、蛋白尿、管型尿、血尿等。滴注过快可致皮肤潮红、瘙痒和麻刺感、心动过速及面、颈、胸部出现皮疹，血压下降，严重者心搏骤停，被称为“红人”综合征，与组胺释放有关。偶有皮疹、药物热、瘙痒、嗜酸性粒细胞增多等过敏反应。

（二）多黏菌素类

多黏菌素类（polymyxins）是从多黏杆菌培养液中获得的多肽类抗生素，含有多黏菌素 A、B、C、D、E、M 等多种成分，临床上应用多黏菌素 B（polymyxin B）、多黏菌素 E（polymyxin E）。

1. 体内过程 口服不吸收。肌内注射后有效浓度可维持 8～12h。主要分布于细胞外液，肝、肾中药物浓度较高，不能透过血脑屏障。体内代谢较慢，主要经肾排泄，给药后 12h 内仅有 0.1% 随尿液排泄，故连续给药会导致药物在体内蓄积。

2. 抗菌作用 本类为窄谱慢效杀菌药，对繁殖期和静止期细菌均有杀灭作用。对某些革兰阴性杆菌有强大的抗菌活性，如大肠埃希菌、铜绿假单胞菌、肠杆菌属、克雷伯菌属呈高度敏感，对沙门菌属、志贺菌属、流感嗜血杆菌、百日咳鲍特菌等较敏感。细菌不易对本类药物耐药，一旦耐药则为交叉耐药性。

多黏菌素 B 和多黏菌素 E 为结构简单的碱性肽，是阳离子型表面活性剂，本类药物作用于细菌胞质膜，其多肽上带正电荷的氨基与细胞外膜磷脂中带负电荷的磷酸根结合，使细胞膜结构破坏，通透性增大，核酸等重要物质外漏而死亡。

3. 临床应用 主要应用于铜绿假单胞菌及其他假单胞菌引起的创面、尿路及眼、耳、气管等部位感染，也可用于败血症、腹膜炎。与利福平、磺胺药及甲氧苄啶合用治疗多重耐药的革兰阴性杆菌引起的医院内感染。口服用于肠道手术前准备和消化道感染。

4. 不良反应 本类药物全身给药时毒性较大，常用量即可引起肾功能损伤，多发生于用药后 4～5 天，表现为蛋白尿、血尿、管型尿、氮质血症，严重者出现急性肾衰竭，及时停药可部分恢复。不宜与其他肾毒性药物合用。具有神经毒性，轻者表现为头晕、面部麻木和周围神经炎，重者出现意识障碍、共济失调、抽搐等。大剂量快速静脉滴注可引起神经肌肉阻滞，导致呼吸抑制。

（三）杆菌肽类

杆菌肽类药物是自苔藓样杆菌或枯草杆菌培养液中分离获得的多肽类抗生素，其抗菌谱、抗菌活性均与万古霉素相似。杆菌肽类药物属于慢效杀菌药，对多种革兰阳性菌，特别是金黄色葡萄球菌和链球菌属有强大的抗菌作用，对淋病奈瑟菌、脑膜炎球菌等革兰阴性球菌和某些螺旋体、放线菌属也有一定的抑制作用。由于杆菌肽类药物有严重的肾毒性，目前临床仅局部应用治疗敏感菌引起的皮肤伤口、软组织、眼、耳、鼻、喉和口腔等部位感染。

第四节　四环素类和氯霉素类

四环素类（tetracyclines）与氯霉素类（chloramphenicols）抗生素属于广谱抗生素（broad-spectrum antibiotics），对革兰阳性菌、革兰阴性菌、立克次体、衣原体、支原体、螺旋体和阿米巴原虫等均有抑制作用。

一、四环素类抗生素

四环素类抗生素是从放线菌金色链丛菌（Streptomyces aureofa-ciens）的培养液中获得的抗生素，均具有共同的氢化骈四苯（四个环）基本母核，并因此得名。四环素（tetracycline）、土霉素（oxytetracycline）、金霉素（chlortetracycline）、地美环素（demeclocycline）等属于天然四环素类；多西环素（doxycycline）、米诺环素（minocycline）等为半合成四环素类。由于抗菌谱广，口服有效，应用方便，曾长期广泛用于临床。近年由于耐药菌株日益增多，疗效不够理想，且副作用较多，其应用已明显减少。半合成四环类也被称为第二代四环素类抗生素，抗菌活性高于天然四环素，耐药菌株少，不良反应轻。20 世纪 90 年代末上市的替加环素对耐甲氧西林的金黄色葡萄球菌、耐青霉素肺炎球菌和耐万古霉素肠球菌等革兰阳性菌，以及多数革兰阴性杆菌具有良好的抗菌活性，也被称为第三代四环素类抗生素。

（一）四环素类抗生素的共同特性

1. 体内过程

（1）吸收：四环素类经胃及小肠吸收，不同品种生物利用度差别大，其中四环素盐酸盐与四环素碱生物利用度低，而多西环素与米诺环素几乎完全被吸收，且不受食物影响。影响天然四环素口服吸收的因素包括：①多价阳离子：四环素类抗生素为金属螯合剂，可与 Mg^{2+}、Ca^{2+}、Al^{3+}、Fe^{2+} 形成难溶难吸收的络合物；②胃液 pH 降低，药物溶解完全，吸收较好；③合用碱性药物或抑制胃酸分泌药（如碳酸氢钠、H_2 受体阻断药等）可使四环素类抗生素吸收减少，合用酸性药物（如维生素 C）则可促进四环素类抗生素吸收。

（2）分布：吸收后药物能很好地渗透到大多数组织和体液中，如肺、腮腺、前列腺、女性生殖器官及胆汁、痰液，且可以进入细胞内。半合成四环素如多西环素、米诺环素在组织中的浓度与其脂溶性有关。大部分的四环素类药物（如四环素、替加环素等）不易透过血脑屏障，但米诺环素可在中枢达到较高浓度。进入体内的药物可储存于肝、脾、骨、骨髓、牙质及牙釉质中，并能进入羊水及胎儿循环，在乳汁中浓度相当高。

（3）代谢与排泄：四环素类药物部分在肝脏代谢，可经肝浓缩排入胆汁且存在肝肠循环，胆汁中药物浓度比血药浓度高 10～20 倍，有利于治疗胆道感染。20%～60%的药物以原形经肾小球滤过排泄，尿液中药物浓度较高，有利于治疗尿路感染，碱化尿液可促进其肾排泄。肾功能不全时大多数四环素类抗生素都可蓄积体内并加重肾损害。多西环素因主要经肠道排泄，可供肾功能不全患者使用。四环素类的 $t_{1/2}$ 差别较大，四环素为 6～9h、米诺环素约为 16h、替加环素约为 42h。

2. 抗菌作用　本类药物属于快速抑菌药，高浓度时亦具有杀菌作用。抗菌谱广：①对常见的需氧和厌氧的革兰阳性菌、革兰阴性菌均有抑制作用，对布鲁菌、霍乱弧菌等作用强，对幽门螺杆菌、鼠疫杆菌也有作用；②对立克次体作用较强，对螺旋体、支原体、衣原体、放线菌也有抑制作用；③能间接抑制阿米巴原虫。但对伤寒杆菌、副伤寒杆菌、铜绿假单胞菌、结核分枝杆菌、真菌、病毒无效。

抗菌机制主要是药物与细菌核糖体 30S 亚基 A 位特异性结合，阻止蛋白质合成始动复合物形成，并阻止氨基酰 tRNA 进入 A 位，从而抑制肽链延伸和蛋白质合成。另外，四环素类可改变细菌细胞膜通透性，使胞内核苷酸和其他重要成分外漏，从而抑制 DNA 的复制。

耐药性发生的机制为：①细菌外排泵蛋白大量表达，促使四环素类抗生素被排出细菌体外；②细菌核糖体保护蛋白大量表达，保护细菌的蛋白质合成过程不受四环素类药物的影响；③某些细菌可产生灭活或钝化四环素的酶。

3. 临床应用

（1）作为首选或选用药物用于治疗：①立克次体病，包括流行性斑疹伤寒、地方性斑疹伤寒、洛矶山热、恙虫病、柯氏立克次体肺炎和 Q 热；②支原体感染，如支原体肺炎、解脲脲原体所致的尿道炎等；③衣原体属感染，包括肺炎衣原体、沙眼衣原体感染及鹦鹉热、性病淋巴肉芽肿等；④回归热螺旋体所致的回归热；⑤布鲁菌病（需与氨基糖苷类药物联合应用）；⑥霍乱；⑦土拉热杆菌所致的兔热病；⑧鼠疫耶尔森菌所致的鼠疫。

（2）用于对青霉素类抗生素过敏的破伤风、气性坏疽、雅司、梅毒、淋病、非淋菌性尿道炎和钩端螺旋体病的治疗。

（3）其他：用于治疗炎症反应显著的痤疮及幽门螺杆菌引起的消化性溃疡。

4. 不良反应

（1）局部刺激：口服可引起消化道反应，早期是由于药物的直接刺激，后期是由于对肠道菌群的影响，主要表现有腹泻、恶心和食欲下降。肌内注射可致剧痛及局部坏死。静脉给药易引起静脉炎，应稀释后静脉滴注。

（2）二重感染：正常人体的口腔、鼻咽部、消化道等处有多种微生物寄生，处于相互拮抗而维持相对平衡的共生状态。长期使用广谱抗生素，使敏感菌受到抑制，而一些不敏感菌如真菌或耐药菌乘机大量繁殖，造成新的感染，称为二重感染，又名菌群交替症。多见于老、幼、体弱、抵抗力低的患者及合用肾上腺皮质激素类药、抗代谢药或抗恶性肿瘤药的患者。常见真菌感染，引起鹅口疮等，可用抗真菌药治疗；难辨梭状芽孢杆菌感染，引起假膜性肠炎，需用万古霉素或甲硝唑治疗。

（3）对牙齿和骨骼发育的影响：四环素类能与新形成的牙齿和骨组织中的沉积钙结合而影响其发育，造成恒齿永久性棕色色素沉着，牙釉质发育不良、畸形或生长抑制（俗称四环素牙）。妊娠期或哺乳期妇女、8 岁以下儿童禁用本类药物。

（4）其他：长期服用或大剂量静脉注射四环素类药可造成严重肝损伤，引起肝细胞变性甚至坏死，尤其是在妊娠期或肝功能已受损的情况下更易出现。可加重原有的肾功能不全，升高血尿素氮水平。四环素类药可以诱发光敏反应，特别是皮肤细嫩的个体。超量可引起前庭功能紊乱，出现头晕、恶心、呕吐等症状。过敏反应少见，表现有发热和皮疹，偶致过敏性休克。

（二）常用四环素类抗生素

四环素（tetracycline）

本品口服给药易受食物影响，生物利用度低，给药后 2～4h 血药浓度达峰值，组织分布较广，可渗入胸腔和腹腔，易沉积于骨髓、骨骼和牙齿，也可进入乳汁及胎儿循环。能通过胆汁经肠道排泄，形成肝肠循环。55%以原形从尿中排泄，$t_{1/2}$ 为 6～9h，碱化尿液可增加其尿中排出量。

本药为广谱速效抑菌药，对革兰阳性菌的作用强于革兰阴性菌，但对革兰阳性菌的作用不如青霉素类和头孢菌素类，对革兰阴性菌的作用不如氨基糖苷类和氯霉素类。

多西环素（doxycycline，强力霉素）

本品口服吸收完全而且迅速，不受食物影响，生物利用率高。血浆蛋白结合率约 92%，口服后 2h 达血药峰浓度，肝肠循环显著，有效治疗浓度可维持在 24h 以上。口服后无活性的结合物或螯合物主要随粪便排泄，对肠道菌群影响小，抗生素腹泻或二重感染发生率低。注射给药后有 20%由尿排出，肾功能减退时，由粪便排出量增加，故肾衰竭患者也可使用。

抗菌谱与四环素相似，抗菌活性比四环素高 2～10 倍，具有速效、强效和长效的特点。对耐四环素的金黄色葡萄球菌仍有效，为四环素类药物中的首选药物或次选药物。特别适用于肾外感染伴肾衰竭的患者。

常见不良反应为胃肠道反应，如恶心、呕吐、腹泻、上腹部不适、口腔炎及肛门炎等，易致光敏反应。口服时应以大量水送服，保持上身直立体位 30min 以上，以避免引起食管炎。其他不良反应较四环素少见。

米诺环素（minocycline，二甲胺四环素）

本品脂溶性高，口服吸收迅速而完全，吸收率可高达 95%，吸收不受牛奶等食物影响，但可与含 Ca^{2+}、Al^{3+}、Fe^{2+}等阳离子的药物形成络合物而降低其口服吸收率。在肝、胆、肺、扁桃体、泪及痰液等均能达有效治疗浓度，特别是对前列腺组织穿透性更好。能进入乳汁、羊水，在脑脊液的浓度高于其他四环素类药。可长时间滞留于脂肪组织中，粪便及尿中排泄率低，$t_{1/2}$ 为 14～18h。肾衰竭时半衰期略有延长，也会增加药物随胆汁的排出。

抗菌谱与四环素相似，抗菌活性强，对耐四环素菌株也有良好的作用，对革兰阳性菌的作用强于革兰阴性菌，尤其对葡萄球菌的作用更强。对肺炎支原体、沙眼衣原体和立克次体等也有较好的抑制作用。主要用于治疗耐药菌所致的感染，还可用于沙眼衣原体所致的性病、淋病、奴卡菌病和酒糟鼻等。因为米诺环素极易穿透皮肤，特别适合于治疗痤疮。

除四环素共有的不良反应外，本品前庭反应比较显著，引起眩晕、耳鸣、恶心、呕吐和共济失调等。首次服药即可出现，女性多于男性，老年人多于年轻人，12%～52%的患者因严重的前庭反应而停药，停药后 24～48h 后可以恢复。长期服用者还可出现皮肤色素沉着，需停药后几个月才能消退。其他不良反应较四环素少见。服药期间不宜从事高空作业、驾驶车辆和机器操作。

替加环素（tigecycline）

本品为新型广谱的静脉注射用抗生素，是首个甘氨酰四环素类药品。抗菌作用机制与四环素类药物相似，但替加环素与核糖体的结合能力是其他四环素类药物的 5 倍。此药能避免病原微生物对抗菌药的 2 种主要耐药机制（外排泵和核糖体保护），对耐四环素类菌株有良好的抗菌作用。临床被批准用于 18 岁及以上复杂皮肤和皮肤结构感染或者复杂腹内感染患者的治疗。包括复杂阑尾炎、烧伤感染、腹内脓肿、深部软组织感染及溃疡感染。常见不良反应为恶心、呕吐和腹泻，其他不良反应少见。

二、氯霉素类抗生素

氯霉素类抗生素包括氯霉素、甲砜霉素及依托红霉素等。属抑菌性广谱抗生素，临床应用的有氯霉素和甲砜霉素。

氯霉素（chloromycetin）

氯霉素是从委内瑞拉链丝菌的培养液中获得的一种抗生素，因结构中含氯故命名为氯霉素。氯霉素的右旋体毒性大且无抗菌活性，临床使用人工合成的左旋体。

【体内过程】 本品有多种制剂，口服制剂有氯霉素和氯霉素棕榈酸酯，注射剂为氯霉素琥珀酸酯。脂溶性高，口服吸收迅速而完全。广泛分布于全身的组织和体液，易透过血脑屏障、血眼屏障，脑脊液中药物浓度可达血药浓度的 45%～99%。可进入细胞内，对伤寒杆菌等细胞内感染有效。90%的药物在肝脏与葡糖醛酸结合而失活，5%～15%以原形药物经肾脏排泄。新生儿因体内缺乏葡糖醛酸酶转移酶，服药后氯霉素在体内的消除过程缓慢，易蓄积而发生毒性反应。氯霉素为肝药酶抑制药，若与某些经肝药酶代谢的药物合用，可使后者的血药浓度异常增高。

【抗菌作用】 本品属快速抑菌药，低浓度抑菌，高浓度时亦具有杀菌作用。对革兰阴性菌的抗菌活性强于革兰阳性菌，对革兰阳性菌的作用弱于青霉素类和四环素类。伤寒杆菌及副伤寒杆菌、布鲁菌及百日咳杆菌对其敏感。厌氧菌、立克次体、螺旋体和支原体也对其敏感。对结核分枝杆菌、病毒、真菌及原虫无作用。

抗菌机制主要是其与细菌核糖体 50S 亚基上的肽酰转移酶作用位点可逆性结合，阻止 P 位肽链的末端羧基与 A 位上氨基酰 tRNA 的氨基发生反应，从而阻止肽链延伸，抑制蛋白质合成。由于哺乳动物骨髓造血细胞线粒体的 70S 核糖体与细菌 70S 核糖体相似，大剂量氯霉素也能抑制这些细胞器的蛋白质合成，产生骨髓抑制的毒性反应。氯霉素在 50S 亚基上的结合位点与大环内酯类和林可霉素的结合位点十分接近，可产生拮抗作用或交叉耐药性。

【临床应用】 由于严重的不良反应、细菌耐药性等原因，现已少用，需严格掌握适应证。

1. 细菌性脑膜炎和脑脓肿 可用于氨苄西林耐药流感嗜血杆菌、脑膜炎球菌及肺炎链球菌所致的脑膜炎。青霉素与氯霉素可合用于需氧菌与厌氧菌混合感染引起的耳源性脑脓肿。

2. 伤寒 成人伤寒沙门菌感染的治疗以氟喹诺酮类为首选，氯霉素仍可用于敏感伤寒沙门菌所致伤寒的治疗。

3. 厌氧菌感染 氯霉素对脆弱拟杆菌具有较强的抗菌活性，可与其他抗菌药物联合用于需氧菌与厌氧菌所致的腹腔和盆腔感染。

4. 其他 可用于 Q 热等立克次体感染；局部用药治疗敏感菌引起的各种眼部感染。

【不良反应】

1. 抑制骨髓造血功能 ①可逆性血细胞减少：较常见，与剂量、疗程有关，表现为贫血、白细胞或血小板减少症，及时停药可恢复，但部分患者仍有可能发展成致死性再生障碍性贫血或急性髓细胞白血病；②不可逆性骨髓造血功能抑制：与剂量、疗程无关，一次用药亦可发生，发生率低，但死亡率高，表现为再生障碍性贫血，女性的发生率较高，多在停药数周或数月后发生。幸存者日后发展为白血病的概率很高。

2. 灰婴综合征（gray syndrome） 新生儿、早产儿因肝脏发育不全，缺乏葡糖醛酸转移酶，肾脏排泄功能不完善，对氯霉素代谢和排泄能力有限，应用剂量过大，可出现腹胀、呕吐、呼吸急促及进行性血压下降、皮肤苍白和发绀等，称为灰婴综合征。常发生于用药后 2～9 日，症状出现 2 日内死亡率高达 40%，偶见于大龄儿童甚至成人。

3. 其他 偶见恶心、呕吐和腹泻；长期应用可见菌群失调所致的维生素缺乏、二重感染；可引起精神病患者严重失眠、幻视、幻觉、狂躁、猜疑、抑郁等精神症状，故禁用于精神病患者；用于葡萄糖-6-磷酸脱氢酶（G-6-PD）缺陷者，易引起溶血性贫血。

甲砜霉素（thiamphenicol）

本品具有更高的水溶性和稳定性，口服或注射给药吸收迅速而完全。在肝脏内不与葡糖醛酸结合，血中游离型药物较多，抗菌活力较强。70%～90%的药物以原形由肾脏排泄。抗菌谱和抗菌作用与氯霉素相似，与氯霉素间呈完全交叉耐药，但细菌对甲砜霉素的耐药性发展较慢。具有较强的免疫抑制作用，较氯霉素约强 6 倍。主要用于轻症感染，一般不用于细菌性脑膜炎。不良反应主要表现为可逆性血细胞减少，但未见诱发致死性再生障碍性贫血和灰婴综合征的报道。

1. 简述青霉素过敏的防治措施及解救方法。
2. 简述各类抗生素的抗菌作用机制、临床应用及不良反应。

附 青霉素的发现

亚历山大·弗莱明（Alexander Fleming，1881 年 8 月 6 日～1955 年 3 月 11 日），英国微生物学家。1928 年，Fleming 在接种完细菌后就开始休假，其间培养皿未放在培养箱中，而是放在了实验台上。Fleming 回来之后，他注意到培养皿被青霉菌污染，黄绿色的真菌周围没有生长白色的葡萄球菌，偶然发现了青霉菌的代谢产物具有杀菌作用，Fleming 将其命名为“青霉素”。1938 年英国病理学家弗洛里、德国生物化学家钱恩在弗莱明的研究基础上，对青霉素进行了提纯。青霉素的发现，使人类找到了一种具有强大杀菌作用的药物，结束了传染病几乎无法治疗的时代，从此出现了寻找抗生素的高潮。1945 年，Fleming、钱恩和弗洛里获得诺贝尔生理学或医学奖。

第三十九章　人工合成抗菌药物

学习目标

1. 能掌握喹诺酮类和磺胺类的抗菌作用、临床应用及不良反应等知识要点。熟悉各类人工合成抗菌药物合用的机制及优点。
2. 能根据临床细菌感染的情况选择合适的人工合成抗菌药物进行治疗。
3. 明晰人工合成抗菌药物在人类抗感染治疗中的地位和作用。

人工合成的抗菌药物是一类对病原菌具有抑制和杀灭作用，能防治感染性疾病的化学合成药物。主要有喹诺酮类（quinolones）、磺胺类（sulfonamides）、硝咪唑类（nitroimidazoles）及硝基呋喃类（nitrofurans）等。其中氟喹诺酮类药物发展最快，上市品种最多，是临床应用最为普遍的一类人工合成的抗菌药物。

第一节　喹诺酮类

喹诺酮类（quinolones），又称吡啶酮酸类，是一类含有 4-喹诺酮基本结构的人工合成类抗菌药物（图 39-1）。因此类药物中均具有喹诺酮的基本结构，故命此名。本类药物具有抗菌谱广、抗菌作用强、毒副反应低等特点，按其发明先后、结构及抗菌谱的不同，分为四代，临床主要用于治疗尿路、肠道、呼吸道及皮肤软组织、腹腔、骨关节等感染。第三代和第四代的喹诺酮类药物，因为化学结构中含氟，所以又被称为氟喹诺酮类药物。

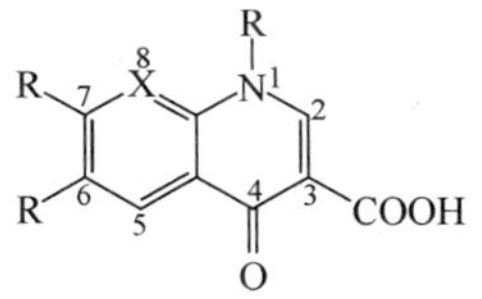

图 39-1　喹诺酮类药物的基本化学结构式

第一代喹诺酮类药物：代表药物是萘啶酸（nalidixic acid），也是第一个用于临床的喹诺酮类药物，只对大肠埃希菌、痢疾杆菌、克雷伯杆菌等少数革兰阴性杆菌有效，口服吸收差，副作用多，仅用于敏感菌所致的尿路感染。萘啶酸在临床上的使用标志着喹诺酮类药物应用史的开始。

第二代喹诺酮类药物：代表药物是吡哌酸（pipemidic acid），与第一代相比，其抗菌活性有所提高，抗菌谱有所扩大，对革兰阴性杆菌的作用包括部分铜绿假单胞菌，口服少量吸收，但可达到有效尿药浓度，不良反应明显减少，临床用于治疗尿路和肠道感染。

第三代喹诺酮类药物：代表药物包括诺氟沙星（norfloxacin，氟哌酸）、氧氟沙星（ofloxacin）、环丙沙星（ciprofloxacin）、左氧氟沙星（levofloxacin）、洛美沙星（lomefloxacin）和司帕沙星（sparfloxacin）等，其在 6 位上加上一个氟（F）后，增加了脂溶性，增强了对组织细胞的穿透力，因而吸收好，组织浓度高，半衰期长，显著增加了抗菌谱和杀菌效果。

第四代喹诺酮类药物：代表药物包括莫西沙星（moxifloxacin）、加替沙星（gatifloxacin）、吉米沙星（gemifloxacin）、加雷沙星（garenoxacin）和曲伐沙星（trovafloxacin）等。与前三代相比，第四代喹诺酮类药物对革兰阳性球菌与厌氧菌作用明显加强，抗革兰阴性杆菌作用与第三代相似，同时对衣原体、支原体、军团菌也有较强的作用。

（一）体内过程

氟喹诺酮类药物口服吸收良好，$t_{1/2}$ 为 3～10h，用药后 1～2h 血药浓度达峰值，生物利用度为 80%～95%。本类药物在组织和体液分布广泛，且在肺、肾、前列腺、尿液、胆汁、粪便、巨噬细胞和中性粒细胞中的药物浓度高于血药浓度，而脑脊液、骨组织和前列腺液中的药物浓度低于血药浓度，也可分布到泪腺、唾液腺、泌尿生殖系统和呼吸道黏膜。

左氧氟沙星和莫西沙星的半衰期相对较长，可以每日服用一次。二价阳离子和三价阳离子会影响氟喹诺酮类药物的口服吸收，所以在服药前 2h 或服药后 4h 内不得服用含 Fe^{2+}、Ca^{2+}、Mg^{2+}等阳离子的药物或者食物。静脉注射药物的血药浓度与口服药物相似。除莫西沙星外，大多数氟喹诺酮类药物在肾脏，通过肾小球滤过或肾小管分泌，排出体外，因此，对于肌酐清除率小于 50mL/min 的患者，需要调整剂量。由于莫西沙星是在肝脏中代谢，肝衰竭患者应慎用。

（二）作用机制

喹诺酮类药物通过抑制细菌 DNA 回旋酶或拓扑异构酶Ⅳ来阻断细菌 DNA 的合成。抑制革兰阴性菌 DNA 回旋酶，可以阻止 DNA 正常转录和复制所需的正超螺旋向负超螺旋转变；抑制革兰阳性菌拓扑异构酶Ⅳ，可干扰细胞分裂过程中复制的染色体 DNA 分离到子细胞（图 39-2）。DNA 回旋酶和拓扑异构酶Ⅳ都是细菌生长所必需的酶，其中任意一种酶受到抑制都将会抑制细胞生长，导致细胞死亡。哺乳动物细胞内的拓扑异构酶Ⅱ在功能上类似于菌体内的 DNA 回旋酶，但氟喹诺酮类药物仅在很高浓度才能影响哺乳动物的拓扑异构酶Ⅱ，故氟喹诺酮类药物对细菌的选择性高，对人体影响较小。

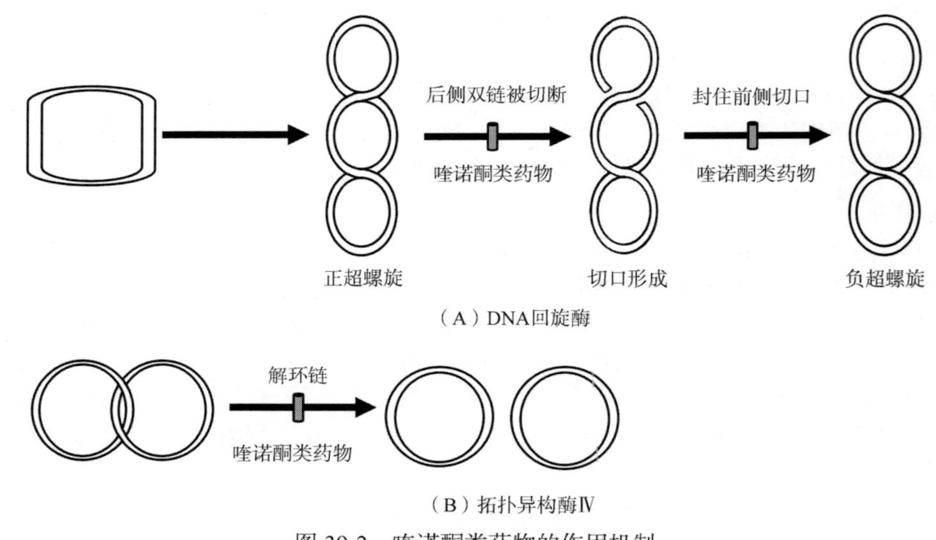

图 39-2　喹诺酮类药物的作用机制

（三）耐药机制

氟喹诺酮类药物之间有交叉耐药。本类药物的耐药性主要是由于染色体突变产生的 DNA 回旋酶或拓扑异构酶Ⅳ对氟喹诺酮类的亲和力降低，或由于细菌胞膜对这些药物的渗透性降低，或外排增加。

（四）临床应用

氟喹诺酮类药物具有抗菌谱广、抗菌活性高、口服吸收良好、与其他类抗菌药较少交叉耐药等特点，广泛应用于临床。

1. 泌尿生殖系统感染　除莫西沙星外（尿内药物浓度低），对许多微生物引起的尿道炎、宫颈炎、前列腺炎等尿路感染有效。环丙沙星、氧氟沙星与β-内酰胺类抗生素同为首选药，用于单纯性淋病奈瑟菌性尿道炎或宫颈炎；环丙沙星还是铜绿假单胞菌性尿道炎的首选药。

2. 肠道感染　首选用于志贺菌引起的急性、慢性和中毒性细菌性痢疾，鼠伤寒、猪霍乱和肠炎等沙门菌引起的胃肠炎（食物中毒）。对沙门菌引起的伤寒、副伤寒应首选本类药物或头孢曲松治疗。本类药物还可用于旅行性腹泻。

3. 呼吸系统感染　万古霉素与左氧氟沙星或莫西沙星联用首选治疗青霉素高度耐药肺炎链球菌感染；除诺氟沙星外（不能达到足够的全身浓度），氟喹诺酮类药物还可替代大环内酯类药物用于治疗支原体肺炎、衣原体肺炎和嗜肺军团菌引起的军团病。

4. 骨、关节和软组织感染　对敏感菌引起的慢性骨髓炎可使用本类药物长期治疗；对革兰阴性杆菌、厌氧菌、链球菌和葡萄球菌等引起的糖尿病足部感染，需联合其他药物治疗。

另外，环丙沙星是预防和治疗炭疽的首选药物。本类药物可用于脑膜炎奈瑟菌引起的流行性脑脊髓膜炎鼻咽部带菌者的根除治疗，与甲硝唑等抗厌氧菌药物合用，可用于治疗腹腔、胆道及盆腔感染。

（五）不良反应

氟喹诺酮类药物有良好的耐受性。

1. 胃肠道反应　是最常见的不良反应，出现恶心、呕吐和腹泻等症状，一般不严重，患者可耐受。

2. 中枢神经系统反应　少数患者会出现失眠、头痛、头晕、精神异常、抽搐、惊厥等表现，有精神病或癫痫病史患者及合用茶碱或非甾体抗炎药时易发生。皮疹或肝功能检查异常。

3. 光敏反应　在紫外线激发下，药物氧化产生活性氧，引起皮肤炎症，表现为光照部皮肤出现瘙痒性红斑，甚至皮肤糜烂、脱落，一般停药后可恢复，严重者需住院治疗。司帕沙星和洛美氟沙星光敏反应最常见。

4. 软骨损伤　由于药物结构中的 C_3 羧基和 C_4 羰基与软骨组织中的 Mg^{2+}形成络合物，并沉积于关节软骨，导致局部 Mg^{2+}缺乏而引起软骨损伤，儿童用药后可出现关节痛和关节水肿，成年人可出现肌腱炎，因此，本类药物尚未被推荐为 18 岁以下患者的一线药物。但是，在国外越来越多的共识认为，如果病情需要，氟喹诺酮类药物可用于儿童（如环丙沙星用于其他抗菌药物无效的囊性纤维化患儿感染铜绿假单胞菌治疗）。

（六）禁忌证

（1）不宜常规用于儿童、有精神病或癫痫病史者；不宜与Ⅰa 类和Ⅲ类抗心律失常药和延长心脏 Q-T 间期的药物（如西沙比利、红霉素、三环类抗抑郁药）合用；避免与抗酸药、含金属离子的药物同服；慎与茶碱类、非甾体抗炎药合用。

（2）禁用于对喹诺酮类药物过敏的患者、孕妇和哺乳期妇女。18 岁以下患者避免使用。

（3）用药期间避免日照或接触紫外线。

诺氟沙星（norfloxacin）

诺氟沙星又名氟哌酸，是第一个应用于临床的氟喹诺酮类药物，口服生物利用度仅为 35%～45%，$t_{1/2}$ 为 3～4h，体内分布广，吸收后约 30%以原形经肾排泄。

本品具有广谱抗菌作用，尤其对需氧革兰阴性杆菌抗菌活性强，对肠杆菌科细菌中的大部分菌属，如阴沟肠杆菌、产气肠杆菌和枸橼酸杆菌属等肠杆菌属、大肠埃希菌、克雷伯菌属、变形杆菌属、沙门菌属、志贺菌属、弧菌属、耶尔森菌属等具有良好的抗菌作用，对多重耐药菌有抗菌活性，对青霉素耐药的淋病奈瑟球菌、流感嗜血杆菌和卡他莫拉菌有良好的抗菌作用。对厌氧菌抗菌作用差。

临床主要用于敏感菌所致的泌尿道感染、淋病、前列腺炎、胃肠道感染和伤寒及其他沙门菌感染，也可外用治疗皮肤和眼部的感染。

环丙沙星（ciprofloxacin）

环丙沙星又名环丙氟哌酸，口服吸收快，食物可降低其吸收，生物利用度约为 70%，血药浓度低，必要时可静脉滴注以提高血药浓度。血浆蛋白结合率为 20%～40%，消除 $t_{1/2}$ 约为 4h。体内分布广泛，在肺、胆、肌肉、前列腺和吞噬细胞的浓度超过血浆，尿液和胆道的浓度是血浆的 10～50 倍，但脑脊液中的水平较低。主要经过肾小球滤过和肾小管分泌后，通过尿液排出。

抗菌谱与诺氟沙星相似，它是对各种细菌活性抑制最好的第三代氟喹诺酮类药物，MIC 与 MBC 相近，对大肠埃希菌、志贺菌属、铜绿假单胞菌、流感嗜血杆菌、淋病奈瑟球菌、耐药金黄色葡萄球菌、链球菌、军团菌等均具有抗菌作用，对氨基糖苷类和第三代头孢菌素类耐药的菌株仍有抗菌活性。对厌氧菌的抗菌作用差。

临床用于敏感菌引起的呼吸道、泌尿生殖道、消化道、骨与关节、皮肤软组织感染。因可诱发跟腱炎和跟腱断裂，老年人和运动员慎用。

氧氟沙星（ofloxacin）

氧氟沙星又名氟嗪酸，口服吸收迅速而完全，生物利用度可达 95%，体内分布广泛，尤其在脑脊液和尿液中能达到较高血药浓度。消除 $t_{1/2}$ 为 5～7h，体内代谢少，80%以上的药物以原形由尿液排泄，尿液中药物浓度居各种氟喹诺酮类药物之首。

本品抗菌活性强，对革兰阳性菌包括耐甲氧西林金黄色葡萄球菌、革兰阴性菌包括铜绿假单胞菌均有较强的作用，对结核分枝杆菌、沙眼衣原体、支原体和部分厌氧菌有效。

临床用于敏感菌引起的呼吸道、消化道、泌尿生殖道、胆道、皮肤软组织和盆腔感染等。还可作为二线药物与其他抗结核病药合用。偶见转氨酶升高，可诱发跟腱炎和跟腱断裂。肾功能减退或老年患者应减量。

左氧氟沙星（levofloxacin）

左氧氟沙星是消旋氧氟沙星的左旋体，口服生物利用度接近 100%，消除 $t_{1/2}$ 为 5～7h，85%的药物以原形由尿液排泄。

本品抗菌活性是氧氟沙星的 2 倍，对革兰阳性菌和革兰阴性菌具有较强的抗菌作用，对支原体、衣原体、结核分枝杆菌、军团菌及厌氧菌具有较强的杀灭作用。

临床用于治疗敏感菌引起的各种急慢性感染、难治性感染。

不良反应在第三代喹诺酮类药物中最低。

洛美沙星（lomefloxacin）

洛美沙星口服吸收好，生物利用度接近 98%，70%以上以原形从尿液排泄，消除 $t_{1/2}$ 达 7h 以上。抗菌谱广，对革兰阴性菌、耐甲氧西林金黄色葡萄球菌、链球菌、肠球菌、表皮葡萄球菌的抗菌活性与氧氟沙星相似，对大多数厌氧菌的抗菌活性低于氧氟沙星。临床主要用于敏感菌引起的呼吸道、消化道、泌尿道、皮肤和软组织等感染。主要不良反应是光敏反应和跟腱炎。

第二节 磺 胺 类

磺胺类药物是第一个能有效对抗化脓性细菌感染的抗菌药物（antimicrobial agents，AMAs）。

1937 年，科学家们发现百浪多息的活性成分是其在体内的代谢产物对氨基苯磺胺。在随后的几年里，大量的磺胺类药物被生产和广泛使用，但由于细菌耐药性的迅速产生和新的更安全有效的抗生素的出现，故本类药物很少单独使用，常与甲氧苄啶联合（复方新诺明）用于治疗呼吸系统、泌尿系统等组织器官感染，与乙胺嘧啶联合使用治疗疟疾。

（一）体内过程

口服可吸收的磺胺类药物在胃和小肠被吸收，并广泛分布到组织和体液（包括中枢神经系统和脑脊液）、胎盘和胎儿。血红蛋白结合率为 20%～90%，有效血药浓度为 40～100μg/mL，一般在口服后 2～6h 后血药浓度达到峰值。

口服可吸收的磺胺类药物在肝脏中被乙酰化或葡糖醛酸化后，非活性代谢物及原形经肾小球滤过，通过尿液排出，因此本类药物在尿液中能达到杀菌浓度。此外，对于有严重肾衰竭的患者，需要减少磺胺类药物剂量。口服难吸收的药物主要经粪便排出。

（二）抗菌作用

磺胺类药物作为一类广谱抗菌药，对大多数需氧的革兰阳性菌和革兰阴性菌有明显的作用，如溶血性链球菌、肺炎链球菌、葡萄球菌等革兰阳性菌，以及脑膜炎奈瑟菌、淋病奈瑟菌及流感嗜血杆菌等革兰阴性菌；对沙眼衣原体、放线菌、诺卡氏菌、弓形虫、大肠埃希菌、伤寒杆菌、鼠疫杆菌、变形杆菌等病原体也较为敏感；对铜绿假单胞菌有效；对厌氧菌不敏感；对支原体、螺旋体无效，甚至可促进立克次体生长。

（三）作用机制

与哺乳动物不同，细菌不能使用外源性叶酸，必须以蝶啶和对氨基苯甲酸（para-aminobenzoic acid，PABA）为原料，在二氢蝶酸合酶（dihydropteroate synthase）作用下合成二氢蝶酸，并与谷氨酸生成二氢叶酸，再在二氢叶酸还原酶作用下生成四氢叶酸，四氢叶酸活化后，可作为一碳基团载体的辅酶参与嘧啶和嘌呤的合成。1940 年，伍兹（Woods）和法尔兹（Fildes）提出磺胺类药物由于与 PABA 的结构类似，能竞争性地抑制细菌二氢蝶酸合酶，阻碍二氢叶酸的合成，从而影响细菌的叶酸代谢，发挥抗菌作用（图 39-3）。由于人体可以从食物中摄取二氢叶酸，因此不受磺胺类药物的影响。

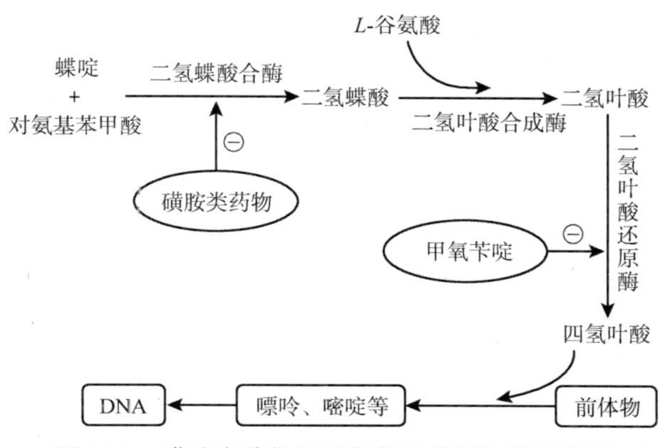

图 39-3　磺胺类药物及甲氧苄啶作用机制示意图

（四）耐药性

单独使用磺胺类药物容易产生耐药性，本类药物间有交叉耐药现象。产生耐药的原因包括：

①在磺胺类药物竞争性地抑制细菌二氢蝶酸合酶的压力下，细菌改变自身代谢途径，像哺乳动物一样利用外源性叶酸，导致其对磺胺类药物不敏感；②细菌产生了低磺酰胺亲和力的二氢蝶酸合酶，使磺胺类药物药效降低；③细菌细胞膜的通透性降低，进入细菌内的药物量减少。

（五）临床应用

复方新诺明（trimethoprim-sulfamethoxazole）是治疗吉氏肺孢子虫（原卡氏肺孢子虫）肺炎、弓形虫病和诺卡菌病等感染的首选药物。由于脑膜炎球菌、肺炎球菌、链球菌、葡萄球菌和淋球菌易感的菌株现在都具有耐药性，因此磺胺类药物很少作为单一药物使用。

（六）药物的分类及作用特点

根据磺胺类药物吸收及临床应用等情况分为口服易吸收类、口服难吸收类和局部外用药三大类（表 39-1）。

表 39-1 磺胺类药物的分类及作用特点

分类		代表药物	蛋白结合率（%）	渗入脑脊液（%）	乙酰化率（%）	$t_{1/2}$（h）	每日给药（次）
口服易吸收类（治疗全身感染）	短效类（$t_{1/2}$<10h）	磺胺异噁唑（sulfafurazole，SIZ）	35	30～50	28～30	6	4
	中效类（$t_{1/2}$为 10～24h）	磺胺甲噁唑（sulfamethoxazole，SMZ）	68	30～50	48	11	2
		磺胺嘧啶（sulfadiazine，SD）	45	40～80	15～40	17	1～2
	长效类（$t_{1/2}$>24h）	磺胺多辛（sulfadoxine，SDM）	>90%	10～15	12～15	40	1
口服难吸收类（治疗肠道感染）		柳氮磺吡啶（sulfasalazine，SASP）	口服几乎不吸收，主要在肠道发挥作用				
局部外用药		磺胺米隆（sulfamylon，SML） 磺胺嘧啶银（sulfadiazine silver，SD-Ag） 磺胺醋酰（sulfacetamide，SA）	主要外用，直接作用于感染局部，SML、SD-Ag 抗菌谱广，对铜绿假单胞菌有效，用于烧伤和创面感染。SA 穿透力强，主要用于眼科感染				

（七）不良反应及禁忌证

磺胺类药物的不良反应相对较常见。

1. 消化系统反应 口服可引起恶心、呕吐、上腹部不适和食欲减退，餐后服用或同服碳酸氢钠可缓解。可致肝损伤甚至急性重型肝炎，约 0.1%的患者会诱发与剂量无关的肝炎，肝功能受损患者避免使用。

2. 泌尿系统损害 与剂量有关，但少见。因体内药物主要由肾脏途径排泄，在尿液中易形成较高浓度，原形或乙酰化代谢产物一旦在肾脏形成结晶，可引起尿道刺激、损伤和梗阻症状，如结晶尿、血尿、管型尿和尿痛、尿闭等，甚至造成肾损害。因此，在服药期间，应同服等量碳酸氢钠以碱化尿液，增加尿中原形药物和代谢产物溶解度；适当多饮水，保证每日尿量不少于 1500mL，以降低尿中药物浓度；服药超过 1 周者应定期检查尿液。

3. 过敏反应 局部用药易发生，有 2%～5%的患者会发生皮疹、荨麻疹和药物热等超敏反应，长效类药物会偶见史-约综合征和剥脱性皮炎，严重者可致死。本类药有交叉过敏反应，有过敏史者禁用。

4. 血液系统反应 长期用药可抑制骨髓造血功能，导致白细胞、血小板减少甚至出现再生障碍性贫血，发生率极低但可致死，用药期间应定期检查血常规；高剂量磺胺类药物会使葡萄糖-6-磷酸脱氢酶（G-6-PD）缺乏患者发生溶血；可使新生儿或早产儿血中游离胆红素增加而导致黄疸，游离胆红素进入中枢神经系统导致胆红素脑病，故新生儿、早产儿、孕妇和哺乳期妇女不应使用。

5. 神经系统反应　部分患者可出现头晕、头痛、精神萎靡和失眠症状，用药期间应避免高空作业和驾驶。

磺胺嘧啶（sulfadiazine，SD）

磺胺嘧啶是口服易吸收的广谱抑菌剂。由于耐药菌株的产生，SD 常与甲氧苄啶合用，治疗敏感的流感嗜血杆菌、肺炎链球菌和其他链球菌所致的中耳炎及皮肤软组织、泌尿系统、呼吸系统等感染；与乙胺嘧啶合用，是治疗急性弓形虫病的一线药物；与链霉素合用治疗鼠疫；也可作为对氯喹耐药的恶性疟疾的辅助治疗药物；可用于沙眼衣原体所致的感染。

用药期间注意多饮水，如用药疗程较长或剂量较大时宜同服 $NaHCO_3$。孕妇及哺乳期妇女、G-6-PD 缺乏患者、老年患者、休克及失水的患者、肝肾功能不全的患者及对磺酰脲类药物、呋塞米、噻嗪类利尿药过敏的患者慎用。新生儿及 2 个月以下婴儿禁用。

磺胺甲噁唑（sulfamethoxazole，SMZ）

磺胺甲噁唑又称新诺明，也是常见的口服易吸收的广谱抗菌药，抗菌谱与 SD 相似，对大多数革兰阳性菌和革兰阴性菌均有作用。目前，常与甲氧苄啶合用，增强抗菌作用，减少耐药性的产生。临床上主要用于治疗尿路感染、肠道感染及卡氏肺孢子虫肺炎的防治。也可用于 2 岁以上小儿急性中耳炎及成人慢性支气管炎急性发作。

如使用磺胺甲噁唑出现骨髓抑制，应立即停用并肌内注射叶酸或根据需要用药至造血功能恢复正常。巨幼红细胞贫血患者、孕妇和哺乳期妇女及对磺胺类药物过敏者禁用。

柳氮磺吡啶（sulfasalazine，SASP）

柳氮磺吡啶是口服难吸收类的抗菌药物，在肠道内分解成磺胺吡啶和 5-氨基水杨酸盐，磺胺吡啶有较弱的抗菌作用，5-氨基水杨酸具有抗炎、免疫抑制作用。临床上主要用于治疗溃疡性结肠炎、节段性回肠炎及其他炎性肠病。

磺胺米隆（sulfamylon，SML）

磺胺米隆是常见的广谱局部外用抗菌药物，对多种革兰阴性菌和革兰阳性菌有效，对铜绿假单胞菌作用较强，抗菌作用不受脓液和坏死组织中对氨基苯甲酸的影响，局部用于预防及治疗Ⅱ、Ⅲ度烧伤及创面感染，可迅速渗入创面和焦痂中，并且能够促进创面愈合。

磺胺嘧啶银（sulfadiazine silver，SD-Ag）

磺胺嘧啶银也是常见的广谱局部外用抗菌药物，抗菌作用不受脓液和坏死组织的影响，对铜绿假单胞菌作用强于磺胺米隆。由于银盐有收敛的作用，临床常用于烧伤及创面感染。

磺胺醋酰（sulfacetamide，SA）

磺胺醋酰穿透力强。磺酰胺钠眼溶液或软膏对细菌性结膜炎和沙眼的辅助治疗有较好的效果，临床应用于角膜炎、结膜炎、沙眼及其他敏感菌引起的眼部感染。

甲氧苄啶（trimethoprim，TMP）

甲氧苄啶能选择性地抑制细菌二氢叶酸还原酶活性（图 39-3），从而影响细菌的生长繁殖。甲氧苄啶口服易吸收，分布广泛，可到达全身各种组织和体液，可通过血脑屏障，脑脊液中的浓度较高，脑膜有炎症时透入增加，也可通过胎盘屏障和进入乳汁。TMP 的 $t_{1/2}$ 约为 11h，与 SMZ 的相近，故可以做成复方制剂。大部分以原形通过肾脏排泄。

甲氧苄啶单独使用可治疗敏感菌所致的急性尿路感染。由于甲氧苄啶单用容易产生耐药性，与磺胺类药合用既能使耐药菌株减少，又能增强抗菌效果。因此，临床常与 SMZ 或 SD 组成复方制剂，抗菌活性可提高数倍至数十倍，甚至呈现杀菌作用。TMP 与 SMZ 按照 1∶5 做成的复方制剂称复方新诺明，与 SD 做成的复方制剂称复方磺胺嘧啶。复方新诺明可有效治疗多种感染，包括肺炎、尿路感染、前列腺炎、志贺氏菌、沙门氏菌和非结核分枝杆菌引起的部分感染。它对甲氧西林敏感和耐甲氧西林金黄色葡萄球菌菌株及呼吸道病原体如嗜血杆菌、卡他莫拉菌和肺炎克雷伯菌也敏感。

大剂量或长期应用甲氧苄啶会引起巨幼红细胞贫血、白细胞减少和粒细胞减少。复方新诺明可能会引起所有与磺胺类药物相似的不良反应。尤其是艾滋病和气囊虫性肺炎患者使用复方新诺明后容易引起发热、皮疹、白细胞减少、腹泻、肝转氨酶升高、高钾血症和低钠血症。此外，甲氧苄啶还能抑制远端肾小管肌酐的分泌，导致血清肌酐轻度升高，但不影响肾小球滤过率。这种特性可用于区分磺胺类药物可能引起的肾毒性。

第三节 硝咪唑类

硝咪唑类（nitroimidazoles）药物对厌氧菌敏感、抗菌谱广、杀菌作用强，常与其他抗菌药物联用治疗各个系统的厌氧菌与需氧菌混合感染。目前国内外临床常用的硝咪唑类药物主要是甲硝唑（metronidazole）和替硝唑（tinidazole）。

甲硝唑（metronidazole）

甲硝唑口服吸收良好，体内分布广，可进入唾液、乳汁、肝脓肿的脓液及脑脊液中。经肝脏代谢，代谢产物与原形药由肾脏排出。由于其抑制肝药酶的作用，与华法林或苯妥英钠合用时，会导致血药浓度增高，引起毒性反应。

甲硝唑对革兰阴性厌氧菌（梭杆菌属、普雷沃菌属及卟啉单胞菌属）和革兰阳性厌氧菌（消化链球菌、产气荚膜菌及难辨梭状芽孢杆菌等）均表现出很强的抗菌活性，但对需氧菌和兼性厌氧菌无作用。对贾第鞭毛虫、滴虫和阿米巴滋养体也具有很强的杀灭作用。

本品主要用于治疗幽门螺杆菌感染、阿米巴病、贾第鞭毛虫病、滴虫性和细菌性阴道炎、克罗恩病，以及口腔、腹腔、盆腔、中枢的厌氧菌感染等。此外，也用于耐药菌难辨梭状芽孢杆菌引起的假膜性肠炎。不良反应较轻，主要有胃肠道反应、过敏反应、神经系统反应、白细胞减少等。活动性中枢神经系统疾病和血液病者禁用。由于其能抑制乙醛脱氢酶活性，故用药期间及停药 7 天内，禁止饮酒及含乙醇饮料。

替硝唑（tinidazole）

替硝唑对原虫及拟杆菌属、梭杆菌属、梭菌属、消化球菌、消化链球菌、韦容球菌属及加德纳菌等厌氧菌有较高活性，但抗菌作用机制尚未完全清楚。抗阿米巴原虫的机制可能为使原虫的氮链发生断裂，从而杀死原虫。替硝唑对敏感病原体具有更强的抗菌活性（较甲硝唑强 2～4 倍），且吸收快，血药浓度较高，持续时间较长，$t_{1/2}$ 为 12～14h，组织分布广，应用方便，不良反应较少而轻微，可作为甲硝唑的替代品。

临床用于各种厌氧菌感染，如败血症、骨髓炎、腹腔感染、盆腔感染等；用于结肠直肠手术、妇产科手术及口腔手术等的术前预防用药；用于肠道及肠道外阿米巴病、阴道滴虫病、贾第虫病、加德纳菌阴道炎等的治疗；也可作为甲硝唑的替代药用于幽门螺杆菌所致的胃窦炎及消化性溃疡的治疗。

不良反应少见而轻微，主要为头痛、眩晕、恶心、呕吐等。此外还可有中性粒细胞减少、双硫仑样反应及黑尿。高剂量时可引起癫痫发作和周围神经病变。用药期间不应饮用含乙醇的饮料，肝功能减退者服用应予减量，并监测血药浓度。

第四节　硝基呋喃类

硝基呋喃类药物主要作用于微生物的酶系统，通过抑制乙酰辅酶A，干扰微生物糖类代谢，产生抑菌或杀菌作用。本类化合物具有强弱不一的诱变性，根据侧链取代基团和体内代谢途径、代谢速度的不同，其诱变力也不同，在2位上有噻唑环的5-硝基呋喃化合物诱变力强，可在实验动物中产生致癌和致畸作用。

呋喃妥因（nitrofurantoin）

呋喃妥因能抑制多数革兰阳性菌和阴性菌，随药物浓度的增加，甚至可产生杀菌效果。抗菌机制主要是敏感菌体内的硝基呋喃还原酶可将药物还原为活性产物，从而损伤菌体内的核糖体蛋白质、DNA、线粒体呼吸及丙酮酸代谢等。口服吸收快而完全，$t_{1/2}$约为30min，血药浓度低，不能用于全身感染。40%～50%的药物以原形迅速由肾脏排泄，故在肾脏和尿液中药物浓度较高，酸化尿液时可增强其抗菌作用。丙磺舒和磺吡酮可抑制呋喃妥因由肾小管的分泌，导致呋喃妥因血药浓度增高、半衰期延长、尿药浓度降低，对泌尿系统感染的疗效减弱。

临床上常用于敏感菌（大肠埃希菌、肠球菌、葡萄球菌等）所致的泌尿系统感染（肾盂肾炎、膀胱炎、前列腺炎和尿道炎等）。常见不良反应有恶心、呕吐、食欲缺乏、腹胀、腹泻及皮疹、药物热等过敏反应。大剂量或长时间应用还可引起眩晕、嗜睡、头痛甚至周围神经炎。葡萄糖-6-磷酸脱氢酶缺乏者可引起溶血性贫血。

呋喃唑酮（furazolidone，痢特灵）

呋喃唑酮对常见革兰阳性菌和阴性菌均有抑制作用，机制为干扰细菌氧化还原酶而阻断细菌的正常代谢。口服难以吸收，主要在肠道发挥作用。

临床用于治疗肠炎、细菌性痢疾、霍乱等肠道感染性疾病。也用于幽门螺杆菌引起的消化道溃疡，主要与其抗幽门螺杆菌、抑制胃酸分泌和保护胃黏膜有关。栓剂可用于治疗阴道滴虫病。常见不良反应有恶心、呕吐和腹泻等。口服呋喃唑酮期间饮酒，可造成双硫仑样反应，故服药期间和停药后5天内禁止饮酒。葡萄糖-6-磷酸脱氢酶缺乏者可引起溶血性贫血。

简述氟喹诺酮类抗菌药物的主要临床应用及不良反应。

附　多马克与百浪多息

19世纪30年代初，德国科学家多马克带领团队尝试了以偶氮染料为核心研究对抗链球菌的新药，接连几个月的碰壁之后，他的老板赫连建议加上磺胺基团，试试是否有可能增强其对细菌的亲和力。因为赫连在之前研究染料着色问题时发现：当在染料结构上引入磺胺基团时，染料对羊毛的着色作用明显增强。在此建议下，1932年产生了第一个抗菌药物——百浪多息（Prontosil）。

在多马克计划开展临床试验，验证百浪多息的临床治疗效果之际，多马克6岁的小女儿发生了意外，由于不小心摔倒，针头刺入手掌，引发了链球菌感染。病情进展很快，开始发热，手臂肿胀，陷入昏迷，面对生命垂危的女儿，多马克只能放手一搏，给自己女儿注射了一剂百浪多息。两天后奇迹发生了，女儿的病情发生了好转，并且没有表现出任何不适。1935年3月，多马克发表了自己的研究结果，很快一家英国医院发表声明，百浪多息显著地降低了该医院因链球菌感染而引起产褥热的患者的死亡率。1936年，百浪多息又成功挽救了罗斯福总统小儿子的生命，由此成功地扎根在了美国市场。

第四十章　抗结核病药及抗麻风病药

学习目标

1. 能掌握异烟肼和利福平的抗菌作用、临床应用及不良反应，熟悉氨苯砜和其他常见抗结核病药的抗菌作用、临床应用及不良反应等知识要点。

2. 学会根据结核病不同类型及发展不同阶段选择合适的治疗药物。

3. 培养关爱结核病、麻风病患者的情怀。

第一节　抗结核病药

结核病（tuberculosis）是一种致命的传染性疾病，是全球十大致死原因之一，单一原因导致死亡的排名甚至高于艾滋病（acquired immure deficiency syndrome，AIDS）。结核病是在机体免疫力低下时，由结核分枝杆菌（mycobacterium tuberculosis，MTB）诱发，可累及肺脏、淋巴结、泌尿生殖系统、肠道、肝脏、骨关节、皮肤等全身多种器官和组织，尤以肺脏受累最为常见。患者常有低热、乏力、消瘦等全身症状和咳嗽、咯血等呼吸系统表现，并可形成结核结节、浸润、干酪样变和空洞等组织病理改变。《2020 WHO 全球结核病报告》指出，全球大约有四分之一的人口感染结核分枝杆菌。2019 年全年大约有 1000 万人患有结核病，其中我国约有 84 万，仅次于印度和印度尼西亚。大部分的结核病患者为成年人，男性病例多于女性。1993 年，世界卫生组织宣布"全球结核病紧急状态"，并在 1997 年确定每年 3 月 24 日为"世界防治结核病日（The World Tuberculosis Day）"。2017 年，世界卫生组织就结核病问题在莫斯科召开了全球部长级会议，并发表了《终结结核病问题莫斯科宣言》。2018 年，联合国大会历史性地举行了结核病高级别会议，各个国家和政府领导人在会议上重申了结束结核病的战略和可持续发展目标，并承诺为结核病预防、护理、研究及对结核病感染的患者进行治疗提供资金保障。

20 世纪 40 年代，随着链霉素、异烟肼、利福平等抗结核病药的相继问世，结核病曾得到有效的控制，治愈率高达 95%。但近年来，由于不规范的药物治疗造成了耐多药结核病（multidrug resistant tuberculosis，MDR-TB）、严重耐多药结核病（extensively drug resistant tuberculosis，XDR-TB）等患者增多，流动人口增多，以及艾滋病呈全球范围流行等因素的影响，使结核分枝杆菌、鸟-胞内分枝杆菌引起的感染再度增多。特别是近两年的 COVID-19 大流行有可能减少全球结核病的治疗，全球结核病死亡人数可能增加 10%。目前世界卫生组织建议的药物敏感结核病例的治疗是一种为期 6 个月的四联药物疗法，分别为异烟肼、利福平、乙胺丁醇和吡嗪酰胺。

一、抗结核病药分类

1. 一线药物　抗结核疗效高，毒性低，主要有异烟肼（isoniazid）、利福平（rifampicin）、吡嗪酰胺（pyrazinamide）、乙胺丁醇（ethambutol）和链霉素（streptomycin）。

2. 二线药物 作为一线药物的补充和替代，主要有对氨基水杨酸（para-aminosalicylate）、氟喹诺酮类药物（fluoroquinolones）等。

在制订结核病的化疗方案时，可根据这些药物的不同性能来联合选用，特别是对耐多药结核病的治疗，化疗方案中常至少包含 4 种疗效肯定或基本肯定的药物。

二、抗结核病药作用机制

抗结核病药同其他抗菌药物一样，通过抑制结核杆菌的生物合成，影响细菌本身及其生长繁殖过程而发挥抑制和杀灭结核分枝杆菌的作用。

1. 抑制分枝菌酸的生物合成 如异烟肼抑制分枝菌酸合成，使分枝杆菌细胞壁完整性缺失。

2. 抑制核酸的合成 如喹诺酮类药物通过抑制 DNA 回旋酶 A 亚单位的切割及封口活性，阻碍细菌 DNA 合成；利福平与结核分枝杆菌的 RNA 多聚酶 β 亚单位结合，抑制细菌 RNA 合成的起始阶段。

3. 抑制蛋白质的合成 如氨基苷类药物链霉素、卡那霉素、阿米卡星，可与细菌核糖体结合，干扰细菌蛋白质合成的起始阶段，也可引起 mRNA 错译，导致无功能蛋白质的产生或翻译过早终止。

常用的一线药物大多穿透力强，都可透入细胞内，对细胞内外的结核菌起作用，如异烟肼、利福平、吡嗪酰胺、乙胺丁醇等。有些药物则仅少量进入细胞内，主要在细胞外发挥抗菌作用，如链霉素。异烟肼、利福平、吡嗪酰胺、链霉素的药物浓度都可达到 MIC 值的 10 倍，可对结核菌起杀菌作用；其余抗结核病药则大多只起抑菌作用。

三、常见的抗结核病药

异烟肼（isoniazid，INH）

异烟肼是异烟酸（吡啶-4-羧酸）的肼类衍生物，性质稳定，易溶于水，是治疗由敏感菌株引起的结核病最有效的药物。在体外，异烟肼在 0.2μg/mL 或更低的浓度下抑制大多数结核杆菌，可穿透巨噬细胞，对细胞外和细胞内生物都有活性，并对生长期的结核杆菌具有杀菌活性。异烟肼对非结核分枝杆菌的效果较差。

【体内过程】 异烟肼容易在胃肠道被吸收，空腹服用效果最好。口服 1～2h 后血药浓度达峰值 3～5μg/mL，强化期、重症或不能口服用药的患者也可采用静脉滴注给药。异烟肼分布广泛，穿透力强，能够到达全身各组织器官及体液，并可透过细胞膜进入细胞内起效，因此在关节腔、脑脊液、胸腔积液、腹水及纤维化或干酪样结核病灶中均有较高浓度。

异烟肼主要通过肝脏代谢，肾脏排泄。75%～95%的异烟肼经肝内乙酰转移酶水解，生成乙酰异烟肼和异烟酸等代谢产物，经尿液排出。根据机体对异烟肼乙酰化代谢速度的不同，可将患者分为快速代谢型和缓慢代谢型，快速代谢型 $t_{1/2}$ 为 0.5～1.6h，缓慢代谢型 $t_{1/2}$ 为 2～5h。快速代谢者体内异烟肼的平均血浆浓度为缓慢代谢者的 1/3～1/2。每日服药，两型服药者异烟肼的疗效和毒性无明显差异，但若采用间歇给药，本药对快速代谢患者的疗效较差，而缓慢代谢患者的不良反应较多。

【抗菌作用及机制】 异烟肼对分枝杆菌细胞壁中独特的脂肪酸成分——分枝杆酸的合成有明显的抑制作用，所以它对结核分枝杆菌有高度选择性，抗菌力强，最低抑菌浓度为 0.025～0.05mg/L。当浓度超过 500mg/L 时，才对其他微生物的生长产生抑制作用。异烟肼可渗入纤维化或干酪样的结核病灶中，对生长期的结核杆菌有杀灭作用，对静止期结核杆菌表现为抑菌作用。单独使用易产生耐药，故临床多采用联合用药，以增强疗效，延缓耐药性的产生。

异烟肼抗菌作用机制包括：①异烟肼被分枝杆菌的过氧化氢-过氧化酶（catalase-peroxidase）激活后，与菌体的β-酮脂酰载体蛋白合成酶（β-ketoacyl carrier protein synthetase）以共价键形式结合，形成复合物，而抑制该酶的活性，进而抑制分枝菌酸（mycolic acid）的生物合成，使菌体丧失细胞壁的耐酸性和完整性，造成菌体细胞组分丢失而杀菌。由于分枝菌酸是分枝杆菌细胞壁所特有的，故异烟肼对分枝杆菌具有高度选择性，而对其他细菌、病毒几无作用。另外，本药也可通过抑制分枝菌酸合成中两个关键靶点"InhA"和"KasA"，使分枝杆菌细胞的脂质含量降低，造成细菌细胞膜通透性增加，导致菌体死亡。②异烟肼可被氧化成异烟酸，进而形成烟酰胺腺核苷酸（NAD）的同系物，干扰酶活性，进而杀灭或抑制结核分枝杆菌的生长。③异烟肼可使 NAD 降解，进而影响 DNA 的合成。

【临床应用】 异烟肼常与其他抗结核病药联合应用，治疗肺结核、结核性脑炎、泌尿系统结核及其他分枝杆菌感染的疾病等各种类型及各部位结核病。尽管异烟肼是抗结核病治疗的一线药物，但是为了提高疗效、延缓耐药性的出现，常联合用药。单独使用只适用于预防和治疗早期轻症结核病。

【不良反应】 异烟肼不良反应的发生率和严重程度与给药剂量和给药时间有关。治疗量时不良反应少而轻，发生率约为 5.4%，毒性反应发生率为 1.7%。

1. 肝脏毒性 异烟肼诱导的肝炎是最常见的毒性反应。在儿童患者中罕见，常见于老年患者和酗酒患者，表现为转氨酶升高或出现黄疸，及时停药后可逆转。异烟肼的代谢产物乙酰异烟肼具有明显的肝毒性，与利福平、吡嗪酰胺、乙硫异烟胺等药物合用时，肝毒性明显增加。用药时应定期检查肝功能，联合使用保肝药物以减轻肝毒性，当出现肝功能损伤时，应立即停止用药。

2. 周围神经炎和中枢神经系统毒性 这属于严重的不良反应。异烟肼使用剂量较大时，会竞争性抑制维生素 B_6 的吸收，排泄增多，导致机体维生素 B_6 缺乏，使中枢抑制性神经递质γ-氨基丁酸生成减少。患者发生周围神经炎时，表现为手脚麻木、震颤，严重时可出现肌肉萎缩；患者产生中枢神经系统症状时，表现为失眠、兴奋、精神异常，甚至出现惊厥、中毒性脑病或中毒性精神病。成人同时口服维生素 B_6 10mg/d 有助于预防此类不良反应的产生。

3. 胃肠道反应、皮疹、发热 异烟肼可透过胎盘屏障，致使胎儿血药浓度高于母体的血药浓度，妊娠期妇女应谨慎使用。肝功能不佳的患者慎用。精神病患者和癫痫患者禁用。

利福平（rifampicin）

利福平是从地中海链霉菌中获得的利福霉素的半合成衍生物，结晶粉末呈橘红色，易溶于氯仿，见光易变质，需避光保存。利福平对结核分枝杆菌、衣原体和多数革兰阳性菌和革兰阴性菌都有很好的抗菌作用。利福平对结核杆菌的作用与异烟肼相似，对结核杆菌的所有亚群都有杀灭作用。与其他利福霉素衍生物，如利福布汀和利福喷汀有交叉耐药性，与其他种类的抗菌药物没有交叉耐药性。

【体内过程】 口服吸收好，生物利用度约为 70%，服药后 1.5～4h 血药浓度达峰值，$t_{1/2}$ 为 3～5h，多次给药后 $t_{1/2}$ 可缩短至 2～3h。进食后服药可使药物的吸收减少 30%，故应空腹服用。吸收后广泛分布于全身各组织器官和体液中，穿透力强，能在菌体细胞内、结核空洞、胸腔积液、腹水、痰液中达到有效治疗浓度，在有炎症的情况下，脑脊液中也能达到有效治疗浓度。可透过胎盘屏障，进入胎儿体内。

主要经肝脏代谢，经过肝肠再循环，大量在粪便中作为脱酰基代谢物排出，少量在尿液中排出。代谢产物乙酰基利福平仍具有抗菌活性，是利福平的 1/10～1/8，同时毒性也降低。去乙酰基利福平可进一步水解，生成无活性的 3-甲酰衍生物。60%～65%的药物经粪便排出，6%～15%的药物以原形、活性代谢物、无活性代谢物等多种形式经尿排出，其余可经泪腺、汗腺、乳汁等排出。因此患者粪便、尿液、泪液、痰液和汗液等均可呈现橘红色，应用药前予以提示。利福平重复给药可诱导肝药酶活性，加速自身和其他药物代谢。肝功能损害时，血药浓度升高，$t_{1/2}$ 也相应延长，故肝功能不良者慎用。

【抗菌作用特点】 利福平为广谱抗菌药，对多种病原微生物均有抗菌活性。

1. 抗分枝杆菌 对结核分枝杆菌和部分非结核分枝杆菌、麻风分枝杆菌等在宿主细胞内外均有明显的杀菌作用。本药单独用于结核病治疗时，易产生耐药性，且与其他利福霉素类抗生素间有交叉耐药。

2. 抗革兰阳性菌 对革兰阳性菌有强大的抗菌作用，包括耐药金黄色葡萄球菌、肺炎链球菌、其他链球菌属、肠球菌属、李斯特菌属、炭疽杆菌、产气荚膜杆菌、白喉杆菌、厌氧球菌等。

3. 抗革兰阴性菌 对革兰阴性菌如脑膜炎奈瑟菌、流感嗜血杆菌、淋病奈瑟菌、铜绿假单胞菌、大肠埃希菌、变形杆菌、痢疾志贺菌等亦具有高度抗菌活性。

4. 其他 高浓度时，对军团菌、沙眼衣原体、鹦鹉热衣原体也具有抑制作用。

【作用机制】 利福平的抗菌作用机制是通过与由 *rpoB* 基因编码的分枝杆菌 DNA 依赖的 RNA 多聚酶（DNA-dependent RNA polymerase，DDRP）β 亚基特异性结合，抑制 DDRP 的聚合功能，阻碍 RNA 合成，产生杀菌作用。利福平对革兰阳性菌和革兰阴性菌的 DDRP 都有较强的结合能力，但对人和动物细胞的 DDRP 的结合能力则很弱。

【临床应用】 由于单独使用利福平易产生耐药，故此药多与其他药物联合使用。

1. 结核病 常与其他抗结核病药联合用于各种结核病的初治与复治，包括结核性脑膜炎、重症患者的治疗。对于不能服用异烟肼或者异烟肼耐药利福平敏感菌株引起的活动性结核病患者，可以作为异烟肼的替代品进行治疗。

2. 麻风病 与其他药物联合用于麻风分枝杆菌、非结核分枝杆菌感染的治疗。

3. 耐甲氧西林金黄色葡萄球菌感染 与万古霉素联合用于甲氧西林耐药葡萄球菌所致严重感染的治疗。

4. 布鲁氏菌病 与多西环素联合应用，是布鲁氏菌病的一线疗法。

5. 脑膜炎奈瑟菌感染 可用于无症状脑膜炎奈瑟菌带菌者，以消除鼻咽部脑膜炎奈瑟菌，但不适用于脑膜炎奈瑟菌感染的治疗。

【不良反应】

1. 肝脏毒性 与异烟肼类似，肝毒性是其较严重的不良反应。患者可出现无症状的血清转氨酶一过性升高，在疗程中可自行恢复，老年患者、酗酒患者、营养不良和肝功能异常者还可出现肝肿大和黄疸。

2. 消化系统反应 患者口服后可能出现厌食、恶心、呕吐、上腹部不适、腹泻等胃肠道反应，患者多可耐受，一般不影响继续用药。

3. "流感样综合征" 间歇疗法（每周使用少于 2 次）时，患者还会出现"流感样综合征"，表现为畏寒、发热、寒战、头晕、头痛、嗜睡及肌肉酸痛等，发生率与用药剂量、间歇时间明显相关。

4. 其他 利福平可引起白细胞和血小板减少，并致齿龈出血和感染、伤口愈合延迟等。用药期间应避免拔牙术，并注意口腔卫生。用药期间还应定期监测血象。妊娠 3 个月内妇女禁用，妊娠 3 个月以上妇女、哺乳期妇女及 5 岁以下儿童慎用。对本品或利福霉素类抗菌药物过敏者禁用。

乙胺丁醇（ethambutol）

乙胺丁醇是乙二胺衍生物，这是一类人工合成的直链化合物，具有水溶性好、选择性强的特点。乙胺丁醇是常见的一线抗结核病药，抗分枝杆菌能力强，不良反应少。口服易吸收，分布广泛，在脑膜有炎症的情况下，能透过血脑屏障。大约 20%的药物从粪便排出，50%的药物以原形经肾脏排泄，肾功能障碍的患者可发生蓄积中毒。

与其他抗结核病药相似，乙胺丁醇单独使用易产生耐药性，临床主要与利福平或异烟肼、利福平等合用治疗各种类型的结核病，对细胞内、外结核分枝杆菌均有较强的杀灭作用，在中性环境时作用最强，对异烟肼或链霉素耐药的结核分枝杆菌仍然有效。抗菌机制可能与其抑制与由 *embAB* 基因编码的结核分枝杆菌细胞壁合成相关的阿拉伯糖基转移酶（arabinosyl transferase）活性有关。

口服治疗量不良反应较少，视神经炎是其最严重的毒性反应，多发生在患者用药 2～6 个月，发生率与剂量大小相关，患者可出现由视神经损害导致的视力下降、视野缩小，红绿色盲或分辨能力减退，出现中央及周围盲点等症状。若患者服药期间出现流泪、眼睑瘙痒、羞明等先兆症状，应及时停药，症状可在数周至数月后自行恢复，必要时可应用大剂量维生素 B_6 和血管扩张药对症治疗，用药期间应定期检查视力和视野。此外，还可出现胃肠道反应、皮疹、血小板减少症及高尿酸血症等。

吡嗪酰胺（pyrazinamide）

吡嗪酰胺是人工合成的烟酰胺的吡嗪衍生物，化学结构和异烟肼相似，对结核杆菌选择性强，但作用强度不如异烟肼。口服易吸收，分布广泛，能渗入细胞内，也能进入脑脊液。在肝脏代谢，通过尿液排出。

吡嗪酰胺经酰胺酶作用脱去酰胺基，转化为吡嗪酸而发挥抗菌作用，并且抗菌活性受环境酸碱度影响，在酸性环境中，杀菌作用强，在中性、碱性环境中几无抑菌作用。对处于酸性环境中缓慢生长的吞噬细胞内的结核分枝杆菌是目前最佳杀菌药物。

临床多用于低剂量、短疗程联合用药方案中，与异烟肼、利福平有明显协同作用。另可用于对异烟肼、链霉素、对氨基水杨酸耐药或不能耐受其他抗结核病药的复治患者。

结核分枝杆菌对吡嗪酰胺易产生耐药性，与异烟肼等其他抗结核病药没有交叉耐药性。低剂量、短疗程疗法时，不良反应少而轻；大剂量、长疗程应用可有肝损害，出现转氨酶升高、黄疸，应定期检查肝功能。此外，因其抑制尿酸盐排泄，还可引起高尿酸血症和诱发痛风。还可出现交叉过敏，对乙硫异烟胺、异烟肼、烟酸或其他化学结构相似的药物过敏的患者可能对吡嗪酰胺也过敏。

四、其他抗结核病药

链霉素（streptomycin）

链霉素穿透细胞能力较差，主要对细胞外的结核杆菌有活性。它能穿过血脑屏障，在脑脊液达到有效治疗浓度。由于链霉素单用会快速出现耐药性，因此需要与其他药物联合使用。其耐药性可能是由于编码 S12 核糖体蛋白的 *rpsL* 基因或编码 16S 核糖体 RNA 的 *rrs* 基因的点突变，改变了核糖体结合位点。

对氨基水杨酸钠（sodium para aminosalicylate）

对氨基水杨酸钠抗结核分枝杆菌作用弱于异烟肼和链霉素，仅对细胞外的结核分枝杆菌有抑制作用。对氨基水杨酸钠口服吸收快而完全，分布广泛，但不易透入脑脊液和细胞内。对氨基水杨酸通过竞争性抑制二氢蝶酸合酶，干扰结核分枝杆菌的叶酸合成，从而抑制其生长。临床上主要作为其他抗结核病药的辅助药物用于治疗结核病。不良反应发生率高，主要是胃肠道反应和肝、肾毒性，偶见甲状腺肿大、黏液性水肿及过敏反应。

除上述药物外，较常用的药物还有利福喷汀、乙硫异烟胺、氟喹诺酮类、大环内酯类、阿米卡星等，这些药物的抗结核作用特点、临床应用、主要不良反应参见表 40-1。

表 40-1　其他常用抗结核病药作用比较

药物名称	抗结核作用特点	临床应用	主要不良反应
利福喷汀（rifapentine）	抗菌谱、抗菌机制同利福平，抗结核杆菌作用是利福平的 2～10 倍。$t_{1/2}$ 为 30h	同利福平，可用于对其他抗结核病药不能耐受者。适合短程间歇化疗，可每周给药 1 次	同利福平，并较其少而轻

续表

药物名称	抗结核作用特点	临床应用	主要不良反应
乙硫异烟胺（ethionamide）	与异烟肼结构相似，作用弱于异烟肼，与异烟肼无交叉耐药性。脑脊液中可达较高浓度	多与其他药物联合应用，用于对异烟肼耐药者	强烈的胃肠道反应、神经症状、肝损害
氟喹诺酮类	抗菌谱广，对结核分枝杆菌活性强，组织渗透性强，分布广泛，能进入细胞内，杀灭巨噬细胞内的耐多药结核杆菌。与其他抗结核病药无交叉耐药性	与其他药物合用于耐多药结核病（MDR-TB）的治疗	不良反应少而轻，主要有胃肠道反应、头痛、头晕、光敏反应等
大环内酯类	口服易吸收，组织穿透性好，组织细胞内药物浓度高，抗结核分枝杆菌作用最强的是罗红霉素	克拉霉素、阿奇霉素主要用于非结核分枝杆菌病或结核菌/HIV双重感染的治疗	不良反应少而轻，偶见皮疹、头痛
阿米卡星（amikacin）	注射用药，高效杀菌药，对鸟型分枝杆菌也有很好的活性	对其他药物耐药或不能耐受其他抗结核病药的患者	耳毒性

五、结核病治疗方案新进展

2020年6月15日WHO发布了最新的耐药结核病治疗整合指南《2020 WHO综合指南：结核病——耐药性结核病的治疗》（简称2020年版指南），该指南整合了《2011 WHO耐药性结核病程序化治疗指南》、《2013年WHO使用贝达喹啉（bedaquiline）治疗肺结核（临时指南）》、《2014 WHO临时政策指南：德拉马尼治疗多药耐药结核病》、《2016年德拉马尼治疗儿童和青少年MDR-TB的临时政策指南》、《2016 WHO指南：耐药结核的治疗（更新版）》、《2017 WHO指南：药物敏感结核病治疗和患者关怀（更新版）》、《2018 WHO指南：异烟肼耐药结核病的治疗》、《2018 WHO指南：耐多药和利福平耐药结核病的治疗（更新版）》和《耐药结核病化学治疗指南（2019简版）》等9个指南。

2020年版指南主要新进展包括：MDR-TB患者短程全口服新治疗方案取代了之前含有注射制剂的短程方案；采用6～9个月Bdq+普托马尼（pretomanid）+利奈唑胺（linezolid，Lzd）（简称BPaL）方案治疗耐氟喹诺酮类（fluoroquinolones，FQs）的MDR-TB患者；使用≥6个月Bdq的安全性、Bdq和Dlm联合使用以及Bdq妊娠期给药的积极建议等。该指南希望在COVID-19全球大流行特殊时期，使50万MDR/XDR-TB患者从全口服短程新治疗方案中获益。

1. 利福平敏感和Hr-TB的推荐方案　全球约8%的结核病患者为Hr-TB，其发病率高于MDR-TB。推荐利福平（rifampicin，R）、乙胺丁醇（ethambutol，E）、吡嗪酰胺（pyrazinamide，Z）和左氧氟沙星（levofloxacin，Lfx）的6个月方案（即6 R-E-Z-Lfx）治疗Hr-TB患者，且不推荐将链霉素或其他注射剂加入该方案。

2. 含Bdq的全口服MDR/RR-TB短程治疗方案　推荐的含Bdq的全口服9～12个月短程治疗方案为6个月Bdq与4-6Lfx/Mfx-Cfz-Z-E-H^h-Eto/5Lfx/Mfx-Cfz-Z-E方案，如第4个月末痰涂片阳性，则强化期延长至6个月，该方案适用于符合条件的、确诊的且既往暴露未超过1个月的二线抗结核病药治疗MDR/RR-TB患者，同时需排除FQs耐药。

3. BPaL方案治疗FQs耐药的MDR-TB患者　6～9个月的BPaL方案可用于治疗FQs耐药、既往未暴露于Bdq和Lzd或暴露时间短于2周的MDR-TB患者。使用BPaL方案的患者需进行基线评估和治疗期间监测，基线评估包括疲劳、厌食、恶心、黄疸、尿黑、肝压痛和肝肿大等体征，丙氨酸氨基转移酶、天冬氨酸氨基转移酶、碱性磷酸酶、胆红素、全血细胞、血钾、血钙、血镁等实验室检测和心电图。需对完成治疗者进行24个月的随访。

结核病是“全球公共卫生紧急事件”，提高快速诊断MDR/XDRTB的结核病参比实验室能力建设，早期诊断和采用含新药、高效、低毒的新方案达到快速治愈是履行终止结核病策略的重要措施。

第二节 抗麻风病药

麻风病（leprosy）是由麻风分枝杆菌（Mycobacterium leprae，ML）引起的慢性传染病。麻风分枝杆菌在患者体内分布比较广泛，主要见于皮肤、黏膜、周围神经、淋巴结、肝脾等网状内皮系统某些细胞内，可引起皮肤、神经、四肢和眼的进行性或永久性损害，主要表现为皮疹、麻木性皮肤损害和神经粗大，严重者可造成肢端残疾。麻风分枝杆菌主要通过破溃的皮肤和黏膜（主要是鼻黏膜）排出体外，少量还可经乳汁、泪液、精液及阴道分泌物排泄。因此，带菌者咳嗽和打喷嚏时的飞沫是麻风杆菌传播的主要途径。目前临床上氨苯砜、利福平和氯法齐明联合用于麻风病的治疗。

一、常 用 药 物

氨苯砜（dapsone，DDS）

氨苯砜属砜类化合物，具有效果好、价格便宜的优点，在 20 世纪 70 年代之前是治疗麻风病的首选药物。由于耐药问题严重，现在常与其他药物联合应用。口服吸收迅速而且完全，血浆蛋白结合率约为 70%，$t_{1/2}$ 为 1～2 天，有效抑菌浓度可持续约 10 天。分布广泛，可在皮肤、肌肉、肝脏、肾脏等部位形成高浓度，停药 3 周后仍可检测到药物，在脑脊液中的渗透能力较差。氨苯砜在肝脏中被代谢，代谢物通过胆汁排出，形成肝肠循环，故消除缓慢，易发生蓄积。最终的产物经过肾脏排泄，由尿液排出。

氨苯砜抗菌作用机制与磺胺类药物相似，作用于二氢蝶酸合酶，通过干扰叶酸的合成发挥抗菌作用。单用同样容易产生耐药性。与其他药物联合治疗麻风病 3～6 个月后，症状即可改善，黏膜病变好转，皮肤及神经损害逐渐恢复。

长期或大量使用氨苯砜的患者可出现贫血，偶可引起急性溶血性贫血。也可出现胃肠刺激症状、头痛、失眠、中毒性精神病、变态反应，以及粒细胞减少、肝肾功能障碍等。还可出现结节性红斑、神经痛、虹膜睫状体炎等，可能是机体对菌体裂解产生的磷脂类颗粒的变态反应，可用沙利度胺防治。此外，服药 5～6 周后，患者可出现“氨苯砜综合征”，主要表现为药疹，严重时可伴有高热、淋巴结肿大、蛋白尿，甚至出现剥脱性皮炎、肝细胞坏死性黄疸。

二、麻风病的联合化疗方案及临床治疗进展

尽管目前本病的患病率已降至 1/10 万以下，达到基本消灭。但是由于麻风病潜伏期长，发病症状不明显等原因，全球每年仍有 50 万左右的新发病例。麻风病的治疗应遵循早期、及时、足量、规律、全程的原则，为了减少耐药性的产生，可多种有效药物联合。

WHO 推荐使用的三种对麻风分枝杆菌有效药物的联合化疗方案（multidrug therapy，MDT），仍然是目前麻风病的主要治疗手段。即指对多菌型麻风病患者，采用利福平、氨苯砜和氯法齐明三种药物联合治疗 24 个月；对少菌型麻风病患者采用利福平、氨苯砜两种药物联合治疗 6 个月。

1. 简述哪些药物为一线抗结核病药，并比较一线抗结核病药和二线抗结核病药的区别。
2. 简述结核病的治疗原则。

附　结核病的前世今生

结核病作为一种古老的、迄今为止死亡人数较多的传染病，在历史上很长一段时间人类都在与之斗争。早在德国石器时代，就已经有感染肺结核的患者出现。在还未发明抗生素的 19 世纪，欧洲约有四分之一的人由于结核病而死亡，因此人们称它“白色瘟疫”。历史上，有许多名人因感染结核病而死亡，例如发明听诊器的法国医师雷奈克在结核病的折磨下，去世时仅 45 岁，而比弗莱明还早发现青霉素的杜森，生命止步于 37 岁；还有英国浪漫主义诗人济慈、波兰钢琴家肖邦、俄国小说家契诃夫以及我们的文学家鲁迅先生，也没能逃过结核病的魔爪。据报道，我国每年感染结核病的人数约为 86 万。

在科学家们经过了长期艰苦的研究后，1882 年，德国科学家罗伯特·科赫发现了结核病的病原菌——结核杆菌。同年的 3 月 24 日，他利用显微图幻灯片和其他证据向世人展示了结核杆菌的“庐山真面目”，因此，世界卫生组织（WHO）把每年的 3 月 24 日确定为世界抗结核病日。科赫也由于其发现结核杆菌的贡献于 1905 年获得了诺贝尔生理学或医学奖。

在科赫发现结核杆菌 16 年之后，法国科学家卡米尔·介伦和阿尔伯特·卡尔麦特经过长时间的努力，得到了失去毒性的结核杆菌，并在此基础上，研制出了结核杆菌的疫苗，并于 1921 年首次用于一个母亲由于感染结核病去世的婴儿身上，在口服了 6mg 的疫苗之后，他最终逃离了结核病的魔爪，为了纪念卡尔麦特和介伦这两位伟大的科学家，人们把这种疫苗命名为卡介苗。

卡介苗虽然能有效预防婴幼儿感染结核病，但并不能使其终身免疫，所以科学家们仍在积极探索治疗药物。1943 年，美国生物化学家和微生物学家赛尔曼·阿·瓦克斯曼带领团队发现了链霉素，并且发现肺结核杆菌对链霉素非常敏感。瓦克斯曼因为这个发现被授予 1952 年的诺贝尔生理学或医学奖。这是人类在抗击结核病的历史中，取得的又一大胜利。

第四十一章　抗真菌药与抗病毒药

学习目标

1. 能够掌握抗真菌药两性霉素B、酮康唑与抗病毒药利巴韦林、齐夫多定、阿昔洛韦、金刚烷胺、拉米夫定等代表药物的药理作用、作用机制、临床应用及不良反应；熟悉其他同类药物的作用特点；了解抗真菌药与抗病毒药的分类及药物名称。

2. 具备综合应用医学知识和药物知识的能力，能够根据病情合理选择抗真菌药与抗病毒药，提高临床实践能力。

3. 通过拓展阅读，了解抗真菌药及抗病毒药的发现、发展过程，从而树立批判、求实、探索、创新的科学态度。

第一节　抗真菌药

真菌感染分为浅部真菌感染（superficial fungal infection）和深部真菌感染（systemic fungal infection）两类。浅部真菌感染多由各种癣菌引起，主要侵犯皮肤、毛发、指（趾）甲等浅表部位，引起体癣、头癣、手足癣、花斑癣等，发病率高。深部真菌感染多由白念珠菌、新型隐球菌、荚膜组织胞浆菌、皮炎芽生菌等引起，主要侵犯内脏器官和深部组织，虽然发生率低，但危害性大，常可危及生命。对于患严重全身性疾病（如艾滋病、恶性肿瘤）的患者，以及长期应用广谱抗生素、免疫抑制药、肾上腺皮质激素类药物的患者，由于其自身机体免疫机能低下而容易发生感染，因此近年来深部真菌病的发病率呈现上升趋势。

抗真菌药是指能够抑制或杀灭真菌生长或繁殖的药物。根据其化学结构的不同可分为以下几类。

1. 抗生素类　如两性霉素B、制霉菌素、灰黄霉素等。

2. 唑类　分为咪唑类（imidazoles）和三唑类（triazoles）。前者有克霉唑、酮康唑、咪康唑等；后者有氟康唑、伊曲康唑等。

3. 丙烯胺类　如特比萘芬等。

4. 嘧啶类　如氟胞嘧啶等。

两性霉素B

两性霉素B（amphotericin B，庐山霉素，fungilin）属多烯类抗生素。由链霉菌属的需氧型放线菌（streptomyces nodosus）培养液中提取而得。

【体内过程】　胃肠道吸收少而不稳定，且刺激性大，口服仅用于胃肠内真菌感染。临床采用缓慢静脉注射给药，蛋白结合率为91%～95%，不易通过血脑屏障，$t_{1/2}$约为24h，主要在肝脏代谢，每日2%～5%以原形从尿中排出，体内消除缓慢，停药2个月及以上时，仍可在尿液中检出。

【药理作用】　本品为广谱抗真菌药，对各种深部真菌如念珠菌、新型隐球菌、荚膜组织胞浆菌及皮炎芽生菌等有强大的抑制作用，高浓度达杀菌效果。

两性霉素B通过影响细胞膜通透性发挥抑制真菌生长的作用。可选择性地与真菌细胞膜中的麦角固醇结合，在细胞膜上形成孔道，增加细胞膜通透性，导致细胞内 K^+、核苷酸、氨基酸等重要物质外漏，破坏正常代谢而使真菌死亡。游离甾醇和细胞膜上的甾醇竞争多烯类抗生素，而使多烯类抗生素作用减弱。细菌细胞膜不含固醇类成分，故两性霉素 B 对细菌无效。

【临床应用】 本品为治疗深部真菌感染的首选药。静脉滴注给药用于各种真菌性肺炎、心内膜炎及尿路感染；鞘内注射用于真菌性脑膜炎。口服给药治疗肠道真菌感染。局部应用治疗皮肤、指甲及黏膜等表浅部真菌感染。

【不良反应】 本品毒性较大，常可出现不同程度的肝、肾损害及血液系统毒性。

1. 常见反应 恶心、呕吐、食欲缺乏、发热、寒战、头痛等不良反应。静脉给药可引起血栓性静脉炎，静脉滴注过快出现血压下降、心律失常、眩晕、惊厥等。

2. 肾毒性 最常见，80%的患者出现蛋白尿、管型尿及尿素氮增高。

3. 肝毒性 可致肝细胞坏死、急性肝衰竭。

4. 血液系统 白细胞、血小板减少，贫血。

5. 其他 血压下降或升高、复视。

常见抗真菌药见表 41-1。

表 41-1 常用抗真菌药

药物	作用及机制	应用	不良反应
两性霉素 B（amphotericin B）（1956 年）	几乎对所有真菌都有抗菌活性，对各种深部真菌如念珠菌、新型隐球菌等有强大的抑制作用，高浓度可杀菌；与真菌细胞膜上的麦角固醇结合，增加细胞膜通透性，导致胞内容物外漏引起菌体死亡	广谱抗真菌药；用于敏感菌引起的深部真菌感染，如脑膜炎、骨髓炎、心内膜炎、败血症等；局部应用可治疗浅部真菌感染	80%的患者出现肾损伤；还可致贫血、血小板及白细胞减少，肝细胞坏死、急性肝衰竭等；静脉滴注过快可出现寒战、发热、头痛、恶心、呕吐等
灰黄霉素（grifulvin）（1939 年）	对各种浅表皮肤癣菌有较强的抑制作用，通过干扰敏感真菌的有丝分裂而抑制其生长	窄谱抗真菌药；用于浅表真菌感染，如头癣、体癣、股癣等	可引起胃肠道不适、头痛、光敏反应，也可发生过敏反应。动物实验中有致畸胎和致癌作用
制霉菌素（nystatin）（1949 年）	对白念珠菌及隐球菌有抑制作用；作用机制与两性霉素 B 相似	局部外用治疗皮肤、黏膜浅表真菌感染。口服用于胃肠道念珠菌感染	注射给药毒性大；口服出现恶心、呕吐、腹泻等胃肠道反应
克霉唑（clotrimazole）（1967 年）	对皮肤癣菌的抗菌作用类似灰黄霉素，对深部真菌的作用不如两性霉素 B；主要干扰真菌氨基酸的转运	广谱抗真菌药；主要局部用药治疗各种浅部真菌感染	口服有胃肠道反应、精神抑郁；局部用药有轻微刺激及烧灼感
咪康唑（miconazole）（1967 年）	对各种真菌都有效，并对葡萄球菌、链球菌、炭疽杆菌等有抑制作用	广谱抗真菌药；用于深部真菌感染；局部应用可治疗五官、皮肤、阴道的念珠菌感染	常见胃肠道紊乱，局部用药可见皮肤瘙痒、皮疹等
酮康唑（ketoconazole）（1979 年）	对白念珠菌、新型隐球菌和浅表癣菌等具有较强的抗菌作用，对组织胞浆菌和球孢子菌也有效	广谱口服抗真菌药；用于表皮和深部真菌感染；局部用于花斑癣、皮炎等	罕见肝损伤，但可致命；胃肠道紊乱；外用局部瘙痒刺激等症状
氟康唑（fluconazole）	具有广谱抗真菌（包括白念珠菌、新型隐球菌、球孢子菌等）作用；体内抗真菌活性较酮康唑强 5～20 倍	广谱抗真菌药；是治疗艾滋病患者隐球菌性脑膜炎的首选药；用于隐球菌引起的全身感染；念珠菌引起的深部感染；毛发癣菌引起的皮肤真菌感染	较轻微，可见恶心、头痛、腹痛、腹泻、皮疹，偶见肝、肾损害

续表

药物	作用及机制	应用	不良反应
伊曲康唑（itraconazole）	对多种深部真菌有强大的抗菌作用，对浅表真菌感染也有效。体内、体外抗真菌活性较酮康唑强 5～100 倍	广谱抗真菌药；用于敏感菌引起的深部和浅部真菌感染	头痛、头晕、瘙痒、胃肠道反应
氟胞嘧啶（flucytosine）	对酵母菌（新型隐球菌属）和酵母样菌（念珠菌属）有较强的抑制活性；对着色真菌、烟曲霉等也有作用	广谱抗真菌药；用于敏感菌引起的深部感染。与两性霉素 B 合用可产生协同作用	少见，少数有胃肠道紊乱、血小板减少、脱发、皮疹等
特比萘芬（terbinafine）	对皮肤癣菌有杀菌作用，对念珠菌有抑菌作用；作用于鲨烯环氧合酶，干扰细胞膜内麦角固醇的合成	广谱抗真菌药；主要用于甲癣、体癣、股癣、手足癣	轻微，主要为胃肠道反应，其次为皮肤瘙痒、荨麻疹、皮疹，偶见肝功能损害

第二节 抗病毒药

病毒（virus）是由核酸（包括 DNA 或 RNA）组成核心，蛋白质为外壳或仅由蛋白质构成（如朊病毒）。病毒是最小的病原微生物，结构简单，不具备细胞结构，由于没有实现新陈代谢所必需的基本系统，其直径为 10～250nm，大小不一，所以病毒自身不能复制，必须进入活宿主细胞，利用宿主细胞的酶系统合成自身的核酸和蛋白质才能生长繁殖，是细胞内寄生微生物。因此抗病毒药必须进入宿主细胞，以病毒的某些结构、酶及复制机制作为攻击靶点，从而产生抗病毒作用。

病毒感染的分子生物学过程：首先是病毒吸附于宿主细胞膜上的受体，然后穿入细胞，在细胞内脱去蛋白质外壳，释放出感染性核酸，并进行核酸复制、转录和蛋白质合成。合成的核酸与蛋白质装配成子代病毒颗粒，以各种形式从细胞释出，再感染新的细胞。

抗病毒药多在病毒复制繁殖的不同阶段抑制其繁殖所需的酶，从而阻断其复制而发挥作用。主要作用环节是：①竞争细胞膜表面的受体，阻止病毒吸附于宿主细胞。目前，作用于该环节没有理想的药物。②阻止病毒进入宿主细胞内或抑制病毒脱壳，如金刚烷胺能抑制流感病毒的脱壳而预防流感。③抑制病毒核酸复制，如碘苷抑制胸腺嘧啶核苷合成酶，影响 DNA 合成；吗啉双胍可抑制病毒繁殖周期的各个阶段；阿昔洛韦、阿糖腺苷等抑制病毒 DNA 合成。④增强宿主抗病能力而抑制病毒转录、翻译、装配等过程，如干扰素通过激活宿主细胞的某些酶而发挥抗病毒作用。

通过对病毒的研究，从病毒学和分子生物学对病毒特异酶、病毒复制过程的研究，人们已经开发出一些选择性强、特异地作用于病毒的抗病毒药，广泛应用于临床，治疗流行性感冒、疱疹感染、获得性免疫缺陷综合征、出血热、乙型肝炎等病毒感染取得良好效果。

一、广谱抗病毒药

此类药物对多种病毒有抑制其生长繁殖的作用，包括嘌呤或嘧啶核苷类似药与生物制剂两类。前者代表药物为利巴韦林，后者包括干扰素、胸腺肽 α_1 及转移因子。常见药物见表 41-2。

二、抗 HIV 药

艾滋病，即获得性免疫缺陷综合征（acquired immune deficiency syndrome，AIDS），是人体感染人类免疫缺陷病毒（human immunodeficiency virus，HIV）所导致的传染病。HIV 为 RNA 病毒，分为 HIV-1 和 HIV-2 两种，绝大多数 AIDS 患者因感染 HIV-1 而患病，部分非洲和印度地区的 AIDS 患者由感染 HIV-2 引起。目前有两类抗 HIV 药：逆转录酶抑制剂（reverse transcriptase inhibitors）

和蛋白酶抑制剂（protease inhibitors）。逆转录酶抑制剂又分为核苷类逆转录酶抑制剂（nucleoside reverse transcriptase inhibitors，NRTIs）和非核苷类逆转录酶抑制剂（non-nucleoside reverse transcriptase inhibitors，NNRTIs），常用核苷类逆转录酶抑制剂主要有齐多夫定（zidovudine，AZT）、拉米夫定（lamivudine，3TC）、司他夫定（stavudine，d4T）、去羟肌苷（didanosine，ddI）、阿巴卡韦（abacavir，ABC）、扎西他滨（zalcitabine）等；常用非核苷类逆转录酶抑制剂如奈韦拉平（nevirapin）和依非韦伦（efavirenz）。蛋白酶抑制剂（protease inhibitors，PIs）包括沙奎那韦（saquinavir）、奈非那韦（nelfinavir）、安普那韦（amprenavir）、茚地那韦（indinavir）和利托那韦（ritonavir）等。常见药物见表 41-3。

表 41-2　广谱抗病毒药

药物	作用及机制	应用	不良反应
利巴韦林（ribavirin，又称病毒唑）	具有广谱抗病毒作用，对多种 DNA、RNA 病毒有效，如甲、乙型流感病毒，呼吸道合胞病毒，甲型肝炎病毒等。改变病毒核酸合成所需要的核苷池或干扰病毒 mRNA 的合成	流感病毒引起的呼吸道感染，疱疹病毒性角膜炎、结膜炎、口腔炎、小儿病毒性肺炎等。对急性甲型和丙型肝炎有一定疗效	大剂量可引起头痛、腹泻、疲劳、胆红素升高；长期应用可致贫血和白细胞减少；动物实验有致畸作用
干扰素（interferon，IFN）	具有广谱抗病毒作用，且有抗肿瘤和免疫调节作用	带状疱疹，小儿病毒性肺炎及上呼吸道感染，病毒性脑炎，慢性活动性肝炎（甲、乙、丙、丁型），广泛用于肿瘤治疗	全身用药出现一过性发热、恶心、呕吐、肢端麻木感，偶有骨髓抑制、肝功能障碍，但为一过性，停药后即消退
转移因子（transfer factor）	使细胞获得免疫功能，还可起到佐剂的作用	先天性和获得性免疫缺陷病、霉菌感染、病毒感染及肿瘤等的辅助治疗	皮疹、皮肤瘙痒及一过性发热等
胸腺肽 α_1（thymosin α_1）	诱导 T 细胞分化成熟，并调节其功能	艾滋病、慢性肝炎、其他病毒性感染及肿瘤	恶心、发热、头晕、胸闷、无力等，少数患者偶有嗜睡感

表 41-3　常用抗 HIV 药

药物	作用及机制	应用	不良反应
齐多夫定（zidovudine）	可与病毒 DNA 聚合酶结合，阻止病毒复制；抑制 HIV	AIDS、重症 AIDS 综合征	主要为骨髓抑制，此外有恶心、头痛、发热等症状
奈韦拉平（nevirapine）	抑制酶聚合而阻断病毒复制	降低 HIV 从感染孕妇到胎儿的转移发生率，也可治疗分娩后 3 天内的新生儿 HIV 感染	消化道反应、发热和肌痛；重者可出现肝衰竭和过敏反应
膦甲酸钠（foscarnet sodium）	竞争抑制病毒 DNA 聚合酶，非竞争抑制逆转录酶，抑制逆转录 HIV 及其他病毒	疱疹病毒感染，肝炎，AIDS 并发的肺炎、肠炎等	可见肾损害，电解质紊乱，过敏反应等症状。过敏者禁用
沙奎那韦（saquinavir）	抑制酶的蛋白质底物裂解而抑制 HIV 复制	用于艾滋病的长期治疗，提高患者的生存率	腹泻、头痛、腹胀、高脂血症、脂肪代谢障碍
扎西他滨（zalcitabine）	终止 DNA 链的延伸；抑制病毒逆转录酶；抗 HIV	AIDS，常与齐多夫定联用	主要为外周神经炎

续表

药物	作用及机制	应用	不良反应
司他夫定（stavudine）	抑制逆转录酶，终止 DNA 链的延伸；抑制细胞内酶，减少病毒线粒体 DNA 的合成；抑制 HIV	HIV-1 感染	主要为外周神经痛，偶见胰腺炎
拉米夫定（lamivudine）	抑制逆转录酶，终止 DNA 链的延伸；抑制 HIV 和乙肝病毒	HIV 和乙肝病毒感染	长期使用有头晕、头痛及胃肠道反应等
阿巴卡韦（abacavir）	抑制逆转录酶，终止 DNA 链的延伸；抑制 HIV	HIV 感染，成人和儿童联合用药的首选	恶心、呕吐、不适及疲劳等
去羟肌苷（didanosine）	抑制 HIV 逆转录酶活性，抑制病毒 DNA 合成	严重 HIV 感染的首选药物，特别适合于不能耐受齐多夫定或齐多夫定治疗无效者	外周神经炎、胰腺炎、腹泻、肝炎、心肌炎及消化道和中枢神经反应
马拉韦罗（maraviroc）	拮抗 CCR_5 受体，阻止病毒进入 CD_4^+ 细胞；抑制 HIV	HIV-1 感染，适用于对其他抗 HIV-1 药物耐受的联合用药	常见咳嗽、发热、上呼吸道感染、皮疹、腹痛、头晕等

三、抗疱疹病毒药

阿昔洛韦（aciclovir，ACV，无环鸟苷）

阿昔洛韦为核苷类抗 DNA 病毒药物，是目前最有效的抗单纯疱疹病毒（HSV）药物之一。

【体内过程】 口服生物利用度低，为 15%～30%，血浆蛋白结合率也较低，组织分布广，在肾脏药物浓度比血药浓度高 10 倍，部分在肝脏代谢，$t_{1/2}$ 为 2～4h。

【药理作用】 本品为广谱抗疱疹病毒（HSV）药，对 HSV 的作用最强，其抗 HSV 的活性比碘苷强 10 倍，比阿糖腺苷强 160 倍，对乙型肝炎病毒也有一定作用。

阿昔洛韦进入被感染的细胞后，在病毒腺苷激酶和宿主细胞激酶的催化下，转化为三磷酸无环鸟苷，对病毒 DNA 多聚酶呈强大的抑制作用；三磷酸无环鸟苷掺入病毒正在延长的 DNA 中，导致 DNA 的合成中止。阿昔洛韦对 RNA 病毒无效。

【临床应用】 本品为治疗 HSV 感染的首选药，用于防治 HSV 引起的皮肤和黏膜感染，如角膜炎、皮肤黏膜感染、生殖器疱疹、疱疹病毒脑炎等，也用于治疗带状疱疹病毒感染。

【不良反应】 可见转氨酶升高、皮疹、荨麻疹。伴有脱水的患者在用药剂量过大时偶见肾功能损害。过敏体质及精神异常者忌用。

常见抗疱疹病毒药见表 41-4。

表 41-4 常见抗疱疹病毒药

药物	作用及机制	应用	不良反应
阿昔洛韦（aciclovir）	广谱抗疱疹病毒药，对 HSV 作用最强，对乙肝病毒也有抑制作用。抑制病毒 DNA 多聚酶	单纯性疱疹病毒感染，如生殖器疱疹、疱疹病毒脑炎和带状疱疹	胃肠道反应、头痛、皮疹；静脉注射可引起静脉炎；偶有肾功能损害
阿糖腺苷（vidarabine）	抗 DNA 病毒，具有体外广谱抗疱疹病毒作用。对痘病毒、单纯疱疹病毒（Ⅰ型和Ⅱ型）、带状疱疹病毒、EB 病毒和巨细胞病毒等均有抑制作用	疱疹性脑炎、巨细胞病毒性脑炎、肺炎、疱疹性角膜炎、慢性乙型肝炎等	神经毒性和胃肠道反应

续表

药物	作用及机制	应用	不良反应
更昔洛韦（ganciclovir）	阿昔洛韦衍生物，对病毒 DNA 聚合酶有强大的抑制作用，可抑制 HIV	AIDS，器官移植，恶性肿瘤	毒性大；骨髓抑制；消化、泌尿系统损伤，过敏者禁用
碘苷（idoxuridine）	抗 DNA 病毒；口服或注射后很快代谢而失效，仅局部外用	外用治疗浅层单纯疱疹病毒性角膜炎、眼带状疱疹及其他病毒感染性眼病	刺痛、痒感、水肿、畏光，长期用药损伤角膜，出现变性、浑浊

四、抗流感病毒药

金刚烷胺（amantadine）

金刚烷胺为饱和三环癸烷的氨基衍生物。

【体内过程】 口服吸收完全，口服给药 3～4h 血药浓度达到峰值，生物利用度为 75%。在体内不被代谢，约 90%的药物以原形自肾脏排泄，$t_{1/2}$ 为 12～18h。

【药理作用】 仅对甲型流感病毒有效。通过抑制病毒的 M_2 蛋白离子通道，干扰病毒脱壳穿入细胞后的脱壳和早期的转录，通过影响血凝素而干扰病毒的组装。

【临床应用】 主要用于预防和早期治疗甲型流感病毒所致的呼吸道感染，于感染早期用药能缩短病程，减轻症状。对其他病毒感染无效。本品还有抗震颤麻痹作用。

【不良反应】 常见头痛、兴奋、失眠、震颤、共济失调、语言不清等中枢神经系统反应；此外还有恶心、呕吐、腹泻、厌食等胃肠道反应。

常见抗流感病毒药见表 41-5。

表 41-5　常用抗流感病毒药

药物	作用及机制	应用	不良反应
金刚烷胺（amantadine）	特异性抑制甲型流感病毒，阻止病毒进入宿主细胞并抑制其复制；对乙型流感病毒及其他病毒无效；还可抗震颤麻痹	预防和早期治疗甲型流感病毒致呼吸道感染，对其他病毒感染无效	少见，且不严重；恶心、眩晕、失眠、头痛、共济失调等
扎那米韦（zanamivir）	抑制流感病毒的神经氨酸酶，改变了流感病毒在感染细胞内的聚集和释放	流感的预防和治疗	头痛、腹泻、恶心、呕吐、眩晕、哮喘和痉挛等
奥司他韦（oseltamivir）	抑制神经氨酸酶的活性进而阻止病毒颗粒的释放，切断病毒的扩散链	流感的预防和治疗	头痛、腹泻、恶心、呕吐、皮炎、皮疹等

五、抗肝炎病毒药

病毒性肝炎是一种常见病。肝炎病毒分为甲、乙、丙、丁和戊五型。其中乙型（HBV）、丙型（HCV）和丁型（HDV）在急性感染后有 80%以上会转为慢性。

目前治疗病毒性肝炎还没有特效药。急性肝炎常采用对症治疗。抗病毒治疗药物主要用于慢性病毒性肝炎和急性丙型肝炎。抗病毒药只有抑制病毒而无根治作用，临床上常以干扰素与利巴韦林合用治疗慢性病毒性肝炎和急性丙型肝炎。另外，拉米夫定除了用于 HIV 治疗外，也抑制 HBV 的复制，有效治疗慢性 HBV 感染，成为目前治疗 HBV 感染最有效的药物之一。

拉米夫定（lamivudine）

拉米夫定属于第二代核苷类似物。

【体内过程】 口服吸收良好，给药后约 1h 达血药峰浓度，生物利用度为 80%～85%。本药的血浆蛋白结合率低，可以通过血脑屏障进入脑脊液。主要在肝脏代谢，其代谢物经肾脏排泄，$t_{1/2}$ 为 5～7h。

【药理作用】 本品对 HBV 的 DNA 多聚酶有抑制作用，产生抗 HBV 的作用。另外，本品对 HIV 的复制有很强的抑制作用，其机制与齐多夫定相似。

【临床应用】 主要用于治疗慢性乙型肝炎和 HIV 感染。

【不良反应】 常见的有头痛、腹部不适和腹痛、恶心、呕吐和腹泻；少数人有过敏反应；偶见白细胞减少和贫血。

其他常见抗肝炎病毒药见表 41-6。

表 41-6 常见抗肝炎病毒药

药物	作用及机制	应用	不良反应
恩替卡韦（entecavir）	对 HBV DNA 的聚合酶和逆转录酶有明显抑制作用	慢性乙型肝炎	头痛、疲劳、眩晕、恶心等
阿德福韦（adefovir）	具有抗病毒活性，有效抑制 HBV DNA，促进 ALT 复常	适用于 HBeAg 和 HBV DNA 阳性、ALT 增高的慢性乙肝患者，特别是对拉米夫定耐药的患者	乏力、头痛、腹痛、恶心、腹泻和消化不良等。可产生肾毒性

1. 总结抗真菌药及抗病毒药的作用靶点。
2. 拓展学习抗新型冠状病毒药用药指南及治疗方案。

附 奥司他韦的今生前世

奥司他韦（oseltamivir）是一种竞争性的流感神经氨酸酶抑制剂，为临床上治疗流感的首选药物。奥司他韦通过抑制神经氨酸酶的活性进而阻止病毒颗粒的释放，切断病毒的扩散链，是世界范围内被批准的第一款抗流感病毒的药物。然而它的研发历程并不顺利、充满曲折。

奥司他韦最初是由吉利德科学公司研发的。奥司他韦的研发缘起于一张学术会议海报。1992 年，吉利德科学公司的科学家比朔夫贝格尔参加一场学科会议，会议期间看到一种合成神经氨酸酶抑制剂可以在小鼠体内抑制流感病毒的复制，因此获得了灵感，并以此为突破口，期望得到一种可通过口服方式给药的物质。在无数次的失败后最终得到了一个符合要求的化合物，编码 GS4104。但是当时公司资金难以支撑申请临床试验，因此吉利德科学公司在 1996 年与罗氏集团签订 GS4104 的生产和销售权转让协议，并获得资金继续进行临床试验。

最初吉利德生产奥司他韦的原料为奎宁酸，该原料十分缺乏，不适用于大量生产，无法满足临床试验的数量。罗氏公司接手后决定以莽草酸为原料进行合成，初期，莽草酸是从八角茴香中提取所得，后期的研究中罗氏公司使用大肠杆菌来生产莽草酸，大大降低了原料的成本。解决了生产问题，但临床试验又面临新的问题。第一期药物耐受性的临床试验顺利完成后，二期临床试验就开始面临缺乏流感患者的局面。当时为 5 月，不是流感的发病期，无法筹够志愿者，最后不得不进行人造流感，为此罗氏培训数百名医生参与临床研究，并且完善多地流感预警系统，一边招募志愿者一边等待机会，从 1997 年 11 月初直到次年 4 月中旬才完成志愿者的招募。1998 年 2 月 26 日奥司他韦获得了美国专利。1999 年 10 月首次在瑞典推出，随后进入加拿大、欧盟和美国市场，商品名为达菲（tamiflu）。从研发到上市，历时 7 年，可以说在新药研发史上是一个巨大的奇迹。

第四十二章　抗寄生虫病药

学习目标

1. 能掌握抗疟药（氯喹、伯氨喹、乙胺嘧啶）、抗阿米巴病药及抗滴虫病药甲硝唑、抗血吸虫病药吡喹酮、抗丝虫病药乙胺嗪、抗肠蠕虫病药甲苯咪唑等代表药物的药理作用、临床应用及不良反应，熟悉其他同类药物的作用特点，了解各类寄生虫的治病过程及抗寄生虫药的作用环节。

2. 具备一定的临床实践能力，能够根据病情合理选择抗寄生虫药。

3. 具备一定的信息管理能力，能够利用现代信息技术查阅资料，拓展抗寄生虫药的发展史。

第一节　抗　疟　药

疟疾是由疟原虫所引起的，通过雌性按蚊传播的寄生虫性传染病。据统计，每年全世界死于疟疾的人数约有 300 万。根据致病疟原虫的不同，将疟疾分为间日疟、三日疟、恶性疟和卵性疟四种，其中卵性疟较罕见。间日疟、三日疟分别由间日疟原虫和三日疟原虫引起，两者合称为良性疟；由恶性疟原虫引起的疟疾称为恶性疟，病情较严重，甚至危及生命。

抗疟药（antimalarial drugs）是指用于防治疟疾的药物。早在公元前 1 世纪，《神农本草经》中已有中药常山治疗疟疾的记载；17 世纪欧洲开始应用金鸡纳树皮治疗疟疾；1820 年从该树皮中提取了奎宁广泛用于治疗疟疾；20 世纪又相继合成了伯氨喹、氯喹和乙胺嘧啶等治疗疟疾的药物。经过我国科技工作者的不懈努力，研制了新型抗疟药青蒿素及其衍生物蒿甲醚、青蒿琥酯、双氢青蒿素，是世界抗疟药史上的又一个重要里程碑。

现有的抗疟药中尚无一种能对疟疾生活史的各个环节都有杀灭作用，因此，了解各种抗疟药对疟原虫生活史不同环节的作用对正确选择药物十分重要。

一、疟原虫的生活史及抗疟药作用环节

疟原虫的生活史可分为人体内的无性生殖阶段和雌性按蚊体内的有性生殖阶段。疟原虫在人体内的无性生殖又分为原发性红细胞外期、继发性红细胞外期、红细胞内期和配子体 4 个阶段（图 42-1）。抗疟药可作用于疟原虫生活史的不同环节，达到治疗或预防疟疾的作用。

1. 人体内疟原虫无性生殖阶段的抗疟药

（1）原发性红细胞外期：已感染疟原虫的按蚊叮咬人时，将其唾液中的子孢子输入人体。约 30min 内子孢子即侵入肝细胞进行裂体增殖。经过 10～14 天，生成大量裂殖子。此期不发生症状，为疟疾的潜伏期。对此期有杀灭作用的药物，如乙胺嘧啶，可起病因性预防作用。

（2）继发性红细胞外期：间日疟原虫和卵形疟原虫的原发性红细胞外期裂殖子释放至血液后，

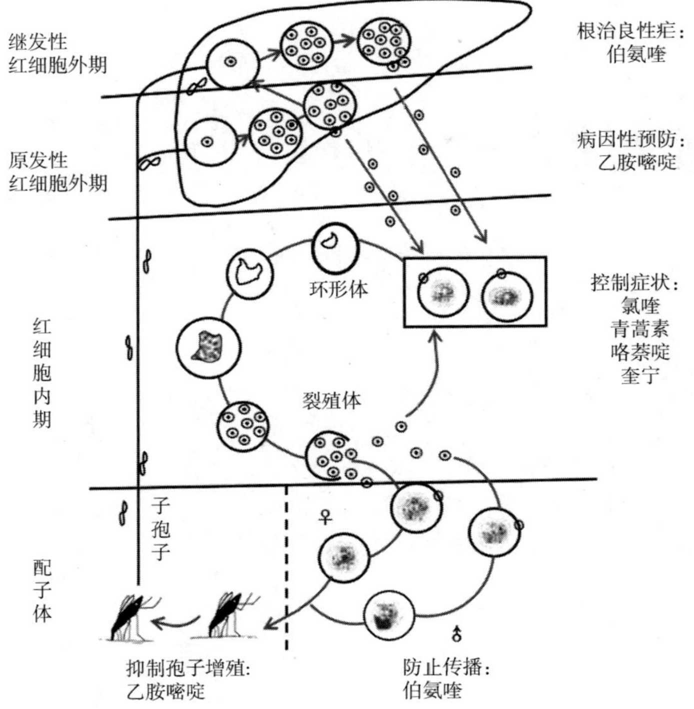

图 42-1 疟原虫的生活史及抗疟药的作用环节示意图

除有些进入红细胞内发育外，另有一些则再次侵入肝细胞内，称为继发性红细胞外期。此期原虫是处于休眠状态的休眠子，经长期不同的间隔时间后可再次进行增殖，释放裂殖子，是疟疾复发的根源。能作用于继发性红细胞外期的药物如伯氨喹，对间日疟有根治（阻止复发）作用。恶性疟和三日疟原虫无继发性红细胞外期，故无须用药。

（3）红细胞内期：在肝细胞内生成的大量裂殖子，破坏肝细胞而进入血液，侵入红细胞内，经滋养体发育成裂殖体，破坏红细胞，释放大量的裂殖子，红细胞破坏产生的大量变性蛋白质，刺激机体，引起寒战、高热等症状，即疟疾发作。红细胞所释放的裂殖子可再侵入未受感染的红细胞进行发育，如此反复循环，可引起临床症状的反复发作。不同种的疟原虫完成无性生殖周期所需时间不同：恶性疟 36～48h，间日疟 48h，三日疟 72h。对此期疟原虫有杀灭作用的药物，如氯喹、奎宁、青蒿素等有控制症状发作和症状抑制性预防作用。

（4）配子体：疟原虫在红细胞内经若干裂体增殖周期后，部分不再裂体增殖，而发展成为雌、雄配子体。它们不产生临床症状，但当按蚊吸入带配子体患者的血液时，就成为疟疾流行、传播的根源。对此期有作用的抗疟药如伯氨喹，具有控制疟疾传播和流行的作用。

2. 雌按蚊体内疟原虫有性生殖的抗疟药 当按蚊吸入患者血时，雌、雄配子体随血液进入蚊体。两者结合成合子，进一步发育产生子孢子，移行至按蚊唾液腺内，成为感染人的直接传染源。能抑制雌、雄配子体在蚊体内发育的药物如乙胺嘧啶，则有控制疟疾传播和流行的作用。

3. 抗疟药的分类

（1）控制症状的抗疟药：氯喹、奎宁、青蒿素和蒿甲醚。

（2）控制复发和传播的抗疟药：伯氨喹。

（3）病因性预防的抗疟药：乙胺嘧啶、磺胺类和砜类。

二、常用抗疟药

（一）控制症状的抗疟药

氯喹（chloroquine）

氯喹是人工合成的 4-氨基喹啉类衍生物，于 1934 年在德国开始合成，是临床使用较广泛的抗疟药。

【体内过程】 口服吸收快而完全，1～2h 血药浓度达峰值。在红细胞内的浓度比血浆高 10～20 倍，而在被疟原虫感染的红细胞内的浓度又比正常红细胞内高 25 倍，为杀灭红细胞内期的裂殖体，迅速控制症状创造了良好的条件。其与组织蛋白结合较多，在肝、脾、肺、肾中的浓度可达血浆浓度的 200～700 倍。本品大部分在肝内被代谢，代谢成去乙基氯喹后仍有抗疟作用。10%～15%以原形经肾排泄，酸化尿液加速排泄，约 8%随粪便排泄，也可由乳汁中排出。因其代谢、排泄均较缓慢，故作用持久，$t_{1/2}$ 约为 5 天。

【药理作用】

1. 抗疟原虫　氯喹对各种疟原虫的红细胞内期裂殖体均有杀灭作用，具有起效快、作用强、维持时间长等优点，是控制疟疾症状的首选药物。对间日疟、卵形疟和三日疟原虫的配子体和未成熟的恶性疟原虫配子体均有杀灭作用，但对红细胞外期疟原虫无效。不能阻止复发，由于作用持久，故能使复发推迟，能根治恶性疟。对原发性红细胞外期无效，对配子体也无直接作用，故不能用作病因预防。

氯喹抗疟的作用机制包括：①影响 DNA 复制：氯喹可插入疟原虫 DNA 双螺旋链之间，形成稳固的 DNA-氯喹复合物，影响 DNA 复制和 RNA 转录，并使 RNA 断裂，从而抑制疟原虫的分裂繁殖。②碱化效应：氯喹为弱碱性药物，大量积聚受感染的红细胞内，使原虫食物泡的 pH 升高，影响疟原虫的血红蛋白酶活性，使疟原虫分解和利用血红蛋白的能力降低，引起氨基酸的缺乏和核糖核酸的崩解，从而抑制疟原虫的生长繁殖。疟原虫红细胞内期的滋养体需要大量氨基酸，故对氯喹特别敏感；而原发性红细胞外期和继发性红细胞外期均寄生在肝细胞内，不依赖消化血红蛋白，故对此药不敏感。③引起疟原虫细胞溶解：疟原虫在红细胞内生长发育还需微量元素，由于氯喹与高铁原卟啉Ⅸ的结合形成复合物，损害疟原虫维持阳离子梯度的能力，使虫体迅速溶解死亡。大量、长期、反复应用后，由于疟原虫结合和摄取氯喹的能力减弱，故疗效降低。部分恶性疟对其产生耐药性。

2. 抗阿米巴原虫　能杀灭阿米巴滋养体，具有抗肠外阿米巴病作用。

3. 免疫抑制作用　大剂量氯喹能抑制免疫反应。

【临床应用】

1. 疟疾的急性发作　对良性疟及敏感疟原虫的恶性疟均能迅速控制症状，对恶性疟有根治作用（该型疟无继发性红细胞外期）。服用氯喹后 24～48h，一般可使患者体温降至正常水平。使用三日疗法能根治敏感的恶性疟，但对间日疟、三日疟则需加用杀灭红细胞外期疟原虫的药物如伯氨喹才能达到根治效果。

2. 肠外阿米巴病　氯喹在肝中浓度高，故用于甲硝唑无效或禁忌的阿米巴肝炎或肝脓肿等。应与肠内抗阿米巴病药合用，以防复发。

3. 自身免疫性疾病　大剂量氯喹能用于类风湿关节炎、系统性红斑狼疮、肾病综合征等。

4. 其他　还可治疗华支睾吸虫病、卫氏并殖吸虫病、结缔组织病、光敏性疾患和日晒红斑病等。

【不良反应】 在治疗疟疾的剂量范围内，不良反应少，口服偶见头晕、头痛、胃肠不适和皮疹等，停药后迅速消失。长期大剂量用药可致角膜浸润而致视物模糊、视力障碍、皮疹甚至剥脱性皮炎、白细胞减少等严重反应。偶可引起房室结及心肌传导抑制而导致心律失常，少数患者可出现阿-斯综合征以致心搏骤停而死亡。个别用药后引起药物性精神病。还可致胎儿耳聋、脑积水、四肢缺陷，故孕妇禁用。

奎宁（quinine）

奎宁为奎尼丁的左旋体，是从金鸡纳树皮中获得的一种生物碱。

【药理作用】 对各种疟原虫的红细胞内期裂殖体有杀灭作用，能控制临床症状，其抗疟机制与氯喹相同，但作用较氯喹弱且毒性大。对于间日疟和三日疟的配子体有效，但对于恶性疟的配子体无效，对红细胞外期疟原虫亦无明显作用。此外，奎宁还有减弱心肌收缩力，减慢传导，延长不应期，兴奋子宫平滑肌，抑制中枢神经系统和一定的解热镇痛作用。

【临床应用】 主要用于耐氯喹或耐多药的恶性疟，尤其是严重的脑型疟疾。

【不良反应】 主要不良反应有金鸡纳反应，即治疗剂量时可引起耳鸣、头痛、恶心、呕吐、腹痛、腹泻、视力和听力减退等反应，甚至发生暂时性耳聋，称为金鸡纳反应，多见于重复给药时，停药一般能恢复。大剂量对心肌有抑制作用，静脉注射时可致血压下降和致死性心律失常。缺乏 G-6-PD 者可引起溶血性贫血。奎宁能刺激胰岛 β 细胞，可引起高胰岛素血症和低血糖。此外，对妊娠子宫有兴奋作用，故孕妇忌用，月经期慎用。

青蒿素（artemisinin）

青蒿素是我国科技工作者根据“青蒿截疟”的记载，从传统中药菊科植物黄花蒿及其变种大头黄花蒿中提取的一种倍半萜内酯过氧化物，为一种高效、速效的新型抗疟药。由于对耐氯喹虫株感染有效，青蒿素受到国内、外广泛的重视。

【体内过程】 口服后吸收迅速而完全，1h 血药浓度达峰值。分布于全身各组织，以肠、肝、肾的含量较多，可透过血脑屏障。在体内代谢迅速，72h 血中仅含微量的青蒿素。其代谢物大部分经肾排出，部分经胆汁排入肠道。由于代谢与排泄均快，故有效血药浓度维持时间短，不利于彻底杀灭疟原虫，故复发率较高，应反复用药。

【药理作用】 对疟原虫红细胞内期滋养体和裂殖体均有强大的杀灭作用，对未成熟的配子体也有杀灭作用。其作用机制尚不十分清楚，可能是血红素或 Fe^{2+} 催化青蒿素形成自由基破坏疟原虫表膜和线粒体等，可使食物泡膜、线粒体、内质网等肿胀，最终形成自噬泡，并不断排出虫体外，使其损失大量胞浆而死亡。

【临床应用】 本品是一种高效、速效抗疟药，用于间日疟、恶性疟的症状控制及耐氯喹虫株感染的治疗；也可用以治疗凶险型恶性疟如脑型疟疾、黄疸型疟疾等。其退热速度及疟原虫转阴速度都较氯喹快。因青蒿素的抗疟机制不同于氯喹，两者之间无交叉耐药性，为当前治疗耐氯喹恶性疟原虫感染的重要药物之一。

【不良反应】 偶见轻度恶心、呕吐及腹泻等胃肠道反应，尚可致一过性转氨酶升高及轻度皮疹。肌内注射可引起局部疼痛和硬块。妊娠早期妇女慎用。

蒿甲醚（artemether）

蒿甲醚是青蒿素的甲基醚衍生物。对红细胞内期裂殖体有杀灭作用，能迅速控制症状，其抗疟作用较青蒿素强 10～20 倍。蒿甲醚对恶性疟包括氯喹恶性疟及凶险疟近期有效率可达 100%，用药后 2 天内多数患者血中疟原虫转阴并退热，复发率为 8%左右。不良反应较轻，仅少数患者注射局部有暂时性胀痛。妊娠 3 个月内妇女慎用。

青蒿琥酯（artesunate）

青蒿琥酯是青蒿素的琥珀酸单酯衍生物，可经口、静脉、肌内、直肠等多种途径给药，作用快，能迅速控制疟疾发作。适用于脑型疟疾及各种危重疟疾的救治。宜与防治疟疾复发的药物合用，以达到根治目的。

双氢青蒿素（dihydroartemisinin）

双氢青蒿素为青蒿素及其上述两种衍生物的活性代谢产物，近年来已将其发展为抗疟药。治疗有效率为 100%，复发率约为 2%。不良反应少，少数病例出现皮疹、一过性的网织红细胞下降。

（二）控制复发和传播的抗疟药

伯氨喹（primaquine）

伯氨喹是人工合成的 8-氨喹啉类衍生物。

【体内过程】 口服吸收快而完全，2～3h 血药浓度达峰值，主要分布在肝组织内，其次为肺、脑和心等组织内。大部分在肝内被代谢，仅 1%以原形经肾排泄。$t_{1/2}$ 约为 5.8h，有效血药浓度维持时间短，故需反复多次给药才能收效。

【药理作用】 对间日疟红细胞外期休眠子和各种疟原虫的配子体有较强的杀灭作用，是根治间日疟和控制疟疾传播最有效的药物。

其作用机制是本药在体内转化为有抗疟活性的喹啉二醌，其结构与辅酶 Q 相似，能抑制辅酶 Q 的活性，阻断疟原虫线粒体内的电子传递，从而抑制疟原虫的氧化磷酸化过程。另外，伯氨喹的代谢产物具有很强的氧化作用，可干扰烟酰胺腺嘌呤二核苷酸磷酸（nicotinamide adenine dinucleotide phosphate，NADP）还原，从而影响红细胞外期疟原虫的代谢和呼吸而导致死亡。

【临床应用】 控制疟疾的复发与传播。伯氨喹对良性疟的红细胞外期及各型疟原虫的配子体均有较强的杀灭作用，故可作为控制疟疾复发与传播的首选药物。对红细胞内期无效，故不能控制疟疾症状的发作，通常与氯喹等合用。

【不良反应】

1. 毒性反应 毒性较大，治疗量即可引起头晕、恶心、呕吐、发绀、腹痛等，停药后可消失。

2. 特异质反应 少数特异质的患者，常规剂量伯氨喹可引起急性溶血性贫血及高铁血红蛋白血症。由于此类患者红细胞内缺乏 G-6-PD，还原型的谷胱甘肽（glutathione，GSH）缺少，对红细胞膜和血红蛋白及红细胞内其他含巯基的酶保护作用下降，出现急性溶血。另外，先天缺乏 G-6-PD 的患者，同时由于还原型辅酶Ⅱ（NADPH）缺乏，高铁血红蛋白不能还原成血红蛋白，而出现高铁血红蛋白血症，可给予静脉注射亚甲蓝等进行治疗。当急性溶血出现血红蛋白尿时，应立即停药，并同时给予地塞米松或泼尼松。孕妇及糖尿病、G-6-PD 缺乏者禁用。

（三）病因性预防的抗疟药

乙胺嘧啶（pyrimethamine）

乙胺嘧啶是二氨基嘧啶类衍生物，目前是疟疾病因性预防的首选药。

【药理作用】 乙胺嘧啶对恶性疟和间日疟某些虫株的原发性红细胞外期有抑制作用，故可作病因性预防药物。对红细胞内期的未成熟裂殖体也有抑制作用，对已成熟的裂殖体则无效。本品不能直接杀灭配子体，但含药血液随配子体被按蚊吸入后，能抑制配子体在蚊体内发育，从而阻断传播。

乙胺嘧啶抑制疟原虫的二氢叶酸还原酶，阻止四氢叶酸的生成，使核酸合成减少，疟原虫的生长繁殖受抑制。与二氢蝶酸合酶抑制药如磺胺类合用，在叶酸代谢的两个环节上起双重抑制作用，可增强预防效果，且可延缓耐药性的发生。

【临床应用】 用于疟疾的病因预防，控制疟疾的流行。因排泄缓慢，作用较为持久，服药 1 次，预防作用可维持 1 周以上。

【不良反应】 治疗量下不良反应少见，偶可引起皮疹。成人长期大量服用时，因抑制二氢叶酸还原酶而引起巨幼红细胞贫血或白细胞减少，长期用药应定期检查血常规。可通过胎盘屏障并可进入乳汁，引起胎儿畸形和干扰叶酸代谢，故孕妇和哺乳期妇女禁用。此药略带甜味，易被儿童误服而急性中毒，表现为恶心、呕吐、发热、发绀、惊厥甚至死亡。

（四）抗疟药的临床选用

1. 抗疟疾 ①控制症状：对氯喹敏感的疟原虫选用氯喹；②脑型疟疾：选用磷酸氯喹、二盐酸奎宁、青蒿素类注射用药以提高脑内药物浓度；③耐氯喹的恶性疟：选用奎宁、青蒿素类；④休止期：乙胺嘧啶和伯氨喹合用；⑤预防用药：乙胺嘧啶预防发作和阻止传播，氯喹能预防性抑制症状发作。

2. 联合用药 现尚无一种对疟原虫生活史的各个环节都有作用的抗疟药，因此宜联合用药。①氯喹与伯氨喹合用于发作期的治疗，既控制症状，又防止复发和传播；②乙胺嘧啶与伯氨喹合用于休止期患者，可防止复发；③不同作用机制的药物联合应用，可增强疗效，减少耐药性的发生，如乙胺嘧啶与磺胺可协同阻止叶酸合成；④对耐氯喹的恶性疟使用青蒿素与甲氟喹或咯萘啶联合治疗；⑤有些抗疟药则表现为拮抗作用，如青蒿素和氯喹或乙胺嘧啶合用会影响药效（表 42-1）。

表 42-1 抗疟药的应用和选择

临床应用	选用药物	用法	用药目的
间日疟或恶性疟急性发作	氯喹+伯氨喹	口服	控制症状、根治良性疟、防止传播
脑型恶性疟	青蒿素+奎宁	静脉滴注或肌内注射	增强疗效、杀灭抗药性疟原虫
耐氯喹恶性疟	青蒿素+奎宁	口服、静脉滴注或肌内注射	杀灭抗药性疟原虫
	乙胺嘧啶+伯氨喹	口服	增强疗效
预防用药	乙胺嘧啶	口服	病因性预防
	氯喹	口服	症状性预防
休止期用药	乙胺嘧啶+伯氨喹	口服	消灭血中未成熟裂殖体，控制复发

第二节 抗阿米巴病药

阿米巴病又称阿米巴痢疾，是由溶组织阿米巴原虫引起的寄生虫病，其病变部位及过程与溶组织阿米巴原虫在人体内的生活史密切相关。溶组织阿米巴原虫以活动性滋养体和包囊两种形式存在于体内，前者为致病因子，后者为传播因子。包囊从外界随被污染的食物被吞食后，在肠腔内脱囊而出成为小滋养体，并不断以二分裂方式繁殖，在肠腔内生活。当机体抵抗力下降时，小滋养体侵入肠壁成为大滋养体，并在肠黏膜下层繁殖扩展使肠壁被破坏，形成溃疡而引起阿米巴痢疾或肠炎。大滋养体可经血流至肝、肺、脑组织内引起继发性阿米巴炎症和脓肿，统称为肠外阿米巴病，如阿米巴肝脓肿、阿米巴肺脓肿或阿米巴脑脓肿。当机体抵抗力强时，小滋养体在随宿主肠内容物下移过程中，逐渐转变成包囊，随粪便排出体外，称为排包囊者，此时机体并无症状，是重要的传染源。

根据药物的治疗效果，可将抗阿米巴病药分为三类。

1. 抗肠内、外阿米巴病药 如甲硝唑。

2. 抗肠内阿米巴病药 如卤化喹啉。

3. 抗肠外阿米巴病药 如氯喹。

甲硝唑（metronidazole，灭滴灵）

甲硝唑为人工合成的 5-硝基咪唑类衍生物。

【体内过程】　口服吸收迅速而完全。1～3h 血浆药物浓度达峰值，维持 12h，$t_{1/2}$ 约为 7h，分布广，在阴道液、精液、唾液、乳汁和脑脊液中的浓度可以达到治疗作用。主要在肝中代谢，约 70% 以原形从肾排泄，10%随粪便排出，14%从皮肤排泄。

【药理作用】

1. 抗阿米巴原虫　甲硝唑对肠内、外阿米巴滋养体有强大的杀灭作用，但对肠腔内阿米巴原虫和包囊则无明显作用。可抑制阿米巴原虫的氧化还原反应，使原虫氮链发生断裂。体外试验证明，当药物浓度为 1～2mg/L 时，溶组织阿米巴于 6～20h 发生形态改变，24h 内全部被杀灭；0.2mg/L 时，72h 内可杀死溶组织阿米巴。甲硝唑对厌氧微生物有杀灭作用，对某些动物有致癌作用。

2. 抗滴虫　甲硝唑对阴道滴虫亦有直接杀灭作用。口服较小剂量可杀死阴道、精液中的阴道滴虫。偶有耐药虫株出现。

3. 抗贾第鞭毛虫　甲硝唑是目前对贾第鞭毛虫病最有效的药物。

其作用机制可能是甲硝唑的甲基被还原后生成细胞毒性还原物硝基咪唑化合物，作用于病原体大分子物质，使 DNA 合成受阻或使已合成的 DNA 变性而导致病原体死亡。

【临床应用】

1. 阿米巴病　作为阿米巴病的首选药，治疗急性阿米巴痢疾和肠外阿米巴病效果最好，因其在肠内浓度偏低，对小滋养体和包囊作用较弱，故需联合使用杀灭小滋养体及包囊的抗阿米巴药，否则复发率高。在治疗阿米巴肝脓肿时，与氯喹等交替使用，效果更佳。对轻症阿米巴痢疾也有效，对无症状的排包囊者疗效差。

2. 滴虫病　直接杀灭阴道滴虫，为阴道滴虫病的首选药，是口服治疗阴道滴虫安全有效的药物，对女性和男性泌尿生殖道滴虫感染有明显疗效。

3. 贾第鞭毛虫病　治愈率在 90%。

【不良反应】　一般较少而轻。以消化道反应为主，最常见者为恶心和口腔金属味，偶见呕吐、腹泻、腹痛、头痛、眩晕、肢体麻木。少数患者可出现荨麻疹、红斑、瘙痒及白细胞暂时性减少。若用药期间出现眩晕、脑病、共济失调中枢神经中毒症状，应立即停药。哺乳期妇女、妊娠 3 个月内、有器质性中枢神经系统疾病及血液病者禁用。甲硝唑干扰乙醛代谢，服药期间饮酒易导致乙醛中毒，出现恶心、呕吐、腹泻、腹痛和头痛等症状，故服药期间禁饮酒。动物实验证明，长期大量口服有致癌作用。

其他常用抗阿米巴病药见表 42-2。

表 42-2　其他常用抗阿米巴病药

药物	作用方式	体内过程特点	适应证	不良反应
替硝唑（tinidazole）	作用强，直接杀灭滋养体	分布广，浓度高	各型阿米巴病首选	胃肠道反应，偶有口腔感染和神经毒性反应
依米丁（emetine）（1921 年）	作用强，直接杀灭滋养体	肠腔内浓度低，肠外肠壁中可达有效浓度	急性阿米巴痢疾、肠外阿米巴病不能口服甲硝唑者	毒性大，出现中毒性心肌炎、胃肠道刺激等
氯喹（chloroquine）（1939 年）	作用强，直接杀灭滋养体	口服吸收完全，肝中浓度高，肠壁肠腔内很低	阿米巴肝脓肿	长期、大量应用，可致心律失常、视网膜病变
喹碘方（chiniofon）（1983 年）	作用弱，抑制肠道共生菌的生长和直接杀灭作用	口服不易吸收，肠腔浓度高	无症状包囊携带者	大剂量可致腹泻，肝肾功能不良、甲亢和碘过敏者禁用
二氯尼特（diloxanide）（1960 年）	作用弱，直接杀灭滋养体	口服肠内吸收，主要从尿中排泄	肠内阿米巴病，无症状包囊携带者首选	轻微

第三节 抗滴虫病药

对人类致病的滴虫主要是阴道毛滴虫。滴虫可导致女性阴道炎症，也可导致男性尿道炎症。甲硝唑是治疗滴虫病首选药物（见本章第二节），但对此药的耐药现象亦在增多。高剂量的替硝唑也有效，也可考虑改用乙酰胂胺局部给药。

替硝唑（tinidazole）

替硝唑为甲硝唑衍生物。药理作用与作用机制和甲硝唑相似。替硝唑口服易吸收，6h 后血药浓度达高峰，生物利用度高，口服后血药浓度高于甲硝唑 2 倍。$t_{1/2}$ 较长，为 12～24h。排泄较甲硝唑慢，口服一次有效血药浓度可维持 72h。对阿米巴原虫、滴虫、鞭毛虫和厌氧菌均有抑制作用。对阿米巴痢疾和肠外阿米巴病的疗效与甲硝唑相似，对阿米巴肝脓肿疗效更优于甲硝唑。也用于阴道滴虫病和厌氧菌感染的治疗等。不良反应较少，但剂量大时有胃肠道不适、头痛、背痛及瘙痒等症状。

乙酰胂胺（acetarsol）

乙酰胂胺为五价胂剂，其复方制剂称滴维净，能直接杀灭滴虫。用其片剂置于阴道穹隆部有直接杀滴虫的作用。此药有轻度局部刺激作用，使阴道分泌物增多。阴道毛滴虫也可寄生于男性尿道，故患者夫妇应同时治疗，以保证疗效。

第四节 抗血吸虫病药与抗丝虫病药

一、抗血吸虫病药

血吸虫病是一类严重危害我国人民健康的寄生虫病，寄生在人体的血吸虫有日本血吸虫、曼氏血吸虫、埃及血吸虫、间插血吸虫和湄公血吸虫等 5 种。我国仅有日本血吸虫病，流行在长江流域和长江以南的 13 个省（直辖市、自治区）。

血吸虫生活史：含虫卵的人、畜粪便排入水中后，在适当温度孵化毛蚴，毛蚴对人畜无感染性，毛蚴钻入中间宿主钉螺体内，在其淋巴窦内逐渐发育成尾蚴而离开螺体进入水中，尾蚴具有传染性，因此尾蚴污染的水称为疫水。当人、畜接触疫水后，尾蚴自皮肤迅速钻入体内，成为童虫，通过淋巴管进入血液循环，最后达门静脉发育为成虫。成虫雌雄异体，合抱后逆流至肠系膜下静脉及痔上静脉等处定居产卵。卵又随血液循环流到全身，到达肠壁小血管，可破坏肠壁组织，引起肠出血、坏死、脱落，卵随之落入肠腔，随粪便排出体外，可再次感染人畜。人感染血吸虫后，因尾蚴侵入皮肤而出现红疹、奇痒等。急性血吸虫出现高热、寒战、盗汗、乏力、肝脾肿大、咳痰、咯血等。虫卵侵入脑内引起癫痫样发作。当反复多次感染后则转变为慢性血吸虫病。

酒石酸锑钾是治疗血吸虫病的特效药，但存在毒性大、疗程长、必须静脉注射等缺点。20 世纪 70 年代研制出吡喹酮，此药具有高效、低毒、疗程短、可口服优点，现已完全取代了锑剂。

吡喹酮（praziquantel，环吡异喹酮）

吡喹酮为吡嗪异喹啉衍生物，是广谱抗血吸虫和驱绦虫药，尤以对血吸虫有较强的杀灭作用。

【体内过程】 口服吸收迅速而完全，1～2h 血药峰浓度达高峰。分布广，以肝、肾含量高，脑脊液中药物浓度为血药浓度的 14%～20%。主要在肝内羟化而失活，$t_{1/2}$ 为 1～1.5h，严重肝脏疾病患者 $t_{1/2}$ 明显延长，可达 4～6h。

【药理作用】　吡喹酮对血吸虫成虫有良好杀灭作用，对未成熟的童虫无效。对其他吸虫，如华支睾吸虫、姜片吸虫、肺吸虫及各种绦虫（包括幼虫）都有不同程度疗效。吡喹酮能选择性增加血吸虫体膜对 Ca^{2+}的通透性，使 Ca^{2+}内流增加，同时抑制血吸虫肌浆网对 Ca^{2+}摄取，虫体内 Ca^{2+}明显增多，从而产生痉挛性麻痹，使虫体不能附着于血管壁，而被血流冲入肝脏，即出现肝转移。另外吡喹酮可损伤虫体表膜，使虫体更易被吞噬细胞所消灭。吡喹酮作用具有高度选择性，对哺乳动物细胞膜则无上述作用。

【临床应用】　为广谱抗血吸虫和驱绦虫药物，用于各型血吸虫病及血吸虫病各阶段。对急性血吸虫病，有迅速退热和改善全身症状的作用，远期疗程可达 87%。对有心、肝等并发症的晚期血吸虫病患者多能顺利完成治疗过程。此外，也用于肝华支睾吸虫病、肠吸虫病（如姜片虫病、异形吸虫病）、卫氏并殖吸虫病和各种绦虫病等。

【不良反应】　副作用轻且短暂。服药后短期内发生腹部不适、腹痛、恶心及头晕、头痛、嗜睡、肌束颤动等。偶有发热、瘙痒、荨麻疹、关节痛等。少数出现心电图改变、心律失常。严重的心、肝、肾病患者及有精神病史的患者慎用；哺乳期妇女于服药期间，直至停药后 72h 内不宜哺乳。孕妇禁用。

二、抗丝虫病药

丝虫病为班氏丝虫和马来丝虫在人淋巴系统引起的慢性寄生虫病，由蚊虫传播。丝虫生长繁殖需在中间宿主蚊子和终末宿主人体内完成。①在蚊体的发育：蚊虫叮咬微丝蚴阳性者后，微丝蚴随血进入蚊胃，脱去鞘膜，穿过胃壁，经血流进入胸肌并在胸肌内逐渐发育成幼虫，称为感染期幼虫；②在人体的发育和增殖：感染期幼虫通过蚊虫的叮咬而进入人体后，到达淋巴管及淋巴结内寄生，发育成雌雄异体的成虫。两者缠绕并交配产出微丝蚴。大部分微丝蚴随淋巴液经胸导管进入血液循环形成新的感染。

丝虫病临床表现有淋巴管炎及淋巴结炎、丹毒样皮炎，同时伴有畏寒、发热等丝虫热症状。在后期由于炎症的反复发作，导致纤维组织增生及肉芽肿形成而堵塞淋巴管，引起象皮样下肢肿，乳糜尿，阴囊、睾丸鞘膜积液等。临床上抗丝虫病的药物主要有乙胺嗪和伊维菌素。

乙胺嗪（diethylcarbamazine，海群生）

【体内过程】　口服迅速吸收，1～2h 血药浓度达高峰，$t_{1/2}$ 为 8h。除脂肪组织外，药物在体内分布均匀。多次反复给药后，很少有蓄积现象。代谢迅速，48h 后几乎全部以原形或代谢产物的形式从尿中排出，酸化尿液加速排泄。

【药理作用】　较大剂量或较长疗程对班氏丝虫和马来丝虫的各期均有杀灭作用，可使微丝蚴迅速从患者血液中减少或被消灭，对淋巴系统中的成虫也有毒杀作用。其作用机制可能是其分子中的哌嗪部分使微丝蚴的肌肉组织发生超极化，而产生弛缓性麻痹脱离寄生部位，迅速产生肝移；破坏微丝蚴表面的完整性，使其易于遭受宿主防卫机制的破坏。

【临床应用】　首选治疗马来丝虫病和班氏丝虫病，但需在数年内反复用药。

【不良反应】　毒性较低而短暂，可引起厌食、恶心、呕吐、头痛、无力等。但治疗期间因丝虫成虫和蚴虫死亡，释放出大量异性蛋白引起的过敏反应则较明显，表现为皮疹、淋巴结肿大、血管神经性水肿、畏寒、发热、哮喘及心率加快、胃肠功能紊乱等。对活动性肺结核、严重心脏病、肝病、肾病、急性传染病者及孕妇、哺乳期妇女应暂缓治疗。

伊维菌素（ivermectin）

伊维菌素是放线菌所产生的大环内酯衍生物。

【药理作用】　本品为广谱抗寄生虫和抗虱、螨、昆虫等节肢动物药，其中对丝虫作用最强，可杀灭班氏丝虫和马来丝虫的微丝蚴，对成虫无效。对其他肠道线虫，如圆线虫、蛔虫、鞭虫和蛲虫作用强，对钩虫作用差。其作用机制为增加突触前膜 GABA 的释放，促进其与突触后膜 GABA 受体的结合，使 GABA 诱导的 Cl^-内流增加，从而加强抑制性突触传递过程，引起虫体松弛性麻痹。还可影响盘尾丝蚴在雌虫子宫内正常发育，并抑制其从子宫内释放。

【临床应用】 治疗丝虫病，用药后 5～12 天血中微丝蚴全部消灭，治疗 3 个月后，血中又逐渐出现微丝蚴，故每隔 6 个月给药 1 次。连续用药 4～5 年（成虫寿命）可彻底治愈。可用于类圆线虫病、蛔虫病、鞭虫病和蛲虫病。

【不良反应】 毒性较低。在用于丝虫病时，因微丝蚴死亡释放出大量异体蛋白引起的过敏反应较明显，表现为用药 18～36h 出现发热、头痛、腹痛、肌痛和咳嗽等，多见于班氏丝虫病，一般 24h 可自行消失。

第五节 抗肠蠕虫病药

肠道寄生的蠕虫包括三大类。①线虫类：如蛔虫、钩虫、蛲虫、鞭虫及粪类圆线虫等；②绦虫类：如猪肉绦虫、牛肉绦虫、短膜壳绦虫及阔节裂头绦虫等；③吸虫类：如姜片虫、肝吸虫等。抗肠蠕虫药是一类从胃肠道驱除蠕虫或杀灭侵入组织或器官的蠕虫的药物。近年来，广谱、高效的驱肠蠕虫药不断问世，使多数的肠蠕虫病得到了较为有效的治疗和控制。

甲苯咪唑（mebendazole）

甲苯咪唑为苯并咪唑类衍生物。

【体内过程】 口服吸收少，大部分以原药或 2-氨基代谢物的形式从胆汁或粪便排出，药物在肠腔中浓度很高。如同时进食脂肪类食物可增加药物吸收量。

【药理作用】 为高效、广谱驱肠蠕虫药，对蛔虫、蛲虫、鞭虫、钩虫、绦虫的幼虫和成虫均有杀灭作用，尤其对肠蠕虫的混合感染有效。对蛔虫卵、钩虫卵和鞭虫卵有杀灭作用，可有效地控制这些肠蠕虫的传播。能选择性地与肠蠕虫细胞内的β-微管蛋白结合，抑制微管的组装，造成物质转运受阻，高尔基体内分泌颗粒积聚，使胞浆内细胞器溶解，使虫体死亡。抑制虫体对葡萄糖的摄取和利用，逐渐耗竭内生糖原，减少 ATP 生成，造成虫体能源断绝而死亡。还能控制虫卵发育，因而有控制肠蠕虫传播的作用。

【临床应用】 治疗蛔虫、蛲虫、鞭虫、钩虫、绦虫等肠蠕虫的感染及混合感染，有效率在 90% 以上，但显效缓慢，给药后数天才能将虫排尽。因对蛔虫卵、钩虫卵和鞭虫卵有杀灭作用，故可有效地控制其传播。

【不良反应】 无明显不良反应，少数患者偶见短暂腹痛、腹泻，大剂量时偶见过敏反应、脱发、粒细胞减少等。实验研究证明有明显的胚胎毒和致畸胎作用，故孕妇忌用。2 岁以下儿童和对此药过敏者不宜使用。肝肾功能不全者禁用。

其他常用驱肠虫药见表 42-3。

表 42-3 驱肠虫药作用比较

药物	蛔虫	钩虫	蛲虫	鞭虫	绦虫	不良反应
阿苯达唑（albendazole）（1975 年）	+++	+++	+++	++	++	常见腹痛、腹泻、恶心、头痛
左旋咪唑（levamisole）（1966 年）	+++	++	++			轻微短暂
噻苯唑（tiabendazole）（1961 年）	++	++	+++	++		消化道及神经系统反应
噻嘧啶（pyrantel）（1966 年）	+++	++	++			轻度胃肠道反应，肝功能不良者慎用

续表

药物	蛔虫	钩虫	蛲虫	鞭虫	绦虫	不良反应
哌嗪（piperazine）（1949 年）	++		++			较轻，过量引起眩晕、共济失调
恩波吡维铵（pyrviniumupamoate）（1956 年）			+++			较轻
氯硝柳胺（niclosamide）（1959 年）					+++	轻度消化道反应
吡喹酮（praziquantel）（1975 年）	+				+++	较轻
奥克太尔（oxantel）				+++		胃肠道反应

“+”表示弱效；“++”表示中效；“+++”表示强效。

1. 试述抗疟药的分类及其代表药物。它们的药理作用特点是什么？
2 通过延伸阅读屠呦呦及青蒿素的故事，获得哪些启示？

附 屠呦呦与青蒿素

屠呦呦，1930 年 12 月 30 日出生于浙江省宁波市，是抗疟药青蒿素和双氢青蒿素的发现者。2011 年荣获拉斯克奖临床医学研究奖；2015 年荣获诺贝尔生理学或医学奖，这是中国医学界迄今为止获得的最高奖项。

20 世纪 60 年代，在抗疟药氯喹产生抗药性、人类饱受疟疾之害的情况下，1967 年，在“523 办公室”领导下，屠呦呦接受了国家疟疾防治研究项目的抗疟研究任务。1969 年，在卫生部中医研究院（现中国中医科学院）中药研究所任实习研究员的屠呦呦成为中药抗疟研究组组长，开始研究如何从中药中提取和分离抗疟有效成分。通过整理中医药典籍、走访名老中医，编辑了以 640 味中药为主的《抗疟单验方集》。经过对 2000 多种中药的 380 多个提取物进行筛选，最后将焦点锁定在青蒿上，但大量实验发现，青蒿的抗疟效果并不理想。但屠呦呦并不气馁，“青蒿一握，以水二升渍，绞取汁，尽服之”。在青蒿提取物实验药效不稳定的情况下，正是这句出自东晋葛洪《肘后备急方》中对青蒿截疟的记载，给了屠呦呦新的研究思路。传统的提取方法里的加热步骤可能会破坏药物的活性成分，在较低的温度中提取可能有助于保持抗疟活性。果然，通过改用低沸点溶剂的提取方法，富集了青蒿的抗疟组分，屠呦呦团队最终于 1972 年发现了青蒿素；1975 年，确定了青蒿素的立体结构是一种倍半萜内酯；1979 年，国家科学技术委员会授予屠呦呦团队国家发明奖，以表彰他们发现青蒿素和抗疟的功绩；1981 年，第四届化学药物治疗疟疾科学会议在北京召开，一系列关于青蒿素及其治疗疟疾效果的报告引起了强烈反响。屠呦呦团队进一步研究发现双氢青蒿素更加稳定并且比青蒿素的疗效好 10 倍，更重要的是，用二氢青蒿素治疗后，患者的疟疾复发率更低。

青蒿素的发现，为世界带来了一种全新的抗疟药。如今，以青蒿素为基础的联合疗法（ACT）是世界卫生组织推荐的疟疾治疗的最佳疗法，挽救了全球数百万人的生命。屠呦呦说：“青蒿素是人类征服疟疾进程中的一小步，也是中国传统医药献给人类的一份礼物。”中医药学是一个伟大宝库，青蒿素正是从这一宝库中发掘出来的。中西医药各有所长，两者有机结合，优势互补，当具有更大的开发潜力和发展前景。

第四十三章　抗恶性肿瘤药

学习目标

1. 牢固掌握细胞毒类抗肿瘤药及非细胞毒类抗肿瘤药代表药物的药理作用及其机制、临床应用和不良反应等知识点。

2. 学会根据抗肿瘤药作用机制及其应用特点合理选用药物，治疗不同类型肿瘤。

3. 了解肿瘤细胞耐药及耐药机制，抗肿瘤药物的研究新进展。

第一节　抗恶性肿瘤药的作用机制

恶性肿瘤（又名癌症）是严重危害人类生命健康的常见病。据世界卫生组织国际癌症研究机构统计，2020 年全球癌症新发病例达 1929 万例，癌症死亡病例达 996 万例。我国 2020 年癌症新发病例 457 万，死亡病例 300 万。随着社会人口老龄化逐渐加剧、工业化及城市化进程持续加快，我国癌症发病率及死亡率仍不断上升，疾病负担极重。

恶性肿瘤的常规治疗手段包括外科手术、放射治疗、药物治疗，三种手段的综合应用是恶性肿瘤治疗的主要方向，其中药物治疗占有举足轻重的地位。传统的抗恶性肿瘤药治疗主要指以细胞毒类药物为代表的化学治疗，在多种恶性肿瘤的临床治疗中起主导作用，但由于选择性欠佳，在杀伤肿瘤细胞的同时，亦会对正常组织及细胞产生损伤，存在较大的毒性反应，且在治疗过程中容易发生耐药等问题，严重制约了其临床应用。

21 世纪以来，随着肿瘤学、分子生物学、免疫学等学科的不断发展，人们对恶性肿瘤的认识已从基础到临床全面深化，以靶向治疗和免疫治疗为代表的抗恶性肿瘤药的研发和临床应用取得了突破性进展。靶向治疗针对肿瘤发生发展过程中的关键特异性分子靶点，以小分子抑制剂、单克隆抗体等特异性地调节相关信号通路，进而抑制肿瘤的恶性进展，具有毒性反应低及治疗选择性高等优势。免疫治疗通过改善机体抗肿瘤免疫应答，从而杀伤或清除肿瘤细胞，极大改善了肿瘤患者的生存状态，并为多种恶性肿瘤带来了治愈希望。

一、细胞毒类抗恶性肿瘤药的作用机制

几乎所有的恶性肿瘤细胞都具有一个共同的特点，即与细胞增殖有关的基因被开启或激活，而与细胞分化或凋亡有关的基因被关闭或抑制，从而使肿瘤细胞表现为不受机体约束的无限增殖状态。从细胞生物学角度，诱导肿瘤细胞分化，抑制肿瘤细胞增殖或者导致肿瘤细胞死亡的药物均可发挥抗肿瘤作用。

细胞从一次分裂结束到下一次细胞分裂完成，称为细胞增殖周期。根据细胞生长增殖特点可将肿瘤细胞群分为增殖细胞群和非增殖细胞群。增殖细胞群指处于指数分裂增殖期的细胞，其生长代谢活跃。按细胞内 DNA 含量变化，细胞增殖周期可分为 DNA 合成前期（G_1 期）、DNA 合成期（S

期）、DNA 合成后期（G_2 期）、分裂期（M 期）。非增殖细胞群指有增殖能力但暂不分裂，处于静止期（G_0）的细胞，处于此期的细胞对药物不敏感。当增殖细胞群被大量杀灭后，处于 G_0 期的非增殖细胞可进入增殖期，是肿瘤复发的重要原因之一。

根据增殖细胞周期中各期细胞对药物的敏感性，可将细胞毒类抗恶性肿瘤药分为以下两大类：①细胞周期（时相）非特异性药物：能杀灭处于增殖周期各时相的细胞甚至包括 G_0 期细胞的药物，如直接破坏 DNA 结构，以及影响其复制或转录功能的药物（烷化剂、抗肿瘤抗生素及铂类配合物等）；②细胞周期（时相）特异性药物：仅对增殖周期的某些周期敏感而对 G_0 期细胞不敏感的药物，如作用于 S 期细胞的抗代谢药物，作用于 M 期细胞的长春碱类药物。此类药物对肿瘤细胞的杀伤作用往往呈现时间依赖性，需要一定时间才能发挥作用。

从生物化学角度来讲，细胞毒类抗恶性肿瘤药作用机制主要涉及以下四个方面：①干扰核酸生物合成，即药物分别在不同环节阻止 DNA 的生物合成，属于抗代谢药；②影响 DNA 结构和功能，如破坏 DNA 结构或抑制拓扑异构酶活性，影响 DNA 复制和修复功能；③干扰转录过程和 RNA 合成，药物可嵌入 DNA 碱基对之间，干扰转录过程，阻止 mRNA 的形成；④干扰蛋白质合成和功能，药物可干扰微管蛋白聚合功能、干扰核糖体功能或影响氨基酸供应等。

二、非细胞毒类抗恶性肿瘤药的作用机制

近二十年来，随着对恶性肿瘤发生发展调控机制的研究不断深入，非细胞毒类抗恶性肿瘤药的开发及临床应用得到了快速发展，主要包括靶向抗恶性肿瘤药、影响激素平衡的抗恶性肿瘤药及恶性肿瘤免疫治疗药。此类药物基于正常细胞和恶性肿瘤细胞之间的差异发挥作用，因此具有选择性高、毒性低等治疗优势。

靶向抗恶性肿瘤药主要针对肿瘤细胞信号转导、细胞增殖分化、细胞周期调控、血管生成等过程中的关键调控分子，主要包括小分子化合物和单克隆抗体。如针对信号转导过程的蛋白酪氨酸激酶抑制剂伊马替尼、索拉非尼等；针对细胞增殖分化及血管生成关键分子的曲妥珠单抗、贝伐珠单抗等。影响激素平衡的抗恶性肿瘤药主要包括调节雌激素平衡、雄激素平衡及调节促性腺激素释放激素的药物，如雌激素受体阻断药他莫昔芬等。肿瘤免疫治疗药物主要针对肿瘤免疫逃逸机制，通过改善机体的抗肿瘤免疫应答，从而杀伤或清除肿瘤细胞，主要包括单克隆抗体类免疫检查点抑制剂等。

三、抗恶性肿瘤药耐药性产生机制

肿瘤细胞较容易对抗恶性肿瘤药产生耐药性，影响药物治疗效果。恶性肿瘤细胞对抗恶性肿瘤药的耐药性可分为原发性耐药（primary resistance）和获得性耐药（acquired resistance）。原发性耐药系指有些肿瘤细胞对部分抗恶性肿瘤药一开始就不敏感的现象，亦称为固有耐药；获得性耐药系指有些肿瘤细胞对原来敏感的抗恶性肿瘤药，经过一段时间的使用后获得耐药性的现象，亦称为继发性耐药。此外，还有部分肿瘤对一些药物存在多药耐药性（multidrug resistance，MDR）现象，系指肿瘤细胞在接触某一种抗恶性肿瘤药后，对多种结构功能不同、作用机制各异的其他抗恶性肿瘤药产生交叉耐药性的现象。

耐药性的产生是肿瘤治疗失败的重要原因，亦是目前国内外研究前沿及热点问题。耐药性产生的机制复杂，不同抗恶性肿瘤药的耐药机制不尽相同，同一种药物亦会存在多种耐药机制。肿瘤获得性耐药产生机制主要包括以下因素：肿瘤细胞对药物摄取减少、肿瘤异质性、肿瘤干细胞、DNA 损伤修复、靶基因突变、肿瘤免疫微环境改变等。例如，由多药耐药基因（mdr-1）编码的 P-糖蛋白（P-glycoprotein，P-gp）表达是 MDR 的重要原因；肿瘤细胞靶基因突变、旁路激活等是蛋白酪氨酸激

酶抑制剂等抗恶性肿瘤药耐药的重要原因；免疫检查点抑制剂的耐药机制十分复杂，目前研究报道的耐药机制包括肿瘤抗原提呈过程缺陷，IFN-γ 信号通路缺陷，以及其他免疫检查点的上调等。

第二节 常用抗恶性肿瘤药

抗恶性肿瘤药发展迅速，目前临床应用的抗恶性肿瘤药种类繁多，根据药物性质及作用机制等有多种不同的分类方法。较常见的分为细胞毒类抗恶性肿瘤药和非细胞毒类抗恶性肿瘤药两大类，而根据药物作用机制、药物化学结构等不同，两者又有系列不同细分类别。

一、细胞毒类抗恶性肿瘤药

（一）干扰核酸生物合成的药物

Ⅰ. 嘧啶核苷酸合成抑制剂

氟尿嘧啶（5-fluorouracil，5-FU，5-氟尿嘧啶）

氟尿嘧啶为嘧啶类似物，属于抗代谢药。

【体内过程】 口服吸收不完全，生物利用度低，需注射给药。80%在肝脏代谢灭活，$t_{1/2}$ 为 10～20min，代谢产物部分转化为尿素随尿液排出，大部分转化为 CO_2 由肺排出。本品易进入脑脊液。

【药理作用】 本品在细胞内经酶转变为 5-氟尿嘧啶脱氧核苷酸，从而竞争性抑制脱氧胸苷酸合成酶，阻止脱氧尿苷酸甲基化为脱氧胸苷酸，影响 DNA 合成。此外，本品可在体内转化为 5-氟尿嘧啶核苷，结合到 RNA 上而干扰蛋白质的合成。

【临床应用】 抗瘤谱较广，主要用于消化道肿瘤，或较大剂量用于绒毛膜上皮癌，也可用于治疗乳腺癌、卵巢癌、宫颈癌、膀胱癌及皮肤癌等。

【不良反应】 主要有骨髓抑制和胃肠道毒性。其中胃肠道反应较明显，主要表现为食欲缺乏、恶心、呕吐等，偶见口腔黏膜炎或溃疡。骨髓抑制可表现为白细胞减少和血小板下降。其他不良反应还包括脱发、指甲变化、皮炎等。

【药物相互作用】 与甲氨蝶呤合用，为避免减效，应先给甲氨蝶呤后再给予本品。别嘌醇可以减低本品引起的骨髓抑制。

【禁忌证和注意事项】 妊娠及哺乳期妇女禁用，严重肝肾功能损伤者禁用。本品能生成神经毒性代谢物氟代柠檬酸而致脑瘫，故不作鞘内注射。

卡培他滨（capecitabine）

卡培他滨为 5-FU 的衍生物，可口服给药。本品可用于治疗结直肠癌、乳腺癌及胃癌。在肿瘤组织中通过胞苷脱氨酶、胸苷磷酸化酶等转化为 5-FU 而发挥作用。

替吉奥（tegafur）

替吉奥为口服氟尿嘧啶衍生物类抗癌药，包括替加氟（5-FU 前体药物）和吉美嘧啶、奥替拉西（调节剂）。口服给药后替加氟在体内转化为 5-FU 而发挥作用。本品主要用于胃癌的治疗，也可用于头颈部癌、非小细胞肺癌、结肠癌、胰腺癌等的治疗。

Ⅱ. 二氢叶酸还原酶抑制剂

甲氨蝶呤（methotrexate）

甲氨蝶呤的化学结构与叶酸相似，对二氢叶酸还原酶有较强的抑制作用，属于抗代谢药。

【体内过程】 口服易吸收，1～2h 血药浓度达峰值。常规为静脉给药，血浆蛋白结合率为 50%。$t_{1/2}$ 约为 2h，通过肝细胞和肠道细菌代谢；主要以原形排出体外，40%～90%经肾排泄，小于 10%通过胆汁排泄，少量从粪便排出。数次高剂量给药后，代谢物可累积。

【药理作用】 本品与二氢叶酸还原酶（dihydrofolate reductase，DHFR）有高亲和力，可竞争性与 DHFR 结合，阻断二氢叶酸被还原为四氢叶酸，阻止一碳基团转移，抑制嘌呤核苷酸和嘧啶核苷酸合成。

【临床应用】 可用于急性白血病，尤其是急性淋巴细胞白血病、恶性淋巴瘤，疗效显著。也可用于绒毛膜上皮癌、侵蚀性葡萄胎、软组织肉瘤、头颈部肿瘤、肺癌、乳腺癌、卵巢癌及宫颈癌。鞘内注射用于治疗脑膜转移癌。

【不良反应】 主要包括骨髓抑制和胃肠道毒性。严重时全血象下降，患者可能自发出血并有危及生命的感染危险。妊娠早期应用可致流产、畸胎、死胎等。其他不良反应包括脱发、皮炎、间质性肺炎、肾毒性。

【禁忌证和注意事项】 全身极度衰竭、恶病质或并发感染及心肺肝肾功能不全时禁用；周围血象过低时不宜用。本品长期服用后有潜在导致继发性肿瘤的危险。

培美曲塞（pemetrexed）

培美曲塞为一种结构上含有核心为吡咯嘧啶基团的多靶位抗叶酸制剂，可联合顺铂用于非小细胞肺癌的治疗，也可用于恶性胸膜间皮瘤。为减少毒性反应，应用本品治疗时应按要求服用低剂量叶酸或其他含叶酸的复合维生素制剂。

Ⅲ. 嘌呤核苷酸合成抑制剂

巯嘌呤（mercaptopurine，6-巯基嘌呤）

巯嘌呤属于抗代谢药。

【体内过程】 口服吸收不完全，生物利用度仅为 10%～50%，个体差异较大，与食物或口服抗菌药同服会降低本品吸收。血浆蛋白结合率约为 20%。口服 $t_{1/2}$ 为 50min，静脉注射 $t_{1/2}$ 约为 90min，约 8%以原形由尿液排出。

【药理作用】 为嘌呤类阻断药，在体内受次黄嘌呤核苷焦磷酸酶催化成为 6-巯基嘌呤核糖核苷酸，可竞争性抑制次黄嘌呤核苷酸转变为腺嘌呤核苷酸和鸟嘌呤核苷酸，从而干扰嘌呤代谢，阻碍核酸合成，抑制肿瘤细胞增殖。

【临床应用】 主要用于急性白血病的治疗，对慢性粒细胞白血病有效，也可用于绒毛膜上皮癌、侵蚀性葡萄胎。

【不良反应】 主要为骨髓抑制；胃肠道反应儿童发生率较成人低。

【药物相互作用】 与别嘌呤同时服用增加本品的效能与毒性；与有肝毒性的药物同时服用增加肝细胞毒性。

Ⅳ. DNA 多聚酶抑制剂

阿糖胞苷（cytarabine）

阿糖胞苷为胞苷及脱氧胞苷类似物，抗嘧啶类药物，属于抗代谢药。

【体内过程】 口服生物利用度约为 20%，通常注射给药。静脉注射后 $t_{1/2}$ 为 2.5h。本品进入体内迅速被胞苷脱氨酶代谢，主要以无活性的阿糖尿苷经肾排泄。

【药理作用】 本品在体内转化为 5-磷酸核苷酸后，与合适的核苷酸激酶反应生成二磷酸核苷酸和三磷酸核苷酸，后者抑制细胞 DNA 合成。

【临床应用】 主要用于急性白血病。还可用于慢性髓细胞白血病和恶性淋巴瘤的治疗。

【不良反应】 主要为骨髓抑制和胃肠道反应。有时出现巨幼细胞贫血、发热反应、恶心、呕吐、口腔溃疡等症状，此外还有血栓静脉炎和肝功能受损等症状。

【药物相互作用】 静脉注射本品与鞘内注射甲氨蝶呤合用会增加严重神经系统不良反应风险。

【禁忌证】 妊娠期及哺乳期妇女禁用。

吉西他滨（gemcitabine）

吉西他滨为嘧啶核苷酸类似物，属于抗代谢类抗癌药。具有抗癌谱广、毒性低、与其他化疗药无交叉耐药且毒性反应无叠加等特点。主要用于非小细胞肺癌、胰腺癌、乳腺癌的治疗。

（二）影响DNA结构和功能的药物

Ⅰ．烷化剂

环磷酰胺（cyclophosphamide）

【体内过程】 口服吸收良好，1h 血药浓度达到峰值，可通过血脑屏障。主要在肝脏转化。原药及其代谢物主要经肾排出，$t_{1/2}$为 4～6.5h。

【药理作用】 在肝内被氧化成 4-羟基环磷酰胺，经结构互变成为醛磷酰胺，进一步发生氧化、裂环、分离出具有强大烷化作用的磷酰胺氮芥，与 DNA 发生交叉联结，抑制肿瘤细胞 DNA 合成，干扰 DNA 和 RNA 功能。

【临床应用】 抗瘤谱较广，抑瘤作用明显，毒性较低。对恶性淋巴瘤，急、慢性淋巴细胞白血病，多发性骨髓瘤有较好疗效；对乳腺癌、卵巢癌、肺癌、神经母细胞瘤、睾丸肿瘤、头颈部鳞癌、鼻咽癌、横纹肌肉瘤及骨肉瘤等有一定疗效。

【不良反应】 主要为骨髓抑制；膀胱炎是本品较特殊的不良反应，发生率高达 40%，严重时出现血尿。其他不良反应有脱发、肝功能损害、皮肤色素沉着、月经不调、精子无活力、肺纤维化、心肌损害和抗利尿激素分泌不足等。此外本品有致癌、致畸和致突变作用。

【药物相互作用】 肝药酶诱导剂对本品的代谢、活性和毒性均有影响。

【禁忌证】 妊娠及哺乳期妇女、肝肾功能损害者、骨髓功能抑制者及感染患者禁用。

氮芥（mechlorethamine）

氮芥为双功能烷化剂，作用机制为氮芥可与鸟嘌呤第 7 位氮呈共价结合，产生 DNA 的双链内交叉联结或 DNA 的同链内不同碱基的交叉联结，阻止 DNA 复制。

替莫唑胺（temozolomide）

替莫唑胺常用于治疗多形性胶质母细胞瘤和间变性星形细胞瘤。常规化疗耐药后使用本品仍有疗效，且无交叉耐药性。本品毒副作用较低，常见不良反应有胃肠道反应、便秘、头痛头晕、疲乏、失眠焦虑、血糖或肝酶升高等。

Ⅱ．铂类配合物

顺铂（cisplatin，顺氯氨铂）

顺铂是以二价铂与两个氯原子和两个氨分子结合的重金属络合物，类似于双功能烷化剂，是第一代铂类配合物。

【体内过程】 口服无效，需静脉注射。蛋白结合率约为 90%，原形药物经肾缓慢排泄，5 天内尿中仅排出 27%～54%，血浆 $t_{1/2}$ 为 58～72h。腹腔给药时腹腔脏器药物浓度较静脉给药高 2.5～8 倍，于卵巢癌治疗有利。

【药理作用】 进入体内氯可被水解，二价铂在DNA分子中鸟嘌呤6位和7位间形成交叉联结，或与胞嘧啶及腺嘌呤结合形成DNA单链内两点或双链间的交叉联结，从而破坏DNA的结构与功能。本品对RNA和蛋白质合成的抑制作用较弱，属于周期非特异性药物。

【临床应用】 抗癌谱较广，主要用于治疗转移性睾丸癌和卵巢癌，对睾丸癌有特效；对膀胱癌、宫颈癌、头颈部癌、骨髓瘤、非小细胞肺癌和胃癌也有一定疗效。

【不良反应】 包括肾脏毒性、胃肠道反应和骨髓抑制等。肾脏毒性是最严重的毒性反应，表现为血尿和肾功能损伤、血清肌酐升高及清除率降低。其他不良反应包括肝功能障碍，血清氨基转移酶增加，耳毒性如耳鸣，神经毒性如运动失调、肌痛、上下肢感觉异常等。

【禁忌证】 肾功能损害者、严重骨髓抑制者、孕妇、对本品及其他含铂制剂过敏者禁用。

卡铂（carboplatin）

卡铂为第二代铂类配合物。作用机制、适应证与顺铂相似，具有抗肿瘤活性较强、毒性较低的特点。主要用于治疗小细胞肺癌、卵巢癌、头颈部癌、生殖细胞肿瘤，也可用于甲状腺癌、宫颈癌、膀胱癌及非小细胞肺癌等。

奥沙利铂（oxaliplatin）

奥沙利铂为第三代铂类配合物，是以1, 2-二氨基环己烷基团代替顺铂的氨基的铂类化合物，作用机制与其他铂类药相似，与5-FU联合有协同作用。主要用于结直肠癌和肝细胞癌的治疗。

Ⅲ. 抗生素类

丝裂霉素（mitomycin）

丝裂霉素可采用静脉注射、动脉注射或腔内注射。主要在肝脏中转化，$t_{1/2}$ 分别为 5～10min、50min，主要通过肾排泄。在组织中经酶活化后，发挥似双功能或三功能烷化剂的作用，可与DNA发生交叉联结，抑制DNA合成，对RNA及蛋白质合成也有一定的抑制作用。用于多种实体瘤的治疗，特别是消化道恶性肿瘤。骨髓抑制为最严重的毒性，可见胃肠道反应。与多柔比星同用可增加心脏毒性。水痘或带状疱疹患者及孕妇与哺乳期妇女禁用。

博来霉素（bleomycin）

博来霉素为来自轮枝链霉菌产生的糖肽类，通过与DNA结合引起核酸链断裂而发挥作用。主要用于治疗睾丸癌及各种恶性淋巴瘤，还可用于治疗头颈部癌、子宫颈癌、皮肤鳞状细胞癌、肺癌、食管癌、神经胶质瘤、甲状腺癌及银屑病。

Ⅳ. 拓扑异构酶抑制剂

喜树碱（camptothecin，喜树素）

喜树碱是喜树种子或根皮中提取的一种生物碱，属于天然产物类抗肿瘤药。

【体内过程】 静脉注射后大部分与血浆蛋白结合，$t_{1/2}$ 长，血中可存留6天以上，主要以原形由尿液排出。

【药理作用】 能特异性抑制DNA拓扑异构酶Ⅰ，干扰DNA功能，阻止DNA复制及RNA合成，致使肿瘤细胞死亡。与其他常用抗恶性肿瘤药无交叉耐药性。

【临床应用】 主要用于胃癌、食管癌、结直肠癌、膀胱癌、肺癌、急性和慢性粒细胞白血病等的治疗。

【不良反应】 主要为泌尿系统反应，表现为血尿、尿频、尿急等，胃肠道反应严重者可出现肠麻痹和电解质紊乱，骨髓抑制较轻。

【药物相互作用】 与碳酸氢钠同用可减轻对肾脏的损害。

【禁忌证】 孕妇及肾功能受损者禁用。

羟喜树碱（hydroxycamptothecin，10-羟基喜树碱）

羟喜树碱的作用机制与喜树碱相似，可用于原发性肝癌、胃癌、头颈部上皮癌、膀胱癌、直肠癌等的治疗。

拓扑替康（topotecan）

拓扑替康为半合成喜树碱类衍生物。本品具有广泛的抗瘤谱和较强的抗肿瘤活性，可用于小细胞肺癌，也可用于卵巢癌、慢性髓细胞白血病和骨髓发育不良综合征。

伊立替康（irinotecan）

伊立替康为水溶性半合成喜树碱类衍生物。可用于晚期大肠癌的一线治疗，也可用于术后辅助化疗；对肺癌、乳腺癌、胰腺癌等也有一定疗效。

依托泊苷（etoposide，鬼臼乙叉苷）

依托泊苷为半合成鬼臼毒素类衍生物。其细胞毒作用机制与干扰拓扑异构酶Ⅱ的功能有关。单用或联合用于治疗睾丸癌、小细胞肺癌、胃癌。对食管癌、神经母细胞瘤、肾母细胞瘤、大细胞淋巴瘤及淋巴细胞白血病也有一定疗效。

（三）干扰转录过程和RNA合成的药物

多柔比星（doxorubicin，阿霉素）

多柔比星是由链霉菌属的发酵液中提取而得。

【体内过程】 仅可静脉给药，血浆蛋白结合率低，$t_{1/2}$为43h。主要在肝内代谢，经胆汁排泄，50%以原形，23%以具有活性的代谢物多柔比星醇形式排出，6h内仅5%～10%从尿液中排泄。

【药理作用】 既含有脂溶性蒽环配基，又有水溶性柔红糖胺，并有酸性酚羟基和碱性氨基，因此具有很强的抗癌药理活性，可直接作用于DNA，插入DNA的双螺旋链，使其解开，改变DNA的模板性质，抑制DNA聚合酶，从而抑制DNA和RNA合成。此外，本品具有形成超氧基自由基团的功能，并有特殊的破坏细胞膜结构和功能的作用。

【临床应用】 临床抗瘤谱广，疗效高，对各种周期的肿瘤细胞都有杀灭作用。主要用于治疗急慢性白血病、恶性淋巴瘤，对神经母细胞瘤、横纹肌肉瘤、软组织肉瘤、肾母细胞瘤、乳腺癌、肺癌、胃癌、膀胱癌、前列腺癌、卵巢癌、子宫内膜癌、宫颈癌、睾丸癌、头颈部鳞状细胞癌和肝细胞瘤也有一定疗效。

【不良反应】 主要为骨髓抑制和心脏毒性。心脏毒性与总累积剂量密切相关，因此应限制总剂量不得超过 $550mg/m^2$；其他不良反应还包括恶心、呕吐、口炎、脱发、高热、出血性症状、静脉炎和皮肤色素沉着等。

【药物相互作用】 与各种骨髓抑制剂联合使用或配合放射治疗时，剂量应酌减。与β受体阻断药合用可增加心脏毒性；与致肝功能损害的药物联合使用可增加本品的肝毒性；与阿糖胞苷同用可导致坏死性结肠炎；与柔红霉素、长春新碱和放线菌素D呈现交叉耐药性。

【禁忌证】 骨髓功能抑制、心肺功能失代偿、严重心脏病、重症感染、电解质或酸碱平衡失调、胃肠道梗阻、肝功能损害、水痘或带状疱疹患者，以及妊娠和哺乳期妇女禁用。

表柔比星（epirubicin，表阿霉素）

表柔比星为多柔比星的同分异构体，广谱抗肿瘤抗生素，临床常用于治疗乳腺癌、恶性淋巴瘤、急性白血病、卵巢癌、软组织肉瘤、肺癌和胃癌等。

（四）干扰蛋白质合成和功能的药物

Ⅰ. 阻止氨基酸供应的药物

L-门冬酰胺酶（*L*-asparaginase）

L-门冬酰胺酶口服在胃肠道内被破坏。静脉注射血液浓度比肌内注射高 10 倍。血浆蛋白结合率约为 30%，静脉注射 $t_{1/2}$ 为 8～24h，血药浓度可维持 5～6 天，肌内注射 $t_{1/2}$ 为 39～49h。*L*-门冬酰胺酶能催化门冬酰胺分解，使肿瘤细胞缺乏门冬酰胺供应，从而干扰其蛋白质合成，抑制细胞生长。主要用于急性淋巴细胞白血病，对急性粒细胞白血病、急性单核细胞白血病和恶性淋巴瘤也有一定疗效。常见不良反应有荨麻疹、过敏性休克、低蛋白血症、外围组织水肿、高糖血症、凝血因子降低、精神症状和胃肠道反应等。对本品过敏者，曾或现患胰腺炎者，水痘或疱疹等严重感染者，肝肾、造血、神经功能严重受损者及妊娠期妇女禁用。

Ⅱ. 干扰微管蛋白功能的药物

长 春 碱 类

长春碱（vinblastine）及长春新碱（vincristine）是长春花中提取的生物碱，属天然产物类抗肿瘤药。长春碱类是一种有丝分裂抑制剂，被广泛用于化学疗法。长春地辛（vindesine）和长春瑞滨（vinorelbine）是长春碱的半合成衍生物。

【体内过程】 长春新碱静脉注射后血浆蛋白结合率为 75%，$t_{1/2}$ 长达 85h，在肝内代谢，随胆汁排出。

【药理作用】 长春碱类药物可与微管蛋白结合，抑制微管聚合，从而阻断纺锤丝的形成，抑制有丝分裂，有效影响各种快速分裂细胞的生长。

【临床应用】 长春新碱主要用于联合化疗 CHOP（C-环磷酰胺、H-多柔比星、O-长春新碱、P-泼尼松）治疗非霍奇金淋巴瘤；还可用于急性白血病、急慢性淋巴细胞白血病、恶性淋巴瘤、生殖细胞肿瘤、小细胞肺癌及神经母细胞瘤等。

【不良反应】 有神经系统毒性，主要引起外周神经症状；还可引起轻微骨髓抑制和消化系统反应。

【禁忌证】 有痛风史者、尿酸盐性肾结石病史者、白细胞计数减少者、肝功能损害者、细菌性感染者、妊娠及哺乳期妇女禁用。

紫杉醇（taxol）

紫杉醇是从短叶紫衫或红豆杉中提取的双萜烯成分，属天然产物类抗恶性肿瘤药，具有广谱抗癌作用。

【体内过程】 静脉滴注给药，$t_{1/2}$ 为 5.3～17.4h，血浆蛋白结合率为 89%～98%，主要经肝脏代谢。

【药理作用】 本品为微管抑制剂，具有聚合和稳定细胞内微管的作用，阻止微管分开，抑制纺锤丝和纺锤体形成，阻断肿瘤细胞分裂，使肿瘤细胞复制受阻而死亡。

【临床应用】 为治疗卵巢癌和乳腺癌的一线药物，此外对铂类等耐药的卵巢癌、恶性黑色素瘤、结肠癌和人乳头瘤病毒引起的卡波西肉瘤也有效。

【不良反应】 主要为骨髓抑制、神经毒性及心脏毒性。此外还有胃肠道反应。

【禁忌证】 对本品或聚氧乙基代蓖麻油过敏者、妊娠期妇女禁用。

Ⅲ. 干扰核糖体功能的药物

三尖杉酯碱（harringtonine）

抑制真核细胞蛋白质合成的开始阶段，使多聚核糖体分解，释放出新生肽链，抑制有丝分裂。

用于各型急性非淋巴细胞白血病，对骨髓增生异常综合征、慢性粒细胞白血病及真性红细胞增多症等亦有一定疗效。少数患者呈现心脏毒性；其他不良反应有恶心、呕吐、口干、厌食等；不宜静脉注射，滴注也须缓慢，以免引起血压下降。有心律失常等心血管疾病患者，骨髓抑制明显、粒细胞或血小板减少、肝肾功能不全，有痛风或肾尿酸盐结石患者，妊娠或哺乳期妇女慎用。

二、非细胞毒类抗恶性肿瘤药

（一）靶向抗恶性肿瘤药

Ⅰ. 小分子化合物

伊马替尼（imatinib）

【体内过程】 可口服给药，血浆蛋白结合率为 95%，$t_{1/2}$ 为 18h，7 天内可排泄所给药物的 81%，粪便排泄 68%，尿液排泄 13%。

【药理作用】 为蛋白酪氨酸激酶抑制剂（tyrosine kinase inhibitor，TKI），可抑制 Bcr-Abl 酪氨酸激酶，还可抑制血小板衍化生长因子受体、c-Kit 受体的酪氨酸激酶，从而阻断这些受体激酶激活后介导的信号转导，抑制肿瘤细胞增殖并诱导细胞凋亡。

【临床应用】 可用于治疗慢性髓细胞白血病、恶性胃肠道间质瘤、急性淋巴细胞白血病、隆突性皮肤纤维肉瘤。

【不良反应】 主要为骨髓抑制、胃肠道反应、肌肉痉挛、肌肉骨骼痛等。

【药物相互作用】 与细胞色素 P_{450} 3A4 酶（CYP3A4）诱导剂合用加快其清除速度，降低疗效；本品增加经 CYP3A4 代谢的药物浓度，因此应慎与 CYP3A4 底物合用。

【禁忌证】 心血管或心脏疾病患者使用本品时应严密监测；肝功能不全者、妊娠及哺乳期妇女慎用。

吉非替尼（gefitinib）

【体内过程】 可口服给药，$t_{1/2}$ 为 41h，血浆蛋白结合率为 90%，主要通过粪便排泄，少于 4% 通过肾脏以原形和代谢物的形式清除。

【药理作用】 本品为第一代表皮生长因子受体（epidermal growth factor receptor，EGFR）酪氨酸激酶抑制剂（EGFR-TKI），通过竞争性结合 ATP 结合位点，抑制 EGFR 磷酸化及其下游生长信号通路的传导，从而抑制肿瘤细胞生长。

【临床应用】 主要用于具有 EGFR 敏感突变的非小细胞肺癌。

【不良反应】 胃肠道反应，皮疹、痤疮、皮肤干燥、瘙痒等皮肤反应，间质性肺病及肝功能异常。

【药物相互作用】 CYP3A4 诱导剂与升高胃内 pH 的药物合用时会降低本品疗效。

【禁忌证】 妊娠或哺乳期妇女慎用。

厄洛替尼（erlotinib）

【体内过程】 口服后 93%与白蛋白和 α1 酸性糖蛋白结合，主要经肝脏代谢和胆道分泌，$t_{1/2}$ 约为 36h。

【药理作用】 一代 EGFR-TKI，药理作用与吉非替尼相同。

【临床应用】 主要用于具有 EGFR 敏感突变的非小细胞肺癌。

【不良反应】 皮疹、甲沟炎、腹泻、脱水、电解质失衡、胃肠道异常、中性粒细胞计数下降、血小板计数下降。

【药物相互作用】 本品溶解度与 pH 相关，改变消化道 pH 的药物可能会影响其溶解度，进而影响其疗效。本品与他汀类药物合用可能增加后者引起的肌肉毒性。

【禁忌证】 妊娠或哺乳期妇女慎用。

阿法替尼（afatinib）

阿法替尼为第二代 EGFR-TKI，主要通过与 EGFR 等 ErbB 家族受体蛋白的激酶区域共价结合，不可逆地抑制酪氨酸激酶磷酸化，从而抑制 ErbB 及下游信号。主要用于具有 EGFR 敏感突变或含铂化疗期间或化疗后疾病进展的非小细胞肺癌的治疗。常见不良反应为腹泻、皮肤相关不良事件、口腔炎和甲沟炎。

奥希替尼（osimertinib）

奥希替尼口服血浆蛋白结合率较高，主要经肝脏代谢，$t_{1/2}$ 为 48h。为第三代 EGFR-TKI。主要通过不饱和共价键形式不可逆结合 EGFR 激酶的催化活性中心，抑制其磷酸化及其下游信号通路的传导，抑制肿瘤生长。适用于既往经 EGFR-TKI 治疗时或治疗后出现疾病进展，并且经检测确认存在 EGFR-T790M 突变阳性的局部晚期或转移性非小细胞肺癌。目前也用于 EGFR 突变的非小细胞肺癌一线治疗及辅助治疗。不良反应主要有皮疹、皮肤干燥、指甲毒性、腹泻、口腔炎、食欲缺乏、间质性肺病、心肌炎及角膜炎。本品与 CYP3A4 诱导剂合用时，会降低其血药浓度。重度肝、肾功能损害患者及妊娠或哺乳期妇女慎用。

索拉非尼（sorafenib）

索拉非尼可口服，生物利用度为 38%～49%，$t_{1/2}$ 为 24～48h，主要在肝脏经氧化和葡萄糖苷酸化代谢。为多激酶抑制剂，对 CRAF、BRAF、c-Kit、血管内皮生长因子受体（vascular endothelial growth factor receptor，VEGFR）等都有抑制作用，可抑制肿瘤细胞生长；并有抗血管生成作用，抑制肿瘤增殖和转移。用于治疗肝细胞癌、肾细胞癌和甲状腺癌。不良反应主要有手足皮肤反应、脱发、皮疹、腹泻、呕吐、厌食、疲乏。与新霉素合用会降低本品生物利用度；与 CYP3A4 诱导剂合用增加本品代谢，降低本品血浆浓度。妊娠或哺乳期妇女慎用。

埃克替尼（icotinib）

埃克替尼可用于治疗 EGFR 敏感突变的非小细胞肺癌，是国产第一个获准用于早期肺癌患者术后辅助治疗的第一代 EGFR-TKI。

依维莫司（everolimus）

依维莫司为哺乳动物西罗莫司靶蛋白抑制剂，可用于治疗晚期肾细胞癌、室管膜下巨细胞型星形细胞瘤和乳腺癌。

舒尼替尼（sunitinib）

舒尼替尼为多靶点 TKI，可抑制 VEGFR、血小板衍生生长因子受体、Kit 和 RET 等酪氨酸激酶活性，阻断下游信号转导，抑制肿瘤生长，可用于治疗肾细胞癌、胃肠间质瘤和胰腺神经内分泌瘤。

瑞戈非尼（regorafenib）

瑞戈非尼为多靶点 TKI，是广谱抗肿瘤药，具有抑制血管生成和肿瘤细胞生长的作用，可用于治疗转移性结直肠癌和胃肠道间质瘤。

Ⅱ. 单克隆抗体

曲妥珠单抗（trastuzumab）

曲妥珠单抗为抗人类表皮生长因子受体 2（human epidermal growth factor receptor 2，HER2）的

单克隆抗体，通过特异性结合 HER2 而抑制细胞生长信号，并促进受体的降解，通过抗体依赖的细胞介导的细胞毒性作用杀伤肿瘤细胞。可用于 HER2 阳性的乳腺癌和 HER2 阳性的转移性胃癌。不良反应主要有发热、恶心、呕吐、输注反应、心功能不全，有胚胎毒性，可引起中性粒细胞减少症、贫血和肌痛。妊娠及哺乳期妇女禁用。

贝伐珠单抗（bevacizumab）

贝伐珠单抗与人血管内皮生长因子（human vascular endothelial growth factor，HVEGF）结合，阻止与其受体结合，阻断其活性，从而抑制新生血管生成，控制肿瘤增殖转移。可用于结直肠癌和非小细胞肺癌。不良反应主要有高血压、疲乏或乏力、腹泻和腹痛、胃肠道穿孔、出血和动脉血栓栓塞。与舒尼替尼联用可发生微血管溶血性贫血。妊娠或哺乳期妇女慎用。

西妥昔单抗（cetuximab）

西妥昔单抗为 EGFR 单克隆抗体，可与肿瘤细胞表面的 EGFR 特异性结合，抑制 EGF 等其他配体的结合，阻断细胞内信号转导，抑制细胞增殖。可用于头颈肿瘤和结直肠癌。不良反应主要有胃肠道反应、呼吸困难、疲乏、皮肤出红疹、瘙痒、发热及头痛等，可见输注反应。有角膜炎、溃疡性角膜炎和严重干眼病史的患者、妊娠或哺乳期妇女慎用。

利妥昔单抗（rituximab）

静脉输注给药，$t_{1/2}$ 约为 22 天。特异性结合跨膜抗原 CD20，启动介导 B 细胞溶解的免疫反应，并可通过补体及抗体依赖的细胞毒作用杀伤肿瘤细胞。适用于非霍奇金淋巴瘤和慢性淋巴细胞白血病。主要不良反应有严重的皮肤反应、乙型肝炎病毒再激活及进行性多灶性白质脑病。乙肝患者、严重活动性感染患者、妊娠或哺乳期妇女慎用。

（二）影响激素平衡的抗恶性肿瘤药

Ⅰ. 影响雌激素平衡药

他莫昔芬（tamoxifen）

他莫昔芬为合成的抗雌激素药物，能竞争性结合雌激素受体，形成受体复合物，阻止受体与 DNA 上的雌激素反应成分相结合，使基因转录等过程不能进行，从而抑制乳腺癌细胞的增殖。主要用于乳腺癌的治疗。

来曲唑（letrozole）

来曲唑为芳香化酶系统的一种竞争性抑制剂。芳香化酶是雌激素生物合成的关键酶，可使雌激素的底物雄激素 A 环芳香化形成雌激素。本品可通过与细胞色素 P_{450} 中的亚铁血红素竞争性结合来抑制芳香化酶，从而减少雌激素的生物合成。主要用于雌激素或孕激素受体阳性乳腺癌患者的治疗。

氟维司群（fulvestrant）

氟维司群为竞争性雌激素受体阻断药，亲合力与雌二醇相似。可结合雌激素受体，并下调受体蛋白水平，从而阻断雌激素功能。主要用于乳腺癌的治疗。

Ⅱ. 影响雄激素平衡药

比卡鲁胺（bicalutamide）

比卡鲁胺为雄激素受体阻断药，能够与雄激素受体结合而不激活基因表达，从而阻断雄激素的刺激，导致前列腺肿瘤的萎缩。主要用于前列腺癌患者的治疗。

阿比特龙（abiraterone）

阿比特龙为雄激素生物合成抑制剂，可抑制 17α-羟化酶/C17, 20-裂解酶（CYP17），后者在睾丸、肾上腺和前列腺肿瘤组织中表达并且是雄激素生物合成所必需的。常与泼尼松或泼尼松龙合用于前列腺癌患者的治疗。

Ⅲ. 影响促性腺激素释放激素药

戈舍瑞林（goserelin）

戈舍瑞林是一种合成的促黄体生成素释放激素的类似物，长期使用能够抑制脑垂体促性腺激素的分泌，从而引起男性血清睾酮和女性血清雌二醇的下降。主要用于前列腺癌、乳腺癌患者的治疗。

（三）恶性肿瘤免疫治疗药

伊匹单抗（ipilimumab）

伊匹单抗为人源化细胞毒 T 淋巴细胞相关抗原 4（cytotoxic T lymphocyte-associated antigen-4，CTLA-4）抗体。CTLA-4 是表达于 T 细胞上的跨膜受体，与 CD28 共同享有 B7 分子配体，CTLA-4 与 B7 分子结合后诱导 T 细胞无反应性，参与免疫反应的负调节，从而介导肿瘤细胞产生免疫逃逸作用。本品能够阻断 CTLA-4 介导的共抑制信号通路，促进 T 细胞活化增殖，从而杀死癌细胞。主要用于黑色素瘤、结直肠癌、肾细胞癌、肝细胞癌、非小细胞肺癌等的治疗。

纳武利尤单抗（nivolumab）

纳武利尤单抗是一种针对程序性死亡受体 1（programmed death-1，PD-1）的人源化单克隆抗体。T 细胞表达免疫抑制分子 PD-1 与细胞程序死亡配体 1（programmed cell death 1 ligand 1，PD-L1）结合，从而抑制 T 细胞活性。本品通过阻断 PD-1 及其配体 PD-L1 的相互作用，从而解除 PD-1/PD-L1 通路的免疫抑制作用。主要用于非小细胞肺癌、头颈部鳞癌、胃癌等的治疗。

帕博利珠单抗（pembrolizumab）

帕博利珠单抗为人源化 PD-1 单克隆抗体，其药理作用与纳武利尤单抗相似。临床上主要用于黑色素瘤、非小细胞肺癌、食管癌等的治疗。

阿替利珠单抗（atezolizumab）

阿替利珠单抗为一种针对 PD-L1 的人源化单克隆抗体，通过阻断 PD-1/PD-L1 信号通路，促进抗肿瘤作用。主要用于小细胞肺癌、肝细胞癌、非小细胞肺癌等的治疗。

（四）其他抗恶性肿瘤药

Ⅰ. 诱导细胞分化药

三氧化二砷（arsenic trioxide，As_2O_3）

本品通过降解 PML/RARα 蛋白诱导白血病细胞分化，并可下调凋亡抑制基因 BCL-2 从而诱导凋亡。此外，本品可能通过干扰巯基酶活性，调控癌相关基因的表达及阻碍细胞周期进程等途径，发挥其抗癌效应。主要用于急性早幼粒细胞白血病、原发性肝癌的治疗。

维 A 酸（tretinoin）

维 A 酸可诱导急性早幼粒细胞白血病（acute promyelocytic leukemia，APL）细胞分化成熟，在体外和体内试验中可抑制 APL 细胞的增殖。APL 患者经本品治疗后，来源于白血病纯系细胞的原始早幼粒细胞初步成熟，随后正常的多细胞系的造血细胞使骨髓和外周血再生，患者得到缓解。主要用于治疗急性早幼粒细胞白血病。

Ⅱ. 糖皮质激素类药

泼尼松（prednisone）

泼尼松主要通过抑制淋巴细胞，诱导淋巴细胞的凋亡发挥作用。常与其他化疗药物联用，治疗急性淋巴细胞白血病、恶性淋巴瘤。

Ⅲ. 放疗与化疗止吐药

昂丹司琼（ondansetron）

昂丹司琼用于预防和治疗由细胞毒性药物化疗、放射治疗、手术引起的恶心呕吐。昂丹司琼是一种高度选择性的 5-羟色胺（5-hydroxy tryptamine，5-HT_3）受体阻断药，从而阻断因化疗和手术等因素促进小肠嗜铬细胞释放 5-HT_3，兴奋迷走传入神经而导致的呕吐反射。

格拉司琼（granisetron）

格拉司琼为高选择性的 5-HT_3 受体阻断药，对因放疗、化疗及手术引起的恶心和呕吐具有良好的预防和治疗作用。本品选择性高，无锥体外系反应和过度镇静等副作用。

第三节　新时期抗恶性肿瘤药的发展

一、抗体耦联药物

抗体耦联药物（antibody-drug conjugates，ADCs）是具有靶向性抗体和强细胞毒性药物耦联而成的一种新型抗肿瘤药，俗称“生物导弹”。ADCs 利用抗体的特异性靶向作用，将药物分子运输到肿瘤组织，从而实现肿瘤杀伤作用。这种方法既能提高药物的组织特异性及抗肿瘤效果，也能降低对正常细胞的毒性，具有良好的应用前景。适应证包括淋巴癌、乳腺癌、尿路上皮癌等。

利妥珠单抗-美登素衍生物耦联物（ado-trastuzumab emtansine，TDM-1）

利妥珠单抗-美登素衍生物耦联物（TDM-1）是经典的 ADCs 之一。TDM-1 由靶向肿瘤高表达抗原 HER2 的利妥珠单抗和细胞毒药物美登素衍生物耦联而成，可抑制微管形成，阻滞细胞周期而导致癌细胞死亡，成功用于 HER2 阳性的乳腺癌治疗。

二、表观遗传药物（epigenetic drug）

DNA 甲基化、组蛋白乙酰化等表观遗传学改变与肿瘤的发生发展密切相关。目前，针对表观遗传靶点的药物主要包括组蛋白去乙酰化酶（histone deacetylase，HDAC）抑制剂及 DNA 甲基转移酶抑制剂等。

伏立诺他（vorinostat/zolinza）

伏立诺他为 HDAC 抑制剂，诱导细胞分化，阻断细胞周期，抑制肿瘤生长。主要用于常规治疗后仍进展、耐药或复发的皮肤 T 细胞淋巴瘤。能够增加化疗药物对肿瘤的敏感性。严重不良反应有肺栓塞、深度静脉血栓、血小板减少和贫血等。常见不良反应有腹泻、疲乏、畏寒、恶心、食欲缺乏和味觉障碍等。

西达本胺（chidamide）

西达本胺是国内自主研发的选择性 HDAC 抑制剂。可抑制细胞周期并诱导细胞凋亡，增强抗肿瘤免疫细胞活性。主要用于至少接受过一次全身化疗的复发或难治的外周 T 细胞淋巴瘤。常见不良反应有骨髓抑制、胃肠道反应、乏力、发热、头晕、皮疹等。

三、过继细胞免疫治疗

过继细胞免疫治疗（adoptive cell transfer therapy，ACT）是指将肿瘤患者自体的免疫细胞进行体外激活、改造和扩增之后，再重新移植到患者体内，从而进一步杀伤肿瘤细胞的治疗方法。目前，过继细胞免疫治疗可分为嵌合抗原受体 T 细胞（chimeric antigen receptor T cell，CAR-T）疗法、肿瘤浸润淋巴细胞疗法和工程 T 细胞受体疗法。

CAR-T 疗法是将患者的 T 细胞进行基因修饰，使其合成特异性识别肿瘤抗原的嵌合抗原受体的过继免疫疗法。用于治疗急性淋巴细胞白血病、非霍奇金淋巴瘤和多发性骨髓瘤。临床上，CAR-T 疗法的副作用主要是细胞因子释放综合征（cytokine release syndrome，CRS）及神经毒性。CRS 引起的不良反应包括发热、呼吸困难、头晕恶心、腹泻、肌肉疼痛和关节痛等。神经毒性引起的不良反应包括头痛、神志不清和癫痫发作等。

四、肿 瘤 疫 苗

肿瘤疫苗（tumor vaccine）是指一类可激发机体对肿瘤细胞进行免疫应答从而达到抗肿瘤效果的肿瘤抗原，具有特异性强、安全性较高、效力持久等优点。肿瘤疫苗可分为预防性疫苗和治疗性疫苗。

普列威（provenge）

普列威为治疗性肿瘤疫苗，是由包含抗原呈递细胞在内的外周血单核细胞及重组融合蛋白 PAP-GM-CSF 组成。用于治疗晚期前列腺癌，临床上常见不良反应有发冷、疲劳、发热、背痛、恶心、关节痛和头痛。

第四节　抗恶性肿瘤药的不良反应

一、细胞毒类抗恶性肿瘤药常见不良反应

目前临床上使用的细胞毒类化疗药物大多对肿瘤细胞和正常细胞缺乏理想的选择作用，即药物在杀伤恶性肿瘤细胞的同时，也对正常组织造成一定程度损伤，因而不良反应较多。按化疗药物毒性发生的快慢可分为近期毒性和远期毒性。

（一）近期毒性

近期毒性又可分为局部反应和全身反应。

1. 局部反应　某些刺激性强的抗恶性肿瘤药局部渗漏会引起组织反应、坏死或栓塞性静脉炎，如多柔比星、柔红霉素、丝裂霉素、长春新碱、长春碱、长春瑞滨等。

2. 全身反应

（1）过敏反应：是最早出现的毒性反应。较易发生过敏反应的药物有紫杉醇、多西他赛等。可表现为沿静脉出现的风团、荨麻疹或红斑，以及颜面发红、低血压、紫绀等，需立即停止输液并作

相应处理。因此在使用紫杉醇、多西他赛等药之前需预防性使用抗过敏药物，或选择其他药物替代。

（2）造血系统抑制：是细胞毒药物最常见的剂量限制性毒性。最初常表现为白细胞特别是粒细胞的减少，其次是血小板减少，严重时血红蛋白也降低。

（3）消化道毒性：是抗恶性肿瘤药常见的毒性反应，表现为恶心、呕吐、食欲下降、便秘、腹泻。此外，部分药物也可损害上皮细胞增殖活跃的消化道黏膜，引起口腔炎、口腔溃疡、舌炎等。

（4）皮肤及毛发损害：某些细胞毒类抗恶性肿瘤药会引起不同程度的脱发，如紫杉类、蒽环类、长春碱类，因为头发有85%～90%处于活跃生长状态。停止化疗后，头发仍可再生。

（5）心脏毒性：蒽环类细胞毒类抗恶性肿瘤药如多柔比星、柔红霉素等容易造成心脏毒性，这种毒性与药物使用的累积剂量相关，且往往不可逆。

（6）呼吸系统毒性：最容易引起肺毒性的药物是博来霉素，表现为肺炎样病变及肺纤维化，且呈剂量依赖性。

（7）肝毒性：多种抗恶性肿瘤药可引起肝毒性，主要有以下三种类型：肝细胞功能不全和化学性肝炎、静脉闭塞性疾病、慢性肝纤维化。

（8）泌尿系统毒性：环磷酰胺对尿路有刺激性，可导致出血性膀胱炎，引起尿痛和尿频。顺铂由肾小管分泌排出，可损害近曲小管和远曲小管，出现蛋白尿和管型尿等。用药期间补充足量液体可减轻毒性。

（9）神经系统毒性：紫衫类、长春碱类、奥沙利铂神经系统毒性较大，表现为手指或足趾麻木、感觉异常、外周神经炎等外周神经病变。

（二）远期毒性

随着癌症患者长期生存者比率增加，抗恶性肿瘤药的远期毒性受到关注。较为常见的有生长迟缓、不育、神经损害和诱发第二原发恶性肿瘤。

1. 诱发第二原发恶性肿瘤 在白血病尤其髓系白血病多见，多由烷化剂和拓扑异构酶抑制剂引起。

2. 性腺抑制作用 化疗对性腺的影响可能是长时间的，甚至导致生殖能力的完全破坏。女性应用烷化剂类药物如白消安、苯丁酸氮芥及环磷酰胺常发生闭经，停药后可逆，但会增加致畸风险。苯丁酸氮芥和环磷酰胺可引起不可逆性睾丸损害。

二、非细胞毒类抗恶性肿瘤药常见不良反应

靶向治疗不良反应与化疗相比较少、较轻，总体上可预期、可控制。如表皮生长因子受体络氨酸激酶抑制剂常见不良反应包括皮疹、腹泻、甲沟炎、口腔黏膜炎、肝损伤、间质性肺病。多靶点的络氨酸激酶抑制剂如索拉非尼和舒尼替尼常引起手足综合征和高血压。单克隆抗体如曲妥珠单抗引起与剂量无关且可逆的心脏毒性。抗血管生成抑制剂如贝伐珠单抗易诱发高血压和出血。

免疫治疗近年来发展迅速，不良反应也逐渐引起关注。其中免疫检查点抑制剂PD-1/PD-L1抗体常见的毒性多见于内分泌器官（如甲减、甲亢、垂体和肾上腺功能障碍）、胃肠道（如腹泻、结肠炎）、肺脏（如肺炎）、皮肤（如皮疹、瘙痒、白癜风）和骨骼肌肉系统（如关节痛、肌痛、类风湿关节炎）；少见毒性包括神经毒性（重症肌无力、格林-巴利综合征）、血液系统毒性（自身免疫性溶血性贫血、再生障碍性贫血）、肾脏毒性、心脏毒性、眼毒性。CAR-T细胞治疗最常见的不良反应是细胞因子释放综合征和神经系统毒性。虽然免疫治疗不良反应总体发生率较低，但有些可致严重后果，需予以重视。

1. 试述抗代谢类抗恶性肿瘤药的作用机制及耐药机制。
2. 试述靶向抗恶性肿瘤药的药理作用特点，讨论此类药物的可能耐药机制。
3. 结合新时期抗恶性肿瘤药的发展与专业知识，谈谈自己对免疫疗法及抗恶性肿瘤药新发展的想法。

附　白蛋白紫杉醇

20 世纪 60 年代，美国科学家在太平洋紫杉树的树皮中发现了抗癌活性成分——紫杉醇，于 1992 年获批用于卵巢癌治疗。然而从紫杉树中获取紫杉醇远远不足以供应众多临床患者，科学家针对紫杉醇的来源问题继续开展研究，他们从欧洲紫杉中发现了丰富的半成品，可以用它们来合成紫杉醇，解决了紫杉醇的供应问题。而此时，另一个影响紫杉醇临床应用的问题浮出了水面。紫杉醇不易溶于水，需要聚氧乙烯蓖麻油溶解才能保证一定的溶解性和稳定性，而这会引起 20%～40%的患者发生严重过敏反应。并且紫杉醇静脉注射需大量稀释，大大延长了单次给药的时间。

经过十多年的努力，科学家利用高压振动技术，将紫杉醇与人血清白蛋白制成白蛋白结合型紫杉醇纳米微粒（以下简称白蛋白紫杉醇）。2018 年，《中国临床肿瘤学会（CSCO）乳腺癌诊疗指南》中，白蛋白紫杉醇被推荐用于既往蒽环类治疗失败的患者，推荐级别为 1A 级。白蛋白作为辅料发挥分散、稳定微粒和运载紫杉醇作用，将药物快速递送至肿瘤组织，且停留时间更长，提高了紫杉醇抗肿瘤效果。白蛋白紫杉醇适用于治疗联合化疗失败的转移性乳腺癌或辅助化疗后 6 个月内复发的乳腺癌。其联合 PD-1 抗体用于三阴性乳腺癌的三期临床试验正在进行。常见不良反应有脱发、中性粒细胞减少、感觉神经毒性、心电图异常、疲劳、肌肉痛、关节痛等。

化疗联合免疫治疗是目前肿瘤治疗的重要方法，而紫杉醇治疗需使用类固醇激素以防止过敏反应，限制了免疫治疗的疗效。白蛋白作为人体自身蛋白，不会像蓖麻油那样引起过敏反应，治疗时不存在类固醇问题，且白蛋白紫杉醇能在肿瘤组织中快速富集，成为与免疫治疗联合应用的首选，为抗肿瘤药的发展与应用提供了一种新模式。

第十篇
作用于免疫系统的药物

第四十四章　免疫抑制药

学习目标

1. 牢固掌握环孢素的药理作用、临床应用、不良反应等知识要点。
2. 能根据免疫抑制药的分类和作用特点，灵活应用于临床。
3. 明晰免疫抑制药的研究前沿。

免疫抑制药是一类能够抑制免疫细胞增殖、降低机体免疫功能的药物。其通过抑制免疫细胞的发育分化、抗原的加工提呈、淋巴细胞对抗原的识别、T 细胞或 B 细胞的活化和增殖及下游一系列炎症反应等过程，作用于免疫反应的不同环节，抑制过度的免疫和炎性反应，恢复内环境的平衡，诱导免疫耐受，在防止器官或组织移植后产生排斥反应及治疗由免疫失衡引起的疾病方面发挥着重要作用。

免疫抑制药具有以下作用特点：①缺乏特异性，对异常免疫、正常免疫、细胞免疫、体液免疫都有抑制作用；②主要作用于免疫反应的感应期，抑制淋巴细胞增殖；③对初次免疫应答的抑制作用强，对再次免疫应答的抑制作用弱，故对排异反应的抑制作用强于自身免疫性疾病；④不同类型的免疫抑制药，产生最强效应的给药时间点不同，抗炎强度与免疫抑制效应无相关性；⑤长期、大剂量使用免疫抑制药，可能诱发感染、肿瘤，造成骨髓抑制。

免疫抑制剂种类较多，涉及多种作用机制，大致可分为六类：糖皮质激素类药、钙调磷酸酶抑制药、细胞增殖抑制药、生物制剂、新型细胞内靶向药和其他类。

第一节　糖皮质激素类药

糖皮质激素是一类由肾上腺皮质束状带合成的甾体类化合物，属于类固醇激素家族，通过直接改变特定基因的转录、表达或间接改变下游基因的表达发挥大部分治疗作用，其强大的抗炎和免疫调节作用主要通过调节免疫细胞和免疫因子来实现。糖皮质激素可降低循环中单核巨噬细胞的数量，减少单核巨噬细胞中促炎细胞因子和前列腺素的合成，以及 MHC Ⅱ类分子和 Fc 受体的表达；降低循环中 T 细胞的数量，抑制 IL-2 的合成和作用；减少嗜酸性粒细胞和嗜碱性粒细胞的数量，同时增加中性粒细胞的数量；通过降低血管通透性、黏附分子表达和成纤维细胞增殖，抑制白细胞迁移至炎症部位。此外，糖皮质激素可以诱导形成糖皮质激素诱导的亮氨酸拉链（glucocorticoid-induced-leucine-zipper，GILZ），GILZ 可以抑制 Th17 反应，拮抗涉及银屑病的核因子-κB（nuclear factor kappa-B，NF-κB）、激活子蛋白-1（activator protein 1，AP-1）等多种促炎信号通路，通过与 NF-κB 和 AP-1 转录因子的蛋白-蛋白相互作用来抑制核易位、DNA 结合和基因表达的调控。详细内容见第三十三章肾上腺皮质激素类药物。

第二节　钙调磷酸酶抑制药

环孢素（cyclosporin）

环孢素又称环孢霉素 A（cyclosporin A，CsA）。

【体内过程】 口服可吸收，但不完全，其生物利用度仅 20%～50%，口服后 3～4h 血药浓度达峰值。血液中药物总量的 50%和 10%分别被红细胞和淋巴细胞摄取，其余约 40%存在于血浆中，且绝大部分与脂蛋白及其他蛋白结合，游离的药物不足 5%。大部分在肝脏代谢，随胆汁排泄，极少量经肾排泄，$t_{1/2}$ 约为 16h。

【药理作用】 选择性地作用于 T 淋巴细胞活化初期，抑制 Th 细胞，使 Th 细胞数量明显降低，对细胞毒性 T 淋巴细胞亦有极强的抑制作用，但对调节 T 细胞（Treg）的影响较弱。抑制巨噬细胞产生 IL-1 并使 Th 细胞表达 IL-1 受体减少，从而导致 Th 细胞分泌 IL-2 减少及抑制 Th 细胞表达 IL-2 受体，同时也抑制 T 淋巴细胞产生干扰素（interferon-y，IFN-γ）。小剂量环孢素对巨噬细胞的吞噬功能无明显影响，也不直接抑制 NK 细胞，但可间接通过干扰 IFN-γ 的产生而影响其功能。总之，环孢素的作用不同于细胞毒类药物，它仅抑制细胞免疫和胸腺依赖性抗原的体液免疫，对机体的一般防御能力无明显影响。

【临床应用】 主要用于防治异体器官或骨髓移植时的排异反应，与糖皮质激素合用，疗效更佳。也适用于其他药物无效的难治性自身免疫性疾病如类风湿关节炎、系统性红斑狼疮、皮肌炎、银屑病等。

【不良反应】 剂量过大可造成肾和肝脏损伤，应用过程中宜监测肾、肝功能。另外，长期应用，牙龈肥大的发生率约为 12%，牙龈炎发生率约为 31%，严重影响患者的生活质量。

他克莫司（tacrolimus，FK506）

他克莫司作用强度是环孢素的 10～100 倍。

【体内过程】 口服吸收迅速，但不完全，与其存在首关消除效应有关。主要在肠道上段吸收，胆汁对其吸收无明显影响。血中药物浓度达峰时间为 0.5～3h，$t_{1/2}$ 为 5～8h，有效浓度持续 12h，99%在肝脏代谢后排出体外。

【药理作用】 他克莫司抑制淋巴细胞增殖，主要抑制 Th 细胞产生 IL-2，抑制细胞毒性 T 淋巴细胞产生干扰素，但不影响 Treg 细胞功能；抑制 Ca^{2+}依赖性 T、B 淋巴细胞的活化，也抑制 T 细胞依赖的 B 细胞产生免疫球蛋白的能力。

【临床应用】

1. 器官移植 在减少急性排斥反应发生率、增加移植存活率和延长患者生存时间三方面，疗效优于环孢素。由于他克莫司存在所谓的“亲肝效应”，可促进肝细胞的再生和修复，故主要用于肝脏移植，显著降低急性排斥反应的发生率及再次肝移植率，减少糖皮质激素的用量。也用于肾脏移植及骨髓移植。

2. 其他 对类风湿关节炎、肾病综合征、胰岛素依赖型糖尿病有一定疗效。

【不良反应】

1. 神经毒性 静脉给药最常见，轻者可出现头痛、震颤、失眠、畏光、感觉迟钝等，重者可出现运动不能、缄默症、癫痫发作、脑病等，多数反应在减量或停药后自行消失。

2. 肾毒性 由于本药物可直接或间接地影响肾小球滤过率及肾小管对电解质的转运，可发生急性和慢性肾毒性。

3. 高血糖 对胰岛细胞具有毒性作用，可导致高血糖。

4. 其他 大剂量给药引起牙龈炎及牙龈肥大，但发生率较环孢素低。

第三节 细胞增殖抑制药

细胞增殖抑制药包括细胞毒性药物（烷化剂）和抗细胞代谢药，前者的代表性药物为环磷酰胺，后者的经典药物包括甲氨蝶呤、硫唑嘌呤和来氟米特等。

一、细胞毒药物（烷化剂）

烷化剂是目前应用最广泛的细胞毒性药物，有一个或多个高度活跃的烷化基团，这些基团与核酸结合后破坏脱氧核糖核酸（deoxyribonucleic acid，DNA）结构，阻断 DNA 复制，导致细胞凋亡，因此处于增殖状态的细胞对烷化剂比较敏感，T 淋巴细胞和 B 淋巴细胞活化后，进入增殖分化阶段，对烷化剂的作用也较敏感，从而实现抑制免疫应答作用。烷化剂为细胞周期非特异性药物，一般对 M 期和 G_1 期细胞杀伤作用较强，而 G_2 期细胞对烷化剂不敏感，小剂量烷化剂可抑制细胞由 S 期进入 M 期。

环磷酰胺（cyclophosphamide，CTX）

【体内过程】 口服吸收良好，在肝和肿瘤组织内分布浓度较高，可通过血脑屏障，在肝内被氧化成 4-羟基环磷酰胺，后者可被进一步氧化成无活性的羧基磷酰胺和 4-酮基环磷酰胺，此反应可使本药对肝的毒性减至最小。而大量的 4-羟基环磷酰胺经循环系统运至靶组织，可发生结构互变，成为醛磷酰胺，并可自发裂解为磷酰胺氮芥和丙烯醛，前者对 DNA 有烷化作用，是主要的抗癌物质，后者对泌尿道有刺激作用。原形药物及其代谢物主要由尿排出，血浆 $t_{1/2}$ 为 4～6.5h。

【药理作用】 环磷酰胺为强效免疫抑制药之一，对增殖期及某些静息期淋巴细胞均有抑制作用。非特异性杀伤抗原敏感性淋巴细胞，限制其转化为免疫母细胞，同时也杀伤免疫活性细胞，B 细胞较 T 细胞对其更加敏感，因而能选择性地抑制 B 淋巴细胞；还可明显降低 NK 细胞的活性，从而抑制初次和再次体液免疫与细胞免疫反应。但在免疫抑制剂量下，不影响已活化的巨噬细胞功能。由于其免疫作用明显，不良反应相对较少且可口服，所以成为烷化剂中最常用的免疫抑制药。

【临床应用】

1. 自身免疫性疾病 对系统性红斑狼疮、类风湿关节炎、肾病综合征等疗效较好；对韦氏（Wegener）肉芽肿病、皮肌炎、结节性多发动脉炎等也可改善症状；与皮质激素合用治疗天疱疮。

2. 器官移植 用于器官移植后排斥反应的预防和治疗，常与泼尼松和抗淋巴细胞球蛋白合用。

【不良反应】 可引起骨髓抑制、胃肠道反应、出血性膀胱炎及脱发等，偶见肝功能障碍。

二、抗细胞代谢药

抗细胞代谢药是一类通过干扰必需生化过程而起效的免疫抑制药，此类药物主要为核苷类似物，是利用生物电子等排原理，将 DNA 合成中所需的嘌呤、嘧啶等代谢物的结构作细微改变，特异性地干扰核酸的复制，阻止细胞的分裂和繁殖。根据作用原理可分为三类：叶酸代谢抑制药（甲氨蝶呤、柳氮磺吡啶）；嘧啶代谢抑制药（来氟米特）；嘌呤代谢抑制药（硫唑嘌呤、霉酚酸酯）。

（一）叶酸代谢抑制药

甲氨蝶呤（methotrexate，MTX）

甲氨蝶呤是二氢叶酸还原酶抑制剂，通过阻止二氢叶酸转化为四氢叶酸，影响 DNA、RNA 合成，阻止细胞分裂从而发挥抗细胞增生作用。

柳氮磺吡啶（sulfasalazine，SASP）

柳氮磺吡啶在体内可以抑制 T 细胞增殖和自然杀伤细胞及 B 细胞活化，从而导致免疫球蛋白和类风湿因子的合成降低。

（二）嘧啶代谢抑制药

来氟米特（leflunomide）

来氟米特免疫调节效应是减少 T 淋巴细胞活化，主要对二氢乳酸脱氢酶（dihydroorotate dehydrogenase，DHODH）有可逆性抑制作用，从而抑制嘧啶合成。

（三）嘌呤代谢抑制药

硫唑嘌呤（azathioprine，Aza）

硫唑嘌呤是一种常用的抗代谢药物。口服吸收良好，口服后 1～2h 血药浓度达到峰值，$t_{1/2}$ 为 10min，其代谢产物巯嘌呤 $t_{1/2}$ 为 1h，其他代谢产物 $t_{1/2}$ 为 5h。硫唑嘌呤在体内转化为巯嘌呤，抑制嘌呤、DNA 合成，进而抑制淋巴细胞增殖及功能。临床主要用于器官（肾脏）移植后的排异反应和类风湿关节炎等自身免疫性疾病。硫唑嘌呤不良反应主要是骨髓抑制，表现为白细胞、血小板减少，易感染水痘和疱疹病毒，肝损伤，脱发，消化道反应，诱发胰腺炎、肿瘤等；用药期间应注意检测血常规和肝功能。

霉酚酸酯（mycophenolate mofetil，MMF，吗替麦考酚酯）

霉酚酸酯是一种霉菌来源抗生素的半合成衍生物。口服吸收良好，并在体内迅速转化为霉酚酸（mycophenolic acid，MPA），其 $t_{1/2}$ 为 16h，主要经尿液排泄。本药在体内水解生成有活性的 MPA，选择性抑制次黄嘌呤单核苷磷酸脱氢酶（inosine 5-monophosphate dehydrogenase，IMPDH），导致鸟嘌呤合成受阻，从而抑制 B 细胞、T 细胞增殖及功能，包括抑制抗体生成、细胞黏附和迁移等。本药主要用于肾、心、肝等器官移植后排异反应的预防，多与糖皮质激素类药物合用。本药不良反应主要有呕吐、腹泻等胃肠道反应，另外可造成中性粒细胞减少、单纯性红细胞发育不全等血液系统症状。本药还可引起流产、致畸，故孕妇禁用。

第四节 生 物 制 剂

生物制剂是应用生物技术制成，主要以炎症过程或免疫反应中的特定分子或受体为靶目标，从而产生免疫调节作用的抗体或天然抑制剂的重组产物。生物制剂最初用于肿瘤性疾病，随后扩展至多种自身免疫性疾病。抑制细胞增殖的生物制剂可通过阻断关键炎症细胞因子或细胞表面分子而发挥作用，如靶向 CD20 单抗、CD22 单抗、B 淋巴细胞刺激因子（B cell activating factor，BAFF）抑制剂、T 细胞抑制剂及 IL-1、IL-6、TNF-α 和 IL-17 的单抗等药物。

一、作用于 B 细胞的生物制剂

自身反应性 B 细胞可产生自身抗体继而形成免疫复合物沉积在组织和器官中，导致炎症和损伤，此外，B 淋巴细胞及其分泌的细胞因子在自身抗原的加工和提呈、诱导自身反应 T 细胞活化和分化中均起到一定作用。因此 B 细胞是许多新型生物制剂的治疗靶点，按照作用方式可分为直接作用于 B 细胞的药物与间接作用于 B 细胞的药物，前者有 CD20 单抗、CD22 单抗，后者有 BAFF 抑制剂。

（一）直接作用于 B 细胞的生物制剂

利妥昔单抗（rituximab）

利妥昔单抗是靶向 B 细胞受体 CD20 的嵌合鼠/人单克隆抗体，该抗体与 CD20 特异性结合，通过补体依赖性和抗体依赖性介导的细胞毒性，诱导 B 细胞凋亡，耗竭外周血 CD20 阳性 B 细胞。

依帕珠单抗（epratuzumab）

依帕珠单抗是针对 CD22 的人源化单克隆抗体，可与 CD22 分子胞外段结合并引起 CD22 内化和胞内段磷酸化，从而抑制 B 细胞抗原受体的活化，抑制 B 细胞的增殖。

（二）间接作用于 B 细胞的生物制剂

贝利木单抗（belimumab）

BAFF 也称 B 淋巴细胞刺激因子（B cell stimulatory factor，BLyS），BLyS 主要由中性粒细胞和巨噬细胞分泌，活化的 T 细胞和树突细胞也有少量分泌。BLyS 作为一种 B 淋巴细胞的共刺激因子，在 Anti-IgM 或 IL-24 存在下能专一地刺激 B 淋巴细胞增殖和分化，在体液免疫中起重要作用；而其在体内的过量表达又与自身免疫性疾病密切相关。

贝利木单抗是可溶性 BAFF 人源化 IgG1 型单克隆抗体，是首个被美国 FDA 批准用于治疗系统性红斑狼疮（systemic lupus erythematosus，SLE）的生物制剂，用于治疗自身抗体阳性的成年 SLE 患者，贝利木单抗通过与可溶性 BAFF 结合，减少活化的 B 细胞和浆细胞数目。

二、抑制 T 细胞与 B 细胞之间相互作用的生物制剂

阿巴西普（abatacept）

T 细胞的激活不仅需要 TCR 与 MHC 结合所产生的第一信号，还需要 CD28 与抗原提呈细胞（antigen presenting cell，APC）结合所产生的第二信号。阿巴西普是细胞毒性 T 淋巴细胞抗原-4（cytotoxic T lymphocyte-associated antigen-4，CTLA-4）与人 IgG1 的 Fc 段融合蛋白，是选择性 T 细胞共刺激抑制剂。阿巴西普通过与抗原呈递细胞上的 CD80 和 CD86 结合，阻断 CD28 产生第二信号，抑制 T 细胞激活，从而抑制炎性因子如 TNF-α、IFN-γ 和 IL-2 的产生。

三、抑制炎性细胞因子的生物制剂

细胞因子在免疫细胞的发育分化、免疫应答及免疫调节过程中都具有重要作用，但它也是把“双刃剑”，在一定条件下参与多种疾病的发生。在免疫应答时，免疫细胞分泌大量的细胞因子，细胞因子又刺激免疫细胞，这种正反馈调节如果失灵，就会引起“细胞因子风暴”，从而引起多种疾病，如急性呼吸窘迫综合征、SARS（重症急性呼吸综合征）和流感等。因此，细胞因子抑制剂可以有效减轻相关疾病症状，控制病情发展。这类药物有 TNF-α 抑制剂、IL-6 抑制剂、IL-17 抑制剂、IL-23 抑制剂等。

阿达木单抗（adalimumab）

TNF-α 是一种在炎症和免疫应答中出现的细胞因子。阿达木单抗可特异性地与 TNF-α 结合并阻断其与 p55 和 p75 细胞表面 TNF 受体的相互作用。在体外有补体存在的情况下，本品也可溶解表面表达 TNF-α 的细胞。

托珠单抗（tocilizumab）

IL-6是由白细胞和肾脏固有细胞分泌的细胞因子，可通过刺激B细胞分化、自身抗体分泌和T细胞分化来促进自身免疫性疾病发展。托珠单抗是IL-6受体单克隆抗体，通过结合IL-6跨膜受体来抑制IL-6介导的信号转导，抑制自身抗体，如类风湿因子（rheumatoid factor，RF）和抗瓜氨酸蛋白抗体（anti-citrulline protein antibody，ACPA）产生。

第五节　新型细胞内靶向药

细胞内靶向药也称小分子靶向药，最具有代表性的是以JAK为靶点的小分子药物。许多促炎细胞因子信号通过不同途径激活JAK/STAT信号通路后，进一步介导下游信号，参与自身免疫疾病的细胞增殖、活化，抗体和细胞因子产生等病理过程。特异性抑制JAK/STAT信号通路，可阻断细胞因子的级联放大作用，从而改善自身免疫病的病理和临床表现。JAK抑制剂通过抑制细胞因子和生长因子的信号转导，进而抑制T细胞、B细胞、巨噬细胞、树突细胞等免疫细胞功能。

托法替布（tofacitinib）

托法替布为靶向JAK3的抑制剂，也有相对弱的JAK1活性，通过黏附在JAK激酶结构域的三磷酸腺苷结合点，抑制JAK的磷酸化和随后STAT的激活，减少细胞因子的产生，减轻免疫反应。

第六节　其　他　类

一、抗　疟　药

羟氯喹（hydroxychloroquine）

羟氯喹具有免疫调节作用，其机制尚不清楚。目前认为羟氯喹可通过改变溶酶体内pH环境而钝化TLR7及TLR9活性。抑制髓样细胞分化因子88（myeloid differentiation factor 88，MyD88）途径启动信号转导的级联反应，抑制免疫细胞激活。此外，羟氯喹通过促进细胞凋亡，清除自身反应淋巴细胞，下调自身免疫反应。

二、天 然 药 物

用于治疗自身免疫病的天然药物包括苷类和生物碱，苷类药物如白芍总苷、人参总苷、绞股蓝总苷、黄芪甲苷、雷公藤总苷、三七总皂苷等，生物碱类如青藤碱、川乌总碱、槐果碱、雷公藤新碱等。

雷公藤总苷（tripterygium glycosides，TG）

雷公藤总苷是从中药雷公藤根部提取而得，为雷公藤的主要有效成分，可抑制T细胞增殖、自身抗体产生及炎症细胞因子IL-1、IL-6、IL-8、TNF-α和PGE_2产生，具有较强的抗炎和免疫抑制作用。TG不良反应主要有皮肤过敏反应及影响心血管、消化、造血、神经、生殖系统等功能，还可引起脱发、色素沉着、腰痛等。TG引起月经紊乱及精子活力降低、数量减少，停药可恢复正常。孕妇忌服，老年患者及严重心血管疾病患者慎用。

白芍总苷（total glucosides of paeony，TGP）

白芍总苷是从中药白芍提取的有效部位，其成分包括芍药苷、羟基芍药苷、芍药花苷、芍药内酯苷、苯甲酰芍药苷等，其中芍药苷是 TGP 的主要活性成分。TGP 具有抗炎免疫调节作用，抑制 PGE_2、IL-1、LTB_4、TNF-α 等细胞因子的产生，调节免疫细胞信号转导。TGP 作为天然药物来源的Ⅱ类化学药品被批准上市用于治疗类风湿关节炎。TGP 不良反应少，发生率低且轻微，偶有软便和稀便，长期使用患者耐受性好。

青藤碱（sinomenine）

青藤碱是从中药青风藤中提取的生物碱，有较强的抗炎、镇痛及免疫抑制作用，可抑制淋巴细胞增殖，降低培养细胞上清液中 IL-1、IL-6、TNF 等炎症细胞因子浓度。临床上，青藤碱可有效缓解类风湿关节炎疼痛和局部炎症。少数患者使用青藤碱后出现皮疹或白细胞减少的不良反应，停药后即可消失。对本品过敏者禁用，孕妇及哺乳期妇女慎用。

1. 简述钙调磷酸酶抑制药的药理作用与不良反应。
2. 简述细胞增殖抑制药的分类及代表药。
3. 简述贝利木单抗的作用机制。

附　源于药物副作用的意外发现：中药“雷公藤”提取物可用作男性避孕药

多次反复人工流产严重影响妇女的生殖与身心健康，已成为亟待解决的公共卫生问题。而现有的避孕方法并不能满足人们有效避孕的需求，社会调查也显示越来越多的男性愿意共同承担避孕的义务。目前的男性避孕方法还仅局限于传统的体外射精、绝育手术和避孕套等，半个世纪以来男性避孕药物的研发进展十分缓慢，至今尚没有一种具有临床应用潜质的男性避孕药。

广东省计划生育专科医院唐运革、秦卫兵团队，联合美国内华达大学闫威教授团队，在国际顶尖学术期刊 *Nature* 子刊 *Nature Communications* 杂志发表了题为 *Triptonide is a reversible non-hormonal male contraceptive agent in mice and non-human primates*（雷公藤内酯酮是小鼠和非人类灵长类动物中可逆的非激素雄性避孕药）的研究论文。

该研究发现并证实，传统中药雷公藤中提取的雷公藤内酯酮（triptonide）是一种口服、非激素的、高效男性避孕药，停药后数周即可恢复，且未发现明显的系统毒性副作用。这项研究是非激素类男性避孕药研发领域的重大突破，可作为极具转化应用前景的非激素类男性避孕候选药。

雷公藤，是卫矛科雷公藤属植物，在我国南方地区广泛分布，具有清热解毒、祛风通络、舒筋活血等功效，作为传统中药用于治疗类风湿关节炎、红斑狼疮等自身免疫病，已有超过 200 年的历史。但是，1983 年首次有报道称，长期服用（3 个月以上）雷公藤的男性出现不育症，此后，研究人员从雷公藤中分离提纯了上百种化合物，希望从中找到导致男性不育的具体化合物。之后，有初步研究发现雷公藤中提取的一些化学物能够有效减少雄性大鼠的精子数量和活性，具有可逆性避孕作用，但是具有严重肝毒性。避孕作用的可逆性和最小的副作用，是作为口服男性避孕药的两个最基本要求，做不到这两点，就无法继续进行后续研究开发。

唐运革、秦卫兵团队从 2009 年开始进行雷公藤提取物的避孕性研究，2012 年，该团队发现雷公藤中提取到的雷公藤内酯酮在雄性小鼠身上具有良好的避孕有效性和可逆性。2015 年，为进一步测试雷公藤内酯酮在灵长类动物中的有效性、可逆性和安全性，研究团队联合美国内华达大学闫威教授团队，开始了探索之路。

首先，研究团队再次证实了雷公藤内酯酮在雄性小鼠中可以达到几乎理想的避孕效果，每日口服治疗量，3～4 周即可实现雄性小鼠不育，以相同剂量维持的雄性小鼠可以持续性不育，并在停药后 3～4 周，即可从不育状态恢复为可育状态。接下来，研究团队在灵长类动物食蟹猴身上进行了实验，每日口服 5～6 周可实现雄性食蟹猴不育，同样的，停药后 3～4 周，即可从不育状态恢复为可育状态。更重要的是，短期或长期服用雷公藤内酯酮，均未观察到或检测到明显的系统毒性副作用。

这些实验结果表明，雷公藤内酯酮可以作为一种潜在的非激素类男性避孕药。口服雷公藤内酯酮可以诱导雄鼠和雄性食蟹猴精子畸形，使精子失去活力和受精能力，从而达到避孕效果。这种方法的避孕效果近乎100%、无明显副作用，一旦停药，雄性的生育力可以完全恢复，并能产出正常子代。总的来说，该研究发现并证实，传统中药雷公藤中提取的雷公藤内酯酮是一种口服、非激素的、高效男性避孕药，停药后数周即可恢复，且未发现明显的系统毒性副作用。这项研究是非激素类男性避孕药研发领域的重大突破，可作为极具转化应用前景的非激素类男性避孕候选药。

第四十五章　免疫增强药

学习目标

1. 能够掌握干扰素的药理作用、临床应用、不良反应等知识点。
2. 能够根据免疫增强药的分类和作用特点合理用药。
3. 能够正确理解免疫增强药的临床应用价值。

免疫增强药也称免疫刺激药，是一类非特异性地增强免疫功能的药物，主要用于治疗免疫缺陷性疾病、慢性感染性疾病或作为抗肿瘤的辅助治疗药物。

干扰素（interferon，IFN）

干扰素是一组可诱导的分泌糖蛋白，分 α、β 和 γ 三类，具有高度的种属特异性，动物的干扰素对人无效，现采用 DNA 重组技术生产重组人干扰素。

【体内过程】 干扰素易被蛋白酶水解破坏，故口服疗效差，可采用肌内注射或皮下注射，注射后 48h 血药浓度达到峰值。干扰素在体内分布广泛，但不易通过血脑屏障，主要在肝、肾转化，$t_{1/2}$ 为 2～4h。

【药理作用】

1. 抗病毒 具有广谱抗病毒作用，对 RNA 病毒和 DNA 病毒都有效。IFN-α 和 IFN-β 抗病毒作用强于 IFN-γ，干扰素并不直接杀伤或抑制病毒，而是与宿主细胞表面的受体结合，诱导细胞产生多种活性酶，通过这些酶抑制病毒繁殖和活性。

2. 调节免疫 干扰素的免疫调节作用与其剂量有关，小剂量增强免疫，而大剂量抑制免疫。IFN-γ 免疫调节作用强于 IFN-α 和 IFN-β。干扰素可以提高巨噬细胞吞噬功能和 NK 细胞杀伤能力，增强淋巴细胞表面组织相容性抗原表达和 T 淋巴细胞的细胞毒作用。

3. 抗肿瘤 干扰素可抑制原癌基因（c-fos）表达和肿瘤细胞增殖，并通过增强机体免疫功能，发挥综合疗效。

【临床应用】

1. 病毒感染性疾病 临床可用于乙型肝炎、带状疱疹、水痘、病毒性角膜炎、尖锐湿疣、重度流感等病毒感染性疾病。

2. 肿瘤 干扰素对成骨肉瘤疗效较好，对多发性骨髓瘤、乳腺癌、肝癌、黑色素瘤、白血病等具有一定的辅助疗效，可以改善患者的血象和全身症状。但干扰素对肺癌、胃肠道癌和某些淋巴瘤疗效较差。

【不良反应】 常见的不良反应有流感样症状（发热、寒战、肌痛）和注射部位反应。还有胃肠道反应，发热和白细胞减少，嗜睡、精神紊乱、抑郁等神经系统症状，少数患者快速静脉注射可出现血压下降、心律失常及罕见的心肌病和心肌梗死。约 5%的患者用后可产生干扰素抗体。

白细胞介素-2（interleukin-2，IL-2）

白细胞介素-2 又名 T 细胞生长因子（TCGF），系 Th 细胞产生，是 Treg 和 Tc 细胞分化增殖所需的调控因子，所以既可以使 Treg 增加产生免疫抑制，又可以扩增 Tc 细胞提高免疫反应。同时可促进 B 细胞、NK 细胞、抗体激活的杀伤细胞和淋巴因子激活的杀伤细胞等的分化增殖。临床用于免疫缺陷病和自身免疫性疾病的治疗，也可用于恶性肿瘤如黑色素瘤、肾细胞癌、霍奇金淋巴瘤等的辅助治疗。不良反应有发热、寒战、厌食、肌痛及关节痛、神经系统症状。

集落刺激因子（colony stimulating factor，CSF）

集落刺激因子由单核细胞、成纤维细胞及淋巴细胞等产生，CSF 作用于多向干细胞和多向祖细胞等较原始细胞，刺激粒细胞、单核细胞、巨噬细胞和巨核细胞集落形成和增殖，促进粒细胞和单核细胞成熟；刺激骨髓向外周血液释放成熟的中性粒细胞，增强成熟粒细胞的吞噬功能和细胞毒作用；间接促进红细胞增生。详细临床应用和不良反应见第三十一章抗贫血药和促白细胞生成药。

卡介苗（bacille Calmette-Guerin vaccine，BCG）

卡介苗又名结核菌苗，是牛型结核分枝杆菌的减毒活菌苗。可在给药部位引起肉芽肿反应。除用于预防结核病外，还可作为非特异性免疫增强药。它可增强巨噬细胞、T 细胞、B 细胞和 NK 细胞等多种免疫细胞活性；能增强与其合用的各种抗原物质的免疫原性，加快诱导免疫应答，提高细胞免疫和体液免疫功能，从而增强机体的非特异性免疫水平。

临床最常用于恶性黑色素瘤、白血病及肺癌，也用于乳腺癌、消化道肿瘤，可延长患者生存期。近年来，也用于膀胱癌术后灌洗以预防肿瘤的复发。其疗效与肿瘤的抗原性强弱、宿主的免疫状态及其给药途径有关。

注射局部可见红斑、硬结和溃疡，也可出现寒战、高热、全身不适等不良反应。反复瘤内注射可发生过敏性休克。剂量过大，反而导致免疫功能降低。

左旋咪唑（levamisole，LMS）

左旋咪唑为四咪唑的左旋体，为抗肠蠕虫病药，具有免疫增强作用，可促进免疫细胞的增殖及成熟，并增强其吞噬、趋化作用，诱导机体产生多种细胞因子；可增强补体活性，提高巨噬细胞功能和产生抗体的水平。其作用机制为激活磷酸二酯酶（phosphodiesterase，PDE），加快 cAMP 分解，降低淋巴细胞和巨噬细胞内 cAMP 的含量。临床应用于治疗免疫性血小板减少症、激素敏感型肾病综合征等疾病。

异丙肌苷（isoprinosine，IPS）

异丙肌苷为肌苷、乙酰基苯甲酸和二甲氨基异丙醇以 1∶3∶3 组成的复合物，具有免疫增强作用，可诱导 T 细胞分化成熟，并增强其功能；对 B 细胞无直接作用，但可增加 T 细胞依赖性抗原的抗体产生；可增强单核巨噬细胞和 NK 细胞的活性，促进 IL-1、IL-2 和干扰素的产生，恢复低下的免疫功能。此外，异丙肌苷还具有抗病毒作用。临床用于急性病毒性脑炎和带状疱疹等病毒性感染，还可用于某些自身免疫性疾病、肿瘤的辅助治疗，以及改善艾滋病患者的免疫功能。不良反应少，安全范围较大。

1. 简述干扰素的药理作用。
2. 简述白细胞介素-2的不同作用。

附　人参对免疫系统的作用

人参（Ginseng Radix et Rhizoma）为五加科植物人参（*Panax ginseng* C.A.Mey.）的干燥根和根茎。人参的主要有效成分为人参皂苷（ginsenoside），按苷元结构可将其分为人参二醇类、人参三醇类和齐墩果酸类

（oleanolic acid）。人参二醇类主要有 Ra1-3、Rb1-3、Rc、Rd、Rg3，其中 Rb1 活性较强。人参三醇类主要有 Re、Rf、Rg1、Rg2、Rh，其中 Rg1 活性较强。齐墩果酸类有 Ro。人参还含有糖类（包括人参多糖、单糖、寡糖）、蛋白质、有机酸、生物碱、挥发油、微量元素等。

人参可以增强免疫功能，此作用的物质基础是人参皂苷和人参多糖。人参皂苷可增强单核巨噬细胞、自然杀伤细胞、T 淋巴细胞的活性，诱生 γ-干扰素和 IL-2，提高补体水平。人参多糖也可增强单核巨噬细胞功能，并增加胸腺重量，促进抗体和补体形成。

课件二维码

思维导图二维码

英中文名词对照索引

B

C

D

E

F

G

H

I

N

O

P

Q

X

Z

其他

中英文名词对照索引

E

F

G

H

J

K

L

M

N

P

Q

R

S

T

Y

Z

其他